INDICOPLEUSTOI
ARCHAEOLOGIES OF THE INDIAN OCEAN

6

QĀNI’

indicopleustoi

Indicopleustoi
Archaeologies of the Indian Ocean

INSTITUT D'ÉTUDES ORIENTALES
ACADÉMIE DES SCIENCES DE RUSSIE

MAISON DE L'ORIENT
ET DE LA MÉDITERRANÉE

QĀNI'

Le port antique du Ḥaḍramawt entre la Méditerranée, l'Afrique et l'Inde

Fouilles Russes 1972, 1985-89, 1991, 1993-94

sous la direction de
J.-F. SALLES et A. SEDOV

BREPOLS
2010

PRELIMINARY REPORTS OF THE RUSSIAN ARCHAEOLOGICAL MISSION
TO THE REPUBLIC OF YEMEN
VOLUME IV

Ce volume a été préparé avec le concours de l'INTAS (International Association for the Promotion of Cooperation with scientists from the Independent States of the Former Soviet Union) project n° 97-20237 « The Yemen Coast in the pre-Islamic Times : Ancient Environment, Human Adaptation, Subsistence Patterns and Cultural Contacts ».

Photo de couverture: le Ḥuṣn al-Ġurāb (Qāni'). Vue depuis la mer (Ernelle Berliet 2001)

D/2010/0095/101

ISBN 978-2-503-99105-4

Printed in the E.U. on acid-free paper

SOMMAIRE

Fouilles et matériel

Épigraphie et histoire

1 : Najran
2 : Sa'da
3 : al-Bayda'
4 : Qarnaw (Ma'in)
5 : Baraqish (Yathill)
6 : Shibam-Kawkaban
7 : al-Ḥuqqa
8 : Gaiman
9 : Zamar
10 : Zafar
11 : Am-'Adiyah
12 : Hajar an-Nab
13 : Hajar Hanu az-Zureir
14 : Haribat Sa'ud
15 : Sirwaḥ
16 : Ma'rib
17 : Hajar Ibn Humayd
18 : monuments in Wadi al-Juba
19 : monuments in Wadi Yala
20 : Nisab
21 : Naqb al-Hajar (Mayfa'a)
22 : al-Bina
23 : Hajar al-Barira
24 : al-'Uqla
25 : al-'Abr
26 : Bir Hamad
27 : Hurayda (Madhab)
28 : al-Obna (Qalat)
29 : Bir 'Ali (Qani')
30 : Raybun oasis
31 : monuments in Wadi al-'Ayn
32 : Samurat
33 : Shibam
34 : Say'un
35 : Tarim
36 : al-Mashgha
37 : al-Guraf
38 : Suna
39 : Tinch
40 : Husn al-'Urr
41 : Muza (?)
42 : Okelis (?)

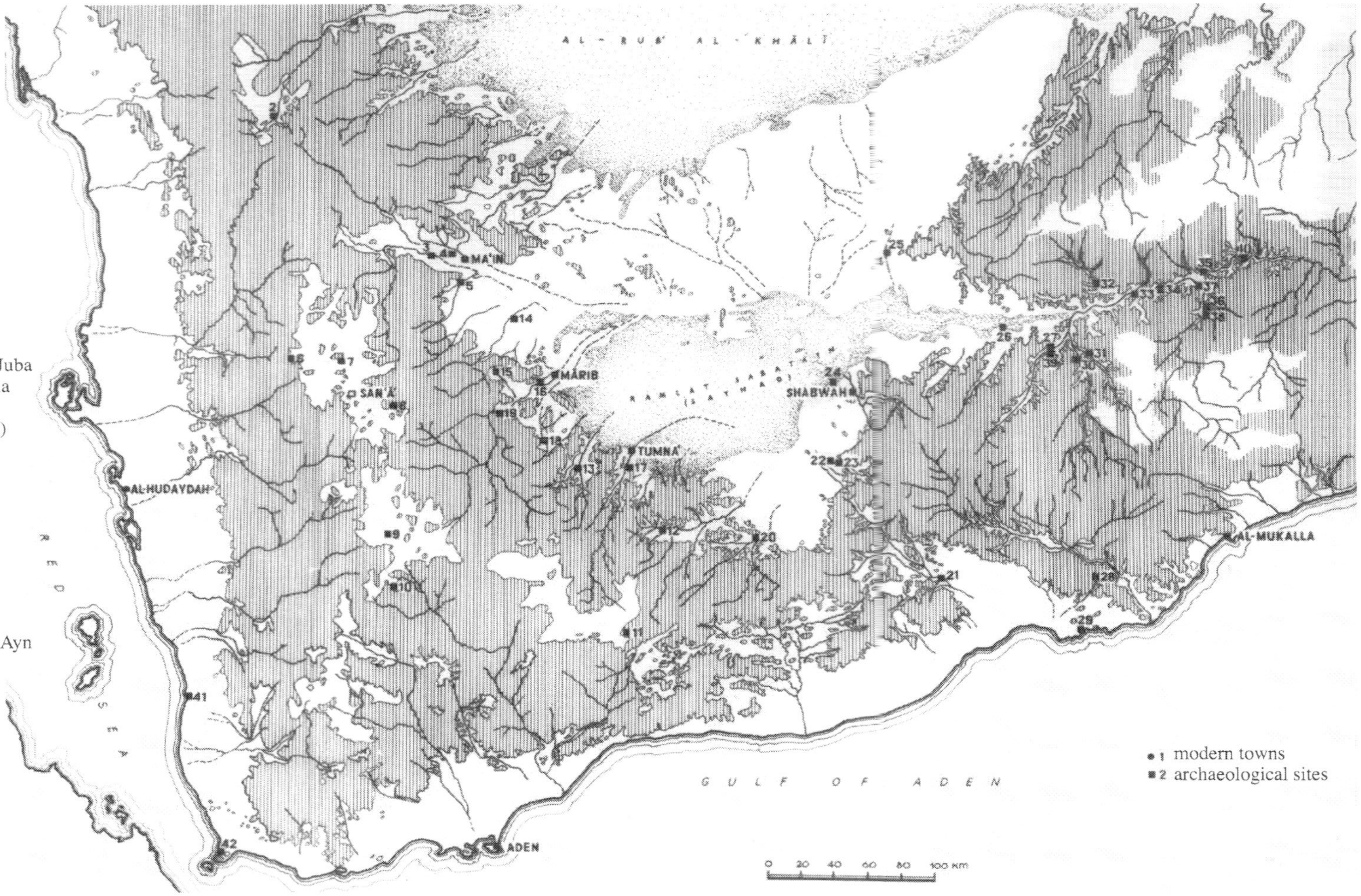

Carte du Yémen

AVERTISSEMENT

Le projet de publier le volume IV des fouilles russo-yéménites à Bir 'Alī / *Qāni'* (Yémen) dans la série *Indicopleustoi*, en langues française et anglaise, remonte au début des années quatre-vingt-dix. La mise en œuvre du travail fut d'abord lente, du fait de problèmes financiers, du manque de personnel, de difficultés rencontrées pour obtenir des manuscrits complets avec l'illustration adéquate, ainsi que pour la nécessaire mise au point en français de contributions originellement écrites en russe. Ont contribué, à des titres divers, à ces premières et ingrates étapes du travail Aline Présumey, Jean-Matthieu Salles et Nicolas Tranchand : qu'ils en soient ici remerciés.

Après un contrôle réalisé par Aleksander V. Sedov lors d'un séjour à Lyon en 1998, des révisions systématiques du volume en cours ont été menées par Séverine Sanz (1998-1999) et par Anne Laugeri-Landoin (1999-2000) : grâce à leurs efforts, des documents cohérents sont devenus disponibles pour la préparation de l'édition. Que ces deux personnes, dont la contribution fut déterminante dans le déroulement du projet, trouvent ici toute l'expression de notre gratitude.

En 2001, Ernelle Berliet a pu consacrer plusieurs mois à l'étape finale de la préparation du présent volume (dans le cadre du projet INTAS n° 97-20237, « *The Yemen Coast in pre-Islamic Times* ») : c'est à elle qu'est revenue la lourde mission de mener à terme une première édition de l'ouvrage, tâche qu'elle a accomplie avec efficacité et promptitude. Elle a pu bénéficier, tout au long de son contrat, de l'aide amicale et constructive de Franck L. Lucarelli, alors assistant de publication de la collection ; Marilyne Bovagne a numérisé la plupart des illustrations de ce volume (dessins au trait et photographies), avec le concours de Sabine Sorin et Séverine Sanz. Au moment où une maquette était pratiquement achevée, Aleksander V. Sedov a légitimement souhaité en reporter la publication, afin de mettre à jour plusieurs chapitres éclairés par les plus récentes découvertes de l'archéologie yéménite. C'est donc en 2005-2006 qu'Ernelle Berliet a pu mettre une touche finale à un manuscrit définitif : c'est à sa ténacité d'égale humeur, son extrême conscience professionnelle et son dévouement sans réserve qu'est redevable l'achèvement de cet ouvrage, œuvre dont elle ne sera jamais assez remerciée.

Dès l'origine, le projet de publication a été suivi avec infiniment d'attention par Marie-Françoise Boussac (Professeur, Université Lille-3) : jusqu'au dernier moment, celle-ci a consacré beaucoup de son temps à traduire, à relire des textes en français ou en anglais, et à vérifier le grec. Nous lui exprimons ici toute notre reconnaissance.

Mais la responsabilité des retards accumulés revient seulement au directeur scientifique de la collection *Indicopleustoi*, auteur de ces lignes : il n'a pas su toujours assurer comme il se devait le suivi du projet au long des années, et a ainsi fait naître l'impatience justifiée du lecteur averti, qui attendait depuis longtemps la publication du présent volume. C'est à lui seul que doivent être adressés les reproches, ainsi que ceux que ne manqueront de susciter les imperfections et erreurs contenues dans cet ouvrage.

Jean-François Salles

(janvier 2002) – juillet 2006

LISTE DES AUTEURS

Dr. A.M. AKOPIAN
Institute of Archaeology
Russian Academy of Sciences
Moscow, Russia

Prof. H.A. AMIRKHANOV
Institute of Archaeology
Russian Academy of Sciences
Moscow, Russia

Prof. G.W. BOWERSOCK
School of Historical Studies
Institute for Advanced Study
Princeton, NJ, USA

Dr. Fr. BRIQUEL-CHATONNET
Institut d'études sémitiques
Collège de France
Paris, France

Dr. M.D. BUKHARIN
Institute of World History
Russian Academy of Sciences
Moscow, Russia

Dr. F. CHELOV-KOVEDJAEV
Institute of Russian History
Russian Academy of Sciences
Moscow, Russia

Dr. S.S. SHIRINSKIY
Institute of Archaeology
Russian Academy of Sciences
Moscow, Russia

Dr. H. CUVIGNY
CNRS, Institut de Papyrologie
(Université Paris-IV)
Paris, France

Prof. A. von den DRIESCH
University of Munich
Munich, Germany

† Prof. A.G. LUNDIN
Institute of Oriental Studies
Russian Academy of Sciences
St. Petersburg, Russia

Dr. M. MARAQTEN
University of Marburg
Marburg, Germany

Dr. D. PICKWORTH
University of Aden
Aden, Republic of Yemen

Prof. Chr.J. ROBIN
Institut d'études sémitiques
Collège de France
Paris, France

Prof. J.-F. SALLES
IFPO (CNRS)
Maison de l'Orient et de la Méditerranée
Lyon, France

Prof. A.V. SEDOV
Institute of Oriental Studies
Russian Academy of Sciences
Moscow, Russia

Dr. K. VAGEDES
University of Munich
Munich, Germany

Dr. Yu.A. VINOGRADOV
Institute of the History of
Material Culture
Russian Academy of Sciences
St. Petersburg, Russia

† Prof. Yu.G. VINOGRADOV
Institute of World History
Russian Academy of Sciences
Moscow, Russia

LISTE ET LÉGENDES DES FIGURES DANS LE TEXTE

LISTE ET LÉGENDES DES PLANCHES PHOTOGRAPHIQUES

INTRODUCTION

The ruins of a settlement identified as the ancient Ḥaḍrami city-port of Qāni' are situated on the southern coast of the Arabian Peninsula near the modern village of Bir 'Alī, on the opposite side of the beautiful bay, probably one of the best landing place on the southern coast of Yemen, at the foot-hill of the black volcanic rock called Ḥuṣn al-Ġurāb. The rock with the maximum height of about 140 m occupies the south-western promontory of the bay. The width of the bay is about 3 km, and its extension towards the mainland is about 2 km. There are six islands in front of the Bir 'Alī bay: flat volcanic island of Halaniya in about 800 m south of Ḥuṣn al-Ġurāb, Siha island in about 11 nautical miles south-east of Ḥuṣn al-Ġurāb, three small islands called al-Gaddarayn ("two traitors") in about 4 nautical miles east of Ḥuṣn al-Ġurāb, and large al-Barraqa island far south-east of the Bir 'Alī bay.

There is a rather extensive, about 50 km length, sandy bay of Gubbat al-'Ayn to the west of Ḥuṣn al-Ġurāb. A promontory called Ras Qusayr (13°54' lat. N; 47°47' long. E) borders the bay from the west. Gubbat al-'Ayn is, in fact, the mouth of Wadī Mayfa'a, the core of the so-called Western Ḥaḍramawt (*al-Mašriq*), several beds of which ending to the sea near the northwestern side of the bay. The eastern frontier of Gubbat al-'Ayn is the Wadī 'Arar (al-Huvail) and promontory called Ras al-'Usaida. Presently abandoned town Bal Haf built in the 1930's by the rulers of al-Vahidi family is located nearby. Volcanic rock Ras al-Ratl lies in 6.5 km east of Ras al-'Usaida, in close vicinity to Ḥuṣn al-Ġurāb. East of Bir 'Alī there is another extensive bay called Maqdaḥā (Maǧdaḥā). The ruins of a small village and winter residence of al-Vahidi sultans can be traced in its eastern part. The site Maǧdāḥ was mentioned by Ibn al-Muǧāwir (died in 1291 A.D.), who described it as a station on the pilgrim road from Raysut (the present Sultanate of Oman) to Aden.[1]

According to some scholars, the earliest attestation of Qāni' occurs in the Bible (*Ezekiel* XXVII, 23) and can be dated around the first quarter of the 6th century B.C.[2] (but cf. below). *Κανὴ ἐμπόριον* was known to Pliny (*Natural History*, VI, XXVI, 104) and Ptolemy (*Geography*, V, 7, §10; VIII, 22, §9), and is also mentioned in the *Periplus Maris Erythraei*, the ancient guide written most probably around the middle of the 1st century A.D. by a Greek-speaking merchant.[3] The site was described as a port of trade « belonging to the kingdom of Eleazos, the frankincense-bearing land », and the place where « all the frankincense grown in the land » was collected (*Periplus,* 27: 9, 4-8).

Toponym Ḥuṣn al-Ġurāb occurs in the works of some Arab geographers of the 13th century, such as Yacut (died in 1229 A.D.) and al-Qazwīnī (died in 1283 A.D.), incorporating,

---

1. Ibn al-Muǧāwir, *Descriptio Arabiae meridionalis [...] qui liber inscribitur Ta'rīkh al-Mustabṣir*, Pt. 1-2, ed. by O. Löfgren, 1954, Leiden, p. 270; A. SPRENGER, 1864, « Die Post- und Reiserouten des Orients », *Abhandlungen für die Kunde des Morgenlandes*, Band III, no. 3, Leipzig, S. 145.
2. D.B. DOE, 1971, *Southern Arabia*, London, p. 182; P.A. GRIAZNEVICH, 1995, « Morskaja torgovlja na Aravijskom more: Aden i Kana (Sea-trade in the Arabian Sea: Aden and Qana') » in *Hadramaut. Arheologicheskie, etnograficheskie i istoriko-kul'turnie issledovanija. Trudi Sovetsko-Yemenskoj kompleksnoj ekspedicii. Tom I (Hadramawt. Archaeological, Ethnological and Historical Studies. Preliminary Reports of the Soviet-Yemeni Joint Complex Expedition. Volume I)*, Moscow, p. 285.
3. Chr.J. ROBIN, 1991, « L'Arabie du Sud et la date du Périple de la Mer Érythrée (nouvelles données) », *Journal Asiatique,* CCLXXIX, n° 1-2, p. 1-30; G. FUSSMAN, 1991, « Le Périple et l'histoire politique de l'Inde », *Journal Asiatique,* CCLXXIX, n° 1-2, p. 31-38.

probably, earlier reports. Ibn al-Muğāwir describes it as a castle built by al-Samū'l bin 'Adiyyā al-Yahūdī, the famous Yemeni poet of the first half of the 6th century A.D.[4] A geographical name « al-Qanā » apparently on the southern coast of the Arabian Peninsula is mentioned by the Bahraini poet, geographer, historian and anthropologist Ibn al-Muqarrab (1176-1232 A.D.).[5] « Ğaza'ir al-Qanā » (Qanā islands) as the starting point for sailing to African ports were known to the famous Arabian pilot Ahmad bin Madğid (second half of the 15th-beginning of the 16th centuries) [6] as well as to the recent Yemeni sailors.[7] The Portuguese discoveries called them the « Canacani (Canicani) Islands ».[8] But in all these cases the sources did not indicate any ruins of an ancient town or city-port.

The first Europeans who visited the site were, in all probability, British naval officers who landed aboard the *Palinurus* on the morning of the 6th of May 1834. In a book published in London in 1838 one of the explorers, Lt. J.R. Wellsted, described the ruins of a vast settlement at the foot-hill on the southern coast of the Bir 'Alī bay and a fortress on top of the rock Ḥuṣn al-Ġurāb, the first-spot of the famous South Arabian inscriptions now known as *CIH* 621 and *CIH* 728.[9]

Thus, the delight ruins of the ancient Qāni' or, according to our nomenclature, Bir 'Alī settlement, were already known to scholars more than 150 years ago. In 1957 the site was visited and explored by B. Doe, who later, in 1961, published the first sketch-plan and rather detailed description of the ruins.[10] The archaeological excavations at the site started in 1972 with clearing the remains of a big building located at the highest point of Ḥuṣn al-Ġurāb.[11] Since 1985 systematic excavations at Bir 'Alī settlement have been carried out by the Russian Archaeological Mission to the Republic of Yemen (till the end of 1991 – the Soviet-Yemeni Joint Complex Expedition). In several field seasons (each campaign lasted from 2 to 4 weeks) it has been possible to identify the character of the city's buildings, the approximate chronological and territorial limits of the ancient town, and the stratigraphy of cultural deposits.

The work begun in May 1985 with a small sounding in the south-western corner of the settlement, which was later, in 1986-87, extended into the vast Area 1 (trench supervisor: Yu.A. Vinogradov). In 1986-87 two more areas have been excavated: the Area 2 on the shore of the Bir 'Alī bay (trench supervisor: A.M. Akopian) and the Area 3 on the northern outskirts of the settlement (trench supervisors: A.V. Sedov, Muhammad Ba Mahrama and Hairan az-

4. Yacut's geographisches Wörterbuch, aus den Handschriften zu Berlin, St.Petersburg, Paris, London und Oxford, Bd. VI. Hrsg. von F. Wüstenfeld Leipzig, 1866-1870, S. 273; Ibn al-Muğāwir, *Descriptio Arabiae meridionalis*, p. 270; D.B. DOE, 1964, « Husn al-Gurâb and the site of Qana' », *Department of Antiquities Publication. Bulletin Number 3*, Aden, July, p. 12, note 3; GRIAZNEVICH, « Morskaja torgovlja... », p. 280.

5. S. KHULUSI, 1976, « A Thirteenth Century Poet from Bahrain », *Proceedings of the Seminar for Arabian Studies (PSAS)*, 6, p. 101.

6. Ahmad b. Madğid, *Kniga pol'z ob osnovah i pravilah morskoj nauki*. Kriticheskij tekst, perevod, kommentarij, issledovanie i ukazateli T.A. Shumovskogo, II, Moskva, 1984, p. 87.

7. Ar-Rafik, *An-Nafi' 'ala durub manzumatay al-mallah Ba Ta'i'*, Ta'lif Muhammad 'Abd al-Qadir Ba Matraf, Al-Mukalla, 1966, p. 82-83; HASAN SALIH SHIHAB, 1984, *'Ulum al-'arab al-bahriya (Dirasat mukarana)*, Al-Kuwait, p. 208, 210; P.A. GRIAZNEVICH, « Morskaja torgovlja... », p. 281.

8. DOE, « Ḥuṣn al-Ġurāb... », p. 12, note 3.

9. J.R. WELLSTED, 1838, *Travels in Arabia*, volume II, London, p. 421-427.

10. D.B. DOE, « Ḥuṣn al-Ġurāb and the site of Qana' », *Le Muséon*, LXXIV, 1961, p. 191-198; see also: DOE, « Ḥuṣn al-Ġurāb... », p. 9-16.

11. S.S. SHIRINSKIJ, 1977, « Novij pamjatnik juznoarabskoj arhitekturi I v. do n.e. (A new monument of the South Arabian architecture of the 1st century B.C.) », in *Istorija i kultura antichnogo mira (History and Culture of the Classical World)*, Moskva (Moscow), p. 202-205; see also: *Adwā 'al-l-athār al-Yamaniya. Taqrīr l-'alam as-sufyatiy Sirji Shirinski 'an al-athār fī al-Yaman ad-dumuqrati*, 1975, Aden.

Zubeidy; excavations at the Area 3 were completed in 1988). In 1988 the explorations were extended into three more sectors: at the Area 4 in the southern part of the settlement (trench supervisor: A.M. Akopian), at the Area 5 roughly in the middle of the settlement, on its highest point (trench supervisor: Yu.A. Vinogradov), and at the Area 6 at the foot-hill of Ḥuṣn al-Ġurāb, where the so-called "fortifications" were located (trench supervisors: A.V. Sedov and Ahmad Ba Ta'i'). Excavations at the Area 6 were conducted also during 1989, 1991, and 1993-94 campaigns (trench supervisor: A.V. Sedov). In 1991 a burial structure at the necropolis located to the north of the site was explored (trench supervisors: H.A. Amirkhanov and A.V. Sedov). In 1985-86 A.V. Sedov and Yu.F. Kozhin made a new sketch-plan of the ruins of the settlement.[12]

The archaeological investigations at the Bir 'Alī settlement were carried out in close collaboration with our Yemeni and Russian colleagues, participants of the Soviet-Yemeni Joint Complex Expedition (SOYCE) later transformed into the Russian Archaeological Mission to the Republic of Yemen: Dr. Ahmad Ba Ta'i', Dr. 'Abd al-'Aziz Ǧa'far b. 'Aqil, Muhammad Ahmad Ba Mahrama, Fadl as-Salamuni, Muhammad 'Abd al-Hafis, late Dr. P.A. Griaznevich, the first Head of SOYCE, Prof. M.B. Piotrovskij, Prof. H.A. Amirkhanov, late Prof. A.G. Lundin, late Dr. G.M. Bauer, Dr. M.S. Shemahanskaja, Dr. Yu.F. Kozhin, L.V. Tugarin. Dr. Peter Magee from the Sydney University and Dr. Diana Pickworth from the University of Berkeley participated in the 1993 campaign. Our work was not possible without continuous strong support from the Yemeni officials: late Dr. 'Abdallah Ahmad Muhayraz, the former General Director of the Yemeni Centre for Historical and Cultural Research (PDRY), Dr. 'Abdallah Ahmad Bawazir, the former Head of Department of Antiquities of the Yemeni Centre for Historical and Cultural Research (PDRY) and the President of General Organization of Antiquities and Museums (GOAM) of the Republic of Yemen, Dr. Muhammad 'Abd al-Qader Ba Faqih, the former President of the General Organisation of Antiquities, Manuscripts and Museums (GOAMM) of the Republic of Yemen, Dr. Yusuf M. Abdullah, the former President of the GOAMM, Hairan az-Zubeidy, the director of the Shabwa Branch of the GOAMM, and many others like our workmen, cooks, guards and drivers. To all of them we would like to express our sincere gratitude.

*

* *

12. In 1995-97 the explorations at the site were carried out by the French team under the direction of Dr. M. Mouton (Maison de l'Orient Méditerranéen, Lyon) in collaboration with the Russian mission. A new Area 7 with ruins of a temple of local deity was excavated (M.-L. INIZAN, M. MOUTON, « Mission archéologique française dans le Jawf-Hadramaout », *Chroniques Yéménites 1996-97*, Sanaa, p. 27-28), and a new plan of the site was completed. The Russian participants carried out excavations at the Area 6 (trench superviser: Yu.A. Vinogradov). In 1996 and 1998 the Italian team directed by B. Davidde and R. Petriaggi carried out underwater explorations at the northern bay of Qāni' (B. DAVIDDE, 1997, « I porti dell'*Arabia Felix*: un nuovo campo di indagine per la ricerca archeologica subacquea », *Atti del convegno nazionale di archeologia subacquea. Anzio, 30-31 maggio e 1° giugno 1996*, Bari, p. 351-355; B. DAVIDDE, R. PETRIAGGI, 1998, « Underwater Archaeological Surveys at Qana' (Republic of Yemen) », *PSAS*, 28). In 2001 the Russian mission resumed archaeological works at the site. All abovementioned and future activities will constitute the next volume of *Preliminary Reports*.

The present book is the fourth volume of the Preliminary Reports of the Soviet-Yemeni Joint Interdisciplinary Expedition Russian Academy of Sciences (SOYCE) to the Republic of Yemen, which was later transformed into the Russian Archaeological Mission of the Institute of Oriental Studies Russian Academy of Sciences to the Republic of Yemen. The first three volumes were published in Russian in 1995, 1996 and 2005.[13] The idea to publish the preliminary results of the Russian excavations at Bir ʻAlī settlement in a series of *Indicopleustoi. The Archaeologies of the Indian Ocean* and to supplement them with additional studies belongs to Prof. J.-F. Salles. In fact, it took quite a long period of time to prepare the manuscript mostly due to the numerous number of the authors involved and necessity to check the translation of the chapters originally written in Russian. Ernelle Berliet whose invaluable help is really hard to overestimate did such an enormous work on its final stage. The manuscript was completed in the frames of the joint French-German-Russian INTAS project no. 97-20237 "The Yemen Coast in pre-Islamic Times: Ancient Environment, Human Adaptation, Subsistence Patterns and Cultural Contacts" (project co-ordinator – Prof. J.-F. Salles).

Alexander Sedov and Jean-François Salles
Moscow – Lyon, December 2001

13. See *Hadramaut. Arheologicheskie, etnograficheskie i istoriko-kul'turnie issledovanija. Trudi Sovetsko-Yemenskoj kompleksnoj ekspedicii. Tom I (Hadramawt. Archaeological, Ethnological and Historical Studies. Preliminary Reports of the Soviet-Yemeni Joint Complex Expedition. Volume I).* Moscow, 1995; GORODISHCHE, 1996, *Raybūn (raskopki 1983-1987 gg.). Trudi Sovetsko-Yemenskoj kompleksnoj ekspedicii. Tom II (Raybūn Settlement [1983-1987 Seasons]. Preliminary Reports of the Soviet-Yemeni Joint Complex Expedition. Volume II)*, Moscow; A.V. SEDOV. 2005, *Drevnij Hadramaut. Ocherki arheologii i nimismatiki (Ancient Hadramawt. Essays on Archaeology and Numismatics)*, Moscow (Preliminary Reports of the Russian Archaeological Mission to the Republic of Yemen. Volume III).

I

DESCRIPTION DU SITE

Le site dans lequel on reconnaît les ruines de l'ancienne ville-port ḥaḍrami de Qāni', se situe à l'extrémité sud-ouest de la baie de Bir 'Alī, à environ 3 km du village moderne, au pied des restes volcaniques nommés Ḥuṣn al-Ġurāb 14° 00' 66" lat. N ; 48° 19' 51" long. E (*pl. 1*).

La première – et brève – description des ruines fut publiée en 1838 par J.R.Wellsted, qui avait fait partie d'une expédition britannique sur le bateau *Palinurus* [1]. B. Doe [2] et G. Lankaster Harding [3] ont décrit le site avec plus de détails, des photos et un plan schématique, mais n'ont pas fait de repérage systématique des bâtiments du site.

On peut distinguer les secteurs suivants : la "cité basse" et les constructions isolées en dehors de celle-ci ; la "citadelle" au sommet de la colline Ḥuṣn al-Ġurāb, citée par les inscriptions *CIH* 621 et *CIH* 728 (forteresse *'Urr Māwiyat*) ; la nécropole (*fig. 1*, *pl. 2*).

La "Cité Basse"

La partie la plus importante du site, celle que nous nommons la "cité basse", se présente sous la forme d'un *tell* en deux parties, de plan grossièrement rectangulaire (voir *fig. 1*, *pl. 3*). Ses dimensions sont approximativement de 150 x 300 m. La hauteur de sa partie nord-ouest, la plus élevée, atteint 4,5 à 5 m (dimensions approximatives : 150 x 250 m) ; la hauteur de la zone sud-est est à peu près de 2,5 à 3 m.

La "cité basse", dans ses limites nord-ouest, assez étendues, donne sur deux petits golfes de la baie nord : ces derniers sont, encore à notre époque, propices à l'amarrage et à l'ancrage des barques. L'extrémité nord du site est limitée par quelques petits golfes ; le long de sa frontière nord-est se trouve une large dépression qui se remplit d'eau à la marée montante et qui détache la nécropole du site. Sur sa frontière sud-est, la "cité basse" touche le pied de la roche Ḥuṣn al-Ġurāb, dont le sommet garde les ruines de la forteresse (voir ci-après).

Wellsted a indiqué que les explorateurs britanniques, lorsqu'ils débarquèrent sur la côte, se trouvèrent « amidst the ruins of numerous houses, walls, and towers » [4]. En effet, toute la surface du site est parsemée de restes de constructions en pierre, dont la plupart ont un tracé très net. La disposition des bâtisses n'obéit apparemment à aucun système, même si l'on observe que de grands

---

1. J.R. Wellsted, 1838, *Travels in Arabia, vol. II: Sinai; Survey of the Gulf of Akabah; Coast of Arabia and Nubia*, London, p. 422-426.
2. D.B. Doe, 1961, « Ḥuṣn al-Ġurāb and the site of Qana' », *Le Muséon*, LXXIV, 1-2, p. 191-198 ; D.B. Doe, 1971, *Southern Arabia*, Thames and Hudson, p. 182-186 ; D.B. Doe, 1983, *Monuments of South Arabia*, Falcon-Oleander, p. 144-147.
3. G. Lankester Harding, 1964, *Archaeology in the Aden Protectorates*, London, p. 46-47.
4. Wellsted, *Travels in Arabia*, p. 422.

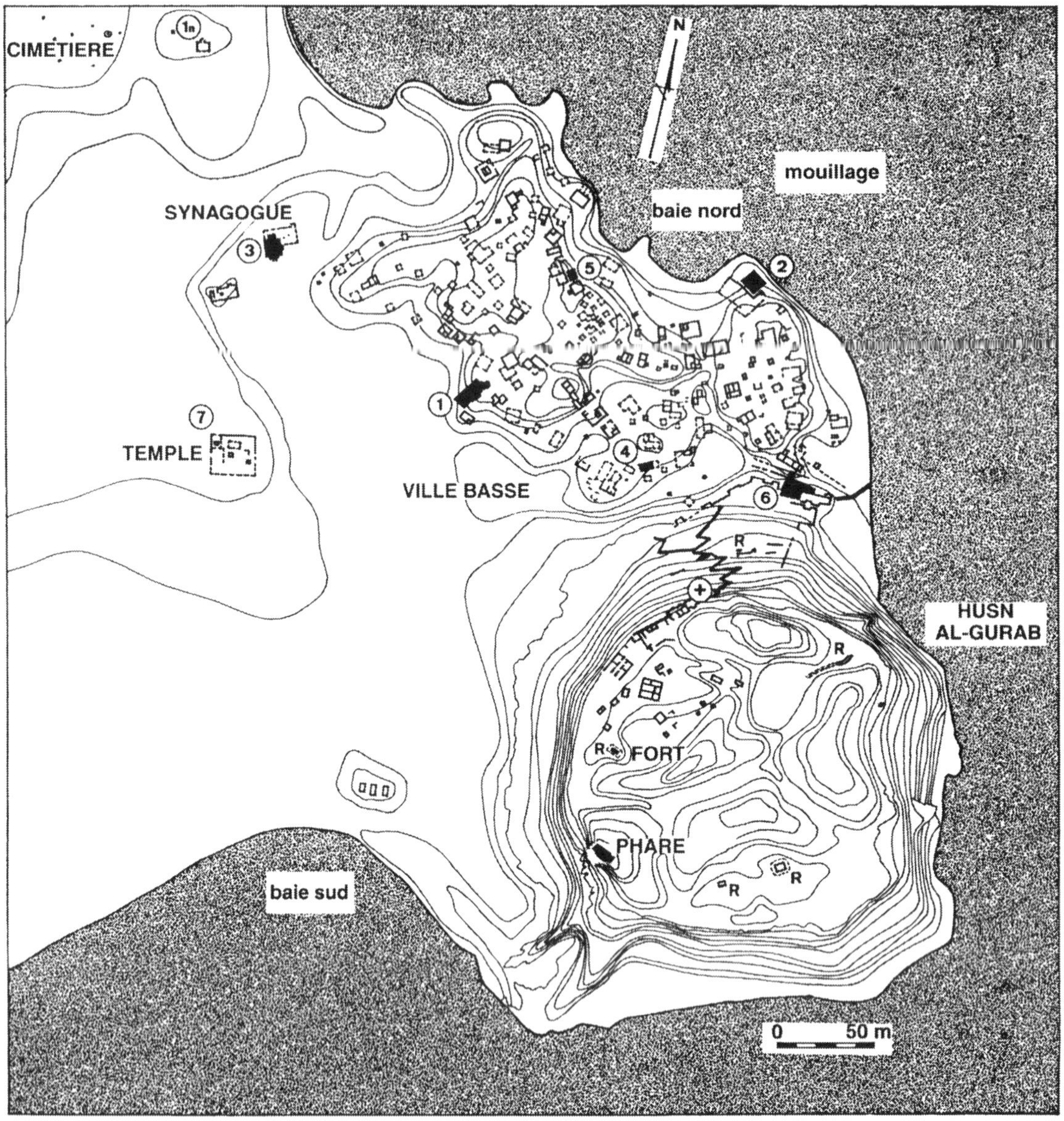

CIMETIERE
N
mouillage
baie nord
SYNAGOGUE
TEMPLE
VILLE BASSE
HUSN
AL-GURAB
FORT
PHARE
baie sud
0 50 m

Figure 1

bâtiments, avec de larges cours, bien encloses, sont concentrés le long du littoral, au nord et nord-est de la ville antique. On ne peut guère, à quelques exceptions près, définir la direction et la largeur des rues, ou les limites des places. Disposés en fonction du relief, les espaces libres de constructions, dans lesquels on peut reconnaître des places urbaines, se trouvent au sud et sud-est du site, au pied de Ḥuṣn al-Ġurāb. Ces espaces sont reliés entre eux par une rue assez large (3 m) et droite, qui longe le versant de la roche, de l'ouest vers l'est.

Il est difficile d'évaluer le total des maisons individuelles qui existèrent sur le site, mais leur nombre a dû dépasser la centaine. D'après nos fouilles, les bâtiments furent, très souvent, réunis en groupes assez imposants, composés de plusieurs maisons limitrophes ; ces groupes étaient séparés entre eux par des ruelles ou par des passages courbes.

Autant qu'on puisse en juger, la "cité basse" n'était pas fortifiée, c'est-à-dire que son territoire n'était pas entouré de murs. Selon toute probabilité, les murs des habitations accolées l'une à l'autre qui délimitent le périmètre du site, jouaient un rôle défensif (un système similaire a probablement été découvert par nos fouilles dans le secteur 1). Pourtant quelques quartiers de la ville ont de grandes constructions fortifiées. Il s'agit tout d'abord des bâtisses qui étaient situées au pied de Ḥuṣn al-Ġurāb (nous renvoyons aux résultats des fouilles dans le secteur 6). De toute évidence, c'est de là que partait le sentier qui menait au sommet de la colline, et c'est là que se développe, de façon très logique, un puissant système défensif sous la forme de tours rectangulaires. Pour pénétrer à l'intérieur de la zone fortifiée et prendre ce chemin, on doit passer par une entrée très étroite – un peu plus de 1 m de largeur – percée dans le mur est d'un groupe de constructions défensives, du côté de la mer.

La montée en zigzag, étroite et sinueuse, qui s'élève en direction du sommet du rocher Ḥuṣn al-Ġurāb, vers le fort, a été aménagée sur le versant nord (*pl. 4*). Aux points les plus dangereux, le sentier est renforcé par des murs d'appui (*pl. 5-6*) ; à différents endroits, des marches sont conservées, taillées dans la roche (*pl. 7-9*). Dans la partie haute du sentier, où la pente est assez douce, une "place d'observation" a été aménagée, assez petite, de plan carré, entourée d'un parapet en pierre (*pl. 10-11*). C'est là, tout près de l'entrée dans la forteresse *'Urr Māwiyat*, qu'était vraisemblablement situé, dans l'antiquité, un des postes de garde et d'observation. À côté de la "place d'observation", sur un secteur de la roche spécialement aménagé, furent gravées deux inscriptions sud-arabiques, connues comme *CIH* 621 et *CIH* 728 (*pl. 12, a* et *b*).

Le centre du versant nord du Ḥuṣn al-Ġurāb est consolidé par de puissants murs horizontaux, faits d'un empilement de grosses pierres en basalte, selon la technique de la "maçonnerie sèche" (*fig. 2, pl. 13-14*). Du côté ouest, en outre, on voit nettement les restes du mur vertical qui prolongeait les constructions fortifiées situées au pied du versant, vers le secteur 6. Ces ruines sont des restes d'habitations ou de fortifications construites sur des terrasses artificielles aménagées à cet effet [5]. Ces dernières constituent plus probablement des murs de protection qui mettaient les bâtiments de la "cité basse", situés au pied de la roche, à l'abri de chutes de pierres et de glissements du terrain. Elles ont pu aussi servir à évacuer les eaux pluviales du versant de la roche (c'est, à notre avis, la destination du mur vertical situé vers l'ouest du sentier en zigzag). En tout cas, quelques écluses furent aménagées dans un des murs pour évacuer l'eau de pluie ; au pied d'un

5. Cf. DOE, *Monuments of South Arabia*, p. 146.

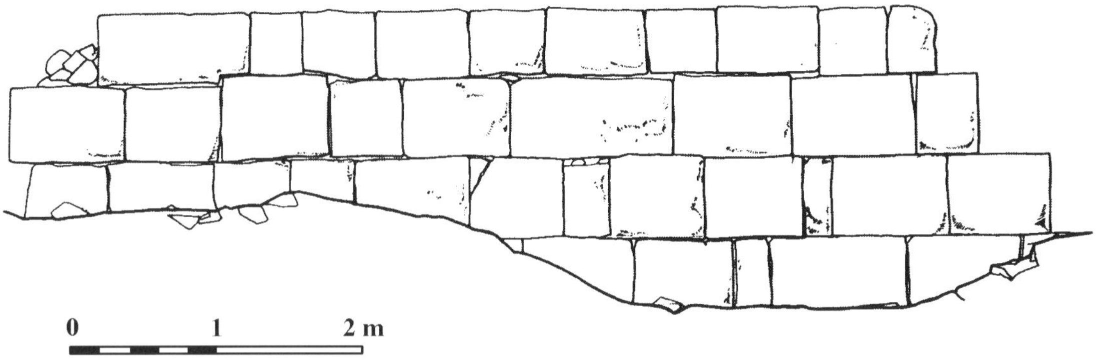

Figure 2

autre, on a construit un réservoir pour recueillir l'eau – ce réservoir est comblé à l'époque actuelle, mais on aperçoit nettement des restes d'enduit, conservé en haut des murs (voir *pl. 15*).

On doit signaler les bâtiments situés en dehors de la "cité basse", vers le sud-ouest : trois bâtisses, assez grandes, forment un ensemble protégé par une clôture. La bâtisse la plus imposante selon Doe (dimensions 44 x 64 m), est identifiée à juste titre par différents savants comme « a sacred enclosure » [6]. Le dernier bâtiment au nord, le plus éloigné, a été fouillé par notre expédition en 1986-88 (le secteur 3, voir ci-dessous, *pl. 16*) ; nous y reconnaissons une synagogue.

Enfin, un bâtiment (ou un complexe de bâtiments) se trouve sur une colline éloignée vers le sud de la "cité basse", sur la côte de la baie sud. Contrairement aux bâtiments précédents, il s'agit, avant tout, d'habitations et des bâtisses domestiques.

La "Citadelle"

Les constructions de la "citadelle", connue auparavant comme le fort *'Urr Māwiyat*, sont situées au sommet du Ḥuṣn al-Ġurāb, sur un terrain assez plat dans sa partie nord-est (*pl. 17*). L'extrémité nord-est du terrain est soutenue par un mur massif, fait en "maçonnerie sèche" (*pl. 18-19*). Sa face est formée de grandes pierres, bien taillées et très soigneusement ajustées ; le bourrage intérieur est fait de petites pierres non taillées. Largeur du mur : à peu près 1,5 m ; hauteur actuelle : 2 à 2,3 m par endroits. Dans ce mur a été aménagée une entrée, large d'environ 2 m, où aboutissait le sentier en zigzag qui venait de la "cité basse" (*pl. 20*).

Les constructions de la "citadelle" occupent une superficie d'environ 110 x 150 m. Au total, on compte près de deux dizaines de bâtiments. Parmi ceux-ci, un groupe de bâtisses de dimensions

6. DOE, *Southern Arabia*, p. 186 ; DOE, *Monuments of South Arabia*, p. 144 ; LANKASTER HARDING, *Archaeology in the Aden Protectorates*, p. 46. En 1995 une équipe française dirigée par M. Mouton a fouillé les restes d'un complexe de temple, consacré, peut-être, au dieu local ḥaḍrami Sayyin.

moyennes forme une ligne le long du versant nord-est, collée au mur défensif ; un autre groupe se trouve à l'extrémité opposée du terrain, au pied d'une élévation. Ces ensembles comprennent des bâtiments très massifs, à plusieurs pièces, au tracé compliqué, dont l'un est construit au nord-est de l'extrémité du terrain (*pl. 21*). Toutes ces constructions sont en pierre, édifiées selon la technique de la “maçonnerie sèche” (*pl. 22, pl. 23*).

Le point le plus élevé du Ḥuṣn al-Ġurāb, c'est-à-dire le sommet de sa partie sud, est couvert de ruines d'édifices dans lesquelles Lankaster Harding reconnaissait « the ruins of a fort » [7], et Doe « a religious sanctuary » (*pl. 24*) [8]. Cette dernière hypothèse semblait confirmée par les résultats des fouilles exécutées par l'archéologue russe S.S. Chirinsky [9] ; mais l'interprétation la plus récente propose que les vestiges du sommet soient ceux d'un phare. C'est à ces ruines que mène un étroit sentier venant de la “citadelle” (*pl. 25-29*).

Outre les ruines citées, on trouve au sommet de la roche d'énormes citernes-réservoirs destinées à recueillir et à évacuer l'eau douce. Elles sont taillées dans la roche et garnies de grandes pierres bien taillées et maintenues par du plâtre. L'une d'entre elles, assez petite, se trouve dans la même zone que les bâtiments de la “citadelle”, au sud de ces derniers (*pl. 30-31*). Deux réservoirs plus grands ont été installés sur un terrain à peu près plat, à l'est des ruines du sanctuaire. Le troisième “termine” une crevasse naturelle au nord-est de la partie haute de la roche. L'un des premiers réservoirs a une forme rectangulaire et mesure 6 x 12 m ; sur sa face intérieure, on peut voir des traces de plâtre (*pl. 32*). L'autre, situé plus à l'est, de plan presque carré, mesure 12 x 12 m (*pl. 33-35*). Ces deux réservoirs ont été comblés ; leur profondeur atteint 3,5 à 4 m. Le périmètre du réservoir nord-est est de forme lenticulaire, reprenant ainsi la forme de la crevasse (*pl. 36-37*). Dimensions approximatives : 4 x 14 m ; profondeur : 1-1,5 m. À proximité des réservoirs se trouvent les blocs que l'on a extraits de la roche lors du creusement (*pl. 38*).

La Nécropole

Aucun des explorateurs qui ont visité le site de Bir ʿAlī, ancienne Qāniʾ, ne mentionne la nécropole. Ses ruines ont été découvertes en 1991 par notre équipe au cours d'une inspection minutieuse du territoire. Le cimetière se trouve approximativement à 300 m à l'ouest de la “cité basse”. Il occupe deux zones de la plate-forme en basalte, zones qui s'élèvent un peu au-dessus des dunes alentour. Dans la zone la plus réduite, celle qui se trouve à l'est, on trouve un édifice funéraire bien conservé ; à 25 m au sud-est du premier édifice, on voit les ruines d'une grande construction rectangulaire, faite de grosses pierres (pour le périmètre, seules les pierres qui forment la base des murs sont bien conservées, ainsi que celles de l'entrée nord) : il s'agit là de toute évidence d'un sanctuaire ou d'un bâtiment domestique de la nécropole. Dans la zone occidentale de la nécropole, la plus étendue, on a répertorié les restes d'environ 12 à 15 constructions funéraires dont la plupart sont détruites (*pl. 39*). On peut cependant repérer, presque

---

7. LANKASTER HARDING, *Archaeology in the Aden Protectorates*, p. 46.
8. DOE, *Monuments of South Arabia*, p. 146.
9. Voir dans ce volume S.S. CHIRINSKY, « Les fouilles dans Ḥuṣn al-Ġurāb ».

partout parmi les ruines, les traces de constructions rectangulaires édifiées en surface, appartenant à des tombes.

La fouille d'un tombeau (édifice 1n) a permis d'accumuler les données sur les caractéristiques des constructions, rites et offrandes funéraires [10].

10. Voir dans ce volume A.V. Sedov, « Les fouilles dans la nécropole ».

II

LES FOUILLES DANS LA PARTIE SUD-OUEST DU SITE
LE SECTEUR 1

Les recherches archéologiques systématiques menées dans l'ancienne Qāni' ont débuté en 1985 par la fouille du secteur 1, à l'extrémité sud-ouest du site. Les travaux se sont poursuivis en 1986-1987. Ces recherches ont permis de mettre au jour les vestiges de deux bâtiments, appelés bâtiment A et bâtiment B (*fig. 3 et 4 ; pl. 40*). Dans la partie sud-ouest du site, ainsi que dans les autres secteurs, des structures circulaires, visibles en surface, sont bâties grossièrement avec des pierres de remploi provenant d'anciennes constructions. Le diamètre intérieur de ces structures est d'environ 1,5 m et leur largeur atteint parfois 0,8 m. Probablement abandonnées par des bédouins nomades, ces constructions appartiennent à une époque tardive. La stratigraphie et les trouvailles de fragments de bracelets en verre, à proximité, confirment une datation moderne.

Les bâtiments A et B sont séparés par un étroit passage de 1,2 m de large (*pl. 41*). Le bâtiment A est séparé d'une autre construction, située plus au nord, par un passage de 4 à 5 m de large (*pl. 42*). En travers du passage se dresse un mur en pierres bâti grossièrement (longueur : 1,95 m ; largeur : 0,75 m ; hauteur : 0,9 m). La base de ce mur est à une altitude plus élevée que les fondations des autres murs trouvés dans le secteur ; on peut donc en conclure qu'il leur est postérieur. Il n'est pas impossible qu'il appartienne à la phase finale de Bir 'Alī (Qāni') ; il aurait servi à diminuer la largeur du passage entre deux bâtiments voisins.

Les murs des deux bâtiments découverts dans le secteur 1 sont faits de blocs de basalte grossièrement taillés. Généralement, leur épaisseur est d'environ 0,75 m. Selon la classification des appareils antiques [1], on peut décrire ces murs comme irréguliers, en assises, à deux parements, avec un blocage intérieur. Dans certaines pièces, des débris de plâtre argileux adhèrent encore aux murs, mais, le plus souvent, cet enduit a disparu sous l'action des intempéries. Il faut noter que les constructions découvertes dans le secteur 1 paraissent très modestes en comparaison avec les vestiges retrouvés dans d'autres secteurs du site. Le plan des bâtiments est peu recherché, l'exécution des murs est souvent négligée, les angles sont arrondis.

Le remplissage de toutes les constructions est constitué d'une terre sablonneuse. En général, la partie supérieure est presque uniquement composée de sable pur et clair ; la partie inférieure est une couche sablonneuse brunâtre, mêlée de cendres, contenant du charbon de bois, des ossements de poissons et d'animaux, des fragments de carapaces de tortues, des coquillages, etc. La plupart des trouvailles archéologiques proviennent de cette dernière couche.

---

1. S.D. Kryjitsky, 1982, *Zhilie doma antichnih gorodov Severnogo Prichernomor'ja* (Les maisons des villes antiques des régions nord contiguës à la Mer Noire), Kiev, Naukova dumka, p. 24.

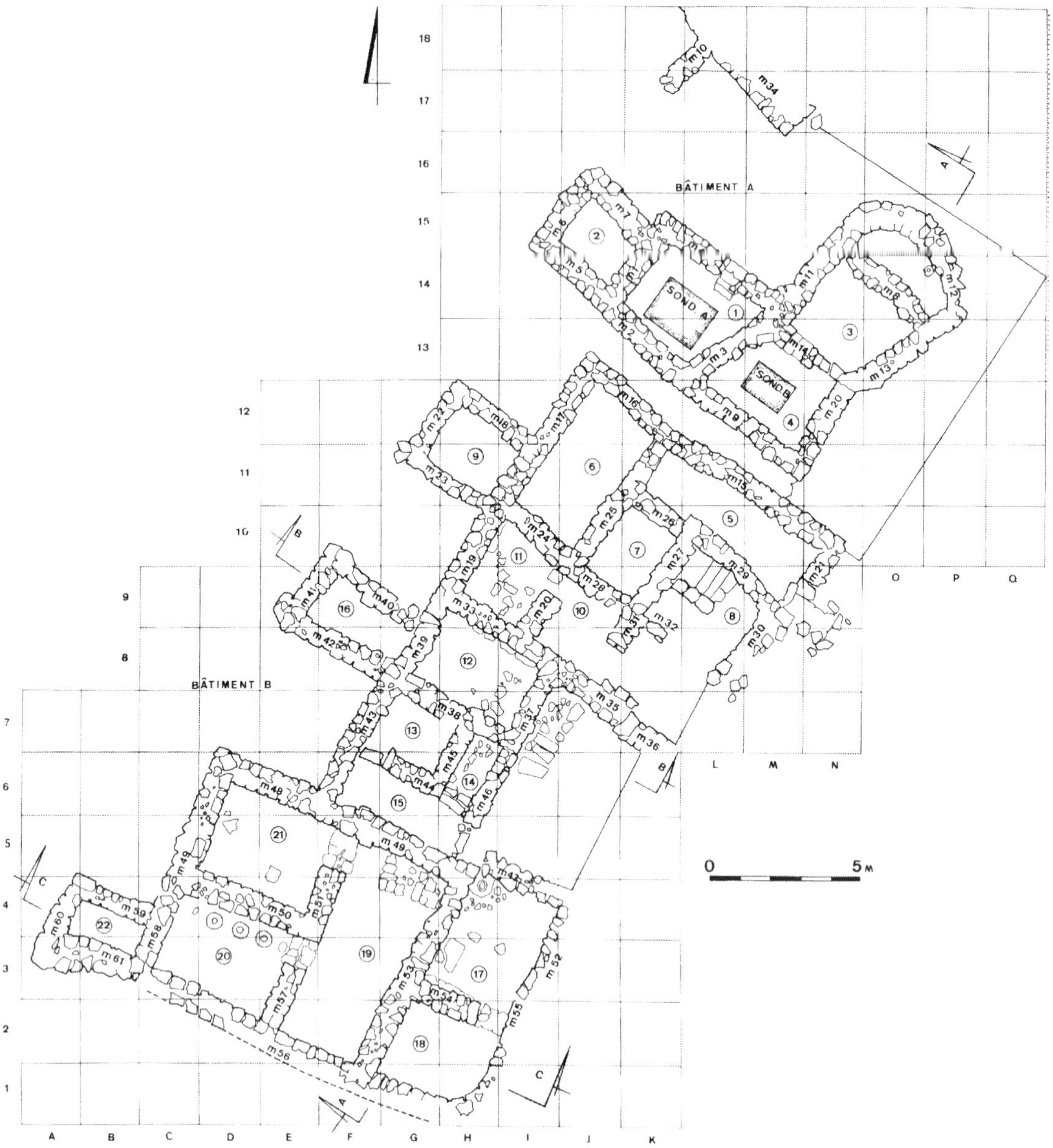

Figure 3

Le bâtiment A

Le bâtiment A occupe une superficie de près de 70 m^2 et comprend quatre pièces (numérotées de 1 à 4), édifiées à des périodes différentes. Le niveau des fondations de la pièce 4 est situé beaucoup plus bas que celui des autres pièces (1,3 m et plus). On peut donc supposer que les pièces 1, 2 et 3 sont postérieures à ce premier *locus*.

Description

Pièce 1. Elle présente un plan trapézoïdal, de 3-3,7 x 25 m. Les murs sont préservés sur une hauteur de 1,2 m. On accédait à cette pièce par une ouverture située dans le mur nord-est (mur 4), précédée d'un petit escalier de deux marches. La baie de la porte mesure 0,9 m de large et la hauteur du seuil au-dessus du niveau du sol est de 0,4 m. Les marches sont constituées de blocs de basalte taillés ; chacune mesure 0,2 m de haut et près de 0,45 m de large. Les fouilles de la pièce 1 n'ont révélé que la présence de quelques fragments d'amphores côtelées, des carapaces de tortues, des ossements d'animaux et de poissons, des coquillages et quelques autres objets caractéristiques. Signalons également la découverte d'un cachet (?) de bronze (*cat.* 75, p. 29).

Pièce 2. Cette pièce, la plus récente du bâtiment A, a été ajoutée au nord-ouest de la pièce 1 (*pl. 43*). Elle est de forme presque trapézoïdale (2,1 x 1,4 à 1,6 m) ; la hauteur de ses murs est de 0,75 m. Le remplissage est insolite : il s'agit d'une couche sablonneuse brunâtre mêlée de petits galets et de morceaux de corail polis. Le matériel archéologique est pauvre en qualité et en quantité : fragments d'amphore côtelées, céramiques de table et de cuisine.

Pièce 3. Elle était, dans un premier temps, reliée à la pièce 4 par une porte. Chronologiquement, elle doit donc correspondre à la deuxième pièce qui fut construite dans le bâtiment. Ses dimensions sont : 4,8 x 2,4 à 3,5 m. Le plan général est original : sa partie méridionale se présente comme un trapèze fermé au nord-est par le mur 12 arrondi, en forme d'abside.

On peut déterminer deux périodes de construction. Dans un premier temps, la saillie en abside était isolée par un mur en pierre (mur 8, longueur : 3,3 m ; largeur : 0,8 m ; hauteur conservée : 0,8 m). Derrière ce mur, et près du mur 12, au nord-est, la partie supérieure d'une amphore était fichée le col en bas (*pl. 44*). Au contact du sol, l'amphore était entourée de petites pierres et enduite d'argile. L'ensemble s'élevait à 0,25 m au-dessus du sol. On a trouvé à plusieurs reprises, au cours des fouilles de Bir ʿAlī (Qāniʾ), de grands fragments d'amphores ou d'autres récipients plantés de façon semblable : ils servaient probablement de foyers ou de supports de foyers.

Dans une deuxième phase, le mur de séparation (mur 8) est supprimé. Mais, curieusement, près du mur nord-est en abside (mur 12), la partie supérieure d'une amphore a également été retrouvée fichée dans le sol, le col en bas, à 0,3 m au-dessus du sol. À l'extérieur, ce dispositif était entouré d'une sorte de bordure en forme de croissant, faite d'argile et de petites pierres (largeur : 0,1 m ; hauteur : 0,15 m). L'amphore incomplète qui constituait le foyer de la seconde phase (*cat.* 6, p. 21) est du même type que celle qui formait le foyer de la première phase (*cat.* 2, p. 21) ; par ses proportions allongées, elle est cependant plus élégante.

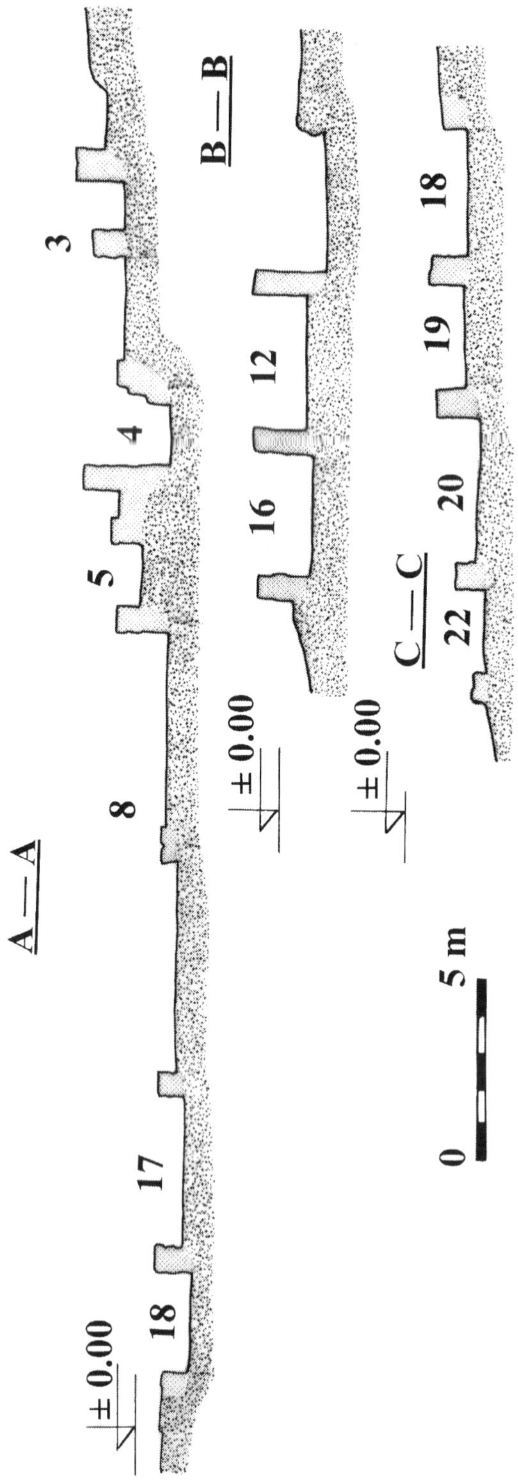

Figure 4

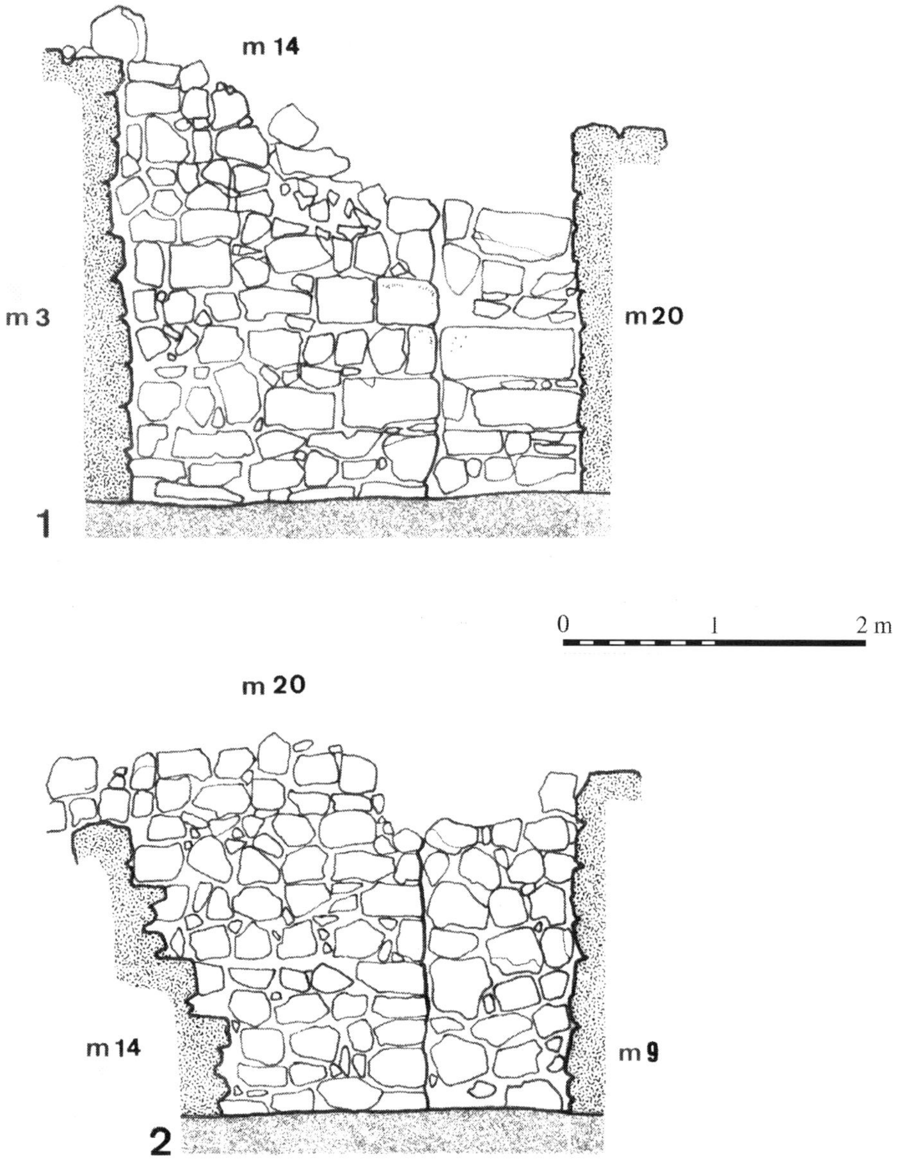

Figure 5

On a recueilli dans le remplissage de la pièce 3 une grande quantité de céramiques, dont un fragment de récipient à surface rougeâtre, légèrement poli. Parmi les autres trouvailles, il faut mentionner une monnaie en bronze très oxydée (non identifiée) et des râpes en pierre pour les céréales (*cat.* 66-67, p. 29).

Pièce 4. Dimensions : 3 x 2,3 m. Elle a connu plusieurs phases d'aménagement : on a ouvert des portes dans les murs pleins du nord-est (mur 14) et du sud-est (mur 20) (*fig. 5, 1 et 2*). Les murs ont été surélevés ; ils sont actuellement préservés sur une hauteur de 2,5 m.

Comme nous l'avons mentionné plus haut, c'est la pièce 3 qui, la première, fut ajoutée à la pièce 4 : elles étaient initialement reliées par une porte et un escalier qui comptait trois marches en blocs de calcaire bien taillés. La hauteur d'ensemble de l'escalier – à partir du sol de la pièce 4 – est de 1 m ; la largeur des marches atteint 0,2 m ; leur hauteur est de 0,3 à 0,4 m.

Le matériel céramique découvert dans le remplissage de la pièce 4 est riche. Signalons plusieurs objets et outils en pierre : des galets allongés, qui servaient vraisemblablement de râpes (les surfaces de travail se trouvaient aux extrémités et dans la partie centrale, où l'on note des traces d'usure, voir *cat.* 68-69, p. 29) ; des galets arrondis avec des cavités forées sur les côtés, dont la fonction n'est pas claire (*cat.* 72, p. 29) ; des fragments de meules arrondies (*cat.* 70-71, p. 28-29) ; un fragment de petit autel ou de brûle-parfum (*cat.* 73, p. 28) ; une monnaie en bronze ḥaḍramie, de type 53 (voir *Catalogue des monnaies*, n° 82).

Matériel archéologique

1/ La céramique

La plupart des trouvailles recueillies dans les fouilles du bâtiment A sont des fragments de poteries. On a inventorié un total de 2807 individus.

— Les amphores

1472 fragments (soit 52,4% du total) sont des tessons d'amphores. Le type qui prédomine incontestablement est celui de l'amphore côtelée à col droit (*cat.* 1-7, p. 20-21), présentant une saillie caractéristique sous le bord intérieur (pour fixer le couvercle ?) ; les anses sont de section semi-circulaire (*cat.* 8-10, p. 21) ; la panse, plus ou moins allongée, est arrondie, et le pied forme une petite saillie. On observe parfois un sillon peu profond le long de la lèvre (*cat.* 11-16, p. 21). La pâte des amphores est compacte, beige ou très rarement rosâtre ; la surface extérieure est généralement blanchâtre ; la pâte contient une grande quantité de sable. Sur les grands fragments d'amphores, on distingue souvent des fragments de lettres tracées à la peinture noire (*cat.* 6, p. 21) ou rouge (*cat.* 1, p. 21). Sur le col figurent parfois des *graffiti* (*cat.* 1). Les particularités typologiques, notamment la saillie sous le bord intérieur et la texture de la pâte, sont comparables à celles des amphores produites en Afrique du Nord. À Carthage, des récipients analogues ont été datés approximativement du VIe siècle ap. J.-C. [2]

Outre ce type d'amphore, on a également retrouvé des fragments de récipients à pâte brune ou rouge, à pied tronconique (*cat.* 17, p. 21). Leur surface intérieure est presque toujours

---

2. M. G. FULFORD & D.P.S. PEACOCK, 1984, *The pottery and other ceramic objects from the site excavation at Carthage*, The British Museum, I-2, p. 131, fig. 40, n° 66-67 ; p. 133.

recouverte d'un dépôt résineux noir (bitume ?). Selon les observations de J.A. Riley, des spécimens similaires ont été découverts en Palestine datant du VIe siècle ap. J.-C. [3]

Les amphores permettent de dater avec certitude la période finale de fonctionnement du bâtiment A : probablement le début du VIIe siècle ap. J.-C. Il a donc été occupé, avec des réfections et des rajouts divers, pendant plus d'un siècle. Il n'est pas exclu que la plus ancienne pièce du bâtiment A, la pièce 4, ait existé dès le Ve siècle ap. J.-C.

— Autres types de céramiques

Hormis les fragments d'amphores précédemment décrits, le corpus céramique du bâtiment A se décompose statistiquement de la façon suivante :

Tableau 1

désignation	**nombre de fragments**	**%**
céramique de table, à pâte rouge	573	42,9
id., à pâte rouge polie	129	9,7
id., à pâte grise et grise polie	75	5,6
id., glaçurée	10	0,7
céramique de cuisine	212	15,9
céramique à parois épaisses	267	20
céramique de type sud-arabique	69	5,2
total	1335	100

La céramique de table à pâte rouge est représentée par des types variés de bouteilles (*cat.* 18-19, p. 23) et de bols (*cat.* 20, p. 23). Il faut distinguer un groupe de fragments de jarres parfois très grandes, à col assez bas largement évasé et cylindrique, avec une panse arrondie, décorées de faisceaux de bandes sinueuses sur le col et de séries de croisillons droits sur la panse (*cat.* 21-22, p. 23). Le décor est tracé au moyen d'un peigne étroit sur la pâte encore humide. La pâte de ces jarres est caractéristique : compacte, rouge, avec parfois une nuance violette ; le dégraissant est constitué d'une grande quantité d'inclusions calcaires, qui disparaissent souvent au cours de la cuisson et ne subsistent que sous forme de petits cratères.

La céramique de table à pâte rouge polie est aussi caractérisée par un type de jarres et de cruches de forme arrondie, à col cylindrique. Le polissage est souvent de bonne qualité ; la pâte contient de la poussière de quartz. Des formes identiques se retrouvent dans la céramique de table à pâte grise ou noire polie, qui ne se différencient donc que par la couleur de leur pâte.

Dans la céramique polie, on distingue un groupe de récipients fabriqués apparemment sans recours au tour de potier. Leur surface intérieure présente en général des creux formés au cours du modelage, ou une surface irrégulière aplanie résultant, semble-t-il, du frottage au moyen d'une touffe d'herbe. Cette vaisselle modelée se distingue par la qualité remarquable de sa fabrication : la cuisson est parfaite, la pâte souvent fine, le décor comparativement riche.

3. J.A. RILEY, 1975, « The pottery from the first session of excavation in the Caesarea Hippodrom », *Bulletin of the American School of Oriental Research (BASOR)*, 218, n° 39-40, p. 37.

Dans ce dernier groupe, on distingue, en premier lieu, des fragments de jarres et de cruches assez grandes, à col haut cylindrique et à panse arrondie (*cat.* 23-24, 26, p. 23). La zone de jonction entre le col et l'épaule est presque toujours décorée. Il s'agit soit d'une frise d'incisions en forme de croix (*cat.* 24), soit d'un bourrelet complété de moulures verticales, décoré d'incisions (*cat.* 23), soit – dans la version la plus raffinée – d'un bourrelet décoré d'un piquetage duquel se détachent des moulures verticales avec la surface supérieure taillée (*cat.* 26). On trouve, plus rarement, de petites anses en oreillette (*cat.* 25, p. 23). Des jarres et des cruches semblables, à col cylindrique et à panse arrondie, sont caractéristiques de l'Afrique orientale, à en juger par la découverte de céramiques du même type à Matara [4], et, probablement, de régions plus lointaines [5].

Les récipients évasés et fins, illustrés par le type de bols *cat.* 27-31 (p. 23), présentent un polissage gris soigné. Ils sont caractérisés par un décor spécifique de motifs estampés sur la surface intérieure, qui les distingue sur le plan esthétique.

Dans ce groupe, on trouve également de grandes jarres aux parois épaisses et à la surface polie. Elles ont un col large avec une lèvre épaissie (*cat.* 32, p. 23). Sur l'un de ces fragments de panse, apparaît un décor en relief formé par deux moulures semi-sphériques (*cat.* 33, p. 23), dont on trouve des équivalents en Éthiopie [6]. Un fond de grande jarre à parois épaisses mérite d'être noté (*cat.* 34, p. 23) : une "assiette" à pâte grise est montée dans le fond ; elle servait de toute évidence de base lors du modelage du récipient. La vaisselle modelée présente généralement soit un fond plat, soit un fond concave (*cat.* 35, p. 23). Les fonds des récipients sont relativement étroits et ont toujours un petit bourrelet à l'intérieur.

On a maintenant toutes les raisons de penser que la céramique modelée polie est liée à la culture des peuples de l'Afrique orientale et, en premier lieu, de celle de l'Éthiopie. On peut donc supposer que des populations originaires de ces régions vivaient à Bir 'Alī (Qāni') aux Ve-VIe siècles ap. J.-C.

La céramique à glaçure est très rare dans les fouilles du bâtiment A. Parmi les découvertes, on notera principalement des fragments de bols, d'assiettes et de jarres (*cat.* 36, 38, p. 24-25), recouverts d'une glaçure verte. On distinguera, en particulier, le fragment de panse d'un récipient gris-vert à couverte glaçurée (de type céladon chinois), portant en relief un idéogramme chinois « van » qui signifie « le roi » (*cat.* 37, p. 25). L'usage d'une vaisselle à couverte glaçurée et l'habitude de dessiner différents signes sur les récipients, y compris en relief, se répandent en Chine à partir de la période Han [7]. D'après les données stratigraphiques, le fragment peut être daté du VIe siècle ap. J.-C. Il constitue l'un des rares témoignages des échanges, probablement indirects, qui existaient entre l'Arabie du Sud et la Chine.

La céramique de cuisine. Pour préparer les repas, on utilisait généralement des jarres et des vases à pâte rouge et noir polie, à panse arrondie et à la lèvre en biseau extérieur (*cat.* 39-45,

---

4. F. Anfray, 1967, « Matara », *Annales d'Éthiopie*, 7, pl. XXIII : 3220 ; XXVII : 3219 ; XXXIII : 3272.
5. Voir, par exemple, *Arheologija Central'noj Afriki (L'archéologie de l'Afrique centrale)*, Moscou, Nauka, 1988, p. 189 : 2 ; p. 196 : 1-2 ; p. 199 : 1 ; P.L. Shinnie, 1967, *Meroe. A Civilization of the Sudan*, New York-Washington, p. 122 ; pl. 58-59.
6. G. Trignali, 1965, « Cenni sulle 'ona di Asmara e dintorni », *Annales d'Éthiopie*, 7, pl. LXXIX : 2.
7. R.L. Hobson, 1915, *Chinese Pottery and Porcelain*, Vol. 1, London-New York-Toronto and Melbourne, p. 9 : 207.

50-52, p. 24-25). Les vases sont souvent dotés d'anses (*cat.* 49, p. 24), qui portent généralement un décor incisé ; elles sont le plus souvent de section ronde (*cat.* 47, p. 25), plus rarement ovale (*cat.* 48, p. 25). Dans un seul cas, l'anse est verticale et pourvue d'incisions sur la tranche, également décorée de trois lignes incisées qui imitaient probablement le contour de la main (*cat.* 46, p. 25) [8]. La céramique culinaire non polie est relativement rare. On a retrouvé une jarre à base arrondie ; sa panse côtelée présente des proportions un peu allongées ; la lèvre est biseautée extérieurement. La saillie, à l'intérieur du col, sous la lèvre, était sans doute destinée à recevoir le couvercle (*cat.* 53, p. 25).

La céramique à parois épaisses est représentée par des fragments de cuvettes et de grandes jarres de stockage ouvertes. Les cuvettes ont des parois lisses (*cat.* 54, p. 25), ou côtelées (*cat.* 55, p. 25). Dans le dernier cas, elles sont toujours dotées d'un bourrelet sous la lèvre. Les cuvettes côtelées sont faites de la même pâte que les amphores côtelées du type le plus répandu durant la période tardive du site de Bir ʿAlī (Qāni') ; elles devaient être fabriquées dans les mêmes ateliers. Les exemplaires retrouvés à Carthage, qui présentent une forme assez proche, sont datés de la première moitié ou du milieu du VIe siècle ap. J.-C. [9]

Les grandes jarres de stockage ouvertes sont représentées par des fragments de lèvre en forme de "bec" (*cat.* 56, 60-62, p. 26-27), ou, plus rarement, avec un bord non profilé. L'un d'eux présente un trou foré (*cat.* 58, p. 27). Les fragments de bols à lèvre arrondie, à panse sphérique, sont relativement rares (*cat.* 59, p. 27) et les fragments de vases largement ouverts encore plus. Sur les quelques spécimens recueillis, un bourrelet souligne la lèvre ; les anses verticales en tenon sont décorées de moulures et percées (*cat.* 57, p. 27).

Les types locaux sud-arabiques recueillis au cours des fouilles du bâtiment A consistent en fragments peu nombreux de grandes jarres et de grands bols à parois épaisses qui, parfois, s'élargissent très sensiblement vers la lèvre (*cat.* 63, p. 27) ; les fragments de bases annulaires sont très typiques (*cat.* 64-65, p. 27). Outre ces particularités typologiques, le groupe se caractérise par une pâte grenue et poreuse : de nombreux petits cratères se sont creusés lorsque les différents additifs organiques ont brûlé au cours de la cuisson.

2/ Les objets

Les trouvailles autres que la céramique sont assez rares.

— Les objets en pierre

Ils sont très caractéristiques : râpes pour les céréales et différents types de pilons (*cat.* 66-69, p. 29) ; fragments de meules dormantes rondes (*cat.* 70-71, p. 28-29) ; galets creusés de cavités (*cat.* 72, p. 29) ; fragment de petit autel en calcaire (*cat.* 73, p. 28).

— Les objets en os

Ils ne sont représentés que par un petit fragment de récipient en ivoire, probablement un petit coffret (*cat.* 74, p. 28).

---

8. F. ANFRAY, 1963, « La première campagne de fouilles à Matara, près de Sènafé (nov. 1959-janv. 1960) », *Annales d'Éthiopie*, 5, pl. CIII : 48 ; CIX.
9. FULFORD & PEACOCK, *The pottery*..., p. 198 et fig. 76 : 4.1, 4.2 ; p. 199.

Catalogue

1. Amphore côtelée, partie supérieure ; un *graffito* peu clair sous le col ; fragments d'inscription tracée à la peinture rouge sur la panse. Pâte beige, sableuse, surface extérieure à pellicule blanchâtre. Diam. : 11 cm ; haut. : 38 cm. *Kana-86/I-44* ; bâtiment A, couche d'occupation au sud-est de la pièce 3 (*fig. 6*).

2. Amphore côtelée, partie supérieure. Pâte similaire au n° 1. Diam. : 10,2 cm ; haut. : 24 cm. *Kana-86/I-36* ; bâtiment A, pièce 3, premier sol de la période de construction (*fig. 6*).

3. Amphore côtelée, fragment de partie supérieure. Pâte similaire au n° 1. Diam. : 12 cm. *Kana-85/I-28* ; rue au nord du bâtiment A (*fig. 6*).

4. Amphore côtelée, fragment de col ; un *graffito* sur la panse. Pâte similaire au n° 1. Diam. : 9 cm. *Kana-86/I-15* ; bâtiment A, pièce 4, sol (*fig. 6*).

5. Amphore côtelée, fragment de col avec une partie d'anse. Pâte similaire au n° 1. Diam. : 9 cm. *Kana-85/I-29* ; rue au nord du bâtiment A (*fig. 6*).

6. Amphore côtelée, partie supérieure ; inscription peu visible sur la panse, tracée à la peinture rouge ; inscription près de la anse, tracée à la peinture noire. Pâte similaire au n° 1. Diam. : 10 cm ; haut. : 24 cm. *Kana-85/I-61* ; bâtiment A, pièce 3 (*fig. 6*)

7. Amphore côtelée, fragment de bord avec anse. Pâte similaire au n° 1. Diam. : 9 cm. *Kana-85/I-49* ; passage entre les bâtiments A et B (non illus.).

8. Amphore côtelée, fragment d'anse. Pâte similaire au n° 1. Dim. de la section : 3,5 x 2 cm. *Kana-85/I-50* ; passage entre les bâtiments A et B (*fig. 6*).

9. Amphore côtelée, fragment d'anse. Pâte similaire au n° 1. Dim. de la section : 2,7 x 2 cm. *Kana-86/I-16* ; bâtiment A, pièce 4, sol (*fig. 6*).

10. Amphore côtelée, fragment d'anse. Pâte similaire au n° 1. Dim. de la section : 3,7 x 2 cm. *Kana-85/I-48* ; passage entre les bâtiments A et B (*fig. 6*).

11. Amphore côtelée, fragment de base. Pâte similaire au n° 1. Diam. : 3 cm. *Kana-85/I-63* ; passage entre les bâtiments A et B (*fig. 6*).

12. Amphore côtelée, fragment de base. Pâte similaire au n° 1. *Kana-85/I-52* ; passage entre les bâtiments A et B (*fig. 6*).

13. Amphore côtelée, fragment de base, fond à bouton avec une petite cavité au centre. Pâte similaire au n° 1. Diam. : 3 cm. *Kana-85/I-30* ; rue au nord du bâtiment A (*fig. 6*).

14. Amphore côtelée, fragment de base, fond à bouton avec une petite cavité au centre. Pâte similaire au n° 1. Diam. : 2,5 cm. *Kana-85/I-2* ; bâtiment A, pièce 2 (*fig. 6*).

15. Amphore côtelée, fragment de base, fond à bouton avec une petite cavité au centre. Pâte similaire au n° 1. Diam. : 3,5 cm. *Kana-85/I-41* ; rue au nord du bâtiment A (*fig. 6*).

16. Amphore côtelée, fragment de pied, fond à bouton. Pâte similaire au n° 1. Diam. : 2 cm. *Kana-85/I-51* ; passage entre les bâtiments A et B (*fig. 6*).

17. Amphore, base tronconique. Pâte brune, sableuse, bitume à l'intérieur. Diam. : 2,8 cm. *Kana-86/I-43* ; bâtiment A, pièce 3, sol de la première période de construction (*fig. 6*).

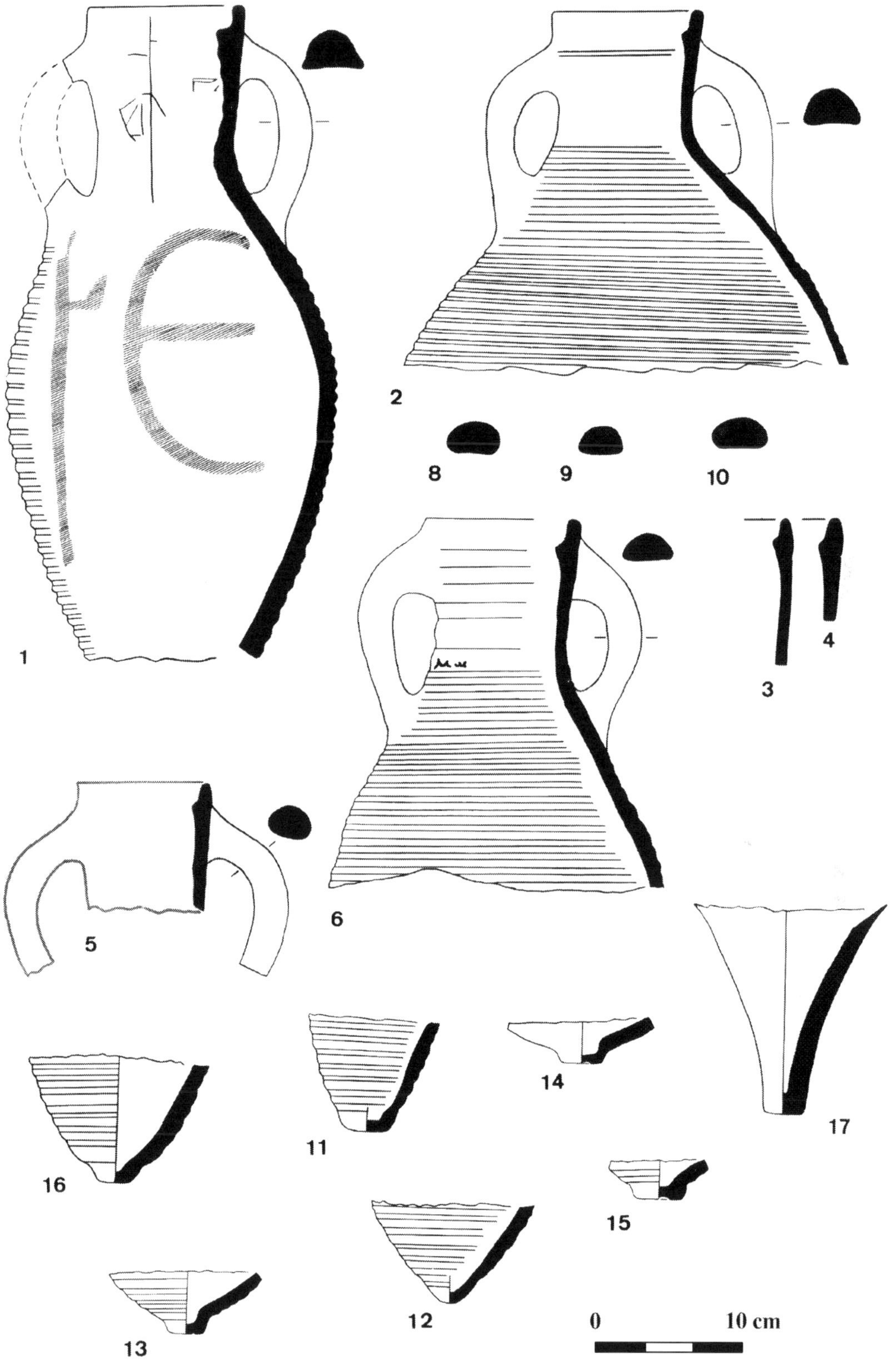

Figure 6

Catalogue

18. Bouteille, fragment de col. Pâte rouge, fine, dégraissant sableux, engobe rouge sombre à l'extérieur et à l'intérieur. Diam. : 3 cm. *Kana-85/I-33* ; rue au nord du bâtiment A (*fig. 7*).

19. Bouteille à fond plat, fragment de partie inférieure. Pâte rouge, fine, dégraissant sableux, engobe rouge à l'extérieur. Diam. de la panse : 11 cm ; diam. du fond : 5,7 cm ; haut. : 9 cm. *Kana-85/I-33a* ; rue au nord du bâtiment A (*fig. 7*).

20. Bol, fragment de partie supérieure. Pâte rouge, fine, dégraissant sableux, engobe rouge à l'extérieur. Diam. : 16 cm. *Kana-85/I-47* ; rue au nord du bâtiment A (*fig. 7*).

21. Grande jarre, fragment de bord. Pâte rouge, fine, sableuse. Décor incisé : bande composée de quatre lignes ondulées. Diam. : 19 cm. *Kana-86/I-45* ; bâtiment A, couche d'occupation au sud-est de la pièce 3 (*fig. 7*).

22. Grande jarre, fragment de panse. Pâte rouge, fine, sableuse. Décor incisé : faisceaux de lignes croisées. Dim. : 9,5 x 5 cm. *Kana-85/I-44* ; rue au nord du bâtiment A (*fig. 7*).

23. Jarre, partie supérieure, col cylindrique, panse arrondie ; modelée. Pâte rouge, fine, dégraissant sableux, surface extérieure polie. Décor en relief : bourrelet muni d'une incision sur l'épaule ; trois chevrons partent de l'incision. Diam. : 18 cm. *Kana-86/I-1* ; bâtiment A, pièce 4, couche supérieure de remplissage (*fig. 7*).

24. Jarre, fragment de partie supérieure, col cylindrique ; modelée. Pâte grise, fine, dégraissant sableux, surface extérieure polie. Décor incisé : ligne de croix sur l'épaule. Diam. : 6 cm. *Kana-86/I-6* ; bâtiment A, pièce 4, couche supérieure de remplissage (*fig. 7*).

25. Cruche, fragment de panse avec anse ; modelée. Pâte grise, très fine, dégraissant sableux, surface extérieure polie. Décor estampé : petites lignes verticales et croix. Dim. : 5 x 3,5 cm. *Kana-85/I-55* ; passage entre les bâtiments A et B (*fig. 7*).

26. Jarre, fragment de partie supérieure, col en forme d'entonnoir ; modelée. Pâte grise, fine, dégraissant sableux, surface extérieure polie. Décor en relief : bourrelet sur l'épaule portant des points incisés, d'où partent des chevrons verticaux. Diam. : 16 cm. *Kana-86/I-7* ; bâtiment A, pièce 4, couche supérieure de remplissage (*fig. 7*).

27. Bol, fragment de partie supérieure, parois fines ; modelé. Pâte grise, fine, dégraissant sableux, surface extérieure polie. Décor incisé et estampé : deux lignes horizontales sous le bord ; ligne de triangles plus bas. Diam. : 14 cm. *Kana-85/I-45* ; rue au nord du bâtiment A (*fig. 7*).

28. Bol, fragment de panse, parois fines ; modelé. Pâte grise, très fine, dégraissant sableux, surface extérieure polie. Décor estampé : grands triangles contenant de petits triangles. Dim. : 5 x 4 cm. *Kana-85/I-34* ; rue au nord du bâtiment A (*fig. 7*).

29. Bol, fragment de panse, parois fines ; modelé. Pâte grise, très fine, dégraissant sableux, surface extérieure polie. Décor estampé : surfaces planes recouvertes de petits triangles. Dim. : 6 x 3,5 cm. *Kana-85/I-60* ; bâtiment A, pièce 3 (*fig. 7*).

30. Bol, fragment de panse, parois fines ; modelé. Pâte grise, très fine, dégraissant sableux, surface extérieure polie. Décor estampé : surfaces planes recouvertes de petits triangles. Dim. : 4,5 x 3,5 cm. *Kana-85/I-56* ; passage entre les bâtiments A et B (*fig. 7*).

31. Bol, fragment de panse, parois fines ; modelé. Pâte grise, très fine, dégraissant sableux, surface extérieure polie. Décor estampé et incisé : surfaces planes garnies de petits triangles et d'une ligne horizontale. Dim. : 4,5 x 3 cm. *Kana-85/I-35* ; rue au nord du bâtiment A (*fig. 7*).

32. Grande jarre, fragment de bord ; modelée. Pâte rouge, fine, sableuse, surface extérieure polie. Diam. : 36 cm. *Kana-86/I-41* ; bâtiment A, pièce 3, sol de la première période de construction (*fig. 7*).

33. Grande jarre, fragment de panse ; modelée. Pâte rouge, fine, sableuse, surface extérieure polie. Décor en relief : deux moulures demi-sphériques. Dim. : 22 x 13 cm. *Kana-86/I-42* ; bâtiment A, pièce 3, sol de la première période de construction (*fig. 7*).

34. Grande jarre, fragment de fond ; modelée, monté sur une petite "assiette" à pâte grise placée à l'intérieur. Pâte rouge, fine, sableuse, surface extérieure polie. Diam. : 15 cm. *Kana-86/I-4* ; bâtiment A, pièce 4, couche supérieure de remplissage (*fig. 7*).

35. Jarre, fragment de fond ; modelée. Pâte grise, fine, sableuse, surface extérieure polie. Diam. : 11 cm. *Kana-85/I-53* ; passage entre les bâtiments A et B (*fig. 7*).

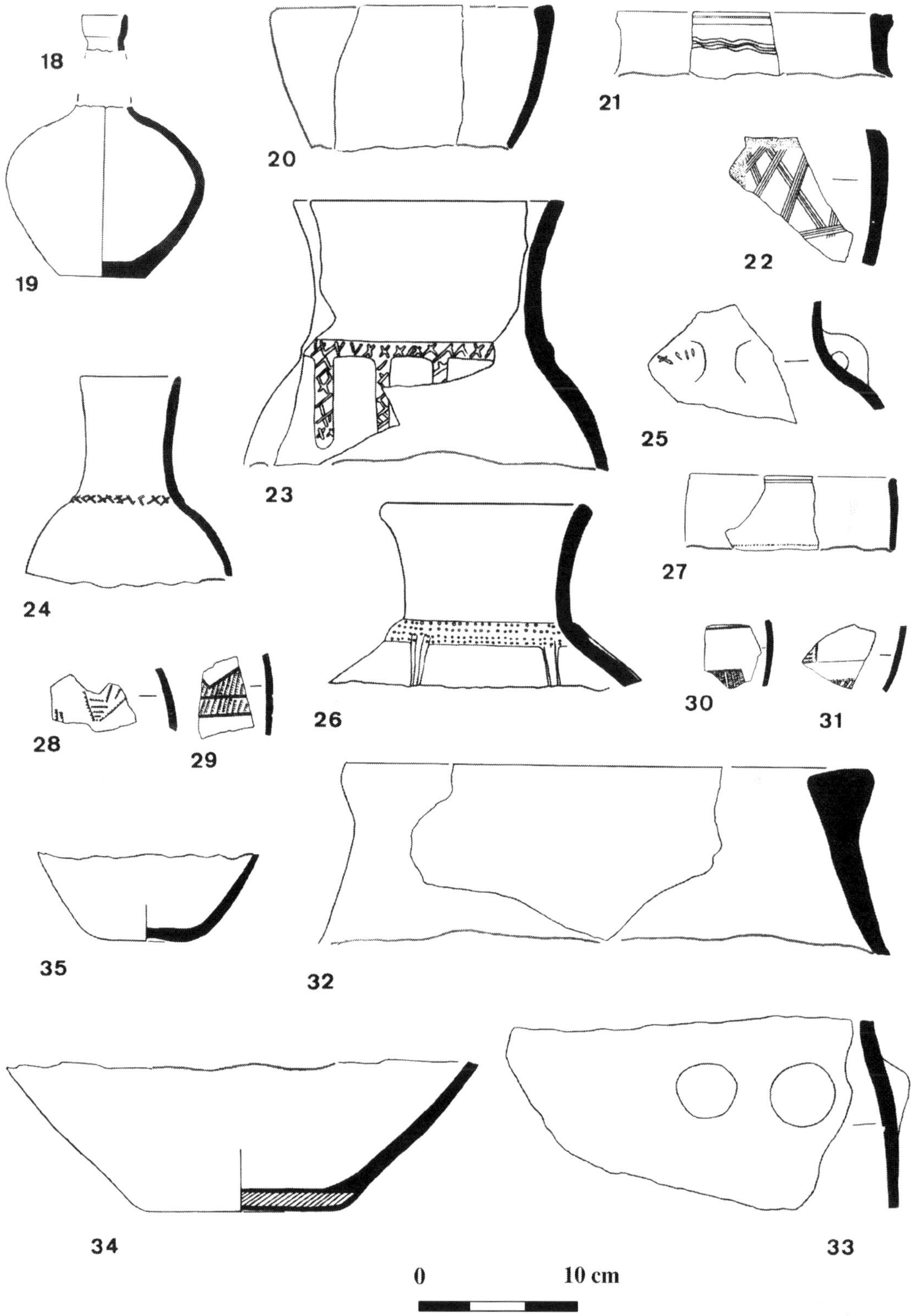

Figure 7

Catalogue

36. Jarre, fragment de bord. Pâte claire, fine, dégraissant sableux, glaçure verte. Décor en relief : bourrelet sous la lèvre à l'extérieur. Diam. : 12 cm. *Kana-85/I-58* ; rue au nord du bâtiment A (*fig. 8*).

37. Vase, fragment de panse avec un idéogramme chinois. Pâte claire, très fine (céladon chinois), glaçure grise. Dim. : 11,5 x 6 cm. *Kana-86/I-19* ; bâtiment A, pièce 4, sol (*fig. 8*).

38. Jarre, fragment de fond. Pâte claire, fine, dégraissant sableux, glaçure verte. Diam. : 8 cm. *Kana-86/I-25* ; bâtiment A, pièce 4, couche inférieure de remplissage (non illus.).

39. Jarre de cuisine, fragment de bord, lèvre légèrement biseautée vers l'extérieur. Pâte rouge, fine, sableuse, surface extérieure polie. Diam. : 28 cm. *Kana-85/I-3* ; bâtiment A, pièce 2 (*fig. 8*).

40. Jarre de cuisine, fragment de bord, lèvre légèrement biseautée vers l'extérieur. Pâte rouge, fine, sableuse, surface extérieure polie. Diam. : 30 cm. *Kana-85/I-3a* ; bâtiment A, pièce 2 (*fig. 8*).

41. Jarre de cuisine, fragment de bord, lèvre légèrement biseautée vers l'extérieur. Pâte rouge, fine, sableuse, surface extérieure polie. Diam. : 32 cm. *Kana-85/I-3b* ; bâtiment A, pièce 2 (*fig. 8*).

42. Vase ouvert de cuisine, fragment de bord, lèvre biseautée vers l'extérieur. Pâte rouge, fine, sableuse, surface extérieure polie. Diam. : 44 cm. *Kana-85/I-34* ; rue au nord du bâtiment A (*fig. 8*).

43. Jarre de cuisine, fragment de partie supérieure, lèvre biseautée vers l'extérieur. Pâte brune, fine, engobe rougeâtre à l'extérieur. Diam. : 16 cm. *Kana-85/I-62* ; bâtiment A, pièce 3 (*fig. 8*).

44. Jarre de cuisine, fragment de partie supérieure, lèvre biseautée vers l'extérieur. Pâte brune, fine, sableuse. Diam. : 14 cm. *Kana-85/I-57* ; passage entre les bâtiments A et B (*fig. 8*).

45. Jarre de cuisine, fragment de partie supérieure, lèvre biseautée vers l'extérieur. Pâte brune, fine, sableuse. Diam. : 19 cm. *Kana-86/I-24* ; bâtiment A, pièce 4, couche inférieure de remplissage (*fig. 8*).

46. Vase de cuisine, fragment de partie supérieure avec une anse verticale en forme de fer à cheval, lèvre biseautée vers l'extérieur. Pâte brune, fine, sableuse. Décor incisé : petites lignes verticales. Diam. : 17 cm. *Kana-86/I-17* ; bâtiment A, pièce 4, sol (*fig. 8*).

47. Vase de cuisine, fragment d'anse. Pâte rouge, fine, sableuse. Décor incisé : faisceaux de lignes. *Kana-86/I-18* ; bâtiment A, pièce 4, sol (*fig. 8*).

48. Vase de cuisine, fragment d'anse. Pâte brune, fine, sableuse. Décor incisé : faisceaux de lignes. *Kana-85/I-43* ; rue au nord du bâtiment A (*fig. 8*).

49. Vase de cuisine, fragment d'anse. Pâte grise, fine, dégraissant sableux. Décor estampé : réticulé. K*ana-85/I-54* ; passage entre les bâtiments A et B (non illus.).

50. Jarre de cuisine, fragment de partie supérieure, lèvre posée verticalement, panse arrondie. Pâte rouge, très fine, dégraissant sableux, surface extérieure polie. Diam. : 14 cm ; haut. : 6 cm. K*ana-86/I-37* ; bâtiment A, pièce 3, sol de la période de construction (non illus.).

51. Jarre de cuisine, fragment de partie supérieure, lèvre biseautée vers l'extérieur, panse arrondie. Pâte noire, très fine, sableuse, surface extérieure polie. Diam. : 14 cm. *Kana-86/-38* ; bâtiment A, pièce 3, sol de la période de construction (non illus.).

52. Jarre de cuisine, fragment de panse. Pâte grise, fine, sableuse, surface extérieure polie. Dim. : 3,5 x 7,5 cm. *Kana-86/I-36* ; bâtiment A, sol de la période de construction (non illus.).

53. Jarre de cuisine, complète, lèvre biseautée vers l'extérieur, saillie à l'intérieur pour fixer le couvercle, panse ovoïde, fond rond. Pâte grise, fine, sableuse. Diam. : 20 cm ; haut. : 27,5 cm. *Kana-86/I-8* ; bâtiment A, pièce 4, couche supérieure de remplissage (*fig. 8*).

54. Grande cuvette, incomplète, lèvre en forme de petit bourrelet. Pâte grise, sableuse, engobe brunâtre à l'extérieur. Diam. : 28 cm ; haut. : 10 cm. *Kana-86/I-2* ; bâtiment A, pièce 4, couche supérieure de remplissage (*fig. 8*).

55. Grande cuvette côtelée, incomplète, lèvre légèrement biseautée en bas. Pâte grise, sableuse, surface extérieure blanchâtre. Diam. : 29 cm ; haut. : 12 cm. *Kana-86/I-3* ; bâtiment A, pièce 4, couche supérieure de remplissage (*fig. 8*).

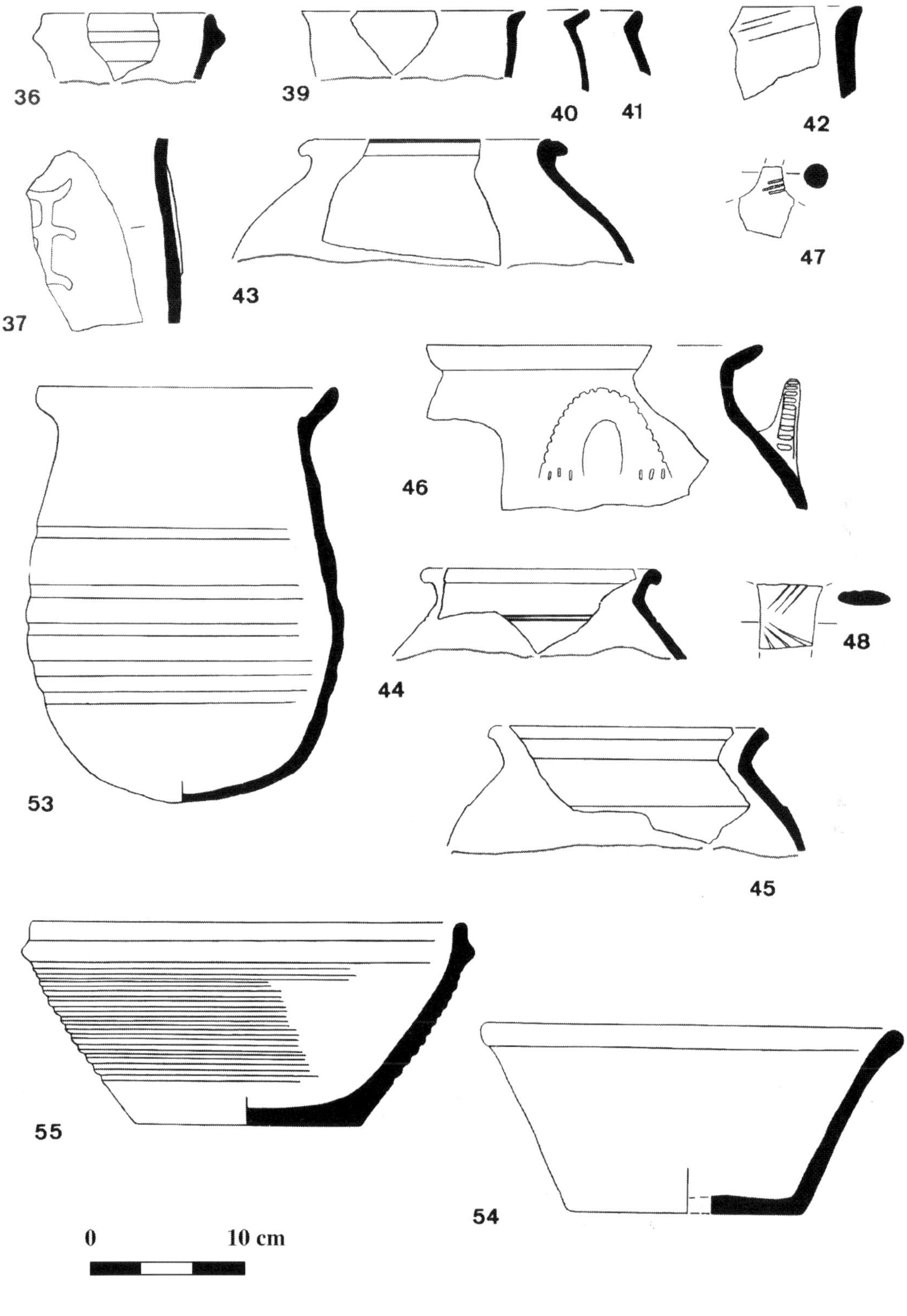
36
39
40
41
42
37
43
47
46
53
44
48
45
55
54
0
10 cm

Figure 8

Catalogue

56. Grande jarre ouverte, fragment de bord. Pâte rouge, sableuse. Décor incisé : ligne ondulée. Diam. : 30 cm. *Kana-85/I-47* ; rue au nord du bâtiment A (*fig. 9*).

57. Grand vase ouvert, fragment de bord, lèvre biseautée extérieurement, une anse verticale moulurée avec une pointure horizontale sous la lèvre. Pâte brune, fine, sableuse. Diam. : 34 cm. *Kana-85/I-59* ; bâtiment A, pièce 3 (*fig. 9*).

58. Grand bol, fragment de bord, un trou foré sur le bord. Pâte rouge, sableuse. Diam. : 32 cm. *Kana-85/I-46* ; rue au nord du bâtiment A (*fig. 9*).

59. Bol, fragment de la partie supérieure, lèvre arrondie, panse sphérique. Pâte rouge, sableuse, inclusions blanches, bitume à l'intérieur. Diam. : 10 cm. *Kana-85/I-32* ; rue au nord du bâtiment A (*fig. 9*).

60. Grande jarre, fragment de panse. Pâte rouge, fine, sableuse. Décor incisé et en relief : faisceaux de lignes croisées et cupules modelées avec les doigts sur le bourrelet. Dim. : 12 x 10 cm. *Kana-85/I-36* ; rue au nord du bâtiment A (non illus.).

61. Grande jarre, fragment de panse. Pâte rouge, fine, sableuse. Décor en relief et incisé : cupules modelées avec les doigts et bande ondulée. Dim. : 8,5 x 6,5 cm. *Kana-85/I-37* ; rue au nord du bâtiment A (non illus.).

62. Grande jarre, fragment de panse. Pâte rouge, fine, sableuse. Décor incisé : faisceaux croisés. Dim. : 4 x 4 cm. *Kana-85/I-38* ; rue au nord du bâtiment A (non illus.).

63. Grand bol, fragment de bord. Pâte jaune-vert, poreuse, traces d'inclusions organiques. Décor incisé : ligne horizontale. Diam. : 43 cm. *Kana-85/I-64* ; bâtiment A, pièce 3 (*fig. 9*).

64. Grande jarre, fragment de base annulaire. Pâte jaune-vert, poreuse, traces d'inclusions organiques. Diam. : 20 cm. *Kana-85/I-65* ; bâtiment A, pièce 3 (*fig. 9*).

65. Grande jarre, fragment de base annulaire. Pâte jaune-vert, poreuse, traces d'inclusions organiques. Diam. : 18 cm. *Kana-86/I-40* ; bâtiment A, pièce 3, sol de la période de construction (*fig. 9*).

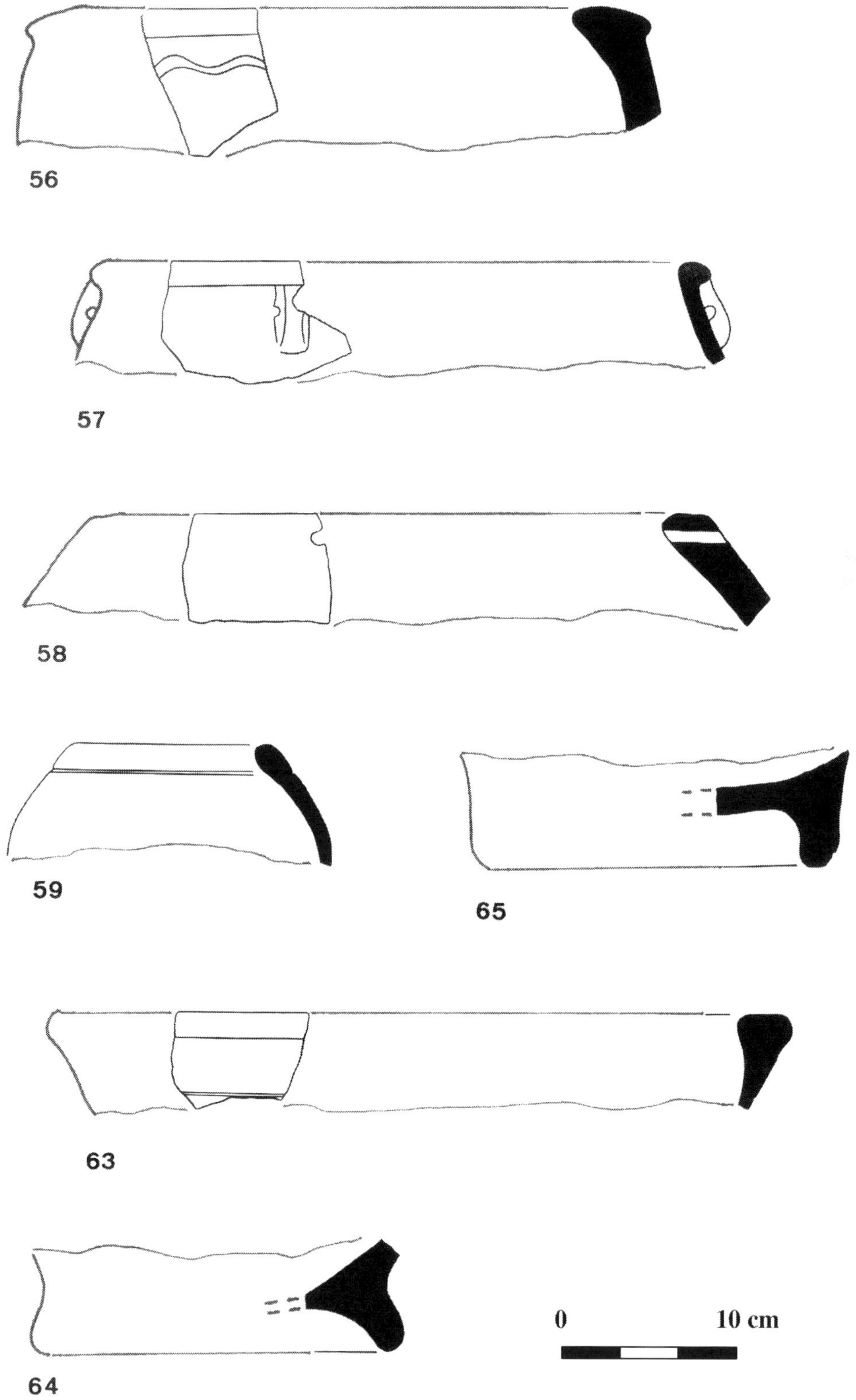

Figure 9

Catalogue

66. Râpe pour le blé, fragment. Dim. : 11,5 x 9 x 3,4 cm. *Kana-85/I-66* ; bâtiment A, pièce 3 (*fig. 10*).

67. Pilon en forme de brique. Dim. : 14,7 x 10,6 x 5 cm. *Kana-85/I-67* ; bâtiment A, pièce 3 (*fig. 10*).

68. Pilon en forme de galet allongé, complet. Traces d'usure aux extrémités. Dim. : 11,3 x 4,1 x 4 cm. *Kana-86/I-12* ; bâtiment A, pièce 4, couche supérieure de remplissage (*fig. 10*).

69. Pilon en forme de galet allongé, complet. Traces d'usure aux extrémités et sur les côtés. Dim. : 10,5 x 5 x 2 cm. *Kana-86/I-13* ; bâtiment A, pièce 4, couche supérieure de remplissage (*fig. 10*).

70. Meule manuelle en basalte, ronde, fragment de partie supérieure. Trou au centre et rainure dans le sens de la longueur. Dim. : 35 x 15 x 8 cm. *Kana-86/I-10* ; bâtiment A, pièce 4, couche supérieure de remplissage (*fig. 10*).

71. Meule manuelle en basalte, ronde, fragment de partie inférieure. Dim. : 25 x 15 x 6 cm. *Kana-86/I-11* ; bâtiment A, pièce 4, couche supérieure de remplissage (non illus.).

72. Galet plat arrondi portant trois cavités. Traces d'usure sur le quatrième côté. Dim. : 13 x 9 x 5.,5 cm ; diam. des cavités : 3,5 cm ; prof. des cavités : jusqu'à 1 cm. *Kana-86/I-14* ; bâtiment A, pièce 4, couche supérieure de remplissage (*fig. 10*).

73. Petit autel calcaire avec anse, fragment (pour brûler des aromates ?) ; le corps est carré. Dim. : 10 x 10 cm ; haut. : 16 cm. *Kana-86/I-26* ; bâtiment A, pièce 4, couche inférieure de remplissage (non illus.).

74. Coffret (?) cylindrique en ivoire, fragment de panse. Traces de travail au tour à l'extérieur. Dim. : 7 x 4,5 cm. *Kana-86/I-27* ; bâtiment A, pièce 4, couche inférieure de remplissage (non illus.).

75. Cachet (?) en forme de plaque ; l'anse a la forme d'une petite tige ; objet incomplet. Dim. : 2,5 x 2 cm. *Kana-85/I-1* ; bâtiment A, pièce 1 (*fig. 10*).

76. Pivot, fragment, section ovale. Dim. : 6,8 x 1,2 cm. Kana-86/I-22 ; bâtiment A, pièce 4, sol (*fig. 10*).

77. Plaque quadrangulaire, bord biseauté, fragment. Dim. : 1,3 x 0,8 cm. *Kana-86/I-23* ; bâtiment A, pièce 4, sol (non illus.).

78. Vase en verre sombre, fragment de fond concave. Diam. : 4 cm. *Kana-85/I-39* ; rue au nord du bâtiment A (non illus.).

79. Vase en verre, fragment de fond. Dim. : 3,5 x 3,5 cm. *Kana-86/I-9* ; bâtiment A, pièce 4, couche supérieure de remplissage (non illus.).

80. Vase en verre, fragment de bord. Décor en relief : réticulé et points sous la lèvre. Diam. : 9 cm. *Kana-86/I-20* ; bâtiment A, pièce 4, sol (non illus.).

81. Vase en verre, fragment de panse. Décor en relief. Dim. : 8 x 3,5 cm. *Kana-86/I-47* ; bâtiment A, couche d'occupation au sud-est de la pièce 3 (non illus.).

82. Perle ronde en verre verdâtre, fragment. Diam. : 2 cm. *Kana-86/I-46* ; bâtiment A, couche d'occupation au sud-est de pièce 3 (non illus.).

124. Encensoir cylindrique en pierre, partie inférieure. Surface intérieure noircie par la fumée. Décor incisé de carreaux et de lignes ondulées. Diam. : 9,5 cm ; haut. : 5 cm. *Kana-85/I-27* ; bâtiment A, sondage dans la pièce 1, niveau F (*fig. 10*).

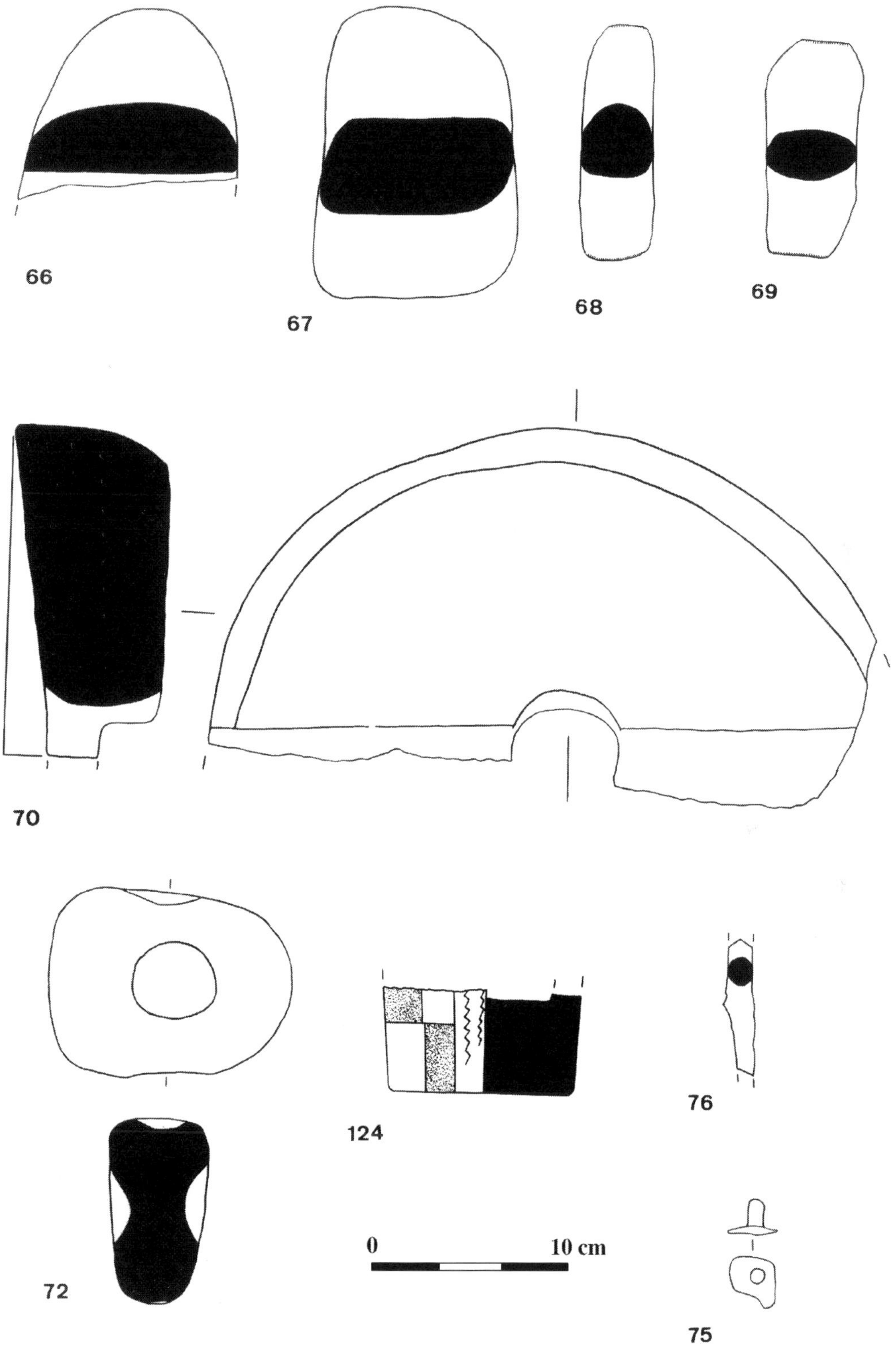

Figure 10

Datation du bâtiment A

Les recherches effectuées ont montré avec suffisamment de certitude que le bâtiment A fut probablement fondé dans le courant du Ve siècle ap. J.-C., et qu'il a perduré jusqu'à la fin du VIe ou au début du VIIe siècle ap. J.-C. Elles n'ont pas pu, en revanche, permettre de dater le début des activités dans la partie sud-ouest de Bir ʿAlī (Qāni'). Pour tenter de résoudre ce problème, des sondages stratigraphiques ont été effectués à l'intérieur des pièces 1 et 4 du bâtiment A. Les fouilles ont livré un matériel peu abondant, mais assez significatif.

Stratigraphie du bâtiment A

Sondage dans la pièce 1

Les dimensions en sont les suivantes : 2 x 1,5 m. Les recherches ont été menées jusqu'au sol vierge, une sorte de "plate-forme" de basalte située à 3,7 m au-dessous du niveau du sol de la pièce 1. Les couches d'occupation se subdivisent en sept niveaux successifs. Les limites entre les niveaux sont généralement nettement marquées (*fig. 11*).

– Niveau A, ou niveau supérieur. Épaisseur : 1,4-1,5 m. Il est composé de sable mêlé de cendres et d'une grande quantité d'arêtes de poissons. Par sa composition et par le type des trouvailles, le niveau A ne diffère pas des couches supérieures de remplissage des complexes architecturaux. Parmi les trouvailles figurent des amphores, y compris du type côtelé, ainsi que des fragments de récipients de table à parois épaisses.

– Niveau B. Épaisseur : 0,3 m. La terre est assez tassée, sablonneuse, avec une nuance brunâtre caractéristique ; on y trouve des blocs de basalte. Les trouvailles sont peu nombreuses et peu significatives.

– Niveau C. Épaisseur : 0,45-0,5 m. Il est composé de sable mêlé de cendres. Les trouvailles sont en général banales, on compte cependant, parmi le matériel amphorique, un fragment appartenant au type à côtes.

– Niveau D. Épaisseur : 0,65-0,7 m. Il s'agit d'une couche de sable tassé de couleur brune. Ici, le matériel est différent. Tout d'abord, les fragments d'amphores côtelées disparaissent complètement pour être remplacés par des fragments d'amphores à anses bifides et à pâte rouge (*cat.* 83-84, p. 36). Les fragments de jarres à pâte rouge polie sont largement représentés (*cat.* 92-97, p. 36). Mentionnons aussi un fragment de bol à vernis rouge d'origine méditerranéenne (*terra sigillata* ; *cat.* 106, p. 36).

– Niveau E. Épaisseur : 0,15-0,2 m. Il est constitué d'un sable clair contenant une petite quantité de cendres. Hormis les arêtes de poissons, que l'on trouve en abondance dans tous les niveaux, les fouilles n'ont révélé aucun matériel.

– Niveau F. Il s'agit du niveau le plus bas. Épaisseur : 0,6-0,65 m. Par sa composition, il ressemble au niveau D. Il en diffère cependant par la présence d'une assez grande quantité d'éboulis de pierres. On y a trouvé une quantité importante de fragments d'amphores à anses bifides ; des fragments de jarres à pâte rouge polie ; un fragment de *terra sigillata* (*cat.* 107, p. 36) ; des fragments de bols à glaçure irrégulière de couleur jaune-vert (*cat.* 110-111, p. 36). Il faut aussi mentionner un fragment de fond de vase en verre (*cat.* 123, p. 37) et la partie inférieure d'un brûle-parfum cylindrique en pierre (*cat.* 124, p. 29).

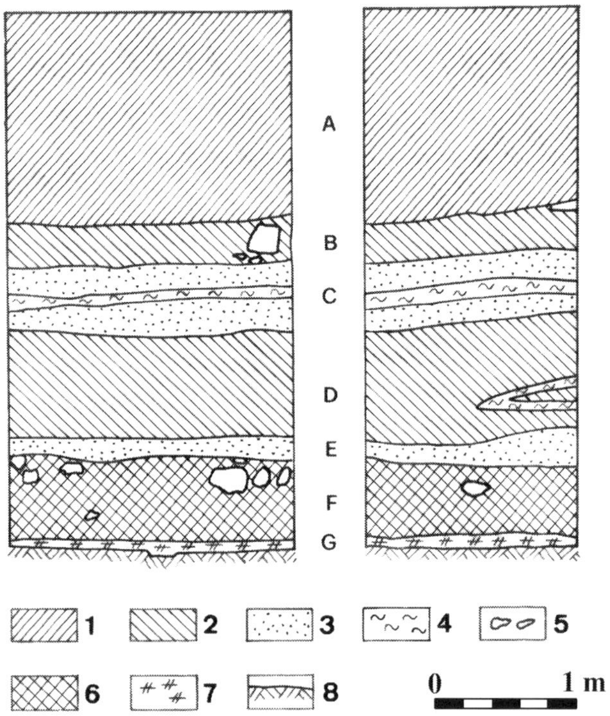

Figure 11

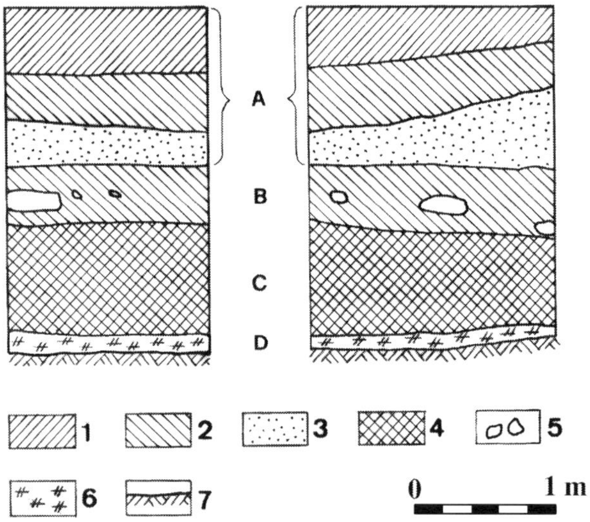

Figure 12

– Niveau G. Les différentes couches d'occupation reposaient sur une plate-forme de basalte. La surface de cette plate-forme était recouverte d'une petite couche de terre noire, inhabituelle à Bir 'Alī (Qāni'), d'une épaisseur atteignant 5 cm ; la même terre remplissait toutes les dépressions de la plate-forme de basalte. Globalement, cette couche consistait en un sable mêlé de débris de nature organique pourris, de petits coquillages, d'arêtes de poissons, etc. On n'a trouvé ni objet ni céramique.

1/ La céramique

Nous livrons ici les résultats de l'évaluation statistique des céramiques provenant des niveaux C à F. Selon nous, les niveaux A et B sont contemporains des premières structures du bâtiment A et ne seront donc pas examinés ici. Dans le sondage, 653 fragments de céramique ont été recueillis, dont 40,4% représente du matériel amphorique. Hormis ce matériel, la céramique se répartit de la façon suivante :

Tableau 2

désignation	**nombre de fragments**	**%**
céramique de table, à pâte rouge	158	40,6
id., à pâte rouge polie	33	8,5
id., à pâte grise et grise polie	28	7,2
id., à vernis rouge (*terra sigillata*)	8	2,1
id., glaçurée	6	1,5
céramique de cuisine	94	24,2
céramique à parois épaisses	13	3,3
céramique de type sud-arabique	49	12,6
total	389	100

Sondage dans la pièce 4

Ce sondage mesurait 1,5 x 1 m. Comme on l'a déjà mentionné, le sol de cette pièce est situé beaucoup plus bas que celui des autres pièces : le niveau du rocher naturel a été atteint à 2 m de profondeur. Les couches d'occupation se succèdent de la façon suivante (*fig. 12*).

– Niveau A. Sous les murs de la pièce 4 se trouve une couche de sable clair, comprenant une petite couche intermédiaire de sable brun. L'épaisseur de ce niveau peut atteindre 1,3 m. On y a recueilli des fragments d'amphores à anses bifides, à pâte rouge (*cat.* 85-86, p. 36) ; des jarres à pâte rouge polie (*cat.* 98-100, p. 36) et grise polie (*cat.* 101-102, p. 36) ; quelques fragments de bols à vernis rouge (*cat.* 108-109, p. 36), etc.

– Niveau B. Situé sous le niveau A, il est épais de 0,35-0,4 m. Il est constitué d'une terre sablonneuse relativement foncée, mêlée d'éboulis de basalte. Parmi les objets recueillis, il faut noter des fragments d'amphores à anses bifides, des fragments de grands bols et de jarres à parois épaisses, à pâte rouge, décorés de motifs divers (*cat.* 113-114, p. 36), etc.

– Niveau C. Épaisseur : environ 0,8 m. Il regroupe plusieurs couches sablonneuses entre lesquelles s'intercalent de nombreuses couches de sable clair et pur. Les trouvailles sont identiques à celles du niveau supérieur.

– Niveau D, ou niveau inférieur. Posé à même la plate-forme de basalte, il est caractérisé, comme dans le niveau inférieur (niveau G) du premier sondage, par du sable noir mêlé de cendres. Son épaisseur est cependant sensiblement plus importante que dans le cas précédent : 0,1-0,3 m. On n'a recueilli ni céramique ni objet, mais des arêtes de poissons, des petits coquillages, des débris de coraux, etc.

Le matériel des sondages dans le bâtiment A

Le matériel recueilli dans les couches les plus anciennes du secteur 1 s'avère, après étude, instructif.

1/ La céramique

Le matériel retrouvé dans le sondage de la pièce 4 est abondant. Au total, on a recueilli 225 fragments de céramiques, deux monnaies en bronze mal conservées (non identifiées), ainsi que des arêtes de poissons, des os d'animaux, des coquillages, etc. Les amphores prédominent dans le matériel céramique : elles constituent 37,3% de l'ensemble.

– Les amphores

Comme nous l'avons déjà mentionné, le type le mieux représenté parmi le matériel céramique est celui des amphores à pâte rouge, à parois lisses, à bord assez largement ouvert avec un bourrelet du côté extérieur ; les anses sont bifides et le pied massif, faiblement profilé et presque cylindrique (*cat.* 83-86, p. 36). Des exemplaires semblables sont répandus en Méditerranée aux Ier-IIe siècles ap. J.-C.[10]. Ils prédominent, presque complètement, dans la céramique de quelques sites indiens [11].

– Autres types de céramiques

Hormis les amphores, la céramique se répartit de la façon suivante :

Tableau 3

désignation	nombre de fragments	%
céramique de table, à pâte rouge	52	36,9
id., à pâte rouge et grise polie	6	4,3
id., à vernis rouge (*terra sigillata*)	6	4,3
céramique de cuisine	31	22
céramique à parois épaisses	17	12
céramique de type sud-arabique	29	20,5
total	141	100

10. H.S. ROBINSON, 1959, *Pottery of the Roman period. The Athenian Agora*, Vol. 5, Princeton, p. 40 ; pl. 42 ; G 198.
11. R.E.M. WHEELER, 1946, « Arikamedu : an Indo-Roman trading-station on the east coast of India », *Ancient India*, 2, p. 42, fig. 9 ; p. 44, fig. 10 ; p. 45, fig. 11 ; H.D. SANKALIA, 1957, « Imported mediterranean amphorae from Kolhapur », *Journal of the Royal Asiatic Society of Great Britain and Ireland* (*JRAS*), Parts 3-4, London, p. 207.

La céramique de table à pâte rouge est représentée par des fragments de bols et de jarres à col marqué cylindrique et à la lèvre biseautée extérieurement (*cat.* 87-88, p. 36). On a également retrouvé le fragment de bord d'une bouteille miniature (*cat.* 89, p. 36) et des fragments de coupelles largement ouvertes, à la lèvre arrondie, de section semi-circulaire (*cat.* 90-91, p. 36). Il s'agit, selon toute probabilité, de lampes en terre cuite, comme on en a trouvé, par exemple, à Arikamedu (côte orientale de l'Inde) [12].

Dans les couches anciennes, on trouve des fragments de *jarres à pâte rouge polie*, à lèvre biseautée vers l'extérieur et à panse arrondie (*cat.* 92-100, 103, p. 35-36). Les fragments de jarres à pâte grise polie sont plus rares (*cat.* 101-102, p. 36). Ces récipients pouvaient aussi bien être de la vaisselle de table que de cuisine. Les fragments de bols à pâte rouge polie, à la lèvre légèrement biseautée intérieurement ou extérieurement, sont relativement rares (*cat.* 104-105, p. 36).

La céramique à vernis rouge d'origine méditerranéenne (*terra sigillata*) est représentée par des fragments isolés de bols avec une découpe caractéristique de la lèvre et un bord vertical au-dessus de la carène (*cat.* 106-108, p. 36). Dans ce groupe, on trouve aussi des fragments de bols creux (*cat.* 109, p. 36). Le vernis – en particulier celui des bols creux – n'est pas toujours de bonne qualité.

La céramique glaçurée est tout aussi rare. Mentionnons un fragment d'assiette jaune-vert (*cat.* 110, p. 36) et un fragment de bol à glaçure de même couleur, avec une anse originale en forme de pince (*cat.* 111, p. 36).

La céramique à parois épaisses est représentée par des fragments de grandes jarres à lèvre légèrement biseautée vers l'extérieur et à panse sphérique (*cat.* 112, p. 36). Le fragment de grand bol à bord coupé obliquement vers l'extérieur, décoré de deux lignes incisées ondulées, et à panse sphérique (*cat.* 113, p. 36) est particulièrement intéressant. Dans les éléments très caractéristiques, il faut noter la présence de fragments de grandes jarres à pâte rouge, décorées de bourrelets horizontaux portant des empreintes modelées avec les doigts (*cat.* 114-115, p. 36), décor parfois complété de différentes lignes ondulées (*cat.* 116, p. 36). On retrouve en Inde cette façon de décorer la céramique à parois épaisses [13].

Les céramiques sud-arabiques se caractérisent par une pâte grenue et poreuse (*cat.* 117-121, p. 36-37) et, très fréquemment, par une base annulaire (*cat.* 119-120, p. 36).

---

12. WHEELER, « Arikamedu... », p. 67, fig. 23, n° 36 b-e, 38 a, c.
13. A. GHOSH & K.C. PANIGRAHI, 1946, « The pottery of Ahichchatra », *Ancient India*, 1, p. 53, fig. 8, 15-16 ; *supra* n. 11, fig. 38, n° 145.

Catalogue

83. Amphore, fragment de panse avec une partie d'anse bifide. Pâte rouge, grossière, sableuse, inclusions noires et blanches, micacée. *Kana-85/I-8a* ; bâtiment A, sondage dans la pièce 1, niveau D *(fig. 13)*.

84. Amphore, fragment d'anse bifide. Pâte rouge, fine, dégraissant sableux, micacée. *Kana-85/I-18* ; bâtiment A, sondage dans la pièce 1, niveau F *(fig. 13)*.

85. Amphore, fragment de bord. Pâte rouge, fine, dégraissant sableux, micacée. Diam. : 9 cm. *Kana-86/I-114* ; bâtiment A, sondage dans la pièce 4, niveau B *(fig. 13)*.

86. Amphore, fragment de pied. Pâte rouge, grossière, sableuse, inclusions noires et blanches. Diam. : 7 cm. *Kana-86/I-115* ; bâtiment A, sondage dans la pièce 4, niveau B *(fig. 13)*.

87. Jarre, fragment de partie supérieure, col cylindrique, lèvre biseautée extérieurement. Pâte rouge, fine, sableuse. Diam. : 13 cm. *Kana-86/I-116* ; bâtiment A, sondage dans la pièce 4, niveau B *(fig. 13)*.

88. Bol, fragment de bord. Pâte rouge, fine, sableuse. Diam. : 21 cm. *Kana-86/I-117* ; bâtiment A, sondage dans la pièce 4, niveau B *(fig. 13)*.

89. Bouteille miniature, fragment de bord. Pâte rouge, fine, dégraissant sableux. Diam. : 3 cm. *Kana-85/I-5* ; bâtiment A, sondage dans la pièce 1, niveau D *(fig. 13)*.

90. Lampe en terre cuite, fragment de bord. Pâte rouge, sableuse, inclusions blanches (dégraissant calcaire). Diam. : 21 cm. *Kana-85/I-6* ; bâtiment A, sondage dans la pièce 1, niveau D *(fig. 13)*.

91. Lampe en terre cuite, fragment de bord. Pâte rouge, sableuse, inclusions blanches (dégraissant calcaire). Diam. : 20 cm. *Kana-85/I-7* ; bâtiment A, sondage dans la pièce 1, niveau D *(fig. 13)*.

92. Jarre, fragment de partie supérieure, panse arrondie, lèvre biseautée extérieurement. Pâte rouge, fine, dégraissant sableux, surface extérieure polie. Diam. : 14 cm. *Kana-85/I-12a* ; bâtiment A, sondage dans la pièce 1, niveau D *(fig. 13)*.

93. Jarre, fragment de partie supérieure, lèvre biseautée extérieurement, panse côtelée. Pâte rouge, fine, sableuse, surface extérieure polie. Diam. : 20 cm. *Kana-85/I-13* ; bâtiment A, sondage dans la pièce 1, niveau D *(fig. 13)*.

94. Jarre, fragment de partie supérieure, lèvre biseautée extérieurement. Pâte rouge, fine, sableuse, surface extérieure polie. Diam. : 14 cm. *Kana-85/I-15* ; bâtiment A, sondage dans la pièce 1, niveau D *(fig. 13)*.

95. Jarre, fragment de partie supérieure, lèvre biseautée extérieurement, panse côtelée. Pâte rouge, fine, surface extérieure polie. Diam. : 28 cm. *Kana-85/I-19* ; bâtiment A, sondage dans la pièce 1, niveau D *(fig. 13)*.

96. Jarre, fragment de partie supérieure, lèvre biseautée extérieurement, panse côtelée arrondie. Pâte rouge, fine, surface extérieure polie. Diam. : 12 cm. *Kana-85/I-14* ; bâtiment A, sondage dans la pièce 1, niveau D *(fig. 13)*.

97. Jarre, fragment de partie supérieure, lèvre biseautée extérieurement. Pâte rouge, fine, dégraissant sableux, surface extérieure polie. Diam. : 30 cm. *Kana-85/I-12* ; bâtiment A, sondage dans la pièce 1, niveau D *(fig. 13)*.

98. Jarre, fragment de partie supérieure, lèvre biseautée extérieurement. Pâte rouge, fine, surface extérieure polie. Diam. : 30 cm. *Kana-85/I-10* ; bâtiment A, sondage dans la pièce 1, niveau D *(fig. 13)*.

99. Jarre, fragment de partie supérieure, lèvre biseautée extérieurement. Pâte rouge, fine, dégraissant sableux, surface extérieure polie. Diam. : 18 cm. *Kana-85/I-11* ; bâtiment A, sondage dans la pièce 1, niveau D *(fig. 13)*.

100. Jarre, fragment de partie supérieure, lèvre biseautée extérieurement. Pâte rouge, fine, surface extérieure polie. Diam. : 26 cm. *Kana-86/I-29a* ; bâtiment A, sondage dans la pièce 4, niveau A *(fig. 13)*.

101. Jarre, fragment de partie supérieure, lèvre biseautée extérieurement. Pâte grise, fine, surface extérieure polie. Diam. : 24 cm. *Kana-86/I-29* ; bâtiment A, sondage dans la pièce 4, niveau A *(fig. 13)*.

102. Vase ouvert, fragment de partie supérieure, lèvre en forme de "bec", biseautée intérieurement. Pâte grise, fine, sableuse, surface extérieure polie. Diam. : 18 cm. *Kana-85/I-10a* ; bâtiment A, sondage dans la pièce 1, niveau D *(fig. 13)*.

103. Jarre, fragment de panse. Pâte rouge, fine, sableuse, surface extérieure polie. Décor en relief : bande ondulée. Dim. : 5 x 3,5 cm. *Kana-85/I-20* ; bâtiment A, sondage dans la pièce 1, niveau F (non illus.).

104. Bol, fragment de bord. Pâte rouge, très fine, surface extérieure et intérieure polie. Diam. : 25 cm. *Kana-85/I-8* ; bâtiment A, sondage dans la pièce 1, niveau D *(fig. 13)*.

105. Bol, fragment de bord. Pâte rouge, très fine, surface extérieure et intérieure polie. Diam. : 26 cm. *Kana-85/I-9a* ; bâtiment A, sondage dans la pièce 1, niveau D *(fig. 13)*.

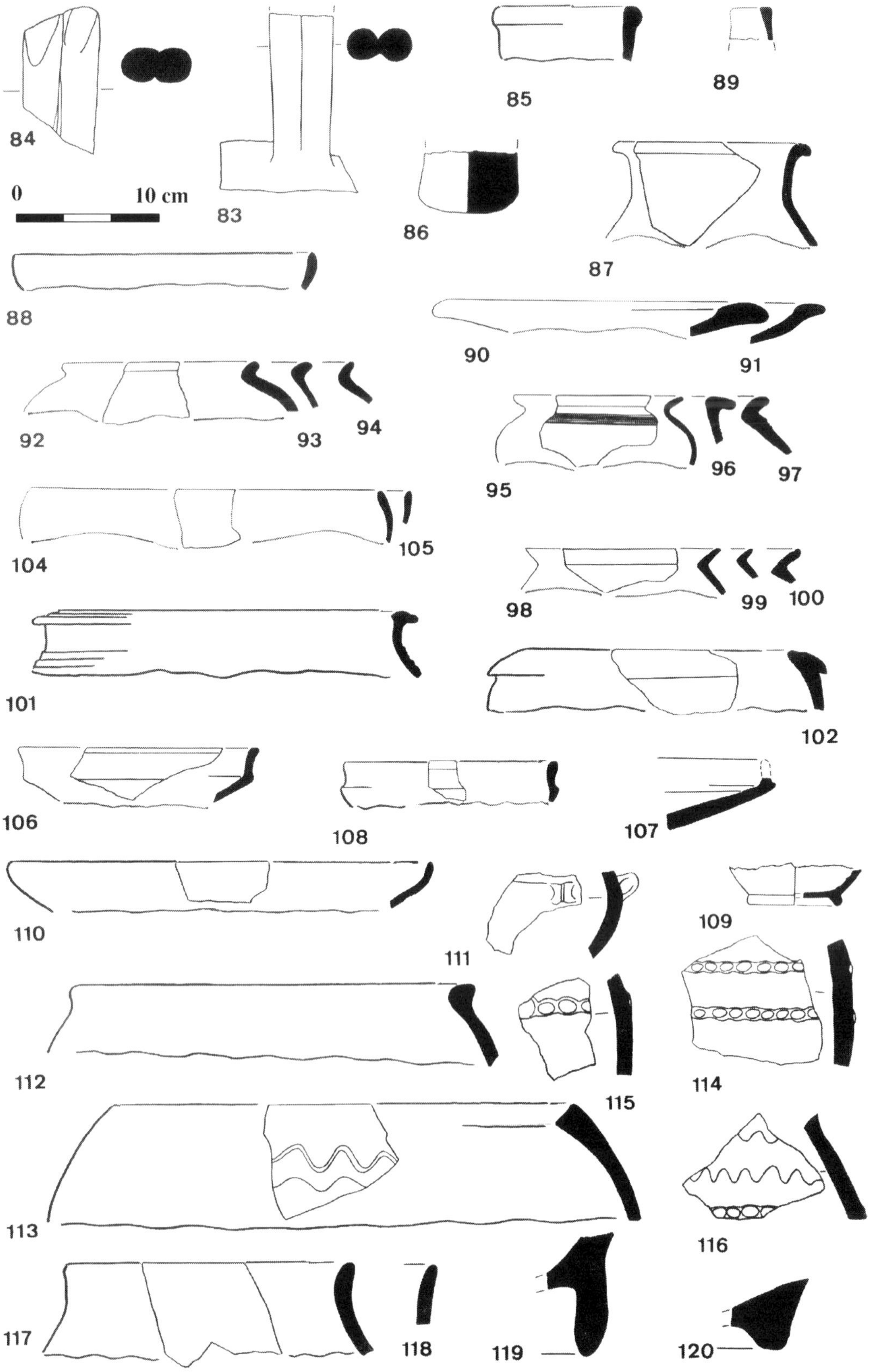
84
83
0
10 cm
85
89
86
87
88
90
91
92
93
94
95
96
97
104
105
98
99
100
101
102
106
108
107
110
111
109
112
115
114
113
116
117
118
119
120

Figure 13

106. Bol, fragment de partie supérieure, lèvre bien profilée en forme de bourrelet vertical. Pâte rouge claire, extra fine, vernis rouge de très bonne qualité à l'extérieur et à l'intérieur. Diam. : 17 cm. *Kana-85/I-16* ; bâtiment A, sondage dans la pièce 1, niveau D (*fig. 13*).

107. Bol, fragment de panse. Pâte rouge claire, extra fine, vernis rouge de très bonne qualité à l'extérieur et à l'intérieur. Dim. : 8,5 x 7,5 cm. *Kana-85/I-21* ; bâtiment A, sondage dans la pièce 1, niveau F (*fig. 13*).

108. Bol, fragment de partie supérieure, lèvre posée verticalement. Pâte rouge claire, extra fine, vernis rouge de très bonne qualité à l'extérieur et à l'intérieur. Diam. : 14 cm. *Kana-86/I-30* ; bâtiment A, sondage dans la pièce 4, niveau A (*fig. 13*).

109. Bol creux, fragment de fond, base annulaire. Pâte rouge claire, extra fine, vernis rouge à l'extérieur et à l'intérieur. Diam. : 6,5 cm. *Kana-86/I-31* ; bâtiment A, sondage dans la pièce 4, niveau A (*fig. 13*).

110. Assiette, fragment de partie supérieure. Pâte claire, fine, sableuse, glaçure jaunâtre-verdâtre. Diam. : 30 cm. *Kana-85/I-22* ; bâtiment A, sondage dans la pièce 1, niveau F (*fig. 13*).

111. Bol, fragment de panse avec anse moulurée. Pâte claire, fine, sableuse, glaçure jaunâtre-verdâtre. Dim. : 6,5 x 6 cm. *Kana-85/I-23* ; bâtiment A, sondage dans la pièce 1, niveau F (*fig. 13*).

112. Grande jarre, fragment de partie supérieure, lèvre biseautée extérieurement. Pâte brune, fine, sableuse. Diam. : 28 cm. *Kana-85/I-9b* ; bâtiment A, sondage dans la pièce 1, niveau D (*fig. 13*).

113. Grand bol, fragment de partie supérieure, panse sphérique. Pâte rouge, fine, sableuse. Décor incisé : deux lignes ondulées. Diam. : 35 cm. *Kana-86/I-34* ; bâtiment A, sondage dans la pièce 4, niveau B (*fig. 13*).

114. Grande jarre, fragment de panse. Pâte rouge, fine, sableuse. Décor en relief : deux bourrelets horizontaux portant des empreintes modelées avec les doigts. Dim. : 8,8 x 8,7 cm. *Kana-86/I-34a* ; bâtiment A, sondage dans la pièce 4, niveau A (*fig. 13*).

115. Grande jarre, fragment de panse. Pâte rouge, fine, sableuse. Décor en relief : bourrelet horizontal modelé avec les doigts. Dim. : 6,5 x 5,5 cm. *Kana-85/I-9* ; bâtiment A, sondage dans la pièce 1, niveau D (*fig. 13*).

116. Grande jarre, fragment de panse. Pâte brune, fine sableuse. Décor en relief et incisé : bourrelet horizontal modelé avec les doigts et deux lignes ondulées. Dim. : 9 x 7 cm. *Kana-86/I-28* ; bâtiment A, sondage dans la pièce 4, niveau A (*fig. 13*).

117. Grande jarre, fragment de bord, lèvre biseautée extérieurement. Pâte verdâtre, poreuse, traces d'inclusions organiques. Diam. : 20 cm. *Kana-85/I-25a* ; bâtiment A, sondage dans la pièce 1, niveau D (*fig. 13*).

118. Grande jarre, fragment de bord. Pâte jaune-vert, poreuse, traces d'inclusions organiques. Diam. : 22 cm. *Kana-85/I-25b* ; bâtiment A, sondage dans la pièce 1, niveau D (*fig. 13*).

119. Grande jarre, fragment de base annulaire. Pâte jaune-vert, poreuse, traces d'inclusions organiques. Diam. : 22 cm. *Kana-85/I-25* ; bâtiment A, sondage dans la pièce 1, niveau D (*fig. 13*).

120. Grande jarre, fragment de base annulaire. Pâte jaune-vert, poreuse, traces d'inclusions organiques. Diam. : 21 cm. *Kana-85/I-25c* ; bâtiment A, sondage dans la pièce 1, niveau D (*fig. 13*).

121. Grande jarre, fragment de panse avec un *graffito* en forme de grille. Pâte jaunâtre, poreuse, traces d'inclusions organiques. Dim. : 7 x 4 cm. *Kana-85/I-24* ; bâtiment A, sondage dans la pièce 1, niveau D (non illus.).

122. Petit poids (?). Objet en forme de petite brique, fabriqué à partir du fragment de la panse d'un récipient à paroi épaisse et à pâte rouge. Dim. : 3,5 x 3,4 x 2 cm. *Kana-85/I-17*; bâtiment A, sondage dans la pièce 1, niveau D (non illus.).

123. Vase en verre, petit fragment de fond. Diam. : 5 cm. *Kana-85/I-26*; bâtiment A, sondage dans la pièce 1, niveau F (non illus.).

2/ Objets divers

Les trouvailles autres que la céramique sont assez rares : trois objets seulement (*cat.* 122-123, p. 37 et *cat* 124, p. 29).

Datations des niveaux antérieurs du bâtiment A

Les résultats du sondage ont montré que les matériaux les plus anciens datent des Ier-IIe siècles ap. J.-C. – en tout cas après la fin du Ier siècle av. J.-C. Bien qu'aucun vestige de cette époque n'ait été mis au jour, il est certain que la ville a atteint sa frontière sud-ouest vers le tournant de ces deux siècles. Les trouvailles de fragments d'amphores, de vaisselle à vernis rouge (*terra sigillata*) et d'autres objets soulignent le rôle de Bir 'Alī (Qāni') aux Ier-IIe siècles ap. J.-C. dans le commerce entre le bassin méditerranéen et l'Inde.

Le bâtiment B

Le bâtiment B (*fig. 3*), le second des deux bâtiments étudiés dans le secteur 1, a également livré des résultats très intéressants. Il n'a pas été fouillé entièrement, mais 18 pièces (pièces 5 à 22), d'une superficie totale de plus de 200 m^2, ont déjà été dégagées. Ce complexe appartenait probablement à plus d'une famille. La présence d'escaliers, faits en blocs de pierre bien travaillés (découverts dans les pièces 8, 19 et près de la pièce 12), indique que le bâtiment B comportait au moins deux étages.

Les fouilles n'ayant été menées que jusqu'au niveau du sol supérieur associé au bâtiment, les fondations des murs n'ont pas été mises au jour. Il est donc difficile de juger de la chronologie et de la succession des différentes pièces. On peut cependant affirmer avec certitude que les pièces les plus récentes sont les pièces 9, 16 et 22, tout à fait comparables à la pièce 2 du bâtiment A. Elles sont toutes construites contre le mur nord-ouest du bâtiment et constituent des sortes de saillies en forme de tours en façade.

Dans toutes les pièces, l'appareil est extrêmement négligé. La couche de remplissage est identique pour toutes : du sable relativement tassé, de couleur brunâtre, parsemé de petits cailloux, de morceaux de coraux etc., ce que l'on n'observe pas dans les autres complexes. Malgré tout, les trouvailles – en majorité des fragments de céramique – diffèrent peu des trouvailles faites ailleurs. La fonction de ce complexe reste indéterminée.

Description

Nous nous contenterons de décrire brièvement les 18 pièces fouillées du bâtiment B.

Pièce 5. De forme allongée, et d'orientation nord-ouest/sud-est (5,85 x 1,5-2 m). On y accédait depuis l'extérieur par une petite entrée. La pièce devait servir de couloir reliant les autres chambres de l'édifice. Des couloirs assez étroits (0,75-0,85 m) menaient, de là, dans les pièces 6 et 7. On a trouvé une monnaie en bronze (non identifiée) dans cette pièce.

Pièce 6. Dimensions : 4,5 x 2,4 m. Plusieurs pierres de grosseur moyenne gisaient sur le sol dans l'angle sud-est, sans dispositif particulier. Trois d'entre elles sont des galets arrondis percés de cavités, analogues aux exemplaires retrouvés dans la pièce 4 du bâtiment A (voir *cat.* 72, p. 29) et dans les autres complexes (*cat.* 274-275, p. 61). On a également découvert une monnaie en bronze, probablement ḥaḍramie (voir *Catalogue des monnaies,* n° 83).

Pièce 7. Dimensions : 2,5 x 1,8 m. L'appareil des murs comprend, outre les blocs de basalte habituels, quelques blocs de calcaire. On a pu repérer par endroits des résidus de la pâte argileuse qui liait les pierres et qui a presque entièrement disparu dans les autres appareils.

Pièce 8. Dimensions : 2,9 x 2,85 m. Elle se distingue des autres pièces par deux particularités : son mur est semi-circulaire et, surtout, elle abrite l'un des escaliers mentionnés précédemment (*pl. 45*).

Pièce 9. Dimensions : 2,5 x 2,1 m. Elle est l'une des pièces les plus tardives parmi celles qui font saillie sur le mur ouest de l'édifice.

Pièce 10. Dimensions : 2,1 x 1,8 m. L'entrée (0,8 m de large) ouvre sur le mur sud-est ; elle comporte un seuil de pierre bien formé de 1,25 m de large. De cette pièce, on pouvait accéder aux pièces 11 et 12 par des passages assez étroits. Près du mur nord-ouest, on a découvert l'inhumation n° 1, décrite ci-dessous.

Pièce 11. Elle a la forme d'un trapèze (2,7 x 2,2 m). Dans la partie centrale du mur nord-ouest, la baie d'une fenêtre a été dégagée : murée avec de petites pierres, elle se situe à 1,2 m au-dessus du niveau du sol. Largeur : 0,48 m ; hauteur conservée : 0,5 m.

Pièce 12. Dimensions : 3,4 x 2,3 m. On y a probablement découvert la seconde ouverture d'une fenêtre, également orientée nord-ouest et située à 1,1 m du plancher. D'après ses dimensions, il s'agirait plutôt d'une embrasure : la largeur est de 0,22 m seulement et la hauteur conservée de 0,5 m. Cette pièce a fourni un matériel intéressant : une monnaie en bronze mal conservée (non identifiée), un stylet en os (*cat.* 290, p. 61), une plaque en marbre portant une inscription (*cat.* 280, p. 63) et le fragment d'un petit autel en marbre, décoré d'une frise représentant des têtes de chèvres stylisées (*cat.* 282, p. 63). Ces trouvailles sont incontestablement d'origine locale sud-arabique [14].

Pièce 13. Dimensions : 2,35 x 1,75 m. On a trouvé sur le sol un fragment de cul d'amphore côtelée et une râpe à blé en pierre (*pl. 46*). On a aussi dégagé l'inhumation n° 2, décrite ci-dessous.

Pièce 14. De très petites dimensions : 1,9 x 1 m. L'entrée se situe sur le côté sud-ouest. Le seuil est constitué de deux marches peu élevées.

Pièce 15. Elle jouxte les pièces 13 et 14, au sud-ouest, formant une sorte de couloir (4,2 x 1,1 m). L'entrée (1 m de large) se situe au sud-est. Seule une dalle du seuil est conservée.

Pièce 16. Dimensions : 3,3 x 1,5 m. Elle fait partie du groupe des pièces les plus tardives (*pl. 47*).

Pièce 17. Dimensions : 3,75 x 3 m. Elle est munie de deux entrées : l'une d'elles, large de 0,9 m, ouvrait dans le mur nord-est avant d'être murée avec des pierres. L'autre, de même largeur, permettait d'accéder à la pièce 18. Cette pièce devait servir de cuisine (*pl. 48*) si l'on en juge par le foyer aménagé dans l'angle nord. Ce foyer est formé par la partie supérieure d'un récipient fiché dans le plancher, le col en bas, du même type que ceux contenant un dépôt de bitume noir à l'intérieur (*cat.* 150, p. 44). L'installation est bordée de petites pierres et

---

14. D.B. Doe, 1971, *Southern Arabia*, London, p. 104 ; pl. 8.

recouverte d'argile. Ses dimensions générales sont : 0,6 x 0,5 x 0,5 m. Près du foyer, on a découvert une grande quantité de cendres ; à 0,7 m au sud, se trouvait une petite fosse (diamètre : 0,6 m ; profondeur : 0,2 m), remplie de cendres.

Pièce 18. Elle est voisine de la précédente. Dimensions : 3,2 x 2,5 m. Son encoignure sud est arrondie (*pl. 48*).

Pièce 19. C'est la plus grande pièce du bâtiment B (6,75 x 2,85-3 m). Dans le mur sud-est s'ouvre un passage (muré) qui reliait les pièces 18 et 19. Près du mur nord-est, on a découvert les vestiges d'une construction rectangulaire (1,5 x 1,2 m ; hauteur : 0,35 m). Les murs latéraux (0,3-0,5 m de large) sont faits de pierres taillées grossièrement ; la partie intérieure est remplie de pierres et de moellons. Il se peut que cet ensemble soit la base d'un escalier, mais l'hypothèse reste à vérifier. Une monnaie en bronze (non identifiée) a également été découverte dans cette pièce.

Pièce 20. Dimensions : 3,9 x 2,5 m. Elle servait vraisemblablement de pièce de stockage et de service. En effet, le long du mur nord, trois grands vases, dont seules les parties inférieures sont conservées, étaient fichés dans le sol (*pl. 49*). Ces vases étaient enfoncés jusqu'à une profondeur de 0,25 m et disposés sur une ligne, distants de 0,2-0,25 m les uns des autres. Des râpes à blé et une meule en pierre ont également été découverts, confirmant l'hypothèse mentionnée plus haut. Dans la partie centrale de la pièce, vers le mur sud-ouest, une tablette en pierre gisait sur le sol : elle porte l'image en relief d'un aigle (*cat.* 283, p. 64 ; *pl. 51*). Cet objet constitue une trouvaille unique pour le site. On a également trouvé une monnaie en bronze (non identifiée).

Pièce 21. Elle est reliée à la pièce 19 par un passage ouvert dans le mur sud-est (largeur : 1,2 m). Le seuil est fait de pierres de basalte grossièrement taillées.

Pièce 22. Dimensions : 2,35 x 1,1 m. Elle est contiguë à la pièce 20, à l'ouest, et dessine une sorte de saillie en forme de tour. Avec les pièces 9 et 16, elle fait partie du groupe des pièces les plus récentes de l'édifice, et s'apparente à la pièce 2 du bâtiment A. On y a retrouvé une monnaie en bronze (non identifiée).

Les inhumations

Au cours des fouilles du bâtiment B, deux inhumations tardives ont été découvertes.

L'inhumation 1 (fig. 14, pl. 50)

Elle était située dans la pièce 10, près du mur 34, à 0,9 m au-dessous du niveau supérieur. Il s'agit de la sépulture d'un homme adulte [15]. Le squelette gisait sur le flanc droit, la tête tournée vers le sud-ouest, les jambes pliées sous le corps à 90°. Les mains sont posées devant le visage, la gauche sous la droite. Aucun objet n'accompagnait le cadavre.

L'inhumation 2 (fig. 15)

Elle a été découverte dans la pièce 13 près du mur 38, à 6 m au-dessous du niveau supérieur. Il s'agissait certainement d'une femme âgée de 20 à 25 ans. Le squelette gisait sur le

15. Les études anthropologiques ont été réalisées par le Dr. Ju. Tchistov, Museum d'Anthropologie et d'Éthnographie (Kunstkamera) de l'Académie des Sciences de Russie, St.-Petersbourg.

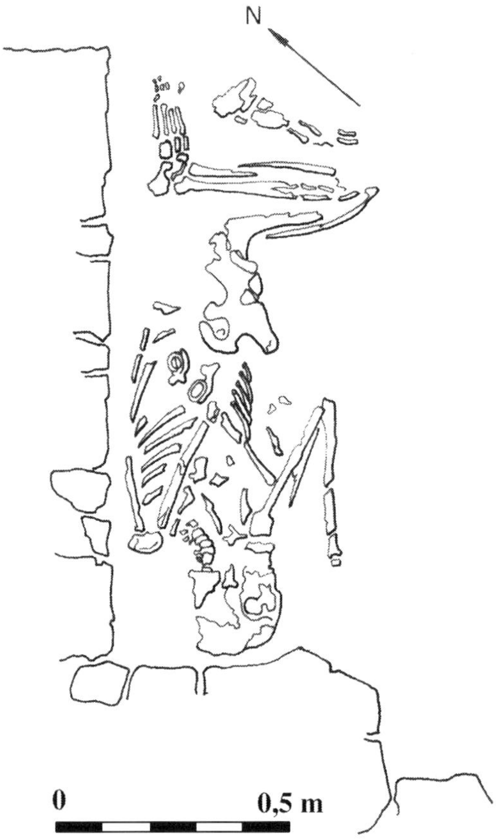

Figure 14

Figure 15

flanc gauche, la tête vers le nord-est. Les jambes sont fortement repliées ; les genoux sont donc pratiquement au niveau du cou. Les bras sont pliés aux coudes et les mains sont posées sous la joue. Près des vertèbres du cou, on a retrouvé un petit grain de verroterie *(cat.* 326, p. 62) similaire à ceux découverts dans le trésor du secteur 5 (voir ci-dessous). Aucun autre matériel n'a été découvert.

Le matériel archéologique

1/ La céramique

L'ensemble des formes et des types céramiques fouillés dans le bâtiment B est très révélateur. Au total, 8632 tessons ont été recueillis dans les différents niveaux des pièces de l'édifice.

– Les amphores

Elles constituent 45,7% de l'ensemble. Le type prédominant est celui des amphores côtelées, à col droit et fond pointu. Elles présentent une saillie caractéristique sous le bord, à l'intérieur ; les anses sont de section semi-circulaire (*cat.* 125-141, p. 43-44).

Les autres types d'amphores sont plus rares, mais on peut définir avec certitude leur lieu de fabrication :

– Le fragment de col d'amphore à pâte rouge-orange avec addition de chaux pilée et de sable se distingue par sa lèvre légèrement biseautée vers l'extérieur et en bourrelet (*cat.* 142, p. 44). On trouve des amphores semblables datant du VIe siècle ap. J.-C. en Palestine. L'analyse pétrographique permet de localiser leur centre de fabrication dans la région d'Antioche [16]. De toute évidence, le fragment d'anse au profil original (*cat.* 143, p. 44) appartient à une amphore semblable.

– Le deuxième type d'amphores palestiniennes est représenté par quelques fragments de récipients à parois arrondies qui se rétrécissent vers un bord légèrement détaché (*cat.* 145-148, p. 43-44). La pâte est rouge ou brune et contient du sable. La décoration est grossière, surtout près du bord. Ce type d'amphore était probablement fabriqué à Gaza. On le retrouve sur de nombreux sites de Palestine datant du VIe siècle ap. J.-C.[17]. On pense que ces amphores servaient à transporter le vin blanc de Gaza, dont la production est bien connue par les documents des Ve-VIe siècles ap. J.-C.[18].

Sur l'ensemble du lot, 17% des fragments appartiennent à des récipients à "parois bitumées". Cette désignation conventionnelle s'explique par le dépôt noir de bitume qui couvre l'intérieur de la quasi-totalité des fragments. Il arrive aussi que des traînées de bitume se trouvent à l'extérieur (*cat.* 149-155, p. 44-45). On peut facilement reconstituer l'aspect de ces récipients : ce sont des vases sans anses, à pied tronconique, à panse bombée se rétrécissant vers la lèvre légèrement biseautée vers l'extérieur. La pâte est habituellement rougeâtre, tassée et homogène. Le centre de fabrication de ces récipients est inconnu. J.A. Riley – qui date du VIe

16. J.N. TUBB, 1986, « The pottery from a Byzantine well near Tell Fara », *Palestine Exploration Quarterly* (January-June), p. 55, fig. 2, 4-5 ; cf. C.K. WILLIAMS II & O.H.ZERVOS, 1988, « South of Temple E and East of the Theater », *Hesperia*, 57/2, p. 99, fig. 5 ; pl. 33, 6.
17. RILEY, « The pottery... », p. 27-32, fig. 12 ; TUBB, « The pottery... », p. 51-54, fig. 1, 1-6 ; 2, 1-3.
18. TUBB, « The pottery... », p. 54.

Catalogue

125. Amphore côtelée, partie supérieure avec anses. Pâte beige, sableuse, surface extérieure à pellicule blanchâtre. Diam. : 10,5 cm. *Kana-87/I-19* ; bâtiment B, pièce 12, couche de remplissage (*fig. 16*).

126. Amphore côtelée, fragment de col avec une partie de *graffito*. Pâte similaire au n° 125. Diam. : 12 cm. *Kana-87/I-107* ; bâtiment B, pièce 18, couche de remplissage (*fig. 16*).

127. Amphore côtelée, partie supérieure. Pâte similaire au n° 125. Diam. : 9,5 cm. *Kana-86/I-59* ; bâtiment B, pièce 6, couche de remplissage (*fig. 16*).

128. Amphore côtelée, fragment de col, un signe Π est tracé à la peinture rouge sous la lèvre. Pâte similaire au n° 125. Diam. : 11 cm. *Kana-86/I-64* ; bâtiment B, pièce 6, sol (*fig. 16*).

129. Amphore côtelée, fragment de col, rainure sous la lèvre. Pâte similaire au n° 125. Diam. : 12 cm. *Kana-86/I-89* ; bâtiment B, pièce 9, couche de remplissage (*fig. 16*).

130. Amphore côtelée, fragment de col, restes d'un *graffito*. Pâte similaire au n° 125. Diam. : 11 cm. *Kana-86/I-99* ; couche d'occupation à l'ouest du bâtiment B (non illus.).

131. Amphore côtelée, fragment d'anse et de panse. Pâte similaire au n° 125. *Kana-87/I-6* ; bâtiment B, couche de remplissage (non illus.).

132. Amphore côtelée, fragment de col avec un *graffito* grossièrement tracé. Pâte similaire au n° 125. Diam. : 10,5 cm. *Kana-87/I-13* ; bâtiment B, pièce 12, couche de remplissage (non illus.).

133. Amphore côtelée, fragment de col et d'anse. Pâte similaire au n° 125. Diam. : 11,5 cm. *Kana-87/I-30* ; bâtiment B, pièce 23, sol (non illus.).

134. Amphore côtelée, fragment de panse avec partie de *graffito*. Pâte similaire au n° 125. Dim. : 8 x 6,5 cm. *Kana-87/I-35* ; couche d'occupation au sud de la pièce 12 (non illus.).

135. Amphore côtelée, fragment de partie supérieure, traces de peinture rouge sur la panse. Pâte similaire au n° 125. *Kana-87/I-47* ; bâtiment B, pièce 8, sol (non illus.).

136. Amphore côtelée, fragment de col. Pâte similaire au n° 125. Diam. : 16 cm. *Kana-87/I-49* ; bâtiment B, pièce 8, sol (non illus.).

137. Amphore côtelée, fragment de col avec partie de *graffito* sous la lèvre. Pâte similaire au n° 125. Diam. : 12 cm. *Kana-87/I-60* ; bâtiment B, pièce 15, sol (non illus.).

138. Amphore côtelée, fragment de fond. Pâte similaire au n° 125. *Kana-87/I-66* ; bâtiment B, pièce 15, sol (non illus.).

139. Amphore côtelée, partie inférieure, fond à bouton avec petite cavité au centre. Pâte similaire au n° 125. Diam. : 2,8 cm ; haut. : 30 cm. *Kana-87/I-31* ; bâtiment B, pièce 13, sol (*fig. 16*).

140. Amphore côtelée, partie inférieure, fond à bouton. Pâte similaire au n° 125. Diam. : 2 cm ; haut. : 4,8 cm. *Kana-87/I-36* ; bâtiment B, couche d'occupation au sud de la pièce 12 (*fig. 16*).

141. Amphore côtelée, partie inférieure, fond à bouton avec une petite cavité au centre. Pâte similaire au n° 125. Diam. : 3,2 cm ; haut. : 6 cm. *Kana-87/I-101* ; bâtiment B, pièce 17, couche de remplissage (*fig. 16*).

142. Amphore, fragment de col, lèvre arrondie biseautée extérieurement, un bourrelet sous la lèvre. Pâte rouge-orange, fine, sableuse, inclusions blanches (dégraissant calcaire). Diam. : 10 cm. *Kana-87/I-100* ; bâtiment B, pièce 17, couche de remplissage (*fig. 16*).

143. Amphore, fragment d'anse. Pâte rouge-orange, fine, sableuse, inclusions blanches. Dim. : 2,5 x 3,2 cm. *Kana-87/I-68* ; couche d'occupation à l'ouest des pièces 12, 13 et 15 (*fig. 16*).

144. Amphore, fragment de col, lèvre biseautée, large. Pâte rouge, rude, sableuse, surface extérieure blanchâtre. Diam. : 13 cm. *Kana-86/I-91* ; bâtiment B, pièce 9 (non illus.).

145. Amphore, fragment de partie supérieure. Pâte rouge, grenue, sableuse. Diam. : 10 cm. *Kana-87/I-21* ; bâtiment B, pièce 12, couche de remplissage (*fig. 16*).

146. Amphore, fragment de partie supérieure. Pâte brune, sableuse, surface extérieure blanchâtre. Diam. : 12 cm. *Kana-87/I-142* ; bâtiment B, pièce 21, sol (non illus.).

147. Amphore, fragment de partie supérieure, lèvre légèrement soulignée. Pâte brune, grenue, sableuse, surface extérieure blanchâtre. Diam. : 11 cm. *Kana-86/I-90* ; bâtiment B, pièce 9 (non illus.).

148. Amphore, fragment de fond à bouton. Pâte brune, sableuse, surface extérieure blanchâtre. Haut. : 17 cm. *Kana-86/I-60* ; bâtiment B, pièce 6, couche de remplissage (non illus.).

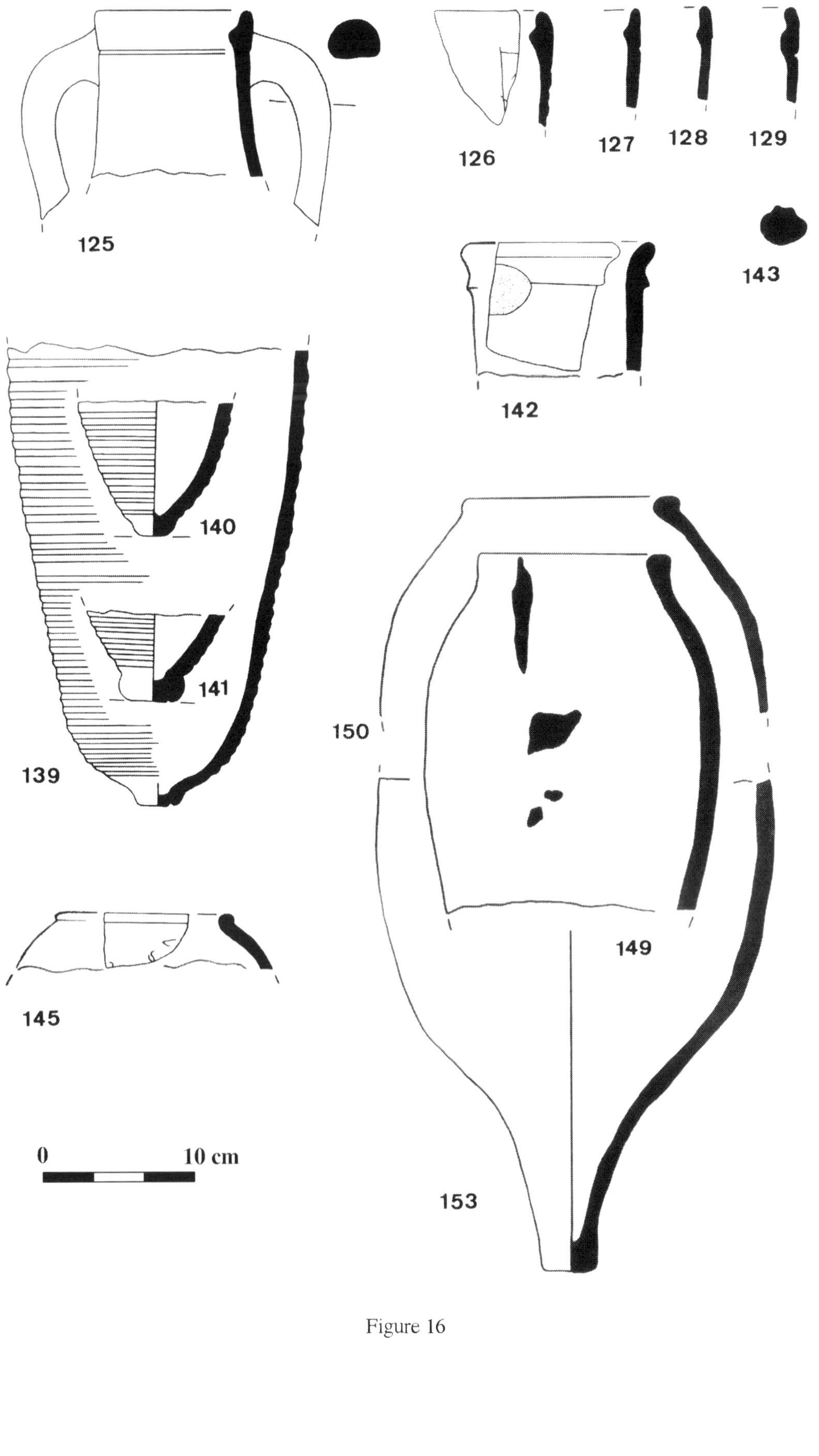

Figure 16

149. Amphore, partie supérieure, lèvre en forme de bourrelet. Pâte rouge, sableuse, bitume à l'intérieur. Diam. : 12,5 cm ; haut. : 22 cm. *Kana-87/I-94* ; bâtiment B, pièce 16 (*fig. 16*).

150. Amphore, partie supérieure, lèvre en forme de bourrelet. Pâte rouge, sableuse, bitume à l'intérieur. Diam. : 13,5 cm ; haut. : 13,8 cm. *Kana-87/I-105a* ; bâtiment B, pièce 17, sol (*fig. 16*).

151. Amphore, partie supérieure, lèvre en forme de bourrelet. Pâte rouge, sableuse, bitume à l'intérieur. Diam. : 11 cm. *Kana-86/I-78* ; bâtiment B, pièce 7, sol (non illus.).

152. Amphore, partie supérieure, lèvre en forme de bourrelet. Pâte rouge, sableuse, bitume à l'intérieur. Diam. : 11 cm. *Kana-87/I-61* ; bâtiment B, pièce 15, sol (non illus.).

153. Amphore, partie inférieure, pied tronconique. Pâte rouge, sableuse, bitume à l'intérieur. Diam. : 3,5 cm ; haut. : 35 cm. *Kana-87/I-1* ; bâtiment B, pièce 10, sol (*fig. 16*).

154. Amphore, pied tronconique. Pâte rouge, sableuse, bitume à l'intérieur. Diam. : 4,3 cm ; haut. : 7 cm. *Kana-87/I-69* ; bâtiment B, couche d'occupation à l'ouest des pièces 12, 13 et 15 (non illus.).

155. Amphore, pied tronconique. Pâte rouge, sableuse, bitume à l'intérieur. Diam. : 3,8 cm ; haut. : 5,5 cm. *Kana-87/I-108* ; bâtiment B, pièce 18, sol (non illus.).

156. Jarre, fragment de partie supérieure, lèvre biseautée extérieurement. Pâte rouge, fine, dégraissant sableux, engobe rougeâtre à l'extérieur. Décor peint : bandes de peinture rouge sombre sur le bord, à l'intérieur. Diam. : 19 cm. *Kana-86/I-48* ; bâtiment B, pièce 5, couche de remplissage (non illus.).

siècle ap. J.-C. des spécimens similaires trouvés à Césarée – y reconnaît les *unguentaria* de Rome de l'époque tardive [19]. Les récipients qui correspondent à ses références sont toutefois plus petits : ce sont de hauts flacons en pierre de 18-20 cm, découverts habituellement dans les niveaux des VIe-VIIe siècles (500/520-650 ap. J.-C.) sur différents sites de la Méditerranée orientale. H. Hayes, qui a étudié ce type de récipients, note qu'ils étaient probablement fabriqués en Palestine et servaient à transporter l'huile sacré ou l'eau du fleuve Jourdain [20].

– Autres types de céramiques

Hormis les amphores, la céramique se subdivise de la façon suivante :

Tableau 4

désignation	**nombre de fragments**	%
céramique de table, à pâte rouge	1553	33,1
id., à pâte rouge polie	945	20,2
id., à pâte grise	113	2,4
id., à pâte grise polie	62	1,3
id., glaçurée	65	1,4
céramique de cuisine	827	17,6
céramique à parois épaisses	950	20,3
céramique de type sud-arabique	173	3,7
total	4688	100

La céramique à pâte rouge est représentée par des fragments de bols, de jarres, de lampes en terre cuite, etc. On distingue un groupe de jarres à lèvre bourrelée, à col cylindrique, décorées de faisceaux de bandes, droites ou ondulées sur le col, horizontales sur la panse – souvent croisées. La pâte est particulière : rouge, parfois presque violette, elle est rendue compacte par addition de chaux pilée, souvent brûlée en cours de cuisson. Les formes sont diverses, les dimensions variées – des petits récipients jusqu'aux très grands à parois épaisses (*cat.* 157, 169, p. 48). Les lampes en terre cuite ont la forme de coupelles à lèvre bourrelée, de section semi-circulaire (*cat.* 170-171, p. 47). Un petit réservoir sphérique, noir de suie, est situé au fond du récipient.

La céramique rouge et grise polie est souvent représentée par des types de récipients identiques. La plupart d'entre eux sont des fragments de jarres aux formes arrondies, à lèvre biseautée vers l'extérieur (*cat.* 172, p. 48). Quelques récipients (*cat.* 173-174, p. 48) ont le col souligné, parfois très étroit (*cat.* 175, p. 48), et la lèvre biseautée extérieurement. Ils sont souvent décorés de rainures sous le col, plus rarement sous le bord, à l'intérieur. Le fragment de la partie inférieure d'une coupe à pâte rouge-orange polie, à paroi fine, décorée d'un dessin tracé à la peinture noire, constitue une trouvaille unique (*cat.* 176, p. 48).

---

19. RILEY, « The pottery... », p. 37 ; n° 39-40.
20. H.W. HAYES, 1971, « A new type of early christian ampulla »,*ABSAA*, 66, p. 246.

Catalogue

157. Grande jarre, fragment de partie supérieure. Pâte rouge, fine, sableuse. Décor incisé : faisceaux de lignes droites et ondulées. Diam. : 24 cm. *Kana-87/I-37* ; bâtiment B, couche d'occupation au sud de la pièce 12 (*fig. 17*).

158. Vase, fragment de col avec une anse en forme de ruban. Pâte rouge, fine, dégraissant sableux. Décor incisé : ligne ondulée. Diam. : 8 cm. *Kana-86/I-73* ; bâtiment B, pièce 7, sol (non illus.).

159. Jarre, fragment de partie supérieure, lèvre légèrement biseautée vers l'extérieur. Pâte rouge, fine, dégraissant sableux. Décor incisé : faisceaux de lignes droites et ondulées. Diam. : 19 cm. *Kana-86/I-74* ; bâtiment B, pièce 7, sol (non illus.).

160. Grande jarre, fragment de panse. Pâte rouge, fine, sableuse. Décor incisé : faisceaux de lignes droites et ondulées. Dim. : 9,5 x 10 cm. *Kana-86/I-75* ; bâtiment B, pièce 7, sol (non illus.).

161. Jarre, fragment de partie supérieure, lèvre en forme de bourrelet, col en forme d'entonnoir. Pâte rouge, fine, sableuse. Décor incisé : faisceaux de lignes droites et ondulées. Diam. : 14 cm. *Kana-86/I-101* ; couche d'occupation à l'ouest du bâtiment B (non illus.).

162. Grand bol, fragment de partie supérieure, lèvre en forme de bourrelet, traces d'un *graffito* à l'extérieur. Pâte rouge, fine, sableuse. Diam. : 36 cm. *Kana-86/I-100* ; couche d'occupation à l'ouest du bâtiment B (non illus.).

163. Jarre, fragment de panse. Pâte rouge, fine, sableuse, engobe rouge à l'extérieur. Décor estampé : filet. Dim. : 7 x 11 cm. *Kana-86/I-104* ; couche d'occupation à l'ouest du bâtiment B (non illus.).

164. Jarre, fragment de panse. Pâte rouge, fine, sableuse. Décor incisé : faisceaux de lignes droites. Dim. : 5 x 15 cm. *Kana-87/I-11* ; pièce 11, sol (non illus.).

165. Jarre, fragment de fond. Pâte rouge, fine, sableuse. Diam. : 4,5 cm. *Kana-87/I-38* ; pièce 13, sol (non illus.).

166. Jarre, fragment de col. Pâte rouge, fine, sableuse. Décor incisé : faisceaux de lignes droites. Diam. : 30 cm. *Kana-87/I-51* ; couche d'occupation à l'est de la pièce 14 (non illus.).

167. Jarre, fragment de panse. Pâte rouge, fine, sableuse. Décor incisé : faisceaux de lignes droites. *Kana-87/I-62* ; bâtiment B, pièce 15, sol (non illus.).

168. Grande jarre, fragment de partie supérieure, lèvre biseautée extérieurement. Pâte rouge, fine, sableuse. Diam. : 16 cm. *Kana-87/I-78* ; bâtiment B, couche d'occupation à l'ouest des pièces 12, 13 et 15 (non illus.).

169. Vase ouvert, fragment de partie supérieure. Pâte rouge, fine, sableuse. Diam. : 22 cm. *Kana-87/I-113* ; bâtiment B, pièce 19, couche de remplissage (*fig. 17*).

170. Lampe en terre cuite, fragment de partie supérieure. Pâte rouge, fine, sableuse, inclusions blanches. Diam. : 17 cm. *Kana-86/I-50* ; bâtiment B, pièce 5, couche de remplissage (non illus.).

171. Lampe en terre cuite, fragment de partie supérieure ; saillie, appui à l'intérieur. Pâte rouge, fine, sableuse, inclusions blanches. Diam. : 17 cm ; haut. de saillie : 1,5 cm. *Kana-86/I-87* ; bâtiment B, pièce 8 (non illus.).

172. Jarre ouverte, fragment de partie supérieure, lèvre biseautée extérieurement, panse arrondie ; *graffito* incisé sous la lèvre. Pâte rouge, fine, sableuse, surface extérieure polie. Diam. : 18 cm. *Kana-86/I-71* ; bâtiment B, pièce 7, couche de remplissage (*fig. 17*).

173. Jarre, fragment de partie supérieure, lèvre biseautée extérieurement, col court. Pâte rouge, fine, dégraissant sableux, surface extérieure polie. Diam. : 14,7 cm. *Kana-87/I-72* ; bâtiment B, couche d'occupation à l'ouest des pièces 12, 13 et 15 (*fig. 17*).

174. Jarre, fragment de bord, lèvre biseautée extérieurement, col court. Pâte rouge, fine, sableuse, surface extérieure polie. Diam. : 14,5 cm. *Kana-87/I-41* ; bâtiment B, couche d'occupation au sud de la pièce 12 (*fig. 17*).

175. Vase, fragment de col, lèvre en forme de "bec", biseautée extérieurement. Pâte rouge, fine, sableuse, surface extérieure polie. Diam. : 14 cm. *Kana-86/I-102* ; couche d'occupation à l'ouest du bâtiment B (*fig. 17*).

176. Coupe, fragment de fond. Pâte rouge-orange, très fine, surface extérieure polie. Décor peint : lignes droites et spirales tracées à la peinture noire. Diam. : 8 cm. *Kana-87/I-116* ; bâtiment B, pièce 19, couche de remplissage (*fig. 17*).

177. Cruche complète, anse verticale en forme de nœud, panse sphérique ; modelée. Pâte rouge, fine, dégraissant sableux, surface extérieure polie. Décor incisé : deux lignes sur l'épaule. Diam. du bord : 9 cm ; diam. du fond : 12 cm ; haut. : 15 cm. *Kana-87/I-95* ; bâtiment B, pièce 16 (*fig. 17*).

178. Cruche, fragment de partie supérieure, anse verticale en forme de nœud, panse arrondie ; modelée. Pâte rouge, fine, dégraissant sableux, surface extérieure polie. Diam. : 7 cm. *Kana-87/I-74* ; bâtiment B, couche d'occupation à l'ouest des pièces 12, 13 et 15 (*fig. 17*).

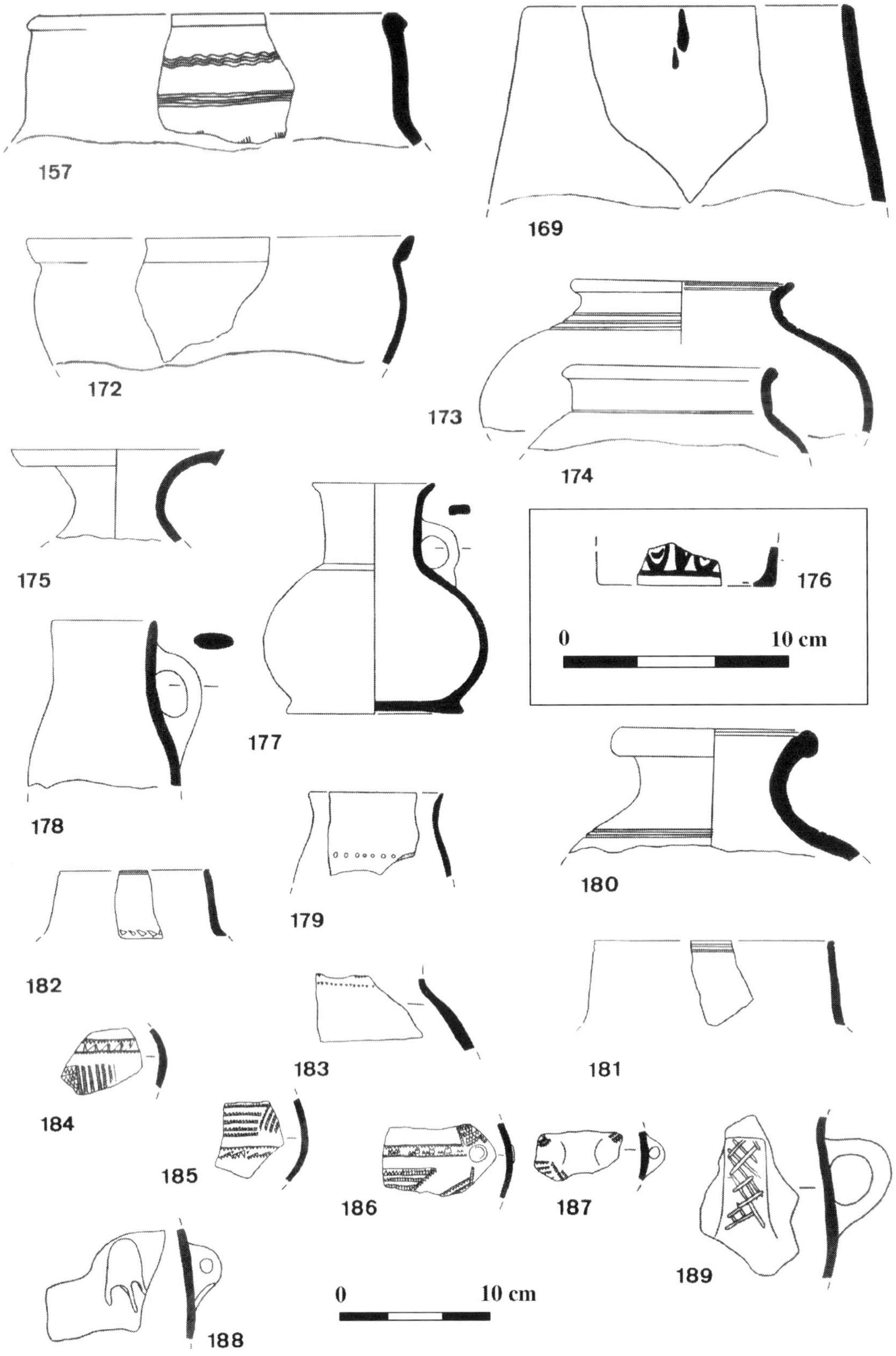
157
169
172
173
174
175
177
176
0
10 cm
178
179
180
182
181
183
184
185
186
187
189
188
0
10 cm

Figure 17

179. Jarre, fragment de partie supérieure ; modelée. Pâte rouge, fine, dégraissant sableux, surface extérieure polie. Décor estampé : ligne de points. Diam. : 9 cm. *Kana-87/I-39* ; bâtiment B, couche d'occupation au sud de la pièce 12 (*fig. 17*).

180. Jarre, fragment de partie supérieure, lèvre en forme de bourrelet biseautée extérieurement, col court ; modelée. Pâte noire, fine, dégraissant sableux, surface extérieure polie. Diam. : 14 cm. *Kana-87/I-81* ; bâtiment B, couche d'occupation à l'ouest des pièces 12, 13 et 15 (*fig. 17*).

181. Jarre, fragment de bord, col vertical ; modelée. Pâte grise, fine, dégraissant sableux, surface extérieure polie. Décor incisé : deux lignes droites sous la lèvre. Diam. : 16 cm. *Kana-87/I-109* ; bâtiment B, pièce 18, sol (*fig. 17*).

182. Jarre, fragment de bord, col vertical ; modelée. Pâte noire, fine, dégraissant sableux, surface extérieure polie. Décor estampé et incisé : une ligne droite sous la lèvre ; triangles sur l'épaule. Diam. : 10 cm. *Kana-87/I-83* ; bâtiment B, couche d'occupation à l'ouest des pièces 12, 13 et 15 (*fig. 17*).

183. Jarre, fragment de panse ; modelée. Pâte rouge, fine, dégraissant sableux, surface extérieure polie. Décor estampé : deux rangées de triangles. Dim. : 8 x 5,5 cm. *Kana-87/I-105*; bâtiment B, pièce 17, couche de remplissage (*fig. 17*).

184. Jarre, fragment de panse ; modelée. Pâte grise, fine, dégraissant sableux, surface extérieure polie. Décor estampé : lignes de triangles. Dim. : 6 x 4 cm. *Kana-87/I-86* ; bâtiment B, couche d'occupation à l'ouest des pièces 12, 13 et 15 (*fig. 17*).

185. Jarre, fragment de panse ; modelée. Pâte grise, fine, dégraissant sableux, surface extérieure polie. Décor estampé : lignes de triangles. Dim. : 5 x 4 cm. *Kana-87/I-85*; bâtiment B, couche d'occupation à l'ouest des pièces 12, 13 et 15 (*fig. 17*).

186. Vase, fragment de panse, avec une petite moulure ; modelée. Pâte grise, fine, sableuse, surface extérieure polie. Décor estampé : lignes de triangles. Dim. : 7,5 x 4,5 cm. *Kana-87/I-87* ; bâtiment B, couche d'occupation à l'ouest des pièces 12, 13 et 15 (*fig. 17*).

187. Vase, fragment de panse et d'anse verticale en forme de petit nœud ; modelée. Pâte grise, fine, dégraissant sableux, surface extérieure polie. Décor estampé : lignes de triangles. Dim. : 6 x 2,5 cm. *Kana-87/I-84* ; bâtiment B, couche d'occupation à l'ouest des pièces 12, 13 et 15 (*fig. 17*).

188. Vase, fragment de panse et d'anse verticale en forme de patte à trois doigts ; modelée. Pâte brune, fine, dégraissant sableux, surface extérieure polie. Dim. : 10 x 5 cm. *Kana-87/I-82* ; bâtiment B, couche d'occupation à l'ouest des pièces 12, 13 et 15 (*fig. 17*).

189. Cruche, fragment de panse et d'anse verticale plate ; modelée. Pâte rouge, fine, sableuse, surface extérieure polie. Décor incisé : lignes croisées sur l'anse. Dim. : 11 x 7 cm. *Kana-87/I-57* ; bâtiment B, pièce 15, couche de remplissage (*fig. 17*).

Une grande partie de la céramique polie peut être classée parmi la céramique modelée. Cette céramique se distingue généralement par l'excellente qualité de sa fabrication. On trouve des cruches à anse unique (*cat.* 177-178, p. 48), des jarres ornées de points sur la panse (*cat.* 179, p. 48), des jarres à panse arrondie, à col souligné, à lèvre biseautée extérieurement, et décorées de rainures horizontales sous le col et le long de la lèvre, à l'intérieur (*cat.* 180, p. 48). La forme de ces céramiques est proche des exemplaires tournés (comparaison entre *cat.* 173 et 174, p. 48), mais ils en diffèrent par l'épaisseur des parois et par leur pâte, assez poreuse, de couleur noire. Les fragments de jarres largement évasées, à paroi épaisse, à col cylindrique et, probablement, à panse arrondie, sont aussi caractéristiques. Elles sont décorées d'une rainure horizontale le long de la lèvre (*cat.* 181-182, p. 48) et d'une frise de triangles estampés sous le col (*cat.* 182-183, p. 48). Le décor estampé est d'ailleurs très caractéristique de ce groupe de céramique, même s'il est assez rare (*cat.* 184-187, p. 48). Enfin, on trouve des vases avec de petites moulures rondes (*cat.* 186, p. 48). Ces vases ont de petites anses en forme de nœud (*cat.* 187, p. 48) ; sur l'un des exemplaires, l'anse a la forme d'une patte à trois doigts (*cat.* 188, p. 48). Quelques spécimens sont décorés de lignes incisées sur la pâte encore humide (*cat.* 189, p. 48). En comparaison avec la céramique modelée d'Afrique orientale, on note que le décor en forme de lignes incisées croisées, y compris sur les anses, est très répandu à Matar [21]. Ces particularités, ainsi que celles qui concernent les trouvailles du bâtiment A, confirment que la céramique modelée retrouvée sur le site est très proche des spécimens d'Éthiopie ou, plus largement, des productions d'Afrique orientale. Parmi les récipients modelés, on notera le fond d'une jarre de petite taille monté sur une assiette (*cat.* 190, p. 52), comparable à l'exemplaire découvert dans le bâtiment A (voir *cat.* 34, p. 23).

La céramique glaçurée comprend essentiellement des fragments de jarres (*cat.* 221, p. 53), y compris de jarres ouvertes (*cat.* 214-215, p. 52-53), de cruches (*cat.* 225, p. 53), de bols à lèvre verticale (*cat.* 217-220, 222, p. 52-53) et d'assiettes à lèvre horizontale (*cat.* 216, 223-224, 226-229, p. 52-53). La glaçure est généralement verte ou jaune. On a cependant découvert les fragments d'une jarre ouverte à glaçure grise, à parois presque verticales, sensiblement plus larges au niveau de la lèvre (*cat.* 214, p. 52), sous laquelle sont incisées trois rainures horizontales profondes. La glaçure présente des couleurs qui recouvrent souvent les rainures.

Comme nous l'avons déjà indiqué, les formes de la *céramique culinaire* sont souvent très proches de celles de la céramique de table à pâte rouge et grise polie. Ce sont des jarres ouvertes à parois fines, à lèvre biseautée extérieurement et à panse carénée (*cat.* 230-231, p. 52). On peut classer, parmi la vaisselle culinaire, les couvercles polis et non-polis. Les couvercles polis sont façonnés avec soin et toujours munis d'une petite anse sur le sommet (*cat.* 233-234, p. 52). Les couvercles non polis ont une moulure circulaire caractéristique à l'intérieur, près du bord (*cat.* 232, p. 52). Des couvercles semblables ont été retrouvés en Afrique du Nord ; ils datent approximativement de la moitié du VIe siècle ap. J.-C.[22]

---

21. ANFRAY, « Matara… », pl. XXIII, 3218.
22. FULFORD & PEACOCK, *The pottery…*, p. 80-81, n° 110 ; A. NORTHEDGE, 1985, « Planning Sâmarrâ' : a report for 1983-4 », *Iraq*, XLVII, p. 122-23 ; fig. 4, 6.

Catalogue

190. Jarre, fragment de fond plat, formé sur une "assiette" ; modelée. Pâte rouge, fine, sableuse, surface extérieure polie ; "assiette" à pâte grise. Diam. : 7 cm. *Kana-87/I-124* ; bâtiment B, pièce 19, sol (*fig. 18*).

191. Jarre, fragment de partie supérieure, col cylindrique ; modelée. Pâte grise, fine, dégraissant sableux, surface extérieure polie. Diam. : 14 cm. *Kana-86/I-49* ; bâtiment B, pièce 5 (non illus.).

192. Bol, fragment de bord, lèvre en forme de bourrelet, parois épaisses ; modelée. Pâte noire, fine, sableuse, surface extérieure polie. Décor en relief : bourrelet portant des empreintes de doigts. Diam. : 33 cm. *Kana-86/I-76* ; bâtiment B, pièce 7, sol (non illus.).

193. Jarre, fragment de bord, lèvre en forme de bourrelet. Pâte rouge, fine, sableuse, surface extérieure polie. Diam. : 13 cm. *Kana-86/I-93* ; bâtiment B, pièce 9 (non illus.).

194. Cruche, fragment de panse et d'anse ; modelée. Pâte rouge, fine, dégraissant sableux, surface extérieure polie. Diam. : 16 cm. *Kana-86/I-103* ; couche d'occupation à l'ouest du bâtiment B (non illus.).

195. Bol, fragment de bord, à parois épaisses. Pâte brune, fine, sableuse, surface extérieure polie. Décor en relief : bourrelet portant des empreintes de doigts sous la lèvre. Dim. : 6 x 4,5 cm. *Kana-86/I-105* ; couche d'occupation à l'ouest du bâtiment B (non illus.).

196. Jarre, fragment de panse ; modelée. Pâte *id.* n° 191. Décor estampé : lignes de triangles. Dim. : 5 x 3 cm. *Kana-86/I-106* ; couche d'occupation à l'ouest du bâtiment B (non illus.).

197. Jarre, fragment de panse ; modelée. Pâte rouge, fine, dégraissant sableux, surface extérieure polie. Décor estampé imitant un filet. Dim. : 13 x 9,5 cm. *Kana-87/I-10* ; pièce 11, sol (non illus.).

198. Jarre, fragment de col cylindrique ; modelée. Pâte rouge, fine, dégraissant sableux, surface extérieure polie. Diam. : 9 cm. *Kana-87/I-14* ; pièce 12, couche de remplissage (non illus.).

199. Jarre, fragment de col ; modelée. Pâte rouge, fine, dégraissant sableux, surface extérieure polie. *Kana-87/I-33* ; bâtiment B, pièce 13, sol (non illus.).

200. Jarre, fragment de panse ; modelée. Pâte rouge, fine, sableuse, surface extérieure polie. Décor estampé : lignes de triangles. Dim. : 3,5 x 2 cm. *Kana-87/I-40* ; bâtiment B, pièce 13, sol (non illus.).

201. Jarre, fragment de panse ; modelée. Pâte *id.* n° 191. Décor estampé : lignes de triangles. Dim. : 4 x 3 cm. *Kana-87/I-53* ; bâtiment B, couche d'occupation à l'ouest de la pièce 14 (non illus.).

202. Jarre, fragment de panse ; modelée. Pâte rouge, fine, sableuse, surface extérieure polie. Décor estampé imitant un filet. Dim. : 11 x 9,5 cm. *Kana-87/I-58* ; bâtiment B, pièce 15, couche de remplissage (non illus.).

203. Jarre, fragment de partie supérieure, à parois fines, lèvre légèrement biseautée extérieurement ; modelée. Pâte grise, fine, dégraissant sableux, surface extérieure polie. Diam. : 8 cm. *Kana-87/I-71* ; bâtiment B, couche d'occupation à l'ouest des pièces 12, 13 et 15 (non illus.).

204. Jarre, fragment de panse ; modelée. Pâte rouge, fine, sableuse, surface extérieure polie. Décor estampé : lignes de triangles. Dim. : 6 x 3 cm. *Kana-87/I-73* ; bâtiment B, couche d'occupation à l'ouest des pièces 12, 13 et 15 (non illus.).

205. Jarre, fragment de base. Pâte rouge, fine, sableuse, surface extérieure polie. Diam. : 14 cm. *Kana-87/I-80* ; bâtiment B, couche d'occupation à l'ouest des pièces 12, 13 et 15 (non illus.).

206. Jarre sphérique, fragment de bord, à parois fines ; modelée. Pâte rouge, fine, dégraissant sableux, surface extérieure polie. Diam. : 15 cm. *Kana-87/I-114* ; bâtiment B, pièce 19, couche de remplissage (non illus.).

207. Jarre, fragment de panse ; modelée. Pâte rouge, fine, sableuse, surface extérieure polie. Décor en relief : bourrelet portant des incisions. Dim. : 13 x 6,5 cm. *Kana-87/I-115* ; bâtiment B, pièce 19, couche de remplissage (non illus.).

208. Jarre, fragment de panse ; modelée. Pâte rouge, fine, sableuse, surface extérieure polie. Décor en relief : bourrelet et chevrons incisés. Dim. : 10 x 7 cm. *Kana-87/I-125* ; bâtiment B, pièce 19, sol (non illus.).

209. Jarre, fragment de panse ; modelée. Pâte rouge, fine, sableuse, surface extérieure polie. Décor en relief : cercles grossiers. Dim. : 7 x 4 cm. *Kana-87/I-126* ; bâtiment B, pièce 19, sol (non illus.).

210. Jarre, fragment de panse ; modelée. Pâte noire, fine, sableuse, surface extérieure polie. Décor incisé : lignes droites. Dim. : 11,5 x 10 cm. *Kana-67/I-128* ; bâtiment B, pièce 19, sol (non illus.).

211. Jarre, fragment de col, lèvre biseautée extérieurement ; modelée. Pâte rouge, fine, dégraissant sableux, surface extérieure polie. Diam. : 18 cm. *Kana-87/I-136* ; bâtiment B, pièce 20 (non illus.).

212. Jarre, fragment de col ; modelée. Pâte rouge, fine, sableuse, surface extérieure polie. Diam. : 14,5 cm. *Kana-87/I-145* ; bâtiment B, pièce 22, couche de remplissage (non illus.).

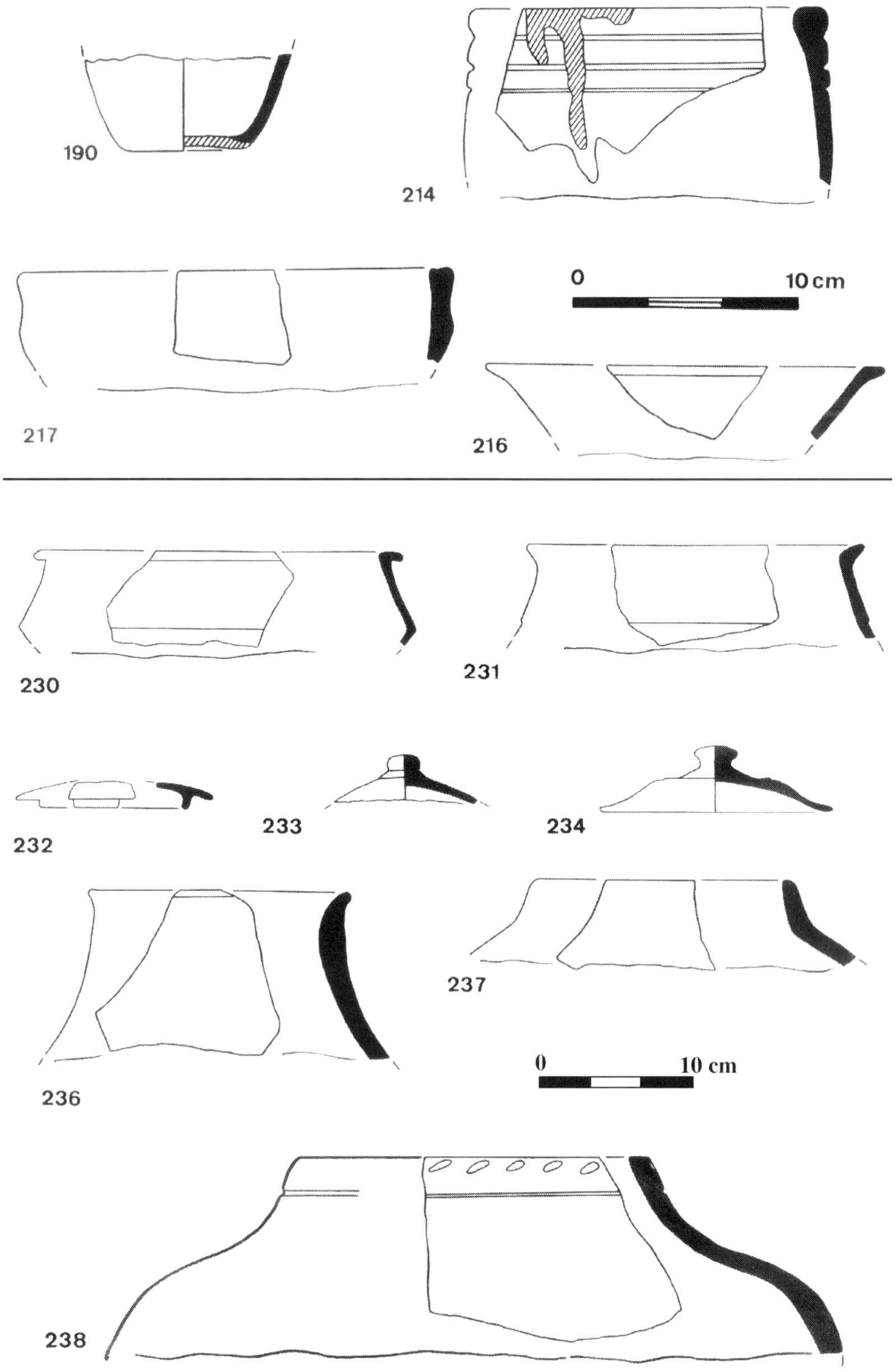

Figure 18

213. Jarre, fragment de fond, à parois fines ; modelée. Pâte grise, fine, dégraissant sableux, surface extérieure polie. Diam. : 11 cm. *Kana-87/I-67* ; bâtiment B, pièce 15, sol (non illus.).

214. Jarre ouverte, fragment de partie supérieure. Pâte claire, fine, sableuse, glaçure grise à l'intérieur. Décor incisé : trois rainures horizontales sous la lèvre. Diam. : 16 cm. *Kana-87/I-129a* ; bâtiment B, pièce 19, sol (*fig. 18*).

215. Jarre ouverte, fragment de bord. Pâte claire, fine, sableuse, glaçure grise à l'intérieur. Diam. : 16 cm. *Kana-87/I-129b* ; bâtiment B, pièce 19, sol (non illus.).

216. Assiette, fragment de bord. Pâte claire, fine sableuse, glaçure jaunâtre à l'intérieur. Diam. : 18 cm. *Kana-87/I-129c* ; bâtiment B, pièce 19, sol *fig. 18*).

217. Bol, fragment de bord. Pâte claire, fine, sableuse, glaçure jaunâtre. Diam. : 20 cm. *Kana-87/I-141* ; bâtiment B, pièce 21, couche de remplissage (*fig. 18*).

218. Bol, fragment de panse. Pâte claire, fine, sableuse, glaçure jaune claire. Dim. : 6 x 5,5 cm. *Kana-86/I-53* ; bâtiment B, pièce 5, sol (non illus.).

219. Bol, fragment de fond. Pâte claire, fine, dégraissant sableux, glaçure jaune. Diam. : 11 cm. *Kana-86/I-72* ; bâtiment B, pièce 7, couche de remplissage (non illus.).

220. Bol, fragment de panse. Pâte claire, fine, sableuse, glaçure jaune-grise. Dim. : 7 x 3,5 cm. *Kana-86/I-93* ; bâtiment B, pièce 9 (non illus.).

221. Jarre, fragment de partie supérieure, lèvre biseautée extérieurement, panse arrondie. Pâte claire, fine, sableuse, glaçure verte. Diam. : 14 cm. *Kana-86/I-108* ; couche d'occupation à l'ouest du bâtiment B (non illus.).

222. Bol, fragment de panse. Pâte claire, fine, dégraissant sableux, fragments de glaçure bleu turquoise. Dim. : 13 x 12 cm. *Kana-86/I-109* ; couche d'occupation à l'ouest du bâtiment B (non illus.).

223. Assiette, fragment de bord. Pâte claire, fine, sableuse, glaçure jaune. Dim. : 3 x 2 cm. *Kana-87/I-2* ; bâtiment B, pièce 10, sol (non illus.).

224. Assiette, fragment de bord. Pâte claire, fine, sableuse, glaçure jaune. Dim. : 3 x 2 cm. *Kana-87/I-22a* ; bâtiment B, pièce 12, sol (non illus.).

225. Cruche, fragment de panse et d'anse. Pâte claire, fine, sableuse, glaçure jaune. Dim. : 8 x 5 cm. *Kana-87/I-22b* ; bâtiment B, pièce 12, sol (non illus.).

226. Assiette, fragment de panse. Pâte claire, fine, sableuse, fragments de glaçure jaune. Dim. : 12 x 7 cm. *Kana-87/I-42a* ; bâtiment B, couche d'occupation au sud de la pièce 12 (non illus.).

227. Assiette, fragment de panse. Pâte claire, fine, sableuse, glaçure verte. Dim. : 3 x 3 cm. *Kana-87/I-42b* ; bâtiment B, couche d'occupation au sud de la pièce 12 (non illus.).

228. Assiette, fragment de panse. Pâte *id.* n° 227. Dim. : 3,5 x 2 cm. *Kana-87/I-96* ; bâtiment B, pièce 16 (non illus.).

229. Assiette, fragment de panse. Pâte claire, fine, sableuse, glaçure verte. Dim. : 7,5 x 5 cm. *Kana-87/I-117* ; bâtiment B, pièce 19, sol (non illus.).

230. Jarre de cuisine, fragment de partie supérieure, lèvre biseautée extérieurement. Pâte rouge, fine, dégraissant sableux, surface extérieure polie. Diam. : 24 cm. *Kana-87/I-12* ; pièce 11, sol (*fig. 18*).

231. Jarre de cuisine, fragment de partie supérieure, lèvre biseautée extérieurement. Pâte rouge, fine, sableuse, surface extérieure polie. Diam. : 22 cm. *Kana-87/I-135* ; bâtiment B, pièce 20 (*fig. 18*).

232. Couvercle, fragment de partie inférieure, bord vertical. Pâte rouge, fine, sableuse. Diam. : 13 cm. *Kana-87/I-9* ; pièce 11, sol (*fig. 18*).

233. Couvercle, fragment de partie supérieure, anse en forme de bouton. Pâte rouge, fine, dégraissant sableux, surface extérieure polie. Diam. : 17 cm. *Kana-87/I-70* ; bâtiment B, couche d'occupation à l'ouest des pièces 12, 13 et 15 (*fig. 18*).

234. Couvercle, complet, anse en forme de bouton. Pâte rouge, fine, sableuse, surface extérieure polie. Diam. : 15 cm. *Kana-87/I-143* ; bâtiment B, pièce 22, couche de remplissage (*fig. 18*).

235. Couvercle, fragment de bord. Pâte grise, fine, sableuse. Diam. : 8 cm. *Kana-87/I-122* ; bâtiment B, pièce 19, sol (non illus.).

236. Grande jarre, fragment de bord, lèvre légèrement biseautée extérieurement. Pâte rouge, fine, sableuse. Diam. : 17 cm. *Kana-86/I-94* ; bâtiment B, pièce 9 (*fig. 18*).

237. Grande jarre, fragment de bord, col vertical. Pâte rouge, fine, sableuse. Diam. : 16,5 cm. *Kana-86/I-94a* ; bâtiment B, pièce 9 (*fig. 18*).

238. Grande jarre, fragment de bord. Pâte rouge, fine, sableuse, inclusions blanches. Décor incisé : ligne horizontale et points sous la lèvre. Diam. : 28 cm. *Kana-87/I-89* ; bâtiment B, couche d'occupation à l'ouest des pièces 12, 13 et 15 (*fig. 18*).

La céramique de stockage à parois épaisses est représentée par différents types. Les fragments de grandes jarres à lèvre non détachée sont relativement rares. Ces grandes jarres à col souligné et à panse arrondie sont caractéristiques (*cat.* 236-237, p. 52). Elles avaient probablement le fond plat (*cat.* 239, p. 57). On mentionnera notamment le fragment d'une jarre à col souligné, décoré d'une ligne incisée horizontale et de points sur le bord (*cat.* 238, p. 52), ainsi qu'un fragment de grande jarre ouverte à lèvre biseautée extérieurement (*cat.* 240, p. 57), décoré d'une frise de points peu profonds, dessinée entre deux lignes incisées et une ligne ondulée. Les grandes jarres ouvertes à lèvre en forme de "bec", biseautée intérieurement, sont les plus caractéristiques des récipients à parois épaisses (*cat.* 240-245, p. 57). Elles sont rarement décorées ; le fragment à lignes en zigzag incisées entre des lignes horizontales constitue une exception (*cat.* 243, p. 57).

La céramique de type sud-arabique est représentée essentiellement par des fragments de récipients à parois épaisses et par de grandes jarres. On trouve également quelques fragments de grands bols largement ouverts, décorés d'une ligne ondulée (*cat.* 248, p. 57). Les plus courants sont des fragments de bases annulaires (*cat.* 251-252, p. 57).

– *Graffiti* et *dipinto*

Les ensembles céramiques des deux bâtiments sont très proches l'un de l'autre, pratiquement identiques. Cependant, certains tessons du second bâtiment présentent une série de *graffiti*. On notera les parois d'une grande jarre, sur lesquelles des lettres ont été tracées sur la pâte encore humide, (*cat.* 253, p. 59) [23]. Le plus souvent, la peinture est appliquée après cuisson. Les graffiti se trouvent généralement sur les céramiques à parois épaisses, y compris modelées (*cat.* 254-255, p. 59). On a découvert sur un fragment – unique – la partie d'une inscription tracée à la peinture rouge (*cat.* 256, p. 59).

2/ Objets divers

Les trouvailles autres que la céramique sont assez rares.

– Les objets en pierre

Ils sont variés : fragments de râpe à blé (*cat.* 265-266, p. 61), pilons allongés (*cat.* 267-270, p. 61) ou arrondis (*cat.* 271, p. 61) et même triangulaires (*cat.* 272, p. 61), meules manuelles rondes (*cat.* 286-288, p. 60 ; *pl. 127*), galets arrondis et allongés avec des cavités forées (*cat.* 273-275, p. 61). On a aussi trouvé un pendentif en pierre tendre (*cat.* 276, p. 61) et trois boulets en grès, probablement des projectiles pour fronde (*cat.* 277-279, p. 60). Mentionnons également des objets d'origine sud-arabique : une tablette en marbre portant une inscription sud-arabique (*cat.* 280, p. 63) [24] ; le fragment d'un petit autel en marbre, décoré d'une frise de têtes de chèvres stylisées (*cat.* 282, p. 63) ; une tablette en albâtre portant l'image en relief d'un aigle (*cat.* 283, p. 64) ; le fragment d'un grand plat avec anse (*cat.* 284, p. 60) et le bord d'un récipient en albâtre (*cat.* 285, p. 60).

---

23. Voir l'article de A.G. LUNDIN dans ce volume.
24. Voir l'article de A.G. LUNDIN dans ce volume.

– Les objets en céramique

Ils se limitent à un fragment muni de trous forés (*cat.* 289, p. 61).

– Les objets en os

Ils sont représentés par deux fragments, probablement des stylets ou des épingles (*cat.* 290-291, p. 61) et par quelques petits fragments de plaques en ivoire.

– Les objets en fer

On a retrouvé plusieurs tiges (fragments de clous ? ; *cat.* 292-293, p. 61), le fragment d'une petite hache (? ; *cat.* 295, p. 61), d'un bol (*cat.* 296, p. 61) et d'une loupe (?) (*cat.* 297, p. 62).

– Les objets en bronze

Ils sont généralement conservés sous forme de très petits fragments. Notons surtout une plaque ronde portant des trous de fixation (*cat.* 298, p. 61), le fragment d'une anse probablement destinée à être fixée à un récipient en bois (*cat.* 299, p. 61), un bracelet fait d'un fil en métal (*cat.* 300, p. 61).

– Les objets en argent

Ils se limitent à un anneau (*cat.* 316, p. 61).

– Les objets en verre

Ils sont représentés par les fragments de différents récipients (*cat.* 317-324, p. 62) et par de la verroterie (*cat.* 326-327, p. 62).

Catalogue

239. Grande jarre, fragment de fond. Pâte rouge, fine, sableuse. Diam. : 22 cm. *Kana-87/I-63* ; bâtiment B, pièce 15, sol (*fig. 19*).

240. Grande jarre ouverte, fragment de bord. Pâte rouge, fine, sableuse. Décor incisé : points entre deux lignes droites et ligne ondulée. Diam. : 34 cm. *Kana-87/I-102* ; bâtiment B, pièce 17, couche de remplissage (*fig. 19*).

241. Grande jarre ouverte, fragment de bord, lèvre en forme de "bec". Pâte brune, fine, sableuse. Diam. : 13,5 cm. *Kana-86/I-86* ; bâtiment B, pièce 8 (*fig. 19*).

242. Grande jarre ouverte, fragment de bord. Pâte rouge, fine, sableuse. Diam. : 28 cm. *Kana-87/I-89* ; bâtiment B, couche d'occupation à l'ouest des pièces 12, 13 et 15 (*fig. 19*).

243. Grande jarre ouverte, fragment de bord. Pâte rouge, fine, sableuse. Décor incisé : zigzags entre deux lignes horizontales. Diam. : 39 cm. *Kana-87/I-34* ; bâtiment B, pièce 13, sol (*fig. 19*).

244. Grande jarre ouverte, fragment de bord, lèvre en forme de "bec". Pâte rouge, fine, sableuse. Diam. : 24 cm. *Kana-87/I-64* ; bâtiment B, pièce 15, sol (*fig. 19*).

245. Grande jarre ouverte, fragment de bord. Pâte rouge, fine, sableuse. Diam. : 32 cm. *Kana-87/I-76* ; bâtiment B, couche d'occupation à l'ouest des pièces 12, 13 et 15 (*fig. 19*).

246. Grand jarre, fragment de panse. Pâte rouge, fine, sableuse. Décor en relief et incisé : bourrelet décorés de points. Dim. : 7 x 4 cm. *Kana-87/I-52* ; bâtiment B, couche d'occupation à l'est de la pièce 14 (non illus.).

247. Grande jarre, fragment de panse. Pâte rouge, fine, sableuse. Décor en relief et incisé : bourrelet orné de croix. Dim. : 16 x 10 cm. *Kana-87/I-75* ; bâtiment B, couche d'occupation à l'ouest des pièces 12, 13 et 15 (non illus.).

248. Grand bol, fragment de bord. Pâte jaunâtre, poreuse, traces d'inclusions organiques. Décor incisé : ligne ondulée. Diam. : 36 cm. *Kana-87/I-130* ; bâtiment B, pièce 19, sol (*fig. 19*).

249. Grand bol, fragment de panse. Pâte jaunâtre, poreuse, traces d'inclusions organiques. Dim. : 23 x 15 cm. *Kana-87/I-46* ; bâtiment B, pièce 14 (non illus.).

250. Grande jarre, fragment de bord. Pâte jaunâtre, poreuse, traces d'inclusions organiques. Diam. : 10 cm. *Kana-87/I-55* ; bâtiment B, couche d'occupation à l'est de la pièce 14 (non illus.).

251. Grande jarre, fragment de base annulaire. Pâte jaunâtre, poreuse, traces d'inclusions organiques. Diam. : 14 cm. *Kana-87/I-123* ; bâtiment B, pièce 19, sol (*fig. 19*).

252. Grand jarre, fragment de base annulaire. Pâte jaunâtre, poreuse, traces d'inclusions organiques. Diam. : 21 cm. *Kana-87/I-137* ; bâtiment B, pièce 20 (*fig. 19*).

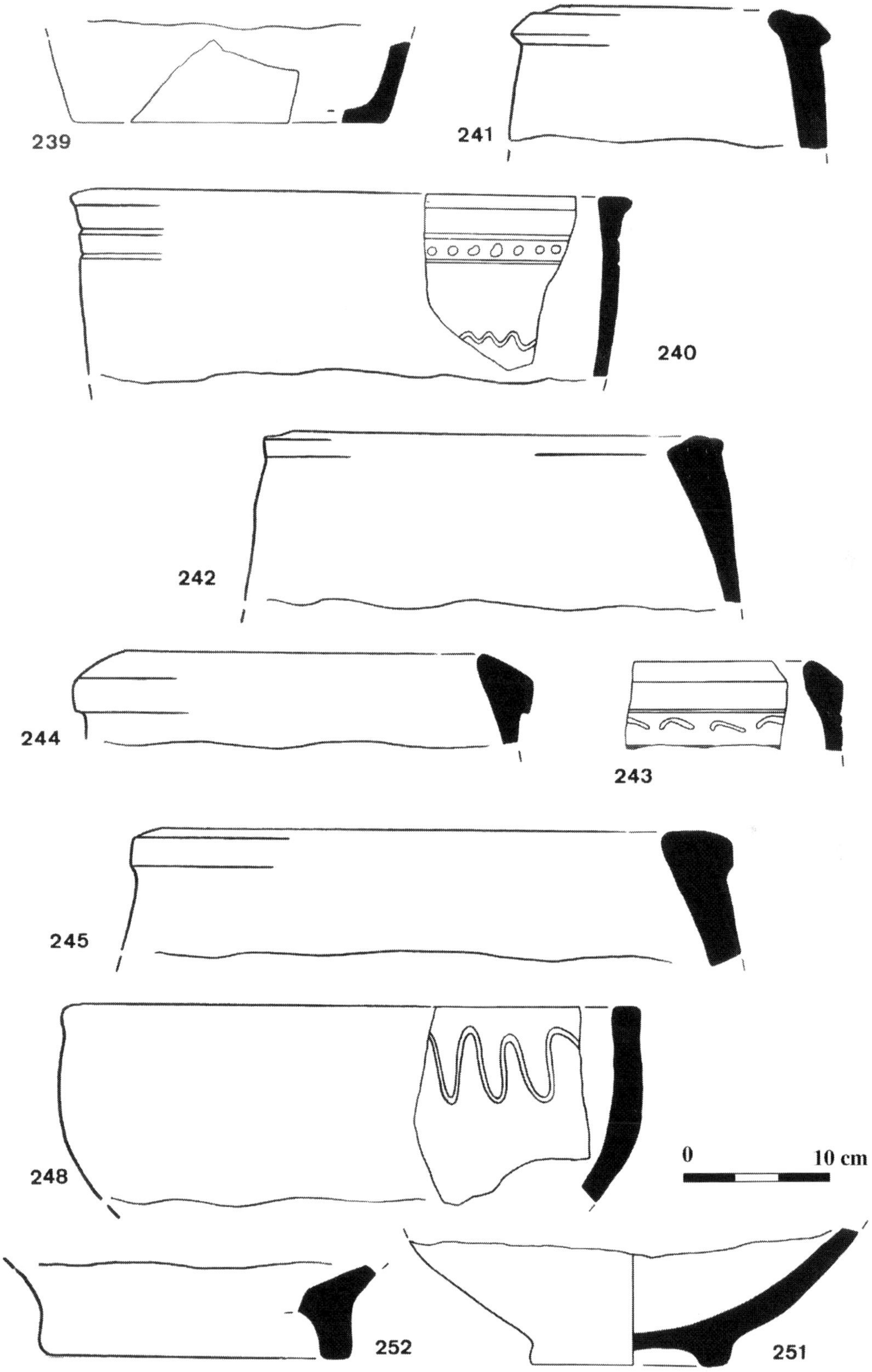

Figure 19

Catalogue

253. Fragment de panse d'une grande jarre avec une lettre sud-arabique (?) incisée sur la pâte encore humide. Pâte grise, fine, sableuse. Dim. : 18 x 10 cm. *Kana-87/I-97* ; bâtiment B, pièce 16 (*fig. 20*).

254. Fragment de panse de grande jarre à parois épaisses, avec un *graffito*. Pâte rouge, fine, sableuse. Dim : 15 x 8,5 cm. *Kana-87/I-65* ; bâtiment B, pièce 15, sol (*fig. 20*).

255. Fragment de panse de grande jarre à parois épaisses avec fragment de *graffito*. Pâte rouge, fine, sableuse, surface extérieure polie. Dim. : 10,2 x 7 cm. *Kana-87/I-144* ; bâtiment B, pièce 22, couche de remplissage (*fig. 20*).

256. Fragment de panse de récipient avec fragment d'inscription (?) tracée à la peinture rouge. Pâte rouge, fine, sableuse. Dim. : 5 x 4 m. *Kana-87/I-93* ; bâtiment B, pièce 16 (*fig. 20*).

257. Fragment de panse d'amphore côtelée avec un *graffito*. Pâte grise, sableuse. Dim. : 12 x 8,5 cm. *Kana-87/I-20* ; bâtiment B, pièce 12, couche de remplissage (*fig. 20*).

258. Fragment de panse de récipient avec un *graffito*. Pâte grise, sableuse. Dim. : 7 x 3 cm. *Kana-87/I-29* ; bâtiment B, pièce 13, couche de remplissage (*fig. 20*).

259. Fragment de panse de récipient avec fragment de *graffito*. Pâte grise, sableuse. Dim. : 7 x 5 cm. *Kana-87/I-32* ; bâtiment B, pièce 13, sol (*fig. 20*).

260. Fragment de panse d'amphore avec fragment de *graffito*. Pâte brune, sableuse. Dim. : 5 x 4 cm. *Kana-87/I-77* ; bâtiment B, couche d'occupation à l'ouest des pièces 12, 13, 15 (non illus.).

261. Fragment de panse de récipient avec un *graffito*. Pâte rouge, fine, sableuse, surface extérieure polie. Dim. : 4,5 x 4 cm. *Kana-87/I-79* ; bâtiment B, couche d'occupation à l'ouest des pièces 12, 13 et 15 (*fig. 20*).

262. Fragment de panse de grande jarre à parois épaisses, avec un *graffito*. Pâte rouge, fine, sableuse. Dim. : 8 x 7 cm. *Kana-87/I-88* ; bâtiment B, couche d'occupation à l'ouest des pièces 12, 13 et 15 (*fig. 20*).

263. Fragment de panse de grande jarre à parois épaisses, avec un *graffito*. Pâte rouge, fine, sableuse. Dim. : 7,5 x 6,5 cm. *Kana-87/I-98* ; bâtiment B, pièce 16 (*fig. 20*).

264. Fragment de panse de récipient avec fragment de *graffito*. Pâte rouge, fine, sableuse, surface extérieure polie. Décor en relief : cercles grossiers. Dim. : 9 x 4,5 cm. *Kana-87/I-127* ; bâtiment B, pièce 19, sol (*fig. 20*).

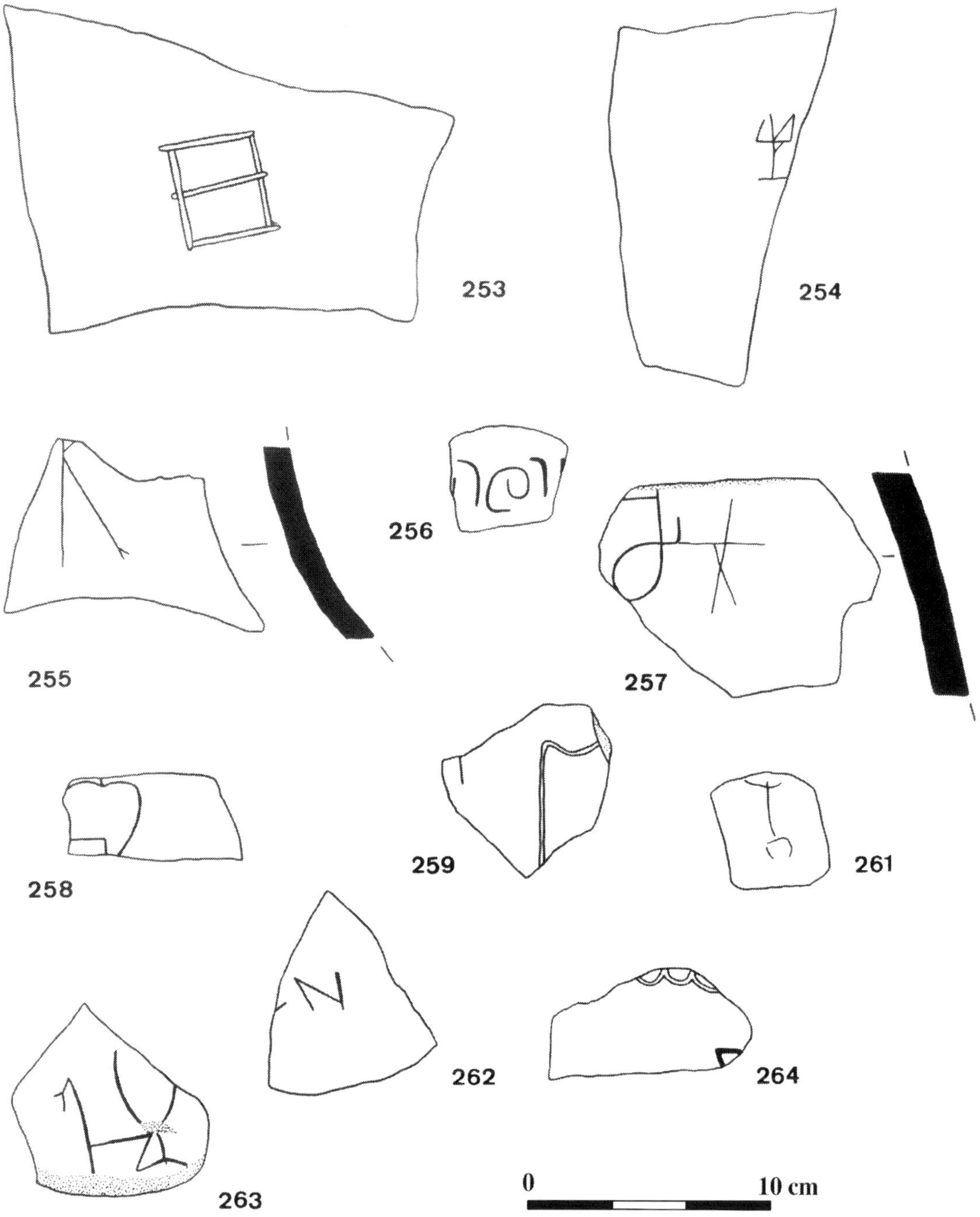

Figure 20

Catalogue

265. Râpe à blé, fragment. Dim. : 21,5 x 16,7 x 7 cm. *Kana-87/I-8* ; bâtiment B, pièce 11, couche de remplissage (*fig. 21*).

266. Râpe à blé, fragment. Dim. : 13 x 10,2 x 3,5 cm. *Kana-87/I-24* ; bâtiment B, pièce 12, sol (*fig. 21*).

267. Pilon en forme de brique. Dim. : 12,2 x 6 x 3 cm. *Kana-87/I-17* ; bâtiment B, pièce 12, couche de remplissage (*fig. 21*).

268. Pilon allongé. Dim. : 12,7 x 7,2-4 x 3,6 cm. *Kana-87/I-16* ; bâtiment B, pièce 12, couche de remplissage (*fig. 21*).

269. Pilon allongé. Dim. : 10 x 4 x 2 cm. *Kana-87/I-45* ; bâtiment B, couche d'occupation au sud de la pièce 12 (*fig. 21*).

270. Pilon allongé, fragment. Dim. : 7 x 5 x 2,5 cm. *Kana-87/I-90* ; bâtiment B, couche d'occupation à l'ouest des pièces 12, 13 et 15 (*fig. 21*).

271. Pilon arrondi. Dim. : 12 x 11,2 x 2 cm. *Kana-87/I-103* ; bâtiment B, pièce 17, couche de remplissage (*fig. 21*).

272. Pilon triangulaire. Dim. : 9 x 8,6 x 7 cm. *Kana-87/I-134* ; bâtiment B, pièce 19, sol (*fig. 21*).

273. Galet en forme de brique avec deux cavités. Dim. : 22 x 9,7 x 5,1 cm ; diam. des cavités : 4 et 3 cm. *Kana-87/I-50* ; bâtiment B, pièce 8, sol (*fig. 21*).

274. Galet arrondi avec deux cavités. Dim. : 10 x 5 cm ; diam. des cavités : 4,1 cm et 3,1 cm. *Kana-86/I-65a* ; bâtiment B, pièce 6, sol (*fig. 21*).

275. Galet arrondi avec deux cavités. Dim. : 12,8 x 5,6 cm ; diam. des cavités : 4,8 cm et 2,9 cm. *Kana-86/I-65b* ; bâtiment B, pièce 6, sol (*fig. 21*).

276. Pendant rectangulaire. Dim. : 3,5 x 2 x 1,5 cm. *Kana-87/I-48* ; bâtiment B, pièce 8, sol (*fig. 21*).

277. Boulet en grès gris-rosé. Diam. : 6 cm. *Kana-86/I-61* ; bâtiment B, pièce 6, couche de remplissage (non illus.).

278. Boulet en grès gris. Diam. : 5,3 cm. *Kana-86/I-62* ; bâtiment B, pièce 6, couche de remplissage (non illus.).

279. Boulet en grès rosé. Diam. : 4 cm. *Kana-86/I-63* ; bâtiment B, pièce 6, couche de remplissage (non illus.).

280. Tablette en marbre portant une inscription sud-arabique. Dim. : 14,3 x 12,6 x 3,3 cm. *Kana-87/I-26* ; bâtiment B, pièce 12, sol (*fig. 22*).

281. Tablette en albâtre. Dim. : 22 x 12,5 x 2,5 cm. *Kana-87/I-18* ; bâtiment B, pièce 12, couche de remplissage (non illus.).

282. Autel en marbre, fragment. Décoré d'une frise de têtes de chèvres stylisées sur le bord. Dim. : 13 x 11,7 x 9,2 cm. *Kana-87/I-25* ; bâtiment B, pièce 12, sol (*fig. 22*).

283. Tablette en albâtre. Représentation en relief d'un aigle de face, la tête vers la gauche, les ailes déployées. Dim. : 20,5 x 19 x 5,5 cm. *Kana-87/I-139* ; bâtiment B, pièce 20 (*fig. 23 ; pl. 51*).

284. Grand plat avec anse, fragment. Trou dans l'anse. Dim. : 35 x 20 x 6 cm. *Kana-87/I-56* ; bâtiment B, couche d'occupation à l'ouest de la pièce 14 (non illus.).

285. Récipient en albâtre, fragment de bord. Diam. : 28 cm. *Kana-87/I-121* ; bâtiment B, pièce 19, couche de remplissage (non illus.).

286. Meule manuelle ronde en basalte, fragment de partie supérieure. Trou au centre. Diam. : 35 cm. *Kana-87/I-3* ; pièce 10, sol (non illus.).

287. Meule manuelle ronde en basalte, partie supérieure. Trou au centre, bouton pour fixer l'anse (en bois ?). Diam. : 36 cm. *Kana-87/I-112* ; bâtiment B, pièce 18, sol (*pl. 127*).

288. Meule manuelle ronde en basalte, partie inférieure. Bouton au centre. Diam. : 30 cm. *Kana-87/I-140* ; bâtiment B, pièce 20 (*pl. 127*).

289. Objet céramique avec cinq trous forés, fragment. Dim. : 11,5 x 6 cm ; Diam. des trous : 0,1-0,3 cm. *Kana-87/I-5*; bâtiment B, pièce 10, sol (*fig. 21*).

290. Stylet ou épingle, fragment. Long. : 15,2 cm ; diam. de section ovale : 0,5-0,8 cm. *Kana-87/I-27* ; bâtiment B, pièce 12, sol (*fig. 21*).

291. Stylet ou épingle, fragment. Long. : 8 cm ; diam. de section ronde : 0,6 cm. *Kana-87/I-133* ; bâtiment B, pièce 19, sol (*fig. 21*).

292. Clou ou crochet, fragment. Partie supérieure de section ronde (diam. : 0,6 cm) ; partie inférieure de section rectangulaire (dim. : 1 x 0,6 cm). Long. : 8 cm. *Kana-86/I-58* ; bâtiment B, pièce 5, sol (*fig. 21*).

293. Clou, fragment. Section rectangulaire (dim. : 1,1 x 0,7 cm). Long. : 6 cm. *Kana-86/I-111* ; couche d'occupation à l'ouest du bâtiment B (*fig. 21*).

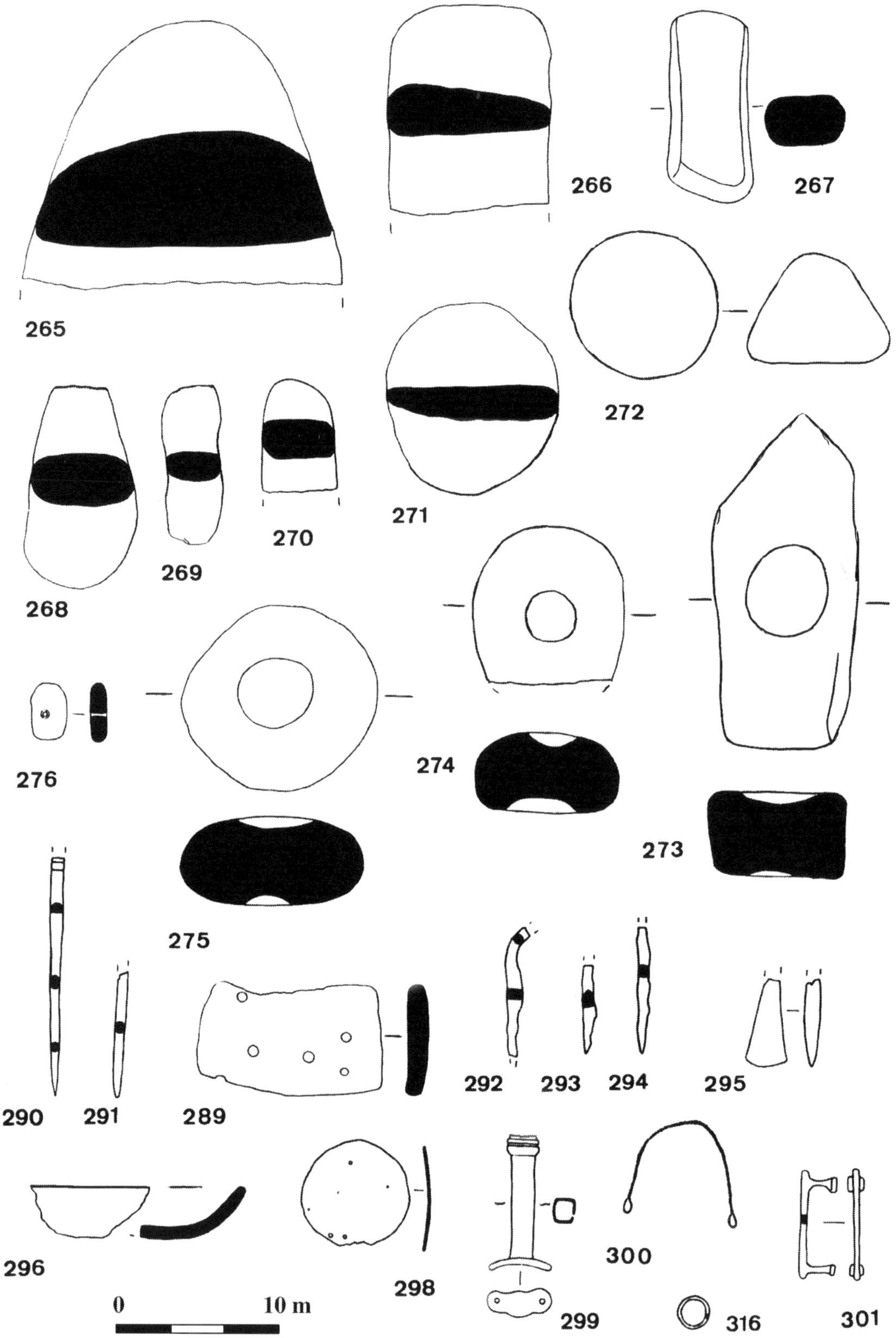
265
266
267
268
269
270
271
272
273
274
275
276
289
290
291
292
293
294
295
296
298
299
300
301
316
0
10 m

Figure 21

294. Clou, fragment. Section rectangulaire (dim. : 0,6 x 0,5 cm). Long. : 8 cm. *Kana-86/I-112* ; couche d'occupation à l'ouest du bâtiment B (*fig. 21*).

295. Objet en forme de petite hache, fragment. Dim. : 5 x 2,8-1,2 x 0,8 cm. *Kana-86/I-83* ; bâtiment B, pièce 7, sol (*fig. 21*).

296. Bol à fond rond, fragment. Diam. : 8 cm. *Kana-86/I-84* ; bâtiment B, pièce 7, sol (*fig. 21*).

297. Loupe (?) Dim. : 11,3 x 8,6 x 5,6 cm. *Kana-87/I-111* ; bâtiment B, pièce 18, sol (non illus.).

298. Plaque ronde, légèrement saillante. Trous au centre et le long du bord. Diam. : 6,5 cm. *Kana-86/I-55* ; bâtiment B, pièce 5, sol (*fig. 21*).

299. Anse de récipient en bois (?). Dim. : 8,1 x 2,6 cm. *Kana-87/I-92*. bâtiment B, couche d'occupation à l'ouest des pièces 12, 13 et 15 (*fig. 21*).

300. Bracelet en fil avec extrémités en forme d'anneaux, section ronde. Dim. : 7,8 x 7,5 cm ; diam. de la section : 0,5 cm. *Kana-87/I-91* ; bâtiment B, couche d'occupation à l'ouest des pièces 12, 13 et 15 (*fig. 21, 4*).

301. Anse en forme de P, section ronde (diam. : 0,4 m). Long. : 6,5 cm ; haut. : 2,2 cm. *Kana-86/I-66,* bâtiment B, pièce 6, sol (*fig. 21*).

302. Plaque rectangulaire, fragment. Dim. : 12,5 x 10 x 0,7 cm. *Kana-86/I-54* ; bâtiment B, pièce 5, sol (non illus.).

303. Clou, fragment, section quadrangulaire (dim. : 0,8 x 0,5 cm). Long. : 3 cm. *Kana-86/I-56* ; bâtiment B, pièce 5, sol (non illus.).

304. Clou, fragment, section quadrangulaire (dim. : 0,8 x 0,5 cm). Long. : 1 cm. *Kana-86/I-57* ; bâtiment B, pièce 5, sol (non illus.).

305. Plaque quadrangulaire, angles arrondis. Dim. : 1,8 x 1,5 x 0,4 cm. *Kana-86/I-67* ; bâtiment B, pièce 6, sol (non illus.).

306. Plaque quadrangulaire, fragment. Dim. : 2,5 x 1,5 x 0,2 cm. *Kana-86/I-68* ; bâtiment B, pièce 6, sol (non illus.).

307. Plaque triangulaire, fragment. Dim. : 1,5 x 1,2 x 0,4 cm. *Kana-86/I-69* ; bâtiment B, pièce 6, sol (non illus.).

308. Plaque quadrangulaire, fragment. Dim. : 1,5 x 1,2 x 0,5 cm. *Kana-86/I-79* ; bâtiment B, pièce 7, sol (non illus.).

309. Plaque quadrangulaire, fragment. Dim. : 1,1 x 0,9 x 0,7 cm. *Kana-86/I-80* ; bâtiment B, pièce 7, sol (non illus.).

310. Plaque quadrangulaire. Dim. : 0,8 x 0,8 x 0,5 cm. *Kana-86/I-81* ; bâtiment B, pièce 7, sol (non illus.).

311. Plaque quadrangulaire, fragment. Dim. : 4,5 x 2,5 x 0,8 cm. *Kana-86/I-82* ; bâtiment B, pièce 7, sol (non illus.).

312. Anse de récipient, fragment. Décor incisé : deux rainures. Dim. : 4,5 x 2,7 cm. *Kana-87/I-59*; bâtiment B, pièce 15, couche de remplissage (non illus.).

313. Petit anneau, section ronde. Diam. : 2,4 cm ; diam. de la section : 0,3 cm. *Kana-87/I-92a*; bâtiment B, couche d'occupation à l'ouest des pièces 12, 13 et 15 (non illus.).

314. Plaque quadrangulaire, fragment. Dim. : 4 x 2,5 x 0,5 cm. *Kana-87/I-118* ; bâtiment B, pièce 19, couche de remplissage (non illus.).

315. Clou, fragment. Long. : 2,3 cm. *Kana-87/I-132* ; bâtiment B, pièce 19, sol (non illus.).

316. Petit anneau composé de trois fragments, section ronde. Diam. : 2,3 cm ; diam. de la section : 0,4 cm. *Kana-87/I-119*; bâtiment B, pièce 19, couche de remplissage (*fig. 21*).

317. Vase en verre, fragment de panse. Dim. : 2 x 1,2 cm. *Kana-86/I-95* ; bâtiment B, pièce 9 (non illus.).

318. Vase en verre, fragment de panse. Dim. : 2 x 1,8 cm. *Kana-86/I-96* ; bâtiment B, pièce 9 (non illus.).

319. Vase en verre, fragment de panse. Dim. : 3 x 1,8 cm. *Kana-86/I-97* ; bâtiment B, pièce 9 (non illus.).

320. Vase en verre, fragment de panse. Décor de trois petits boutons arrondis. Dim. : 7 x 2,8 cm. *Kana-86/I-98* ; bâtiment B, pièce 9 (non illus.).

321. Vase en verre, fragment de bord. Diam. : 10 cm. *Kana-87/I-23* ; bâtiment B, pièce 12, sol (non illus.).

322. Vase en verre, fragment de panse. Dim. : 2,5 x 2 cm. *Kana-87/I-43* ; bâtiment B, couche d'occupation au sud de la pièce 12 (non illus.).

323. Vase en verre, fragment de panse et d'anse. Dim. : 3,7 x 2,5 cm. *Kana-87/I-99* ; bâtiment B, pièce 16 (non illus.).

324. Vase en verre, fragment de bord. Diam. : 10 cm. *Kana-87/I-120* ; bâtiment B, pièce 19, couche de remplissage (non illus.).

325. Chaton rond pour bague (?). Diam. : 1,7 cm ; haut. : 1 cm. *Kana-86/I-88* ; bâtiment B, pièce 8 (non illus.).

326. Verroterie arrondie. Diam. : 0,8 cm. *Kana-87/I-28* ; bâtiment B, pièce 12, inhumation 2 (non illus.).

327. Verroterie arrondie. Diam. : 1,1 cm. *Kana-87/I-104* ; bâtiment B, pièce 18, couche de remplissage (non illus.).

280

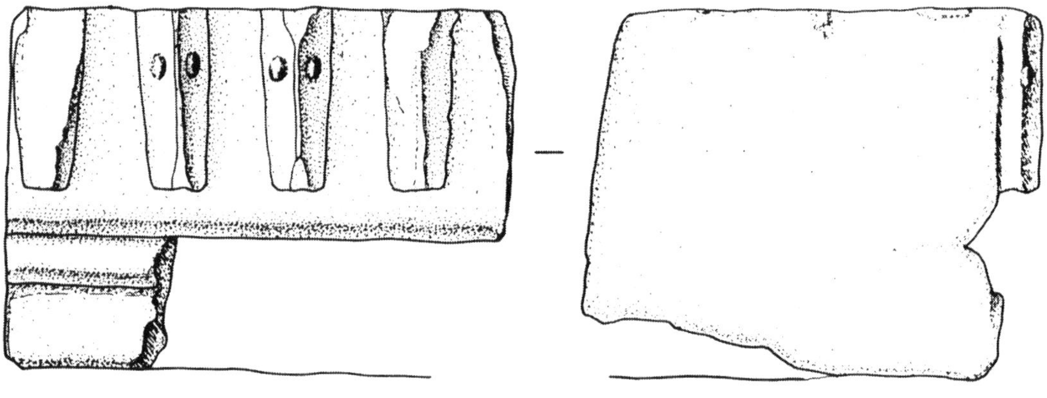

282

Figure 22

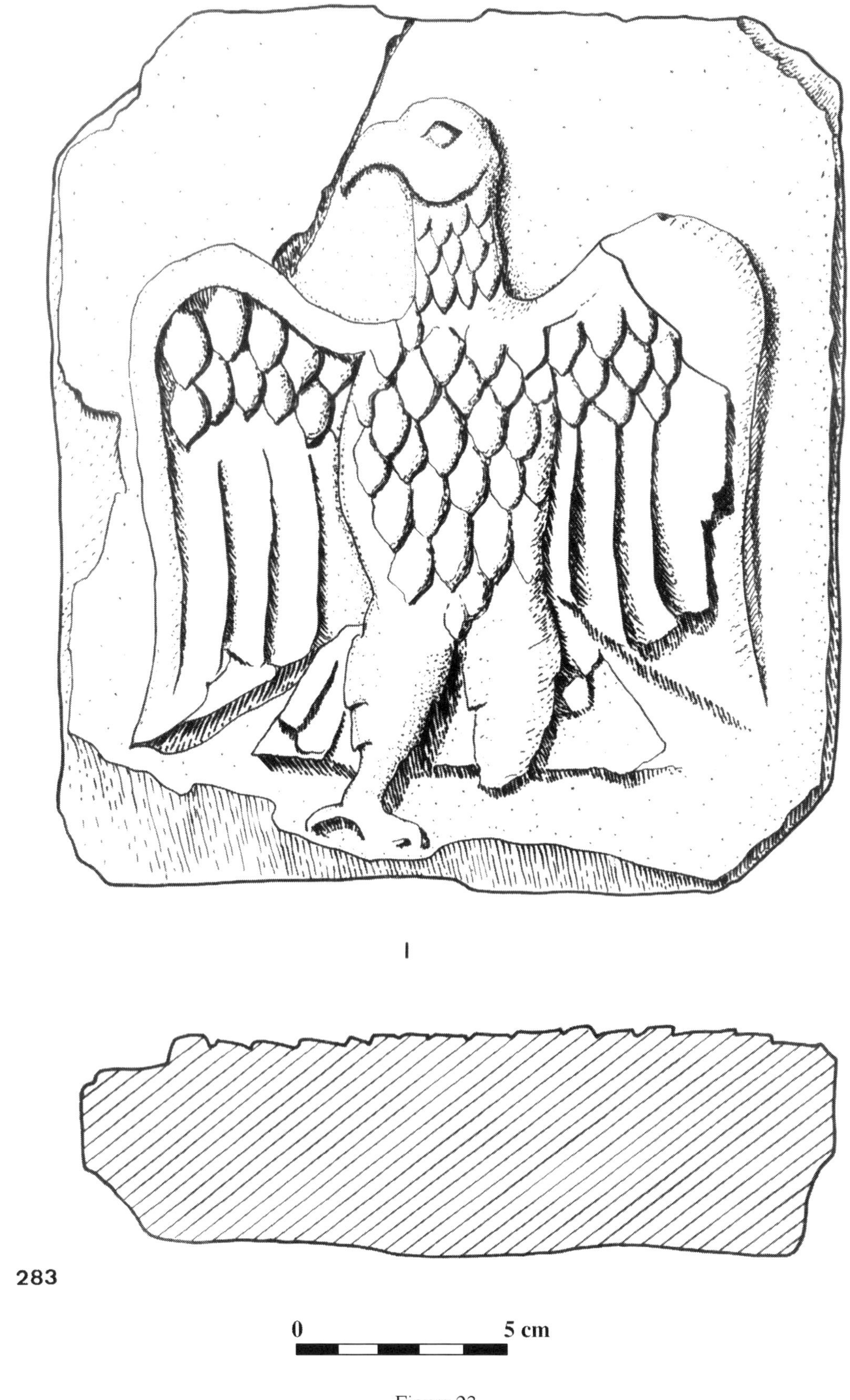

Figure 23

III

LES FOUILLES DU SECTEUR 2

Dans ce secteur, localisé au NNE du site, on repère actuellement en surface le tracé des murs d'un appareil relativement massif (larg. : 0,8 m) correspondant à un grand édifice. Il s'agit d'une maison avec ses dépendances, orientée SN et EO. La surface de la partie visible du complexe couvre environ 320 m^2. Une vaste enceinte en pierre (mur 34) borde l'ensemble sur près de 1200 m^2 et touche le mur 2 entre les angles sud et ouest (*pl. 52*). À l'intérieur de cette enceinte, aucune trace de mur n'est visible, ce qui laisse supposer que cet espace servait de cour ou d'enclos. Le bâtiment lui-même était probablement de plan quadrangulaire, avec une façade s'ouvrant au NO sur la mer, située à une dizaine de mètres de là (*fig. 24-25*).

Description du bâtiment

Au cours des fouilles, quinze pièces et un grand corridor ont été dégagés : huit pièces dans la partie SO, sept pièces dans la partie NE. Une seule pièce n'a pas été dégagée. Trois pièces supplémentaires ont été édifiées à l'extérieur du mur SE (mur 1). L'entrée se situe au centre du mur NO (entre les murs 12 et 18). Le seuil, large de 1,8 m, est fait de grandes dalles de basalte (dim. : 1,1 x 0,6 x 0,4 m ; 0,9 x 0,5 x 0,3 m ; 0,8 x 0,4 x 0,2 m). Dans l'une des pièces (pièce 1), le sondage a été poursuivi jusqu'au sol naturel afin d'élaborer la stratigraphie du secteur.

La partie nord du bâtiment est moins bien conservée que la partie sud du fait de sa situation : orientée du côté de la ligne de rivage, elle se trouve exposée à l'érosion. Les murs sont conservés en moyenne sur une hauteur de 0,8 à 1,2 m et sont de la même facture que les autres. Dans les pièces, les sols sont en pisé recouvert d'un enduit d'argile épais de 5 cm. À plusieurs endroits, on observe les traces d'une couche brûlée sous le niveau de sol supérieur.

Le bâtiment a connu deux périodes d'occupation, qui correspondent à deux niveaux de sol, et différentes reconstructions et réorganisations de l'espace. On a aussi découvert une couche d'occupation au-dessous des fondations de l'édifice, mais sans vestiges de construction.

Pièce 1. Cette pièce est la plus vaste de toutes (21 m^2) ; elle dessine un rectangle allongé de 7 x 3 m. La largeur des murs est de 0,8 m. Les fouilles ont été menées jusqu'au niveau du pavement de galets sous lequel se trouve une couche tassée de sable mêlé de cendres qui constitue le sol de la première période d'occupation du bâtiment. Ce dallage n'est conservé qu'au centre et au SO de la pièce. Le premier sol (ou sol de la seconde phase de construction) se trouve à 0,65 m au-dessus du sol inférieur. La hauteur conservée des murs est de 1,7 m au SO (murs 2 et 3) et 1,4 m au NE (murs 1 et 4).

Le mur 1 est commun à toute la partie SE du bâtiment (*fig. 26,1*). Il est long de 15 m et visible à l'intérieur de la pièce 1 sur une longueur de 7,75 m. Ses assises sont irrégulières, à deux parements, et conservées sur trois rangs. Les faces externes et internes du mur sont faites de blocs de basalte volcanique grossièrement taillés ; le bourrage est constitué de pierres plus petites. Sur la face intérieure du mur, sept assises de maçonnerie sont conservées. La maçonnerie de la quatrième assise à partir du haut diffère considérablement des autres : faite de

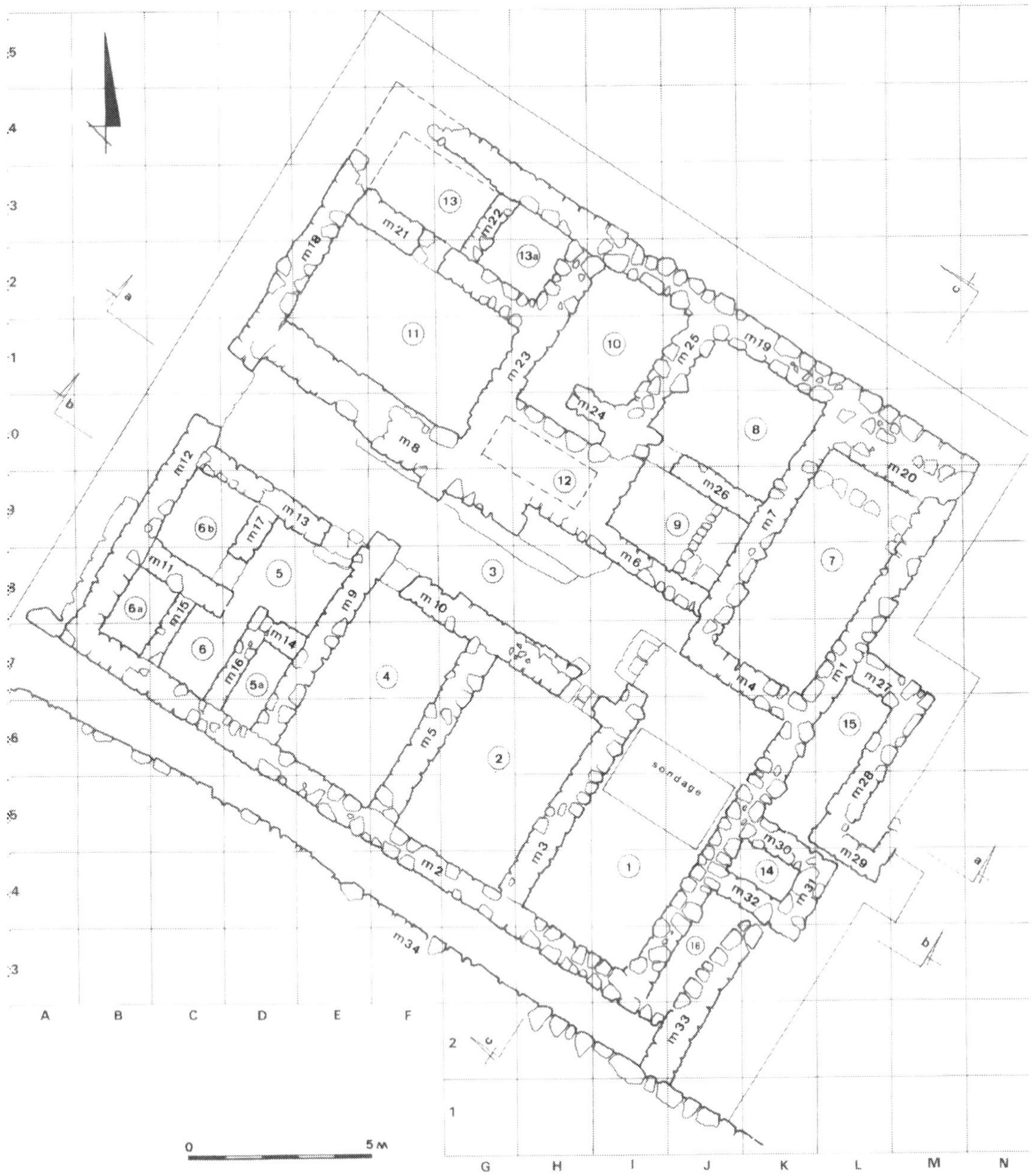

13
13a
m21
m22
m18
11
10
m23
m25
m19
m24
8
m8
12
m12
m26
m20
6b
m17
m13
9
m7
m11
5
3
m6
7
6a
m15
m9
m10
6
m14
m16
5a
4
m4
m1
m27
m5
2
15
sondage
m28
m3
m30
1
m29
m2
14
m31
m32
m34
16
m33
A
B
C
D
E
F
G
H
I
J
K
L
M
N
1
2
0
5 m
a
b
c

Figure 24

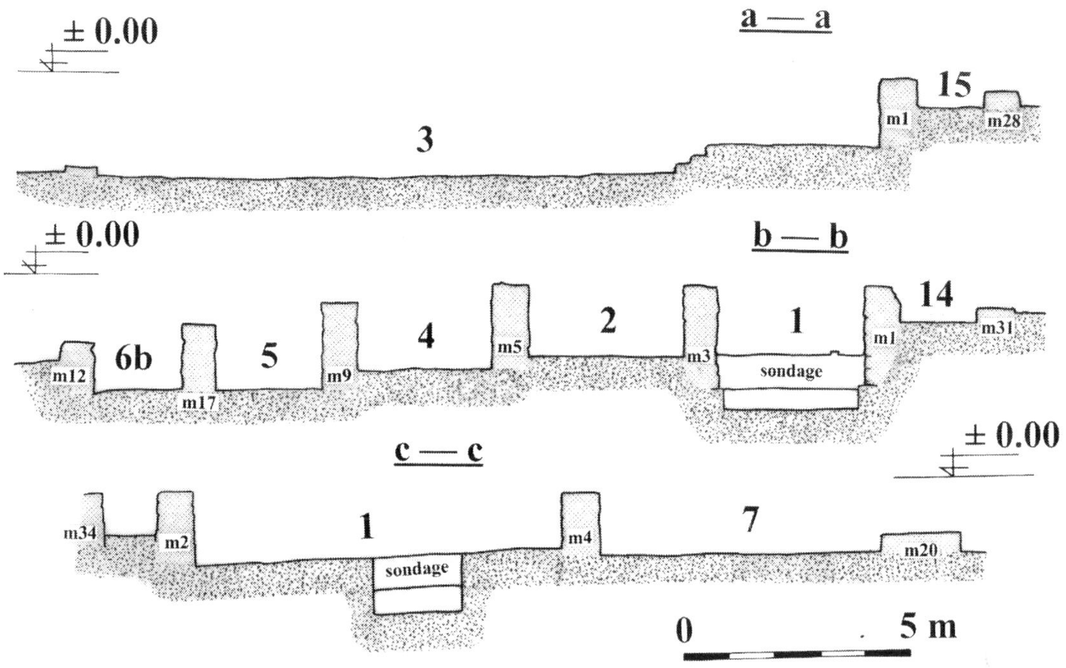

Figure 25

blocs rectangulaires bien travaillés et bien ajustés (dimension moyenne : 0,4 x 0,3 x 0,2 m), elle constitue une sorte d'assise de réglage. Les espaces restés libres après ajustement des blocs ont été comblés avec de petites pierres. Les dimensions ordinaires des pierres sur la face sont de 0,4 x 0,35 m et de 0,3 x 0,25 m.

Le mur 2 correspond au mur SO de la pièce 1 et délimite le bâtiment au SO. Son appareil est analogue à celui du mur 1 ; il est un peu dégradé dans l'angle nord. Hauteur conservée : 1,65 m ; largeur : 0,8 m ; longueur : 3,8 m.

Le mur 3 sépare les pièces 1 et 2. Longueur : 7 m ; largeur : 0,8 m. La partie supérieure de l'appareil est détruite ; en revanche, la partie inférieure est bien conservée. La maçonnerie, ainsi que les dimensions des blocs en parement, sont identiques à celles du mur 1. Au NE, l'extrémité du mur est marquée par un passage donnant sur le corridor central (pièce 3). Cette ouverture, large de 1,4 m, permet d'accéder au corridor par trois marches en blocs de basalte bien travaillés, à la surface lisse. La première marche, haute de 0,2 m, comprend trois blocs bien ajustés, posés sur le sol inférieur de la pièce 1. Les dimensions des deux blocs latéraux sont identiques : 0,5 x 0,4 x 0,2 m ; le bloc médian est plus petit : 0,4 x 0,3 x 0,2 m. La deuxième marche est composée de deux blocs de dimensions égales (0,4 x 0,4 x 0,15 m). La troisième marche est faite de trois blocs, comme la première, mais de dimensions similaires (0,5 x 0,4 x 0,2 m). La hauteur totale de l'escalier, du sol de la chambre jusqu'au sol du corridor central, est de 0,55 m.

Au NE, la pièce 1 est fermée par le mur 4, conservé sur 1,2 m de haut. L'appareil du mur montre deux parements et trois assises. Le mur mesure 0,8 m de large et 3,8 m de long. Le remplissage de la pièce 1 jusqu'au premier sol est constitué de sable alluvial mêlé de cendres, et d'une grande quantité d'arêtes de poissons et de coquillages. Dans cette couche, on a découvert

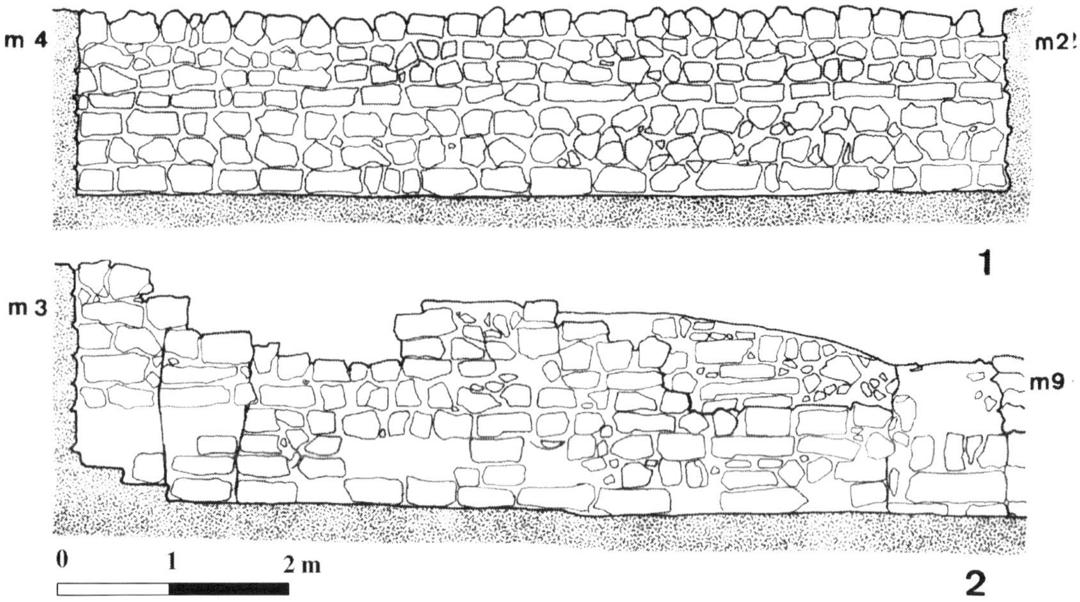

Figure 26

une quantité non négligeable de céramiques, notamment des fragments d'amphores côtelées à pâte grise et claire, un fragment de récipient à glaçure verte et quelques tessons de céramiques de cuisine et de table. La plus grande partie des découvertes provient de l'autre couche d'occupation, sur le pavé et deuxième sol. Près du mur 4, on a trouvé, fichée dans le sol, le col en bas, la partie supérieure d'une amphore à pâte rouge. Elle servait probablement de foyer ou de support de foyer. Outre une grande quantité de céramiques, on a trouvé sur le sol un bol en bronze à fond arrondi, une dalle rectangulaire en marbre, avec des cavités creusées de diamètres différents, et un couvercle miniature provenant d'un récipient.

Pièce 2. Elle est mitoyenne de la pièce 1, dont elle est séparée par le mur 3. C'est une chambre rectangulaire de 5 x 3 m. Les murs sont conservés sur une hauteur de 1,45 m dans la partie SE et sur 0,7-0,8 m dans la partie NE. La fouille a été menée jusqu'au niveau du sol inférieur, où le pavement de galets est partiellement conservé. L'appareil des murs est identique à celui de la pièce 1. Les blocs en parement sont, le plus souvent, grossièrement taillés (dim. : 0,35 x 0,25 m ; 0,45 x 0,35 m ; 0,8 x 0,45 m). L'entrée se situe dans la partie est du mur 10 et donne sur le corridor central. Elle a été obstruée dans un deuxième temps par des blocs de basalte identiques à ceux qui forment les autres murs. Cette maçonnerie est conservée sur une hauteur de 0,7 m. À partir du moment où l'entrée a été condamnée, la pièce a cessé d'être utilisée.

Le remplissage jusqu'au niveau du sol supérieur consiste en un mélange de sable alluvial, de pierres, de céramiques et, en plus petites quantités, de cendres. Sous le mur NE (mur 10), la partie supérieure d'une amphore côtelée à pâte grise est fichée dans le sol, le col en bas. Parmi les autres découvertes, il faut mentionner un mortier sans fond en calcaire massif. Comme pour les autres pièces, le remplissage contient de nombreuses catégories de céramique, les plus

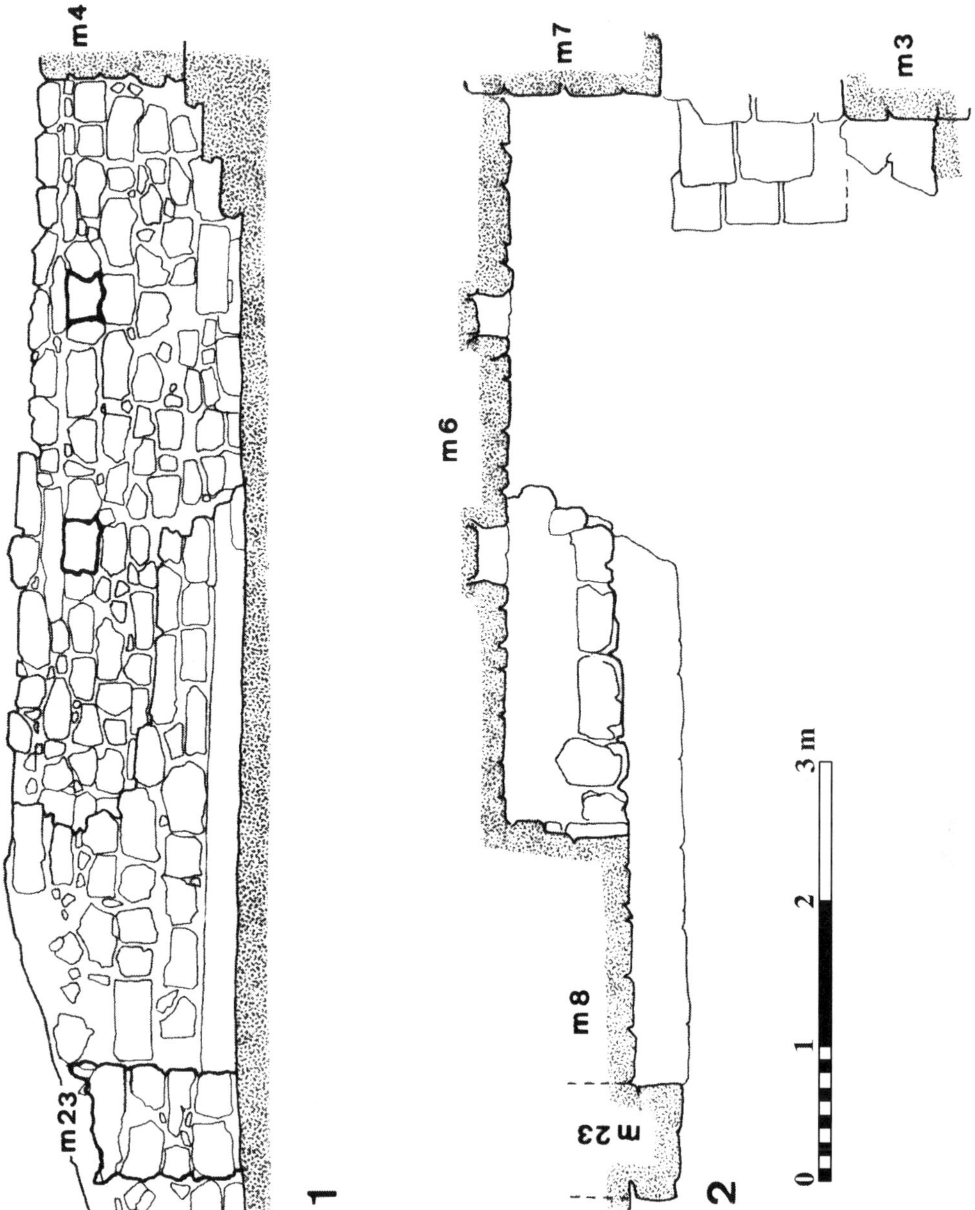

Figure 27

nombreuses étant des fragments d'amphores à pâte rouge et grise ainsi que de grands récipients à parois épaisses.

Pièce 3. Le corridor (12,5 x 4,2 m ; l'axe 2,5 m) forme la partie centrale du bâtiment. Il dessert toutes les pièces situées au SE et, probablement aussi, celles qui sont situées de l'autre côté. Comme nous l'avons déjà signalé, le corridor central donne accès à la pièce 1 par un escalier (*fig. 27,2*). La largeur de la partie SE du corridor est de 4,2 m ; celle de la partie NO est de 2,5 m. Dans la partie centrale du corridor, en face des pièces 2 et 4, près des murs 6 et 8, un banc en pierre a été construit mesurant 4 m de long et 0,4 m de haut.

Les faces des murs du corridor présentent une particularité intéressante : l'utilisation dans la maçonnerie de grandes dalles de calcaire plates (dimensions : 1 x 1 x 0,5 m et 1 x 0,5 x 0,5 m ; *fig. 26,2*). Ces dalles furent probablement insérées au moment des réfections : il était alors plus simple de les installer dans l'appareil du mur. Au-dessus du banc, sur la face du mur 6, se trouvent deux niches de mêmes dimensions (0,5 x 0,25 m). Elles se situent à 1,1 m au-dessus du niveau du sol du corridor et à 1,2 m l'une de l'autre ; elles sont recouvertes de dalles de calcaire (*fig. 27,1*). Dans l'une d'elles, on a trouvé un coquillage aux bords brûlés qui servait probablement de lampe, ainsi qu'une grande quantité de cendres : ces niches devaient donc servir de réceptacle à l'éclairage.

Les murs sont plus ou moins bien conservés selon les endroits. Près de l'entrée de la pièce 1, leur hauteur est de 1,6 m ; à l'autre extrémité du couloir, au NO, ils sont conservés sur une hauteur de 0,35-0,4 m. Le sol du corridor est situé 0,5 m plus bas que le sol des pièces. Il est fait d'un mélange tassé de sable et de cendres, de coquillages et d'arêtes de poissons. Dans l'angle NE du couloir, on a découvert une moitié d'amphore côtelée à pâte rouge fichée dans le sol, le col en bas, qui servait de foyer. Comme les autres aménagements de ce type, elle est entourée de pierres et de grands tessons. À l'intérieur, l'amphore est remplie de cendres, de charbon, de coquillages et d'arêtes de poissons. À la base du mur 7, dans le corridor central, on a trouvé fiché dans le sol un deuxième foyer sous la forme d'une amphore côtelée retournée, mais à pâte grise.

Dans le remplissage du corridor central, on a découvert une très grande quantité de céramique : pratiquement tous les types de vaisselle que l'on trouve dans les couches supérieures de ce bâtiment, et même sur l'ensemble du site, sont ici représentés. Les fragments de récipients en verre sont nombreux ; on citera un plat en particulier.

Pièce 4. Mitoyenne de la pièce 2, elle ne diffère de cette dernière ni par ses dimensions (5 x 2,8 m), ni, probablement, par ses fonctions. L'entrée (largeur : 0,8 m) a été elle aussi condamnée. Elle se trouvait dans l'angle nord-ouest du mur 10, qui sépare la pièce du corridor central. Les parties supérieures des murs sont moins bien conservées que les parties inférieures dont la maçonnerie est identique à celle décrite ci-dessus. Le remplissage de la pièce consiste en un mélange de sable, de cendres et de pierres, d'arêtes de poissons et de coquillages. Il faut noter, outre l'assortiment habituel de céramiques, la découverte d'une monnaie en bronze mal conservée et d'un fragment de récipient en verre trouvé sur le sol.

Pièces 5 et 6. L'ensemble des petites pièces 5, 5a, 6, 6a et 6b se trouve dans la partie ouest du bâtiment ; elles sont séparées par un système de cloisons qui les délimitent. L'ensemble occupe une superficie de près de 25 m^2 et forme un carré. Le mur 9 les sépare de la pièce 4. Il mesure 7 m de long, 8 m de large et 1-1,2 m de haut. Les autres murs sont encore plus mal conservés : les murs 2 et 12 correspondent aux murs extérieurs du bâtiment ; le mur 13 sert de séparation entre le corridor central et les pièces 5 et 6. Dans la partie NE du mur 13 s'ouvre un

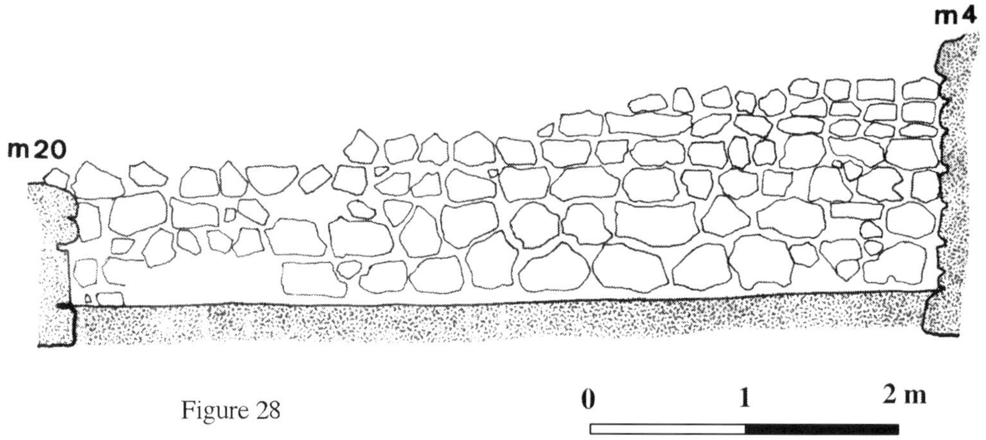

Figure 28

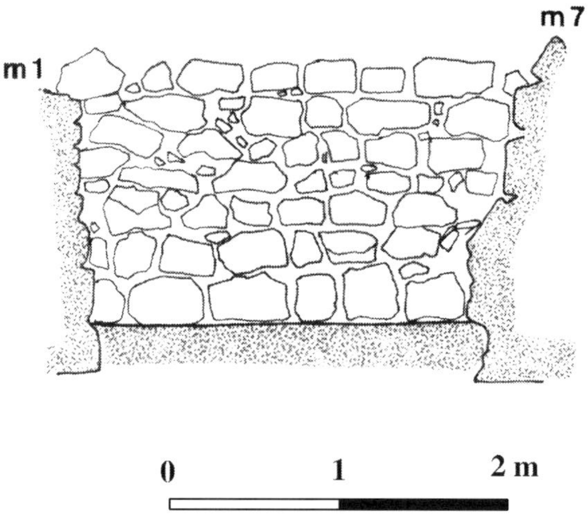

Figure 29

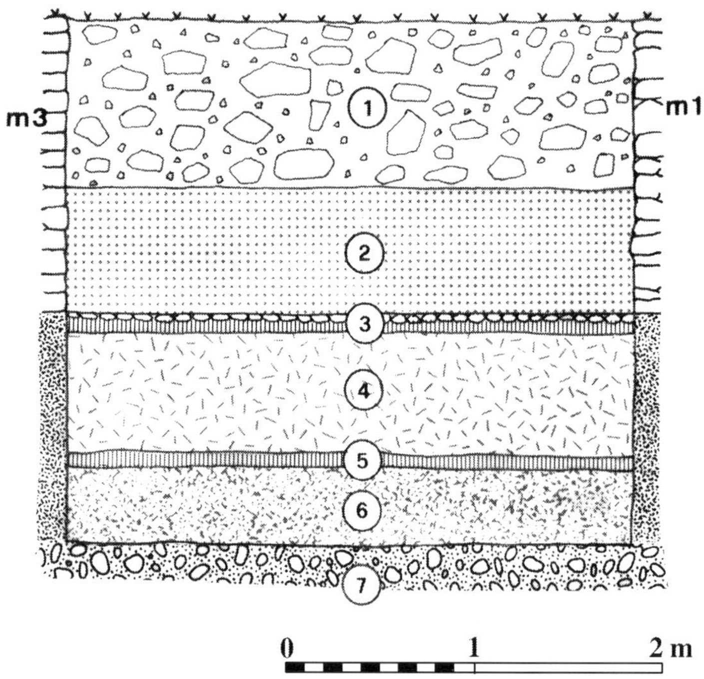

Figure 30

passage large de 1 m donnant sur le corridor central. Les marches du passage sont constituées de blocs de basalte plats (0,8 x 0,75 x 0,3 m). Les murs 13 et 17, qui forment l'angle nord de la pièce 5 (2,5 x 2,2 m), sont conservés sur une hauteur de 1,2 m. Au SO, la pièce 5 est délimitée par le mur 14 ; son épaisseur est de 0,6 m et sa hauteur conservée de 0,65 m. La pièce 5a (2,1 x 0,9 m), plus au sud, était probablement une citerne pour l'eau. On remarque des traces d'enduit, épais de 5 cm, sur les murs intérieurs. L'épaisseur du mur 16, qui sépare la citerne 5a de la pièce 6, est de 0,5 m. L'appareil de tous les murs est identique à ceux décrits plus haut. Cependant, l'épaisseur des cloisons intérieures, faites de petits blocs de basalte (0,2 x 0,15 x 0,1 m ; 0,25 x 0,2 x 0,15 m), est moins importante que celle des murs principaux. La pièce 6 (2 x 1,5 m), d'une surface de 3 m^2, est rectangulaire ; elle est séparée de la pièce 6a (2 x 1,2 m) par une cloison (mur 15) épaisse de 0,5 m. Trois pièces, les pièces 5a, 6 et 6a, sont voisines et se succèdent sur une ligne du SE au NE. Au NO de la pièce 6a se trouve la pièce 6b (2,2 x 1,9 m), qui n'a pas été entièrement fouillée.

La couche supérieure du complexe des pièces 5 et 6 est également constituée de sable alluvial mélangé à de la cendre. La couche inférieure, épaisse de 0,3-0,4 m, contenait l'assortiment habituel de fragments de céramiques. Dans la pièce 6b, on a découvert une grande quantité de scories de fer.

Pièce 7. Située dans l'angle SE du bâtiment, elle est séparée de la pièce 1 par le mur 4. Elle est allongée, ses dimensions étant de 6 x 2,5 m. On a trouvé, à la base du mur 4, une amphore côtelée à pâte claire fichée dans le sol qui servait de foyer, et, à 0,4 m au nord, le fond d'un grand récipient, lui aussi partiellement enfoncé dans le sol. La couche d'occupation contient beaucoup de sable alluvial, de cendres, de coquillages et de céramiques. Les faces des murs de cette pièce sont semblables à celles des murs de la pièce 1 (*fig. 28-29*). On a trouvé une épaisse couche brûlée, résultant probablement de l'incendie qui détruisit la pièce et les autres pièces du côté est. Cet incendie a aussi provoqué des crevasses dans l'appareil des murs. On a découvert deux niveaux de sol dans la pièce. Le sol supérieur passe au-dessus de l'amphore fichée dans le sol inférieur ; il est à 0,7-0,8 m sous la surface actuelle. Ce sol est constitué de sable bien damé additionné d'argile et de chaux. Plus bas, se trouve une couche cendreuse (épaisse de 0,6 m) qui recouvre le sol inférieur, analogue au premier. On a trouvé sur ce sol une grande quantité de monnaies en bronze et d'objets en fer (crochets, clous, etc.).

La pièce 7 – le fait mérite d'être noté – a subi des modifications au cours du temps : elle était moins longue lors de la première phase de construction (5,6 m).

Un passage large de 0,75 m a été aménagé dans le mur 7 menant de la pièce 7 à la pièce 9 voisine. Il n'a été en usage que pendant la première phase ; il a ensuite été muré.

Pièce 8. Elle est presque carrée (dimensions : 3,6 x 3,5 m). Le mur 26 l'isole de la pièce 9. Comme dans la plupart des pièces, on a repéré deux sols. Le remplissage de la pièce est fait de sable. Le sol est une couche de sable et d'argile tassés contenant une grande quantité de substances organiques : arêtes de poissons, os d'animaux, etc. On a trouvé une amphore, servant probablement de foyer, fichée dans le sol supérieur, le col en bas.

Pièce 9. Située au sud de la pièce 8, la pièce 9 (dim. : 3,1 x 2 m) correspond, dans sa partie SE, à une petite section (2 x 0,8 m) aux murs enduits de chaux. Comme la pièce 5a, elle a dû servir à conserver l'eau.

Pièce 10. C'est une pièce allongée (dim. : 4,1 x 2,5 m) qui se trouve à l'ouest de la pièce 8. Son originalité tient dans une cloison (mur 24), érigée au cours de la phase finale de fonctionnement du bâtiment, qui isole une partie de la pièce au SO (dim. : 2,5 x 0,5 m). On a découvert à cet endroit deux amphores et une jarre fichées en terre, le col vers le bas ; la couche dans laquelle elles se trouvaient a été fortement exposée au feu.

Pièce 11. Elle se situe dans la partie NO du bâtiment (dim. : 5,5 x 3,2 m). Au cours de la première phase de construction, un passage ouvrait sur le corridor central par un escalier dont il subsiste trois marches dallées. Le passage fut muré lors de la seconde phase, tandis qu'un autre passage (larg. : 0,8 m) reliant les pièces 11 et 13 fut ouvert dans le mur 21.

Pièce 12. L'espace compris entre les pièces 9 et 10 et le corridor central n'a pas été fouillé. Il devait y avoir une autre pièce à cet endroit. Dim. approximatives : 1,1 x 2,9 m.

Pièce 13. Dim. : 3,2 x 1,8 m. Elle est moins bien conservée que les autres pièces, du fait d'un fort ravinement : la hauteur conservée des murs n'excède pas 0,7 m. Deux niveaux de sols sont nettement marqués. Au cours de la seconde phase (niveau supérieur), cette pièce a été divisée en deux : à l'ouest, la zone 13 (3,5 x 2,5 m) et à l'est, la zone 13a (2,2 x 2 m).

Trois pièces ont été ajoutées au SE du bâtiment, à l'extérieur du mur 1 : les pièces 14, 15 et 16.

Pièce 14. Pièce en forme de tour, très petite (dim. : 0,8 x 1,6 m), délimitée par les murs 30, 31 et 32.

Pièce 15. Petite pièce rectangulaire accolée à la pièce 14 au NE (dim. : 1,2 x 4,2 m).

Pièce 16. Pièce trapézoïdale accolée à la pièce 14 au NO (dim. : 0,8-1 x 3 m).

Le sondage dans la pièce 1

Afin de déterminer l'épaisseur des couches d'occupation, un sondage stratigraphique de 3 x 2 m (*fig. 30*) a été mené dans la pièce 1 jusqu'au rocher naturel situé à 3,05 m de profondeur. Un certain nombre de niveaux bien délimités ont pu être identifiés.

Niveau 1. La couche de remplissage de la pièce, épaisse de 0,85 m, se compose de sable alluvial additionné de cendres et d'une importante quantité de coquillages, d'arêtes de poissons et de céramique. On y a essentiellement découvert des fragments d'amphores côtelées, qui appartiennent à la période tardive du bâtiment. On y a retrouvé beaucoup de pierres provenant des murs de l'édifice.

Niveau 2. Cette couche, épaisse de 0,65 m, comprend du sable "gras" et de la cendre, additionnés de matières organiques. Elle contient de nombreux fragments d'amphores à pâte rouge et claire, plusieurs types de vaisselle de table, des objets en bronze ainsi que d'autres matériels, tous typiques du niveau inférieur du bâtiment.

Niveau 3. C'est le niveau du pavement de galets. Épaisseur : 0,15 m.

Niveau 4. Situé sous le pavement et sous le sol tassé de sable brunâtre mêlé de cendre et d'argile, dont l'épaisseur est de 0,15 m, ce niveau, épais de 0,8 m, abonde en fragments d'amphores à pâte rouge et à anses bifides et, contrairement aux autres niveaux, en culs d'amphores massifs. On y a aussi trouvé de nombreux spécimens de céramiques à glaçure verte, bleue ou décolorée ; enfin, des fragments de céramiques à vernis rouge *terra sigillata*. L'une des assiettes porte une estampille à l'intérieur et un *graffito* à l'extérieur. Des fragments de grands vases de type sud-arabique étaient associés à ces objets.

Niveau 5. Il s'agit d'un niveau d'occupation : couche tassée constituée de sable, de cendres et d'argile, épaisse de 0,2 m.

Niveau 6. Couche de sable et de cendres mêlés de matières organiques, épaisse de 0,45 m. Elle contient beaucoup de coquillages et d'arêtes de poissons.

Niveau 7. Il s'agit ici du rocher naturel, composé de blocs erratiques lisses apportés par l'eau.

La céramique

Le corpus céramique du bâtiment se décompose statistiquement de la façon suivante :

Tableau 1

désignation	%
amphores	60
céramique de table	25,5
id., à pâte rouge et grise	25
id., glaçurée	0,5
céramique de cuisine	10
céramique à parois épaisses	3
céramique de type sud arabique	1,5
total	100

— Les amphores

Les fragments d'amphores proviennent de récipients à pâte claire, grise et rouge. On en distingue essentiellement trois types : les amphores côtelées à lèvre droite et à saillie s'élargissant à l'intérieur du col (*cat.* 329-333, p. 77) ; les amphores à lèvre droite, mais au col légèrement renflé (*cat.* 337, p. 77), et les amphores avec une petite lèvre qui donne directement sur une panse large et avec des côtes sous les anses (*cat.* 339-342, p. 77). On trouve également un grand nombre de vases ressemblant à des amphores, sans anses (*cat.* 344-358, p. 79). Les fonds forment de petites saillies (*cat.* 335-336 et 343, p. 77).

— Autres types de céramiques

La céramique de table à pâte rouge et grise est divisée en plusieurs types, parmi lesquels il faut mentionner de nombreux plats et terrines (*cat.* 372-374, p. 83), des jarres à col ouvert et à lèvre en biseau extérieur (*cat.* 375, p. 83), ainsi que des coupes qui rappellent certains spécimens antiques et des récipients à bec verseur (*cat.* 376-382, p. 83). Plusieurs spécimens de vaisselle de table et de cuisine sont richement ornés d'un décor gratté sur une pâte encore humide (faisceaux de lignes croisées, rainures ondulées alternant avec des lignes droites). Certaines céramiques sont moulurées, en particulier la céramique à pâte grise à parois fines.

On trouve aussi des fragments de *céramiques glaçurées* (*cat.* 383, 386, p. 83), de *céramiques à parois épaisses* (*cat.* 364, 366, p. 81) et des lampes (*cat.* 387-392, p. 83).

La céramique de type sud-arabique est représentée par les lèvres des grands vases et des supports.

La céramique de cuisine est brûlée et noircie par la fumée dans la plupart des cas. Les formes sont variées (*cat.* 359-363, 368-371, p. 81).

Les objets en verre

Hormis la céramique, on a retrouvé quelques fragments de vases de verre (*cat.* 393-398, p. 85).

Catalogue

328. Amphora, fragment of rim: fine dark red paste with white and black inclusions; diam.: 9.5 cm. *Kana-87/II*, room 12 (*fig. 31*).

329. Amphora, fragment of rim: fine red paste, red wash on the exterior; diam.: 9 cm. *Kana-87/II*, room 11 (*fig. 31*).

330. Amphora, fragment of upper part: compact dark red sandy paste with white and black inclusions, dark red slip on the exterior; diam.: 10 cm. *Kana-87/II*-171, room 11 (*fig. 31*).

331. Amphora, fragment of upper part: compact light red paste with quartz inclusions, whitish wash on the exterior; diam.: 9 cm. *Kana-87/II*, room 13 (*fig. 31*).

332. Amphora, fragment of rim: compact red paste, light red wash on the exterior; diam.: 10 cm. *Kana-87/II*, room 13a (*fig. 31*).

333. Amphora, fragment of handle: compact red paste, light red wash on the exterior. *Kana-87/II*, room 13a (*fig. 31*).

334. Amphora, fragment of handle: compact red paste, whitish wash on the exterior. *Kana-87/II*, room 13a (*fig. 31*).

335. Amphora, fragment of toe: sandy red paste with black and white inclusions, white wash on the exterior; diam.: 8.5 cm. *Kana-88/II-67* (*fig. 31*).

336. Amphora, fragment of toe: red paste with inclusions, white wash on the exterior; diam.: 4 cm. *Kana-87/II*, room 12 (*fig. 31*).

337. Amphora, fragment of upper part: compact light red paste with white and black inclusions; diam.: 10 cm. *Kana-87/II-288*, room 12 (*fig. 31*).

338. Amphora, fragment of upper part: compact light red paste with mica, white and black inclusions; diam.: 5 cm. *Kana-86/II-76* (*fig. 31*).

339. Amphora, fragment of upper part: compact dark red paste with white and black inclusions, whitish wash on the exterior; diam.: 9.5 cm. *Kana-86/II-23* (*fig. 31*).

340. Amphora, fragment of upper part: compact dark red paste with mica inclusions; diam.: 9 cm. *Kana-87/II-289*, room 12 (*fig. 31*).

341. Amphora, fragment of rim: compact dark red paste with mica inclusions; diam.: 9 cm. *Kana-87/II-210a*, room 6 (*fig. 31*).

342. Amphora, fragment of rim: compact dark red paste with mica inclusions; diam.: 8 cm. *Kana-87/II-185*, room 11 (*fig. 31*).

343. Amphora, fragment of toe: sandy red paste with mica, black and white inclusions, white wash on the exterior; diam.: 6 cm. *Kana-86/II-68* (*fig. 31*).

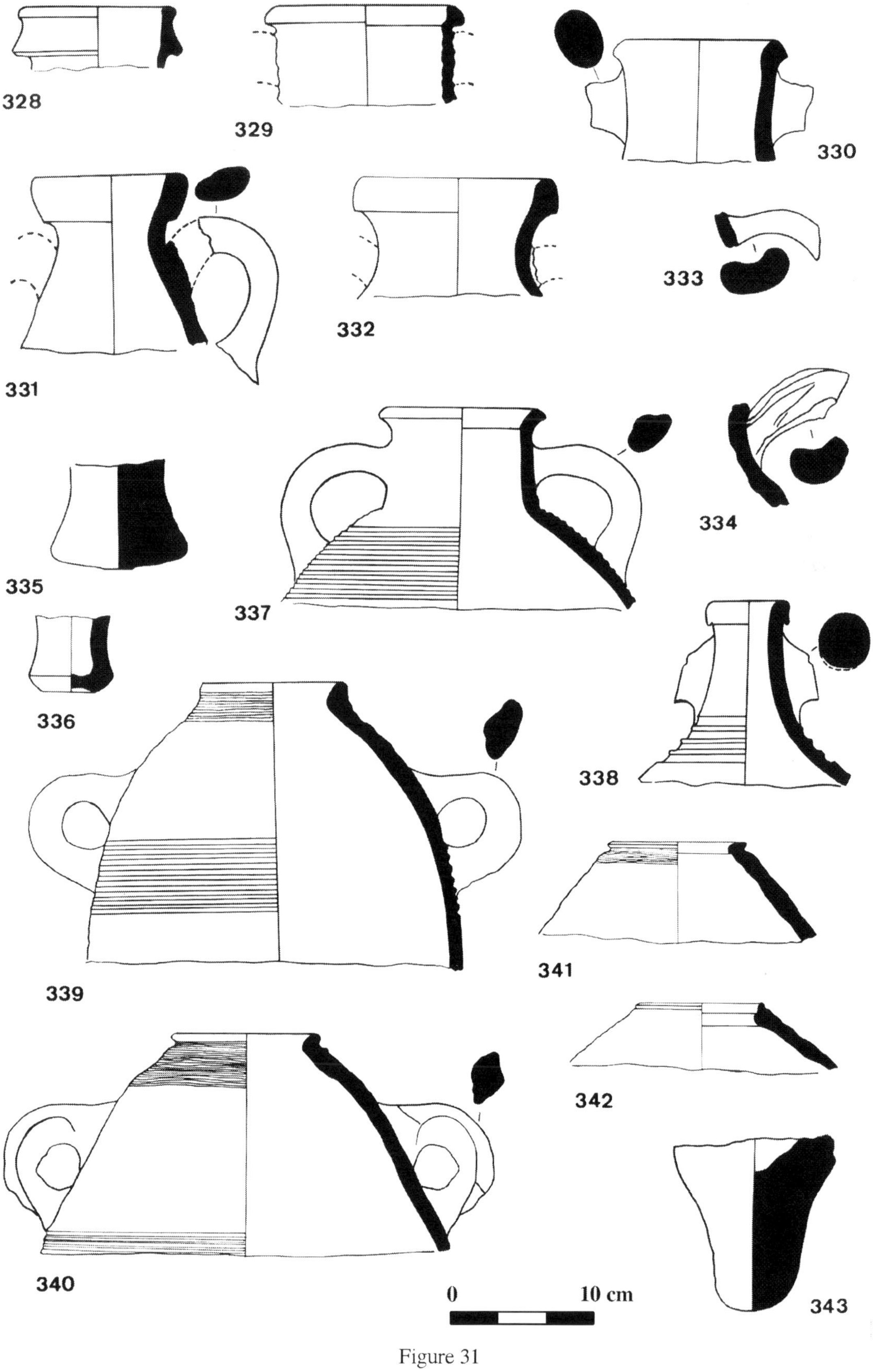
328
329
330
331
332
333
334
335
336
337
338
339
340
341
342
343
0
10 cm

Figure 31

Catalogue

344. Jar, fragment of upper part: compact grey sandy paste with mica and white inclusions, whitish wash on the exterior, bitumen coating on the interior; diam.: 14 cm. *Kana-87/II-290*, room 12 (*fig. 32*).

345. Jar, fragment of rim: compact red paste with mica inclusions; diam.: 15 cm. *Kana-88/II-60* (*fig. 32*).

346. Jar, fragment of rim: compact red paste with mica inclusions; diam.: 12 cm. *Kana-88/II-65* (*fig. 32*).

347. Jar, fragment of rim: compact red paste with quartz inclusions, red wash on the exterior; diam.: 15 cm. *Kana-88/II-87* (*fig. 32*).

348. Jar, fragment of rim: compact red paste with white and black inclusions, black core; diam.: 14 cm. *Kana-88/II-88* (*fig. 32*).

349. Jar, fragment of rim: compact red paste with mica, black and white inclusions; diam.: 13 cm. *Kana-87/II-256*, room 13 (fig. 32).

350. Jar, fragment of rim: compact red paste with black and white inclusions; diam.: 15 cm. *Kana-88/II-66* (*fig. 32*).

351. Jar, fragment of rim: compact red paste with black and white inclusions, black core; diam.: 19 cm. *Kana-87/II-200*, room 7 (*fig. 32*).

352. Jar, fragment of rim: compact red paste with black and white inclusions, black core; diam.: 28 cm. *Kana-88/II-73* (*fig. 32*).

353. Jar, fragment of rim: compact red paste with black and white inclusions; diam.: 16 cm. *Kana-88/II-4* (*fig. 32*).

354. Jar, fragment of rim: compact red paste with black and white inclusions; diam.: 20 cm. *Kana-88/II-4* (*fig. 32*).

355. Jar, fragment of rim: compact light red paste, traces of greenish glaze on the exterior; diam.: 13 cm. *Kana-88/II-51* (*fig. 32*).

356. Jar, fragment of rim: compact light red paste, whitish wash on the exterior, bitumen coating on the interior; diam.: 13 cm. *Kana-88/II-65* (*fig. 32*).

357. Jar, fragment of rim: compact red paste with mica and white inclusions, reddish brown slip and burnishing on the exterior; diam.: 24 cm. *Kana-87/II-254*, room 13 (*fig. 32*).

358. Jar, fragment of upper part: compact sandy dark red paste with white inclusions, white wash on the exterior; diam.: 8 cm. *Kana-87/II-245*, room 13 (*fig. 32*).

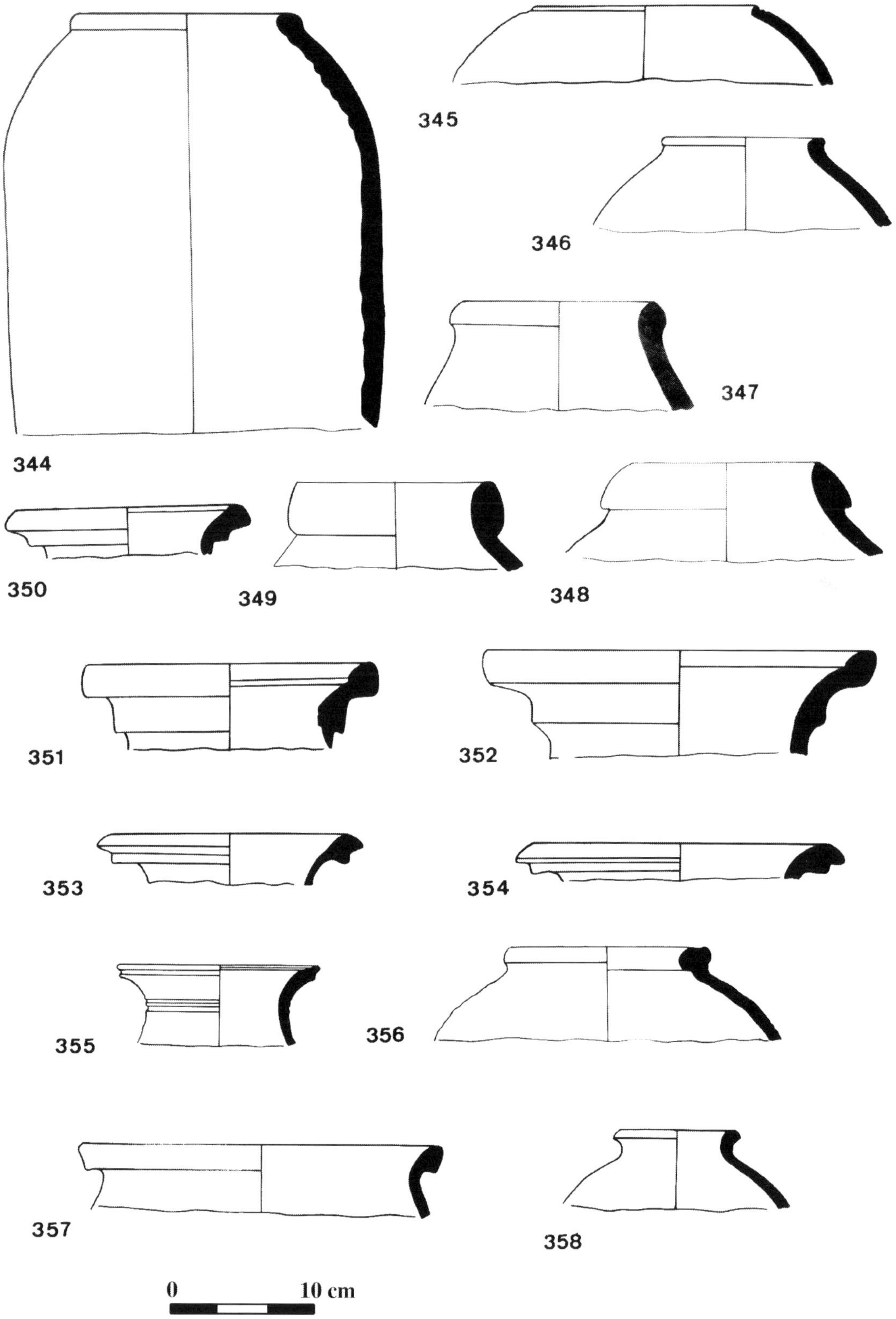
344
345
346
347
348
349
350
351
352
353
354
355
356
357
358
0
10 cm

Figure 32

Catalogue

359. Jar, fragment of rim: compact red paste with mica, white and black inclusions; diam.: 18 cm. *Kana-87/II-257*, room 13 (*fig. 33*).

360. Jar, fragment of upper part: compact red paste with white and black inclusions, reddish brown slip and burnishing on the exterior; diam.: 15 cm. *Kana-87/II-225*, room 13 (*fig. 33*).

361. Jar, fragment of rim: compact red paste with mica, white and black inclusions; diam.: 18 cm. *Kana-87/II-220*, room 13 (*fig. 33*).

362. Jar, fragment of rim: medium compact dark red paste with white inclusions, red slip with burnishing on the exterior and on top of the rim, soot on the exterior, overfired; diam.: 18 cm. *Kana-88/II-48* (*fig. 33*).

363. Jar, fragment of rim: medium compact dark red paste with white inclusions, red slip with burnishing on the exterior and on top of the rim, soot on the exterior, overfired; diam.: 18 cm. *Kana-88/II-47* (*fig. 33*).

364. Jar, fragment of rim: very compact grey paste with white inclusions; diam.: 32 cm *Kana-87/II-176*, room 11 (*fig. 33*).

365. Bowl, fragment of upper part: very compact grey paste with white inclusions, traces of wash on the exterior, incised wavy line on the exterior; diam.: 40 cm. *Kana-87/II-175*, room 11 (*fig. 33*).

366. Jar, fragment of rim: very compact grey paste with white inclusions; diam.: 34 cm *Kana-87/II-165*, room 10 (*fig. 33*).

367. Jar, fragment of upper part: medium compact dark red paste with white inclusions, red slip with burnishing on the exterior and on top of the rim, soot on the exterior, horizontal incised lines on the shoulders, overfired; diam.: 20 cm. *Kana-88/II-77* (*fig. 33*).

368. Plate, complete vessel: medium rough dark red paste with white and black inclusions, reddish brown slip on the interior, soot on the exterior; diam.: 38 cm, height: 9.5 cm. *Kana-86/II-58* (*fig. 33*).

369. Plate, fragment of upper part: medium rough dark red paste with white and black inclusions, reddish brown slip on the interior, soot on the exterior; diam.: 33 cm. *Kana-86/II-88* (*fig. 33*).

370. Plate, fragment of upper part: medium rough dark red paste with white and black inclusions, red slip on the interior, soot on the exterior, horizontal incised lines on the exterior; diam.: 32 cm. *Kana-87/II-253*, room 13 (*fig. 33*).

371. Plate, fragment of upper part: medium rough dark red paste with mica and black inclusions, light red slip on the interior, soot on the exterior; diam.: 26 cm. *Kana-87/II-101*, room 8 (*fig. 33*).

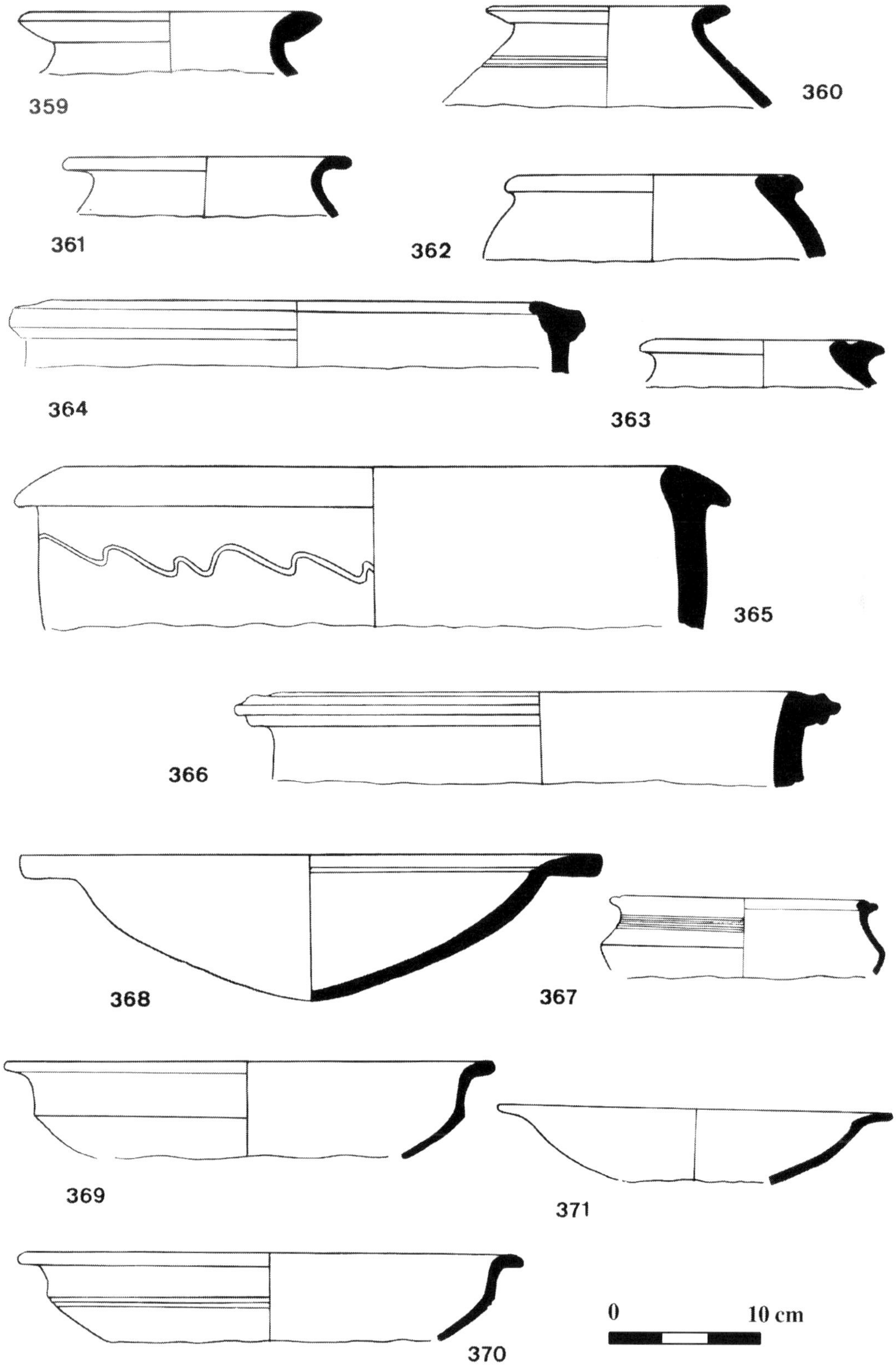

Figure 33

Catalogue

372. Bowl or lid, fragment of upper part: medium compact red paste with white and black inclusions; diam.: 16 cm. *Kana-87/II-132*, room 7 (*fig. 34*).

373. Bowl, fragment of rim: compact red paste, red slip and burnishing on both sides; diam.: 19 cm. *Kana-88/II-97* (*fig. 34*).

374. Plate, fragment of rim: compact red paste, red slip on both sides; diam.: 25 cm. *Kana-88/II-98* (*fig. 34*).

375. Jar, complete vessel: fine compact red paste, red slip and polishing on the exterior; diam. of the rim: 10 cm, diam. of the base: 4 cm, height: 13 cm. *Kana-88/II-96* (*fig. 34*).

376. Beaker, fragment of upper part: very compact orange paste, dark red paint on the exterior; diam.: 12 cm. *Kana-88/II-72* (*fig. 34*).

377. Beaker, fragment of lower part: very compact orange paste, dark red paint on the exterior; diam.: 8.5 cm. *Kana-88/II-73* (*fig. 34*).

378. Beaker, fragment of lower part: very compact orange paste, dark red paint on the exterior; diam.: 8 cm. *Kana-88/II-74* (*fig. 34*).

379. Beaker, fragment of wall: very compact orange paste, dark red paint on the exterior. *Kana-88/II-75* (*fig. 34*).

380. Beaker, fragment of wall: very compact orange paste, dark red paint on the exterior. *Kana-88/II-76* (*fig. 34*).

381. Beaker, fragment of wall: very compact orange paste, dark red paint on the exterior. *Kana-88/II-77* (*fig. 34*).

382. Beaker, fragment of base: very compact orange paste, dark red paint on the exterior; diam.: 8.5 cm. *Kana-88/II-78* (*fig. 34*).

383. Plate, fragment of base: compact light red paste, traces of greenish glaze on the interior, incised concentric grooves on the interior; diam.: 7 cm. *Kana-88/II-79* (*fig. 34*).

384. Plate, fragment of upper part: compact light red paste, traces of greenish glaze on the interior; diam.: 23 cm. *Kana-88/II-80* (*fig. 34*).

385. Plate, fragment of rim: compact light red paste, traces of greenish glaze on the interior; diam.: 18.5 cm. *Kana-88/II-81* (*fig. 34*).

386. Amphora, fragment of upper part: compact light red paste, traces of greenish glaze on the exterior; diam.: 8 cm. *Kana-88/II-82* (*fig. 34*).

387. Oil lamp, complete: medium compact red paste with white inclusions, soot on the interior and on the rim of reservoir; diam.: 15.5 cm, height: 6 cm. *Kana-88/II-57* (*fig. 34*).

388. Oil lamp, complete: medium compact sandy red paste with white and black inclusions, soot on the interior and on the rim of reservoir; diam.: 19 cm, height: 4.5 cm. *Kana-87/II* (*fig. 34*).

389. Oil lamp, complete: medium compact red paste with white and black inclusions, soot on the interior and on the rim of reservoir; diam.: 19 cm, height: 4.5 cm. *Kana-87/II* (*fig. 34*).

390. Oil lamp, fragment of rim: medium compact red paste with white and black inclusions, soot on the rim; diam.: 16 cm. *Kana-88/II-17* (*fig. 34*).

391. Oil lamp, fragment of base: medium compact red paste with white and black inclusions. *Kana-88/II-16* (*fig. 34*).

392. Oil lamp, complete: medium rough dark red paste with white inclusions, soot on both sides, overfired; dim.: 8.5 x 11.5 cm, height: 3.5 cm. *Kana-86/II-265*, room 13 (*fig. 34*).

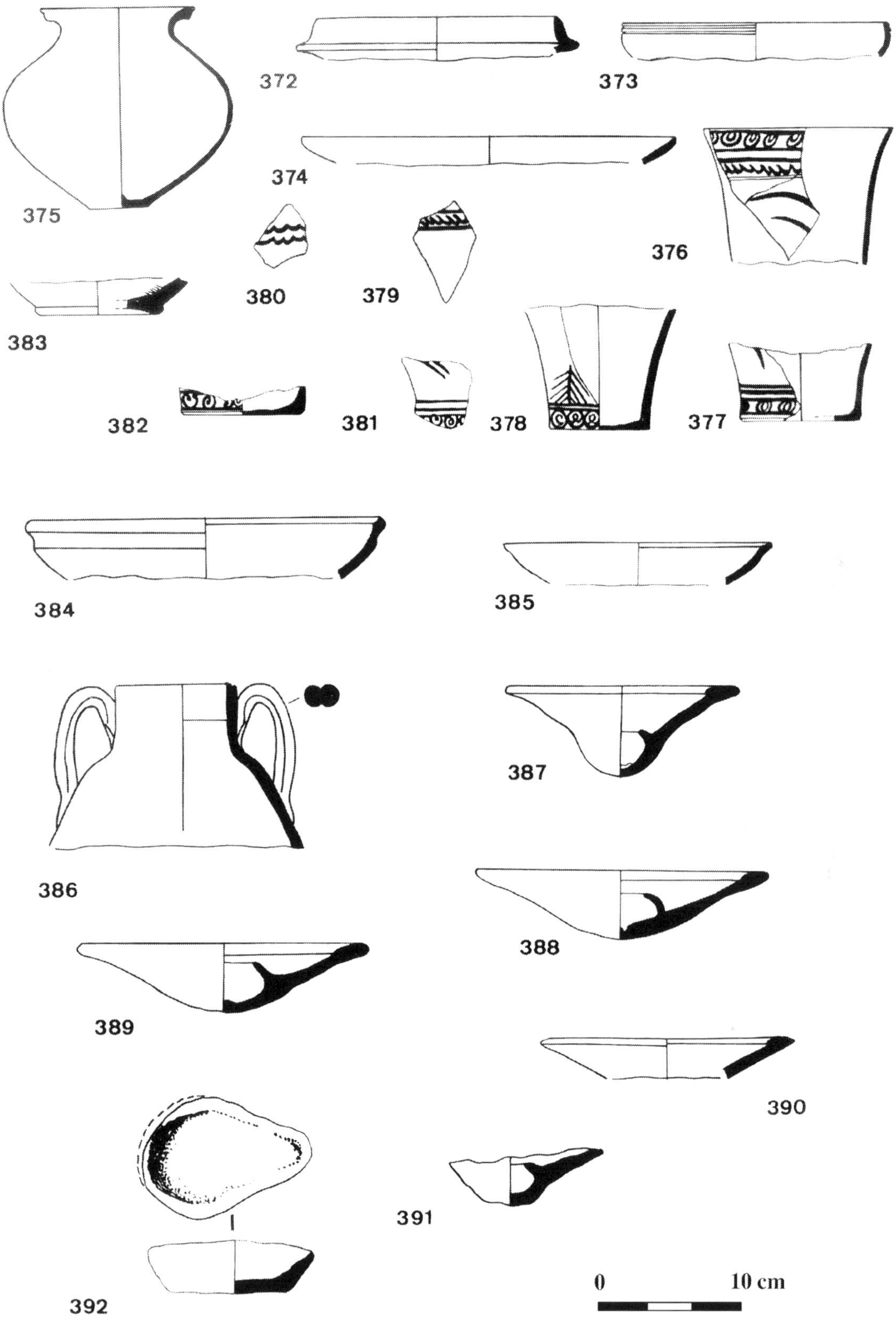
372
373
374
375
376
380
379
383
382
381
378
377
384
385
386
387
388
389
390
391
392
0
10 cm

Figure 34

Catalogue

393. Jar, fragment of upper part: greenish translucence glass; diam.: 10 cm. *Kana-88/II-287*, room 9 (*fig. 35*).
394. Jar, fragment of base (from the same piece as 393): greenish translucence glass; diam.: 6 cm. *Kana-88/II-287*, room 9 (*fig. 35*).
395. Jar, fragment of rim: greenish translucence glass; diam.: 3 cm. *Kana-88/II-290*, room 9 (*fig. 35*).
396. Jar, fragment of rim: greenish translucence glass; diam.: 2 cm. *Kana-88/II-283*, room 11 (*fig. 35*).
397. Jar, fragment of base: greenish translucence glass; diam.: 4 cm. *Kana-88/II-286*, room 12 (*fig. 35*).
398. Jar, fragment of base: greenish translucence glass; diam.: 6.5 cm. *Kana-88/II-287*, room 9 (*fig. 35*).

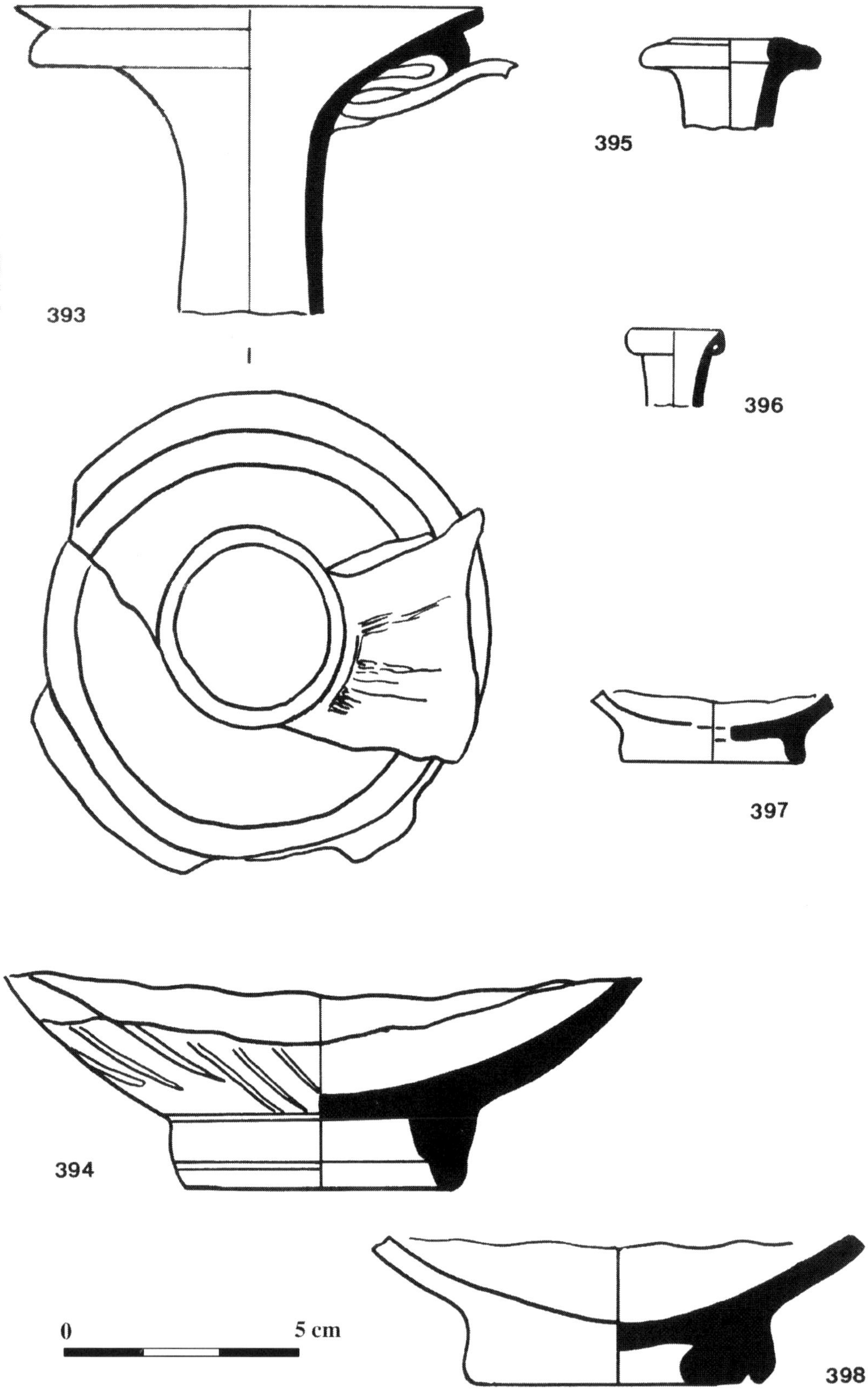

Figure 35

Stratigraphie et datation du bâtiment

Les fouilles ont mis au jour un bâtiment comprenant des pièces de service contiguës (à l'est ; pièces 14-16) et, probablement, l'enceinte de la cour (au sud-ouest ; mur 34). Tout s'organise autour du corridor central, à partir duquel s'opère la distribution des pièces. On peut distinguer deux périodes d'occupation avec une stratification intermédiaire.

Durant la première période de fonctionnement (niveau 2) toutes les pièces ont accès au corridor central. Cela est valable pour le complexe sud des pièces, mais aussi pour le complexe nord, bien que les murs des pièces nord soient moins bien conservés. Les pièces 1, 2, 4, 5-6 et 7 (qui a aussi un accès ouvrant sur la pièce 9), probablement la pièce 12 (qui n'a pas été dégagée), et la pièce 11 (qui à son tour communique également avec la pièce 13) ont toutes des ouvertures sur le corridor central. L'organisation est donc très claire au cours de cette première période : un corridor desservant des pièces à niveau à peu près égal, situées de part et d'autre.

Cette période est caractérisée par des formes céramiques très spécifiques : elle correspond à la période de la construction initiale du bâtiment. C'est avant tout de la céramique peinte présentant des analogies avec la céramique de Syrie, de Palestine et d'Asie Mineure datant des IIIe-Ve siècles ap. J.-C. On peut mentionner aussi plusieurs fragments de récipients en verre (*fig. 38b, 12 ; 39, 3, 5*), et une grande quantité de monnaies en bronze (près de cinquante exemplaires).

Durant la deuxième période de fonctionnement, le bâtiment a connu des réfections et des réparations assez importantes : il a été restauré après un incendie (niveau 1). Tout d'abord, la surface des pièces a diminué du fait d'un renforcement des murs (par exemple, le mur 20 dans la pièce 7). De plus, dans certaines pièces (les pièces 2, 4 et 11), on a construit des cloisons et muré certains accès au corridor central. Apparemment, durant la seconde période, le bâtiment a servi de support pour une structure édifiée au-dessus. Notons, en effet, que presque tous les accès donnant sur les pièces ont été murés (sauf dans le cas de la pièce 1). L'accès devait alors se faire par le plafond, depuis l'étage supérieur, même si l'entrée principale du bâtiment était encore en usage (accès au corridor central et à la pièce 1 ?).

Cette période est caractérisée avant tout par des amphores côtelées du type de Gaza à pâte rouge et grise. Certaines d'entre elles étaient fichées dans le sol, ce qui les a préservées. Ces trouvailles datent du Ve-VIe siècle ap. J.-C. Les plus anciennes sont les anses de jarres à décor de bandes (Ve siècle ap. J.-C.), la céramique peinte et la lampe modelée découvertes dans cette couche : elles datent probablement des IVe-Ve siècle ap. J.-C.

Le niveau inférieur, c'est-à-dire le niveau situé plus bas que les fondations du bâtiment (niveau 4) et antérieur à celles-ci, n'a livré aucun vestige architectural, mais le matériel archéologique qui lui est associé est spécifique et parfaitement datable du début de notre ère : anses bifides d'amphores, céramiques à vernis rouge à décor estampé ou *terra sigillata*, quelques spécimens de grands vases de type sud-arabique et des fragments de céramiques glaçurées.

IV

LES FOUILLES DU SECTEUR 3
LA SYNAGOGUE

En 1986-88, nous avons fouillé un bâtiment situé à l'extérieur de la "cité basse", à peu près à 50 m au nord-ouest (*pl. 53*). Avant les fouilles, cette construction était recouverte d'un tertre de 18 x 24 m, mesurant environ 2 m de haut ; des murs en pierre appartenant à l'édifice affleuraient en surface. Le plus long versant de la colline suit une direction NNO-SSE. Une clôture en pierre délimitant un espace rectangulaire de 17 x 29 m touche l'angle nord-est de la colline. Dans l'angle nord-est de la clôture se trouvent les ruines d'un autre édifice (dimensions : 6 x 6 m).

Les fouilles ont abouti à la mise au jour du bâtiment dit "bâtisse postérieure", dont les pièces sont disposées en enfilade suivant un axe central, et dont le noyau est une salle de plan carré (*fig. 36-37*). Sur cet axe, à l'extérieur de l'édifice, on a ajouté une annexe en forme d'abside, au sol surélevé. L'entrée principale, quant à elle, se présente comme un vestibule spacieux. Une série de sondages sous le sol de l'édifice, dans sa partie nord ainsi qu'à l'extérieur, au sud-est, a permis de dégager des vestiges architecturaux appartenant à la "bâtisse antérieure". C'est dans ces ruines qu'a été découvert un fragment de plâtre calcaire portant une inscription grecque de plusieurs lignes [1].

La "bâtisse antérieure"

Les ruines de la "bâtisse antérieure", en partie engagées sous les secteurs nord des pièces 3 et 5 de la "bâtisse postérieure", s'étendent au nord-est du secteur. À en juger par les vestiges, le bâtiment antérieur différait de celui qui lui a succédé par son plan et son orientation (le côté le plus long est orienté nord-est/sud-ouest), mais aussi par sa technique de construction. La maçonnerie des murs des deux édifices est en effet très différente : tandis que les pierres de la "bâtisse postérieure", liées avec un mortier calcaire, sont taillées et disposées assez grossièrement, les murs de la "bâtisse antérieure" sont faits d'assises de pierres soigneusement équarries (comparer *pl. 58 et pl. 59*). Lors de la réfection de l'édifice, les murs antérieurs furent en partie englobés dans la maçonnerie du bâtiment postérieur. La couche qui se trouve entre les sols de la "bâtisse antérieure" et entre ceux des pièces de la "bâtisse postérieure", est épaisse d'environ 0,25-0,3 m ; elle est composée d'un sable assez dense et contient une grande quantité de céramique, de petits objets et de monnaies.

Il n'a été possible de déblayer totalement qu'une seule pièce de la "bâtisse antérieure", mais il semble qu'elle comprenait au moins deux pièces et une cour dallée (*fig. 38*).

Pièce 1a. Elle est rectangulaire et mesure 5 x 8 m. Une porte, d'un peu plus de 1 m de large, s'ouvrait presque au centre du mur sud-ouest. Les murs nord-ouest (m 1a) et sud-ouest (m 13a) de la pièce étaient pris dans la maçonnerie des murs correspondants (m 1 et m 13) de la

1. Cf. dans ce volume Yu.G. Vinogradov, « Une inscription grecque de Bir 'Alī (Qāni') » et G.W. Bowersock, « The new Greek inscription from South Yemen ».

"bâtisse postérieure" (*fig. 39-40 et 41,2*) ; les murs nord-est (m 29a) et sud-est (m 28a) ont été presque entièrement détruits lors de cette seconde phase. La surface intérieure des murs de la pièce était couverte de crépi calcaire. Ce crépi est conservé *in situ* sur les murs à plusieurs endroits (*pl. 54*), mais la plupart des fragments ont été trouvés au pied du mur 28a. Dans la partie nord-est de la pièce se trouvaient encore les restes d'un dallage en pierre qui couvrait autrefois le sol.

Parmi les trouvailles faites dans la couche située entre le sol de la pièce 1a et le sol de la pièce 5, qui appartient à la "bâtisse postérieure", il faut noter la présence de quelques tessons céramiques (*cat.* 399-409, p. 96-97), des fragments de vases en verre (*cat.* 414-416, p. 99), des objets en bronze (*cat.* 410-413, p. 99) et en ivoire (*cat.* 417, p. 99), des parures personnelles (*cat.* 424, p. 99), des monnaies ḥaḍrami, sabéennes et ḥimyarites (voir *Catalogue des monnaies,* n° 209-235).

La trouvaille la plus remarquable issue de cette couche est un fragment d'inscription grecque (*pl. 132*). Elle a été incisée sur le plâtre calcaire dont les fragments étaient conservés sur le sol de la pièce, dans un tas de remplissage, au pied du mur 28a (voir *fig. 38*). Outre cette inscription grecque, on a trouvé des débris de plâtre portant des fragments d'inscriptions sud-arabique (*pl. 57*) [2], des fragments de *graffiti* qui pourraient représenter – avec un peu d'imagination – la façade d'un temple antique (*fig. 44 ; pl. 55-56*).

Pièce 2a. Au sud-ouest de la pièce 1a, se trouve une seconde pièce. Une ouverture reliait ces deux espaces contiguës. La pièce mesure près de 2,5 m de long. Les murs sud-ouest et sud-est furent presque totalement détruits lors de l'édification de la "bâtisse postérieure". On a réussi à montrer que les vestiges du mur, que l'on appelle m 30a, étaient liés au mur 1a, autrement dit que les deux pièces appartenaient au noyau de la première bâtisse.

La "cour". Au nord-est de la pièce 1a, les vestiges d'un dallage en basalte ont été dégagés : ce dallage est fait de pierres rectangulaires (dimensions : 0,4 x 0,5 ; 0,3 x 0,6 ; 0,4 x 0,5 ; 0,4 x 0,55 ; 0,4 x 0,7 ; 0,5 x 0,7 m), assez bien taillées. Au sud-ouest, le pavement s'étend jusqu'au mur 29a ; au sud-est, il est délimité par le mur 25, qui est la suite du mur 28a. L'identification d'une "cour" est assez hypothétique, mais nous avons noté l'absence de murs limitant le pavement au nord-ouest et au nord-est.

Parmi les objets trouvés sur les dalles du pavement, il faut signaler quelques tessons et des monnaies en bronze ḥaḍrami et ḥimyarites (voir *Catalogue des monnaies*, n° 236-246).

---

2. Cf. dans ce volume A.G. LUNDIN, « Les inscriptions et les *graffiti* sud-arabiques des fouilles du site de Bir 'Alī (Qāni') ».

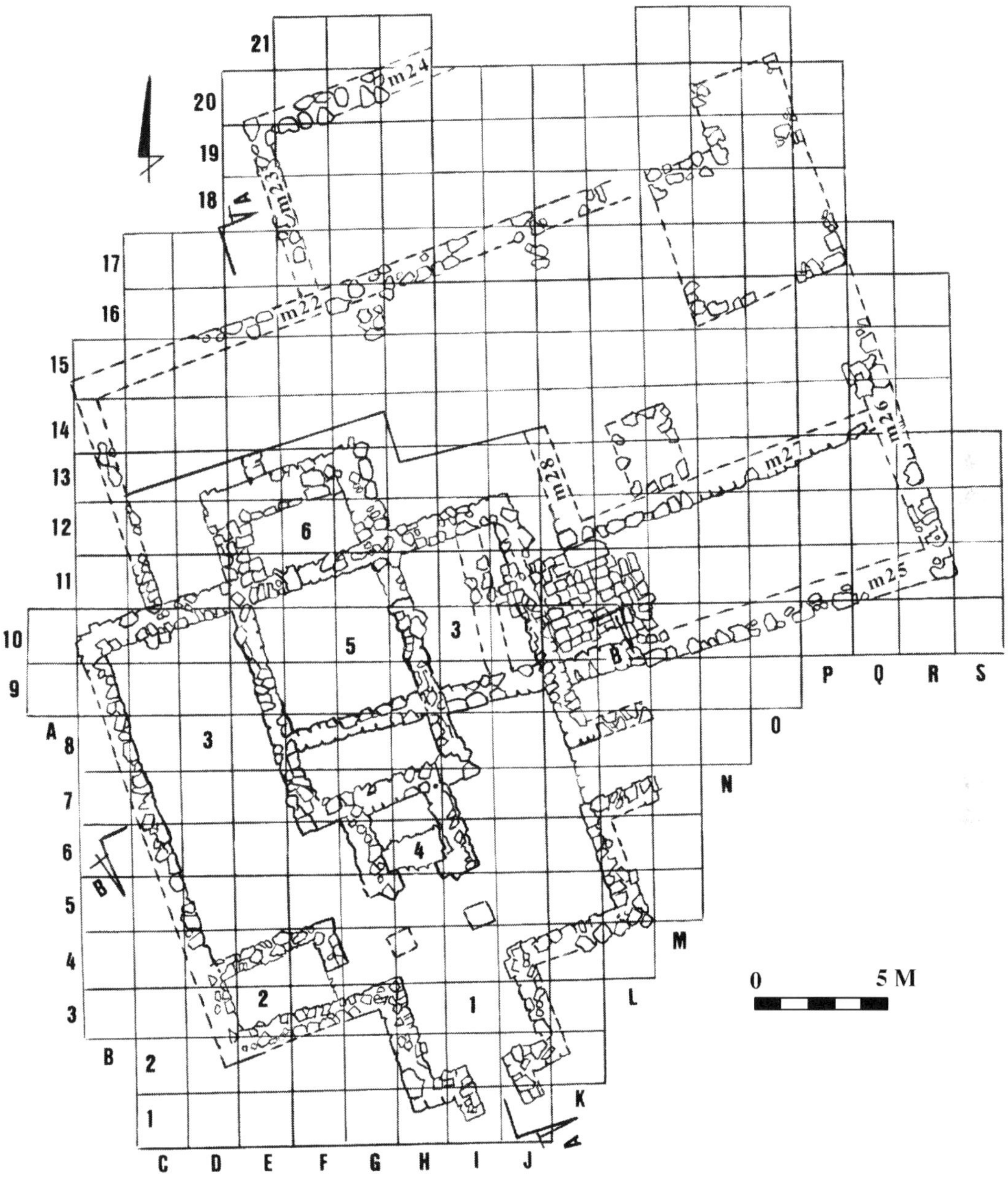
21
20
19
18
17
16
15
14
13
12
11
10
9
8
7
6
5
4
3
2
1
A
B
C D E F G H I J
K
L
M
N
O
P Q R S
m24
m23
m22
m28
m27
m26
m25
0
5 M

Figure 36

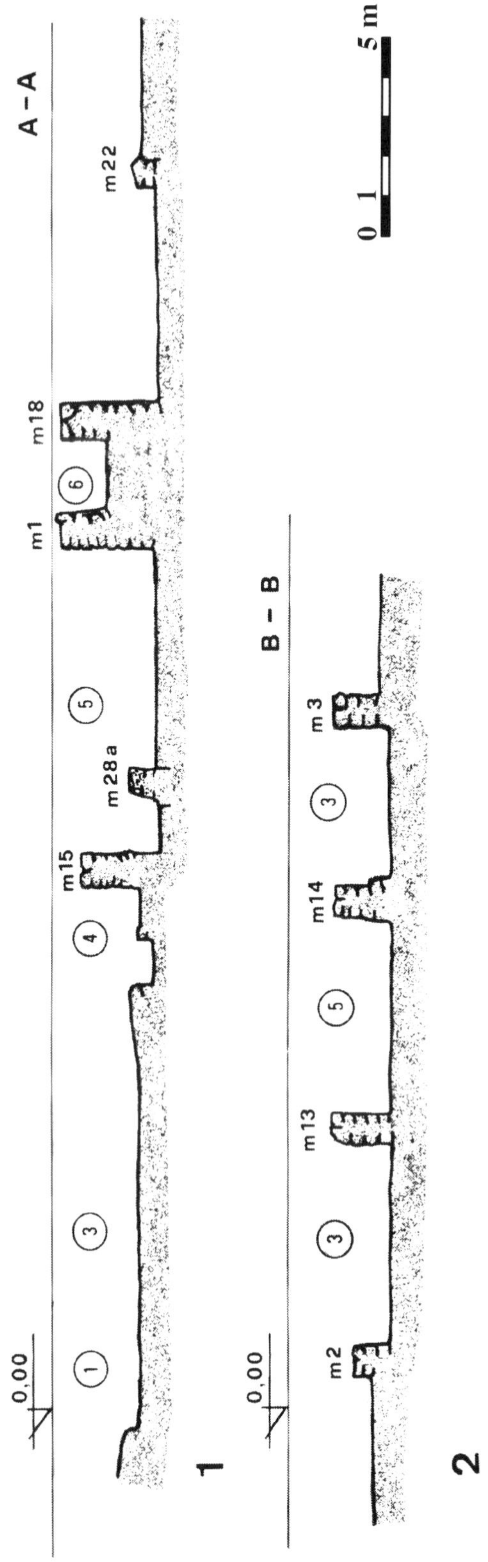

Figure 37

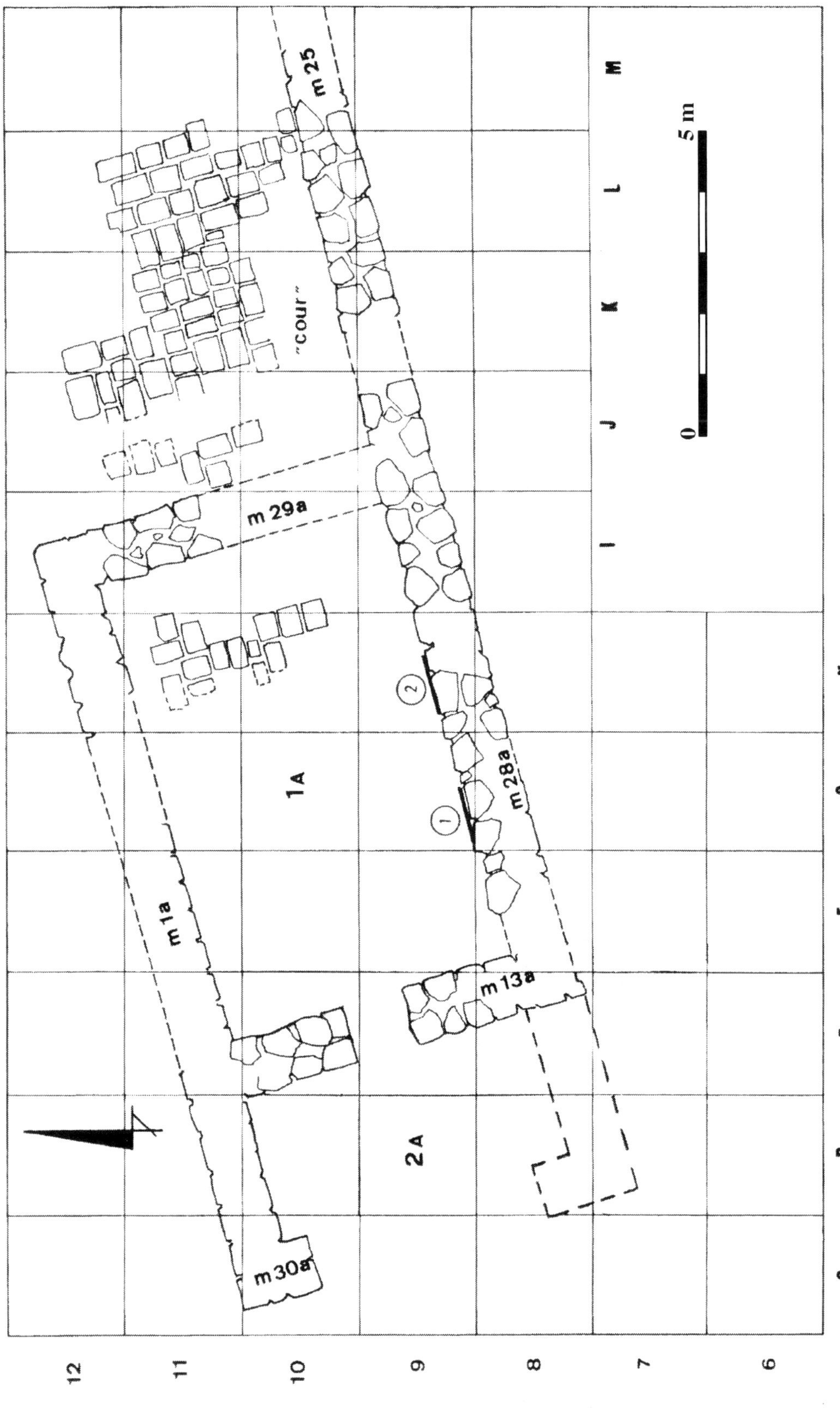
m 25
"cour"
m 29a
1A
m 1a
m 28a
m 13a
2A
m 30a
0
5 m
C
D
E
F
G
H
I
J
K
L
M
12
11
10
9
8
7
6

Figure 38

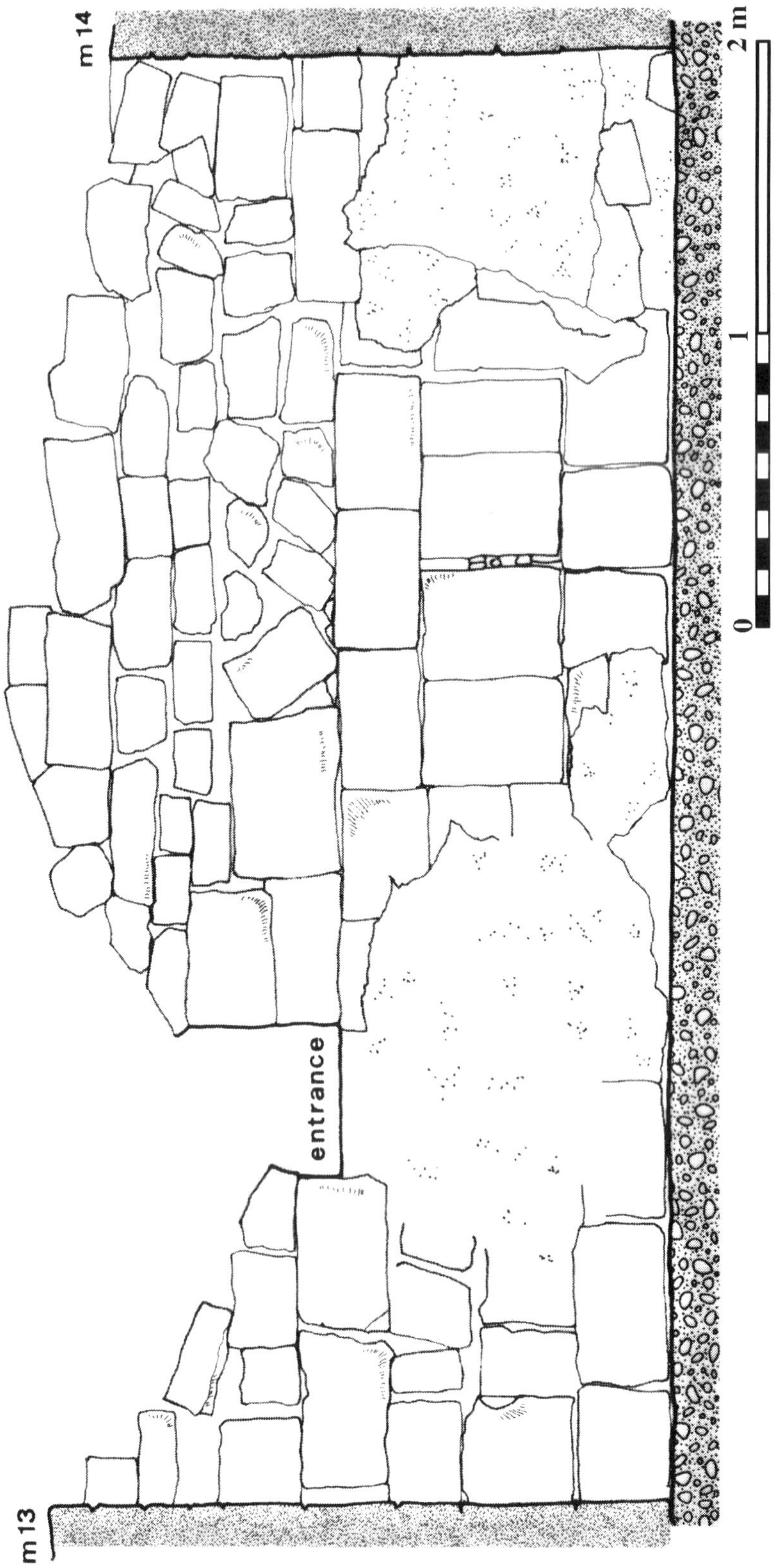

Figure 39

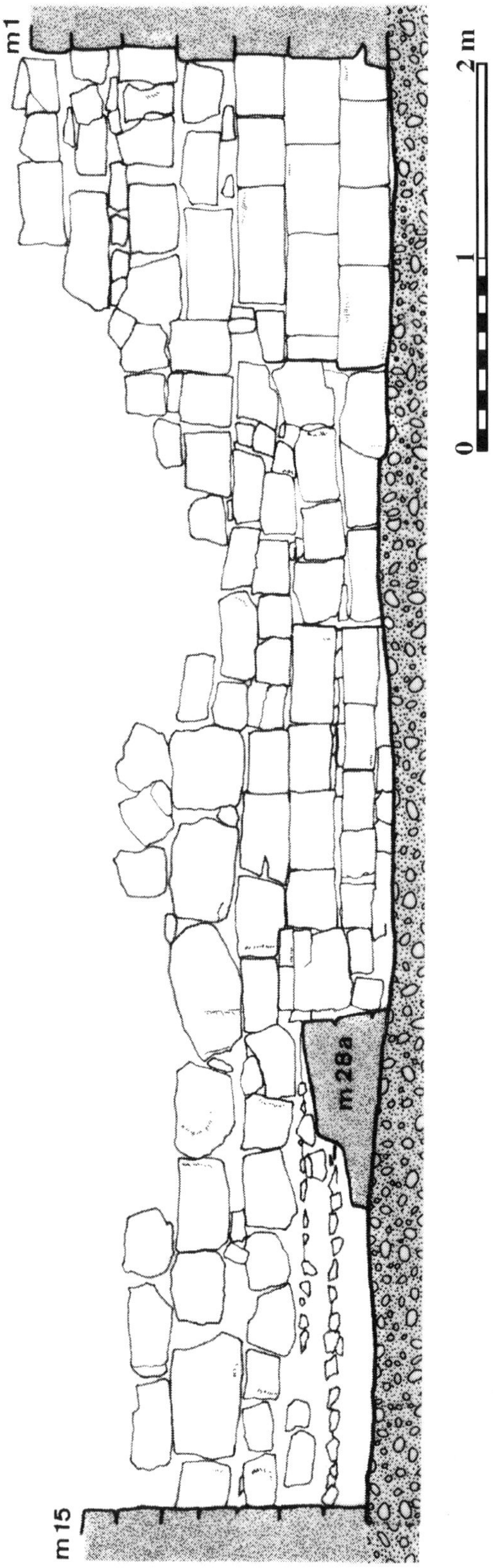

Figure 40

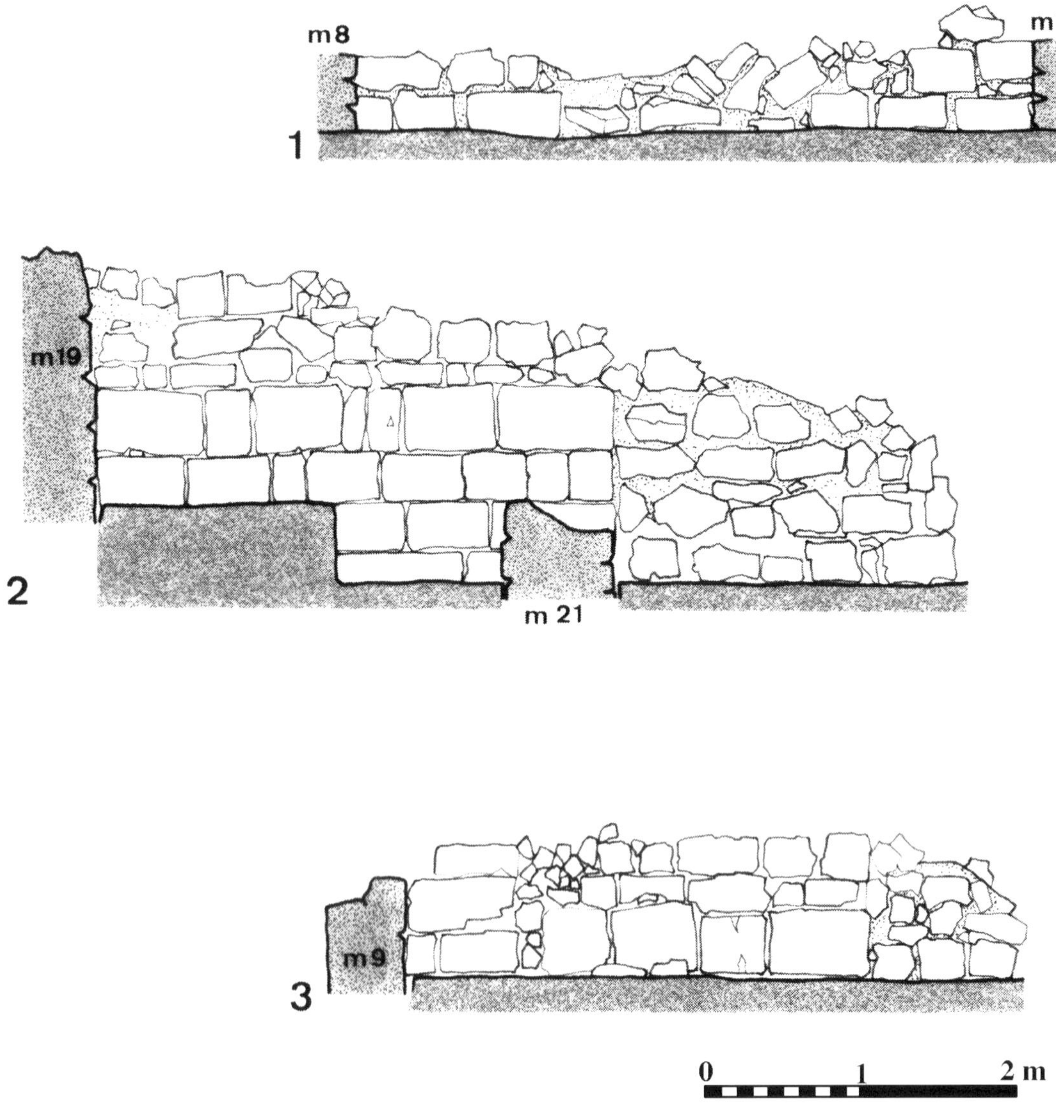

Figure 41

Le matériel

Céramique

Au total, les fouilles de la "bâtisse antérieure" ont livré 65 fragments de céramiques qui sont classés de la manière suivante :

Tableau 1

désignation	**nombre de fragments**	**%**
amphores à parois lisses	21	32,4
céramique à parois épaisses	21	32,4
céramique de table	2	3
céramique culinaire	19	29,2
céramique de type sud-arabique	2	3
total	65	100

La plupart des *amphores* sont des récipients à parois lisses et à pâte rouge, ce qui est peu fréquent pour cette forme. Un fragment de pied d'amphore à fond légèrement concave (*cat.* 399, p. 97), très semblable à un fragment provenant des ruines de la "bâtisse postérieure", malgré sa paroi plus épaisse, fait cependant exception.

Les conteneurs à parois épaisses sont représentés par des fragments de récipients du type "*Black and Grey Ware*", connus par les fouilles menées dans le Golfe Arabique (*cat.* 400-401, p. 96).

Deux fragments de *céramique culinaire* appartenant à des types caractéristiques ont été mis au jour. Le premier tesson provient du bord supérieur d'un bol peint à paroi fine, appartenant à la catégorie "*Fine Orange Painted Ware*" (*cat.* 402, p. 97). Les récipients de ce type sont connus grâce aux fouilles des couches supérieures de Tepe Yahya et d'autres sites d'Iran méridional, où ils étaient produits [3]. On en trouve aussi sur les sites de la côte arabique du Golfe [4]. Le second fragment – unique – appartenant à un bol glaçuré, provient d'un objet que l'on trouve exceptionnellement en Arabie du sud (*cat.* 403, p. 97) : il s'agit d'un fragment d'anse, assez petite, appartenant à un bol ou à un gobelet. Il est décoré d'un relief représentant une figurine humaine drapée (buste masculin ; la tête est cassée). On rapprochera ce fragment

3. C.C. Lamberg-Karlovsky, 1972, « Tepe Yahya 1971 – Mesopotamia and the Indo-Iranian Borderlands », *Iran*, X, p. 89-91 ; D. Whitehouse & A. Williamson, 1973, «Sasanian Maritime Trade », *Iran*, XI, p. 38.
4. B. de Cardi, 1975, « Archaeological Survey in Northern Oman », *East and West*, 25, n° 1-2, p. 57-58 ; M. Mouton, 1992, *La péninsule d'Oman de la fin de l'âge du Fer au début de la période sassanide (250 av. – 350 ap. J.-C.)*, thèse de Doctorat, Université de Paris I (Panthéon-Sorbonne) ; O. Lecomte, 1993, « Ed-Dur, les occupations des IIIe et IVe s. ap. J.-C. : contexte des trouvailles et matériel diagnostique », *in Materialen zur Archäologie der Seleukiden- und Partherzeit im südlichen Babylonien und im Golfgebiet. Ergebnisse der Symposien 1987 und 1989 im Blaubeugen*, hrsg. von U. Finkbeiner, Tübingen, S. 195-217.

Catalogue

399. Amphore, fragment de pied à fond concave. Pâte rosâtre, fine, sableuse, inclusions blanches. Diam. : 4 cm. *Kana-88/III-51*, pièce 1a (*fig. 42*).

400. Grande jarre ouverte, fragment de bord. Pâte grise, fine, inclusions blanches, engobe gris sur la surface extérieure. Diam. : 44 cm. *Kana-88/III-33*, pièce 1a (non illus.).

401. Grande jarre ouverte, fragment de bord. Pâte grise, fine, inclusions blanches. Diam. : 32 cm. *Kana-88/III-38*, pièce 1a (non illus.).

402. Coupe, fragment de bord. Pâte orange, très fine, surface extérieure polie ; à l'extérieur de la lèvre, peinture géométrique rouge foncé. Diam. : 13 cm. *Kana-88/III-71*, pièce 1a (*fig. 42*).

403. Anse de bol (?), fragment. Pâte claire, fine, glaçure verdâtre-jaune. Décor moulé en forme de torse masculin drapé, ceinturé, à boucle ronde ; les plis du vêtement sont marqués par des incisions obliques ; sur les épaules et les jambes, rosettes à huit pétales. Dim. : 2 x 3 x 0,9 cm. *Kana-88/III-10*, pièce 1a (*fig. 42*).

404. Jarre de cuisine, fragment de bord, lèvre biseautée extérieurement. Pâte rouge, très fine, surface extérieure polie. Diam. du bord : 20 cm. *Kana-88/III-52*, pièce 1a (*fig. 42*).

405. Jarre culinaire, fragment de bord, lèvre biseautée extérieurement. Pâte claire, fine, sableuse, surface extérieure polie. Diam. : 16 cm. *Kana-88/III-53*, pièce 1a (*fig. 42*).

406. Jarre culinaire, fragment de bord, lèvre biseautée extérieurement. Pâte rouge, fine, sableuse, engobe rouge, surface extérieure polie. Diam. : 18 cm. *Kana-88/III-54*, pièce 1a (*fig. 42*).

407. Jarre de cuisine, fragment de bec ; modelée. Pâte rouge, fine, sableuse. Dim. : 1,8-2,8 x 3 cm. *Kana-88/III-55*, pièce 1a (*fig. 42*).

408. Grande jarre, fragment de bord. Pâte jaunâtre, poreuse, traces d'inclusions organiques. Diam. : 14 cm. *Kana-88/III-56*, pièce 1a (*pl. 42*).

409. Bol, fragment de bord. Pâte rouge, poreuse. Dim. : 5 x 7,5 cm. *Kana-88/III-57*, pièce 1a (*pl. 42*).

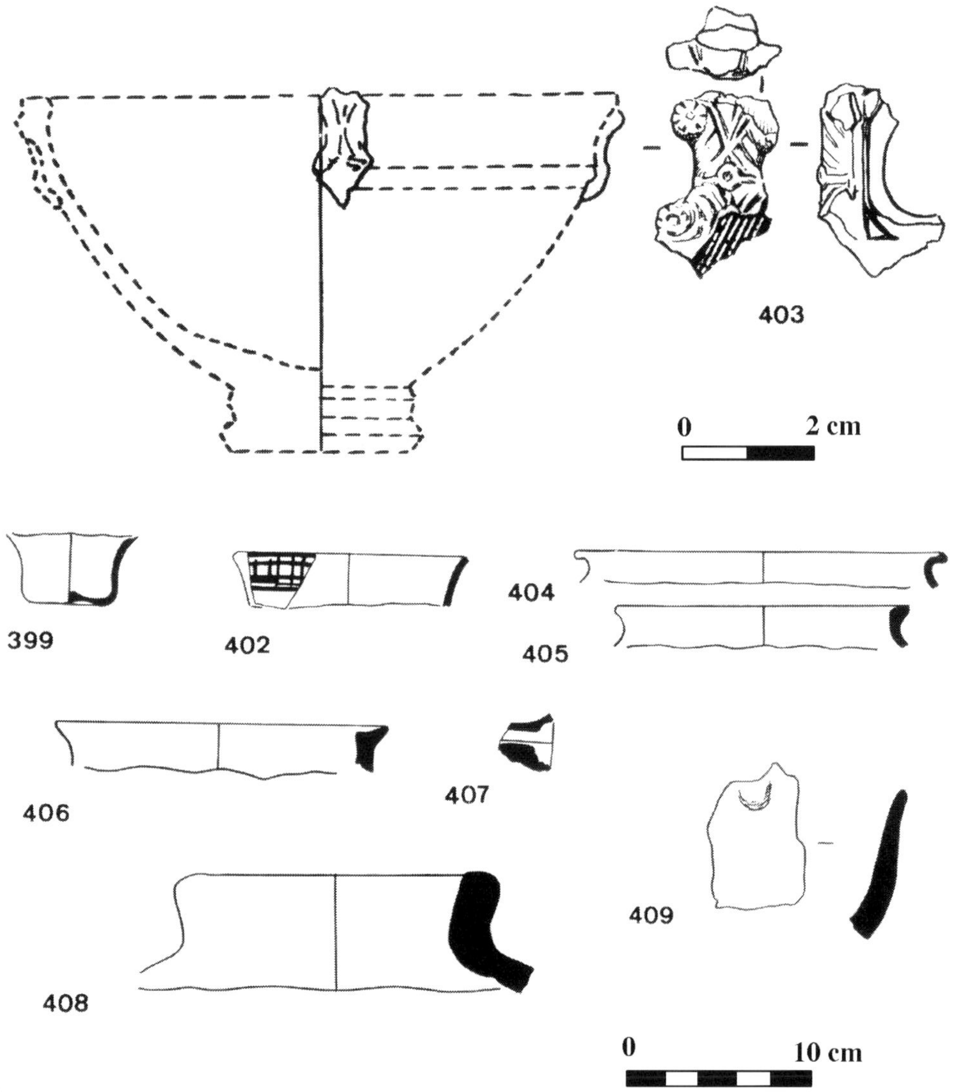

Figure 42

Catalogue

410. Lamelle, fragment. La partie la plus étroite est gravée : croix oblique, encadrée par des lignes horizontales. Long. : 6 cm ; section : 1,2-1,9 x 0,35 cm. *Kana-88/III-58*, pièce 1a (*fig. 43*).

411. Crochet, partie inférieure. Dim. : 2,3 x 3 cm ; section ronde de la partie supérieure : 0,35 cm ; section plate de la pointe : 0,2 x 0,5 cm. *Kana-88/III-59*, pièce 1a (*fig. 43*).

412. Anneau ouvert, avec une extrémité aiguisée. Section carrée : 0,5 x 0,5 cm. *Kana-88/III-60,* pièce 1a *(fig. 43).*

413. Bol, fragment de bord. Lèvre horizontale ramassée. Diam. : 18 cm ; épaisseur de la paroi : 0,25 cm. *Kana-88/III-61*, pièce 1a (*fig. 43*).

414. Vase en verre, fragment de bord. Verre transparent, verdâtre. Diam. : 13 cm. *Kana-88/III-62*, pièce 1a (*fig. 43*).

415. Vase en verre, fragment de bord. Verre transparent, bleuâtre. Diam. : 12,5 cm. *Kana-88/III-63,* pièce 1a *(fig. 43).*

416. Vase en verre, fragment de bord. Verre transparent, verdâtre. Diam. : 10 cm. *Kana-88/III-64,* pièce 1a *(fig. 43).*

417. Plaque, fragment. Le signe n = n de l'alphabet sud-arabique est incisé en haut relief. Brûlé fortement. Dim. : 2,6 x 4,4 cm ; épaisseur : 0,3 cm ; hauteur du relief : 0,35 cm. *Kana-88/III-65*, pièce 1a (*fig. 43*).

418. Fragment de plâtre calcaire portant un fragment d'un dessin incisé : deux lignes parallèles, reliées par des lignes obliques et transversales. Dim. : 7,4 x 10,9 cm. *Kana-88/III-67,* pièce 1a *(fig. 44 ; pl. 55).*

419. Fragment de plâtre calcaire conservant une partie d'un dessin incisé : partie de façade d'un bâtiment (?). Dim. : 5,8 x 7,3 cm. *Kana-88/III-68*, pièce 1a (*fig. 44 ; pl. 56*).

420. Fragment de plâtre calcaire conservant une partie d'un dessin incisé : lignes transversales et parallèles, verticales, horizontales et incurvées. Dim. : 7,4 x 9 cm. *Kana-88/III-69*, pièce 1a (*fig. 44 ; pl. 55*).

421. Fragment de plâtre calcaire portant une partie d'une inscription grecque, gravée sur 5 lignes ; recollée. Dim. : 13 x 23 cm. *Kana-88/III-70*, pièce 1a (*pl. 132*).

422. Fragment de plâtre calcaire portant une partie d'une inscription sud-arabique, gravée sur deux lignes. Dim. : 14,5 x 18,7 cm. *Kana-88/III-71*, pièce 1a (*pl. 57*).

423. Fragment de plâtre calcaire portant des signes en alphabet sud-arabique, gravés. Dim. : 7 x 7,5 cm. *Kana-88/III-72*, pièce 1a (*pl. 57*).

424. Grains, 37 exemplaires ; deux formes dominent : tonnelet et disque. Dim. : 0,3 x 0,6 ; 0,4 x 0,7 ; 0,5 x 0,7 ; 0,5 cm. *Kana-88/III-66*, pièce 1a (*fig. 43*).

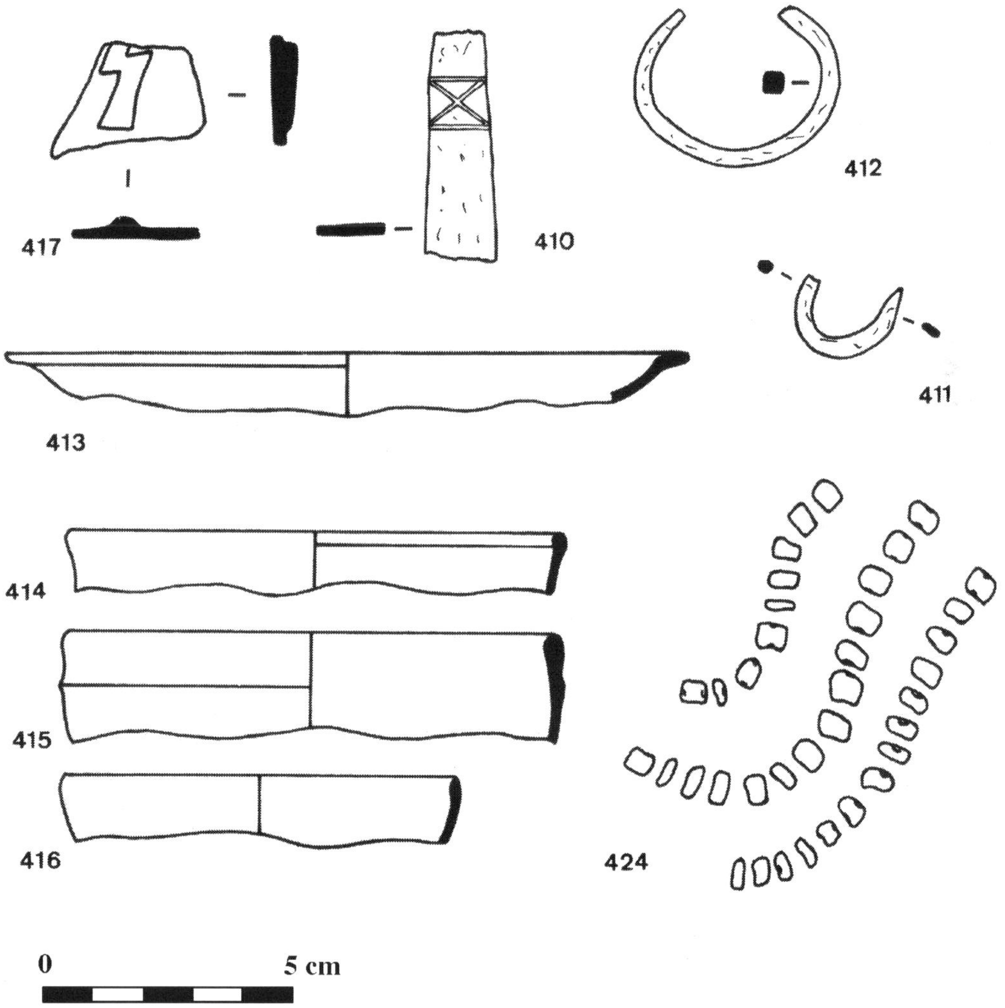

Figure 43

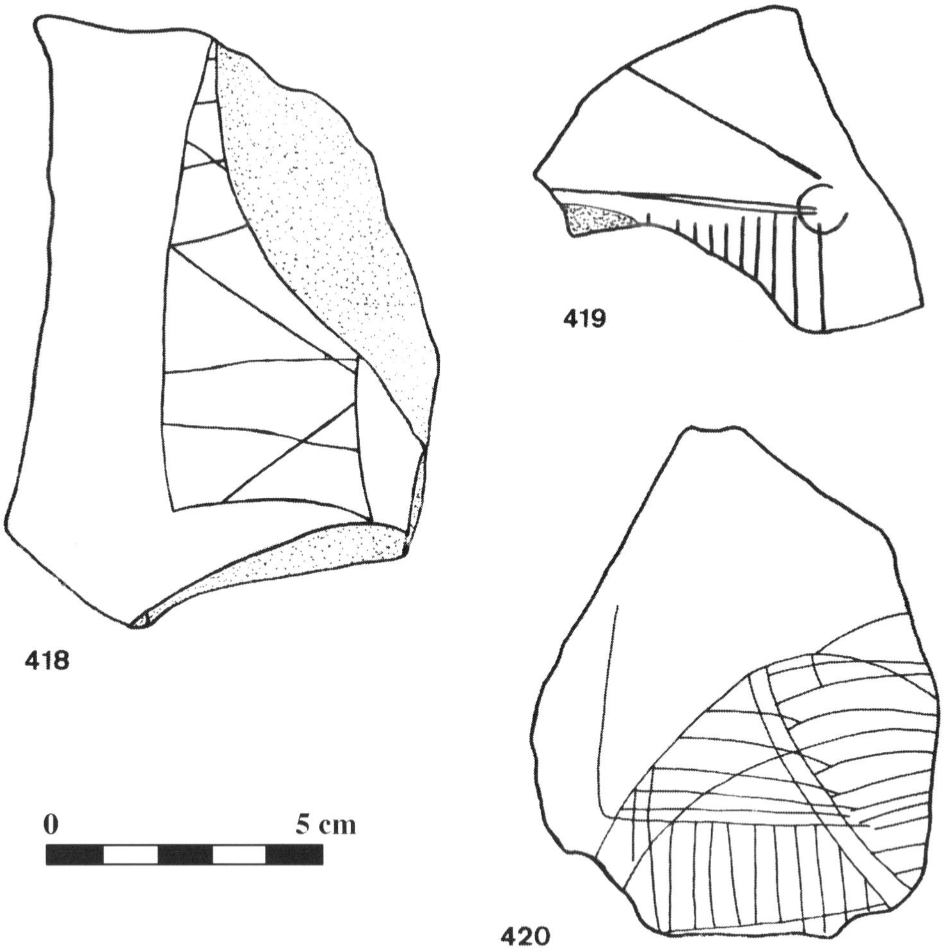

Figure 44

des récipients à décor moulé anthropomorphe, que l'on trouve sur les sites mésopotamiens et iraniens de l'époque sassanide [5].

La céramique culinaire est représentée par des pots à pâte rouge, de forme ouverte, à lèvre biseautée et goulot assez bas (*cat.* 404-406, p. 97), ainsi que par un bec de récipient dont la forme n'avait pas encore été répertoriée (*cat.* 407, p. 97). La surface extérieure des récipients est fumée et lustrée.

La céramique de type sud-arabique est représentée par le fragment de lèvre d'une jarre d'emballage à paroi épaisse (*cat.* 408, p. 97) et par un fragment de bol à lèvre ondulée, de la catégorie des "*Bayḥan bowls*" [6] (*cat.* 409, p. 97).

— Autres trouvailles

Les objets en bronze sont représentés par quelques fragments : tronçon de lamelle servant peut-être de pendentif (*cat.* 410, p. 99), partie inférieure de crochet (*cat.* 411, p. 99), anneau non fermé servant probablement de bracelet (*cat.* 412, p. 99), fragment de bol (*cat.* 413, p. 99).

Les objets en verre sont représentés par quelques fragments (*cat.* 414-416, p. 99).

Les objets en ivoire sont représentés par un petit fragment de plaque (à incrustation ?) sur lequel est conservée la partie inférieure d'un signe en alphabet sud-arabique (*cat.* 417, p. 99).

Sur le sol de la pièce 1a, parmi les morceaux de plâtre portant des fragments d'inscriptions et de dessins (*cat.* 418-423, p. 98 et 100), on a trouvé 37 petits grains de corail rose qui ont dû autrefois composer un collier (*cat.* 424, p. 99).

La "bâtisse postérieure"

Le bâtiment mesure 17 x 24,5 m (*fig. 45*). Son axe suit la direction nord-nord-ouest/sud-sud-est. Il comporte deux entrées : une entrée principale au sud-sud-est et une entrée latérale à l'est-nord-est. Malheureusement, la corrélation entre la bâtisse et la clôture en pierre qui est contiguë à sa partie nord-ouest reste confuse. Il n'est pas exclu que la clôture, ainsi qu'une construction située dans son angle nord-ouest, appartiennent à la "bâtisse antérieure", dont les débris furent remployés pour la construction de la "bâtisse postérieure", ainsi qu'il apparaît clairement pour le mur extérieur nord-ouest de l'édifice (*fig. 41,2 ; pl. 58 et 59*).

Pièce 1 : **le "vestibule"**. L'entrée principale de l'édifice se trouve dans la partie sud-est. Mesurant 1,8 m de large, elle est flanquée, de chaque côté, de murs d'environ 1 m de large, légèrement sortant sur presque 1 m. Cette entrée donne sur une pièce-vestibule, quasiment carrée (dimensions : 4 x 4,2 m), dont la partie nord-ouest ouvre sur une grande salle : la pièce principale. La hauteur conservée des murs est de 0,5-0,8 m. Ils sont construits sur de grandes

---

5. Cf. R. Venco Ricciardi, 1984, « Sasanian pottery from Choche (Artisans' Quarter) and tell Baruda », *in Arabie Orientale, Mésopotamie et Iran méridional de l'âge du fer au début de la période islamique*, Paris, p. 52, fig. 3, 12.
6. Cf. D.B. Doe, 1971, *Southern Arabia*, London, p. 116-117, pl. 27.

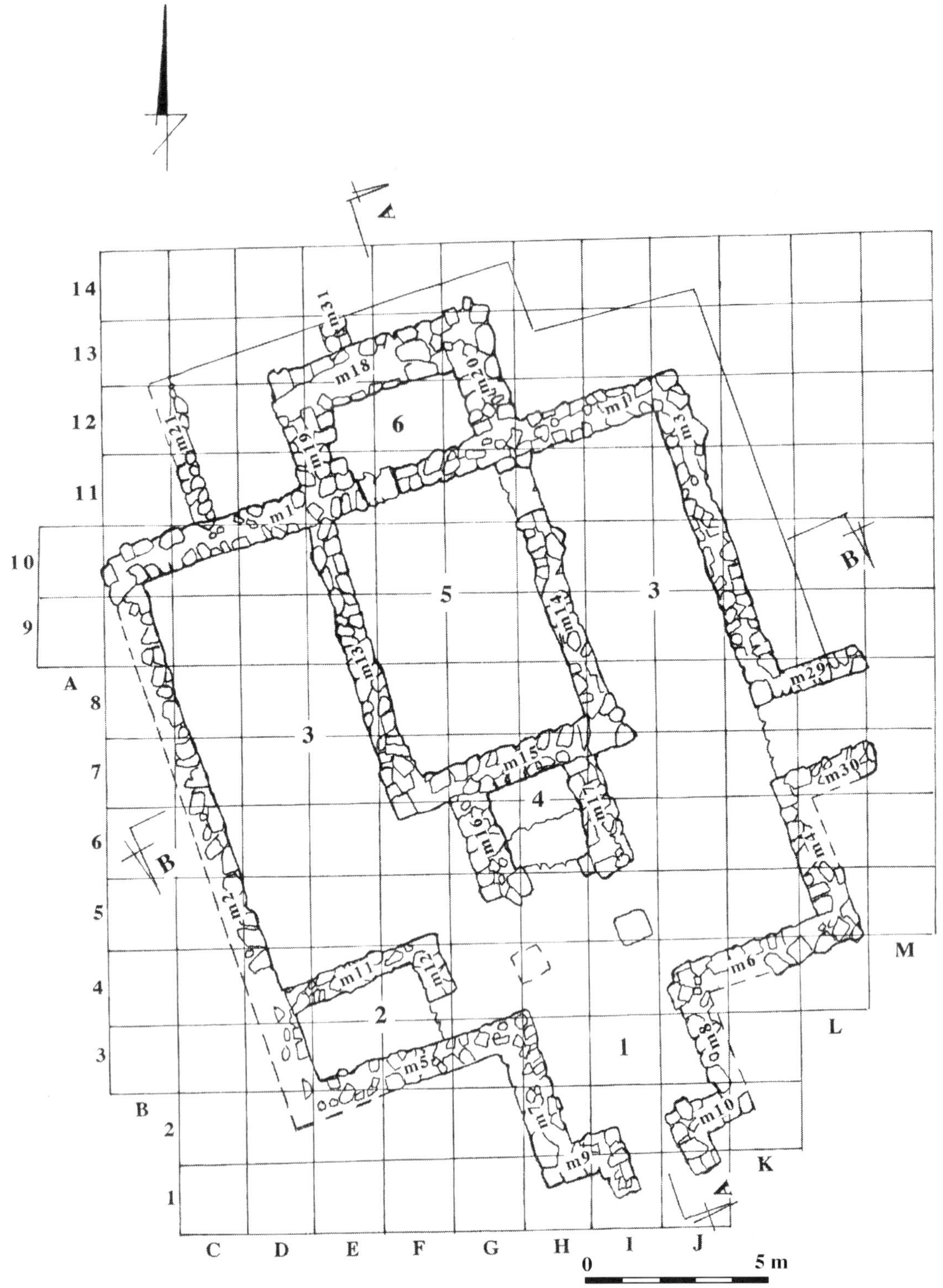
A
A
B
B
14
13
12
11
10
9
8
7
6
5
4
3
2
1
A
B
C
D
E
F
G
H
I
J
K
L
M
m1
m2
m3
m4
m5
m6
m7
m8
m9
m10
m11
m12
m13
m14
m15
m16
m17
m18
m19
m20
m21
m29
m30
m31
1
2
3
3
4
5
6
0
5 m

Figure 45

assises de basalte minutieusement taillé, ajustées selon la technique de la "maçonnerie sèche" (*fig. 41,1 et 3 ; pl. 60*).

Dans le remplissage sableux de la pièce et sur le sol, on n'a trouvé que très peu de tessons céramiques : il s'agit de fragments de bords d'amphores côtelées et de pots de stockage alimentaire à parois épaisses.

Pièce 2. Cette pièce, assez petite (dimensions : 2 x 3,8 m), rectangulaire, occupe l'angle sud-ouest de l'édifice. On y accède par un passage de 1,1 m de large, situé dans l'angle sud-est. La hauteur actuelle des murs de la pièce atteint 0,9 m. Faits de grandes pierres de basalte grossièrement équarries, ils sont construits grossièrement, selon la technique de la "maçonnerie sèche" (*pl. 61*), ce qui les différencie des murs extérieurs, plus réguliers. Cette différence d'appareil révèle peut-être un écart chronologique entre les deux : la pièce 2 ne ferait pas partie du premier état de l'édifice, mais aurait été ajoutée plus tard.

Deux niveaux de sols superposés, situés à 0,2 m l'un de l'autre, ont également été repérés. Dans le comblement de la pièce, surtout dans la couche proche du sol et dans la couche entre les planchers, on trouve des fragments de céramique, essentiellement des parois et des culs d'amphores côtelées (*cat.* 425, 433, 446, 449, 461, p. 107 et 109), de petits os d'animaux et des arêtes de poissons, ainsi que des fragments de coques de noix. Parmi les autres trouvailles, notons la présence de monnaies en bronze ḥaḍrami (voir *Catalogue des monnaies,* n° 213-214) et d'un gros fragment de fumigateur ou encensoir (?) en pierre à trois (?) pieds et à réservoir rond (*cat.* 462, p. 113).

Pièce 3. Cette salle, de plan presque carré, qui compose le noyau de la bâtisse, est une pièce fort particulière. Ses dimensions sont de 15,5 x 15,5-16 m, mais elle ne présente pas une grande unité. La largeur de la partie nord-est est d'environ 4 m ; celle de la partie sud-ouest d'environ 5 m. Comme nous l'avons déjà signalé, son angle sud-ouest est occupé par la pièce 2, et, en son centre, se trouvent les deux pièces contiguës 4 et 5. Il est difficile de déterminer si toute la salle était couverte ; en effet, le type de comblement de la salle – du sable – ne permet pas de tirer de conclusion définitive. Notons cependant que, devant l'entrée de la pièce 4, des blocs de basalte servaient de toute évidence de bases aux colonnes qui supportaient le toit. L'une de ces pierres, bien taillée, présente une forme assez régulière de prisme (*pl. 62*). La présence de colonnes dans l'édifice est démontrée par la trouvaille d'une tranche de coquillage cylindrique qui était, évidemment, l'un des cylindres du fût (trouvaille de la tranche du fût cylindrique, *pl. 63*) [7]. Diamètre : 0,31 m ; hauteur : 0,28 m. Quelques fragments d'éléments en bois, liés eux aussi à la couverture de la salle, faisaient partie de l'aménagement de la pièce 5 (*pl. 68-69*). Ils servaient probablement de soutien à la charpente.

Le matériel découvert dans cette pièce est extrêmement intéressant. Outre un petit nombre de fragments céramiques – généralement de la vaisselle, mais aussi des amphores côtelées – (*cat.* 427, 432, 434, 438-445, 447, 450-460, p. 107 et 109), on trouve de nombreuses monnaies en bronze (voir *Catalogue de monnaies, n° 215-325*), d'autres objets en bronze (*cat.* 469-473, p. 115), les fragments de deux gros plats en pierre (*cat.* 465-466, p. 115) et une dalle en albâtre (*cat.* 463, p. 112). Soulignons tout particulièrement deux groupes de trouvailles découvertes dans le sol, dans la partie sud-ouest de la salle : une pastille d'encens (dimensions : 25 x 35 cm),

7. Notons que nos collègues français ont trouvé des séries de pierres cylindriques analogues, enduites dans plusieurs cas d'un mortier calcaire, dans le temple du Secteur 7, en 1995. Ils y reconnaissent des éléments d'autels : M. MOUTON, 1995, *French Archaeological Expedition in the Jawf-Hadramawt (Yemen), Excavations at* Bir ʿAlī (Qāniʾ), Preliminary Report [manuscript].

entourée de quelques débris d'un plat en pierre (*cat.* 465, p. 115) sur lequel l'encens était vraisemblablement posé, a été dégagée dans l'angle nord-ouest ; plus au sud, les fragments d'un objet en bois, entièrement calciné, ont été mis au jour. Ses différents segments, incrustés de lames schisteuses en relief portant des inscriptions sud-arabiques (*cat.* 467-468, p. 115), étaient liés entre eux par de minuscules clous en bronze (*cat.* 475-485, p. 117). L'objet était recouvert d'un morceau de tissu, malheureusement calciné lui aussi (sur l'interprétation que l'on pourrait proposer, voir *infra* ; *pl. 65*).

Pièce 4. Presque carrée (2,5 x 2,7 m), cette petite pièce se trouve au centre de la partie sud-est de la salle 3. L'entrée, d'environ 1,5 m de large, se situe dans le mur sud-est. Le mur nord-ouest communique avec la pièce 5. Pratiquement toute la moitié sud-est de la pièce 4 est occupée par une fosse rectangulaire, de 1,3 x 2,5 m de côté et 0,45 m de profondeur (*pl. 70*). C'est probablement dans cette fosse qu'était installé un réservoir en pierre pour les ablutions, dont les fragments ont été retrouvés sur le sol de la partie sud-est de la pièce.

Dans le remplissage de la pièce et de la fosse, situé dans la partie sud-est de la pièce, on a trouvé quelques fragments d'amphores (*cat.* 430, p. 107), de céramiques à glaçure (*cat.* 448, p. 107), et des monnaies ḥaḍrami en bronze (voir *Catalogue des monnaies*, n° 326-344).

Pièce 5. Une vaste pièce rectangulaire, mesurant 5 x 7,7 m, occupe la partie centrale de la salle 3. La conservation des murs ne permet malheureusement pas de déterminer avec certitude l'emplacement de l'entrée. Il semble cependant que l'on puisse la situer dans l'angle nord-est, où l'on a découvert ce qui pourrait être un très haut seuil en pierre (à environ 0,6 m au-dessus du reste de la salle), dont la maçonnerie diffère peu de celle des murs de la pièce. La largeur probable de l'entrée est d'environ 1 m. Le sol de la pièce est situé à un niveau plus élevé que celui de la grande salle, peut être parce qu'une grande partie de la pièce a été édifiée au-dessus de la "bâtisse antérieure".

Les murs de la pièce sont faits de blocs de basalte grossièrement taillés, jointés à l'aide d'un mortier calcaire. Le sol était recouvert d'un crépi de plâtre. Comme on l'a déjà noté, les assises plus soignées des murs de la "bâtisse antérieure" ont servi à la construction de la pièce, associées à des poutres en bois installées verticalement.

Dans le remplissage sableux et sur le sol ont été trouvés des ossements d'animaux, des arêtes de poissons, une grande quantité de céramique, des tessons d'amphores et des conteneurs de types locaux, mais aussi des fragments d'objets en bronze (*cat.* 486-487, p. 117), d'objets en ivoire (*cat.* 492, p. 117), de récipients en verre (*cat.* 490, 491, p. 117) et des monnaies en bronze (voir *Catalogue des monnaies*, n° 345-376).

Pièce 6. Il s'agit d'une petite pièce rectangulaire mesurant 2 x 3,5 m, située dans la partie en abside de l'édifice. Le niveau du sol est à 0,5-0,6 m au-dessus de celui de la pièce voisine, la pièce 5. On y pénétrait par une ouverture dans le mur nord-ouest, large de 0,5 m environ (*fig. 39*). Le sol et les murs de la pièce 6 sont soigneusement enduits de crépi calcaire. Hauteur conservée des murs : 0,9-1,2 m.

Sur le sol de la pièce, on a découvert quelques fragments céramiques, un anneau en bronze (*cat.* 486, p. 117) et deux monnaies en bronze (voir *Catalogue des monnaies*, n° 377-378).

Le matériel

La céramique

Les fouilles de la "bâtisse postérieure" ont révélé la présence de 536 fragments céramiques.

— Les amphores

Les fragments des différents types d'amphores constituent 29,3% de l'ensemble du matériel céramique.

Tableau 2

désignation	**nombre de fragments**	**%**
amphores côtelées	82	52,3
amphores à parois lisses	55	35
amphores du type de Gaza	20	12,7
total	157	100

Les fragments d'amphores découverts dans la "bâtisse postérieure", appartiennent à des types bien connus trouvés dans les niveaux de la "cité basse". Parmi ces fragments, les *amphores côtelées à pâte rouge*, rosâtre ou grise avec des inclusions blanchâtres et micacées et de gros éclats de quartz granulé (*cat.* 425-426, p. 107), sont les plus nombreuses. Le centre de production de ces amphores n'a pas encore été identifié, mais ces exemplaires sont comparables à ceux de Carthage (*Late Amphora 1*) et de Bérénice (*Late Roman Amphora 1*) [8]. D'après les récentes études d'archéologues américains, des amphores côtelées pratiquement identiques étaient produites par des ateliers situés non loin de Aqaba (antique Ayla) [9].

Les amphores du type de Gaza sont aussi largement représentées (*cat.* 428, p. 107). Ces récipients à pâte brune ont une lèvre à section ovale, légèrement verticale, et des anses massives en forme d'oreille. Ils étaient fabriqués en Palestine et étaient destinés à l'exportation du vin blanc local, réputé dans le monde entier. Les amphores de ce type apparaissent dans tout le bassin oriental de la Méditerranée, y compris l'Égypte, l'Afrique du Nord, l'Europe occidentale jusqu'aux îles Britanniques, et la côte de la Mer Noire [10]. Le pourcentage d'amphores du type de Gaza provenant du secteur 3 est important : il s'élève à 12,7%, alors qu'il ne dépasse pas 5% dans les autres secteurs.

---

8. Cf. J.A. RILEY, 1979, « The Coarse Pottery from Berenice », *in Excavation at Sidi Khrebish Benghazi (Berenice)*, Volume II, Tripoli, p. 212-215 ; D.P.S. PEACOCK & D.F. WILLIAMS, 1986, *Amphorae and the Roman Economy : an Introductory Guide*, London & New York, p. 185-187.
9. D. WHITCOMB, 1989, « Evidence of the Umayyad Period from the Aqaba Excavations », *in The Fourth International Conference on the History of Bilad al-Sham during the Umayyad Period*, Volume 2, ed. by M.A. Bakhit and R. Schick, Amman, fig. 5 ; D. WHITCOMB, 1995,*Ayla, Art and Industry in the Islamic Port of Aqaba*, Chicago, p. 24-25.
10. Cf. RILEY, « The Coarse Pottery from Berenice », p. 219-222 ; PEACOCK & WILLIAMS, *Amphorae and the Roman Economy*, p. 198-199.

Catalogue

425. Amphore côtelée, fragment de pied, fond à bouton. Pâte rouge, sableuse, micacée, surface extérieure présentant parfois une pellicule blanchâtre. Diam. : 3 cm. *Kana-87/III-1*, pièce 2 (*fig. 46*)

426. Amphore côtelée, fragment de bord. Pâte rosâtre, sableuse, micacée. Diam. : 9 cm. *Kana-87/III-24*, pièce 1a (*fig. 46*).

427. Amphore, fragment d'anse. Pâte brune, sableuse, surface extérieure avec traces de pellicule blanchâtre. Dim. : 3,4 x 5 cm. *Kana-87/III-2*, pièce 3 (*fig. 46*).

428. Amphore, fragment de bord. Pâte claire, sableuse, micacée. Diam. : 10,5 cm. *Kana-87/III-3,* pièce 3 (*fig. 46*).

429. Amphore, pied tronconique. Pâte rouge, sableuse. Diam. : 3 cm. *Kana-88/III-21*, pièce 5 (*fig. 46*).

430. Amphore, fragment de pied à fond concave. Pâte rosâtre, fine, sableuse, inclusions blanches. Diam. : 4,5 cm. *Kana-87/III-5*, pièce 4 (*fig. 46*).

431. Petite amphore, partie supérieure. Pâte rouge, fine, sableuse. Diam. : 5 cm. *Kana-88/III-5*, pièce 5 (*fig. 46*).

432. Petite amphore, partie supérieure. Pâte similaire au n° 431. Diam. : 4,5 cm. *Kana-88/III-6*, pièce 3 (*fig. 46*).

433. Assiette ou bol, fragment de bord. Pâte grise, fine, surface extérieure polie. Diam. : 34 cm. *Kana-87/III-41*, pièce 2 (*fig. 46*).

434. Assiette ou bol, fragment de bord. Pâte similaire au n° 8. Diam. : 30 cm. *Kana-87/III-43*, pièce 3 (*fig. 46*).

435. Jarre, fragment de partie supérieure, lèvre biseautée extérieurement. Pâte rouge, fine. Diam. : 12 cm. *Kana-88/III-60*, pièce 5 (*fig. 46*).

436. Jarre, fragment de partie supérieure, lèvre biseautée extérieurement. Pâte rouge, fine. Diam. : 13,5 cm. *Kana-88/III-62*, pièce 5 (*fig. 46*).

437. Jarre, fragment de partie supérieure, lèvre biseautée extérieurement. Pâte rouge, fine. Décor incisé. Diam. : 14 cm. *Kana-88/III-64*, pièce 5 (*fig. 46*).

438. Jarre, fragment de bord, lèvre biseautée extérieurement. Pâte rouge, fine, surface extérieure polie. Diam. : 17 cm. *Kana-88/III-63*, pièce 3 (*fig. 46*).

439. Jarre, fragment de bord, lèvre biseautée extérieurement. Pâte rouge, fine, surface extérieure polie. Diam. : 13,5 cm. *Kana-88/III-65*, pièce 3 (*fig. 46*).

440. Jarre, fragment de bord, lèvre biseautée extérieurement. Pâte rouge, fine. Diam. : 18 cm. *Kana-88/III-69*, pièce 3 (*fig. 46*).

441. Jarre, fragment de bord, lèvre biseautée extérieurement. Pâte rouge, fine. Diam. : 10 cm. *Kana-88/III-76*, pièce 3 (*fig. 46*).

442. Bol, fragment de bord. Pâte rouge, fine, surface extérieure polie. Décor incisé. Diam. : 15 cm. *Kana-88/III-66*, pièce 3 (*fig. 46*).

443. Bol, fragment de bord. Pâte rouge, fine. Décor incisé à la surface supérieure de la lèvre ; moulure zoomorphe sur la lèvre du récipient. Diam. : 12 cm. *Kana-87/III-48*, pièce 3 (*fig. 46*).

444. Jarre, fragment de partie supérieure, lèvre biseautée extérieurement. Pâte grise, très fine, surface extérieure polie. Diam. : 8 cm. *Kana-87/III-49*, pièce 3 (*fig. 46*).

445. Jarre, fragment de partie supérieure, lèvre biseautée extérieurement. Pâte grise, très fine, surface extérieure polie. Diam. : 9,5 cm. *Kana-88/III-77*, pièce 3 (*fig. 46*).

446. Bol, fragment de bord. Pâte claire, fine, glaçure verdâtre. Diam. : 12 cm. *Kana-87/III-45*, pièce 2 (*fig. 46*).

447. Assiette ou bol, fragment de bord. Pâte claire, fine, glaçure verdâtre. Diam. : 31 cm. *Kana-87/III-50*, pièce 3 (*fig. 46*).

448. Assiette ou bol, fond. Pâte claire, fine, glaçure verdâtre. Diam. : 6,5 cm. *Kana-87/III-51*, pièce 4 (*fig. 46*).

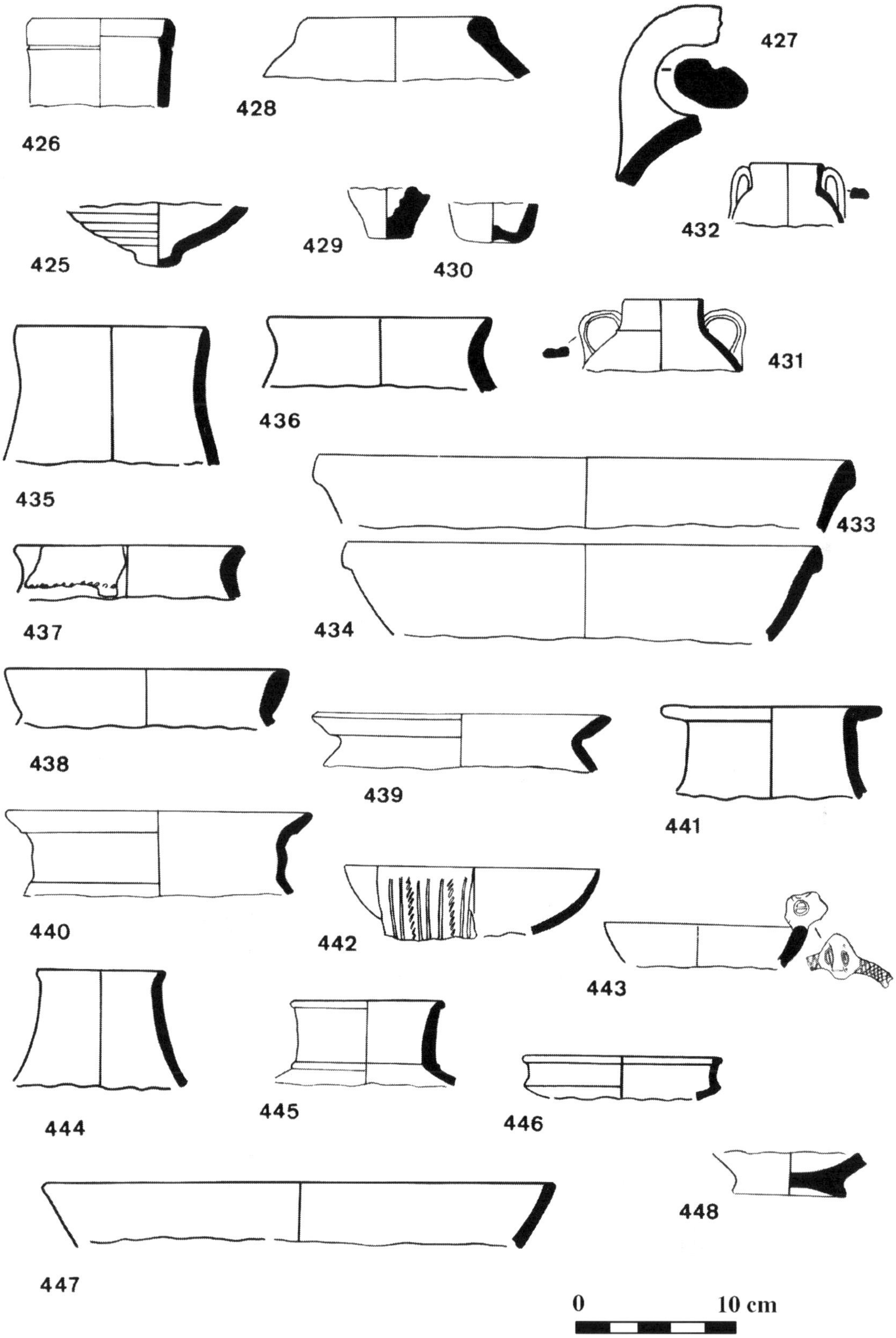
426
428
427
425
429
430
432
431
435
436
433
437
434
438
439
441
440
442
443
444
445
446
447
448
0 10 cm

Figure 46

Catalogue

449. Jarre de cuisine, fragment de partie supérieure, lèvre biseautée extérieurement, panse biconique. Pâte rouge, très fine, surface extérieure polie de très bonne qualité. Décor incisé. Diam. du bord : 16 cm ; diam. de la panse : 18 cm. *Kana-87/III-52*, pièce 2 (*fig. 47*).

450. Grande jarre de cuisine, fragment de bord, lèvre biseautée extérieurement. Pâte rouge, fine, sableuse, surface extérieure polie. Diam. : 31 cm. *Kana-88/III-65*, pièce 3 (*fig. 47*).

451. Jarre de cuisine, fragment de bord, lèvre biseautée extérieurement. Pâte rouge, fine, sableuse, surface extérieure polie. Diam. : 15,5 cm. *Kana-88/III-81*, pièce 3 (*fig. 47*).

452. Grande jarre ouverte, fragment de bord, lèvre biseautée extérieurement. Pâte rouge, fine, sableuse. Diam. : 28 cm. *Kana-88/III-82*, pièce 3 (*fig. 47*).

453. Grande jarre ouverte, fragment de bord, lèvre biseautée extérieurement. Pâte rouge, fine, sableuse. Diam. : 30 cm. *Kana-88/III-83*, pièce 3 (*fig. 47*).

454. Grande jarre ouverte, fragment de bord. Pâte rouge, fine, sableuse. Décor incisé : lignes ondulées et horizontales. Diam. : 39 cm. *Kana-88/III-56*, pièce 3 (*fig. 47*).

455. Grande jarre ouverte, fragment de bord. Pâte rouge, fine, sableuse. Décor incisé : lignes ondulées. Diam. : 32 cm. *Kana-88/III-84*, pièce 3 (*fig. 47*).

456. Grande jarre ouverte, fragment de bord. Pâte rouge, fine, sableuse. Diam. : 42 cm. *Kana-88/III-85*, pièce 3 (*fig. 47*).

457. Grande jarre ouverte, fragment de fond. Pâte rouge, fine, sableuse. Diam. : 10,5 cm. *Kana-88/III-57*, pièce 3 (*fig. 47*).

458. Grande cuvette, fragment de bord et fragment de fond. Pâte rouge, fine, sableuse. Décor incisé : lignes ondulées. Diam. du bord : 43 cm ; diam. du fond : 25 cm. *Kana-88/III-58*, pièce 3 (*fig. 47*).

459. Grande jarre, fragment de bord. Pâte jaunâtre, poreuse, traces d'inclusions organiques. Décor incisé. Diam. : 14 cm. *Kana-88/III-56*, pièce 3 (*fig. 47*).

460. Grande jarre, fragment de bord. Pâte verte-jaune, poreuse, traces d'inclusions organiques. Décor incisé. Diam. : 16,5 cm. *Kana-88/III-76*, pièce 3 (*fig. 47*).

461. Bol, fragment de bord. Pâte rouge, fine, traces d'inclusions organiques. Diam. : 19 cm. *Kana-87/III-63*, pièce 2 (*fig. 47*).

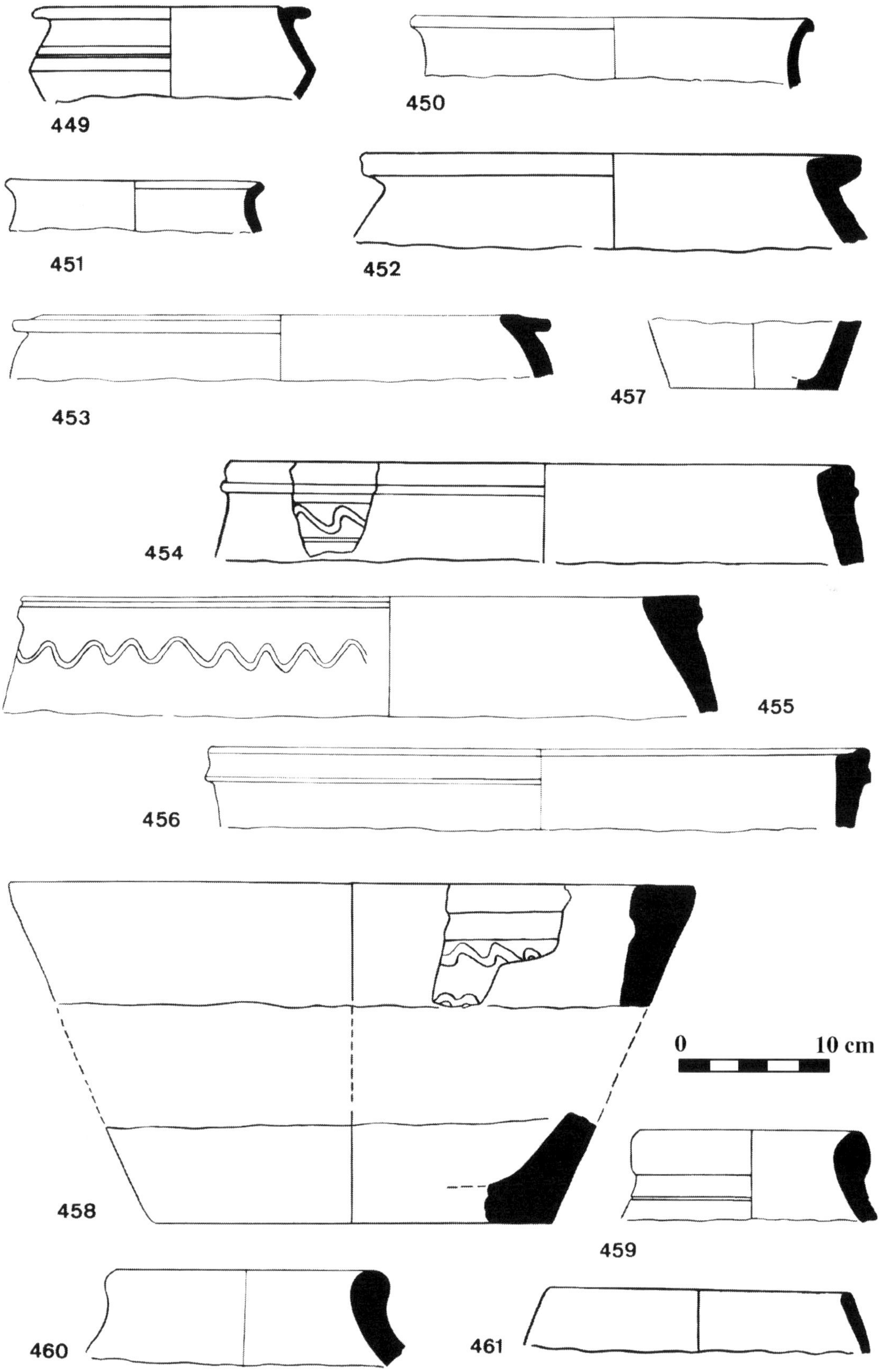

Figure 47

Les nombreux fragments attribués au type des *amphores à parois lisses* sont difficiles à identifier avec précision. Ce sont généralement des tessons appartenant à des cuves ou des culs d'amphores (*cat.* 429-430, p. 107), trop fragmentaires pour restituer la forme générale du récipient.

— Autres types de céramiques

Tableau 3

désignation	**nombre de fragments**	%
céramique de table, à pâte rouge	10	2,6
id., à décor incisé	5	1,3
id., à pâte rouge polie	7	1,9
id., à pâte grise et noire	8	2,1
id., glaçurée	22	5,8
céramique culinaire	133	35,1
céramique à parois épaisses	165	43,5
céramique de type sud-arabique	29	7,7
total	379	100

La céramique de table à pâte rouge est représentée par des assiettes assez grandes aux parois droites ou légèrement convexes, à la lèvre effilée, parfois épaissie (*cat.* 433-434, p. 107). Les jarres à pâte rouge, à parois fines, à la lèvre un peu biseautée appartiennent à la même catégorie de récipients (*cat.* 435-436, p. 107). Quelques-unes d'entre elles sont décorées d'un motif estampé en forme de minuscules demi-cercles (*cat.* 437, p. 107). Un groupe à part est composé de jarres à col haut et à la lèvre biseautée. Leur surface extérieure est recouverte d'un lustrage de bonne qualité, qui rappelle parfois le polissage (*cat.* 438-439, p. 107). On notera tout particulièrement, pour la qualité supérieure de son lustrage, un fragment de bol semi-sphérique portant, à l'extérieur, un décor estampé et incisé (*cat.* 442, p. 107). Ce récipient peut être assimilé à la céramique aksoumite dite "*Red Aksumite Ware*" [11]. Nous classons dans la même catégorie un fragment de bol portant une moulure zoomorphe sur la lèvre (*cat.* 443, p. 107). Des fragments de jarres à pâte grise lustrée, découverts eux aussi dans les fouilles de la "bâtisse postérieure" (*cat.* 444-445, p. 107), rappellent une autre catégorie de céramique aksumite, dite "*Grey and Black Aksumite Ware*" [12]. La céramique glaçurée est représentée par des fragments d'assiettes et de bols (*cat.* 446-448, p. 107), dans différents tons de vert.

Après les amphores et les jarres à parois épaisses, les fragments de *céramique culinaire* représentent quantitativement la troisième catégorie de vaisselle retrouvée dans les fouilles de la "bâtisse postérieure". La plupart de ces tessons ont été découverts dans la pièce 2 et sur le sol de la partie nord-est de la salle. Il s'agit de jarres à pâte rouge, avec une large lèvre horizontale et

11. Cf. D. KRENCKER, 1913, « Ältere Denkmäler Nordabessiniens », *in Deutsche Aksum-Expedition*, Band II, Berlin, Taf. XXX, 2 ; R.F. WILDING, 1989, « The potto », *in Excavations at Aksum, An account of research at the ancient Ethiopian capital directed in 1972-4 by the late Dr Neville Chittick*, S.C. Munro-Hay (ed.), London, p. 244, fig. 16, p. 75.
12. WILDING, « The pottery », p. 308, fig. 16, p. 444-445.

une cuve qui s'incurve brusquement dans sa partie médiane. Il n'est pas rare que ces récipients soient ornés d'un décor incisé (*cat.* 449, p. 109). À côté des jarres à parois fines, on rencontre celles à parois épaisses (*cat.* 450-451, p. 109). La superficie extérieure est noircie par la fumée et lustrée par la suie.

La céramique de stockage à parois épaisses est représentée par de grandes jarres à bec large et à fond plat (*cat.* 452-457, p. 109) et par de grandes cuvettes à flancs droits (*cat.* 458, p. 109). Ces deux types de récipients sont souvent ornés d'un décor incisé : lignes larges, horizontales et ondulées.

La céramique de type local sud-arabique n'est représentée que par quelques fragments de récipients de stockage à paroi épaisse (*cat.* 459-460, p. 109), à pâte poreuse vert-jaune, ou à pâte rouge, et à la panse sphérique (*cat.* 461, p. 109).

— Autres trouvailles

Hormis la céramique, peu d'objets ont été découverts.

Parmi les objets en pierre, nous noterons : un autel décoré à trois (?) pieds qui servait peut-être de chandelier (les cavités étroites et profondes creusées à l'extrémité de cet objet étaient sans doute destinées à recevoir des bougies ; *cat.* 462, p. 113) ; une dalle rectangulaire en albâtre, utilisée, peut-être, comme un chancel et installée dans un passage étroit de la pièce à abside (*cat.* 463, p. 112) ; un réservoir, qui contenait l'eau destinée aux ablutions rituelles (*cat.* 464, p. 114) ; des récipients en pierre (*cat.* 465-466, p. 115) ; des fragments de plaques d'incrustation en ardoise gravées d'inscriptions sud-arabiques (*cat.* 467-468, p. 115) [13].

Les objets en bronze sont représentés par des rondelles. Nous serions tenté de les attribuer à un chandelier dont les parties non-conservées étaient peut-être en bois (*cat.* 469-472, p. 115) ; une petite tasse et un couvercle (*cat.* 473-474, p. 115) ; des clous joignant et consolidant les parties d'un objet en bois (*cat.* 475-485, p. 117) ; un anneau (*cat.* 486, p. 117), une tige (*cat.* 487, p. 117) et un fragment de plaque (*cat.* 488, p. 117).

Les objets en fer se limitent à une pointe de flèche (*cat.* 489, p. 117).

Les objets en verre sont représentés par deux petits vases (*cat.* 490-491, p. 117).

Parmi les trouvailles figure aussi un objet en ivoire : un bouchon de flacon (?) (*cat.* 492, p. 117).

---

13. Cf. dans ce volume A.G. LUNDIN, « Les inscriptions et les *graffiti* sud-arabiques des fouilles du site de Bir 'Alī (Qāni') ».

Catalogue

462. Autel calcaire, fragment. Objet cylindrique à trois pieds (?) – deux pieds seulement sont conservés – dont la base porte deux gradins ; la surface supérieure, en creux, porte des traces de broyage ; elle servait à consumer ; une cavité est pratiquée dans la saillie semi-circulaire de l'extrémité. La partie haute du fumigateur est ornée de lignes incisées ; la partie médiane est décorée de ronds concentriques pointés au centre. Diam. de la partie cylindrique : 9,5 cm ; hauteur de la partie cylindrique : 5,2 cm ; hauteur des pieds : 4,8 cm ; profondeur du réservoir *ca.* 1,5 cm ; diam. de l'enfoncement en saillie : 0,5 cm ; profondeur : 3,5 cm. *Kana-87/III-3*. pièce 2 (*fig. 48*).

463. Dalle en albâtre brun, deux grand fragments. Forme carrée, aux angles arrondis ; cavité carrée au centre. Dim. : 51 x 52 cm ; épaisseur : 5 cm ; dim. de la cavité centrale : 34 x 34 cm ; profondeur : 1,5-2 cm. *Kana-87/III-10*, pièce 3 (*pl. 64*).

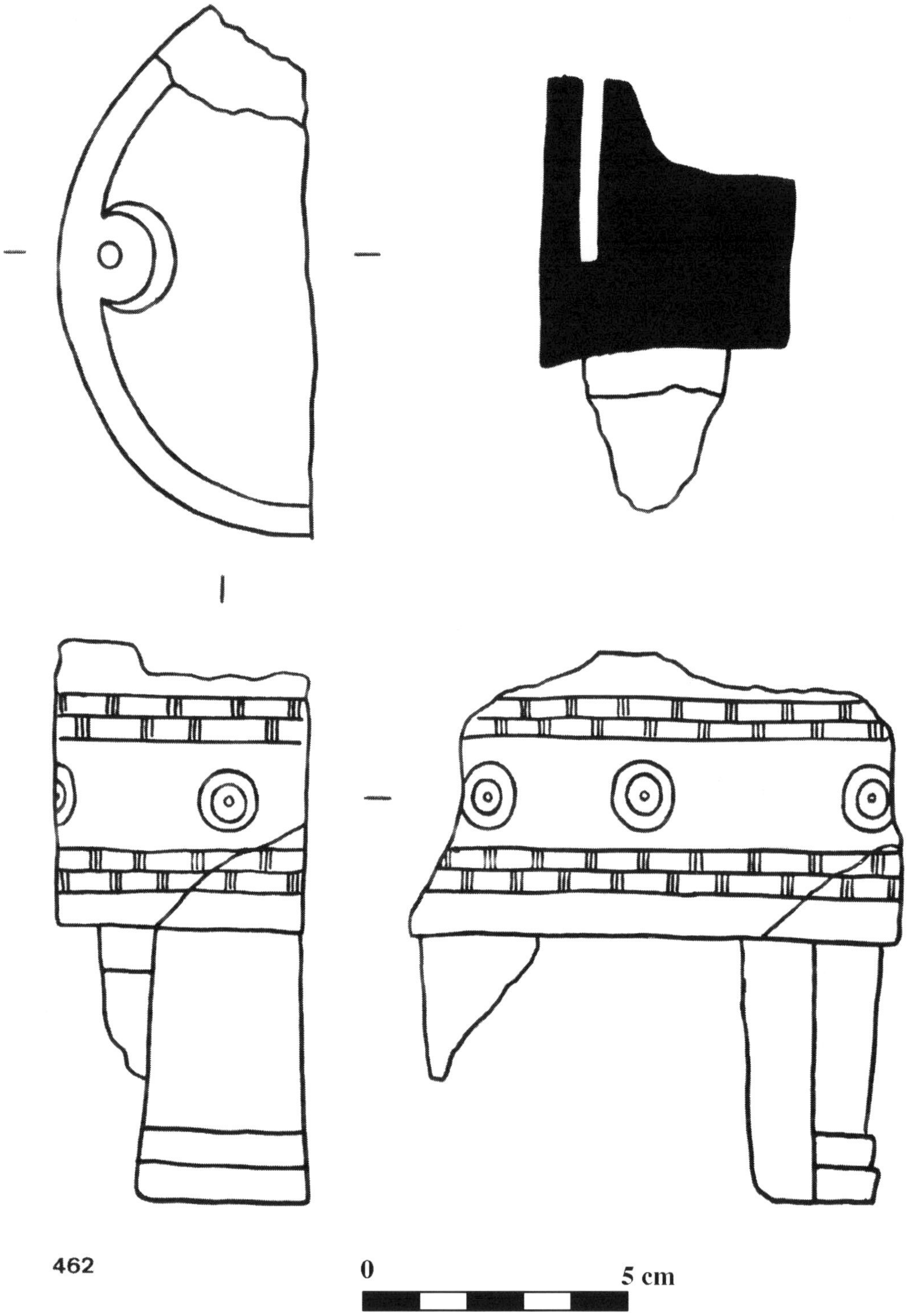

462

Figure 48

Catalogue

464. Réservoir d'eau en calcaire, rectangulaire, en fragments. Dim. extérieures : 58 x 81 cm ; hauteur : 41 cm ; épaisseur des parois et du fond : 8-9 cm ; dim. intérieures : 49 x 75 cm. *Kana-87/III-11*, pièce 3 (*pl. 71*).

465. Plat calcaire, en fragments. Lèvre large horizontale, brusque courbure dans la partie basse ; base annulaire. Diam. du bord : 58 cm ; diam. inférieur : 40 cm ; hauteur : 5 cm. *Kana-88/III-34*, pièce 3 (*fig. 49*).

466. Plat calcaire, fragment de fond. Diam. : 9 cm. *Kana-88/III-35*, pièce 3 (*fig. 49*).

467. Plaque d'incrustation, très légèrement convexe, en ardoise, fragment. Dans la partie centrale, gravée en faible relief, inscription sud-arabique : deux signes — 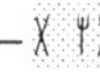 = m et t — sont conservés, de même que la partie basse d'un diviseur de mots ou d'un troisième signe. L'inscription est encadrée en haut et en bas par des rainures. Dim. : 4,1 x 5,3 cm ; épaisseur : 0,3 cm. *Kana-87/III-12*, pièce 3 (*fig. 49*).

468. Plaque d'incrustation en ardoise, semblable au n° 32, provenant peut-être du même objet. Nous proposons, pour les signes conservés, la lecture suivante :  = m/w (la lecture du premier signe n'est pas certaine). Dim. : 2,4 x 4 cm ; épaisseur : 0,4 cm. *Kana-87/III-13*, pièce 3 (*fig. 49*).

469. Rondelle cylindrique à lèvres amincies déversées. Diam. extérieur : 2,4 cm ; diam. intérieur : 1,4 cm ; largeur : 1,9 cm. *Kana-87/III-14*, pièce 3 (*fig. 49*).

470. Rondelle cylindrique à lèvres amincies déversées. Diam. extérieur : 2,3 cm ; diam. intérieur : 1,3 cm ; largeur : 1,6 cm. *Kana-87/III-15*, pièce 3 (*fig. 49*).

471. Rondelle cylindrique à lèvres amincies déversées. Diam. extérieur : 2,6 cm ; diam. intérieur : 1,5 cm ; largeur : 1,7 cm. *Kana-87/III-16*, pièce 3 (*fig. 49*).

472. Rondelle cylindrique à lèvres amincies déversées, asymétrique. Diam. extérieur : 2,5 cm ; diam. intérieur : 1,5 cm ; largeur : 1,7 cm. *Kana-87/III-17*, pièce 3 (*fig. 49*).

473. Bol à bord horizontal, fragment. Diam. : 10 cm ; épaisseur des parois : 0,15 cm. *Kana-87/III-18*, pièce 3 (*fig. 49*).

474. Couvercle (?), anse brisée. Diam. : 12,5 cm ; hauteur : 2 cm ; épaisseur des parois : 0,35 cm. *Kana-88/III-39*, pièce 6 (*fig. 49*).

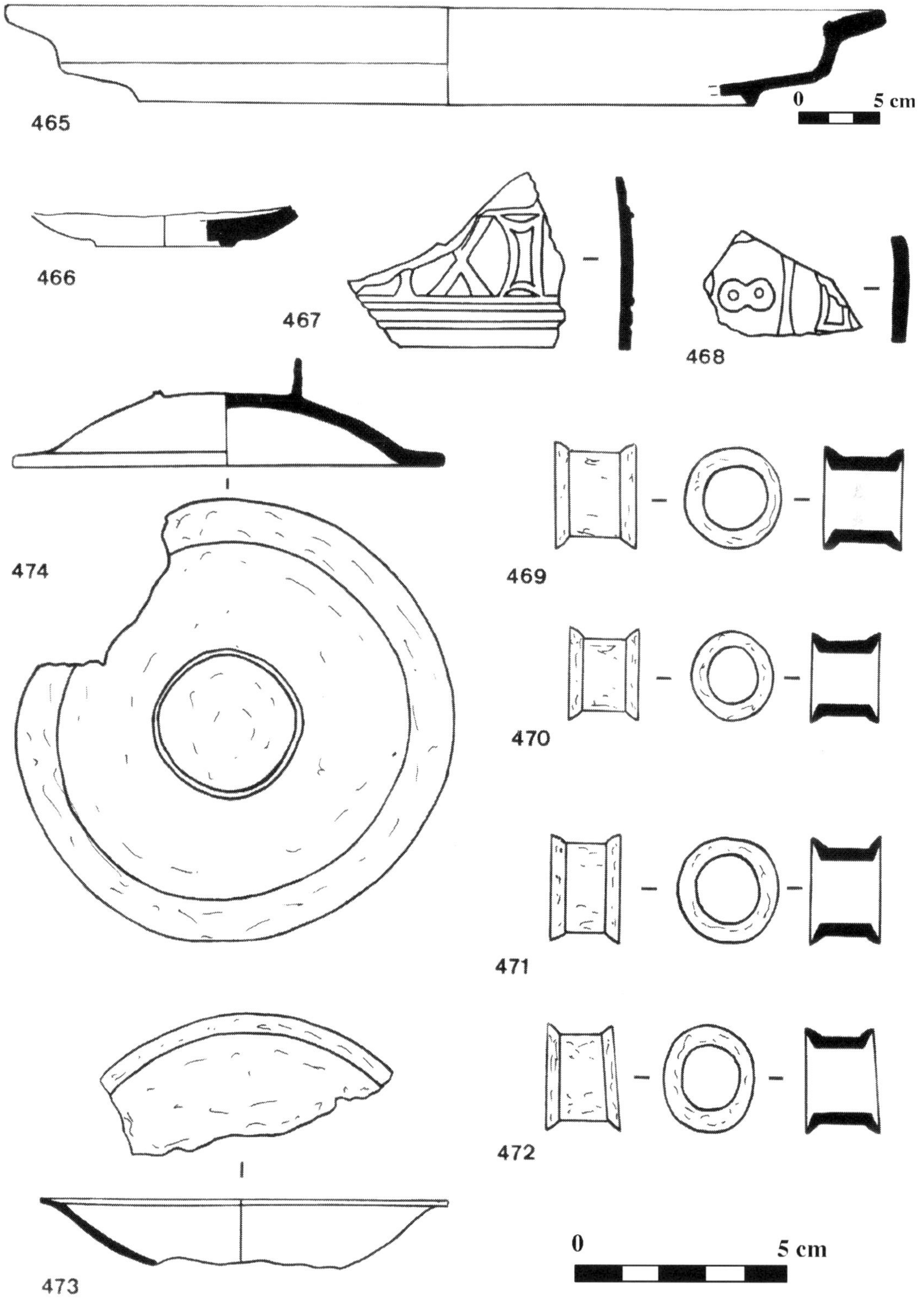

Figure 49

Catalogue

475. Clou, tête ronde, tige carrée. Diam. : 1 cm ; section : 0,25 x 0,25 cm. *Kana-87/III-19*, pièce 3 (*fig. 50*).
476. Clou, tête ronde, tige carrée. Diam. : 1,15 cm ; section : 0,4 x 0,4 cm. *Kana-87/III-20*, pièce 3 (*fig. 50*).
477. Clou, tête ronde, tige carrée. Diam. : 1 cm ; section : 0,3 x 0,3 cm. *Kana-87/III-21*, pièce 3 (*fig. 50*).
478. Clou, tête ronde, tige carrée. Diam. : 0,85 cm ; section : 0,25 x 0,25 cm. *Kana-87/III-22*, pièce 3 (*fig. 50*).
479. Clou, tête conique, tige carrée. Diam. : 0,85 cm ; section : 0,4 x 0,4 cm. *Kana-87/III-23*, pièce 3 (*fig. 50*).
480. Clou, tête semi-sphérique, tige carrée. Diam. : 0,5 cm ; section : 0,3 x 0,3 cm. *Kana-87/III-24*, pièce 3 (*fig. 50*).
481. Clou, tête ronde, tige carrée. Diam. : 1,8 cm ; section : 0,4 x 0,4 cm. *Kana-87/III-25*, pièce 3 (*fig. 50*).
482. Clou, tête ronde, tige carrée. Diam. : 1 cm ; section : 0,3 x 0,3 cm. *Kana-87/III-26*, pièce 3 (*fig. 50*).
483. Clou, tête ronde, tige carrée. Diam. : 1,1 cm ; section : 0,3 x 0,3 cm. *Kana-87/III-69*, pièce 3 (*fig. 50*).
484. Clou, tête ronde, tige carrée. Diam. : 1 cm ; section : 0,2 x 0,3 cm. *Kana-87/III-70*, pièce 3 (*fig. 50*).
485. Clou, tête ronde, tige ronde. Diam. : 1 cm ; section : 0,3 cm. *Kana-87/III-71*, pièce 3 (*fig. 50*).
486. Anneau. Diam. : 3,5 cm ; section : 0,5 x 0,5 cm. *Kana-87/III-27*, pièce 6 (*fig. 50*).
487. Tige, section ronde, "poignée" carrée par section. Longueur : 7,1 cm ; diam. : 0,6 cm ; section : 0,55 x 0,6 cm. *Kana-87/III-28*, pièce 5 (*fig. 50*).
488. Plaque rectangulaire, fragment. Dim. : 4,7 x 7,4 cm ; épaisseur : 0,1 cm. *Kana-87/III-74*, pièce 2 (*fig. 50*).
489. Pointe de flèche, à quatre pans ; la section du manche est ronde. Longueur : 6,6 cm ; section : 1,1 x 1,2 ; 0,4 cm. *Kana-87/III-84*, pièce 3 (*fig. 50*).
490. Vase en verre, fragment de bord. Diam. : 8 cm. *Kana-87/III-29*, pièce 5 (*fig. 50*).
491. Vase en verre, fragment de bord. Diam. : 8,5 cm. *Kana-87/III-30*, pièce 5 (*fig. 50*).
492. Bouchon en ivoire, conique, dont la tête semi-sphérique est percée en haut d'une cavité. Diam. : 1,6 cm ; hauteur : 4,1 cm ; dim. de la cavité : 0,35 x 0,6 cm. *Kana-87/III-31*, pièce 5 (*fig. 50*).

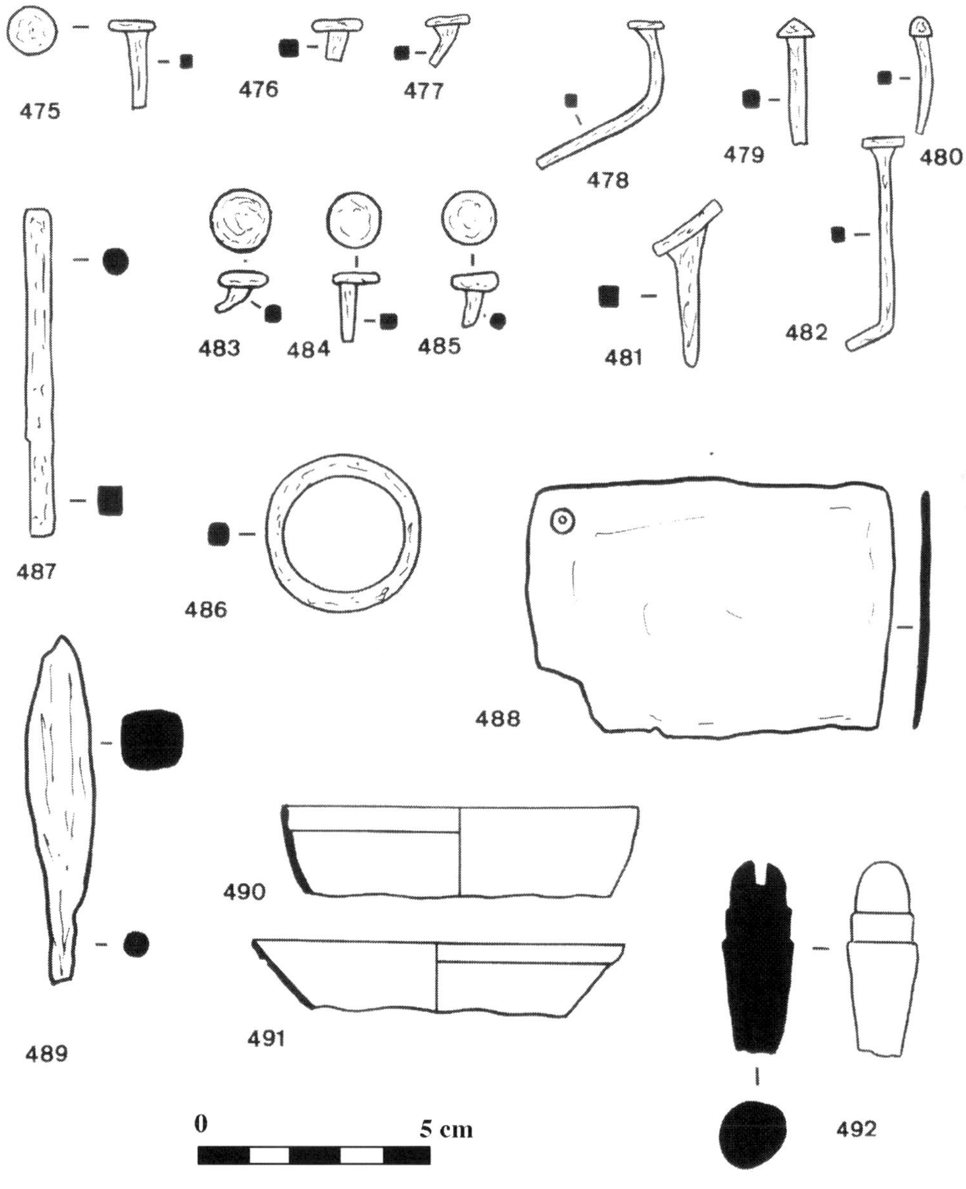
475
476
477
478
479
480
487
483
484
485
481
482
486
488
489
490
491
492
0
5 cm

Figure 50

Chronologie

Le matériel ne permet pas de définir avec exactitude l'époque de construction et de fonctionnement de l'édifice. Nous ne pouvons donner qu'une chronologie approximative et tenter d'établir une correspondance avec les couches stratigraphiques que nous avons établies sur le site de Bir 'Ali [14].

La "bâtisse antérieure"

Les céramiques n'y sont pas assez nombreuses pour être représentatives. Cependant, la présence sur le sol de la pièce 1a d'un type de jarre à lèvre ondulée, que l'on retrouve dans les couches datées des autres secteurs, permet de situer le bâtiment dans la période "moyenne" de l'existence du site.

L'ensemble des trouvailles monétaires de la pièce 1a et de la "cour" est également typique de la période "moyenne". Sur le sol de cette pièce, et dans la couche qui lui est associée, ainsi que sur les dalles du pavement en pierre de la "cour", ont été trouvées des monnaies ḥaḍrami parmi lesquelles prédomine le type 10 (voir *Catalogue des monnaies*, n° 209-223, 236-240), ainsi que des monnaies appartenant au type "*series with Bucranium*" qui sont généralement de petits modules en bronze (voir *Catalogue des monnaies*, n° 224-235, 241-246). La période de fonctionnement des pièces de la "bâtisse antérieure" correspond donc à la période de circulation de ces monnaies sur le territoire de l'Ḥaḍramawt. Nous avons toutes les raisons de classer ces monnaies, frappées à la manière sabéenne, dans le monnayage ḥimyarite émis après la fondation de l'empire ḥimyarite [15]. Pour autant que nous le sachions, et à en juger par la mention de Ḥaḍramawt dans le long chapelet de titres des rois ḥimyarites, le territoire de l'ancien royaume et Qāni', son port principal, existaient sous les Ḥimyarites (c'est seulement à cette époque que les monnaies ḥimyarites circulaient librement en Ḥaḍramawt), mais pas avant la dernière décennie du IIIe siècle ap. J.-C. Ils appartenaient aussi aux Ḥimyarites au IVe siècle ap. J.-C. [16]. Tout ceci coïncide parfaitement avec le cadre temporel de la période "moyenne" (*BA-III*).

Il semble que la "bâtisse antérieure" ait été en usage au IVe siècle ap. J.-C., comme le montrent les analogies que l'on peut établir avec des exemples de la fin de l'époque parthe ou du début de la période sassanide, qu'il s'agisse de la moulure anthropomorphe sur l'anse d'un récipient glaçuré [17], ou d'un fragment de "*Fine Orange Painted Ware*" [18], ou encore la paléographie de l'inscription grecque [19].

---

14. Pour une étude détaillée de la stratigraphie du site, voir dans ce volume : A.V. SEDOV, « Stratigraphie et datation du site de Bir 'Alī, ancienne Qāni' ».
15. Pour une étude détaillée, voir A.V. SEDOV, « Coins from the site of Bir 'Alī, ancient Qāni' », dans ce volume.
16. Cf. W.W. MÜLLER, 1984, « Survey of the History of the Arabian Peninsula from the First Century A.D. to the Rise of Islam », *in Studies in the History of Arabia*, Volume II : *Pre-Islamic Arabia*, Riyad, p. 127 ; Chr.J. ROBIN, 1991, « Cités, royaumes et empires de l'Arabie avant l'Islam », *in L'Arabie antique de Karib'îl a Mahomet, Nouvelles données sur l'histoire des Arabes grâce aux inscriptions*, Aix-en-Provence, p. 53.
17. Cf. VENCO RICCIARDI, « Sasanian pottery », p. 52, *supra* n. 5.
18. LAMBERG-KARLOVSKY, « Tepe Yahya », p. 89-91, *supra* n. 3 ; WHITEHOUSE & WILLIAMSON, « Sasanian Maritime Trade », *supra* n. 3, p. 38, fig. 5-6 ; DE CARDI, « Archaeological Survey in Northern Oman », *supra*

Les trouvailles monétaires permettent de préciser l'époque de construction de la "bâtisse antérieure". Dans la couche située sous le sol de la pièce 1a, formée avant ou lors de la construction de l'édifice, on n'a découvert que des monnaies ḥaḍrami de différents types, dont quinze, découvertes ensemble, composaient, probablement un petit trésor (voir *Catalogue des monnaies*, n° 186-208 ; *monnaies du trésor*, n° 187-201). La plupart d'entre elles appartiennent aux types émis, selon nous, par les rois du Ḥaḍramawt au IIIe siècle ap. J.-C. [20].

La tentation d'attribuer une signification chronologique à cette différence dans la composition des trouvailles monétaires, issues de deux couches successives, est séduisante, mais ne résiste pas à l'analyse. La couche d'où proviennent les monnaies ḥaḍrami a une épaisseur de quelques centimètres seulement et contient du sable pur. Elle est totalement dépourvue d'inclusions organiques. De même, on ne trouve aucun élément de constructions ou de débris de chantier qui dateraient du temps de la construction. Il est probable que cette couche ait été créée par le sable qui s'est infiltré sous le sol et sous le dallage de la pièce 1a dès le début de l'occupation du bâtiment : elle serait donc contemporaine de la construction de l'édifice. Dans ce cas, on peut interpréter les monnaies trouvées sous le sol de la pièce, et en premier lieu le groupe des quinze monnaies, comme un trésor protégé. Si ce dernier correspond à l'invasion ḥimyarite, celle-ci pourrait apporter un *terminus ad quem* à la date de construction de la "bâtisse antérieure".

On peut donc affirmer que la "bâtisse antérieure", édifiée au IIIe siècle ap. J.-C., et plutôt dans la seconde moitié de ce siècle, existait encore au IVe siècle ap. J.-C.

La "bâtisse postérieure"

La paléographie de l'inscription grecque donne aussi une idée de la date de reconstruction des différentes parties de la "bâtisse postérieure" dans un complexe plus tardif, vers la fin du IVe-début du Ve siècle ap. J.-C.

La "bâtisse postérieure" a eu une existence assez longue. On a découvert, au milieu des ruines, des fragments d'amphores côtelées, type de conteneurs caractéristiques de la fin de la période "postérieure" du site de Bir 'Ali. Les trouvailles monétaires présentent la même association de bronzes ḥaḍrami et ḥimyarites que celles de l'édifice antérieur (voir *Catalogue des monnaies*, n° 247-426).

Le bâtiment fut détruit par un incendie qui entraîna, de toute évidence, l'abandon du site. L'analyse C14 d'un échantillon de charbon prélevé dans la couche de destruction du bâtiment, donne la date approximative de 587±150 ap. J.-C. [21].

---

n. 3, p. 57-58, fig. 9, 40-65 ; MOUTON, *La péninsule d'Oman, supra* n. 4 ; LECOMTE, « Ed-Dur », *supra* n. 4, p. 195-217, fig. 12, 1-4.

19. Cf. YU.A. VINOGRADOV, 1989, *VDI* 2, p. 164 ; G.W. BOWERSOCK, 1993, « The New Greek Inscription from South Yemen » *in* J.S. Langdon *et al.* (eds), το Ελληνικον*: Studies in Honour ofSperos Vrynos, Jr.*, Vol. I, p. 4.
20. Cf. A.V. SEDOV & 'U. 'AYDARUS, 1995, « The Coinage of Ancient Hadramawt : the Pre-Islamic Coins in the al-Mukallâ Museum », *AAE*, 6/1, p. 47-51.
21. La date n'est pas calibrée. L'analyse a été faite à l'Institut d'Histoire de la culture matérielle de l'Académie Russe des Sciences (St.-Pétersbourg).

Destination de l'édifice

Les éléments permettant d'identifier la fonction de l'édifice découvert dans le secteur 3, sont plus nombreux que ceux qui permettent de dater sa construction et de déterminer sa durée de fonctionnement.

L'emplacement du bâtiment – en-dehors des frontières du bourg – est important : les recherches que nous avons menées dans le Wādī Ḥaḍramawt nous ont appris que les édifices isolés découverts à proximité d'un bourg sont presque systématiquement des sanctuaires ou des temples *extra muros* : ils complètent généralement les sanctuaires ou temples *intra muros* et, de plus, font office de temples sur le territoire de la nécropole.

L'inscription grecque trouvée parmi les fragments de plâtre de la pièce 1a de la "bâtisse antérieure" fournit une indication précieuse sur la fonction du bâtiment. D'après Yu.G. Vinogradov, ce *graffito* appartenait à « une inscription-prière (ex-voto ?), déposée dans le sanctuaire par un négociant appelé Kosmas (?) pour le succès de son voyage d'affaires ». Selon lui, l'expression ὁ ἅγιος τόπος, à la seconde ligne de l'inscription, désigne un sanctuaire chrétien portant le nom du saint, malheureusement inconnu, à qui était dédiée l'église [22]. G.W. Bowersock s'est élevé contre cette interprétation, en montrant par de nombreux témoignages que l'expression ὁ ἅγιος τόπος sert beaucoup plus souvent à désigner une synagogue. Le rapprochement de cette expression avec la formule εἷς θεὸς, au début du texte, l'amena à la conclusion suivante : « the weight of probability shifts, therefore, from a Christian to a Jewish context for the new Yemeni text » [23].

Cette interprétation, très séduisante, est confirmée par l'étude architecturale et planimétrique, et par un certain nombre de trouvailles.

La "bâtisse antérieure"

Bien que nous n'ayons retrouvé qu'une petite partie de l'édifice primitif, son plan nous paraît très proche de celui des synagogues du type dit "de transition". Ce type de synagogues, ou "*House of Assembly*", est fondamentalement un *Breithausbau,* c'est-à-dire un édifice ayant un "*broadhouse plan*". L'entrée est située sur le petit côté : elle comporte habituellement trois portes symétriques, mais dans certain cas, comme le nôtre, il n'en existe qu'une. Le lieu où sont déposés les rouleaux de la torah se trouve sur l'un des longs côtés [24]. Le plus célèbre édifice de ce type est la synagogue de Doura Europos [25]. Des édifices similaires ont été retrouvés en Palestine, à Eshtemoa et à Khirbet Shema' [26].

---

22. VINOGRADOV, *VDI*, p. 164-65, *supra* n. 19 ; voir aussi dans ce volume.
23. BOWERSOCK, « The New Greek Inscription », p. 5, *supra* n. 19 ; voir aussi dans ce volume.
24. Sur ce type de synagogues voir H. SHANKS, 1979, *Judaism in Stone. The Archaeology of Ancient Synagogues*, Harper & Row-Biblical Archaeology Society, p. 50-51 ; L.I. LEVINE, 1993, « Synagogues », *in The New Encyclopedia of Archaeological Excavations in the Holy Land*, Volume 4, E. Stern, A. Lewinson-Gilboa & J. Aviram (eds), Jerusalem, p. 1422.
25. C.H. KRAELING, 1956, « The Synagogue », *in The Excavations at Dura-Europos Conducted by Yale University anf the French Academy of Inscriptions and Letters,* Final Report VIII, Part I, R. Bellinger, F.E. Brown, A. Perkins, & C.B. Welles eds., New Haven, p. 14-25.
26. E.M. MEYERS, 1993, « Shema', Khirbet », *in The New Encyclopedia of Archaeological Excavations in the Holy Land*, Volume 4, E. Stern, A. Lewinson-Gilboa & J. Aviram (eds), Jerusalem, p. 1359-1361.

Il est clair qu'un bâtiment construit sur la côte sud de la péninsule arabique, et destiné aux rassemblements d'une petite communauté judaïque, ne saurait coïncider en tous points avec des édifices de Syrie ou de Palestine. La ressemblance générale du plan est malgré tout évidente (voir *fig. 38)*. Nous n'avons malheureusement pas pu retrouver le saint des saints de la synagogue – la niche dans laquelle étaient déposés les rouleaux de la torah. Il faut rappeler que la première synagogue a subi d'importants réaménagements, quand tous les murs de l'édifice primitif furent réutilisés pour les murs postérieurs. Nous serions tentés de supposer que la niche où étaient conservés les rouleaux de la torah, se trouvait dans le mur nord-ouest de la "bâtisse antérieure", là où, dans l'édifice postérieur, on aménagea un passage étroit menant à la pièce à abside (pièce 6).

Les synagogues du type "de transition" sont datées des IIIe-IVe siècles ap. J.-C. [27], ce qui correspond à la chronologie que nous proposons pour la "bâtisse antérieure".

La "bâtisse postérieure"

Rien ne suggère que l'édifice ait changé de fonction après sa reconstruction, bien au contraire. À l'occasion de cette reconstruction, les dimensions de la synagogue furent considérablement agrandies, ce qui explique pourquoi le plan fut modifié. Dans la classification actuelle des synagogues, il renvoie au type dit "postérieur (basilical)" ou "tracé absidal" [28]. Pour autant que l'on puisse en juger, il s'agit là de l'un des types les plus répandus de synagogues, qui semble s'inspirer, à l'origine, des basiliques chrétiennes. Ses caractéristiques essentielles sont la division de l'espace intérieur par des colonnes et la présence d'une abside sur l'un des petits côtés. Une niche, ou une pièce spéciale, était aménagée dans l'abside, conservant le saint des saints de la synagogue : un coffret de rouleaux de la torah ("*Torah shrine*"). D'excellents exemples de synagogues à absides sont fournis par une série de bâtiments à Beth Alpha [29], Na'aran [30], Ma'on (Nirim) [31], Aegina [32], Gaza [33], Ḥammat Gader, etc., dont le sol est recouvert de très belles mosaïques. Souvent, l'abside était de plan non pas semi-circulaire, mais rectangulaire, comme, par exemple, à Priène [34], Gerasa ou En Gedi [35].

Bien que la "bâtisse postérieure" possède beaucoup de traits communs avec les synagogues à abside, elle présente un certain nombre de particularités. Son entrée se trouve sur le côté sud-est, sous la forme d'un vestibule (*narthex*), non loin duquel est aménagée une pièce avec un réservoir d'eau pour les ablutions avant la prière. Des murs de pierre, et non des rangées de

27. SHANKS, *Judaism in Stone*, p. 51 ; cf. LEVINE, « Synagogues », p. 1422-1423.
28. SHANKS, *Judaism in Stone*, p. 51, 105-130 ; LEVINE, « Synagogues », p. 1422.
29. E.L. SUKENIK, 1932, *The Ancient Synagogue of Beth Alpha, An Acount of the Excavations Conducted on Behalf of the Hebrew University, Jerusalem*, Jerusalem-London (reprinted : Hildesheim-New York [1975]).
30. E.L. SUKENIK, 1949, « The Present State of Ancient Synagogue Studies », *Rabinowitz Bulletin* I, fig. 1 (Louis M. RABINOWITZ Fund for the Exploration of Ancient Synagogues).
31. S. LEVY & *al.*, 1960, « The Ancient Synagogue of Ma 'on (Nirim) », *Rabinowitz Bulletin* III, p. 19-24 (Louis M. RABINOWITZ Fund for the Exploration of Ancient Synagogues).
32. SHANKS, *Judaism in Stone*, p. 107.
33. A. OVADIAH, 1993, « Gaza », *in The New Encyclopedia of Archaeological Excavations in the Holy Land*, Volume 2, E. Stern, A. Lewinson-Gilboa & J. Aviram (eds), Jerusalem, p. 465-466.
34. E.L. SUKENIK, 1934, *Ancient Synagogues in Palestine and Greece*, London, p. 42-43 (reprinted : München [1980]).
35. Cf. LEVINE, « Synagogues », p. 1423.

colonnes comme dans les synagogues palestiniennes, divisent l'espace intérieur de l'édifice dans la nef centrale (pièce 5) ; deux petits autels se trouvent au nord-est et au sud-ouest de la pièce 3. L'abside rectangulaire est dans le prolongement de la nef centrale, marquant la direction de Jérusalem [36]. C'est probablement au fond de l'abside qu'était gardé le coffret renfermant les rouleaux de la torah, dans une pièce de petites dimensions, mais soigneusement aménagée. Cette pièce – ou, plutôt, cette niche – était dans le prolongement de la nef centrale, mais nettement isolée par un seuil très élevé et un passage extrêmement étroit. La dalle en pierre brisée que l'on a trouvée sur le sol de la salle centrale (*cat.* 463, p. 112) servait probablement à fermer le passage. Cette dalle en albâtre présente une cavité centrale minutieusement polie et ressemble tout à fait au chancel dont on retrouve souvent les fragments dans les synagogues palestiniennes. Dans celles-ci, le décor est caractéristique : couronnes, chandelier à sept branches (*menorah*), cep de vigne avec feuilles et grappes [37].

Parmi les trouvailles de la partie sud-ouest de la pièce 3, nous avons mentionné (*supra*) les restes d'un objet en bois, assez massif, mais entièrement calciné. Cet objet était renforcé d'une multitude de petits clous en bronze. Des plaques d'incrustation en ardoise servaient sans doute au décor et l'objet lui-même pouvait être recouvert d'un tissu. Il ne s'agit bien sûr que d'une hypothèse, mais il est extrêmement tentant d'interpréter ces fragments comme ceux du coffret en bois qui renfermait les rouleaux de la torah (*Torah shrine*), jeté et brûlé lors de la destruction (et du pillage ?) du bâtiment.

Les autres trouvailles pourraient correspondre à des objets rituels, tels les fragments en bronze trouvés dans la pièce 3 (*cat.* 469-472, p. 115) appartenant probablement au chandelier à sept branches ou *menorah*.

---

36. Dans notre cas, c'est le nord-nord-ouest. Cette constance dans l'orientation est une des principales caractéristiques de ce type de synagogues, voir SUKENIK, *Ancient Synagogues*, p. 50-52 ; SHANKS, *Judaism in Stone*, p. 106 ; LEVINE, « Synagogues », p. 1424.
37. Voir, par exemple, SHANKS, *Judaism in Stone*, p. 115.

V

LES FOUILLES DU SECTEUR 4

Le secteur 4 est situé à 25-30 m à l'ouest du pied de Ḥuṣn al-Ġurāb. Avant le début des fouilles, le site présentait une surface pratiquement plane, d'où s'élevaient les vestiges des murs d'un bâtiment sur une hauteur de 0,15-0,1 m. Lors du ramassage du matériel de surface et lors du déblaiement de la couche superficielle de sable alluvial, nous y avons trouvé plus d'une cinquantaine de monnaies en bronze.

Le bâtiment a été entièrement mis au jour (*pl. 73*) et toutes les façades dégagées. Dans l'une des pièces, on a démontré par un sondage qu'il n'y avait pas de bâtiment antérieur au-dessous des fondations de l'édifice. Pourtant, certaines trouvailles provenant du sondage et des couches situées sous le sol des pièces (anses bifides d'amphores, quelques spécimens de grands vases, etc.) attestent de l'existence d'une couche d'occupation insignifiante, mais plus ancienne.

Description du bâtiment

Le bâtiment présente un ensemble de trois pièces (pièces 1, 2 et 4), un corridor (pièce 3), un vestibule (pièce 5) et une pièce qui servait probablement au service (pièce 6 ; *fig. 51-54*). Le corridor (pièce 3) relie deux pièces adjacentes, les pièces 1 et 2. On y accédait par l'entrée principale – large de 1,8 m – située à l'angle nord-est du bâtiment, *via* un vestibule (pièce 5) qui donnait sur le corridor par une baie aménagée. Outre l'entrée principale, il existait une autre entrée permettant d'accéder à la pièce 4 qui ne semble pas communiquer avec les autres pièces du bâtiment.

L'édifice occupe une surface de près de 150 m^2. Les murs sont faits de blocs de basalte assemblés sur des lits de terre. L'appareil est à deux parements, et comporte des assises irrégulières (*fig. 55-56*). Le bourrage est constitué de moellons et de chaux. À l'intérieur, les murs sont enduits de chaux.

Pièce 1. Dim. : 2,5-2,6 x 4 m. Elle est située dans l'angle sud-ouest du bâtiment. Hauteur conservée des murs : 1,64 m. Épaisseur des murs 8 et 9 : 0,75-0,85 m. Le remplissage de la pièce est constitué d'éboulis, de sable, de morceaux d'enduit de murs en chaux, d'os et d'autres restes organiques. Le sol est une couche nivelée et tassée constituée de sable, de galets et de gros cailloux, enduite de ciment de chaux sur une épaisseur de 5 cm. Ce sol est conservé sur toute sa surface, excepté aux endroits où il a été détérioré par de grosses pierres tombées des murs. Au-dessous, on retrouve le sol vierge formé d'un sable homogène tassé. Les trous de détérioration dans le sol de la pièce ont des contours irréguliers ; leur profondeur ne dépasse pas 0,15-0,2 m. La pièce 1 est reliée au corridor par un passage aménagé dans le mur 11, large de 0,8 m, et situé dans l'angle est de la pièce. Son seuil en pierre mesure 0,15 m de haut.

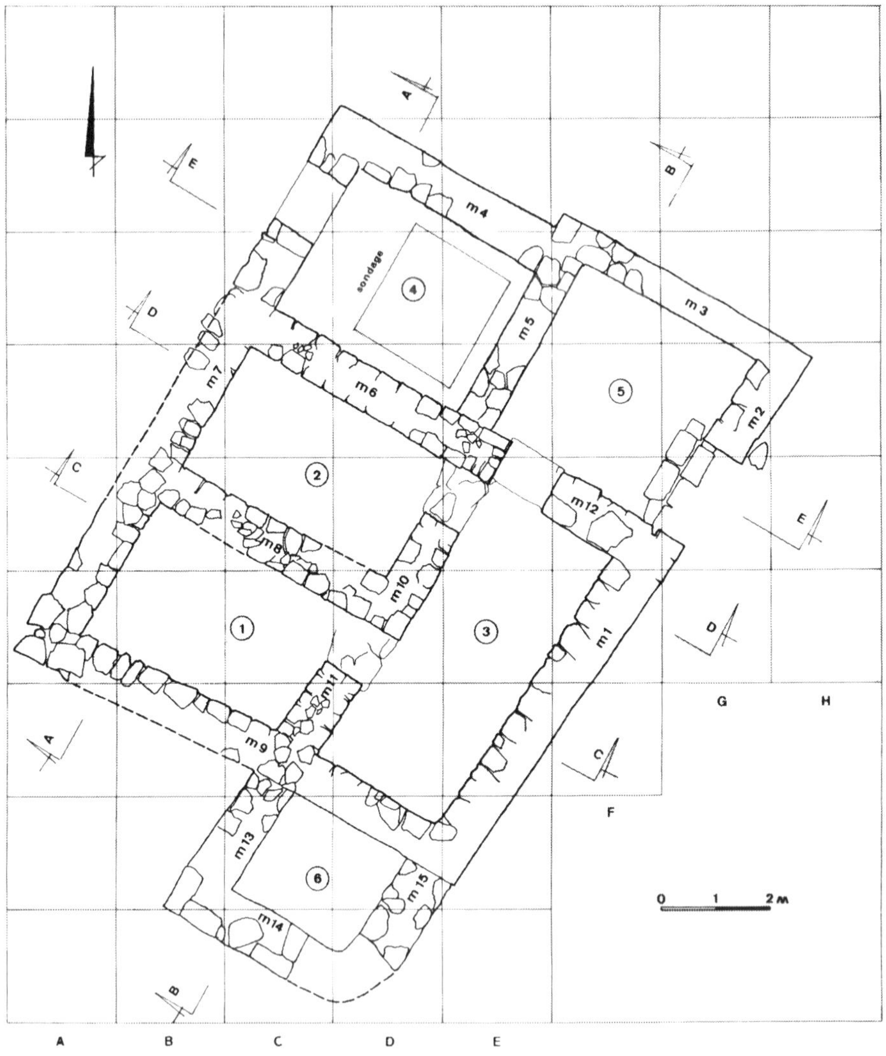
sondage
1
2
3
4
5
6
m1
m2
m3
m4
m5
m6
m7
m8
m9
m10
m11
m12
m13
m14
m15
0 1 2 m
A
B
C
D
E
F
G
H
1
2
3
4
5
6
7
8
9

Figure 51

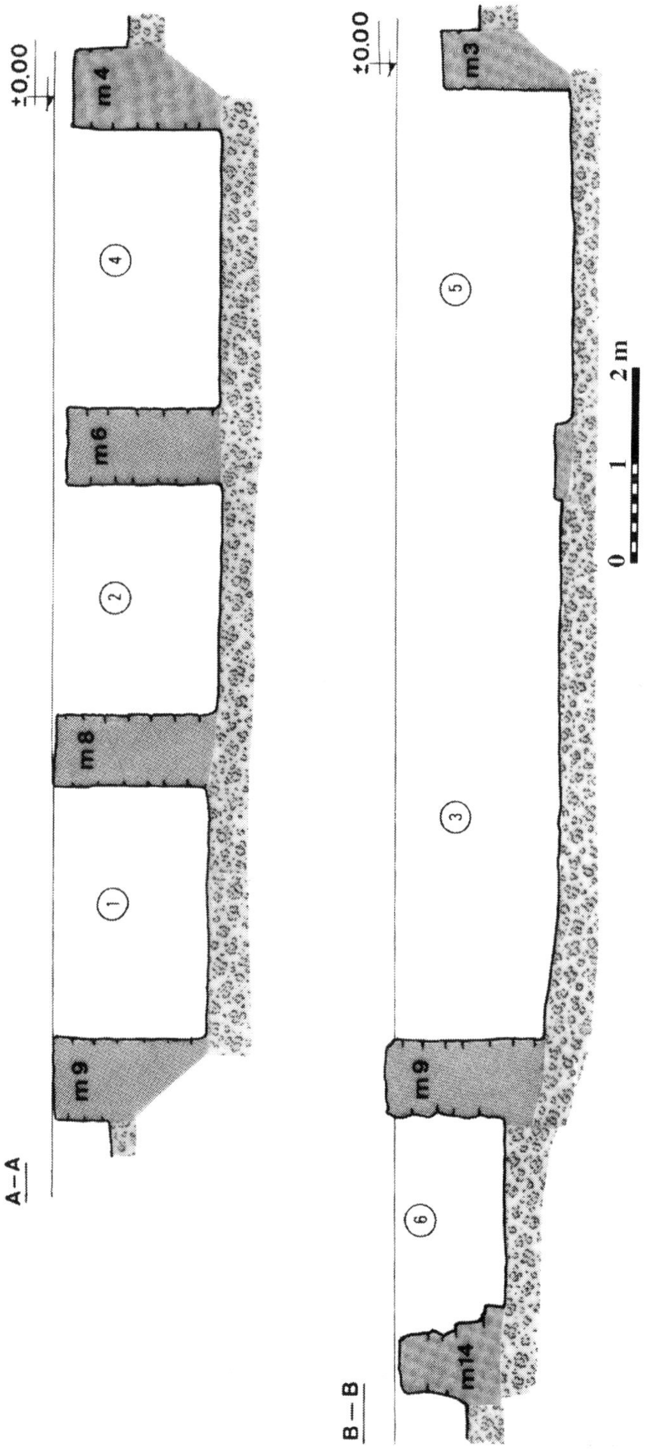

Figure 52

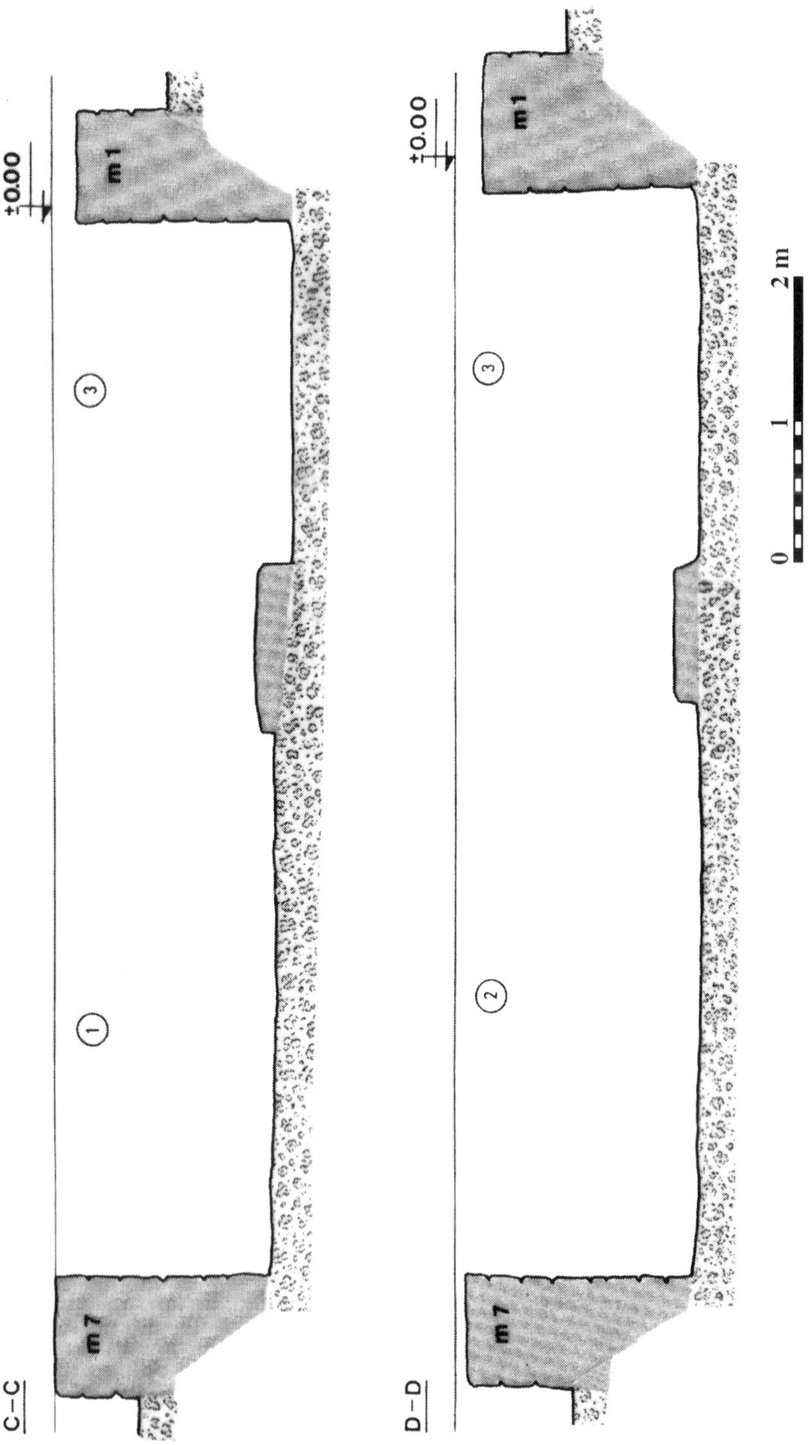

Figure 53

Pièce 2. Elle est voisine de la pièce 1. Dimensions : 4,45 x 2,4 m. Hauteur conservée des murs : jusqu'à 1,8 m. Épaisseur des murs 6 et 10 : 0,7-0,9 m. Largeur du passage ouvrant sur le corridor (aménagé dans le mur 10) : 0,9 m. Le sol et les murs de la pièce sont badigeonnés d'un enduit de chaux de 7 cm d'épaisseur. Par son apparence, par les matériaux du remplissage et du sol, la pièce 2 est tout à fait identique à la pièce 1.

Parmi les trouvailles dans les pièces 1 et 2, il faut mentionner des fragments de râpes à blé, des mortiers, des calandres et des râpes en pierre, ainsi que de nombreux objets en bronze (clous, hameçons, cuillère à fard, aiguilles, etc.), en fer (couteaux, clous, crochets), des colliers en verre et en cornaline et d'autres objets usuels (*cat.* 551-583, p. 145 et 147).

La céramique est caractéristique des types et des fabriques de la couche "moyenne" du site : amphores, vaisselle de table et de cuisine, grands vases de type sud-arabique, récipients à parois épaisses servant à conserver les aliments. Les lampes, mais aussi les terrines et les bols à lèvre ondulée, sont typiques de cette couche.

Pièce 3. Dim. : 5,9 x 2,5 m. C'est le corridor sur lequel donnent les portes des pièces 1 et 2. Il ouvre sur le vestibule (pièce 5) par une baie aménagée dans le mur 12 ; largeur de la baie : 1 m. Toutes les ouvertures possèdent des seuils en pierre. L'épaisseur des murs 1,9 et 12 est de 0,75-0,9 m. Le sol est moins bien conservé que dans les pièces. Il était pourtant, comme les murs, enduit d'un ciment de chaux. Le remplissage du sol, dont l'épaisseur est de 1,76 m, est identique à ceux des pièces 1 et 2, mais la couche d'occupation est beaucoup plus riche.

Pièce 4. Dim. : 3,9 x 2,85 m. Elle est située sur le même axe que les pièces 1 et 2. L'un de ses murs communique avec la pièce 2 (mur 6) ; un autre avec la pièce 5 (mur 5). L'entrée de la pièce, qui mesure 1,1 m de large, est ouverte dans le mur 7. Hauteur conservée des murs : 1,5 m. L'épaisseur de l'enduit qui recouvre le sol et les murs peut atteindre jusqu'à 6 cm. Le remplissage est différent de celui des autres pièces : il est principalement constitué de sable alluvial. Le matériel associé à la pièce est assez pauvre.

Pièce 5. Elle servait probablement de vestibule ; de là, le visiteur pouvait atteindre le corridor 3. Son plan est presque carré. Dimensions : 3,5 x 3,5 m. Dans l'angle sud-est, nous avons dégagé une baie qui constitue l'entrée principale du bâtiment, large de 1,8 m. De l'extérieur, on accédait au vestibule par un escalier fait de grands blocs de pierre (dimensions : 0,45 x 0,35 m). Deux rangées de marches (hauteur : 0,3 m) sont conservées. La rangée inférieure est constituée de deux dalles de pierre ; la rangée supérieure d'une seule. Elles sont cimentées d'argile et enduites de chaux, de même que le sol et les murs. Par la présence d'une rainure pratiquée dans le mur, de 8-10 cm de large, et par la découverte de nombreux clous dans le remplissage du passage (*cat.* 584-589, p. 148), sur les marches et sur le sol de la pièce 5, on peut supposer qu'il y avait un vantail en bois muni d'une serrure. La rainure contenait aussi des résidus de bois putréfié.

Près de l'entrée de la pièce 5, 0,5 m plus bas que la surface actuelle, gisait la partie inférieure d'une amphore à pâte rouge, qui devait probablement être plantée en terre (foyer ?).

Pièce 6. Dim. : 2,2 x 2 m. C'est la pièce la plus au sud. C'était probablement une pièce de service. La couche d'occupation, dont l'épaisseur atteint 1,1 m, est constituée d'un remplissage homogène, identique à celui des autres pièces, mais moins riche en matériel. Les murs 13, 14 et 15 sont mal conservés ; il y manque de nombreuses pierres (*fig. 56*). Aucune entrée n'a pu être repérée. Dans la céramique, mentionnons une coupe originale à bord ondulé, qui n'a pas d'équivalent dans

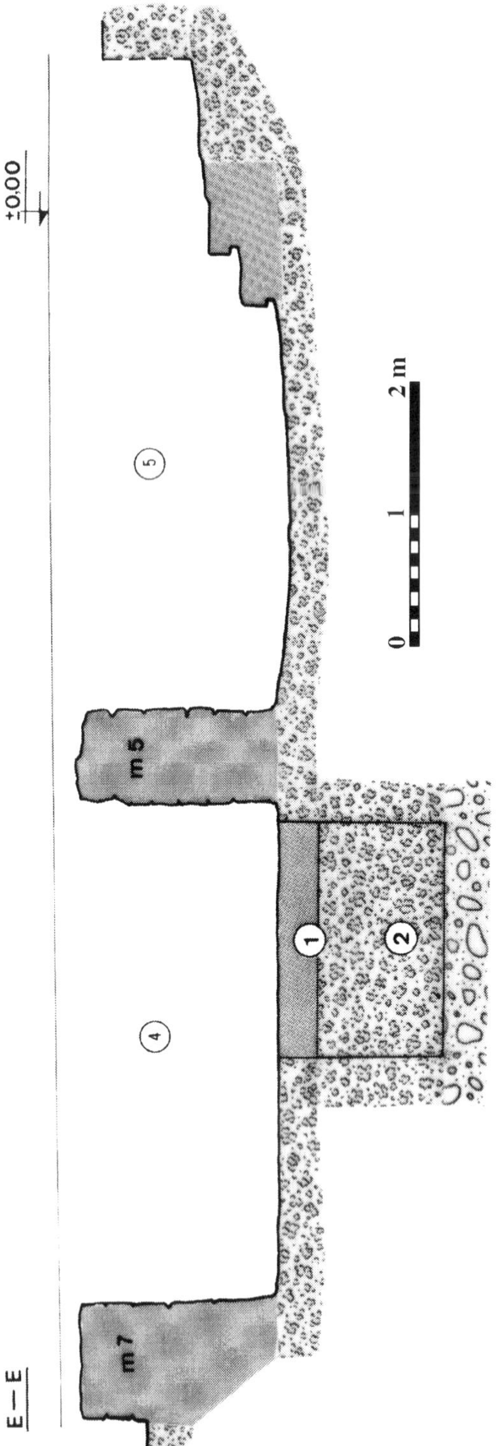

Figure 54

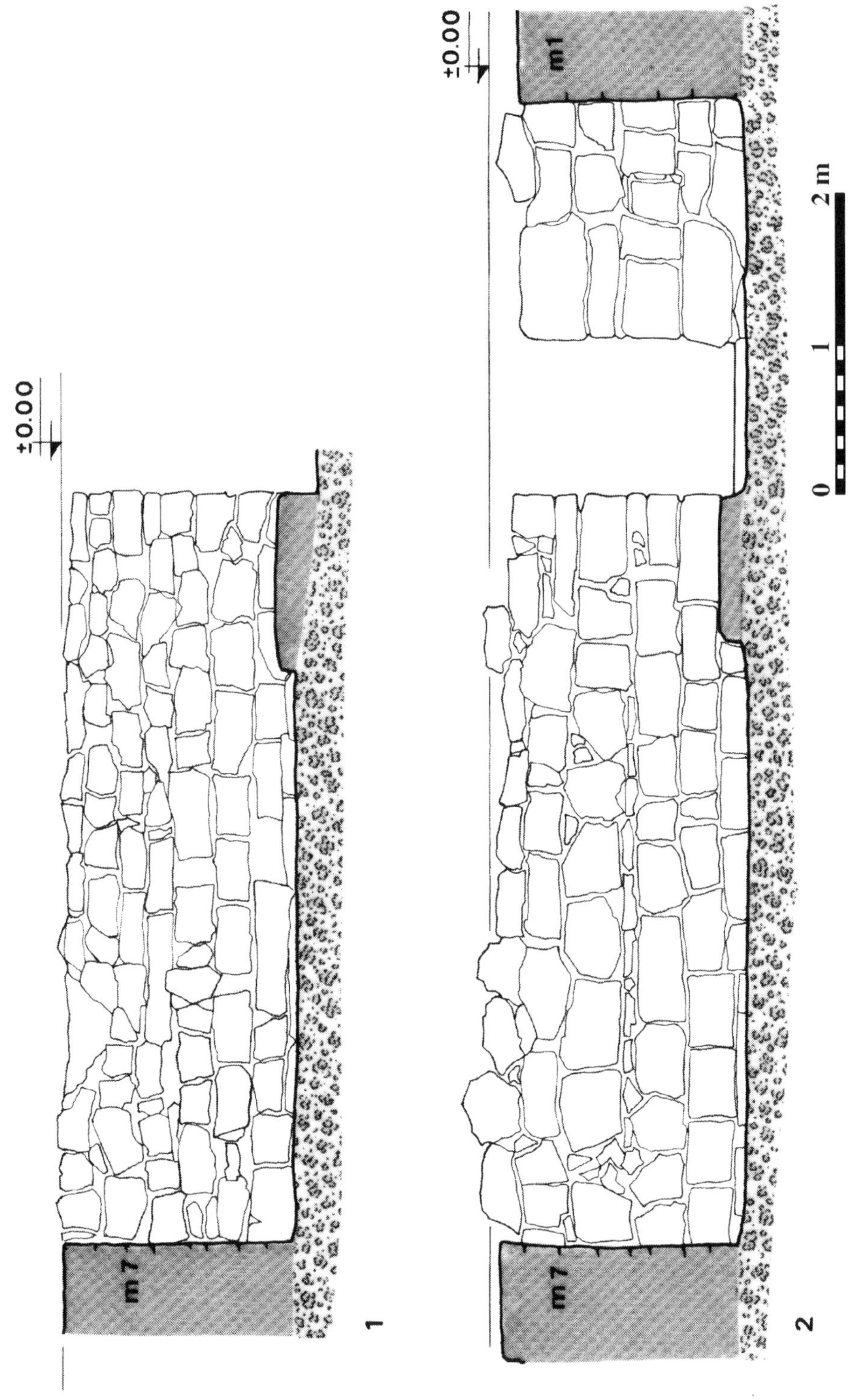

Figure 55

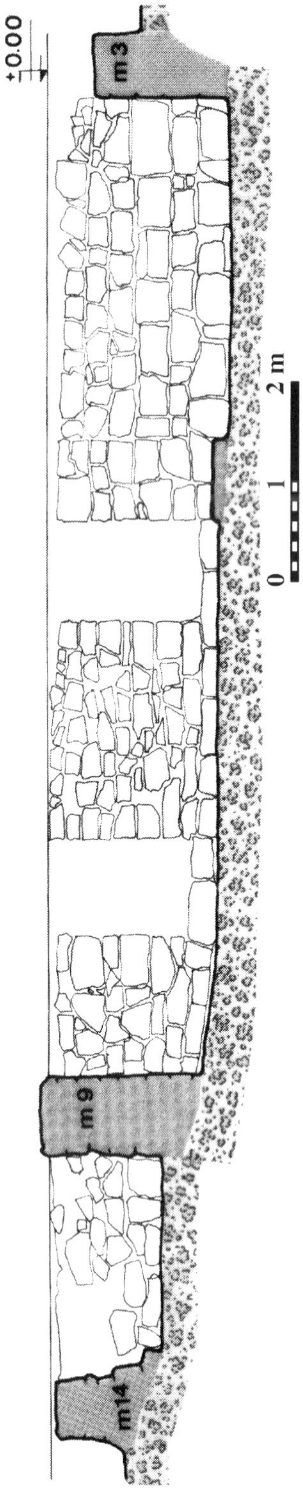

Figure 56

les autres secteurs du site (*cat.* 517, p. 139), ainsi qu'une coupe peinte typique de la couche "moyenne" du site.

Le sondage dans la pièce 4

Nous avons procédé à un sondage de 2,4 x 2,2 m, dont les résultats sont les suivants (*fig. 54*) :

Niveau 1. Au-dessous du sol de la pièce se trouve la couche d'occupation, riche en cendres, céramique, monnaies, etc., épaisse de près de 0,25 m.

Niveau 2. Cette couche, composée de sable pur stérile, a été trouvée à 1 m de profondeur ; au-dessous se trouve la nappe phréatique.

Le niveau 1 révèle des céramiques caractéristiques du début de notre ère (*cat.* 528-550, p. 141 et 143) : on trouve ainsi de nombreuses anses d'amphores bifides, des fragments d'amphores à pâte grise à fond pointu, de grands vases à pâte verdâtre de type sud-arabique, etc. Notons également la présence de nombreuses monnaies de grand module, contrairement à la couche supérieure, où la plupart des monnaies sont de petit ou de moyen module (voir *Catalogue des monnaies,* n° 432-434, 441, 442, 445). Tout ce matériel renvoie à une date plus ancienne que la période d'utilisation du bâtiment.

La céramique

La fonction du bâtiment est une question fort intéressante : à en juger par les trouvailles, elle semble avoir été de nature commerciale.

Le tableau suivant donne l'analyse statistique de l'ensemble des pièces :

Tableau 1

désignation	**nombre de fragments**	**%**
amphores	2863	32,3
céramique à parois épaisses	2862	32,3
céramique de cuisine	2014	22,7
céramique de table à pâte rouge et grise	813	9,3
céramique glaçurée	215	2,4
céramique modelée	29	0,3
lampes	62	0,2
total	8858	100

On trouvera, ci-dessous, l'analyse statistique de la céramique selon les pièces :

Tableau 2 (céramiques des pièces 1 et 2)

désignation	**nombre de fragments**	%
amphores	559	33,2
céramique à parois épaisses	369	21,9
céramique de cuisine	395	23,4
céramique de table à pâte rouge et grise	234	13,9
céramique glaçurée	69	4,1
céramique modelée	19	1,1
lampes	40	2,4
total	1685	100

Tableau 3 (céramiques de la pièce 3)

désignation	**nombre de fragments**	%
amphores	1195	30,2
céramique à parois épaisses	1361	34,3
céramique de cuisine	905	22,8
céramique de table à pâte rouge et grise	385	9,7
céramique glaçurée	110	2,8
céramique modelée	8	0,2
total	3964	100

Tableau 4 (céramiques de la pièce 4)

désignation	**nombre de fragments**	%
amphores	270	45,2
céramique à parois épaisses	14	17,4
céramique de cuisine	147	24,6
céramique de table à pâte rouge et grise	61	10,2
céramique glaçurée	14	2,3
céramique modelée	2	0,3
total	598	100

Tableau 5 (céramiques de la pièce 5)

désignation	**nombre de fragments**	%
amphores	775	31,8
céramique à parois épaisses	1014	41,6
céramique de cuisine	519	21,3
céramique de table à pâte rouge et grise	108	4,4
lampes	22	0,9
total	2438	100

Tableau 6 (céramiques de la pièce 6)

désignation	**nombre de fragments**	%
amphores	64	37
céramique à parois épaisses	14	8,1
céramique de cuisine	48	27,7
céramique de table à pâte rouge et grise	25	14,5
céramique glaçurée	22	12,7
total	173	100

Le fait marquant est la grande quantité de récipients servant à conserver les vivres (64,6%). La plupart des fragments de conteneurs ont été découverts dans les pièces 3 et 5. Les conteneurs prédominent également dans les pièces 1 et 2. La présence d'un grand nombre de monnaies (voir *Catalogue des monnaies*, n° 379-342) et de récipients servant à conserver les vivres peut suggérer que ce bâtiment avait une fonction commerciale.

Datation du bâtiment

La construction du bâtiment et sa période de fonctionnement s'inscrivent dans une période s'étendant de la deuxième moitié du IIe au IVe siècle ap. J.-C. La céramique découverte dans le remplissage des pièces est caractéristique de cette période. Le matériel d'époque tardive – VIe-début VIIe siècle – est pratiquement absent, à l'exception de plusieurs parois d'amphores côtelées. Après le Ve siècle ap. J.-C., le bâtiment est détruit et brûlé ; il ne sera plus habité. Comme l'attestent les découvertes faites dans le sondage de la pièce 4, ce bâtiment recouvre une couche d'occupation antérieure sans traces de constructions.

Catalogue

493. Amphora, fragment of rim: compact brown paste, bitumen coating on the interior; diam.: 16 cm. *Kana-88/IV-8* (*fig. 57*).

494. Amphora, fragment of rim: compact brown paste with quartz inclusions; diam.: 13 cm. *Kana-88/IV-28* (*fig. 57*).

495. Amphora, fragment of upper part: light red compact sandy paste; diam.: 9 cm. *Kana-88/IV-18* (*fig. 57*).

496. Amphora, fragment of upper part: light red compact sandy paste; diam.: 10 cm. *Kana-88/IV-81* (*fig. 57*).

497. Amphora, fragment of upper part: light red compact paste with mica, white and black inclusions; diam.: 9 cm. *Kana-88/IV-82* (*fig. 57*).

498. Amphora, fragment of upper part: dark red compact paste with alluvium sand; diam.: 9 cm. *Kana-88/IV-24* (*fig. 57*).

499. Amphora, fragment of base: compact light red paste, bitumen coating on the interior; diam.: 2 cm. *Kana-88/IV-12* (*fig. 57*).

500. Amphora, fragment of base: compact dark red paste; diam.: 7 cm. *Kana-88/IV-7* (*fig. 57*).

501. Jar, fragment of rim: compact red paste with black and white inclusions, black core; diam.: 14 cm. *Kana-88/IV-13* (*fig. 57*).

502. Jar, fragment of rim: compact red paste with black and white inclusions, black core; diam.: 15 cm. *Kana-88/IV-14* (*fig. 57*).

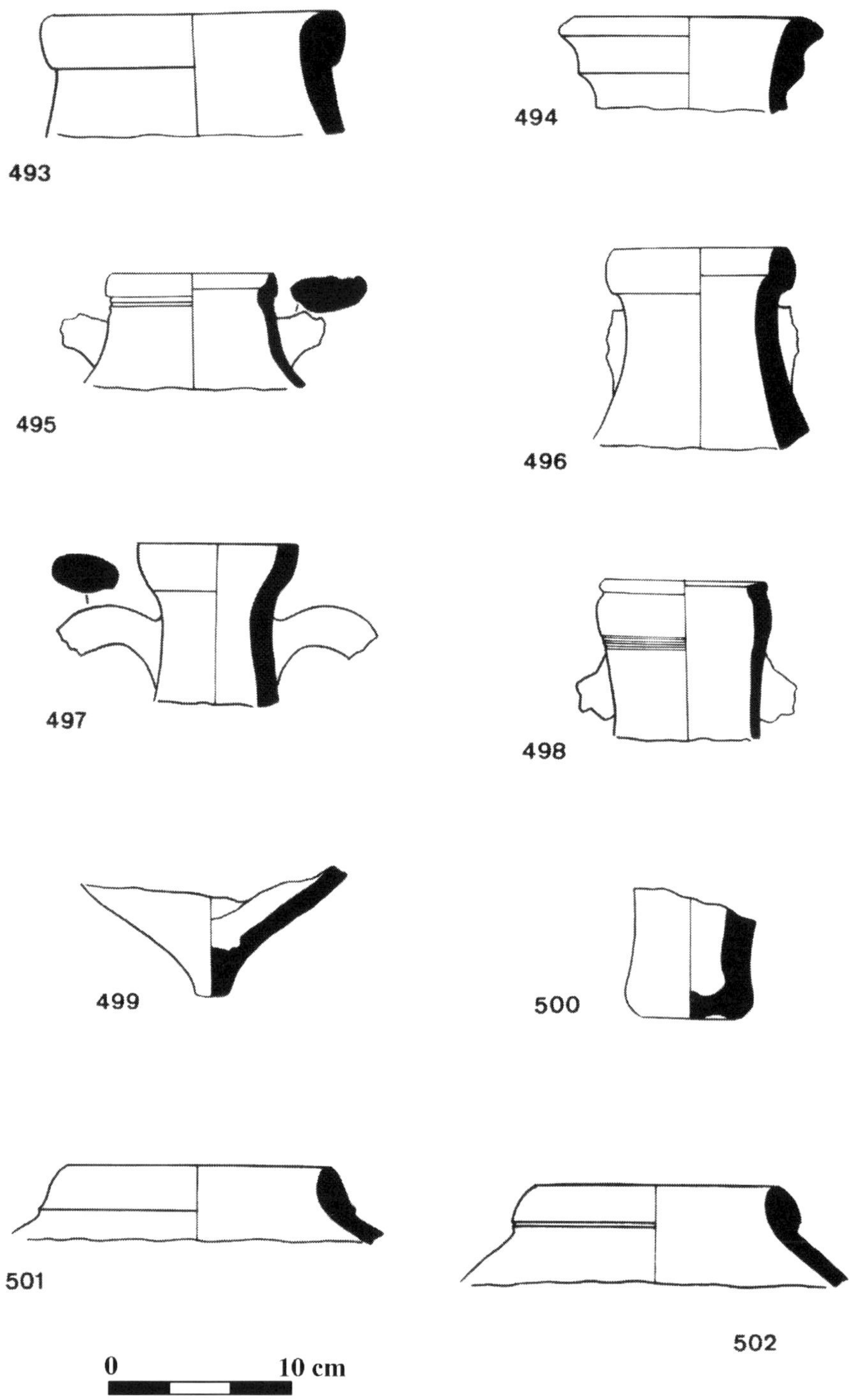
493
494
495
496
497
498
499
500
501
502
0
10 cm

Catalogue

503. Jar, fragment of rim: compact red paste with black and white inclusions, black core, traces of red slip and burnishing on both sides; diam.: 23 cm. *Kana-88/IV-2* (*fig. 58*).

504. Jar, fragment of rim: compact red paste with black and white inclusions, traces of red slip and burnishing on both sides; diam.: 18 cm. *Kana-88/IV-27* (*fig. 58*).

505. Jar, fragment of rim: compact red paste with black and white inclusions, black core, traces of red slip and burnishing on both sides; diam.: 20 cm. *Kana-88/IV-29* (*fig. 58*).

506. Jar, fragment of rim: compact red paste with black and white inclusions, black core, traces of red slip and burnishing on both sides; diam.: 20 cm. *Kana-88/IV-54* (*fig. 58*).

507. Jar, fragment of rim: very compact dark grey slightly sandy paste with white inclusions; diam.: 48 cm. *Kana-88/IV-3* (*fig. 58*).

508. Jar, fragment of rim: compact dark red paste with black inclusions; diam.: 30 cm. *Kana-88/IV-14* (*fig. 58*).

509. Jar, fragment of upper part: medium compact red paste, reddish brown slip and burnishing on the exterior and on the interior on top of the rim, soot on the exterior, handmade; diam.: 13 cm. *Kana-88/IV-26* (*fig. 58*).

510. Jar, fragment of upper part: medium compact red paste, horizontal incised line on the shoulders; diam.: 12 cm. *Kana-88/IV-98* (*fig. 58*).

511. Jar, fragment of rim: compact light red paste, traces of greenish glaze on both sides; diam.: 13 cm. *Kana-88/IV-74* (*fig. 58*).

512. Jar, fragment of upper part: compact red paste, dark red slip and burnishing on the exterior and on the interior on top of the rim, incised decoration on the shoulders; diam.: 9 cm. *Kana-88/IV-39* (*fig. 58*).

513. Jar, fragment of rim: very compact light red paste, traces of greenish glaze on both sides; diam.: 11 cm. *Kana-88/IV-97* (*fig. 58*).

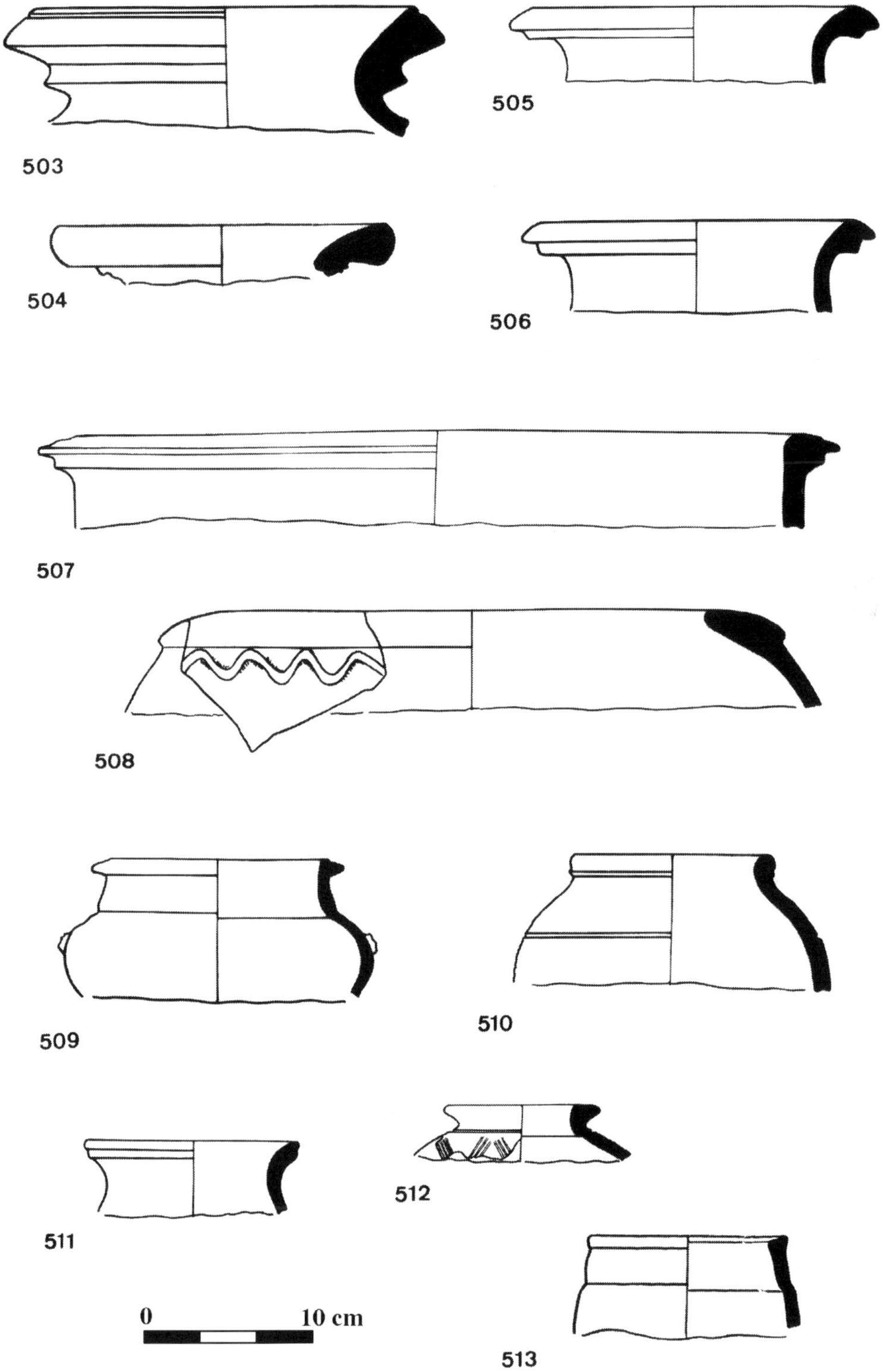

Figure 58

Catalogue

514. Plate, fragment of upper part: very compact light red paste, traces of greenish glaze on both sides; diam.: 20 cm. *Kana-88/IV-96* (*fig. 59*).

515. Plate, complete vessel: very compact light red paste, traces of greenish glaze on both sides, concentric incised lines on bottom on the exterior; diam. of the rim: 16 cm, diam. of the base: 6.5 cm, height: 6.7 cm. *Kana-88/IV-75* (*fig. 59*).

516. Plate, complete vessel: very compact light red paste, traces of greenish glaze on both sides, concentric incised lines on bottom on the exterior; diam. of the rim: 12 cm, diam. of the base: 5.5 cm, height: 3.5 cm. *Kana-88/IV-76* (*fig. 59*).

517. Bowl, fragment of upper part: medium coarse dark red paste, traces of wash on the exterior, handmade; diam.: 22 cm. *Kana-88/IV-57* (*fig. 59*).

518. Bowl, fragment of upper part: medium coarse dark red paste, horizontal incised lines on the exterior, handmade; diam. of the rim: 18.5 cm, diam. of the base: 12 cm, height: 9.5 cm. *Kana-88/IV-94* (*fig. 59*).

519. Jar, fragment of upper part: medium coarse dark red paste with white inclusions, dark red slip and burnishing on the exterior and on top of the rim, soot on the exterior; diam.: 15 cm. *Kana-88/IV-40* (*fig. 59*).

520. Bowl, fragment of rim: medium compact dark red paste, black core, handmade (?); diam.: 7 cm. *Kana-88/IV-52* (*fig. 59*).

521. Lid, complete vessel: medium compact red paste with white and black inclusions, overfired; diam.: 10 cm, height: 3.3 cm. *Kana-88/IV-64* (*fig. 59*).

522. Oil lamp, fragment of rim: medium compact red paste with white and black inclusions; diam.: 18 cm. *Kana-88/IV-41* (*fig. 59*).

523. Oil lamp, fragment of base: medium compact red paste with white and black inclusions, soot on the rim of reservoir. *Kana-88/IV-42* (*fig. 59*).

524. Jar, fragment of upper part: porous coarse dark red paste with straw temper, South Arabian letters ("signs of Sabaean *mukarribs*" on the shoulders incised before firing), handmade; diam.: 16 cm. *Kana-88/IV-1* (*fig. 59*).

525. Jar, fragment of rim: porous coarse yellowish paste with straw temper, handmade; diam.: 18 cm. *Kana-88/IV-129* (*fig. 59*).

526. Jar, fragment of base: porous coarse yellowish paste with straw temper, handmade; diam.: 19 cm. *Kana-88/IV-4* (*fig. 59*).

527. Amphora (?), fragment of base: compact light red paste, whitish wash on the exterior; diam.: 8 cm. *Kana-88/IV-9* (*fig. 59*).

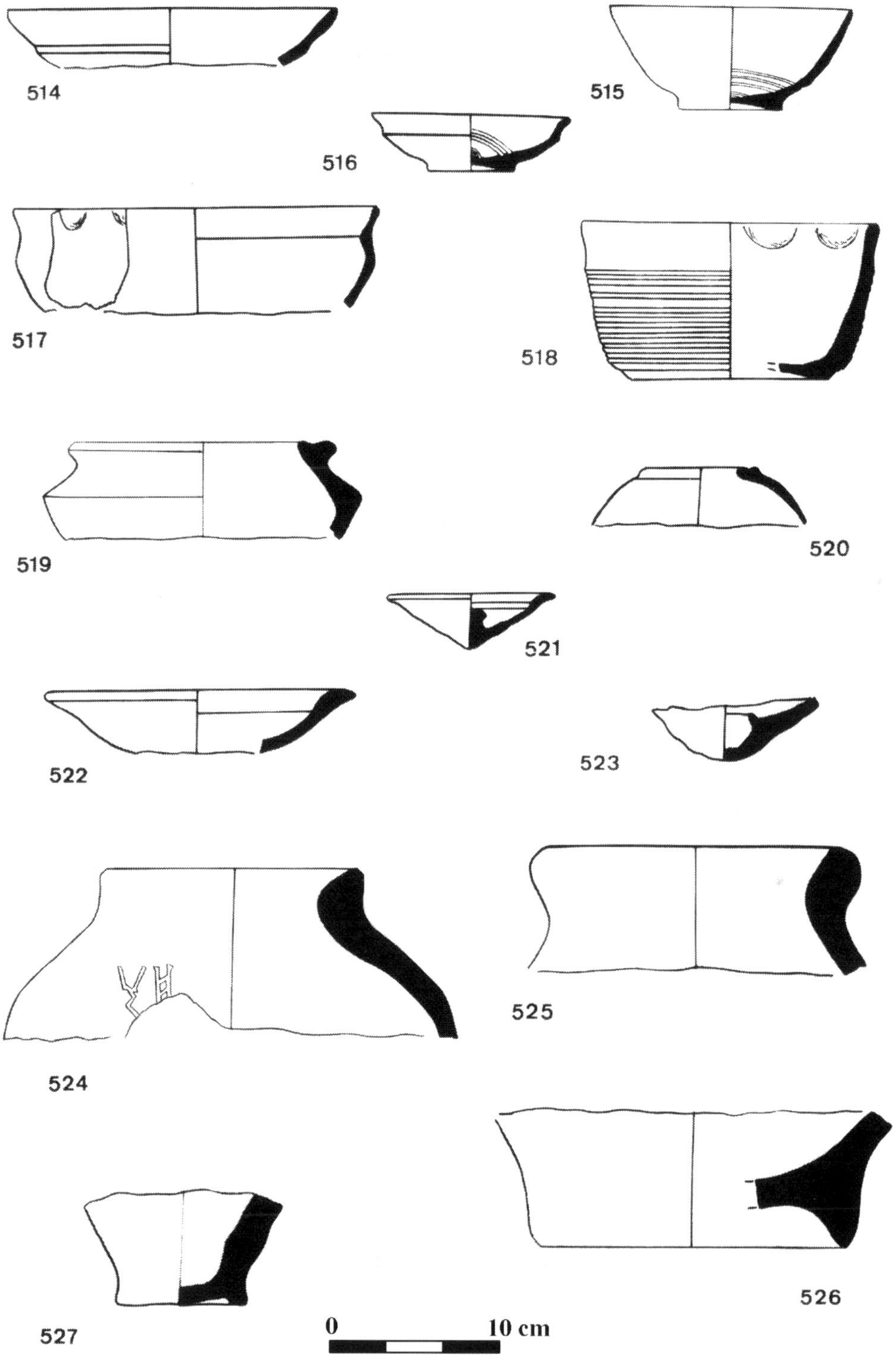

Figure 59

Catalogue

528. Amphora, fragment of upper part: compact red paste with mica and black grits, light red wash on the exterior; diam.: 14 cm. *Kana-88/IV-102 (fig. 60)*.

529. Amphora, fragment of rim: compact red paste with mica and black grits; diam.: 15 cm. *Kana-88/IV-108 (fig. 60)*.

530. Amphora, fragment of rim: compact red paste with mica and black grits, black core; diam.: 25 cm. *Kana-88/IV-103 (fig. 60)*.

531. Amphora, fragment of handle: compact dark red sandy paste with mica and white inclusions. *Kana-88/IV-100 (fig. 60)*.

532. Amphora, fragment of handle: compact light red paste with mica, black and white inclusions, whitish wash on the exterior. *Kana-88/IV-121 (fig. 60)*.

533. Amphora, fragment of handle: compact light red paste with black and white inclusions. *Kana-88/IV-22 (fig. 60)*.

534. Amphora, fragment of handle: compact light red paste with mica, and black inclusions, whitish wash on the exterior. *Kana-88/IV-99 (fig. 60)*.

535. Amphora, fragment of handle: compact light red paste with mica, black and white inclusions, whitish wash on the exterior. *Kana-88/IV-101 (fig. 60)*.

536. Amphora, fragment of toe: compact light red paste with mica and black inclusions, incised horizontal line on the exterior. *Kana-88/IV-123 (fig. 60)*.

537. Amphora, fragment of toe: compact dark red sandy paste with black inclusions, whitish wash on the exterior. *Kana-88/IV-124 (fig. 60)*.

538. Amphora, fragment of toe: compact light red paste with mica and black inclusions. *Kana-88/IV-104 (fig. 60)*.

539. Amphora, fragment of toe: compact dark red paste with mica, black core. *Kana-88/IV-109 (fig. 60)*.

540. Jar, fragment of base: compact light red paste, traces of greenish glaze on the exterior; diam.: 13 cm. *Kana-88/IV-118 (fig. 60)*.

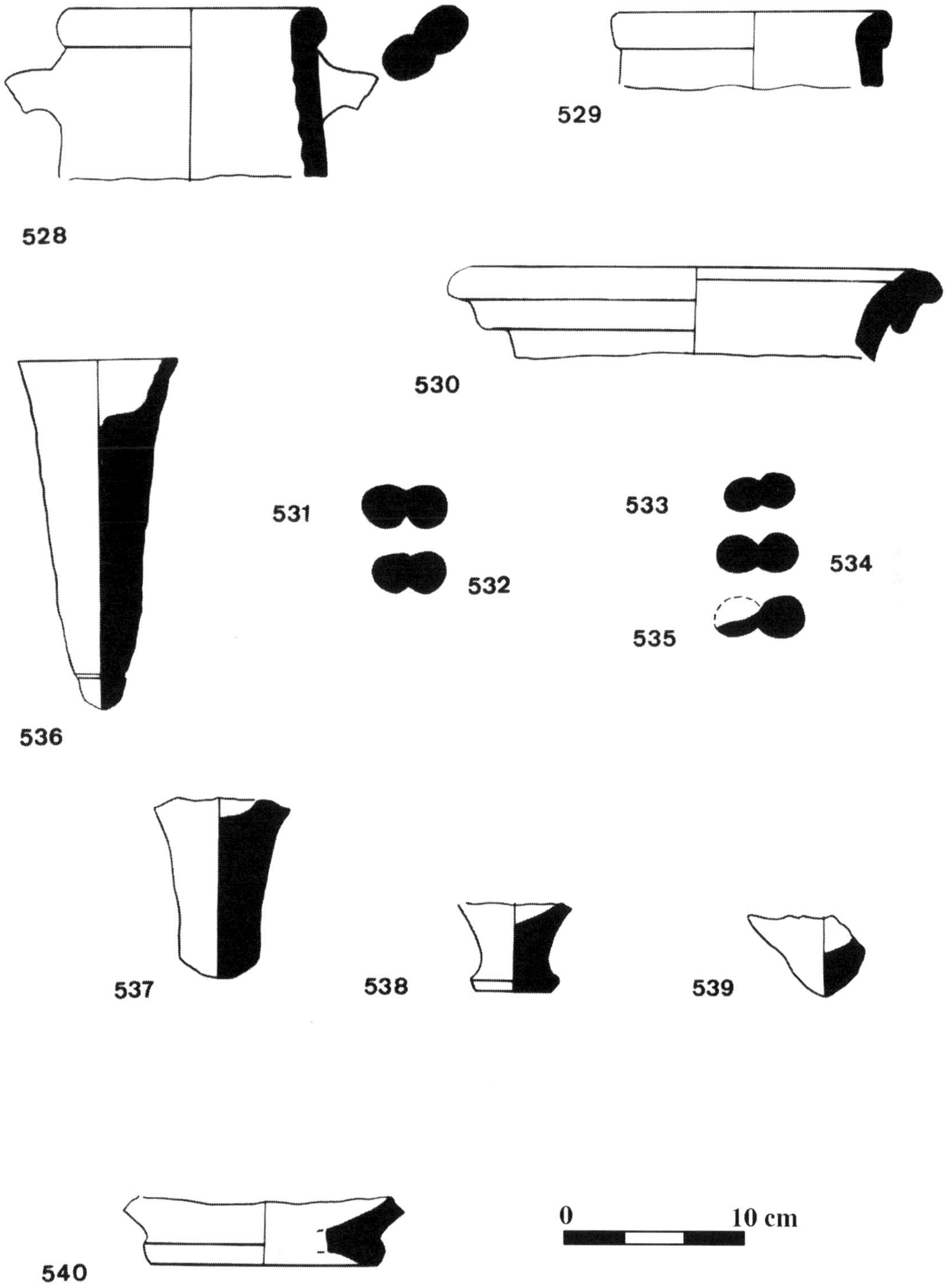

Figure 60

Catalogue

541. Bowl, fragment of upper part: medium coarse dark red paste, dark reddish brown slip and burnishing on both surfaces, soot on the exterior, black core; diam.: 28 cm. *Kana-88/IV-130* (*fig. 61*).

542. Bowl, fragment of upper part: medium coarse dark red paste, dark reddish brown slip and burnishing on both surfaces, soot on the exterior, black core; diam.: 20 cm. *Kana-88/IV-131* (*fig. 61*).

543. Bowl, fragment of upper part: medium compact red paste, red slip and burnishing on both surfaces, soot on the exterior, black core; diam.: 24 cm. *Kana-88/IV-107* (*fig. 61*).

544. Jar, fragment of rim: medium coarse red paste with white and black inclusions, soot on the exterior; diam.: 19 cm. *Kana-88/IV-132* (*fig. 61*).

545. Jar, fragment of upper part: medium compact red paste, red slip and burnishing on both sides, soot on the exterior; diam.: 28 cm. *Kana-88/IV-118* (*fig. 61*).

546. Jar, fragment of rim: medium compact red paste, dark red slip on both sides, soot on the exterior; diam.: 13 cm. *Kana-88/IV-111* (*fig. 61*).

547. Jar, fragment of rim: dark red porous coarse paste, straw temper, overfired; diam.: 15 cm. *Kana-88/IV-128* (*fig. 61*).

548. Jar, fragment of rim: greyish porous coarse paste, straw temper, whitish wash on the exterior; diam.: 18 cm. *Kana-88/IV-127* (*fig. 61*).

549. Bowl, fragment of rim: light red porous coarse paste, whitish wash on both sides; diam.: 22 cm. *Kana-88/IV-126* (*fig. 61*).

550. Jar, fragment of base: yellowish porous coarse paste, straw temper; diam.: 13 cm. *Kana-88/IV-105* (*fig. 61*).

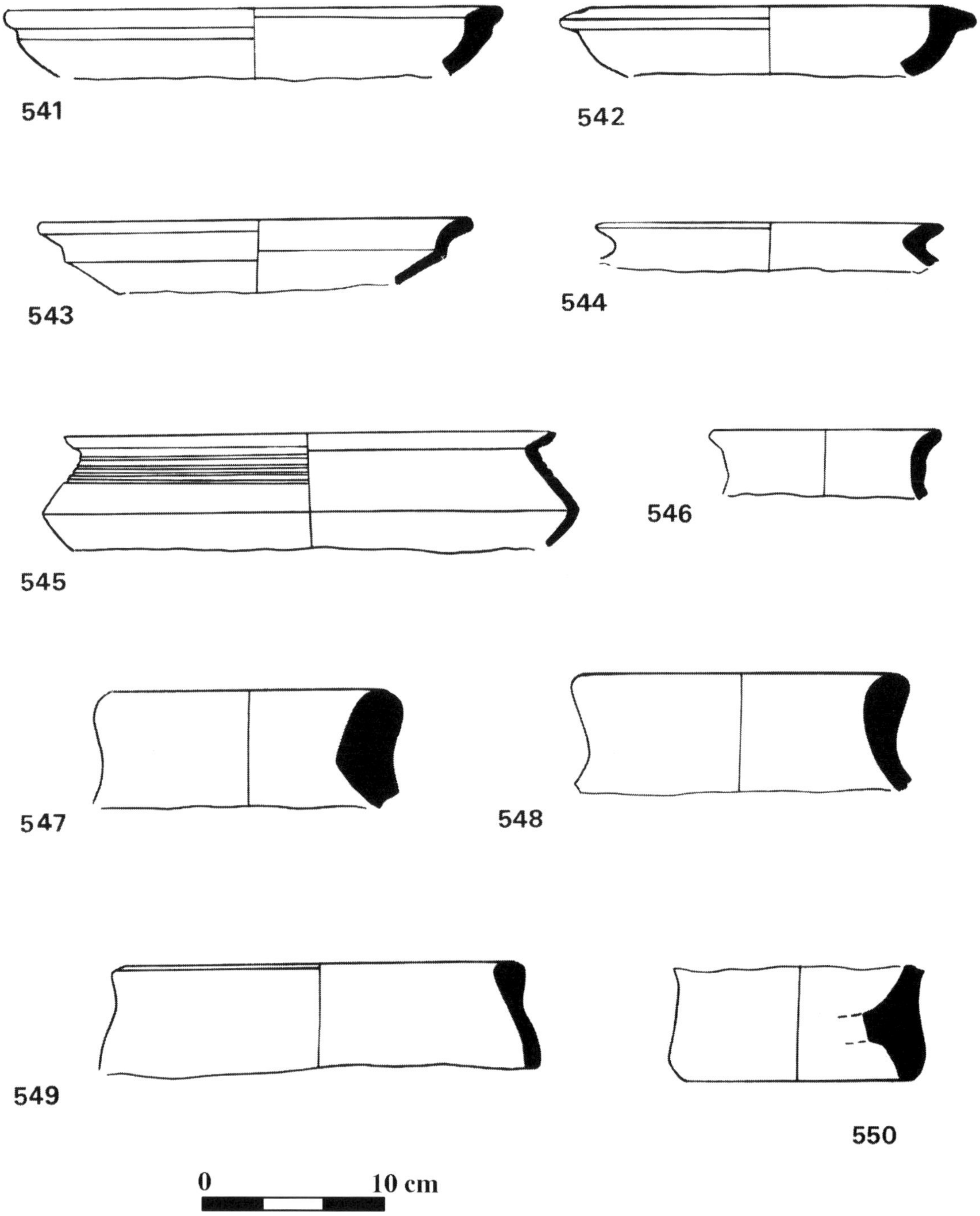

Figure 61

Catalogue

551. Nail, bronze, fragment: round head, round section; diam.: 2.4 cm. *Kana-88/IV-149a (fig. 62)*.
552. Nail, bronze, fragment: round head, round section; diam.: 2 cm. *Kana-88/IV-149b (fig. 62)*.
553. Nail, bronze, fragment: round head, round section; diam.: 2 cm. *Kana-88/IV-149c (fig. 62)*.
554. Nail, bronze, fragment: round head, round section; diam.: 2 cm. *Kana-88/IV-149d (fig. 62)*.
555. Nail, bronze, fragment: round head, round section; diam.: 2.2 cm. *Kana-88/IV-149e (fig. 62)*.
556. Nail, bronze, fragment: round head, round section; diam.: 1.4 cm. *Kana-88/IV-146a (fig. 62)*.
557. Nail, bronze, fragment: square head, square section; dim.: 2 x2 cm. *Kana-88/IV-146b (fig. 62)*.
558. Nail, bronze, fragment: round head, round section; diam.: 2 cm. *Kana-88/IV-148a (fig. 62)*.
559. Nail, bronze, fragment: round head, round section; diam.: 0.7 cm. *Kana-88/IV-148b (fig. 62)*.
560. Nail, bronze, fragment: round head, round section; diam.: 0.6 cm. *Kana-88/IV-148c (fig. 62)*.
561. Nail, bronze, fragment: round head with grooves on top, square section; diam.: 1.1 cm. *Kana-88/IV-148d (fig. 62)*.
562. Object in a form of loop, bronze: round section; diam.: 0.7 cm. *Kana-88/IV-146c (fig. 62)*.
563. Pin, bronze, complete: head in a form of eye, round section; length: 11.5 cm, diam.: 0.2 cm *Kana-88/IV-148e (fig. 62)*.
564. Pin, bronze, fragment: round section; length: 6 cm, diam.: 0.1 cm. *Kana-88/IV-146d (fig. 62)*.
565. Tool (?), bronze, complete: round section; length: 6.3 cm, diam.: 0.4 and 1 cm. *Kana-88/IV-146e (fig. 62)*.
566. Pendant (?), bronze, fragment: round head, flat section; length: 4.5 cm. *Kana-88/IV-140 (fig. 62)*.
567. Pendant (?), bronze, fragment: in a form of axe, triangular section; dim. 1.2 x 3.2 cm. *Kana-88/IV-149f (fig. 62)*.
568. Spoon, bronze, fragment: concave section; diam.: 3.7 cm. *Kana-88/IV-149g* (fig. 62).
569. Spoon, bronze, fragment: concave section; length: 5 cm, diam.: 2 cm. *Kana-88/IV-146f (fig. 62)*.
570. Fishhook, bronze, fragment: flat section; section: 0.1 x0.3 cm. *Kana-88/IV-146g (fig. 62)*.
571. Fishhook, bronze, fragment: flat section; section: 0.1 x 0.3 cm. *Kana-88/IV-148f (fig. 62)*.
572. Finger ring, bronze, complete: oval shield, flat section; diam.: 2.1 cm, section: 0.3 x 0.5 cm. *Kana-88/IV-148g (fig. 62)*.

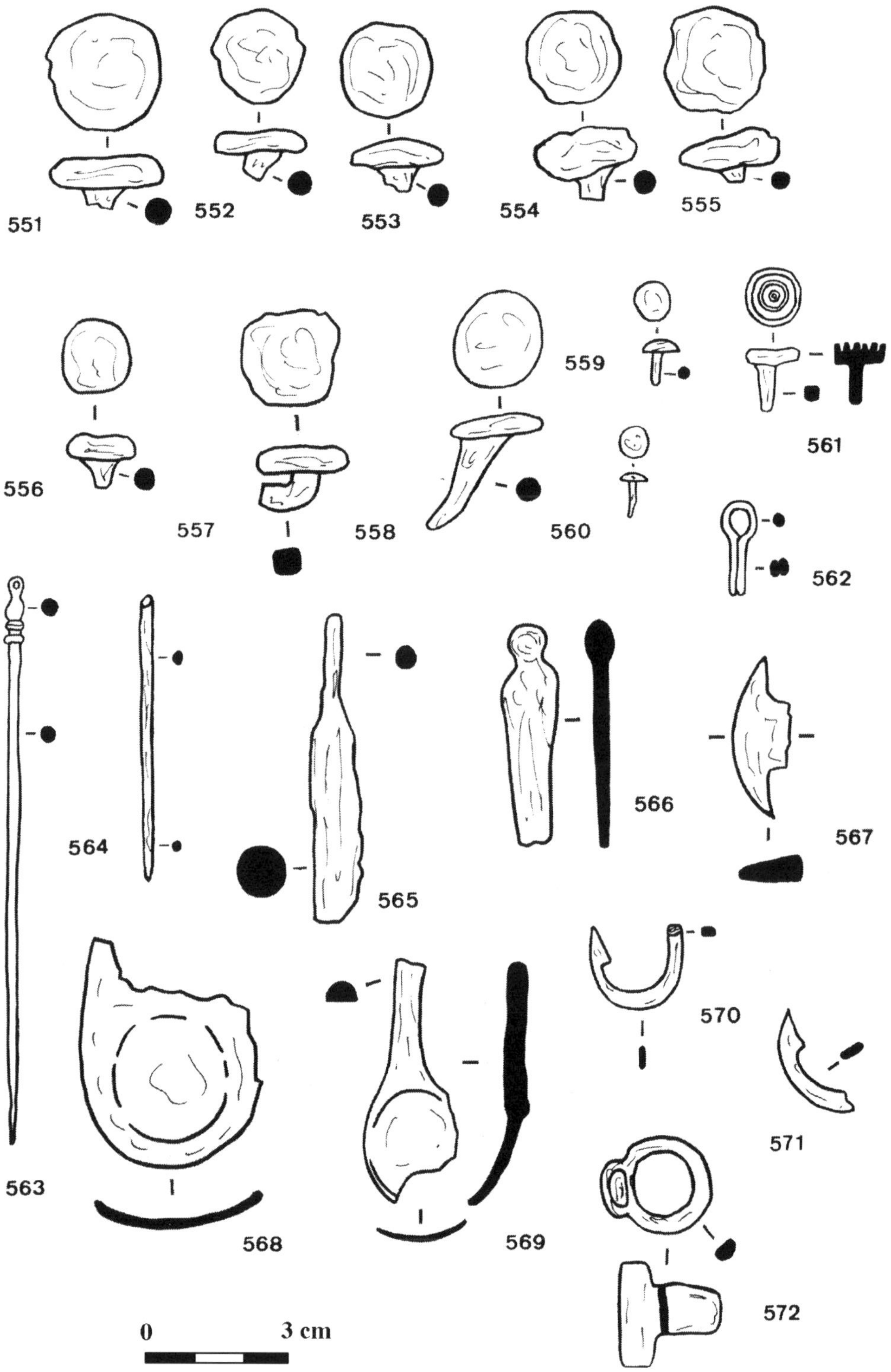
551
552
553
554
555
556
557
558
559
560
561
562
563
564
565
566
567
568
569
570
571
572
0
3 cm

Figure 62

Catalogue

573. Knife, iron, complete: flat handle, triangular section; length: 18.3 cm, section: 1 x 3 cm. *Kana-88/IV-136*, room 1 (*fig. 63*).

574. Arrowhead, iron, complete: round heft section, rhombic body section; diam.: 0.6 cm, dim.: 1 x 1.3 cm. *Kana-88/IV-147a* (*fig. 63*).

575. Ring, iron, fragment: concave section; diam.: 4.3 cm, width 1.8 cm. *Kana-88/IV-171a* (*fig. 63*).

576. Tool, iron, complete: rectangular head, round and square body; length: 6.1 cm, diam.: 1 cm, dim.: 1.5 x 1.5 cm. *Kana-88/IV-147b* (*fig. 63*).

577. Hook, iron, fragment: rectangular section; length: 2.7 cm, dim.: 0.3 x 0.5 cm. *Kana-88/IV-141* (*fig. 63*).

578. Tool, iron, fragment: rectangular section; length: 3.5 cm, dim.: 0.3 x 0.6 cm. *Kana-88/IV-147c* (*fig. 63*).

579. Knife (?), iron, fragment of blade; length: 9 cm, section: 0.6 x 3 cm. *Kana-88/IV-145* (*fig. 63*).

580. Hook, iron, fragment: rhombic section; length: 7.3 cm, dim.: 1.1 x 1.1 cm. *Kana-88/IV-171b* (*fig. 63*).

581. Nail, iron, fragment: round head, round section; length: 9 cm, diam.: 2.8 cm. *Kana-88/IV-171c* (*fig. 63*).

582. Nail, iron, fragment: square head, rectangular section; length: 9.6 cm, dim.: 1.5 x 1.8 cm. *Kana-88/IV-171d* (*fig. 63*).

583. Nail, iron, fragment: round head, round section; length: 3.2 cm, diam.: 2.2 cm. *Kana-88/IV-142* (*fig. 63*).

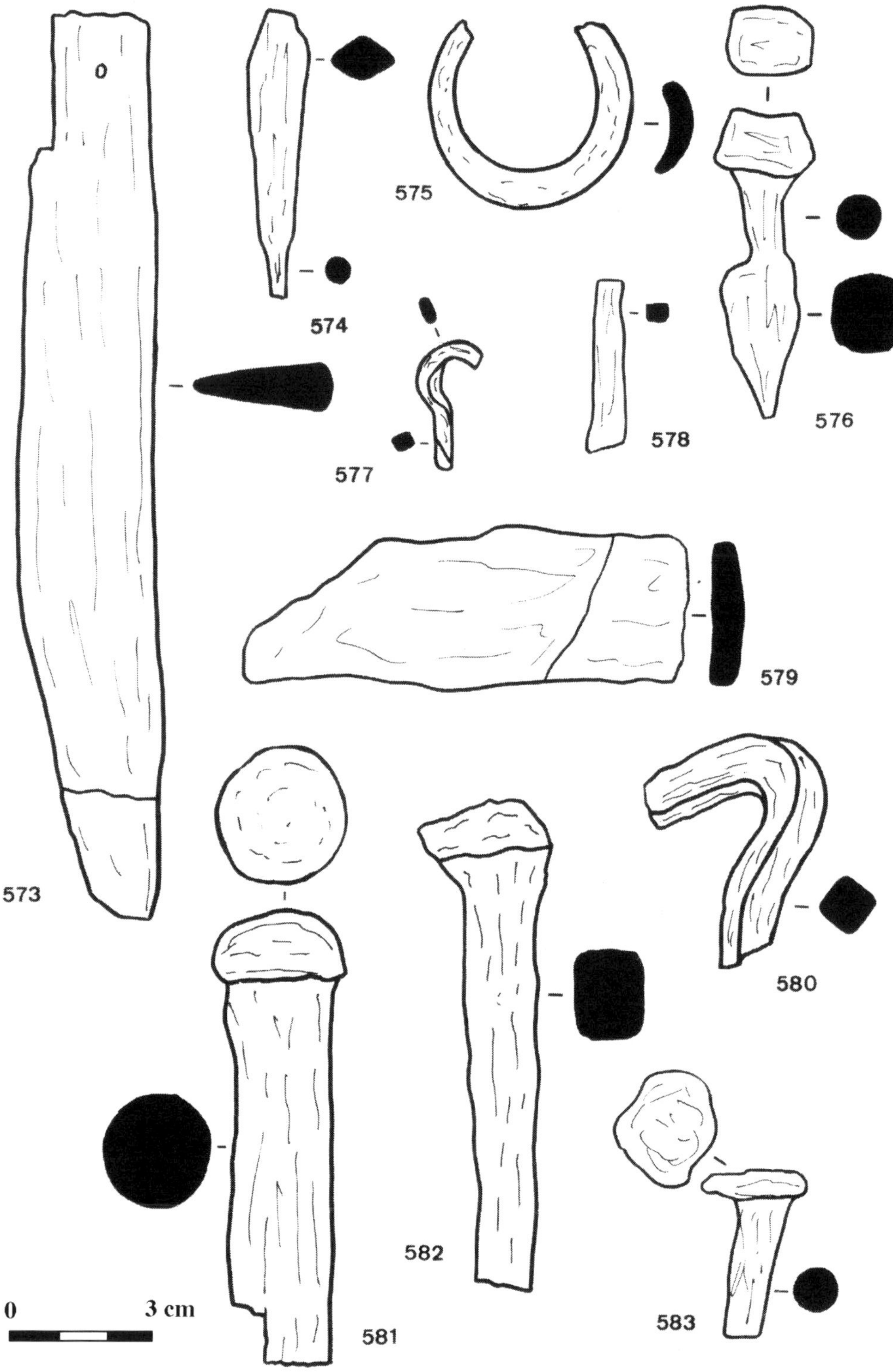

Figure 63

Catalogue

584. Nail, iron, fragment: square section; length: 11 cm, dim.: 1 x 1 cm. *Kana-88/IV-171e (fig. 64)*.

585. Nail, iron, fragment: square head, square section; length: 5.5 cm, dim.: 1 x 1 cm. *Kana-88/IV-147d (fig. 64)*.

586. Nail, iron, fragment: round head, rectangular section; length: 2.7 cm, diam.: 2.1 cm, section: 0.6 x 0.9 cm. *Kana-88/IV-147e (fig. 64)*.

587. Nail, iron, fragment: conical head, round section; length: 2 cm, diam.: 1.5 cm, section: 0.8 cm. *Kana-88/IV-144 (fig. 64)*.

588. Nail, iron, fragment: round head, square section; length: 3 cm, diam.: 2.5 cm, section: 0.6 x 0.6 cm. *Kana-88/IV-146a (fig. 64)*.

589. Nail, iron, fragment: rectangular head, round section; length: 3.3 cm, dim.: 2.2 x 2.5 cm, section: 1 cm. *Kana-88/IV-146b (fig. 64)*.

590. Glass vessel, fragment of wall: greenish opaque glass, round facets; dim.: 4.5 x 4.5 cm. *Kana-88/IV-139 (fig. 64)*.

591. Glass vessel, fragment of rim: greenish translucent glass; diam.: 2 cm. *Kana-88/IV-138a (fig. 64)*.

592. Glass vessel, fragment of rim: greenish translucent glass; diam.: 2 cm. *Kana-88/IV-138b (fig. 64)*.

593. Glass beads, 26 pieces: blue opaque paste; diam.: 0.4-0,9 cm. *Kana-88/IV-137 (fig. 64)*.

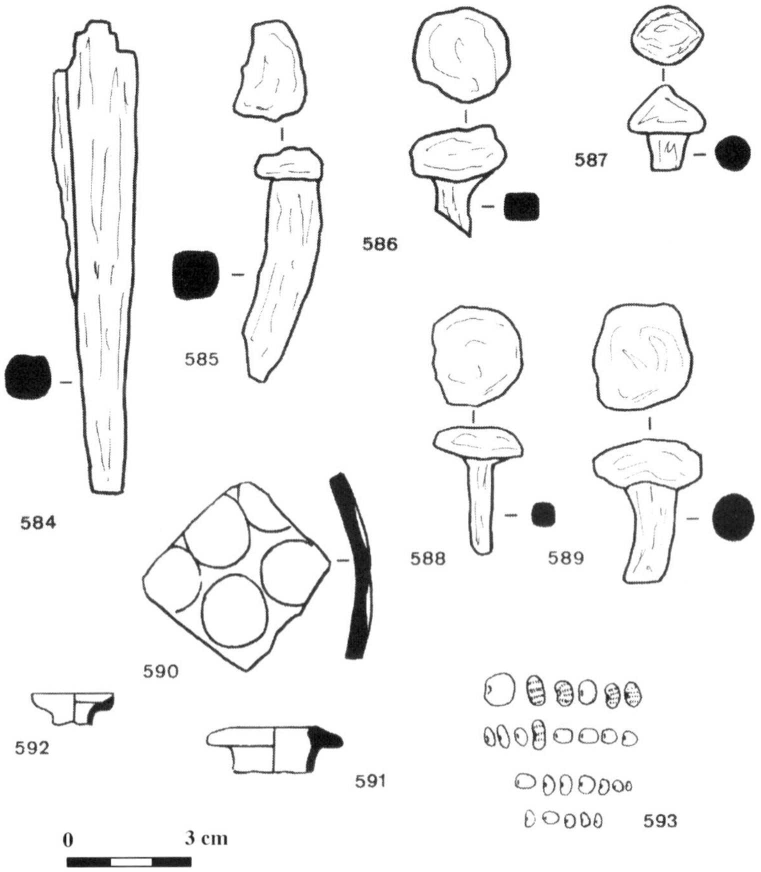

Figure 64

VI

LES FOUILLES DANS LA PARTIE NORD-EST DU SITE LE SECTEUR 5

En 1988, des fouilles ont été entreprises dans le secteur 5, au nord-est, dans la partie la plus élevée du site. Nous nous proposions initialement de dégager la totalité du complexe de constructions récentes qui se trouve dans le secteur 5 et de faire un sondage stratigraphique. Partant de l'hypothèse que la succession de couches devait y être importante, nous espérions obtenir un relevé stratigraphique complet, valable pour toutes les périodes d'occupation de Bir 'Alī (Qāni'). Malheureusement, ce programme n'a pas pu être entièrement réalisé. Les travaux menés sur le secteur 5 peuvent malgré tout être considérés comme une réussite.

Description du bâtiment

Nous avons entièrement dégagé et étudié les vestiges d'un bâtiment datant de la dernière période d'occupation de Bir 'Alī (Qāni'), c'est-à-dire du VIe-début du VIIe siècle de notre ère (*fig. 65-66*). Le bâtiment est composé de quatre pièces principales (les pièces 1 à 4) et de deux pièces ajoutées ultérieurement (les pièces 5 et 6). Le bâtiment est orienté, dans sa longueur, du sud-ouest au nord-est ; ses dimensions sont 12 x 9,7 m et sa surface totale est d'environ 95 m^2. Les murs de toutes les pièces sont faits de grandes pierres de basalte grossièrement taillées (dimensions des pierres : 0,75 x 0,65 x 0,4 m ; 0,55 x 0,45 x 0,35 m ; 0,4 x 0,3 x 0,25 m). L'appareil est classique pour le site. L'épaisseur des murs est d'environ 0,8 m.

L'édifice découvert était séparé d'autres bâtiments par des "ruelles" ou passages étroits. La "ruelle" nord-ouest était large de 1,8 m et celle du sud-est de 2-1,2 m.

L'entrée du bâtiment se trouve au sud-ouest ; elle est donc orientée vers l'intérieur du site. Elle ouvre directement sur la pièce 1. La largeur de l'entrée est de 0,9 m ; le seuil est fait d'une dalle de basalte grossièrement taillée (0,9 x 0,65 x 0,3 m).

Pièce 1 (*pl. 74*). Dimensions : 3,8 x 2 m. Les murs sont conservés jusqu'à 1-1,3 m de hauteur. La pièce communique directement avec les pièces 2 et 3. La porte donnant sur la pièce 2 (*pl. 76*) mesure 1 m de large. Le seuil est fait de dalles de basalte (0,55 x 0,34 m ; 0,4 x 0,36 m). Hauteur du seuil : 0,15 m. La porte qui mène à la pièce 3 a une largeur de 0,95 m, presque identique à celle de l'ouverture précédente. Le niveau du sol de la pièce 3 est d'environ 0,3 m plus bas que celui de la pièce 2 : le seuil constitue donc un escalier fait de dalles de basalte (0,75 x 0,3 m ; 0,65 x 0,2 m ; 0,35 x 0,3 m). Il ne comprend que deux marches. Hauteur de chaque marche : 0,15 m ; largeur : près de 0,25 m.

Les fouilles de la pièce 1 ont révélé deux niveaux de sol, séparés par une couche de sable épaisse de 0,2 m. Sur le sol de la période antérieure, plusieurs dalles de pierre sont alignées suivant un axe qui traverse la pièce approximativement en son milieu (dimensions des dalles : 0,5 m x 0,35 m ; 0,3 x 0,25 m ; 0,2 m x 0,15 m). La fonction de ce dallage n'est pas claire.

Un fragment de meule manuelle en basalte (*cat.* 701, p. 171), trouvé près de l'ouverture donnant accès à la pièce 2, appartient lui aussi à la période la plus ancienne. Il en est de même

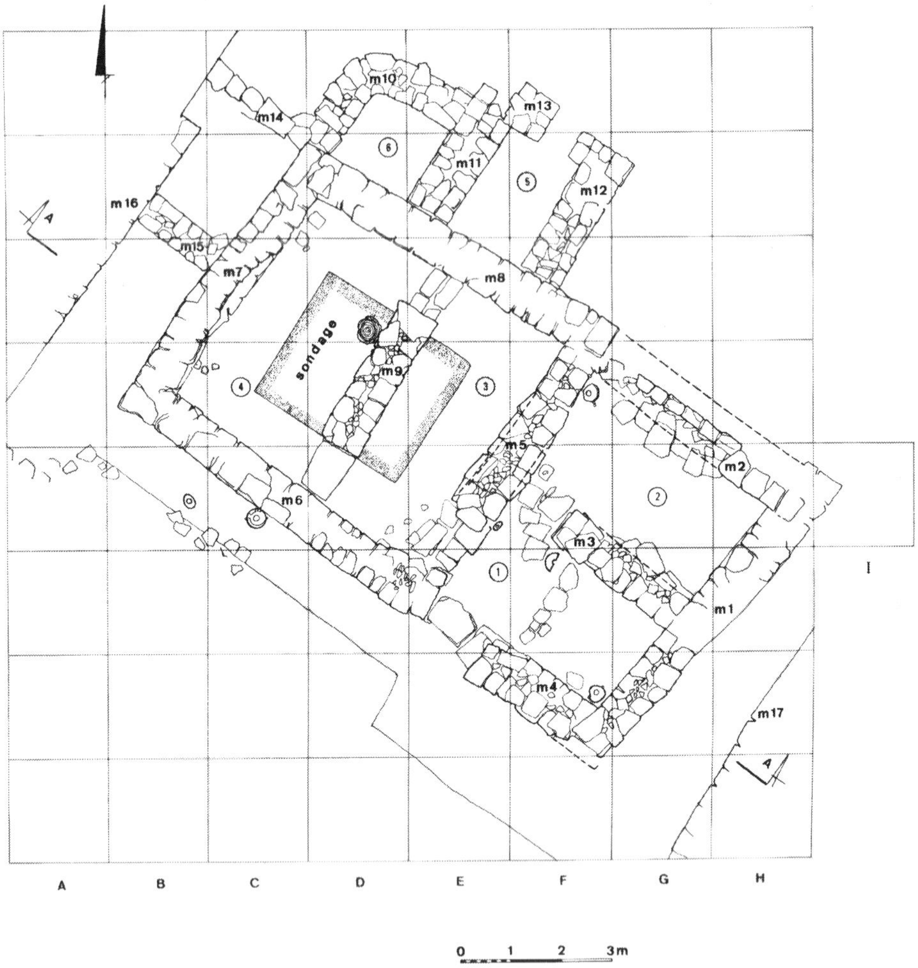
m10
m14
m13
m11
m12
m16
m15
m7
m8
sondage
m9
m5
m2
m6
m3
m1
m4
m17
A
A
8
7
6
5
4
3
2
1
A
B
C
D
E
F
G
H
I
0 1 2 3m

Figure 65

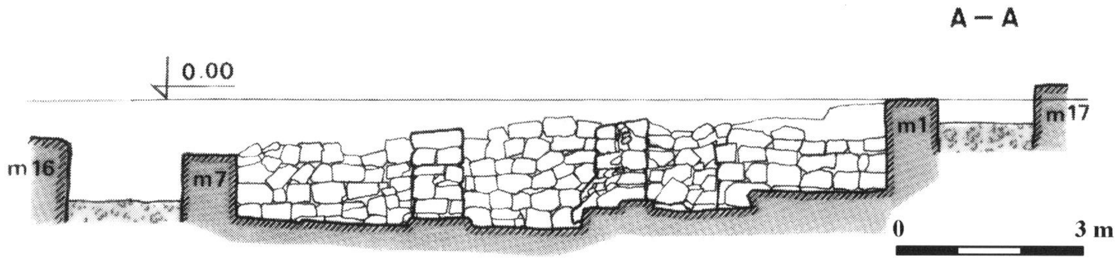

Figure 66

pour deux galets arrondis, creusés de deux cavités (*cat.* 702-703, p. 170), découverts au même endroit (*pl. 76*). Ce type de trouvailles est assez fréquent sur le site, mais la fonction de ces objets n'a pas encore été élucidée. D'après le contexte, on pourrait supposer que certains d'entre eux avaient une fonction de crapaudines. Cependant, l'hypothèse reste à vérifier, d'autant plus qu'une vraie crapaudine a été découverte près de ce même seuil.

Pour la période postérieure, signalons la trouvaille de la partie supérieure d'une amphore fichée le col en bas, dans l'angle sud (*pl. 75*). Il s'agit d'une amphore côtelée (*cat.* 594, p. 157), tout à fait typique de la période tardive de Bir 'Alī (Qāni'). Ce type de dispositif est assez banal : les fragments d'amphores plantées le col en bas servaient probablement de foyers, comme le prouvent les cendres et le charbon de bois retrouvés à l'intérieur. Les murs qui entouraient ce dispositif étaient couverts d'un enduit argileux. Sur le sol, au centre de la pièce, se trouvait un galet portant plusieurs incisions sur le bord (*cat.* 705, p. 171) et dont la fonction reste obscure.

Le remplissage de la pièce 1 est constitué de couches sableuses brunâtres, parsemées de déchets de cuisine (ossements, écailles de poissons, coquillages et mollusques, charbon de bois, cendres, etc.). Le matériel archéologique provenant de cette couche est riche : 1012 fragments céramiques, une monnaie de bronze aksumite (voir le *Catalogue des monnaies*, n° 494), des râpes (*cat.* 691-692, p. 166), des ossements d'animaux, des fragments de carapaces de tortues, etc. Parmi les trouvailles céramiques, les amphores prédominent – essentiellement des fragments d'amphores côtelées (*cat.* 595-599, p. 157). On trouve également des fragments de cuvettes côtelées (*cat.* 669-670, p. 165), une jarre à pâte noire polie à parois fines (*cat.* 629, p. 161), des fragments de jarres modelées (*cat.* 639-641, 651-652, 654, p. 163), un fragment de paroi céramique portant une empreinte de filet (*cat.* 617, p. 158), des fragments de vaisselle glaçurée (*cat.* 658-659, p. 165), des fragments de grandes jarres ouvertes (*cat.* 674, p. 165), y compris des fragments décorés de faisceaux de lignes parallèles incisées (*cat.* 623, p. 161), et des fragments, peu nombreux, de types locaux sud-arabiques (*cat.* 683-684, 690, p. 167). Mentionnons en particulier un fragment de vase dont la surface intérieure est couverte de bitume noir. Il présente à l'extérieur une inscription lacunaire tracée avec de la peinture noire (*cat.* 613, p. 159).

Pièce 2. Elle se trouve au nord-est de la pièce 1 (*pl. 74, 76*). Dimensions : 4,1 x 2,1 m ; hauteur conservée des murs : 1,4-1 m. Le mur nord-est (mur 2) est très déformé : presque tout le bourrage interne s'est écroulé. Près du seuil de la porte qui relie la pièce 1 à la pièce 2 se trouvait une dalle de calcaire quadrangulaire (0,3 x 0,25 x 0,2 m), creusée au centre (diamètre : 8 cm ; profondeur : 6 cm). Il s'agit probablement de la crapaudine qui servait à fixer le vantail de la porte. Dans l'angle nord, un dispositif identique à celui de la pièce 1 a été dégagé – partie supérieure d'une amphore fichée dans le sol, le col en bas. Le remplissage de la pièce 2 est constitué de petites couches de sable clair alternant avec des couches sableuses brunâtres, parsemées de déchets de cuisine (charbon de bois, ossements et écailles de poissons, coquillages, etc.). Le matériel archéologique est relativement riche : 261 fragments céramiques, un fragment de vase en verre (*cat.* 721, p. 170), un fragment de bracelet torsadé en verre (*cat.* 723, p. 170), un crochet en fer (*cat.* 713), un fragment de petit autel d'albâtre (*cat.* 709, p. 171), un pilon d'albâtre (*cat.* 700, p. 171), une râpe pour le blé (*cat.* 693, p. 166), des ossements d'animaux, des fragments de carapaces de tortues, etc. Le matériel céramique est surtout composé d'amphores (*cat.* 600, p. 157). Parmi les autres groupes de céramique, mentionnons un fragment de récipient à décor incisé (*cat.* 621, p. 159), des fragments de jarres modelées (*cat.* 648, 653, p. 163), des fragments peu nombreux de types locaux sud-arabiques (*cat.* 681, p. 167). Signalons l'intéressante découverte d'une jarre modelée, à pâte noire polie, à fond rond ; un *graffito* figure sur la panse, représentant peut-être des poissons (*cat.* 636, p. 163).

Pièces 3 et 4 (*pl. 77*). Elles sont situées au nord-ouest des pièces précédentes et forment un grand complexe (5,4 x 5 m), divisé en deux par le mur 9, orienté du nord-est au sud-ouest. À chacune de ses extrémités s'ouvre un passage. L'ouverture nord-est est large de 0,85 m. Son seuil est fait de dalles de basalte posées sur deux rangs (0,52 x 0,27 m ; 0,42 x 0,24 m ; 0,33 x 0,26 m). Largeur du seuil : 0,65 m ; hauteur : 0,15 m. L'ouverture sud-ouest a une largeur de 1,05 m. Son seuil est fait d'une seule grande dalle de basalte (1 x 0,72 x 0,15 m).

Pièce 3. Dimensions : 5 x 2,1 m. Hauteur conservée des murs : 1,6-1,4 m. Le mur 5 s'est en partie écroulé, déversant son bourrage dans la pièce, ce qui explique la grande quantité de pierres qui y a été retrouvée. Le reste du remplissage est constitué presque entièrement de sable pur. Les trouvailles sont peu nombreuses : 85 fragments de céramiques, un fragment de vase en verre (*cat.* 712, p. 171), deux fragments de râpes en pierre (*cat.* 695-696, p. 166), des ossements d'animaux, etc. Parmi les trouvailles, mentionnons notamment un fragment d'amphore côtelée portant un *graffito* (*cat.* 601, p. 157) et un fragment de col de jarre modelée (*cat.* 649, p. 163).

Pièce 4 (*pl. 78*). Dimensions : 4,8 x 2,6 m ; hauteur conservée des murs : 1,2-1 m. On a retrouvé sur le sol, dans l'angle nord de la pièce, deux galets plats (0,25 x 0,19 m ; 0,23 x 0,21 m). Près du mur 9 se trouvait une base annulaire de grande jarre (*cat.* 687, p. 167) caractéristique des types locaux sud-arabiques. On est en droit de penser que le fond de la jarre a été conservé *in situ*. En se fondant sur cette hypothèse et sur la découverte de différentes râpes en pierre (*cat.* 697, p. 166), on peut supposer que la pièce 4 servait au stockage et au traitement des produits agricoles, en particulier du blé.

Le remplissage de la pièce 4 est constitué de sable presque pur dans la partie supérieure et de sable tassé, brunâtre, dans la partie inférieure. Le matériel archéologique est assez important : 249 fragments céramiques, un fragment de vase en verre (*cat.* 720, p. 170), une monnaie en bronze (non identifiée), un fragment de bracelet en bronze (*cat.* 715, p. 171), deux petits anneaux en bronze (*cat.* 716-717, p. 171), les râpes en pierre déjà mentionnées, des galets arrondis portant des cavités (*cat.* 704, p. 170), des galets plats (*cat.* 706-707, p. 170), des ossements d'animaux, etc. Le matériel céramique est en majorité constitué de fragments d'amphores. Comme dans les autres secteurs, la catégorie de tessons la plus importante est celles des amphores côtelées ; sur l'un de ces tessons figure un *graffito* (*cat.* 602, p. 157). On notera tout particulièrement un fragment de la partie supérieure d'une amphore du type dit "de Gaza" (*cat.* 606, p. 157). Parmi les autres trouvailles, signalons un fond de vase couvert de peinture violette (*cat.* 628, p. 161), un fragment de jarre ouverte glaçurée (*cat.* 656, p. 165), des fragments de céramique modelée (*cat.* 638, 646-647, p. 163), un fragment de grande jarre ouverte (*cat.* 673, p. 165), un fragment de grande jarre à pâte rouge, décoré de faisceaux croisés de lignes parallèles incisées (*cat.* 622, p. 161), des fragments de vaisselle de types locaux sud-arabiques (*cat.* 679, 685, p. 167), y compris une base annulaire de grande jarre, déjà mentionnée (*cat.* 687, p. 167). Notons enfin trois petits couvercles (*cat.* 710-711, p. 171).

Comme nous l'avons déjà indiqué, les pièces 1 à 4 étaient les pièces principales du complexe. Les pièces 5 et 6 ont été ajoutées par la suite dans la partie nord du bâtiment. Il faut noter que le remplissage de ces pièces est très différent de celui des pièces principales, mais très proche de celui des autres pièces ajoutées : il s'agit d'une terre sableuse, brunâtre, meuble, mêlée de cendres, de petits cailloux, de déchets de cuisine et d'une grande quantité de fragments de coraux.

Pièce 5. Dimensions : 2,2 x 1,6 m ; hauteur conservée des murs : 0,7-1,3 m. L'entrée est située au nord-est (largeur : 0,6 m). Nous n'avons pas trouvé de seuil.

Malgré la taille assez modeste de la pièce, le matériel archéologique découvert est relativement abondant : 158 fragments de céramique, un fragment de récipient en verre (*cat.* 722, p. 170), une râpe pour le blé (*cat.* 697, p. 166), des ossements d'animaux, etc. Parmi les trouvailles, il faut mentionner un fragment d'amphore de Gaza (*cat.* 607, p. 157), un fragment de panse de jarre modelée (*cat.* 655, p. 163), un fragment de bord de grande jarre ouverte avec un trou foré et des traces de *graffito* (*cat.* 627, p. 161), un fragment d'assiette ou de bol glaçuré portant une inscription presque effacée tracée à la peinture noire (*cat.* 657, p. 165), et des fragments de bols d'origine locale (*cat.* 676, 680, p. 167).

Pièce 6. Elle se trouve au sud-est de la pièce 5. Dimensions : 1,65 x 1,55 m. Les murs sont très mal conservés (hauteur : 0,4-1 m). Le plan est original du fait de l'angle nord de la pièce qui est arrondi.

Dans le remplissage, le matériel archéologique est assez banal : 73 fragments de céramiques, une monnaie de bronze (non identifiée), un fragment de récipient en pierre (*cat.* 708, p. 170), deux râpes en pierre (*cat.* 698-699, p. 166), des ossements d'animaux, des fragments de carapaces de tortues, etc. Parmi les trouvailles céramiques, notons un fragment de la partie supérieure d'une grande jarre à décor incisé (*cat.* 618, p. 159), un fragment de bol (*cat.* 615, p. 159), un fragment du bord d'une grande jarre ouverte (*cat.* 671, p. 165) et des fragments de grandes jarres de types locaux sud-arabiques (*cat.* 682, 686, p. 167).

Le trésor

Malgré son aspect modeste, la pièce a livré un trésor (*fig. 74*). Il était enfoui dans une petite fosse (0,35 x 0,2 m, à la profondeur de 0,15 m) creusée près du mur sud-est dans le sol sableux. Il comprend trois coffrets en ivoire munis de leur couvercle, un flacon en ivoire et son bouchon, deux fragments de boucles en ivoire et une boucle en bronze, une petite cuillère en ivoire, un fragment de miroir en bronze avec un manche en fer, deux fragments d'objets en fer, deux colliers composés de grains d'or, de corail, de pierre et de verre, deux grains de grandes dimensions en verre et en corail et un prisme en cristal de roche, qui était peut-être monté en amulette [1]. Ce trésor a certainement été enfoui à une période de grand danger, à l'époque finale d'occupation de Bir ʿAlī (Qāniʾ).

1. Voir l'article de D. PICKWORTH dans ce même volume.

Les "ruelles"

Comme nous l'avons déjà mentionné, le bâtiment était séparé des structures voisines, au sud-est et au nord-ouest, par des ruelles étroites. L'une d'elles, celle du nord-ouest, était barrée par un mur grossier (mur 15). Longueur : 1,7 m ; largeur : 0,6 m ; hauteur : 0,55 m. L'appareil est irrégulier, avec des assises à trois parements et un bourrage intérieur, composé de blocs de basalte non taillés. Dimensions des blocs sur la façade : 0,42 x 0,17 m ; 0,35 x 0,21 m ; 0,25 x 0,16 m. Les fondations du mur 15 sont situées 0,3 m plus haut que celles des murs voisins de la pièce 4. Ceci pourrait simplement indiquer que l'appareil a été construit plus tard que ce complexe de construction. Les fouilles ont mis au jour, dans d'autres parties du site, (voir les fouilles du secteur 1) des fondations de rues relativement tardives. Il n'est pas impossible que cela reflète le désir des habitants de Bir 'Alī (Qāni') de fortifier la ville basse, de la mettre en sûreté contre de brusques attaques.

Pour conclure la description du bâtiment, signalons que nous avons creusé des tranchées de 1 m de large et 0,3 m de profondeur le long des façades nord-est et sud-ouest. Nous n'avons pas découvert de bâtiment attenant au complexe. Nous pouvons donc affirmer avec certitude que l'étude du bâtiment est complète. Parmi les trouvailles faites en dehors du bâtiment, mentionnons une partie supérieure d'amphore fichée en terre, le col en bas, près du mur 6 au sud-ouest (*cat.* 595, p. 157). À ses côtés, gisait une jarre de cuisine complète (*cat.* 662, p. 165). Malheureusement, ce récipient s'est décomposé en plusieurs fragments sous l'effet des sels ; nous avons toutefois pu déterminer sa forme. Les dernières trouvailles laissent supposer que les foyers, situés à l'intérieur, mais aussi à l'extérieur des maisons, étaient typiques de Bir 'Alī (Qāni').

Le matériel

La céramique

Le matériel archéologique mis au jour est assez abondant. Le corpus céramique du bâtiment comporte 2402 fragments.

— Les amphores

Les amphores constituent la catégorie céramique la mieux représentée puisqu'elles constituent 55% de l'ensemble du matériel.

Tableau 1

désignation	**nombre de fragments**	**%**
amphores côtelées	988	74,8
amphores à parois lisses	128	9,7
amphores du type deGaza	30	2,3
amphores à la surface intérieure bitumée	175	13,2
total	1321	100

La majorité des conteneurs sont des fragments d'amphores côtelées (*cat.* 594-603, p. 157). Les autres types d'amphores sont beaucoup moins nombreux. On notera en particulier les récipients à pâte compacte rosâtre, mêlée de chaux pilée avec des inclusions foncées, quelques fragments de mica, etc. (*cat.* 11-12, p. 21). Le diamètre du col des fragments trouvés était de 7-8 cm. Le col était vertical avec une lèvre légèrement biseautée extérieurement et un bourrelet peu élevé, en forme de petit "col" au-dessous.

Les amphores du type de Gaza sont rares, mais très caractéristiques. Comme on le sait, il existe deux manières de façonner la lèvre et les deux sont représentées parmi les fragments recueillis. Dans le premier type, on observe une rainure assez profonde sous la lèvre du côté intérieur (*cat.* 606, p. 157) [2]. Dans le second, il n'y a pas de rainure et la lèvre est légèrement biseautée vers l'extérieur (*cat.* 607, p. 157) [3].

Le groupe des conteneurs comprend encore un type de récipient : il s'agit de récipients à la lèvre faiblement détachée, à la panse arrondie et au pied tronconique (*cat.* 608-613, p. 159). Leur surface intérieure, et parfois leur lèvre, est recouverte de bitume noir.

— Autres types de céramiques

Les amphores mises à part, le corpus céramique se décompose de la façon suivante :

Tableau 2

désignation	nombre de fragments	%
céramique de table, à pâte rouge	300	27,7
id., à décor incisé	26	2,4
id., à pâte rouge polie	41	3,8
id., à pâte grise	33	3,1
id., à pâte grise et noire polie	28	2,6
id., modelée	126	11,6
id., glaçurée	17	1,6
céramique de cuisine	162	15
céramique à parois épaisses	240	22,2
céramique de type sud-arabique	108	10
total	1081	100

La céramique ordinaire à pâte rouge est surtout attestée par des fragments de jarres à lèvre légèrement biseautée vers l'extérieur (*cat.* 614, p. 159) ; les fragments de bols sont plus rares (*cat.* 615, p. 159). Le fragment de grand vase ouvert à paroi se rétrécissant vers la lèvre, décoré de cupules sous la lèvre et de lignes incisées, constitue une trouvaille unique (*cat.* 616, p. 159). On signalera encore un fragment de récipient orné d'un motif imprimé de tresse, recouvert d'un engobe rougeâtre (*cat.* 617, p. 158). D'autres fragments isolés de ce type de vase gisaient dans

2. J.A. Riley, 1975, « The pottery from the first session of excavation in the Caesarea Hippodrom », *Bulletin of American School of Oriental Research (BASOR)*, 218 (April), p. 32, n° 13.
3. Riley, *loc. cit.*, p. 29, n° 12 ; N.J. Tubb, 1986, « The pottery from a Byzantine well near Tell Fara », *Palestine Exploration Quarterly* (January-June), p. 51 ; fig. 1, 1-6 ; 2, 1-3.

Catalogue

594. Amphore côtelée, partie supérieure ; *graffito* en forme de croix sous la lèvre. Pâte de couleur beige-orangée, sableuse, surface extérieure présentant parfois une pellicule blanchâtre. Diam. : 10 cm; haut. : 22 cm. *Kana-88/V-1*, pièce 1 (*fig. 67*).

595. Amphore côtelée, partie supérieure. Pâte similaire à n° 594. Diam. : 11 cm; haut. : 21 cm. *Kana-88/V-57*, couche d'occupation devant la façade sud du bâtiment (*fig. 67*).

596. Amphore côtelée, fragment de bord. Pâte similaire à n° 594. Diam. : 11 cm. *Kana-88/V-81*, pièce 1 (*fig. 67*).

597. Amphore côtelée, fragment de bord. Pâte similaire à n° 594. Diam. : 10 cm. *Kana-88/V-82*, pièce 1 (*fig. 67*).

598. Amphore côtelée, fragment de bord et d'anse. Pâte similaire à n° 594. Diam. : 10,5 cm. *Kana-88/V-82a*, pièce 1 (*fig. 67*).

599. Amphore côtelée, fragment de pied, fond à bouton. Pâte similaire à n° 594. Diam. : 2,5 cm *Kana-88/V-83*, pièce 1 (*fig. 67*).

600. Amphore côtelée, fragment de pied, fond à bouton avec une petite cavité au centre. Pâte similaire à n° 594. Diam. : 3 cm. *Kana-88/V-84*, pièce 2 (*fig. 67*).

601. Amphore côtelée, fragment de panse avec une partie de *graffito*. Pâte similaire à n° 594. Dim. : 11 x 9 cm. *Kana-88/V-20*, pièce 3 (*fig. 67*).

602. Amphore côtelée, fragment de panse avec une partie de *graffito*. Pâte similaire à n° 594. Dim. : 3,5 x 3 cm. *Kana-88/V-21*, pièce 4 (*fig. 67*).

603. Amphore côtelée, fragment de panse portant un *graffito* en forme de croix. Pâte similaire à n° 594. Dim. : 4,5 x 4,5 cm. *Kana-88/V-60*, couche d'occupation devant la façade nord du bâtiment (*fig. 67*).

604. Amphore à parois lisses, fragment de bord et d'anse. Pâte rosâtre, fine, sableuse, micacée, inclusions blanches. Diam. : 7 cm. *Kana-88/V-2*, pièce 1 (*fig. 67*).

605. Amphore à parois lisses, fragment de bord, petit bourrelet sous la lèvre. Pâte rosâtre, fine, sableuse, micacée, inclusions blanches. Diam. : 8 cm. *Kana-88/V-3*, pièce 1 (*fig. 67*).

606. Amphore, partie supérieure. Pâte brune, grumeleuse, sableuse, surface extérieure avec traces de pellicule blanchâtre. Diam. : 10 cm ; haut. : 16 cm. *Kana-88/V-22*, pièce 4 (*fig. 67*).

607. Amphore, fragment de bord. Pâte similaire à n° 606. Diam. : 9 cm. *Kana-88/V-85*, pièce 5 (*fig. 67*).

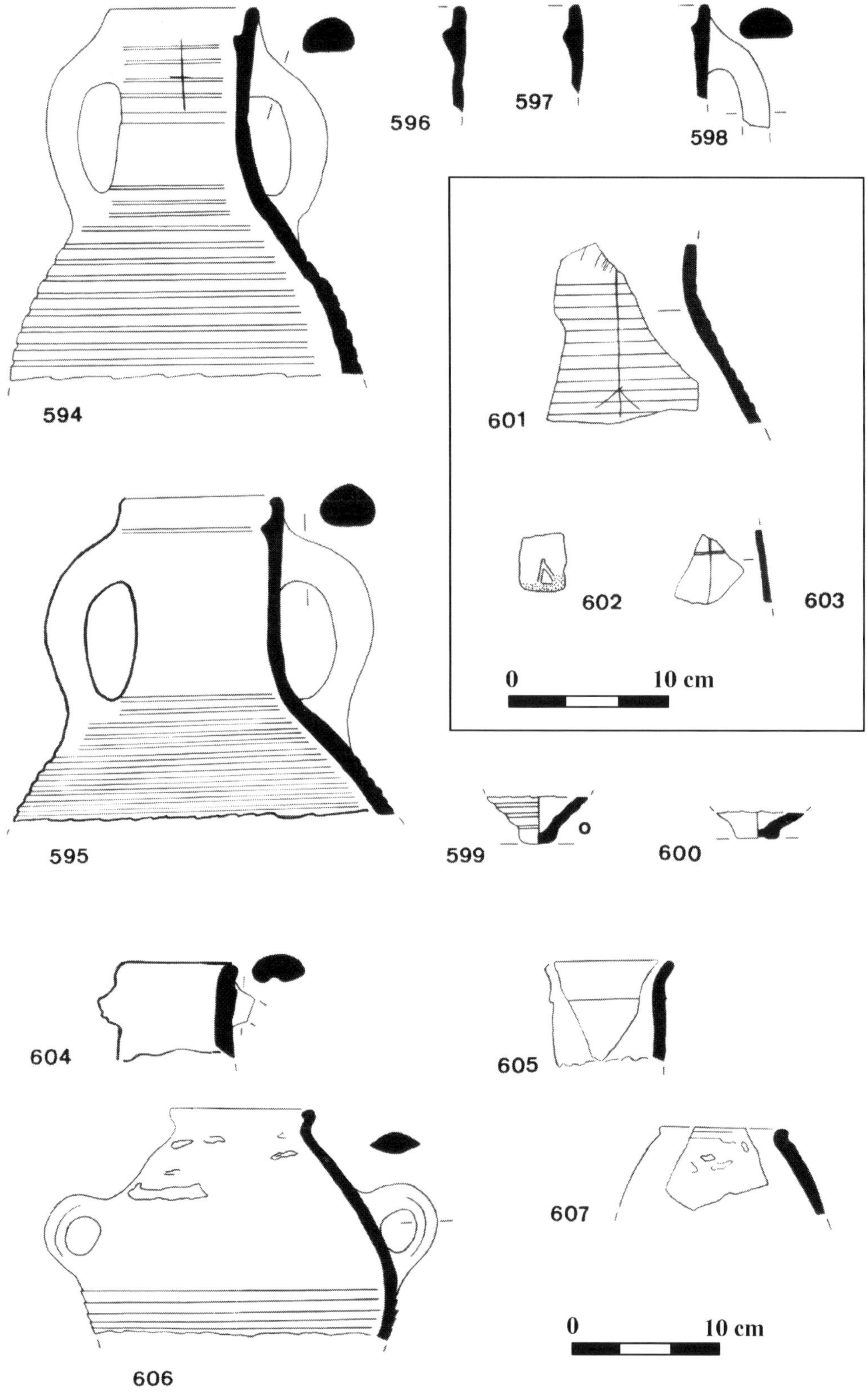
594
596
597
598
601
602
603
0 10 cm
595
599
600
604
605
606
607
0 10 cm

Figure 67

Catalogue

608. Amphore, fragment de bord, lèvre en bourrelet. Pâte rouge, sableuse, bitume à l'intérieur. Diam. : 16 cm. *Kana-88/V-86*, pièce 3 (*fig. 68*).

609. Amphore, fragment de bord, lèvre en bourrelet. Pâte rouge, sableuse, bitume à l'intérieur. Diam. : 13,5 cm. *Kana-88/V-87*, pièce 1 (*fig. 68*).

610. Amphore, pied tronconique. Pâte rouge, sableuse, bitume à l'intérieur. Diam. : 3,8 cm ; haut. : 7 cm. *Kana-88/V-88*, pièce 2 (*fig. 68*).

611. Amphore, pied tronconique. Pâte rouge, sableuse, bitume à l'intérieur. Diam. : 4,5 cm ; haut. : 7 cm. *Kana-88/V-89*, pièce 1 (*fig. 68*).

612. Amphore, fragment de panse, une partie de *graffito*. Pâte rouge, sableuse, bitume à l'intérieur. Dim. : 4 x 2 cm. *Kana-88/V-61*, couche d'occupation devant la façade nord du bâtiment (*fig. 68*).

613. Amphore, fragment de panse, trace d'une inscription à la peinture noire. Pâte rouge, sableuse, bitume à l'intérieur. Dim. : 7 x 5 cm. *Kana-88/V-4*, pièce 1 (*fig. 68*).

614. Grande jarre ouverte, fragment de bord, lèvre biseautée extérieurement. Pâte rouge, fine, dégraissant sableux. Diam. : 31 cm. *Kana-88/V-90*, pièce 1 (*fig. 68*).

615. Bol, fragment de bord, à parois droites. Pâte rouge, fine. Diam. : 28 cm. *Kana-88/V-91*, pièce 6 (*fig. 68*).

616. Grand vase ouvert, fragment de bord. Pâte rouge, fine. Décor imprimé et incisé : cupules et lignes. Diam. : 29 cm. *Kana-88/V-92*, pièce 1 (*fig. 68*).

617. Grande jarre, fragment de panse. Pâte rouge, fine, engobe rougeâtre à l'extérieur. Décor estampé : en forme de filet. Dim. : 12,5 x 10,5 cm. *Kana-88/V-93*, pièce 2 (non illus.).

618. Grande jarre, partie supérieure, col cylindrique, lèvre en forme de "bec". Pâte de cassure rouge, surface externe claire, fine, sableuse. Décor incisé : faisceaux de lignes droites et ondulées. Diam. : 18 cm. *Kana-88/V-58*, pièce 4 (*fig. 68*).

619. Jarre, fragment de bord, col cylindrique, lèvre en forme de "bec". Pâte similaire n° 618. Décor incisé : lignes horizontales. Diam. : 9 cm. *Kana-88/V-94*, pièce 1 (*fig. 68*).

620. Jarre, fragment de bord, col cylindrique, lèvre en forme de "bec". Pâte similaire n° 618. Diam. : 14 cm. *Kana-88/V-95*, pièce 2 (*fig. 68*).

621. Jarre, fragment de panse. Pâte similaire n° 618. Décor incisé : lignes droites et ondulées. Dim. : 6,5 x 6,5 cm. *Kana-88/V-96*, pièce 2 (*fig. 68*; *pl. 80*).

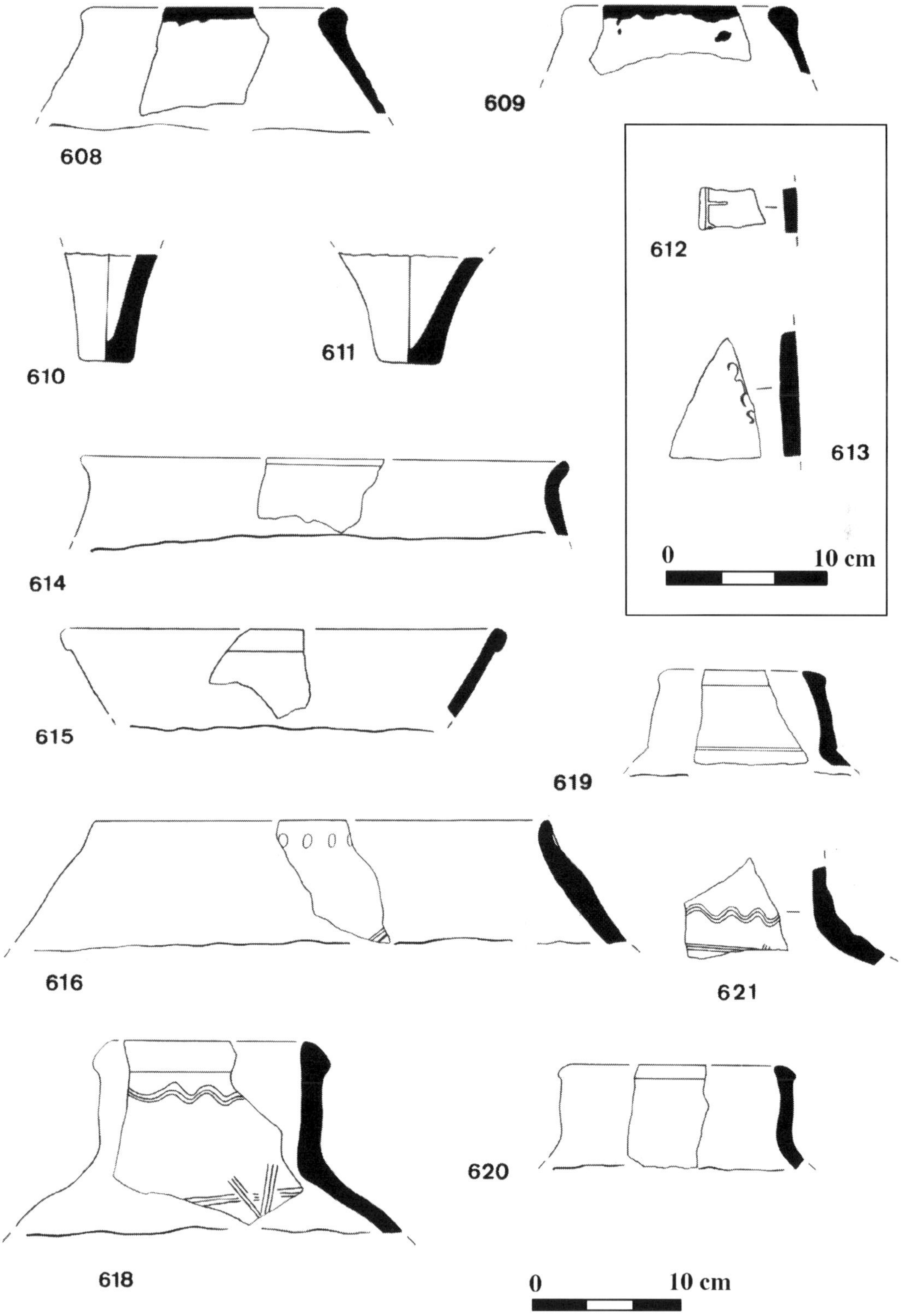

Figure 68

Catalogue

622. Grande jarre, fragment de panse. Pâte similaire n° 618. Décor incisé : faisceaux de lignes parallèles. Dim. : 16,5 x 12,5 cm. *Kana-88/V-97*, pièce 4 (*fig. 69*).

623. Grande jarre, fragment de panse. Pâte similaire n° 618. Décor incisé : faisceaux de lignes parallèles. Dim. : 8 x 6,5 cm. *Kana-88/V-98*, pièce 1 (*fig. 69*).

624. Jarre, fragment de fond. Pâte similaire n° 618. Diam. : 8 cm. *Kana-88/V-99*, pièce 1 (*fig. 69*).

625. Jarre, fragment de panse. Pâte rouge, fine, sableuse. Décor incisé : faisceaux de lignes parallèles. Dim. : 7,5 x 4 cm. *Kana-88/V-100*, pièce 2 (non illus.).

626. Jarre, fragment de panse orné d'un *graffito*. Pâte rouge, fine, sableuse. Dim. : 9 x 8 cm *Kana-88/V-13*, pièce 2 (*fig. 69*).

627. Grande jarre fermée, fragment de bord, lèvre non profilée. Lettre (?) incisée sous la lèvre. Pâte rouge, fine, sableuse. Diam. : 24 cm. *Kana-88/V-63*, pièce 5 (*fig. 69*).

628. Vase, fragment de fond. Pâte claire, très fine, engobe violet et ligne noire à l'extérieur. Diam. : 6,5 cm. *Kana-88/V-23*, pièce 4 (*fig. 69*).

629. Jarre, partie supérieure, lèvre biseautée extérieurement, à parois fines, à carène dans la partie médiane de la panse. Pâte noire, très fine, surface extérieure polie. Diam. du bord : 14 cm ; diam. de la panse : 21 cm ; haut. : 8 cm. *Kana-88/V-5*, pièce 1 (*fig. 69*).

630. Jarre, fragment de partie supérieure, lèvre arrondie verticale, panse sphérique. Pâte rouge, fine, surface extérieure polie. Décor incisé : deux lignes horizontales sur l'épaule. Diam. : 14,5 cm. *Kana-88/V-101*, pièce 1 (*fig. 69*).

631. Jarre, fragment de partie supérieure, lèvre biseautée extérieurement. Pâte rouge, fine, surface extérieure polie. Décor en relief et incisé : bourrelet à l'extérieur et ligne horizontale à l'intérieur. Diam. : 18,5 cm. *Kana-88/V-102*, pièce 2 (*fig. 69*).

632. Jarre, fragment de bord, lèvre en forme de "bec" biseautée extérieurement. Pâte rouge, fine, surface extérieure polie. Décor incisé : lignes horizontales. Diam. : 17 cm. *Kana-88/V-11*, pièce 4 (*fig. 69*).

633. Jarre, fragment de bord, lèvre en bourrelet biseautée extérieurement. Pâte rouge, fine, surface extérieure polie. Diam. : 15 cm. *Kana-88/V-104*, pièce 5 (*fig. 69*).

634. Jarre, fragment de bord, lèvre en bourrelet biseautée extérieurement. Pâte rouge, fine, surface extérieure polie. Diam. : 14,5 cm. *Kana-88/V-105*, pièce 1 (*fig. 69*).

635. Vase, fragment d'une anse bifide (?). Pâte rouge, fine, surface extérieure polie. *Kana-88/V-106*, pièce 6 (*fig. 69*).

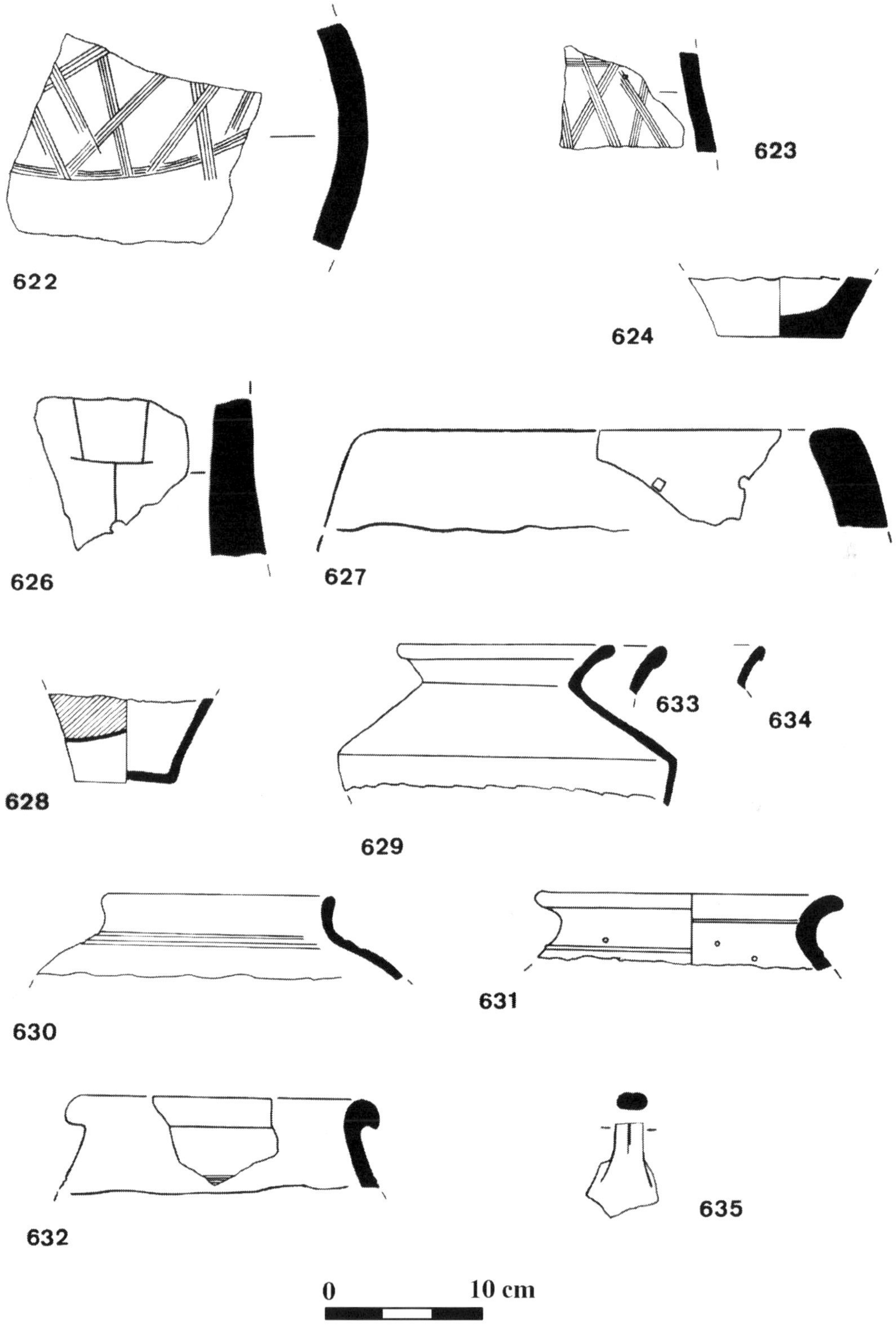
622
623
624
626
627
628
629
633
634
630
631
632
635
0 10 cm

Figure 69

Catalogue

636. Jarre, fragment de bord, lèvre en bourrelet biseautée extérieurement ; modelée. Pâte brune, très fine, surface extérieure polie. Décor incisé : ligne en haut sur la lèvre. Diam. : 19 cm. *Kana-88/V-107*, pièce 1 (*fig. 70*).

637. Jarre, complète, lèvre en bourrelet biseautée extérieurement, fond arrondi ; modelée. *Graffito* sur l'épaule. Pâte noire, très fine, surface extérieure polie de très bonne qualité. Décor incisé : rainures. Diam. du bord : 14,5 cm ; diam. de la panse : 34,5 cm ; haut. : 33 cm. *Kana-88/V-12*, pièce 2 (*fig. 70*).

638. Jarre, fragment de fond concave ; modelée. Pâte rouge, très fine, surface extérieure polie. Diam. : 7,5 cm. *Kana-88/V-108*, pièce 4 (*fig. 70*).

639. Jarre, fragment de fond concave ; modelée. Pâte rouge, très fine, surface extérieure polie. Diam. : 9,5 cm. *Kana-88/V-109*, pièce 1 (*fig. 70*).

640. Jarre, fragment de bord ; modelée. Pâte rouge, très fine, surface extérieure polie. Diam. : 11 cm. *Kana-88/V-110*, pièce 1 (*fig. 70*).

641. Jarre, fragment de partie supérieure ; modelée. Pâte rouge, très fine, surface extérieure polie. Décor en relief: petit bourrelet sur l'épaule. Diam. : 6,5 cm. *Kana-88/V-111*, pièce 1 (*fig. 70*).

642. Jarre, fragment de bord ; modelée. Pâte brune, très fine, surface extérieure polie. Décor incisé : ligne sous la lèvre. Diam. : 6,5 cm. *Kana-88/V-112*, pièce 2 (*fig. 70*).

643. Jarre, fragment de col ; modelée. Pâte grise, très fine, surface extérieure polie. Décor estampé : points sur l'épaule. Diam. : 6,5 cm. *Kana-88/V-113*, pièce 1 (*fig. 70* ; pl. 80).

644. Jarre, fragment de bord ; modelée. Pâte rouge, très fine, surface extérieure polie. Diam. : 14,5 cm. *Kana-88/V-114*, pièce 4 (*fig. 70*).

645. Jarre, fragment de bord ; modelée. Pâte grise, très fine, surface extérieure polie. Décor en relief : bourrelet sur l'épaule. Diam. : 17,5 cm. *Kana-88/V-115*, pièce 1 (*fig. 70*).

646. Jarre, fragment de col ; modelée. Pâte rouge, très fine, surface extérieure polie. Décor en relief : bourrelet sur l'épaule. Diam. : 13 cm. *Kana-88/V-116*, pièce 4 (*fig. 70*).

647. Bol, fragment de bord ; modelé. Pâte rouge, très fine, surface extérieure polie. Décor incisé : deux lignes horizontales sous la lèvre. Diam. : 11 cm. *Kana-88/V-117*, pièce 4 (*fig. 70*).

648. Jarre, fragment de panse ; modelée. Pâte grise, très fine, surface extérieure polie. Décor estampé : ligne de triangles. Dim. : 6,5 x 4 cm. *Kana-88/V-118*, pièce 2 (*fig. 70*).

649. Jarre, fragment de panse ; modelée. Pâte rouge, très fine, surface extérieure polie. Décor incisé : motif d'arêtes. Dim. : 4,8 x 3,2 cm. *Kana-88/V-119*, pièce 3 (*fig. 70*).

650. Cruche, fragment de panse et d'anse ; modelée. Pâte brune, très fine, surface extérieure polie. Dim. : 7,2 x 6,4 cm. *Kana-88/V-120*, pièce 2 (*fig. 70*).

651. Jarre, fragment de panse ; modelée. Pâte rouge, très fine, surface extérieure polie. Décor estampé : points sur l'épaule. Dim. : 8,4 x 5,6 cm. *Kana-88/V-121*, pièce 1 (*fig. 70*).

652. Jarre, fragment de panse ; modelée. Pâte rouge, très fine, surface extérieure polie. Décor imprimé : cupules sur l'épaule. Dim. : 8,4 x 7,2 cm. *Kana-88/V-122*, pièce 1 (*fig. 70*).

653. Jarre, fragment de panse ; modelée. Pâte rouge, très fine, surface extérieure polie. Décor en relief et incisé : bourrelet orné de chevrons verticaux incisés de petites lignes. Dim. : 10,8 x 7,6 cm. *Kana-88/V-123*, pièce 2 (*fig. 70*).

654. Jarre, fragment de panse ; modelée. Pâte rouge, très fine, surface extérieure polie. Décor en relief : bourrelet orné de chevrons verticaux. Dim. : 10,5 x 8 cm. *Kana-88/V-124*, pièce 1 (*fig. 70*).

655. Jarre, fragment de panse ; modelée. Pâte rouge, très fine, surface extérieure polie. Décor en relief et incisé : bourrelet orné d'une frise de croix. Dim. : 8,4 x 7,2 cm. *Kana-88/V-125*, pièce 5 (*fig. 70*).

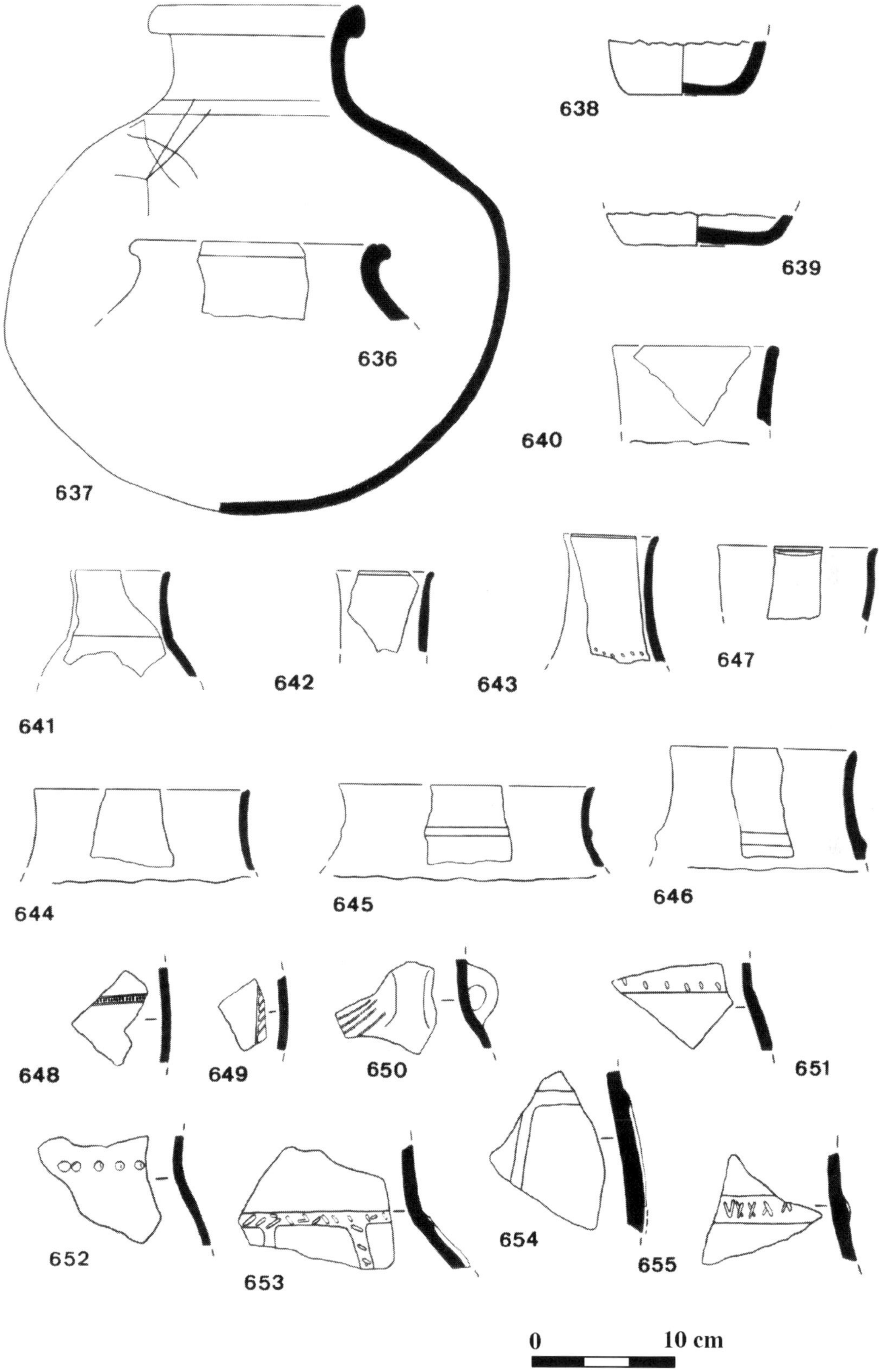
636
637
638
639
640
641
642
643
647
644
645
646
648
649
650
651
652
653
654
655
0 10 cm

Figure 70

Catalogue

656. Jarre ouverte, fragment de bord, lèvre biseautée extérieurement. Pâte claire, fine, sableuse, glaçure dorée. Diam. : 22 cm. *Kana-88/V-24*, pièce 4 (*fig. 71*).

657. Assiette ou bol, fond. Traces d'inscription tracée à la peinture noire, à l'intérieur. Pâte claire, fine, restes de glaçure jaunâtre. Diam. : 7,5 cm. *Kana-88/V-62*, pièce 5 (*fig. 71*).

658. Assiette ou bol, fond. Pâte claire, fine, glaçure verdâtre. Diam. : 8,5 cm. *Kana-88/V-126*, pièce 1 (*fig. 71*).

659. Vase, fragment d'anse de section ovale, rainurée en son centre. Pâte claire, fine, restes de glaçure jaune-vert. Dim. : 3,5 x 1,5 cm. *Kana-88/V-7*, pièce 1 (*fig. 71*).

660. Bol, fragment de bord. Pâte claire, fine, restes de glaçure vert-jaunâtre. Diam. : 14 cm. *Kana-88/V-6,* pièce 1 (non illus.).

661. Bol, fragment de panse. Pâte claire, fine, glaçure verdâtre. Dim. : 5,3 x 3,4 cm. *Kana-88/V-38*, pièce 3 (non illus.).

662. Jarre de cuisine, complète, lèvre biseautée extérieurement, panse biconique, fond rond. Pâte rouge, sableuse, fine. Diam. du bord : 10,5 cm ; diam. du col : 7 cm ; diam. de la panse : 25 cm ; haut. : 15,5 cm. *Kana-88/V-127*, couche d'occupation devant la façade sud du bâtiment (*fig. 71*).

663. Jarre de cuisine, fragment de bord, lèvre biseautée extérieurement. Pâte rouge, très fine, surface extérieure polie de très bonne qualité. Diam. : 8 cm. *Kana-88/V-128*, pièce 1 (*fig. 71*).

664. Vase de cuisine, fragment de panse et d'anse verticale, de section ronde. Pâte rouge, fine, surface extérieure polie. Décor incisé : lignes horizontales. Dim. : 6,4 x 4,4 cm ; diam. de la section : 1,5 cm. *Kana-88/V-129*, pièce 1 (*fig. 71*).

665. Vase de cuisine, fragment d'anse verticale, de section ronde. Pâte rouge, fine. Décor incisé : lignes. Diam. de la section : 1,2 cm. *Kana-88/V-130*, pièce 1 (*fig. 71*).

666. Vase de cuisine, fragment d'anse verticale, de section ovale. Pâte rouge, fine. Dim. de la section : 2 x 0,6 cm. *Kana-88/V-131*, pièce 2 (*fig. 71*).

667. Vase de cuisine, fragment d'anse verticale, de section ronde. Pâte rouge, fine. Diam. de la section : 0,8 cm. *Kana-88/V-132*, pièce 4 (*fig. 71*).

668. Couvercle, fragment de bord. Pâte rouge, sableuse, fine. Diam. : 14 cm. *Kana-88/V-133*, pièce 1 (*fig. 71*).

669. Grande cuvette côtelée, fragment de bord, lèvre en forme de bourrelet. Pâte grise, sableuse, surface extérieure blanchâtre. Diam. : 34 cm. *Kana-88/V-134*, pièce 1 (*fig. 71*).

670. Grande cuvette côtelée, fragment de bord, lèvre en forme de petit bourrelet. Pâte grise, sableuse, surface extérieure blanchâtre. Diam. : 30 cm. *Kana-88/V-135*, pièce 1 (*fig. 71*).

671. Grande jarre ouverte, fragment de bord, lèvre en forme de "bec". Pâte rouge, sableuse, fine. Décor incisé : lignes ondulées. Diam. : 35,5 cm. *Kana-88/V-136*, pièce 6 (*fig. 71*).

672. Grande jarre ouverte, fragment de bord, lèvre en forme de "bec". Pâte rouge, sableuse, fine. Décor incisé : lignes ondulées. Diam. : 35 cm. *Kana-88/V-137*, pièce 1 (*fig. 71*).

673. Grande jarre ouverte, fragment de bord, lèvre en forme de "bec". Pâte rouge, sableuse, fine. Diam. : 32 cm. *Kana-88/V-138*, pièce 4 (*fig. 71*).

674. Grande jarre ouverte, fragment de bord, lèvre verticale. Pâte rouge, sableuse, fine, engobe rougeâtre à l'extérieur. Diam. : 36 cm. *Kana-88/V-139*, pièce 1 (*fig. 71*).

675. Grande jarre, fragment de bord. Pâte rouge, sableuse, fine. Diam. : 18 cm. *Kana-88/V-140*, pièce 2 (*fig. 71*).

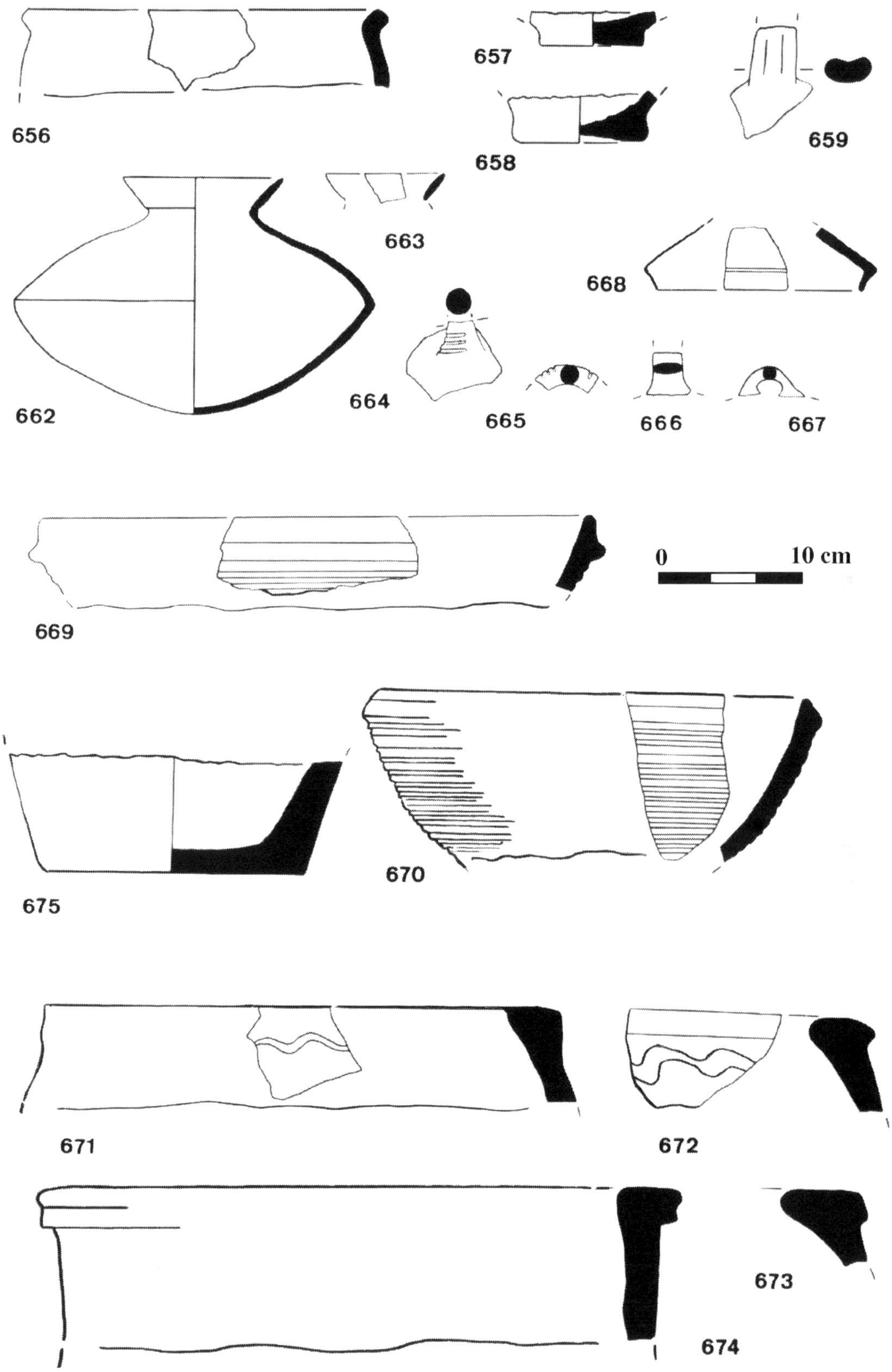
656
657
658
659
662
663
664
665
666
667
668
669
0
10 cm
670
671
672
673
674
675

Figure 71

Catalogue

676. Grand bol, incomplet. Pâte jaune-verte, grossière, poreuse, traces d'inclusions organiques. Diam. du bord : 20 cm ; diam. du fond : 12 cm ; haut. : 10,5 cm. *Kana-88/V-64*, pièce 5 (*fig. 72*).

677. Grand bol, fragment de bord. Pâte jaunâtre, poreuse, traces d'inclusions organiques. Diam. : 16 cm. *Kana-88/V-141*, pièce 1 (*fig. 72*).

678. Bol, fragment de bord. Pâte jaune-verte, poreuse, traces d'inclusions organiques. Diam. : 13 cm. *Kana-88/V-142*, pièce 1 (*fig. 72*).

679. Grand bol, fragment de bord. Pâte jaunâtre, poreuse, traces d'inclusions organiques, engobe brunâtre à l'extérieur. Décor incisé : ligne ondulée. Diam. : 20 cm. *Kana-88/V-143*, pièce 4 (*fig. 72*).

680. Grand bol, fragment de bord. Pâte jaune-verte, poreuse, traces d'inclusions organiques. Diam. : 22 cm. *Kana-88/V-144*, pièce 5 (*fig. 72*).

681. Grande jarre ouverte, fragment de bord, lèvre en forme de bourrelet. Pâte jaunâtre, poreuse, traces d'inclusions organiques, engobe rougeâtre à l'extérieur. Diam. : 30 cm. *Kana-88/V-145*, pièce 2 (*fig. 72*).

682. Grande jarre ouverte, fragment de bord, lèvre en forme de bourrelet. Pâte jaunâtre, poreuse, traces d'inclusions organiques, engobe brunâtre à l'extérieur. Décor incisé : ligne à l'intérieur. Diam. : 38 cm. *Kana-88/V-146*, pièce 6 (*fig. 72*).

683. Grande jarre ouverte, fragment de bord, lèvre en forme de bourrelet. Pâte jaunâtre, poreuse, traces d'inclusions organiques, engobe rougeâtre à l'extérieur. Décor incisé : lignes ondulées. Diam. : 42,5 cm. *Kana-88/V-147*, pièce 1 (*fig. 72*).

684. Grand vase fermé, fragment de bord, lèvre verticale, panse sphérique. Pâte jaune-verte, poreuse, traces d'inclusions organiques. Diam. : 13 cm. *Kana-88/V-148*, pièce 1 (*fig. 72*).

685. Grand vase fermé, fragment de bord, panse sphérique. Pâte jaune-verte, poreuse, traces d'inclusions organiques. Diam. : 22 cm. *Kana-88/V-149*, pièce 4 (*fig. 72*).

686. Grande jarre, fragment de bord, lèvre arrondie biseautée extérieurement. Pâte jaune-verte, poreuse, traces d'inclusions organiques. Diam. : 19 cm. *Kana-88/V-150*, pièce 6 (*fig. 72*).

687. Grande jarre, fragment de base annulaire. Pâte jaunâtre, poreuse, traces d'inclusions organiques. Diam. : 20 cm. *Kana-88/V-151*, pièce 4 (*fig. 72*).

688. Grande jarre, fragment de base annulaire. Pâte jaunâtre, poreuse, traces d'inclusions organiques. Diam. : 18 cm. *Kana-88/V-152*, pièce 2 (*fig. 72*).

689. Grande jarre, fragment de base annulaire. Pâte jaune-verte, poreuse, traces d'inclusions organiques. Diam. : 20 cm. *Kana-88/V-153*, pièce 1 (*fig. 72*).

690. Grande jarre, fragment de base annulaire. Pâte jaune-verte, poreuse, traces d'inclusions organiques. Diam. : 18 cm. *Kana-88/V-154*, pièce 1 (*fig. 72*).

691. Râpe pour le blé, fragment. Dim. : 12 x 11 x 3,5 cm. *Kana-88/V-180*, pièce 1 (non illus.).

692. Râpe pour le blé, fragment. Dim. : 15 x 9 x 3,2 cm. *Kana-88/V-181*, pièce 1 (non illus.).

693. Râpe pour le blé en galet, fragment. Dim. : 9 x 7 x 2,8 cm. *Kana-88/V-182*, pièce 2 (non illus.).

694. Râpe pour le blé, fragment. Dim. : 15 x 12 x 3 cm. *Kana-88/V-183*, pièce 3 (non illus.).

695. Râpe pour le blé, fragment. Dim. : 10,5 x 8,5 x 3,2 cm. *Kana-88/V-184*, pièce 3 (non illus.).

696. Râpe pour le blé, fragment. Dim. : 12,5 x 9,5 x 2,8 cm. *Kana-88/V-185*, pièce 4 (non illus.).

697. Râpe pour le blé en galet, complète. Dim. : 18 x 7,5 x 3,5 cm. *Kana-88/V-186*, pièce 5 (non illus.).

698. Râpe pour le blé, fragment. Dim. : 10,5 x 6 x 3,2. *Kana-88/V-187*, pièce 6 (non illus.).

699. Râpe pour le blé, complète. Dim. : 22 x 14 x 6 cm. *Kana-88/V-188*, pièce 6 (non illus.).

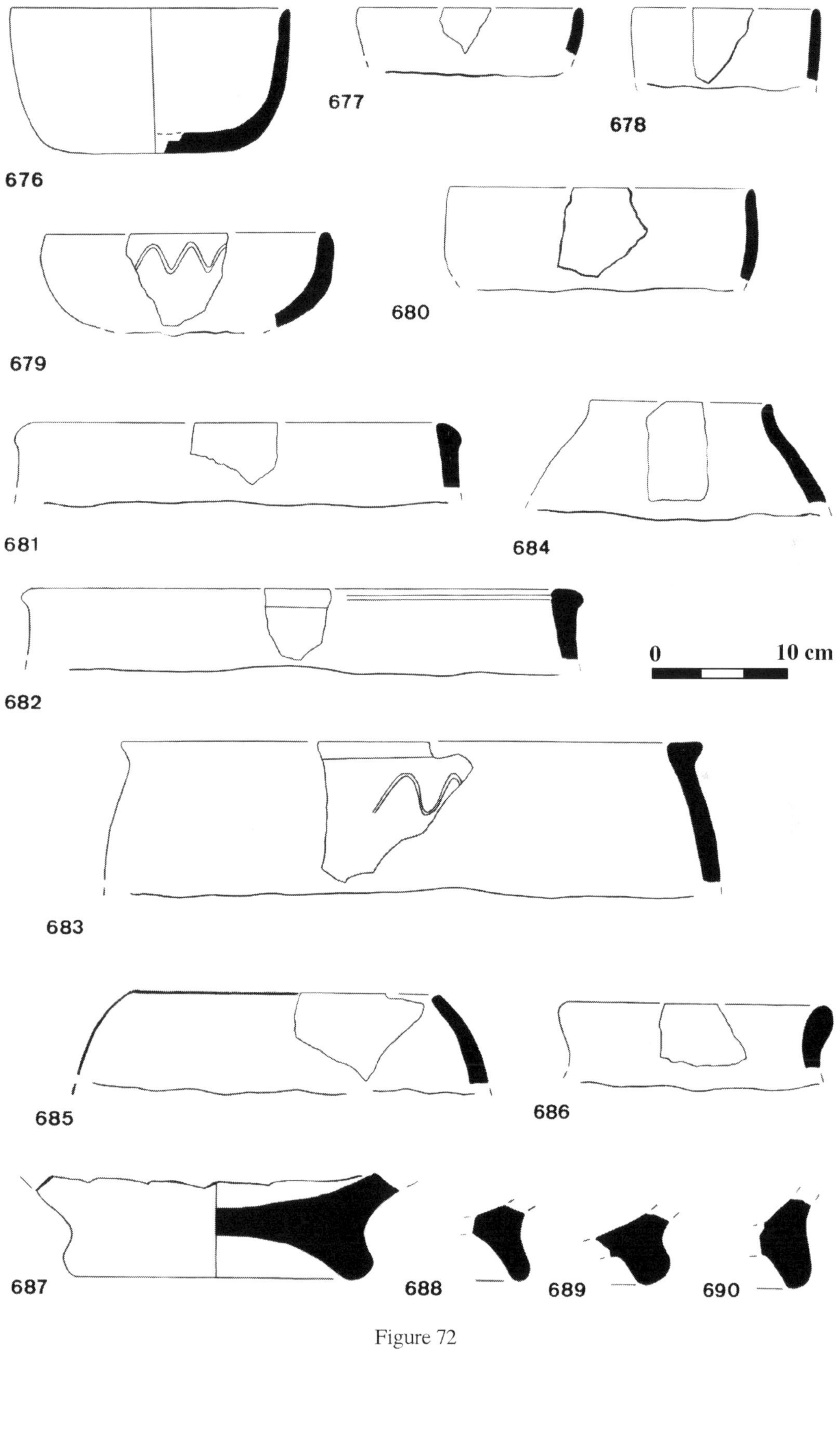
676
677
678
679
680
681
684
682
0 10 cm
683
685
686
687
688
689
690

Figure 72

les couches supérieures du secteur 1. On a retrouvé des types analogues à Arikamedu [4]. Comme dans le secteur 1, un ensemble de céramiques décorées de faisceaux de lignes droites et ondulées qui se croisent, tracées au moyen d'un peigne sur la pâte encore humide (*cat.* 618-623, 625, p. 159-161), se différencie des autres à la fois par son type de pâte et par son décor, mais aussi par ses formes.

Le corpus de céramique à pâte beige et claire est beaucoup moins important que celui de la céramique à pâte rouge. On notera le fragment de la partie inférieure d'un vase à pâte claire, à paroi fine, à engobe violet du côté extérieur, souligné en bas d'une ligne noire (*cat.* 628, p. 161).

La vaisselle de table à pâte rouge polie présente des formes analogues à celles de la céramique culinaire. Il s'agit de jarres arrondies, à paroi fine, à lèvre presque verticale (*cat.* 630, p. 161) ou biseautée extérieurement (*cat.* 631-634, p. 161). Contrairement à ce que l'on observe sur les jarres de cuisine de forme similaire, il n'y a pas de dépôt de suie sur la surface extérieure. Quelques récipients polis étaient décorés de rainures étroites sur l'épaule du cote extérieur (*cat.* 630) ; il est plus rare de trouver le bourrelet à l'extérieur et la rainure à l'intérieur, sous la lèvre (*cat.* 631).

La céramique à pâte grise et noire polie est typologiquement identique à la céramique à pâte rouge polie. La seule différence repose sur la couleur de la surface extérieure (*cat.* 629, p. 161). On mentionnera la trouvaille unique d'un fragment d'anse de vase à pâte grise polie (*cat.* 635, p. 161).

Un autre groupe céramique, dont l'appartenance culturelle est très claire, est attesté par des découvertes un peu plus nombreuses. Il s'agit de récipients tout à fait analogues à ce que l'on trouve en Afrique orientale. Ce type de céramique était fabriqué sans tour de potier. La céramique est cependant de bonne qualité, à paroi fine, très bien polie. La pâte contient diverses inclusions de sable, de chamotte, de petits morceaux de mica, etc. Sur la surface intérieure, on observe parfois de petits cratères qui se sont formés lors du modelage du récipient (surtout dans le cas des vases à col étroit), ou des empreintes qui résultent probablement du lissage de la surface du récipient à l'aide d'une touffe d'herbe.

Il n'y a qu'une seule jarre modelée complète : elle a une forme sphérique, un col cylindrique peu élevé, la lèvre biseautée extérieurement (*cat.* 636, p. 163). Cette jarre présente un beau poli noir dont la partie inférieure est fortement altérée. Un *graffito* est incisé sous le col, sur l'épaule ; il représente probablement un poisson. Quelques fragments de jarres sphériques similaires ont une rainure étroite sur la lèvre (*cat.* 637, p. 163). Toutes les jarres modelées n'ont pas le fond rond. Au contraire, la plupart ont un fond pratiquement plat, vers lequel la panse s'arrondit harmonieusement. Parfois, le fond est même légèrement concave (*cat.* 638-639, p. 163).

Les jarres à col cylindrique et à panse arrondie (*cat.* 640-646, p. 163) constituent le type de céramique modelée le plus répandu. Certaines ont un bourrelet en faible relief, coupé à la transition du col et de la panse (*cat.* 641) ; les autres sont décorées de points (*cat.* 643). Les jarres à col plus large ont souvent un bourrelet sous la lèvre (*cat.* 645) ou plus bas, presque sur l'épaule (*cat.* 646). Les fragments de bols sont très rares. Parmi eux, notons un fragment de bol

---

4. R.E.M. Wheeler, 1946, « Arikamedu : an Indo-Roman trading-station on the east coast of India », *Ancient India*, Vol. 2. New Delhi, pl. XXVIII, B, 4 ; XXX, B, 2-4 ; XXXI, C, 2,4 ; XXXII, B, 2.

à lèvre biseautée et légèrement évasé, décoré à l'extérieur de deux lignes incisées sur la pâte encore humide (*cat.* 647, p. 163). Signalons le fragment unique d'une cruche munie d'une anse verticale en forme de nœud et décorée de petites incisions formant des traits se rejoignant au niveau de l'anse (*cat.* 650, p. 163).

Dans ce corpus, *la céramique modelée* se distingue par la richesse de son décor : des points (*cat.* 643, p. 163), des cupules (*cat.* 652, p. 163), des bourrelets (*cat.* 645-646, p. 163) parfois ornés de points (*cat.* 651, p. 163) ou d'une frise de croix (*cat.* 655, p. 163). Quelques bourrelets sont complétés de moulures verticales (*cat.* 654, p. 163), parfois elles-mêmes décorées de frises (*cat.* 653, p. 153). Le décor incisé est plus rare : l'un des fragments est décoré d'une ligne verticale vers laquelle convergent des lignes obliques parallèles (*cat.* 649, p. 163) ; un autre est orné de deux lignes parallèles horizontales entre lesquelles sont estampés des petits segments verticaux (*cat.* 648, p. 163).

L'étude de ce dernier groupe céramique laisse supposer la présence d'une communauté originaire d'Afrique orientale au sein de la population de Bir 'Alī (Qāni') aux environs des Ve-VIe siècles ap. J.-C. Si l'on se fonde sur l'homogénéité relative des types de céramique modelée du secteur 5 – par comparaison avec le secteur 1 – qui s'observe tant dans la forme que dans le décor, on peut supposer que les populations originaires d'Afrique se concentraient surtout dans l'extrémité sud-ouest de Bir 'Alī (Qāni'), et non dans la zone contiguë au port.

Dans *la céramique glaçurée*, les formes les plus caractéristiques sont les suivantes : récipients en forme d'assiette ou de bol (*cat.* 657-658, 660-661, p. 164-165), et jarres ouvertes à lèvre légèrement biseautée vers l'extérieur (*cat.* 656, p. 165). Un type de vase présente une anse rainurée dans sa partie médiane (*cat.* 659, p. 165). La glaçure est de couleur verdâtre ou, plus rarement, jaune.

La céramique culinaire présente un type de jarres à fond rond, à panse carénée, à col assez étroit, avec une lèvre biseautée extérieurement (*cat.* 662, p. 165). La plupart de ces récipients ont un polissage rouge ou noir d'une assez bonne qualité (*cat.* 663, p. 165). Les anses ornées d'incisions originales (*cat.* 664-667, p. 165) sont assez typiques de ces vases. Parmi la vaisselle de cuisine, on trouve aussi – mais très rarement – des couvercles (*cat.* 668, p. 165).

La céramique à parois épaisses a laissé des fragments de grandes jarres et de grands bols, ou plutôt des cuvettes. Les particularités de la pâte – contenant une grande quantité de sable – et du décor apposé sur l'extérieur – rainures horizontales (*cat.* 669-670, p. 165) –, rapprochent ces cuvettes des amphores que l'on trouve le plus souvent sur le site, les amphores côtelées. Elles étaient probablement fabriquées dans le même atelier. Les grandes jarres ont d'ordinaire la lèvre en forme de "bec", biseautée intérieurement (*cat.* 671-673, p. 165) ; on trouve plus rarement des récipients à parois presque verticales, avec la lèvre biseautée vers l'extérieur (*cat.* 674, p. 165). Les grandes jarres ont le fond plat (*cat.* 675, p. 165). Elles ne présentent qu'un seul décor : des lignes ondulées incisées sur la pâte encore humide, sous la lèvre (*cat.* 671-672, p. 165).

Comme on le sait, la pâte grossière et poreuse est typique des *céramiques sud-arabiques*. Cette texture tient en grande partie à la nature des inclusions, qui sont surtout organiques. On peut parfois distinguer parfaitement sur la cassure des tessons les morceaux brûlés de paille hachée etc. Dans ce groupe, on trouve avant tout des fragments de grandes jarres à base

Catalogue

700. Pilon en albâtre en forme de brique, section carrée. Traces d'usure aux extrémités. Dim. : 8 x 2,5 x 2,5 cm. *Kana-88/V-19*, pièce 2 (*fig. 73*).

701. Meule manuelle ronde en basalte, fragment, partie supérieure. Trou au centre (diam. : 3,8 cm). Diam. : 29 cm. *Kana-88/V-11*, pièce 1 (*fig. 73*)

702. Galet arrondi portant deux cavités. Dim. : 16 x 11 x 3,5 cm ; diam. des cavités : 4,2 et 3 cm. *Kana-88/V-9*, pièce 1 (non illus.).

703. Galet arrondi portant deux cavités. Dim. : 24 x 17 x 1 cm ; diam. des cavités : 6 et 5,8 cm ; profondeur des cavités 2 cm. *Kana-88/V-189*, pièce 1 (non illus.).

704. Galet arrondi portant deux cavités. Dim. : 17 x 11 x 4 cm ; diam. des cavités : 4,6 et 4,1 cm. *Kana-88/V-32*, pièce 4 (non illus.).

705. Galet plat avec plusieurs incisions sur les bords. Dim. : 24 x 19 x 7 cm. *Kana-88/V-10*, pièce 1 (*fig. 73*).

706. Galet plat. Dim. : 25 x 19 x 4 cm. *Kana-88/V-190*, pièce 4 (non illus.).

707. Galet plat. Dim. : 23 x 21 x 5,6 cm. *Kana-88/V-191*, pièce 4 (non illus.).

708. Bol en pierre, fragment de bord. Diam. : 24 cm. *Kana-88/V-53*, pièce 6 (non illus.).

709. Petit autel en albâtre, en forme de trapèze, fragment. Dim. : 12 x 10-8,5 x 5 cm ; profondeur du réservoir 0,5 cm. *Kana-88/V-18*, pièce 2 (*fig. 73*).

710. Couvercle plat. Pâte rouge, fine. Diam. : 7 cm. *Kana-88/V-25*, pièce 4 (*fig. 73*).

711. Couvercle concave. Pâte rouge, fine. Diam. : 8 cm. *Kana-88/V-26*, pièce 4 (*fig. 73*).

712. Couvercle plat, fragment de panse de jarre à pâte rouge. Diam. : 7,5 cm. *Kana:88/V-27*, pièce 4 (*fig. 73*).

713. Crochet, fragment, section ronde. Dim. : 12 x 10 cm ; diam. de la section : 2 cm. *Kana-88/V-17*, pièce 2 (*fig. 73*).

714. Couteau, fragment de lame. Dim. : 7 x 2 cm. *Kana-88/V-36*, pièce 4 (*fig. 73*).

715. Bracelet en fil de bronze, fragment. Section arrondie, bout légèrement biseauté. Long. : 8 cm ; dim. de la section : 0,8 x 0,5 cm. *Kana-88/V-30*, pièce 4 (*fig. 73*).

716. Anneau en fil de bronze, complet. Section ronde, bouts passant l'un après l'autre. Dim. : 1,7 x 1,3 cm ; diam. de la section : 0,4 cm. *Kana-88/V-31*, pièce 4 (*fig. 73*).

717. Petit anneau en fil de bronze, complet, section ronde. Diam. : 1,5 cm ; diam. de la section : 0,3 cm. *Kana-88/V-192*, pièce 4 (*fig. 73*).

718. Récipient en bronze, fragment de panse, probablement de lampe (?). Dim. : 5,5 x 5 x 2,5 cm. *Kana-88/V-193*, pièce 2 (non illus.).

719. Vase en verre, fragment de bord, non profilé. Diam. : 8 cm. *Kana-88/V-33*, pièce 3 (non illus.).

720. Vase en verre, fragment de bord. Diam. : 10 cm. *Kana-88/V-28*, pièce 4 (non illus.).

721. Vase en verre, fragment de panse. Dim. : 2,5 x 2,1 cm. *Kana-88/V-14*, pièce 2 (non illus.).

722. Vase en verre, fragment de panse. Dim. : 1,8 x 1,2 cm. *Kana-88/V-34*, pièce 5 (non illus.).

723. Bracelet torsadé en verre, fragment, section ronde. Long. : 5 cm ; diam. de la section : 0,5 cm *Kana-88/V-15*, pièce 2 (non illus.).

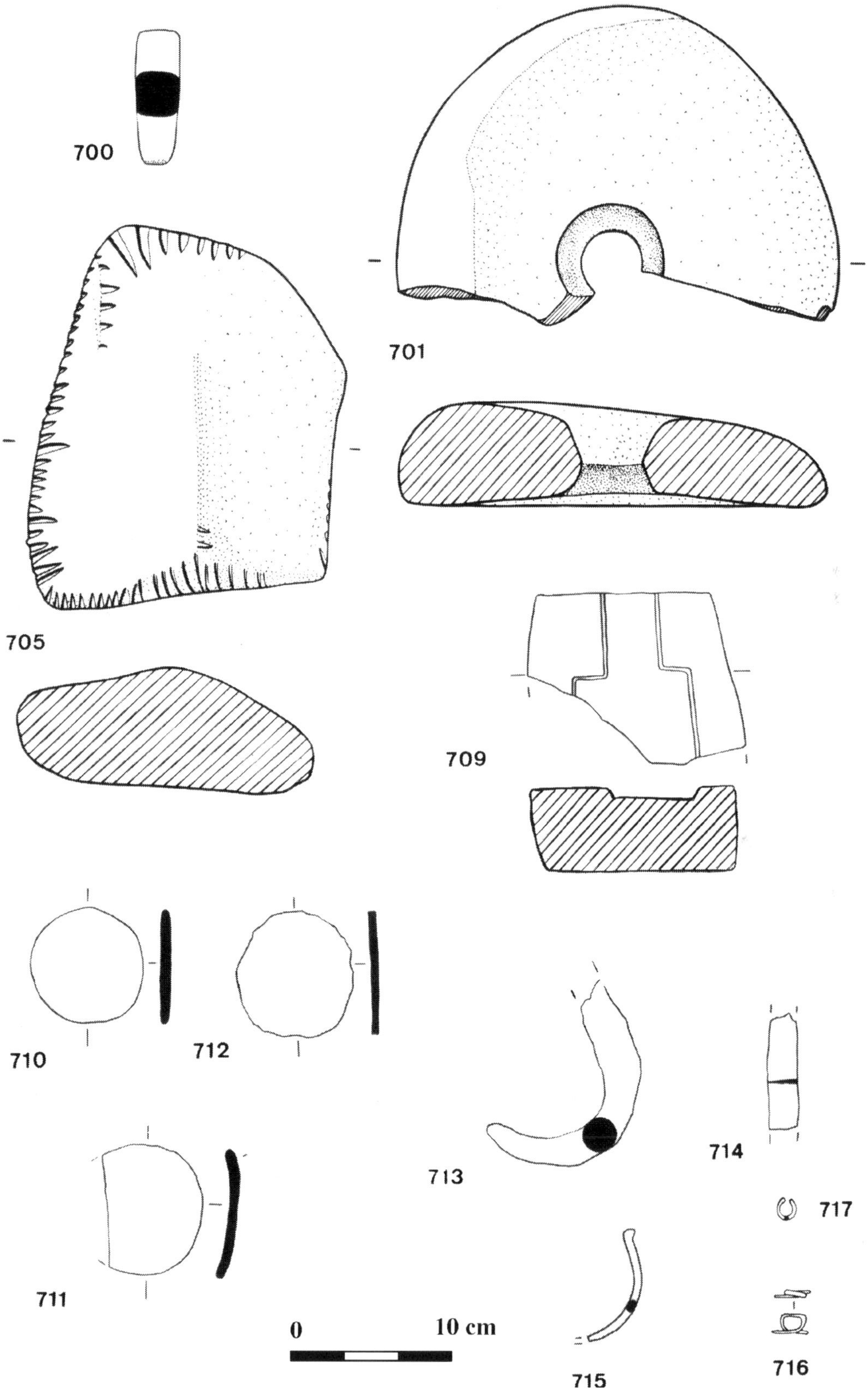

Figure 73

Catalogue

724. Coffret en ivoire avec son couvercle, incomplet. Panse cylindrique, fond plat. Couvercle en forme de cône. Décor incisé : cercles concentriques sur la panse et le couvercle. Diam. du coffret et du couvercle : 9 cm ; haut. du coffret : 2,5 cm ; haut. du couvercle : 2,5 cm. *Kana-88/V-65*, pièce 5, *locus* 1 (*fig. 74, 135 ; pl. 121*).

725. Coffret en ivoire avec son couvercle, complet. Panse cylindrique, fond plat. Couvercle en forme de cône. Décor incisé : cercles concentriques sur la panse et le couvercle. Diam. du coffret et du couvercle : 4,3 cm ; haut. du coffret : 5,2 cm ; haut. du couvercle : 3,6 cm. *Kana-88/V-66*, pièce 5, *locus* 1 (*fig. 74, 135 ; pl. 120*).

726. Coffret en ivoire avec son couvercle, incomplet. Panse cylindrique, fond plat. Couvercle en forme de cône. Décor incisé : cercles concentriques sur la panse et le couvercle. Diam. du coffret et du couvercle : 5 cm ; haut. du coffret : 3,5 cm ; haut. du couvercle : 3 cm. *Kana-88/V-67*, pièce 5, *locus* 1 (*fig. 74, 135 ; pl. 119*).

727. Flacon en ivoire avec son bouchon, complet. Panse tronconique, fond plat. Le bouchon a un profil complexe façonné au tour. Décor incisé : cercles concentriques et rainures sur la panse et le bouchon. Diam. du bord du flacon : 2,1 cm ; diam. du fond du flacon : 3,6 cm ; haut. du flacon : 10 cm ; profondeur du flacon : 8,6 cm ; diam. max. du bouchon : 2 cm ; haut. du bouchon : 5,2 cm. *Kana-88/V-68*, pièce 5, *locus* 1 (*fig. 74, 135 ; pl. 118*).

728. Boucle en ivoire, deux fragments. Section ronde en bas (diam. : 0,5 cm) et quadrangulaire à angles arrondis en haut (dim. : 1,2 x 0,6 cm). Long. : 18 cm. *Kana-88/V-69*, pièce 5, *locus* 1 (*fig. 74, 136 ; pl. 123*).

729. Petite cuillère en ivoire, complète. Cuve ovale (dim. : 1,8 x 1 cm ; profondeur 0,3 cm) avec un *graffito* sud-arabique à peine visible incisé sur la surface extérieure (𐩬𐩵𐩺𐩲 = *ndy’*). Section du manche ronde. Long. : 9,6 cm ; diam. de la section : 0,5 cm. *Kana-88/V-70*, pièce 5, *locus* 1 (*fig. 74, 136 ; pl. 122*).

730. Vase en verre, partie inférieure. Panse sphérique, fond concave. Décor de cannelures. Diam. de la panse : 8,5 cm ; diam. du fond : 5 cm ; haut. : 7,5 cm. *Kana-88/V-71*, pièce 5, *locus* 1 (*fig. 74, 136 ; pl. 124*).

731. Boucle en bronze, complète, section ronde. Sommet en forme de cercle avec quatre trous ovales (dim. : 0,6 x 0,4 cm). Décor en relief : lignes sous le sommet. Long. : 15,5 cm ; diam. de la section : 0,5 cm ; diam. du sommet : 2,2 cm. *Kana-88/V-72*, pièce 5, *locus* 1 (*fig. 74, 136 ; pl. 125*).

732. Miroir (?) en bronze muni d'un manche en fer, fragment. Le miroir a la forme d'une plaque ronde, fixée à un manche droit, section ronde. Dim. du fragment de miroir : 3,2 x 2 cm ; long. du manche : 11,5 cm ; diam. de la section :1 cm. *Kana-88/V-73*, pièce 5, *locus* 1 (*fig. 74, 136 ; pl. 126*).

733. Objet en fer en forme de petite hache (?), fragment. Dim. : 6,8 x 2-1 x 0,5 cm. *Kana-88/V-74a*, pièce 5, *locus* 1 (*fig. 74*).

734. Objet en fer en forme de plaque, fragment. Dim. : 2,8 x 1,5 x 0,3 cm. *Kana-88/V-74b*, pièce 5, *locus* 1 (*fig. 74*).

735. Collier composé de grains en or, en agate et en corail (65 grains). *Kana-88/V-75*, pièce 5, *locus* 1 (*fig. 131-133 ; pl. 116*).

736. Collier composé de grains en pierres fines, en verre, en ivoire, en corail et en coquillages (67 grains). *Kana-88/V-76*, pièce 5, *locus* 1 (*fig. 134 ; pl. 117*) (non illus.).

737. Grain arrondi en verre, fragment. Dim. : 4,5 x 1,3 cm. *Kana-88/V-77*, pièce 5, *locus* 1 (non illus.).

738. Grain allongé en corail, fragment. Dim. : 3,5 x 0,5 cm. *Kana-88/V-78*, pièce 5, *locus* 1 (non illus.).

739. Prisme en cristal de roche, ébréché. Dim. : 2,7 x 1,6 x 1 cm. *Kana-88/V-79*, pièce 5, *locus* 1 (*fig. 136*).

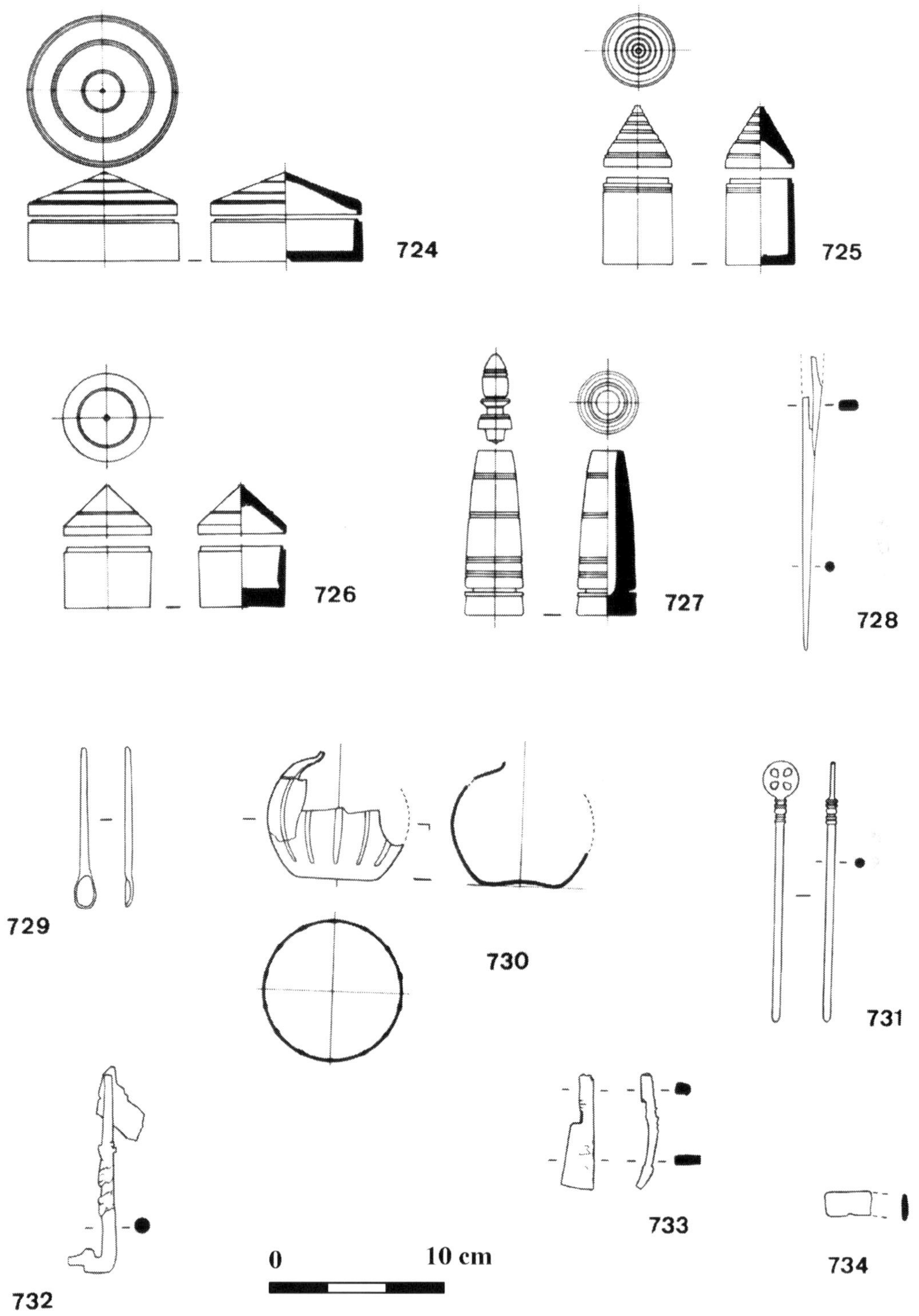

Figure 74

annulaire (*cat.* 687, 689-690, p. 167). On trouve également des bols à parois verticales ou qui s'écartent légèrement vers l'extérieur (*cat.* 676-680, p. 167). Le bol complet (*cat.* 676, p. 167) a des parois qui se recourbent harmonieusement vers le fond plat. Quelques exemplaires de vases fermés présentent une panse qui se rétrécit vers une lèvre non profilée (*cat.* 685, p. 167) ; des jarres similaires ont la lèvre légèrement biseautée vers l'extérieur (*cat.* 684, p. 167). Les grandes jarres ouvertes à parois presque verticales, ou légèrement recourbées vers l'intérieur, à lèvre en forme de bourrelet, constituent un ensemble caractéristique (*cat.* 681-683, p. 167). Un spécimen présente une étroite rainure sur la surface intérieure, sous la lèvre (*cat.* 682, p. 167). Quelques fragments appartiennent à de grandes jarres ouvertes à parois assez épaisses, à lèvre légèrement biseautée vers l'extérieur (*cat.* 686, p. 167). Plusieurs grandes jarres étaient munies d'un large fond annulaire (*cat.* 688, p. 167), trait caractéristique de la céramique d'origine locale. Le décor de ces récipients est très pauvre. Certains ont un engobe rougeâtre ou brunâtre (*cat.* 679, 681-683, p. 167) ; parfois, une ligne ondulée a été incisée sur la pâte encore humide (*cat.* 679, 683). Comme nous l'avons déjà noté, le pourcentage de types locaux sud-arabiques dans le corpus céramique du secteur 5 est réduit (10%).

Les objets divers

Les trouvailles autres que la céramique sont assez rares.

Très typiques sont les objets en pierre : fragments de râpes pour le blé ; pilons ; éléments de meules manuelles rondes ; galets arrondis portant des cavités forées ; récipient fragmentaire ; petit autel.

Les objets en céramique se limitent à trois petits objets en forme d'assiettes, qui servaient probablement de couvercles pour des amphores (?) ou des cruches (?). L'un d'eux est fait avec le fragment de paroi d'une grande jarre.

Parmi les objets en fer, il faut mentionner un fragment de crochet et un fragment de lame de couteau.

Les objets en bronze sont essentiellement des éléments de parure : anneaux et bracelet.

Des objets en verre subsistent les fragments de plusieurs vases et d'un bracelet.

Le trésor se compose essentiellement de deux coffrets et d'un flacon en ivoire, d'une boucle et d'une petite cuillère également en ivoire, d'une boucle et d'un miroir (?) de bronze, d'un vase en verre, d'objets en fer et de bijoux (*cat.* 131-146, p. 43-44).

Le sondage stratigraphique du secteur 5

Comme nous l'avons déjà mentionné, l'un des objectif des fouilles du secteur 5 était l'étude de la succession des couches d'occupation dans la partie nord-est du site. On a donc mené un sondage dans les pièces 3-4.

Le sondage

On a commencé par démonter le mur 9. Au centre de l'espace ainsi dégagé, on a mené un sondage de 3,3 x 2,6 m (*fig. 75*). On n'a malheureusement pas pu poursuivre jusqu'au sol vierge, par suite de menaces d'effondrement, car le sol sablonneux s'éboulait. Les travaux ont été stoppés à 4,2 m au-dessous de la surface du sol des pièces 3 et 4.

Les couches dégagées se répartissent en quatre niveaux principaux (*fig. 76*).

Niveau 1. Le sol est sablonneux, mêlé de cendres, de charbon de bois, d'ossements et d'écailles de poissons, etc. Épaisseur : 0,75 m. Dans la partie supérieure de la couche, on trouve une petite couche intermédiaire de sable gris, assez tassée (épaisseur : 0,1 m), qui marque le niveau du sol dans les pièces 3-4. On a découvert à cet endroit une petite figurine en pierre représentant une femme obèse assise (*cat.* 770, p. 182). Elle reprend un type bien connu de la statuaire yéménite, le type dit de *Lady Bara'at*, bien attesté dans les collections de musées [5]. Par ailleurs, le niveau 1 contenait des trouvailles caractéristiques de la période d'occupation tardive de Bir ʿAlī (Qāniʾ) : il s'agit de fragments d'amphores côtelées, de grandes jarres à pâte rouge, décorées de faisceaux de lignes parallèles incisées, etc.

Niveau 2. C'est une couche de sable clair presque pur avec de petites couches intermédiaires, sableuses et brunâtres. Épaisseur : 1,4 m.

On ne repère, parmi les trouvailles, aucun fragment d'amphore côtelée ni aucun type datant d'une époque relativement tardive. Il faut noter un fragment de jarre arrondie (*cat.* 750, p. 181) ; des fragments de jarres modelées (*cat.* 756-757, p. 181) ; un fond de lampe en terre cuite (*cat.* 749, p. 181) ; des fragments de bols glaçurés (*cat.* 759, 761-763, p. 181) ; un fragment de coffret en ivoire (*cat.* 771, p. 180), etc.

La limite inférieure du niveau 2 est marquée par le niveau supérieur du mur 18. Par sa direction, et même par son tracé, ce dernier coïncide pratiquement avec le mur 9, postérieur. Longueur du mur : 2,6 m ; largeur : 0,6 m ; hauteur conservée : 2 m. L'appareil est en assises irrégulières, à trois parements et à deux faces ; il est fait de pierres de basalte grossièrement taillées. Dimensions des pierres sur la face : 0,38 x 0,15 m ; 0,25 x 0,17 m ; 0,2 x 0,18 m. À partir de ce niveau, le sondage a été limité à la partie est : on a donc dégagé seulement une face du mur 18, celle de l'est.

Niveau 3. Par sa composition, cette couche ne se différencie guère de la couche supérieure. Son épaisseur est d'environ 1 m. C'est une couche de sable clair avec des couches intermédiaires plus foncées, mais contenant une grande quantité d'éboulis, parfois assez importants. Il s'agit probablement du niveau de destruction du mur 18.

Le niveau 3 a livré très peu de trouvailles. Mentionnons toutefois un fragment de bol glaçuré (*cat.* 760, p. 181) ; un fragment de bord de grande jarre ouverte (*cat.* 769, p. 181) ; deux monnaies en bronze (l'une n'est pas identifiée, l'autre est une monnaie ḥaḍrami [type 10, voir le *Catalogue des monnaies,* n° 493-494]) ; deux fragments de coffrets en ivoire (*cat.* 772-773, p. 182).

Niveau 4. C'est une couche sablonneuse, foncée, épaisse d'environ 0,7 m. On y a découvert une grande quantité d'éboulis qui ont dû se former pendant la période de fonctionnement du mur 18 et non lors de son déblaiement. On a recueilli dans cette couche un fragment de bord d'amphore à pâte brune (*cat.* 150, p. 44) ; des fragments de bords de lampes en terre cuite (*cat.* 154-155, p. 45) ; un fragment d'amphore à pâte rouge (*cat.* 151, p. 45), et diverses autres trouvailles.

---

5. B. Doe, 1971, *Southern Arabia*, London, p. 109 ; pl. 36. Des figurines en pierre pratiquement semblables, mais de dimensions un peu plus modestes et acéphales, sont entrées dans les collections du Museum für Völkerkunde, Münich ; elles proviennent de la collection du Dr. W. Daum (note complémentaire d' A. Sedov).

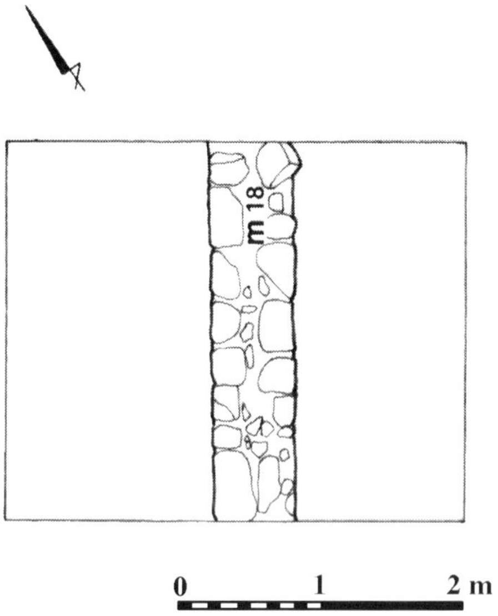

Figure 75

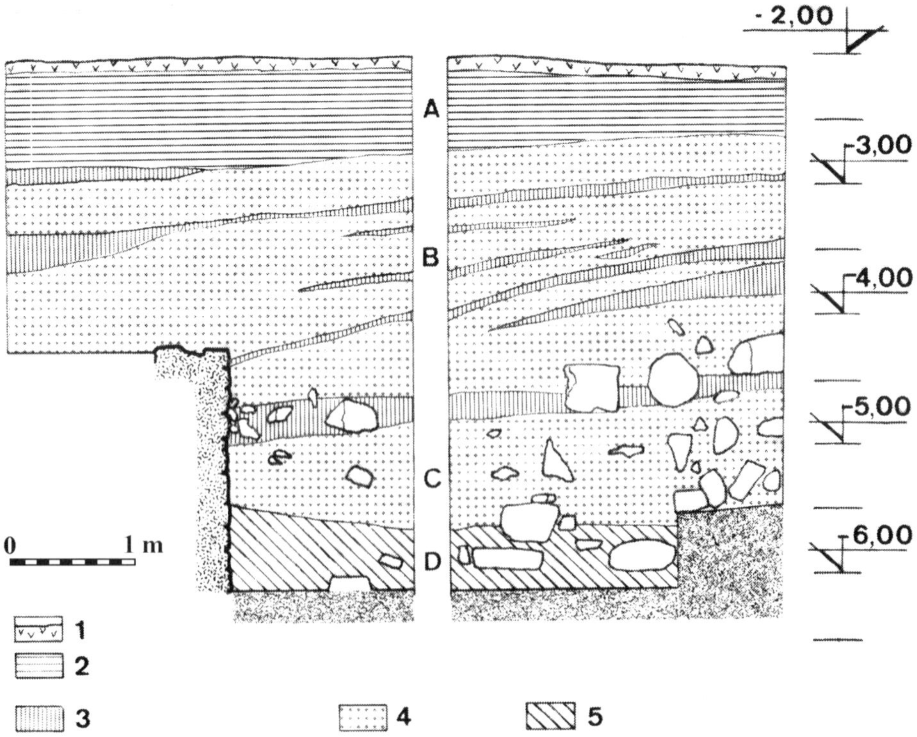

Figure 76

La céramique

Si l'on estime que les trois niveaux inférieurs associés aux couches d'occupation dégagées au cours du sondage datent de la même période – IIIe-IVe siècles ap. J.-C. –, on peut considérer les trouvailles céramiques comme un corpus homogène. 349 fragments céramiques ont été recueillis dans ces niveaux. Les conteneurs constituent 29,5% du total, soit un pourcentage moindre que dans les niveaux postérieurs.

— Les amphores

Les fragments d'amphores à parois lisses, surtout à pâte rouge et brune, constituent 56,3% de ce groupe ; les fragments de récipients bitumés représentent les 43,7% restants. Ces derniers ne diffèrent guère des exemplaires postérieurs en ce qui concerne la forme. La seule différence consiste en la présence d'une rainure peu profonde sous la lèvre, à l'extérieur (*cat.* 740-742, p. 181). Pour le reste, de même qu'à l'époque postérieure, ce sont des récipients arrondis à lèvre non profilée, à la surface intérieure recouverte d'une couche noire de bitume. On doit probablement classer dans ce même groupe un fragment de récipient à col assez étroit, à la lèvre assez basse, légèrement biseautée à l'intérieur (*cat.* 743, p. 181) ; la pâte est brune, un peu poreuse, additionnée de chaux pilée et de sable. Ce fragment n'est pas enduit de bitume.

— Autres types de céramiques

Les conteneurs mis à part, le complexe céramique se décompose de la façon suivante :

Tableau 3

désignation	**nombre de fragments**	**%**
céramique de table, à pâte rouge	67	27,3
id., à pâte rouge polie	20	8,2
id., à pâte noire et grise polie	8	3,3
id., modelée	3	1,2
id., vernis rouge (*terra sigillata*)	3	1,2
id., glaçurée	10	4,1
céramique de cuisine	46	18,8
céramique à parois épaisses	64	26,1
céramique de type sud-arabique	24	9,8
total	245	100

La céramique à pâte rouge a produit des fragments de jarres à panse arrondie, à lèvre en forme de bourrelet, biseautée vers l'extérieur (*cat.* 745, p. 181). Un fragment de panse de jarre à parois fines (*cat.* 746, p. 180) présente un décor peu banal : il est orné de cercles en relief, incisés négligemment. On a aussi trouvé dans le sondage, mais non dans le bâtiment, des lampes de terre cuite (*cat.* 747-749, p. 181). Ce sont des coupelles largement ouvertes avec une lèvre en forme de bourrelet et une cuve profonde qui s'arrondit harmonieusement vers le fond. La surface intérieure des lampes a généralement été noircie par la fumée.

La céramique rouge polie comprend essentiellement des jarres arrondies à lèvre légèrement biseautée vers l'extérieur (*cat.* 751-753, p. 181), qui diffèrent peu des récipients comparables de l'époque postérieure. Le fragment avec la lèvre fortement biseautée vers l'extérieur constitue une exception (*cat.* 754, p. 181). Signalons un fragment de jarre ouverte à lèvre coupée obliquement vers l'extérieur, dont la panse porte une marque en forme de "X" incisée sur la pâte encore humide (*cat.* 750, p. 181). La surface de cette jarre est polie à l'intérieur et à l'extérieur. En outre, la pâte de ce spécimen a reçu des additifs très particuliers : de grosses inclusions de basalte pilé qui donnent à la surface extérieure un aspect assez grossier. On trouve également quelques fragments de vases à lèvre biseautée (*cat.* 755, p. 181) : ils diffèrent entre eux par leurs dimensions et les particularités de profil de leur lèvre, mais se ressemblent beaucoup pour le reste.

La céramique noire polie est malheureusement assez rare ; aucun fragment ne présente de forme. On peut supposer que typologiquement, pas plus qu'à l'époque postérieure, elle ne diffère de la céramique à pâte rouge polie.

Il faut mentionner un petit nombre de fragments qu'on peut, à titre d'hypothèse, classer parmi *les jarres modelées d'Afrique orientale* (*cat.* 756-758, p. 181). Tous proviennent de la couche supérieure du sondage. Comme traits caractéristiques, ils présentent un col peu élevé, presque cylindrique, et une lèvre coupée obliquement à l'intérieur. La pâte céramique est additionnée de sable et d'une grande quantité de petits fragments de mica. Sur deux des fragments, on observe un décor de segments verticaux incisés sous la lèvre (*cat.* 756-757).

Dans les couches inférieures du sondage, on a découvert trois petits tessons de *céramique à vernis rouge* (*cat.* 764, p. 181). Ils sont sans aucun doute d'origine méditerranéenne (*terra sigillata*).

La céramique glaçurée se présente en général sous la forme de fragments de bols à lèvre coupée obliquement (*cat.* 759-761, p. 181). Un fragment à bord assez petit, biseauté vers le haut, se distingue de l'ensemble (*cat.* 762, p. 181). Dans la plupart des cas, la glaçure est de couleur jaune.

La céramique de cuisine a surtout laissé des jarres à pâte rouge polie, à panse arrondie, à lèvre biseautée extérieurement (*cat.* 765-766, p. 181). Mentionnons un fragment de jarre à pâte brune polie, à lèvre biseautée extérieurement et à bourrelet intérieur qui devait servir d'appui pour fixer le couvercle (*cat.* 767, p. 181).

Parmi *la céramique à parois épaisses* on trouve des fragments de grandes jarres. Notons parmi eux un fragment de grand vase à pâte grise, à parois verticales et à lèvre biseautée extérieurement (*cat.* 768, p. 181). Il ne diffère pratiquement pas des trouvailles faites dans les couches stratigraphiques postérieures (comp. *cat.* 674, p. 165).

Il est intéressant de noter que les types locaux de *céramique sud-arabique* constituent, comme à l'époque postérieure, près de 10% du total. Il s'agit en majorité de fragments de grandes jarres à parois épaisses. Parmi ces derniers figure un fragment de jarre à lèvre à peine biseautée (*cat.* 769, p. 181).

Objets divers

Il s'agit de fragments de petits coffrets en ivoire (*cat.* 771-773, p. 182) et de vases en verre (*cat.* 774-775, p. 182), provenant des niveaux 2 et 3 du sondage. Mentionnons également une statuette de femme en pierre de style sud-arabique (*cat.* 770, p. 182).

Catalogue

740. Amphore, fragment de bord, lèvre en forme de bourrelet. Pâte rouge, sableuse, bitume à l'intérieur. Diam. : 14 cm. *Kana-88/V-155*, sondage, niveau 1 (*fig. 77*).

741. Amphore, fragment de bord, lèvre en forme de bourrelet. Pâte rouge, sableuse, bitume à l'intérieur. Diam. : 13 cm. *Kana-88/V-156*, sondage, niveau 2 (*fig. 77*).

742. Amphore, fragment de bord, lèvre en forme de bourrelet. Pâte rouge, sableuse, bitume à l'intérieur. Diam. : 13,5 cm. *Kana-88/V-157*, sondage, niveau 2 (*fig. 77*).

743. Amphore, fragment de bord, lèvre en forme de bourrelet pointu. Pâte brune, sableuse, traces de mica, inclusions blanches et noires. Diam. : 11 cm. *Kana-88/V-158*, sondage, niveau 4 (*fig. 77*).

744. Amphore, fragment de bord, lèvre biseautée extérieurement. Pâte rouge, inclusions blanches, surface extérieure polie. Diam. : 16,5 cm. *Kana-88/V-54*, sondage, niveau 4 (*fig. 77*).

745. Jarre, fragment de bord, lèvre en forme de bourrelet biseautée extérieurement. Pâte rouge, sableuse, fine. Diam. : 32 cm. *Kana-88/V-159*, sondage, niveau 3 (*fig. 77*).

746. Jarre, fragment de panse, à parois fines. Pâte rouge, sableuse, fine. Décor en relief : cercles. Dim. : 7 x 4,7 cm.. *Kana-88/V-160*, sondage, niveau 3 (*pl. 80*).

747. Lampe de terre cuite, fragment de bord, lèvre en forme de bourrelet. Pâte rouge, sableuse, fine, inclusions blanches. Diam. : 18 cm. *Kana-88/V-161*, sondage, niveau 4 (*fig. 77*).

748. Lampe de terre cuite, fragment de bord, lèvre en forme de bourrelet. Pâte rouge, sableuse, fine, inclusions blanches. Diam. : 20 cm. *Kana-88/V-162*, sondage, niveau 4 (*fig. 77*).

749. Lampe de terre cuite, fragment de fond. Pâte rouge, sableuse, fine. Diam. : 3,5 cm. *Kana-88/V-163*, sondage, niveau 2 (*fig. 77*).

750. Jarre ouverte, fragment de partie supérieure, lèvre légèrement biseautée vers l'extérieur, panse sphérique. Une marque en forme de croix a été incisée sous la lèvre sur la pâte encore humide. Pâte rouge, très fine, surface extérieure et intérieure polie de très bonne qualité. Diam. : 18,5 cm. *Kana-88/V-41*, sondage, niveau 2 (*fig. 77*).

751. Jarre, fragment de bord, lèvre biseautée extérieurement. Pâte rouge, très fine, surface extérieure polie. Diam. : 13 cm. *Kana-88/V-164*, sondage, niveau 2 (*fig. 77*).

752. Jarre, fragment de bord, lèvre biseautée extérieurement. Pâte rouge, très fine, surface extérieure polie. Diam. : 14 cm. *Kana-88/V-165*, sondage, niveau 3 (*fig. 77*).

753. Jarre, fragment de bord, lèvre en forme de "bec" biseautée extérieurement. Pâte rouge, très fine, surface extérieure polie. Diam. : 17 cm. *Kana-88/V-166*, sondage, niveau 4 (*fig. 77*).

754. Jarre, fragment de bord, lèvre biseautée intérieurement. Pâte rouge, très fine, surface extérieure polie. Diam. : 23 cm. *Kana-88/V-166*, sondage, niveau 4 (*fig. 77*).

755. Vase, fragment de bord, lèvre biseautée extérieurement. Pâte rouge, sableuse, fine, surface extérieure polie. Diam. : 12 cm. *Kana-88/V-167*, sondage, niveau 4 (*fig. 77*).

756. Jarre, fragment de bord ; modelée. Pâte brune, fine, sableuse, inclusions de mica, surface extérieure polie de très bonne qualité. Décor imprimé et incisé : une ligne droite et des segments verticaux sous la lèvre. Diam. : 12 cm. *Kana-88/V-42*, sondage, niveau 2 (*fig. 77*).

757. Jarre, fragment de bord ; modelée. Pâte brune, fine, sableuse, inclusions de mica, surface extérieure polie de très bonne qualité. Décor imprimé et incisé : une ligne droite et des segments verticaux sous la lèvre. Diam. : 12,5 cm. *Kana-88/V-168*, sondage, niveau 2 (*fig. 77*).

758. Jarre, fragment de bord ; modelée. Pâte rouge, fine, sableuse, inclusions de mica, surface extérieure polie. Décor incisé : une ligne horizontale sous la lèvre. Diam. : 24 cm. *Kana-88/V-169*, niveau 2 (*fig. 77*).

759. Assiette, fragment de bord. Pâte beige, fine, restes de glaçure jaunâtre. Diam. : 22 cm. *Kana-88/V-170*, sondage, niveau 2 (*fig. 77*).

760. Bol, fragment de bord. Pâte claire, fine, restes de glaçure jaune-verte. Diam. : 18 cm. *Kana-88/V-171*, sondage, niveau 3 (*fig. 77*).

761. Bol, fragment de bord. Pâte beige, fine, glaçure jaunâtre. Diam. : 18 cm. *Kana-88/V-172*, sondage, niveau 2 (*fig. 77*).

762. Bol, fragment de bord. Pâte claire, fine, glaçure jaunâtre. Diam. : 18 cm. *Kana-88/V-173*, sondage, niveau 2 (*fig. 77*).

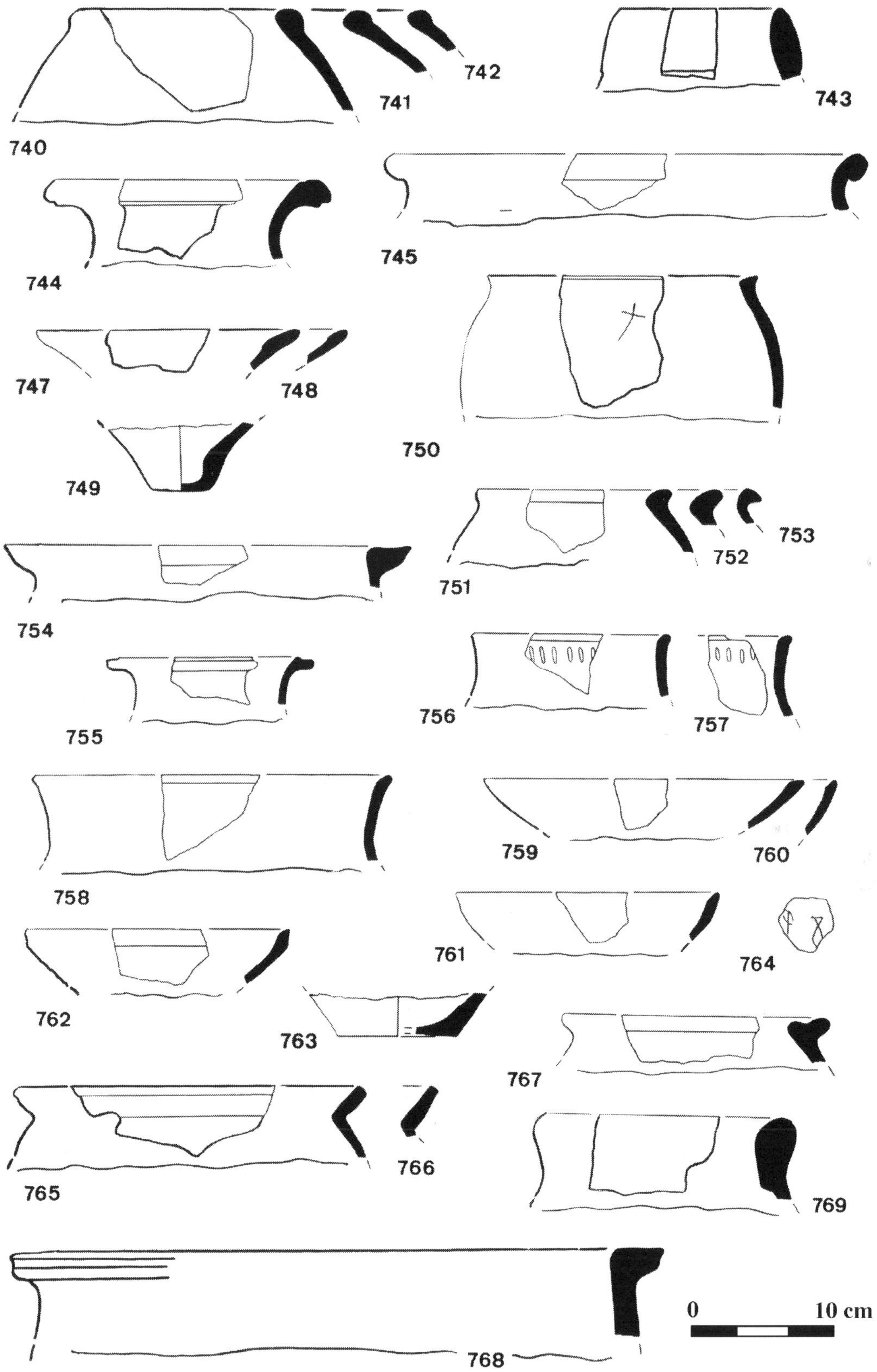
740
741
742
743
744
745
747
748
749
750
751
752
753
754
755
756
757
758
759
760
761
762
763
764
765
766
767
768
769
0
10 cm

Figure 77

763. Bol ou vase, fragment de fond concave. Pâte claire, fine, restes de glaçure verdâtre-turquoise. Diam. : 8 cm. *Kana-88/V-174*, sondage, niveau 2 (*fig. 77*).

764. Bol (?), fragment de panse avec *graffiti*. Pâte rouge claire, extra fine, vernis rouge de très bonne qualité à l'extérieur et à l'intérieur. Dim. : 4 x 3,5 cm. *Kana-88/V-37*, sondage, niveau 4 (*fig. 77*).

765. Jarre de cuisine, fragment de bord, lèvre biseautée extérieurement. Pâte rouge, fine, dégraissant sableux, surface extérieure polie. Diam. : 23,5 cm. *Kana-88/V-175*, sondage, niveau 2 (*fig. 77*).

766. Jarre de cuisine, fragment de bord, lèvre biseautée extérieurement. Pâte rouge, fine, surface extérieure polie. Diam. : 24 cm. *Kana-88/V-176*, sondage, niveau 2 (*fig. 77*).

767. Jarre de cuisine, fragment de bord, lèvre en bourrelet biseautée extérieurement. Pâte brune, fine, inclusions blanches, surface extérieure polie. Diam. : 18 cm. *Kana-88/V-177*, sondage, niveau 4 (*fig. 77*).

768. Grand vase ouvert, fragment de bord, lèvre verticale, section rectangulaire. Pâte grise, sableuse, fine, Diam. : 38 cm. *Kana-88/V-178*, sondage, niveau 3 (*fig. 77*).

769. Jarre, fragment de bord. Pâte jaune-verte, poreuse, traces d'inclusions organiques. Diam. : 17 cm *Kana-88/V-179*, sondage, niveau 4 (*fig. 77*).

770. Figurine en pierre de femme obèse assise, incomplète ; la tête et, partiellement, les bras manquent. Dim. ; 5 x 5 cm ; haut. : 7 cm. *Kana-88/V-39*, sondage, niveau 1 (*fig. 78*).

771. Coffret en ivoire, fragment de paroi. Dim. : 2,5 x 1,5 cm. *Kana-88/V-40*, sondage, niveau 2 (non illus.).

772. Coffret en ivoire, fragment de bord. Diam. : 8 cm ; dim. : 9,5 x 8 cm. *Kana-88/V-44*, sondage, niveau 3 (non illus.).

773. Coffret en ivoire, fragment de paroi. Dim. : 4,2 x 3,5 cm. *Kana-88/V-45*, sondage, niveau 3 (non illus.).

774. Vase en verre, fragment de panse. Dim. : 3,5 x 1,5 cm. *Kana-88/V-194*, sondage, niveau 2 (non illus.).

775. Vase en verre, fragment de panse. Dim. : 2,8 x 1,7 cm. *Kana-88/V-195*, sondage, niveau 3 (non illus.).

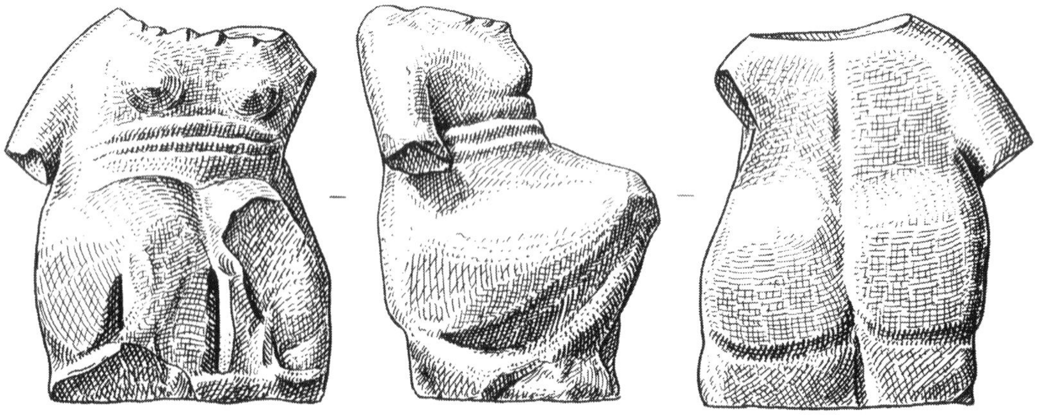

770

Figure 78

VII

LES FOUILLES DU SECTEUR 6

Dans les années 1988-89, 1991 et 1993-94, nous avons choisi comme deuxième secteur d'études les ruines des bâtiments situés au pied de la colline Ḥuṣn al-Ġurāb. C'est là, comme nous l'avons démontré dans la *Description du site* (*supra*), que se trouvaient les constructions qui protégeaient le début du chemin qui montait au sommet de la colline Ḥuṣn al-Ġurāb, les bâtiments de la "citadelle" et les réservoirs pour la collecte et le stockage de l'eau. À l'heure actuelle subsistent les restes d'un mur massif présentant des avancées rectangulaires qui, selon nos fouilles, étaient des maisons-"tours", combinant probablement des fonctions d'habitation et de défense. Le mur, édifié en gros blocs de pierre liés avec du calcaire, entourait autrefois un espace assez étendu, rempli de constructions, au pied de la colline. C'est probablement à ces ruines que Wellsted fait allusion quand il mentionne, dans sa description du site, que « the two towers which were standing by themselves, might possibly have commanded the approach and entrance to [a path] » [1].

Cinq campagnes de fouilles, nous ont permis de dégager presque toute la partie est du secteur 6. Les bâtiments découverts appartiennent à deux périodes successives : "antérieure" (BA-I) et "moyenne" (BA-II) (selon la terminologie adoptée pour la description stratigraphique du site) [2]. Les grandes pièces de stockage, aménagées dans la roche au pied du Ḥuṣn al-Ġurāb, composent ce que l'on appelle la "bâtisse antérieure". Les constructions de la "bâtisse postérieure", qui sont celles que l'on voit aujourd'hui en surface, ont été édifiées sur les ruines des pièces antérieures, dont les murs ont souvent servi de fondement.

La "bâtisse antérieure"

La "bâtisse antérieure" se compose d'une enfilade de pièces de stockage, creusées dans la roche au pied de Ḥuṣn al-Ġurāb (*fig. 79-80*). Les pièces ont un mur commun extérieur, qui s'étend le long du pied de la colline (mur m 42). Dans un secteur, long d'environ 8 m, ce mur est consolidé et renforcé par une réparation, large de presque 1 m (*fig. 81 ; pl. 81*). Au total on a découvert les restes de cinq pièces, dont trois, les plus grandes (pièces 1a, 4a, 5a), n'ont pas été entièrement fouillées, car sur leurs ruines ont été édifiées les pièces de la "bâtisse postérieure" (*infra*).

Pièce 1a. Grande pièce rectangulaire de 6,4 x 13,6 m. Sa couverture reposait sur huit colonnes en pierre, massives (*pl. 82-84*) ; cinq sont conservées dans la partie ouverte de la pièce. Les colonnes sont faites de blocs de basalte noir, mal taillés, fixés grâce à un liant calcaire. Elles sont de plan carré ; dimensions à la base : 0,8-0,9 x 0,8-0,9 m ; à environ 1 m de hauteur elles s'amincissent jusqu'à 0,7-0,8 x 0,8-0,9 m. Elles sont recouvertes en surface,

---

1. J.R. WELLSTED, 1838, *Travels in Arabia*, volume II, London, p. 423.
2. Voir dans ce volume de A.V. SEDOV, « Stratigraphie et datation du site de Bir 'Alī, ancienne Qāni' ».

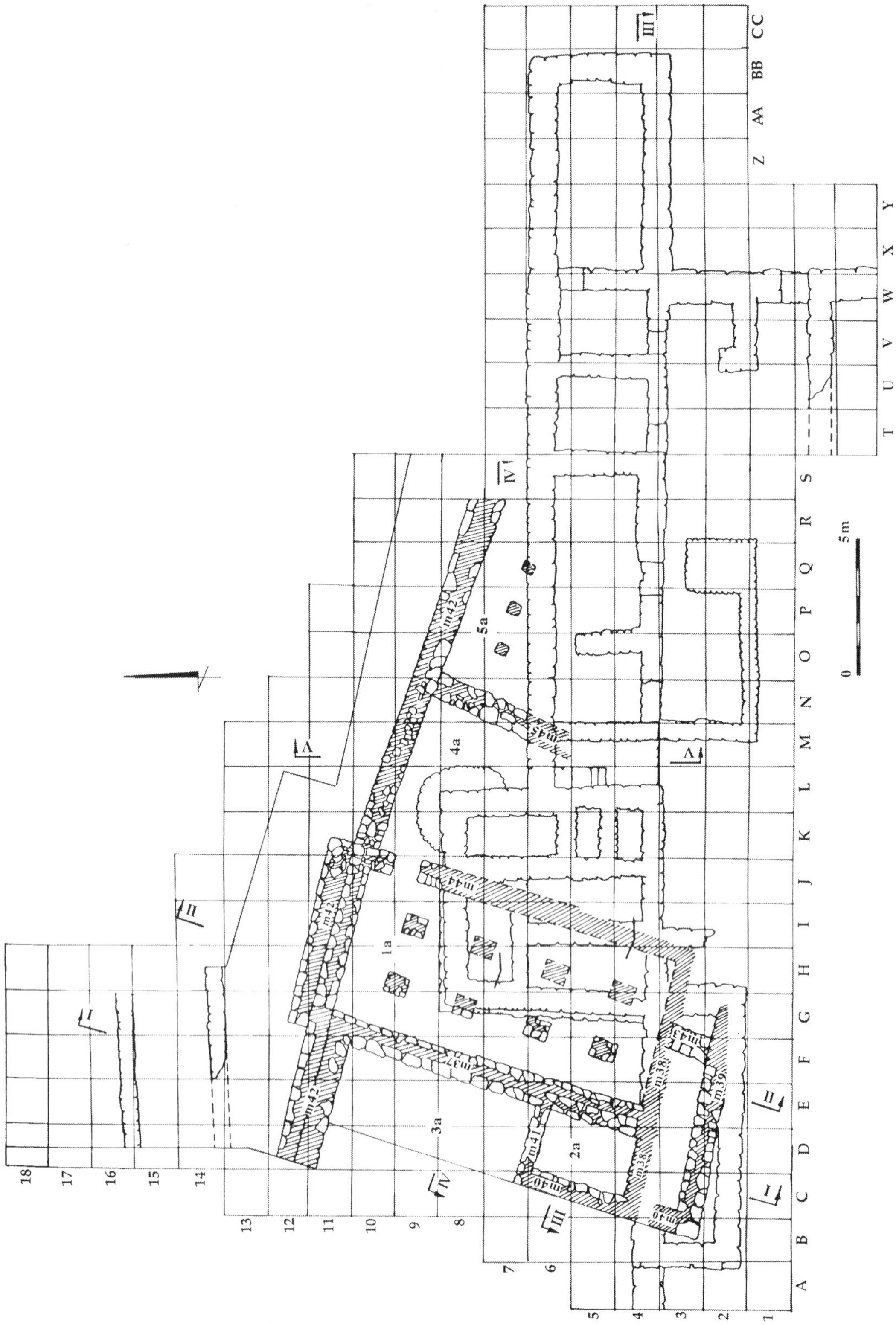

Figure 79

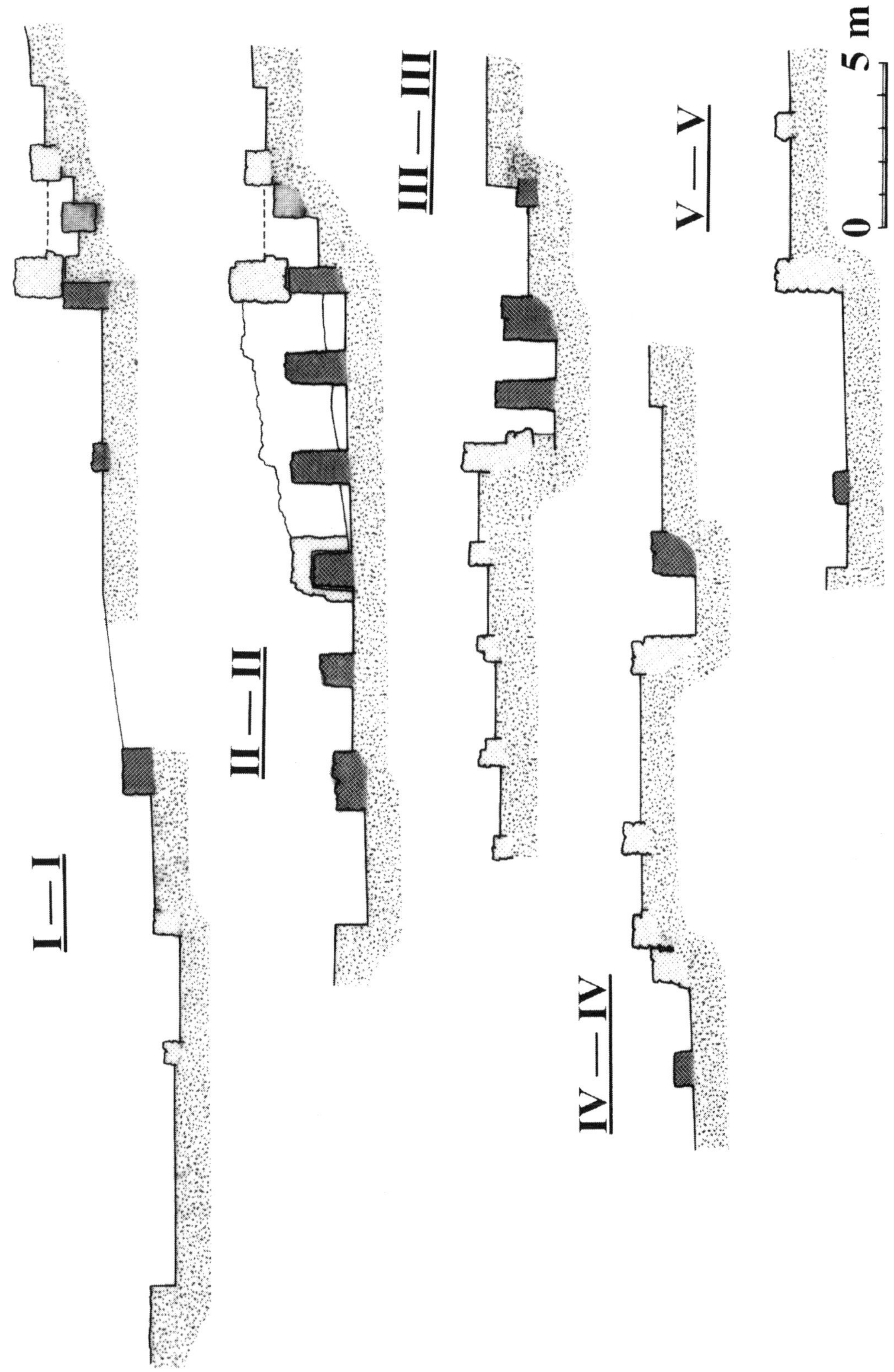

Figure 80

de même que les murs de la pièce et le sol, d'un crépi calcaire, épais de 5 à 7 cm. L'intervalle entre les centres des colonnes (*intercolumnium*) est de 2,5 m ; même distance jusqu'au mur nord-est de la pièce ; l'intervalle jusqu'aux murs sud-ouest et sud-est est de 1,7 m.

L'entrée dans la pièce (ou une des entrées) se trouvait dans l'angle nord-est, entre les murs m 43 et m 44. Largeur de l'entrée : 0,9 m.

Dans les déblais qui recouvraient le sol de la pièce on a trouvé les restes de ce qui servait probablement de toit. Il s'agit de restes brûlés de troncs de palmier, de roseau et de branches de buisson. Cette couverture était posée sur les poutres du plafond de la pièce qui, à leur tour, prenaient appui sur les colonnes en pierre de section carrée, et était mêlée, à son sommet, d'éclats de corail ; elle était également couverte d'un crépi calcaire assez épais (jusqu'à 7-8 cm).

Dans l'antiquité, cette pièce servait d'entrepôt pour les parfums : partout sur le sol et dans la couche inférieure brûlée des déblais, on a trouvé des morceaux brûlés de résine aromatique. Souvent, les pierres trouvées dans la couche inférieure des déblais, et qui proviennent probablement des parties supérieures des murs lors de leur destruction, sont couvertes d'une patine noire grasse, qui est due à la combustion de la résine aromatique. Dans les angles nord-est et nord-ouest de la pièce, on a trouvé sur le sol, dans les restes de corbeilles tressées en palmier (*pl. 85*), des morceaux de résine aromatique. Il s'agit probablement de l'emballage qui servait à garder (et à transporter ?) la résine.

Stratigraphie

La pièce a été détruite par un incendie si violent que presque tout le crépi calcaire du sol, des murs et des colonnes a été transformé en chaux. Dans le remplissage de la pièce (couche inférieure), composé de sable sombre mélangé à des os de bétail, de chameau, d'oiseaux, à des arêtes de poissons, à des coquilles de mollusques, à des débris de carapace de tortues de mer, on a trouvé un grand nombre de charbons et cendres. Presque tous les restes organiques, de même que de nombreux fragments céramiques de la couche, montrent des traces d'incendie et donc, appartiennent à la période d'utilisation de la pièce. Le remplissage de la partie sud de la pièce atteint 1,8 m de haut, celui de la partie nord 0,6 m.

La partie sud-est de la pièce, ainsi que son mur sud (m 38), ont servi de fondation à un mur de protection (m 1) et à la maison-"tour" de la "bâtisse postérieure" (*fig. 82 ; pl. 86*). Pour asseoir ces constructions et pour consolider le versant formé devant le mur m 1, la partie supérieure du remplissage a été damée et lestée de pierres (*pl. 87*) ; les blocs de pierre taillée utilisés proviennent des murs détruits des pièces de la "bâtisse antérieure". Cette couche supérieure de remplissage, de 0,2-0,5 m d'épaisseur, est nettement repérable sur toute la surface de la partie fouillée de la pièce 1a.

Au-dessus de cette dernière couche, au pied du mur m 1, on trouve une couche de déblais assez fine (0,2 m d'épaisseur environ), formée lors de la période de fonctionnement du mur et des pièces de la "bâtisse postérieure", appartenant donc à la période "moyenne" du site.

Trouvailles

On a trouvé sur le sol et dans la couche inférieure de remplissage de la pièce 1a des fragments céramiques, des clous en bronze (*cat.* 946-948, p. 227), un crochet de pêche (*cat.* 955, p. 227) et divers objets métalliques (*cat.* 938, 953-954, 956, p. 225, 227), dont des couteaux en fer (*cat.* 939-940, p. 225) ; signalons encore des fragments de récipients en verre (*cat.* 958-961, p. 228-229), dont un petit fragment de vase *myrrhina* ou vase mosaïqué. Sur le sol et dans la couche inférieure on a trouvé neuf monnaies (voir *Catalogue des monnaies*, n° 562-568, 575, 577). Parmi les trouvailles céramiques, notons un fragment d'amphore égyptienne portant un nom grec (Τροκόνδον) (*cat.* 790a, p. 192), une amphore complète du type Dressel 2-4 portant un *graffiti* palmyrien au goulot [3] et un monogramme latin sur l'épaule (*cat.* 776, p. 191), un fond de vase en *terra sigillata* avec un timbre latin à l'intérieur (*cat.* 839, p. 203).

De la couche supérieure, proviennent des clous en bronze et fer (*cat.* 934-937, 942-945, p. 225, 227), des pivots (?) en bronze à tête annulaire (*cat.* 949-952, p. 227), un fragment de petite table (?) à sacrifices avec une rainure pour le trop-plein (*cat.* 933, p. 223) et un petit autel en pierre (*cat.* 932, p. 223), sept monnaies (voir *Catalogue des monnaies*, n° 569-574, 576). Dans la couche de déblais, on a trouvé seulement quelques fragments céramiques.

Pièce 2a. Petite pièce rectangulaire de 2,6 x 3,9 m. Elle se situe au nord-ouest de la pièce 1a avec laquelle elle a un mur commun (mur m 37). Le niveau du sol dans cette pièce est sensiblement plus haut (environ 1 m) que celui du sol dans la pièce 1a. L'entrée n'est pas localisée, mais se situait peut-être dans un mur fortement détruit (m 40).

On n'a pas repéré de traces d'incendie dans cette pièce ; le remplissage se composait de lœss sombre mêlé à des pierres et à de la céramique. Sur le sol, on a trouvé une grande quantité de petits morceaux de résine aromatique, ce qui tend à montrer que cette pièce servait d'entrepôt. On a trouvé aussi des monnaies en bronze ḥaḍrami (voir *Catalogue des monnaies*, n° 578-585).

Pièce 3a. L'espace fouillé au nord-est de la pièce 2a est appelé par convention une pièce. À cause de sa situation considérablement plus basse sur le versant, seuls les murs – celui du sud-est, commun avec la pièce 1a (m 37), et celui du sud-ouest (m 41), commun à la pièce 2a – sont conservés. La distance entre ces murs, qu'on prend pour la largeur probable de la pièce, est environ de 9 m. Le sol était de toute évidence, au même niveau que celui de la pièce 2a – des lambeaux ont été repérés dans l'angle sud-est de la pièce.

Pièce 4a. Cette pièce de stockage est contiguë à la pièce 1a et située au sud-est de cette dernière. On n'a pu fouiller que sa partie nord-est, large de 6,5 m. Elle était reliée à la pièce 1a par une ouverture dans le mur nord-ouest. Il est possible qu'un autre passage ait été aménagé dans le mur m 45, très mal conservé, pour mener à la pièce 5a qui se situe plus au sud-est.

---

3. Voir dans ce volume l'article de Fr. BRIQUEL-CHATONNET, « Les *graffiti* en langues nord-sémitiques de Bir 'Alī (Qāni') ».

Le remplissage de la pièce, épais d'environ 0,2-0,3 m, se composait de sable sombre mêlé à des fragments céramiques et comprenant beaucoup de cendres et de charbons, des débris brûlés de coraux et de crépi calcaire (les restes du toit écroulé de la bâtisse, voir description de la pièce 1a).

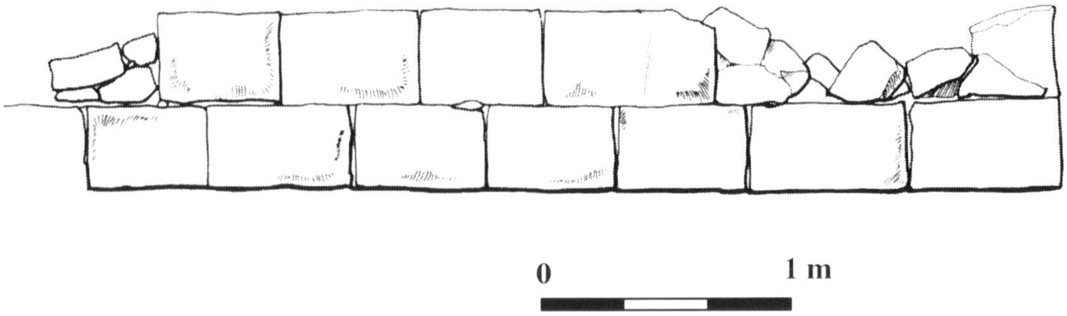

Figure 81

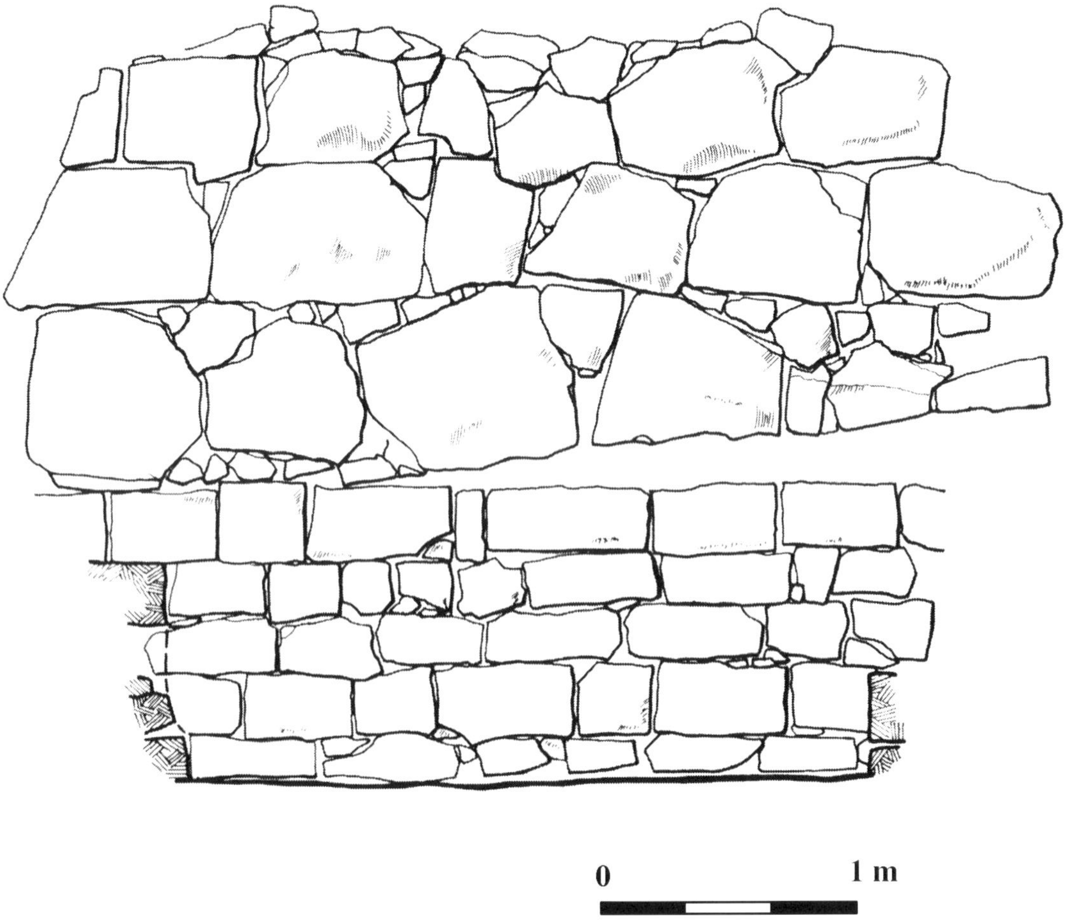

Figure 82

Pièce 5a. La dernière des pièces fouillées de la “bâtisse antérieure” se situe au sud-est de la pièce 4a. Seul l’angle nord-ouest de la pièce a été dégagé : le reste a été englobé dans la “bâtisse postérieure”, ce qui interdit de mesurer les dimensions de la pièce. Sur le sol, trois grosses séries de pierre étaient disposées sur une rangée (*pl. 88*). Distance entre les séries et distance jusqu’aux murs nord-ouest et nord-est de la pièce : 1,8-2 m. Sans doute ces pierres servaient-elles de bases à des colonnes en bois (?), soutenant autrefois la couverture de la pièce.

Comme les pièces 1a et 4a, la pièce 5a a été détruite par un violent incendie. La couche au-dessus du sol, composée de sable sombre, est remplie d’une quantité de charbons, de cendres, de fragments céramiques brûlés, d’os brûlés d’animaux et d’arêtes calcinées de poissons, de coquilles de mollusques de mer, de débris de coraux et de morceaux brûlés de résine aromatique. Épaisseur de cette couche : près de 0,2-0,25 cm. Elle est recouverte par le plafond brûlé et écroulé de la pièce (*pl. 89-90*). Une assez grande partie de cette couverture, absolument analogue à celle de la pièce 1a, a été dégagée à peu près au centre de l’espace fouillé de la pièce 5a.

Parmi les trouvailles, attirons l’attention sur un tesson provenant d’un récipient culinaire portant un monogramme ḥaḍrami, gravé sur sa face externe (*cat.* 925, p. 219). Parmi les monnaies ḥaḍrami figure un exemplaire émis en Arabie orientale (voir *Catalogue des monnaies*, n° 586-593). Sur le sol de la pièce, on a trouvé une loupe en fer (*cat.* 941, p. 225) et un fragment de vase en pierre (*cat.* 929, p. 223).

Le matériel

Céramique

2864 fragments céramiques proviennent des fouilles de la “bâtisse antérieure”.

Tableau 1

désignation	**nombre des fragments**	%
amphores	1515	52,9
céramique à parois épaisses	65	2,3
céramique de table à parois fines	108	3,8
céramique de table à glaçure	18	0,6
céramique de type sud-arabique	629	22
céramique de cuisine	529	18,4
total	2864	100

— Les amphores

Comme le montre le tableau ci-dessus, les amphores composent plus de la moitié du matériel (52,9%). La majorité des fragments qui constituent des formes amphoriques (c’est-à-dire des tessons de lèvres, anses, pieds ; voir tableau 2) appartiennent à des amphores dites *Koan type* ou *Dressel 2-4* (*cat.* 776-790, 793-797, p. 191, 193, 195). Leurs caractéristiques essentielles sont les suivantes : anses bifides ; une courbure nette du passage du haut goulot au tronc étroit ; un long pied cylindrique ; une courbure marquée lors du passage du col haut au tronc étroit ; long pied cylindrique ; le bec, d'habitude, a une lèvre retroussée comme un rouleau légèrement rabattu vers l'extérieur.

Catalogue

776. Amphora, complete vessel: fine red very well levigated paste with mica inclusions, greyish wash on the exterior; Palmyrian *graffito* on top of the neck executed before firing, Latin dipinto on the shoulders; diam.: 10 cm, height: 1 m. *Kana-88/VI*, room 1a (*fig. 83; pl. 130*).

777. Amphora, fragment of upper part: fine light red very well levigated paste, creamish wash on the exterior; diam.: 9 cm. *Kana-88/VI*, room 1a (*fig. 83*).

778. Amphora, fragment of rim and neck: fine red paste, greyish wash on the exterior; diam.: 11 cm. *Kana-88/VI*, room 1a (*fig. 83*).

779. Amphora, fragment of rim: fine red paste, light red wash on the exterior; diam: 12 cm. *Kana-88/VI*, room 2a (*fig. 83*).

780. Amphora, fragment of handle: fine red paste, creamish wash on the exterior. *Kana-88/VI*, room 1a (*fig. 83*).

781. Amphora, fragments of rim, handles and neck: fine red paste, greyish wash on the exterior; diam.: 12 cm. *Kana-89/VI*, room 3a (*fig. 83*).

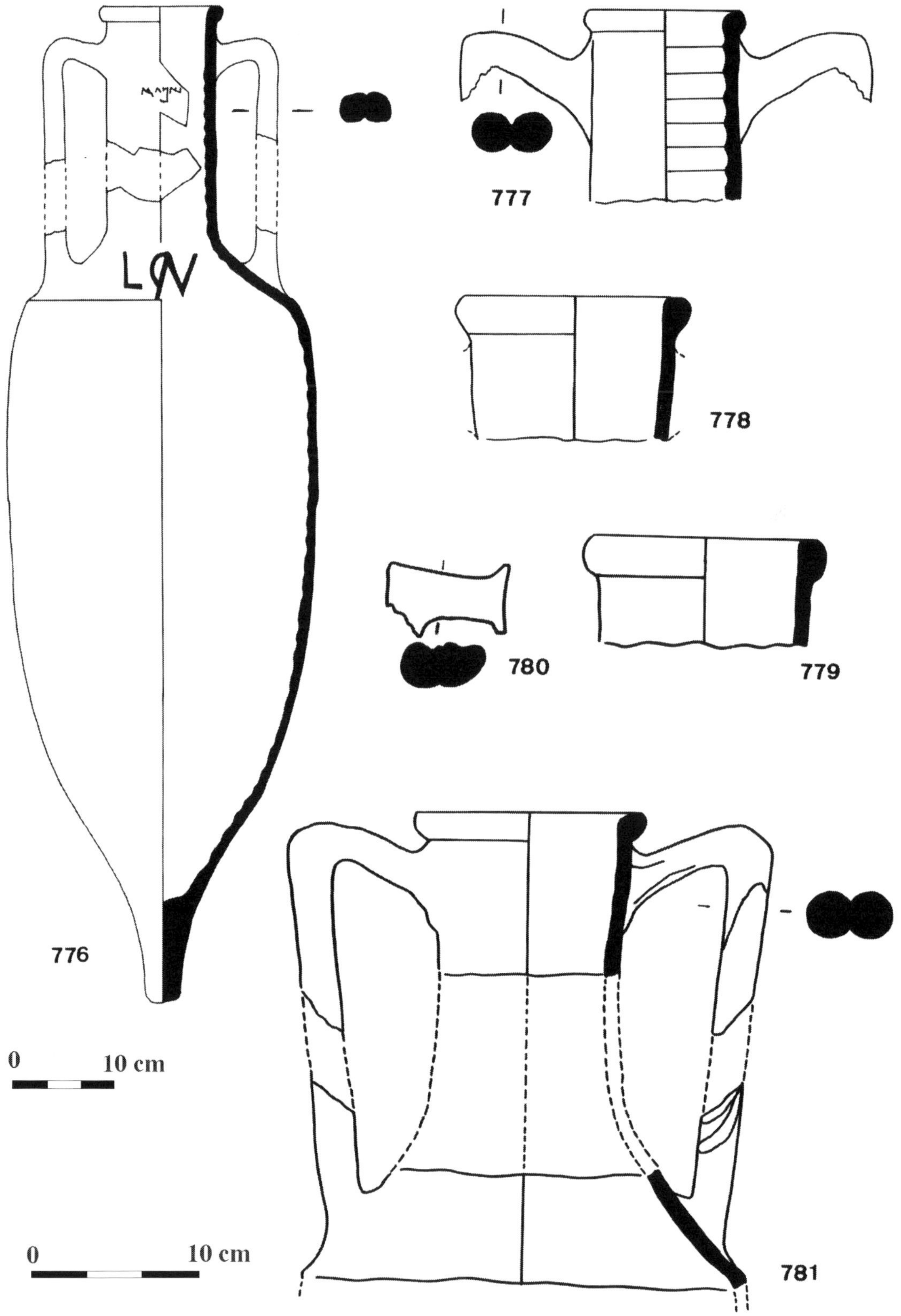

Figure 83

Catalogue

782. Amphora, fragment of upper part: fine red paste with mica inclusions, greyish wash on the exterior; diam.: 12 cm. *Kana-89/VI*, room 3a (*fig. 84*).

783. Amphora, fragment of rim: sandy red paste with white and black inclusions, whitish wash on the exterior; diam.: 9 cm. *Kana-88/VI*, room 1a (*fig. 84*).

784. Amphora, fragment of rim and neck: red paste with mica, white and black inclusions, creamish wash on the exterior; diam.: 12.5 cm. *Kana-91/VI*, room 4a (*fig. 84*).

785. Amphora, fragment of rim: red paste with mica inclusions, greyish wash on the exterior; diam.: 13 cm. *Kana-88/VI*, room 1a (*fig. 84*).

786. Amphora, fragment of upper part: sandy red paste with white and black inclusions, whitish wash on the exterior; diam.: 9 cm. *Kana-91/VI*, room 5a (*fig. 84*).

787. Amphora, fragment of rim: fine red paste with mica inclusions, greyish wash on the exterior; diam.: 12 cm. *Kana-89/VI*, room 3a (*fig. 84*).

788. Amphora, fragment of upper part: fine red paste with white and black inclusions, creamish wash on the exterior; diam.: 11.5 cm. *Kana-91/VI*, room 5a (*fig. 84*).

789. Amphora, fragment of rim: fine red paste with mica and white inclusions, greyish wash on the exterior; diam.: 11 cm. *Kana-91/VI*, room 5a (*fig. 84*).

790. Amphora, fragment of rim: fine red paste with mica, white and black inclusions, creamish wash on the exterior; diam.: 11 cm. *Kana-89/VI*, room 2a (*fig. 84*).

790a. Amphora, fragment of shoulders: fine dark red paste; Greek stamp on the exterior. *Kana-88/VI*, room 1a (non illus.).

790b. Amphora, fragment of wall: fine red paste with mica inclusions; South Arabian *graffito*, letter "alif", on the exterior. *Kana-91/VI-32* (non illus.).

791. Amphora, fragment of rim: fine red paste with white and black inclusions; diam.: 18 cm. *Kana-88/VI*, room 2a (*fig. 84*).

792. Amphora, fragment of rim: fine red paste with white and black inclusions; diam.: 19 cm. *Kana-88/VI*, room 1a (*fig. 84*).

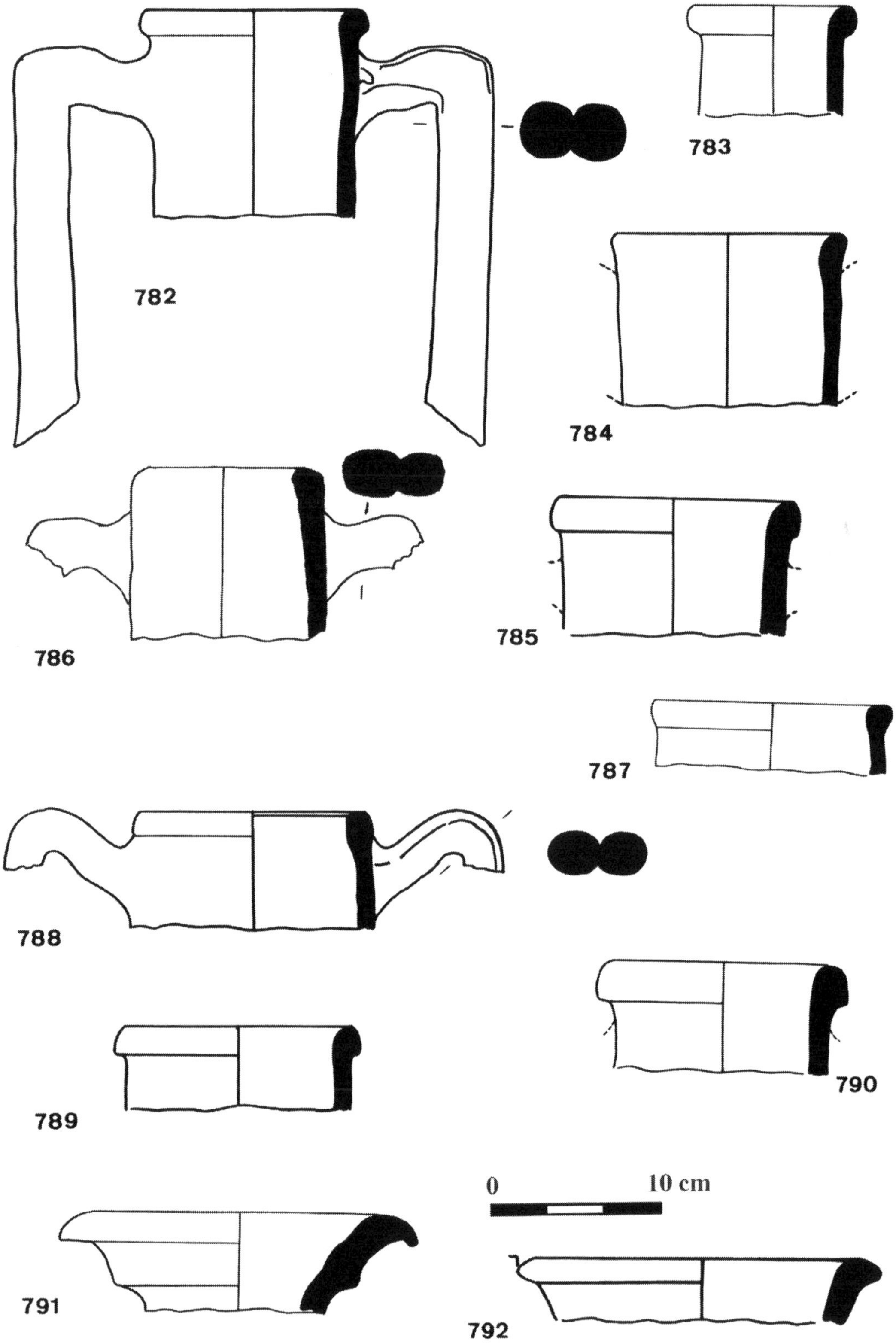

Figure 84

Catalogue

793. Amphora, fragment of neck and handle: fine red paste with mica, white and black inclusions. *Kana-91/VI*, room 4a (*fig. 85*).

794. Amphora, fragment of neck and handle: sandy red paste with white and black inclusions. *Kana-88/VI*, room 2a (*fig. 85*).

795. Amphora, fragment of handle: sandy red paste with white and black inclusions. *Kana-88/VI*, room 1a (*fig. 85*).

796. Amphora, fragment of handle: sandy red paste with white and black inclusions. *Kana-88/VI*, room 1a (*fig. 85*).

797. Amphora, fragment of handle: sandy red paste with white and black inclusions. *Kana-88/VI*, room 1a (*fig. 85*).

798. Amphora, fragment of upper part: fine red very well levigated paste with mica inclusions, greyish wash on the exterior; diam.: 12 cm. *Kana-88/VI*, room 1a (*fig. 85*).

799. Amphora, fragment of rim: fine red paste with mica and white inclusions; diam.: 17 cm. *Kana-91/VI*, room 4a (*fig. 85*).

800. Amphora, fragment of rim: fine red paste with white inclusions; diam.: 11 cm. *Kana-91/VI*, room 5a (*fig. 85*).

801. Amphora, fragment of handle: sandy red paste with white and black inclusions. *Kana-88/VI*, room 1a (*fig. 85*).

802. Amphora, fragment of handle: fine light red very well levigated paste with black inclusions. *Kana-88/VI*, room 1a (*fig. 85*).

803. Amphora, fragment of upper part: fine red paste with mica and white inclusions, black coating on the interior; diam.: 13 cm. *Kana-88/VI*, room 1a (*fig. 85*).

804. Amphora, fragment of lower part and toe: fine red paste, black resinous substance on the interior; diam.: 6 cm. *Kana-88/VI*, room 1a (*fig. 85*).

805. Amphora, fragment of toe: sandy red paste with mica, white and black inclusions; diam.: 5 cm. *Kana-91/VI*, room 5a (*fig. 85*).

806. Amphora, fragment of toe: sandy red paste with mica, white and black inclusions; diam.: 4.5 cm. *Kana-91/VI*, room 5a (*fig. 85*).

807. Amphora, fragment of toe: red paste with white and black inclusions; diam.: 6 cm. *Kana-88/VI*, room 2a (*fig. 85*).

808. Amphora, fragment of toe: red paste with white and black inclusions; diam.: 4 cm. *Kana-88/VI*, room 1a (*fig. 85*).

809. Amphora, fragment of toe: sandy red paste with mica, white and black inclusions; diam.: 4.5 cm. *Kana-88/VI*, room 1a (*fig. 85*).

810. Amphora, fragment of toe: sandy red paste with mica, white and black inclusions; diam.: 3.5 cm. *Kana-88/VI*, room 1a (*fig. 85*).

811. Amphora, fragment of toe: sandy red paste with mica, white and black inclusions; diam.: 4.5 cm. *Kana-91/VI*, room 5a (*fig. 85*).

812. Amphora, fragment of upper part: fine lght red paste with dark and white inclusions, greyish wash on the exterior; diam.: 5 cm. *Kana-88/VI*, room 1a (*fig. 85*).

813. Amphora, fragment of upper part: fine lght red paste with dark and white inclusions, whitish wash on the exterior; diam.: 5 cm. *Kana-88/VI*, room 1a (*fig. 85*).

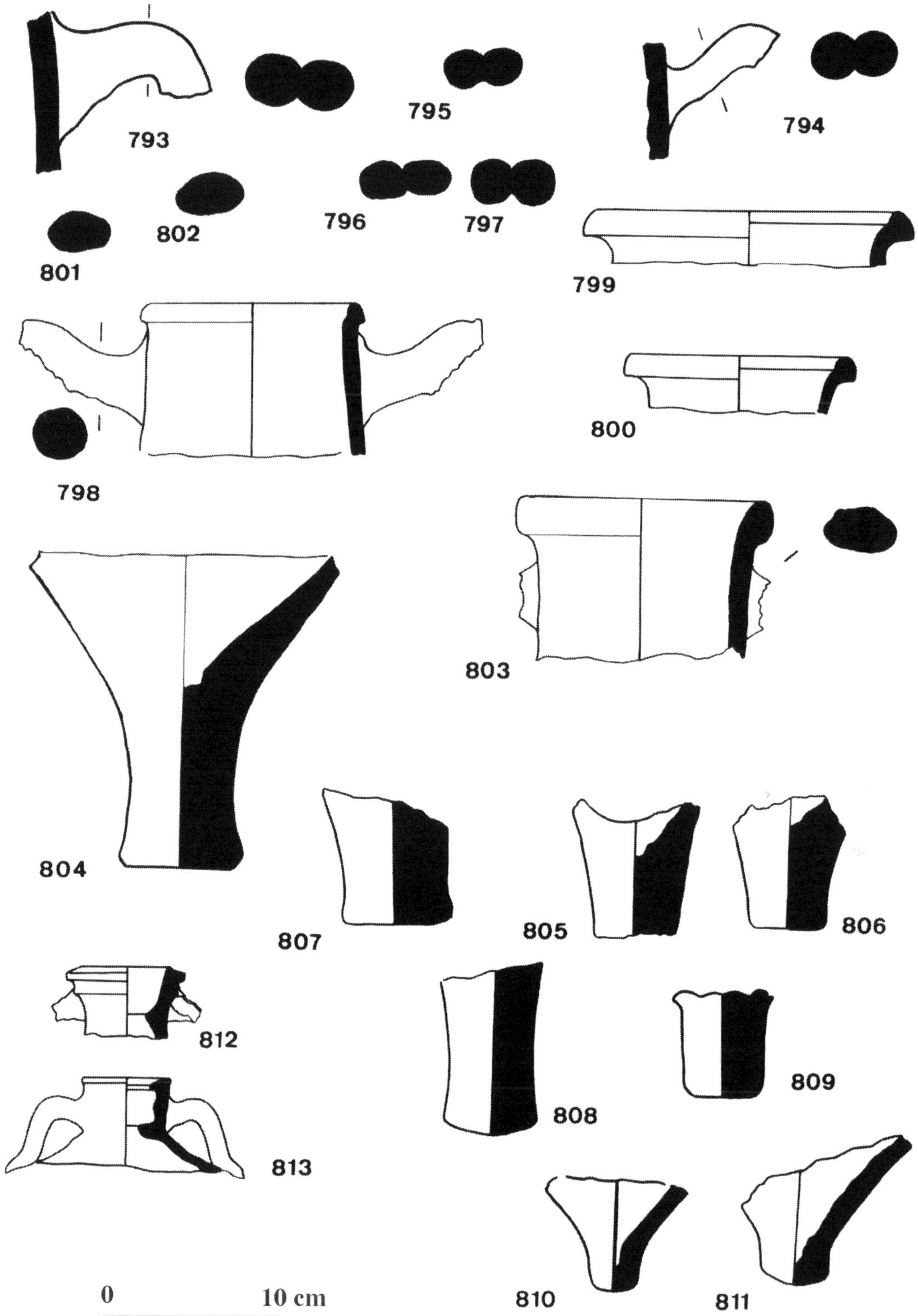
793
795
794
801
802
796
797
799
798
800
803
804
807
805
806
812
808
809
813
810
811
0
10 cm

Figure 85

Tableau 2

désignation	**nombre des fragments**	**%**
lèvres	34	2,2
anses	72	4,8
pieds	24	1,6
parois	1385	91,4
total	1515	100

L'analyse de la pâte montre que les *Dressel 2-4* découvertes dans la fouille proviennent d'au moins trois centres de production ou ateliers. Parmi les amphores venant de Cos ou, plus largement d'Égée orientale (atelier a), on peut classer les récipients fabriqués avec une pâte homogène, soigneusement faite, à laquelle a été ajoutée une quantité parfois importante de mica broyé. La couleur de la pâte varie du rose clair au rouge ; la couleur de la surface va du jaune clair au beige-jaunâtre. Les amphores à pâte beige-rouge, peu sableuse, comportant une grande quantité d'inclusions blanches, étaient plus probablement fabriquées en Égypte (atelier b). La couleur de la surface de ces récipients varie du jaune clair au grisâtre. Les amphores à pâte rouge foncé comprenant une grande quantité de sable, d'inclusions blanches et noires, et une petite quantité de mica broyé sont incontestablement d'origine italienne (atelier c). À l'extérieur, ces récipients ont un fin revêtement blanchâtre.

On sait que les amphores *Dressel 2-4* étaient l'un des types récipients vinaires les plus répandus au début de l'Empire Romain. Elles sont attestées sur de nombreux sites, depuis les îles Britanniques et les provinces nord-est de l'Empire Romain jusqu'aux ports égyptiens de la mer Rouge, aux sites du Golfe Arabique et de l'Inde méridionale. Quelques fragments d'amphores *Dressel 2-4*, fabriquées dans différents ateliers, ont été trouvés à Shabwa, la capitale de l'ancien Ḥaḍramawt [4].

La date de la production des *Dressel 2-4* est fixée habituellement entre la fin du Ier siècle av. J.-C. et le début ou la moitié du IIe siècle ap. J.-C., dans les ateliers proches d'Alexandrie en Égypte [5].

---

4. Voir J. PIRENNE, 1976, « Deuxième mission archéologique française au Ḥaḍramout (Yémen du Sud) de décembre 1975 à février 1976 », *Comptes Rendus de l'Académie des Inscriptions et Belles Lettres*, p. 422-423 ; Y. CALVET, 1988, « Fouilles françaises de Shabwa (R.D.P. Yémen). La céramique importée », *Raydān*, 5, p. 53-54.

5. Les publications sur les amphores de ce type *Dressel 2-4* sont si abondantes qu'il est difficile même de citer les travaux principaux ; limitons-nous à quelques-uns, par exemple : V.R. GRACE, 1961, *Amphoras and the Ancient Wine Trade*, Princeton, fig. 60-61 ; M.H. CALLENDER, 1965, *Roman amphorae with index of stamps*, London, p. 9-11 ; M. BELTRAN LLORIS. 1978, *Cerámica Romana, Typologia y Classificacion*, Zaragosa, p. 172, fig. LXIX : 873 ; H.S. ROBINSON, 1959, *The Athenian Agora V, Pottery of the Roman Period*, Princeton, p. 10, 83-85, pl. 19 ; A. TCHERNIA & F. ZEVI, 1972, « *Amphoras vinairas* de Campanie et de Tarraconaise à Ostie », *in Recherches sur les amphores romaines*, Rome, p. 35-67 ; L. FARINAS DEL CARRO, W. FERNANDEZ DE LA VEGA & A. HESNARD, 1977, « Contribution à l'établissement d'une typologie des amphores dites "Dressel 2-4" », *in Méthodes classiques et méthodes formelles dans l'étude des amphores*, Rome, p. 179-206 ; C. PANNELLA & M. FANO, 1977, « Le anfore con anse bifide conservate a Pompei : contributo ad una loro classificazione », *in Méthodes classiques et méthodes formelles dans l'étude des amphores*, Rome, p. 133-177 ; D.P.S. PEACOCK & D.F. WILLIAMS, 1986, *Amphorae and the Roman Economy : an Introductory Guide*, London & New York, p. 105-106 ; M. SCIALLANO & P. SIBELLA, 1994, *Amphores, Comment les identifier ?* Édisud. Sur les trouvailles

L'un des récipients trouvés sur le sol de la pièce 1a a été restauré presque entièrement (*cat.* 776, p. 191) : à en juger par la couleur et la texture de la pâte, il a été fabriqué dans un atelier égyptien (notre atelier b). L'une de ses particularités est la présence d'une inscription palmyrénienne écrite en cursive, incisée sur le goulot avant cuisson, donc à l'endroit même de sa fabrication [6]. En outre, sur l'épaule, un monogramme a été peint en caractères latins avec de la peinture rouge.

Dans le même contexte stratigraphique, on a trouvé un fragment d'amphore portant un timbre rectangulaire sur l'épaule (*cat.* 790a, p. 192). Ce fragment appartient probablement à une amphore *Dressel 2-4*, fabriquée, d'après la pâte, dans un atelier égyptien. Le timbre mesure 1,2 x 2,7 cm. Il porte un nom, Τροκόνδον , écrit en caractères grecs sur deux lignes. Nous n'avons pas trouvé de parallèle exact, mais ce nom est tout à fait typique de la région méridionale de l'Asie Mineure [7].

Les amphores trouvées en fouille ne se réduisent pas à des *Dressel 2-4* : on compte des fragments d'amphores rhodiennes (*cat.* 798-800, p. 195) [8], d'amphores appartenant aux types *Dressel 1B/Ostia XX/Class 4* (*cat.* 804, 807, p. 195) et *Dressel 7-11/Ostia LII/Beltràn I/Class 17* (*cat.* 791-792, p. 193), amphores pour lesquelles les parallèles se trouvent en Italie, lieu probable de leur fabrication [9].

Ces différents types d'amphores peuvent tous être datés entre la fin du Ier siècle av. J.-C. et le début du IIe siècle ap. J.-C. [10].

---

d'amphores du type *Dressel 2-4* en Inde, outre les publications connues de R.E.M. Wheeler voir les articles récents : K.W. SLANE, 1991, « Observation on Mediterranean Amphoras and Tablewares Found in India », *in Rome and India, The Ancient Sea Trade*, V. Begley and R.P. De Puma (eds), Madison, p. 204-215 ; E.L. WILL, 1991, « The Mediterranean Shipping Amphoras from Arikamedu », *in Rome and India, The Ancient Sea Trade*, V. Begley and R.P. De Puma (eds.), Madison, p. 151-156 ; A. TCHERNIA, 1993, « Rome et l'Inde : l'archéologie toute seule ? » *Topoi*, 3/2, p. 525-534. Sur la fabrication d'amphores du type *Dressel 2-4* en Égypte voir : J.-Y. EMPEREUR 1986, « Un atelier de *Dressel 2-4* en Égypte au IIIe siècle de notre ère », *in Recherches sur les amphores grecques*, J.-Y. EMPEREUR et Y. GARLAN (éds), Paris, p. 599-608 (*BCH*, suplément XIII) ; J.-Y. EMPEREUR et M. PICON, 1992, « La reconnaissance de productions des ateliers céramiques : l'exemple de la Maréotide », *in Cahiers de la céramique égyptienne, ateliers de potiers et productions céramiques en Égypte*, P. Ballet (éd.), Le Caire, p. 145-152 (*CCE 3*).

6. Pour la lecture de l'inscription voir dans ce volume Fr. BRIQUEL-CHATONNET, « Les *graffiti* en langues nord-sémitiques de Bir 'Alī ».

7. Cf. L. ZGUSTA, 1964, *Kleinasiatische Personennamen*, Prague, S. 490ff, § 1512-1531. D'après Yu.G. Vinogradov, le nom est apparemment pamphilien, et le timbre daterait du IIIe-IIe siècles av. J.-C. (communication personnelle). Notons qu'une telle datation impliquerait que l'amphore ait été utilisée pendant quelques dizaines d'années. Sur les amphores timbrées de Pamphilie voir : C. BRIXHE, 1976, *Le dialecte grec de Pamphylie*, Paris, p. 295-300.

8. Cf. J.A. RILEY, 1979, « The Coarse Pottery from Berenice », *in Excavations at Sidi Khrebish Benghazi (Berenice), Volume II (Supplement to* Libya Antiqua, *V, vol. II*), Tripoli, p. 122-124 ; fig. 69, 16, 17.

9. Cf. B. PALMA & C. PANELLA, 1968, « Anfore », *in Ostia I, Le terme del Nuotatore, Scavo dell'ambiente IV*, Roma, p. 101, tav. XXVIII, 462,464 ; C. PANELLA, 1973, « Anfore », *in Ostia III, Le terme del Nuotatore, Scavo dell'ambiente V et di un saggio nell'area*, Roma, tav. XLVI, 370 ; XLVIII, 386.

10. Cf. C. PANELLA, 1970, « Anfore », *in Ostia II, Le terme del Nuotatore, Scavo dell'ambiente I*, Roma, p. 109, tav. XXXIII, 546 ; p. 111, tav. XXXVII, 562 ; C. PANELLA, 1977, « Anfore », *in Ostia IV, Le terme del Nuotatore, Scavo dell'ambiente XVIe dell'area XXV*, Roma, p. 504-515 ; J.W. HAYES, 1976, « Pottery : Stratified Groups and Typology », *in Excavations at Carthage 1975 conducted by the University of Michigan, Volume I*, J.H. Hamphrey (ed.), Tunis, p. 47-123 ; J.W. HAYES, 1978, « Pottery Report – 1976 », *in Excavations at Carthage 1976 conducted by the University of Michigan*, vol. IV, L.H. Humphrey (ed.), Ann Arbor, p. 83-84, fig. 27, 39, 43 ; RILEY, « The Coarse Pottery from Berenice », p. 134-135, fig. 70, 47, 48, 50, 52 ; PEACOCK & WILLIAMS, *Amphorae and the Roman Economy*, p. 89-90, 113-114, 120-121.

Catalogue

814. Jar, fragment of upper part: very compact dark grey paste with small amount of white inclusions; horizontal incised line on the exterior on the shoulders, ridges on neck; diam.: 30 cm. *Kana-91/VI*, room 5a (*fig. 86*).

815. Jar, fragment of rim: very compact dark grey paste with small amount of white inclusions; horizontal incised lines on the rim's exterior; diam.: 28 cm. *Kana-91/VI*, room 5a (*fig. 86*).

816. Jar, fragment of upper part: very compact dark grey paste with small amount of white inclusions; diam.: 19 cm. *Kana-91/VI*, room 5a (*fig. 86*).

817. Jar, fragment of wall: very compact dark grey paste with small amount of white inclusions; wide horizontal ridges on the exterior. *Kana-88/VI*, room 1a (*fig. 86*).

818. Jar, fragment of wall: very compact dark grey paste with small amount of white inclusions; wide horizontal ridges on the exterior. *Kana-88/VI*, room 1a (*fig. 86*).

819. Jar, fragment of rim: fine very compact red paste, red slip on both surfaces; diam.: 10 cm. *Kana-88/VI*, room 1a (*fig. 86*).

820. Jar, fragment of rim: fine very compact red paste, red slip on both surfaces; diam.: 10 cm. *Kana-88/VI*, room 2a (fig. 86).

821. Jar, fragment of bottom: fine red paste, red slip on the exterior; diam.: 5 cm. *Kana-91/VI*, room 5a (*fig. 86*).

822. Jar, fragment of base: sandy fine red paste; diam.: 7 cm. *Kana-88/VI*, room 1a (*fig. 86*).

823. Jar, fragment of base: fine compact red paste; diam.: 2.5 cm. *Kana-88/VI*, room 1a (*fig. 86*).

824. Jar, fragment of base: sandy fine red paste; diam.: 7 cm. *Kana-91/VI*, room 5a (*fig. 86*).

825. Bowl, fragment of rim: fine compact red paste, red slip on the exterior; diam.: 22 cm. *Kana-88/VI*, room 1a (*fig. 86*).

826. Bowl, fragment of rim: fine compact red paste, red slip on the interior; diam.: 16.5 cm. *Kana-88/VI*, room 3a (*fig. 86*).

827. Bowl, fragment of rim: fine compact red paste, red slip on both sides; diam.: 15 cm. *Kana-88/VI*, room 3a (*fig. 86*).

828. Plate, fragment of rim: fine compact red paste, red slip on the interior; diam.: 15 cm. *Kana-91/VI*, room 5a (*fig. 86*).

829. Jar, fragment of base: fine red paste, red slip on the exterior; diam.: 4 cm. *Kana-91/VI*, room 4a (*fig. 86*).

830. Plate, fragment of base: fine red paste; diam.: 7.5 cm. *Kana-88/VI*, room 1a (*fig. 86*).

831. Cup, fragment of upper part: fine red compact paste with white and dark inclusions, red slip on the exterior; diam.: 9.5 cm. *Kana-91/VI*, room 5a (*fig. 86*).

832. Bowl or lid, fragment of upper part: red paste with dark and white inclusions; diam.: 15 cm. *Kana-91/VI*, room 5a (*fig. 86*).

833. Bowl or lid, fragment of upper part: red paste with dark and white inclusions; diam.: 16 cm. *Kana-91/VI*, room 5a (*fig. 86*).

834. Jar, fragment of wall: red paste with dark and white inclusions; incised wavy line on the exterior. *Kana-91/VI*, room 5a (*fig. 86*).

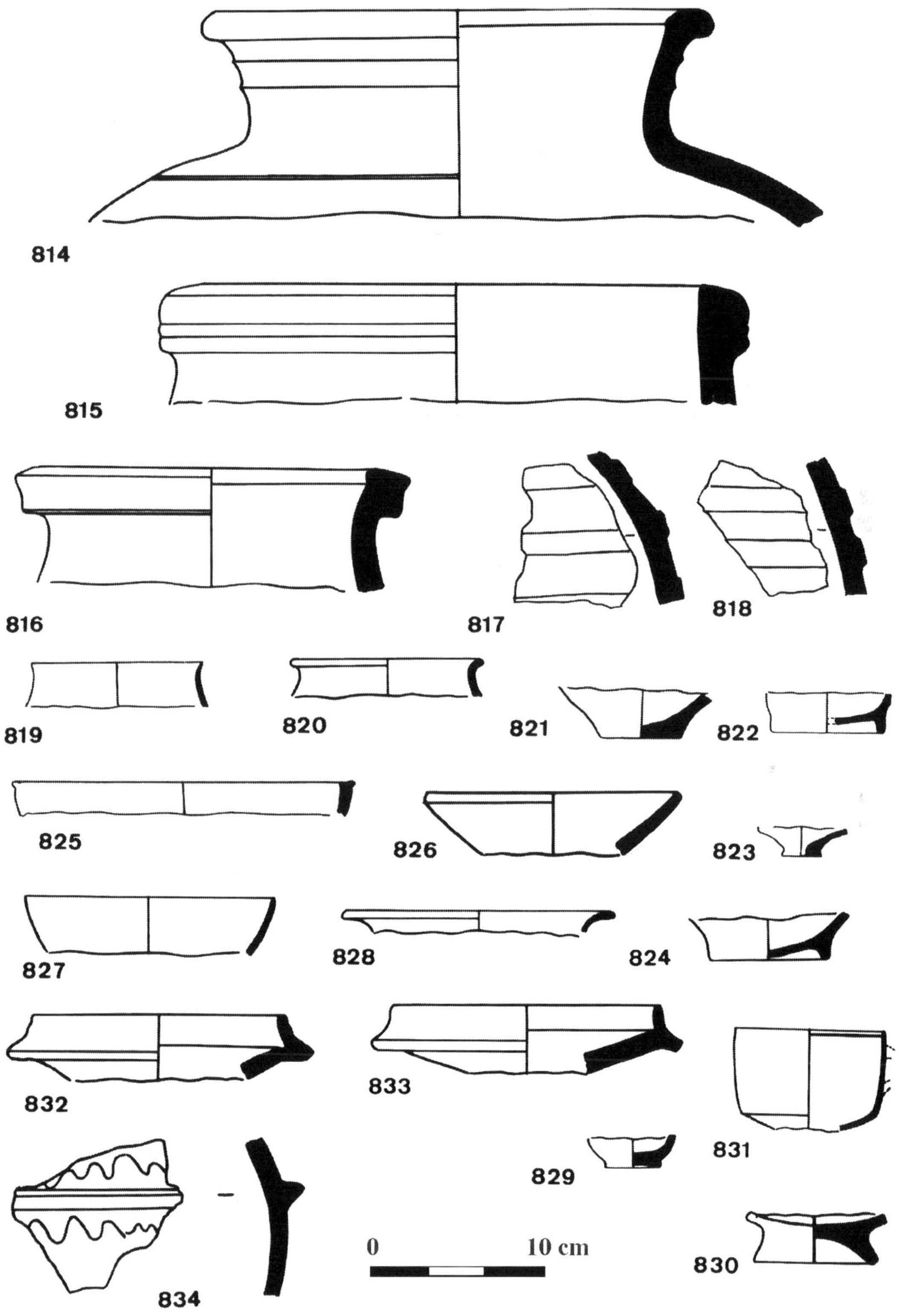
814
815
816
817
818
819
820
821
822
825
826
823
827
828
824
832
833
831
829
834
0
10 cm
830

Figure 86

Conteneurs à parois épaisses. Les fragments appartenant à des vases de stockage ne sont pas nombreux (voir tableau 1). Il s'agit dans tous les cas de grandes jarres à large ouverture, fabriquées avec une pâte grise compacte comprenant de petites inclusions blanches. Ces récipients ont une lèvre de section rectangulaire, une paroi externe rainurée (*cat.* 814-816, p. 199). Souvent, à l'extérieur, les parois sont décorées de larges côtes en léger relief (*cat.* 817-818, p. 199). Il s'agit là d'une céramique bien connue par les fouilles du Golfe Arabique comme "*Thick Black Ware*" ou "céramique grise épaisse" [11]. J.-F. Salles a émis l'hypothèse d'une origine indienne pour cette catégorie de récipients [12], mais on penserait plutôt au Golfe Arabique, où ils auraient été fabriqués pendant les premiers siècles de notre ère. On les appellera donc *ed-Dur* ou *Gulf storage jars*.

Céramique de table. Parmi la céramique de table à parois fines et à pâte rouge, on remarque des jarres aux lignes gracieuses, à la lèvre pointue ou biseautée en rouleau (*cat.* 819-820, p. 199). De toute évidence, elles avaient un fond plat (*cat.* 821, p. 199). Leurs surfaces externe et interne sont couvertes d'engobe rouge ou rouge-brun et sont lustrées. Les vases sont représentés par de petits récipients à parois droites ou légèrement incurvées (*cat.* 825-827, p. 199) ; la plupart avait une base annulaire assez élevée (*cat.* 828, p. 199). Des fragments de grands vases à parois épaisses présentent une brusque courbure au milieu de la panse (*cat.* 832-833, p. 199). On peut trouver des parallèles dans les fouilles américaines à al-Suhar en Oman [13], ou dans les fouilles françaises à Mleiha (communication personnelle de Dr. M. Mouton). Notons également un fragment d'un assez grand récipient à corps globulaire, avec une côte saillante au milieu et un décor de lignes ondulées en relief (*cat.* 834, p. 199). Enfin, P. Ballet identifie comme *Knidian Ware* un fragment de gobelet à engobe rouge (l'anse est perdue) [14].

Les récipients du type *terra sigillata*, très nombreux, constituent une série à part. On a trouvé des fragments de pratiquement toutes les catégories connues de la vaisselle de ce type : sigillées italiques (*cat.* 836-847, 851-854, p. 203), sigillées orientales, qu'il s'agisse d'*Eastern Sigillata A* (*cat.* 835, 848, 850, p. 203) ou d'*Eastern Sigillata B* (*cat.* 849, p. 203). Les récipients fabriqués en Orient, dans la région syro-palestinienne (*ESA*) et en Asie Mineure (*ESB*), se différencient par la nuance orange de l'engobe, et par la moindre qualité de ce dernier (engobe écaillé). Un tesson de sigillée italique (fond du vase) porte en son centre un timbre en forme de pied humain (*planta pedis*) avec le nom AGATE, écrit en caractères latins (*cat.* 839, p. 203) : ce récipient a été fabriqué au début du Ier siècle ap.

---

11. Cf. E. HAERINCK, C.S. PHILLIPS, D.T. POTTS & K.G. STEVENS, 1993, « Ed-Dur, Umm al-Qaiwain (U.A.E.) », *in Materialen zur Archäologie der Seleukiden- und Partherzeit im sµdlichen Babylonien und im Golfgebeit, Ergebnisse der Symposien 1987 und 1989 in Blaubeuren*, U. Finkbeiner (hrsg.), Tübingen, p. 187, fig. 3 ; O. LECOMTE, 1993, « Ed-Dur, les occupations des IIIe et IVe s. ap. J.-C. : Contexte des trouvailles et matériel diagnostique », *in Materialen zur Archäologie der Seleukiden- und Partherzeit im sµdlichen Babylonien und im Golfgebeit, Ergebnisse der Symposien 1987 und 1989 in Blaubeuren*, U. Finkbeiner (hrsg.), Tübingen, p. 199, fig. 8-9.
12. J.-F. SALLES, 1984, « Céramiques de surface à ed-Dur, Émirats Arabes Unis », *in Arabie orientale, Mésopotamie et Iran méridional de l'âge du Fer au début de l'époque islamique*, R. Boucharlat et J.-F. Salles (éds.), Paris, p. 247 ; J.-F. SALLES, 1993, « The Periplus of the Erythraean Sea and the Arab-Persian Gulf », *Topoi*, 3/2, p. 513.
13. Cf. P. YULE & M. KERVRAN, 1993, « More than Samad in Oman : Iron Age pottery from Ṣuḥār and Khor Rori », *Arabian Archaeology and Epigraphy (AAE)*, 4/2, p. 83, fig. 5, 22.
14. Voir P. BALLET, « Introduction à la céramique de Qāni' : groupes régionaux et importations ».

J.-C. dans les ateliers d'un AGATHEMERVS (NAEVI) [15]. Un autre tesson porte lui aussi un timbre *in planta pedis* avec l'inscription CN·Ā·M ; il provient de la couche au-dessus du sol inférieur de la pièce 11 de la "bâtisse supérieure" (*pl. 96*). Selon le *Corpus Vasorum Arretinorum*, cette marque appartenait à CN. AT(EI) M(AHETIS ?), maître de « one of the greatest Arretine pottery enterprises » [16].

La présence de *terra sigillata* n'a rien d'exceptionnel : on en a trouvé à Timna, capitale du Qataban [17], à Shabwa, capitale du royaume ḥaḍrami [18], dans la forteresse ḥaḍrami Sumhuram, située sur la côte du Dhofar [19] ; on en a trouvé également sur la rive opposée, africaine, du Golfe d'Aden [20]. On peut dater les sigillées orientales trouvées à Qāni' entre la fin du Ier siècle av. J.-C. et la fin du Ier siècle ap. J.-C. La fourchette chronologique est plus resserrée : entre 15 av. J.-C. et 15 ap. J.-C. [21].

On a trouvé des fragments des vases aux formes gracieuses et à parois fines, à pâte rose ou rouge clair et décorés à l'intérieur de motifs végétaux de couleur rouge, dans la couche près du sol de la pièce 1a de la "bâtisse antérieure" (*cat.* 855-859, p. 205 ; *pl. 97*). Il s'agit sans aucun doute de vases nabatéens, bien connus par les fouilles de Petra, Oboda et d'autres sites nabatéens du Proche-Orient [22]. En Arabie Méridionale, on a trouvé de la céramique nabatéenne sur le site de l'ancienne Marīb, à Qaryat al-Fau, Sumhuram [23].

---

15. A. OXÉ (H. Comfort ed.), 1968, *Corpus vasorum arretinorum. A Catalogue of the Signatures, Shapes and Chronology of Italian Sigillata*, Bonn, p. 284-285.
16. A. OXÉ (H. Comfort ed.), *Corpus vasorum arretinorum*, p. 43, 61-62 ; n° 148, 2.18-21b.
17. H. COMFORT, 1958, « Imported Pottery and Glass from Timnafi », *in Archaeological discoveries in South Arabia*, R. Le Baron Bowen & F.P. Albright (eds), Baltimore, p. 199-214.
18. Y. CALVET, « Fouilles françaises de Shabwa (R.D.P. Yémen), La céramique importée », p. 53-70.
19. H. COMFORT, 1960, « Some imported pottery at Khor Rori (Dhofar) », *Bulletin of American School of Oriental Research (BASOR)* 160, p. 15-20 ; cf. P. YULE & B. KAZENWADEL, 1993, « Toward a Chronology of the Late Iron Age in the Sultanate of Oman », *in Materialen zur Archäologie der Seleukiden- und Partherzeit im südlichen Babylonien und im Golfgebeit, Ergebnisse der Symposien 1987 und 1989 in Blaubeuren*, U. Finkbeiner (hrsg.), Tübingen, p. 258, 277.
20. Voir P. BALLET, 1993, « Céramiques, faïences et vase en pierre du fonds Révoil », *in Sur les routes antiques de l'Azanie et de l'Inde, Le fonds Révoil du Musée de l'Homme (Heïs et Damo, en Somalie)*, J. Desanges, E.M. Stern et P. Ballet (eds), Paris, p. 63-65.
21. Voir Chr. GOUDINEAU, 1968, *La céramique arétine lisse*, Paris, p. 277-309, 341-347, 376-377 ; J.W. HAYES, 1985, « Sigillate orientali », *in Enciclopedia dell'arte antica. Classica e orientale. Atlante delle forme ceramiche. II. Ceramica fine romana nel bacino Maditerraneo (tardo ellenismo e primo impero)*, Roma, p. 15-17, 42, 55 ; G. PUCCI, 1985 « Terra sigillata italica », *in Enciclopedia dell'arte antica. Classica e orientale. Atlante delle forme ceramiche. II. Ceramica fine romana nel bacino Maditerraneo (tardo ellenismo e primo impero)*, Roma, p. 382-385, 389-391 ; E. ETTLINGER & *al.*, 1990, *Conspectus formarum terrae sigillatae italico modo confectae*, Bonn.
22. Voir, par exemple, A. NEGEV, 1986, *The Late Hellenistic and Early Roman Pottery of Nabataean Oboda, Final Report*, Jerusalem, p. 36-62 (Qedem 22) ; R.A. STUCKY, 1989, « Den 'Puls der Antike' fühlen : Ausgrabungen in Petra, der Königsstadt der Nabatäer », *in Uni Nova : Mitt aus der Univ Basel 53*, S. 10-15 ; K. SCHMITT-KORTE, 1972, « Die Entwicklung des Granatapfelmotifs in der nabatäischen Keramik » *in Natur und Mensch : Jahresmitt der naturhistor Ges in Nürnberg*, S. 40-44 ; K. SCHMITT-KORTE, 1984, « Nabataean Pottery : A Typological and Chronological Framework », *in Studies in the History of Arabia, Pre-Islamic Arabia*, Riyadh, p. 7-40.
23. R. STUCKY, 1983, « Eine Reise nach Marib in die Stadt der Königin von Saba », *in Antike Welt 1*, Abb. 10, 11 ; A.R. AL-ANSARY, 1982, *Qaryat al-Fau : A Portrait of Pre-Islamic Civilisation in Saudi Arabia*, London, p. 63, pl. 2-6 ; P. YULE & B. KAZENWADEL, « Toward a Chronology of the Late Iron Age in the Sultanate of Oman », p. 258.

Catalogue

835. Bowl, fragment of upper part: fine very compact red paste, red slip with burnishing on both sides; diam.: 16 cm. *Kana-88/VI*, room 1a (*fig. 87*).

836. Bowl, complete vessel (two fragments): fine very compact red paste, red slip with burnishing on both sides; diam.: of rim 20 cm, diam. of base: 10 cm, height: 5 cm. *Kana-88/VI*, room 1a (*fig. 87*).

837. Bowl, fragment of upper part: fine very compact red paste, red slip with burnishing on both sides. *Kana-91/VI*, room 5a (*fig. 87*).

838. Cup, fragment of rim: fine very compact red paste, red slip with polishing on both sides, incised decoration on top on the exterior; diam.: 7.5 cm. *Kana-88/VI*, room 1a (*fig. 87*).

839. Plate, fragment of base: fine very compact red paste, red slip with polishing on both sides, incised decoration on the exterior, stamp AGATE in *planta pedis*. *Kana-88/VI*, room 1a (*fig. 87*; *pl. 95*).

839a. Plate, fragment of base: fine very compact red paste, red slip with polishing on both sides, stamp CN·Ā·M in *planta pedis*. *Kana-93/VI-3*, room 11 (*pl. 96*).

840. Plate, fragment of upper part: fine very compact red paste, red slip with polishing on both sides; diam.: 30 cm. *Kana-88/VI*, room 1a (*fig. 87*).

841. Plate, fragment of upper part: fine very compact red paste, red slip with polishing on both sides; diam.: 30 cm. *Kana-88/VI*, room 2a (*fig. 87*).

842. Plate, fragment of upper part: fine very compact red paste, red slip with polishing on both sides, incised decoration on bottom; diam.: 26 cm. *Kana-88/VI*, room 1a (*fig. 87*).

843. Plate, fragment of upper part (two fragments): fine very compact red paste, red slip with polishing on both sides; diam.: 16.5 cm. *Kana-91/VI*, room 5a (*fig. 87*).

844. Plate, fragment of upper part: fine very compact red paste, red slip with polishing on both sides; diam.: 15 cm. *Kana-88/VI*, room 1a (*fig. 87*).

845. Plate, fragment of upper part: fine very compact red paste, red slip with polishing on both sides; diam.: 17 cm. *Kana-91/VI*, room 5a (*fig. 87*).

846. Plate, fragment of upper part: fine very compact red paste, red slip with polishing on both sides, incised decoration on the exterior; diam.: 19 cm. *Kana-88/VI*, room 1a (*fig. 87*).

847. Plate, fragment of upper part: fine very compact red paste, red slip with polishing on both sides; diam.: 14 cm. *Kana-88/VI*, room 1a (*fig. 87*).

848. Plate, fragment of upper part: fine very compact red paste, red slip with polishing on both sides; diam.: 14 cm. *Kana-88/VI*, room 1a (*fig. 87*).

849. Plate, fragment of upper part: fine very compact red paste, red slip with polishing on both sides; diam.: 14 cm. *Kana-91/VI*, room 5a (*fig. 87*).

850. Plate, fragment of base: fine very compact red paste, red slip with polishing on both sides; diam.: 17 cm. *Kana-91/VI*, room 5a (*fig. 87*).

851. Plate, fragment of base: fine very compact red paste, red slip with polishing on both sides; diam.: 10 cm. *Kana-91/VI*, room 5a (*fig. 87*).

852. Plate, fragment of base: fine very compact red paste, red slip with polishing on both sides; diam.: 19 cm. *Kana-88/VI*, room 1a (*fig. 87*).

853. Plate, fragment of base: fine very compact red paste, red slip with polishing on both sides; diam.: 5 cm. *Kana-91/VI*, room 5a (*fig. 87*).

854. Plate, fragment of base: fine very compact red paste, red slip with polishing on both sides. *Kana-91/VI*, room 5a (*fig. 87*).

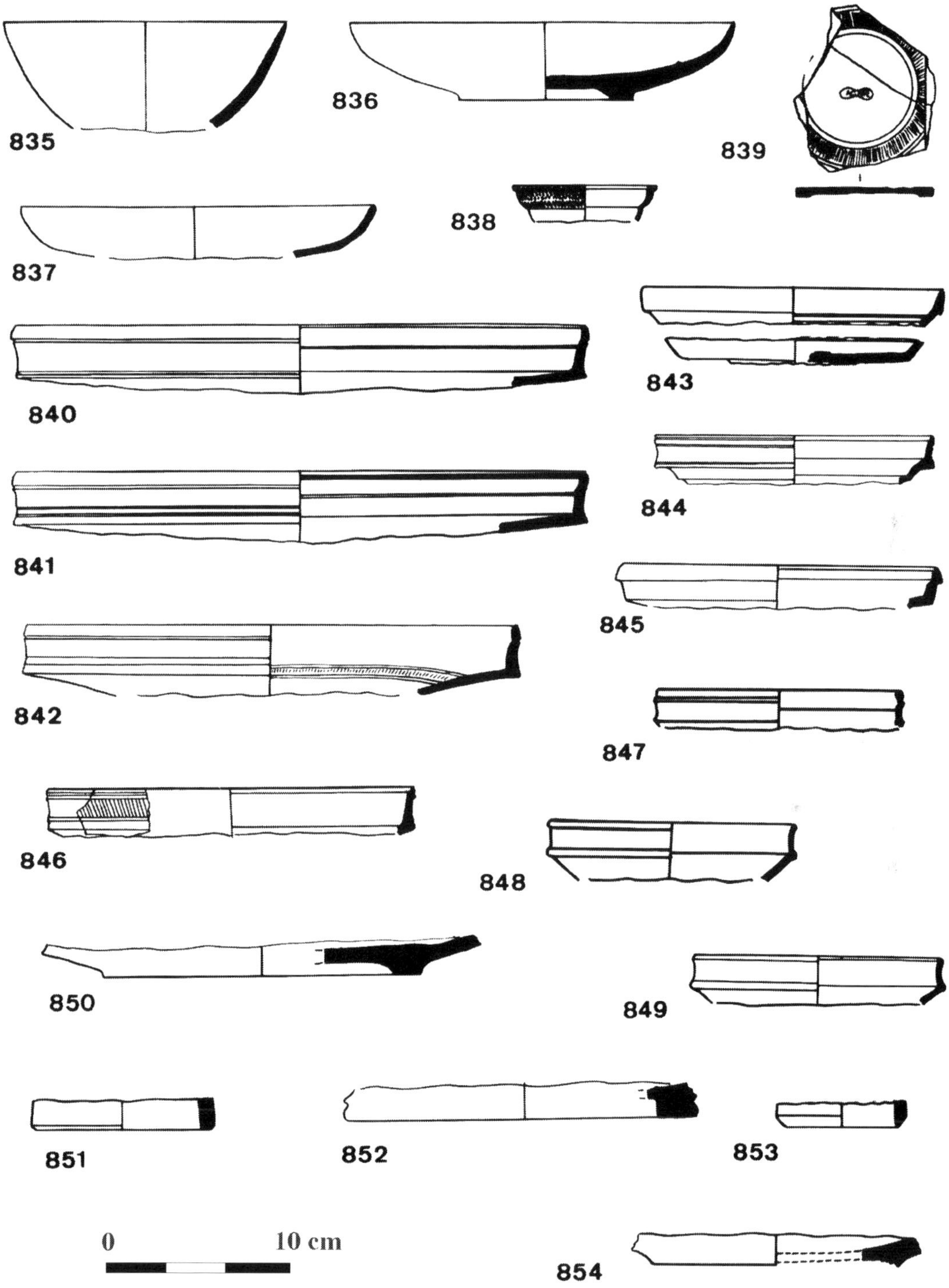
835
836
839
838
837
843
840
844
841
845
842
847
846
848
850
849
851
852
853
0
10 cm
854

Figure 87

Catalogue

855. Bowl, fragment of rim: fine very compact light red paste, red paint on the interior; diam.: 15 cm. *Kana-88/VI*, room 1a (*fig. 88*).

856. Bowl, fragment of rim: fine very compact light red paste, red paint on the interior; diam.: 17 cm. *Kana-88/VI*, room 1a (*fig. 88*).

857. Bowl, fragment of wall: fine very compact light red paste, red paint on the interior. *Kana-88/VI*, room 1a (*fig. 88*).

858. Bowl, fragment of wall: fine very compact light red paste, red paint on the interior. *Kana-88/VI*, room 1a (*fig. 88*).

859. Bowl, fragment of wall: fine very compact light red paste, red paint on the interior. *Kana-88/VI*, room 1a (*fig. 88*).

860. Bowl, fragment of upper part: fine compact red paste, red slip on both sides; diam.: 29 cm. *Kana-88/VI*, room 1a (*fig. 88*).

861. Bowl, fragment of upper part: fine compact red paste, red slip on both sides; diam.: 16 cm. *Kana-88/VI*, room 1a (*fig. 88*).

862. Bowl, fragment of upper part: fine compact light red paste, traces of golden green glaze on both sides; diam.: 18 cm. *Kana-91/VI*, room 5a (*fig. 88*).

863. Jar, fragment of rim: fine compact light red paste, traces of golden green glaze on both sides; diam.: 11 cm. *Kana-89/VI*, room 1a (*fig. 88*).

864. Jar, fragment of rim: fine compact light red paste, traces of golden green glaze on the exterior; diam.: 18 cm. *Kana-88/VI*, room 2a (*fig. 88*).

865. Jar, fragment of rim: fine compact light red paste, traces of golden green glaze on both sides; diam.: 13.5 cm. *Kana-88/VI*, room 1a (*fig. 88*).

866. Jar or amphora, fragment of handle: fine compact light red paste, traces of golden green glaze on the exterior. *Kana-88/VI*, room 1a (*fig. 88*).

867. Plate, fragment of upper part: fine compact light red paste, traces of golden green glaze on both sides; diam.: 20 cm. *Kana-88/VI*, room 1a (*fig. 88*).

868. Plate, fragment of upper part: fine compact light red paste, traces of golden green glaze on both sides; diam.: 42 cm. *Kana-91/VI*, room 5a (*fig. 88*).

869. Plate, fragment of base: fine light red paste, traces of golden green glaze on the interior; diam.: 8 cm. *Kana-91/VI*, room 5a (*fig. 88*).

870. Jar (?), fragment of base: fine light red paste, traces of golden green glaze on the exterior; diam.: 8 cm. *Kana-91/VI*, room 5a (*fig. 88*).

871. Jar (?), fragment of base: compact light paste, traces of golden green glaze on both sides; diam.: 12 cm. *Kana-88/VI*, room 1a (*fig. 88*).

872. Plate, fragment of base: compact light red paste, traces of golden green glaze on the interior; diam.: 10 cm. *Kana-88/VI*, room 1a (*fig. 88*).

873. Plate (?), fragment of base: compact light red paste, traces of golden green glaze on the interior; diam.: 7 cm. *Kana-88/VI*, room 1a (*fig. 88*).

874. Jar (?), fragment of base: compact light red paste, traces of golden green glaze on the exterior; diam.: 4.5 cm. *Kana-91/VI*, room 5a (*fig. 88*).

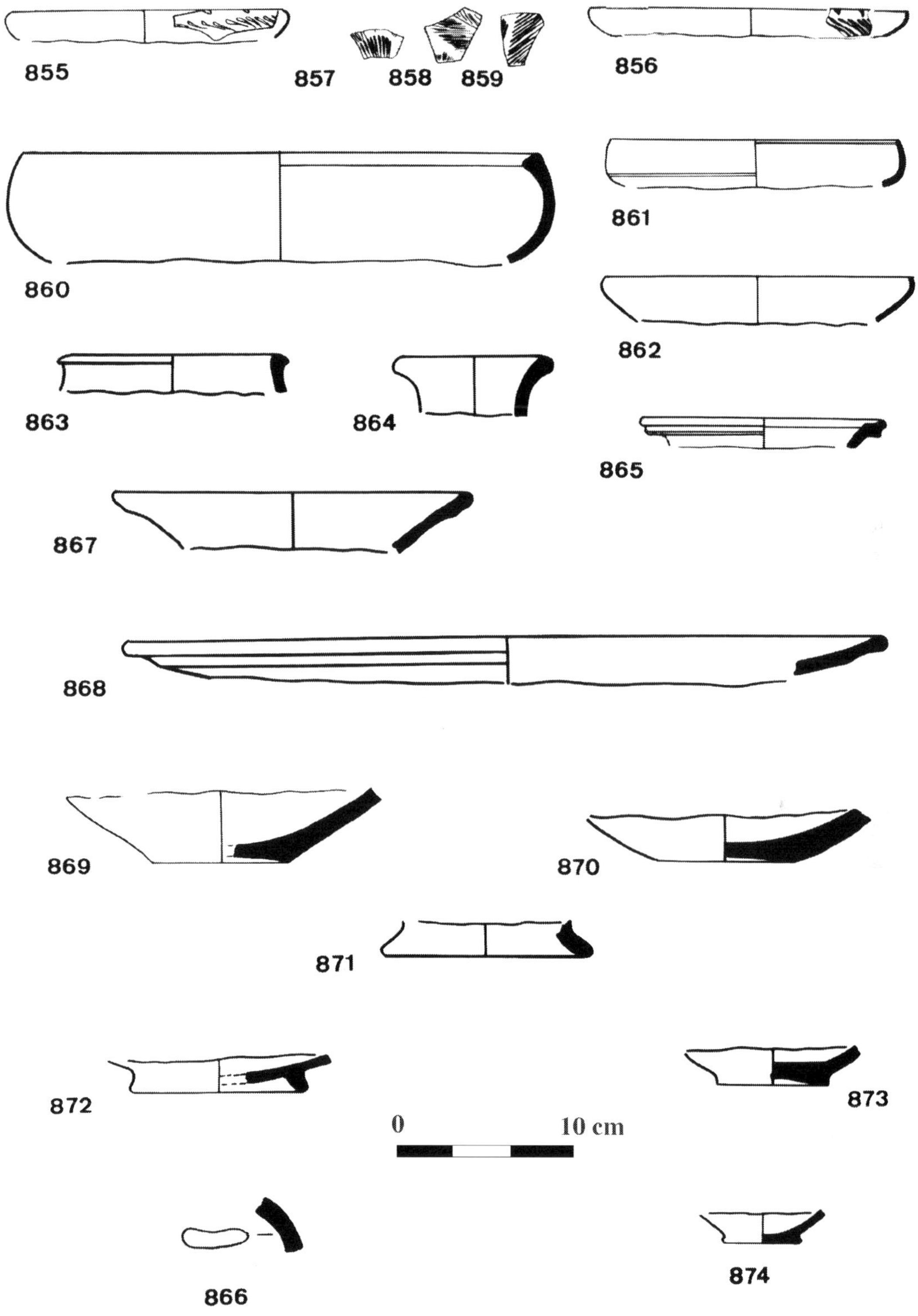
855
857
858
859
856
860
861
862
863
864
865
867
868
869
870
871
872
873
0
10 cm
866
874

Figure 88

Les fragments trouvés à Qāni' appartiennent à la phase ancienne de la céramique nabatéenne et devraient donc dater de la fin du Ier siècle av. J.-C. et du Ier siècle ap. J.-C. [24].

Quelques tessons à parois fines, couverts d'engobe rouge et très bien lustrés, ressemblent à la céramique dite *Indian Red Polished Ware* (RPW). Ils appartiennent à des vases à panse semi-sphérique (*cat.* 860-862, p. 205). Cette céramique est attestée à Sumhuram [25].

La céramique glaçurée de table, très peu nombreuse, probablement d'origine mésopotamienne ("green glazed pottery"), est représentée par des tessons de vases et de grandes assiettes à bases annulaires (*cat.* 867-870, p. 205) ; on trouve également des lèvres de conteneurs de type amphore ou de jarre à fond plat ou légèrement concave (*cat.* 864-865, 871-874, p. 205).

Céramique du type sud-arabique. Cette catégorie est la mieux représentée numériquement après celle des amphores. Il s'agit essentiellement de récipients de stockage et de conteneurs en forme de jarre à parois épaisses et lèvre biseautée, col court et panse allongée et cylindrique, sur une haute base annulaire (*cat.* 875-887, p. 209-211). Certains de ces récipients ont leur face interne recouverte d'une substance noire de type résine, qui servait, évidemment à étanchéifier les parois. On trouve également des récipients à corps globulaire ou concave cylindrique. D'habitude, ils ont des pieds élevés, souvent avec des trous dans les parois (*cat.* 900, p. 213), mais on trouve aussi les récipients à fond plat, ou légèrement concave (*cat.* 891, p. 211). Les exemplaires de ce type ont des dimensions variables, importantes (*cat.* 890, 893, 895, 897, p. 211, 213) ou petites (*cat.* 898-899, p. 213). Ce type de récipients reçoit d'habitude, dans les tableaux de classifications de la céramique sud-arabique, le nom de "goblets on tall stems", "deep bowls with dimpled bottoms" [26] ou "large and medium hole-mouth ollas" [27]. Enfin, une grande assiette à parois droites est attestée par un fragment unique (*cat.* 901, p. 213).

Céramique de cuisine. La céramique culinaire, utilisée pendant la préparation du repas, constitue la troisième catégorie numérique. Tous les récipients sont brûlés et noircis dans leur partie inférieure, à l'intérieur comme à l'extérieur. La plupart des exemplaires ont leur surface externe et interne polie, au-dessus de la suie. La forme par excellence est celle des jarres à lèvre biseautée, d'ordinaire légèrement pointue, à panse globulaire et, peut être, à fond arrondi (*cat.* 902-913, p. 215, 217 ; *pl. 98*). À l'extérieur, dans leur partie supérieure, ils sont souvent décorés de rainures horizontales, habituellement au nombre de trois. D'après le diamètre de la lèvre, on peut distinguer trois modules : grands (diam. 30-35 cm) ; moyens (diam. 20-25 cm) ; petits (diam. 15-17 cm).

Une autre forme très fréquente est celle des vases peu profonds à fonds ronds, avec un bord large, de section ovale (*cat.* 915-920, p. 217, 219). Si l'on tient compte des variations

---

24. K. SCHMITT-KORTE, « Nabataean Pottery : A Typological and Chronological Framework », pl. 47a,3-5 ; 47b,2-3 ; A. NEGEV, *The Late Hellenistic and Early Roman Pottery of Nabataean Oboda*, p. 38-41.
25. Sur cette céramique déterminée comme *Indian RPW*, voir le travail de N.P. ORTON, 1991, « Red Polished Ware in Gujarat : A Catalogue of Twelve Sites », *in Rome and India, The Ancient Sea Trade*, V. Begley and R.P. De Puma (eds), Madison, cf. p. 51, fig. 4.1, n° 5 pour les exemplaires de Qāni' ; sur les trouvailles d'*Indian RPW* à Sumhuram voir : P. YULE & B. KAZENWADEL, « Toward a Chronology of the Late Iron Age in the Sultanate of Oman », p. 257-258.
26. Cf. G. CATON THOMPSON, 1944, *The Tombs and Moon Temple of Hureidha (Hadhramaut)*, Oxford, p. 117-118, 122-123.
27. S. ANTONINI, 1989, « The Site of Madīnat al-Ahġur and a First Typological Study of Classical South-Arabian Pottery from the Yemen Plateau », *Oriens Antiquus* XXVIII, p. 54-55.

de la forme, on distingue un vase à courbure bien marquée dans sa partie médiane et à lèvre large horizontale (*cat.* 919, p. 219), un vase à panse semi-sphérique (*cat.* 915-918, p. 217), un vase de forme conique à parois droites et à lèvre en forme de bec (*cat.* 922, p. 219). On trouve également des couvercles en forme de disque à bord un peu pointu (*cat.* 926-928, p. 219). Tous sont enfumés sur les bords ; quelques-uns ont une surface polie.

Quelques formes ne sont attestées que par un échantillon unique : fond d'un récipient modelé, percé de petits trous (*cat.* 923, p. 219) ; bec de vase à boire (*cat.* 924, p. 219) ; fragment de paroi de jarre portant un monogramme ḥaḍrami incisé (*pl. 99*) = s^2qr. Cette dernière trouvaille est remarquable : on considère généralement que ce monogramme apparaît assez tard dans les inscriptions, sous l'Empire ḥimyarite [28]. Pourtant nous rencontrons le monogramme s^2qr pour la première fois sur les monnaies en bronze ḥaḍrami, qui imitent des monnaies athéniennes (tête d'Athène/chouette), du trésor de Hureihar à Wadī Dawan (Ḥaḍramawt intérieur). La date d'émission de ces monnaies (avec monogramme ḥaḍrami) se situe, de toute évidence, dans la deuxième moitié du IIe au Ier siècle av. J.-C. [29]. Le fragment de paroi de jarre culinaire à monogramme incisé, trouvé à Qāni', devrait dater de quelques décennies plus tard (voir *infra* pour la date de la "bâtisse antérieure").

Autres trouvailles

Les fouilles ont livré des objets en pierre, en métal, en verre et en terre cuite.

Parmi les articles en pierre, notons des fragments de récipients (*cat.* 929-931, p. 222-223), un petit autel, pratiquement entier (*cat.* 932, p. 223) et un fragment de table à sacrifices muni d'un trop-plein (*cat.* 933, p. 223). Un récipient de stéatite, fragmentaire, de forme analogue, a été trouvé dans un tombeau à l'est de Hajar Bin Humeid à Wadī Beihan [30]. Les autels à cuve carrée, reposant sur un pied de forme pyramidale tronconique, sont largement attestés à Ḥaḍramawt. Ils constituent la forme 2 à Shabwa (« de forme pyramidale tronconique, à base pyramidale surmontée soit d'une autre pyramide inversée, soit d'un parallélépipède [le plus souvent un cube] ») [31]. Les tables à sacrifices rondes sont aussi connues parmi les antiquités sud-arabiques, par exemple, parmi les trouvailles à Heid Bin 'Aqil, où elles portent des inscriptions dédicatoires [32].

---

28. Voir, par exemple, le modèle en bronze cylindrique, à deux anses, provenant de Gaimān, du Musée National à Ṣan'ā : P.M. COSTA, 1978, *The Pre-Islamic Antiquities at the Yemen National Museum*, Roma, p. 29, pl. XII a,b.
29. Voir A.V. SEDOV & 'U. 'AYDARŪS, 1995, « The coinage of ancient Hadramawt : the Pre-Islamic coins in the al-Mukallā Museum », *AAE*, 6, p. 41, fig. 3.
30. Voir G.W. VAN BEEK, 1969, *Hajar Bin Ḥumeid, Investigations at a Pre-Islamic Site in South Arabia*, Baltimore, p. 326, fig. 130a.
31. J.-F. BRETON et A. BAṬAYĀ', 1992, « Les autels de Shabwa », *in Fouilles de Shabwa, II, Rapports préliminaires*, J.-F. Breton (éd.), Paris, p. 365, fig. 3, 22.
32. Cf. R.L. CLEVELAND, 1965, *An Ancient South Arabian Necropolis, Objects from the Second Campaign (1951) in the Timnafi Cemetery*, Baltimore, p. 154, pl. 98, 99 (TC 994) ; comp. aussi avec les fragments de mortiers en pierre de Mleiha (M. MOUTON, 1988, « Excavations at Mleiha », *in Archaeological Surveys and Excavations in the Sharjah Emirate, 1988, A Fourth Preliminary Report*, ed. by R. Boucharlat, Lyon, fig. 25, 10-11) et avec le disque à bec-trop-plein dressé sur quatre pieds, de ed-Dur, E. HAERINCK, 1992, « Excavations at ed-Dur (Umm al-Qaiwain, U.A.E.) — preliminary report on the fourth Belgian season (1990) », *AAE*, 3, fig. 25, 26.

Catalogue

875. Jar, fragment of upper part: light red porous coarse paste with straw temper; diam.: 21.5 cm. *Kana-91/VI*, room 5a (*fig. 89*).

876. Jar, fragment of rim: light red porous coarse paste with straw temper; diam.: 20 cm. *Kana-88/VI*, room 2a (*fig. 89*).

877. Jar, fragment of rim: light red porous coarse paste with straw temper; diam.: 11 cm. *Kana-89/VI*, room 3a (*fig. 89*).

878. Jar, fragment of rim: red porous coarse paste with straw temper; diam.: 20 cm. *Kana-88/VI*, room 1a (*fig. 89*).

879. Jar, fragment of rim: light red porous coarse paste with straw temper; diam.: 14 cm. *Kana-88/VI*, room 1a (*fig. 89*).

880. Jar, fragment of rim: light red porous coarse paste with straw temper; diam.: 16.5 cm. *Kana-91/VI*, room 5a (*fig. 89*).

881. Jar, fragment of rim: light red porous coarse paste with straw temper; diam.: 21 cm. *Kana-91/VI*, room 5a (*fig. 89*).

882. Jar, fragment of rim: red porous coarse paste with straw temper; diam.: 14 cm. *Kana-88/VI*, room 1a (*fig. 89*).

883. Jar, fragment of rim: light red porous coarse paste with straw temper; diam.: 14 cm. *Kana-88/VI*, room 1a (non illus.).

884. Jar, fragment of rim: red porous coarse paste with straw temper; diam.: 16 cm. *Kana-88/VI*, room 1a (non illus.).

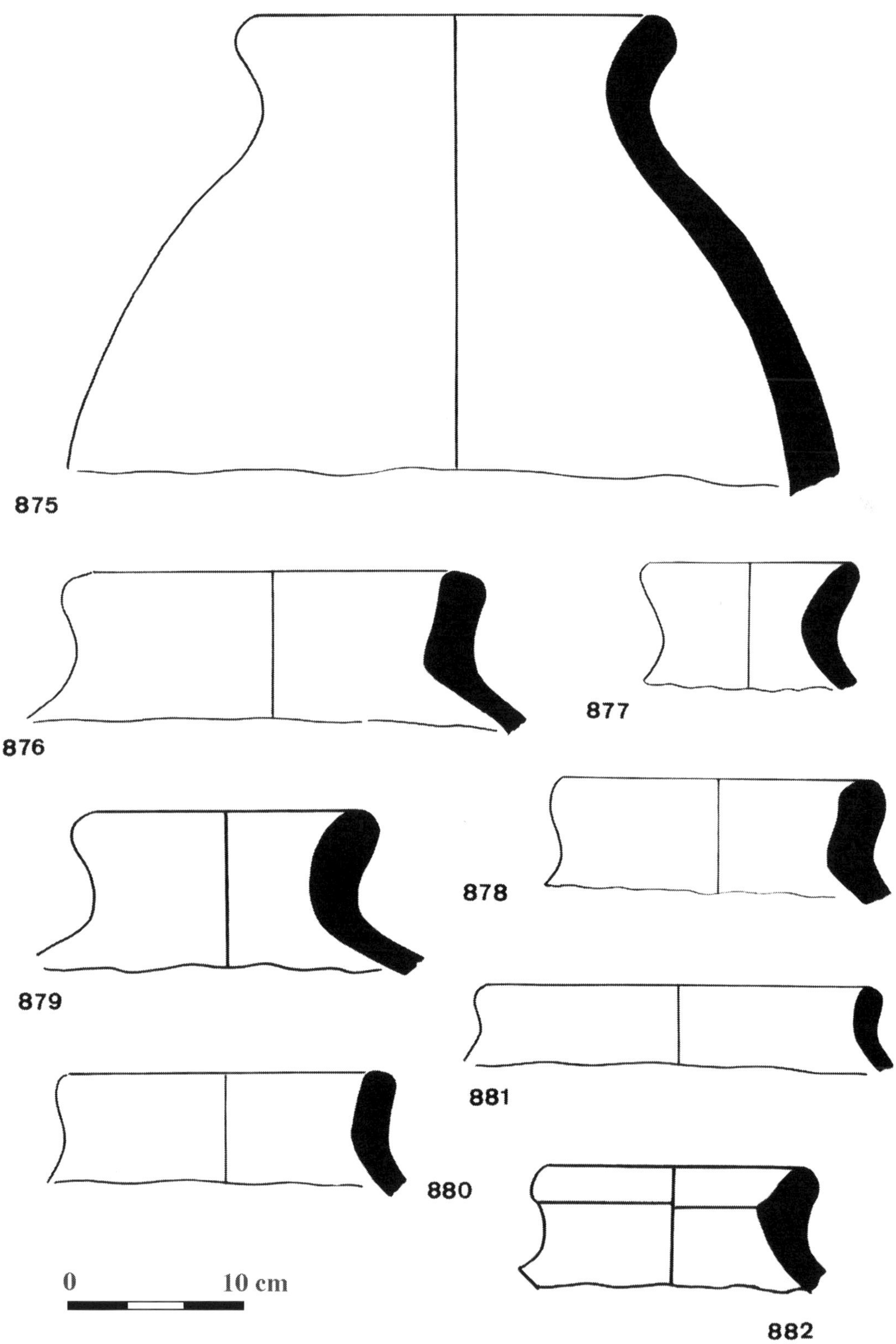

Figure 89

Catalogue

885. Jar, fragment of base: light red porous coarse paste with straw temper; diam.: 19 cm. *Kana-91/VI*, room 5a (*fig. 90*).

886. Jar, fragment of base: red porous coarse paste with straw temper; diam.: 18 cm. *Kana-88/VI*, room 1a (*fig. 90*).

887. Jar, fragment of base: light red porous coarse paste with straw temper; diam.: 11 cm. *Kana-88/VI*, room 1a (*fig. 90*).

888. Jar, fragment of base: red porous coarse paste with straw temper; diam.: 16 cm. *Kana-88/VI*, room 1a (non illus.).

889. Jar, fragment of base: red porous coarse paste with straw temper; diam.: 21 cm. *Kana-88/VI*, room 1a (non illus.).

890. Bowl, fragment of upper part: red porous coarse paste with straw temper; diam.: 26 cm. *Kana-91/VI*, room 5a (*fig. 90*).

891. Bowl, fragment of base: red medium coarse paste; diam.: 12 cm. *Kana-91/VI*, room 5a (*fig. 90*).

892. Bowl, fragment of upper part: medium compact red paste, soot on the exterior; diam.: 20 cm. *Kana-88/VI*, room 1a (*fig. 90*).

893. Bowl, fragment of upper part: porous coarse red paste, burnishing on both sides, soot on the exterior; handmade; diam.: 20 cm. *Kana-88/VI*, room 1a (*fig. 90*).

894. Bowl, fragment of base: porous coarse red paste, soot on the exterior; handmade; diam.: 9 cm. *Kana-88/VI*, room 1a (*fig. 90*).

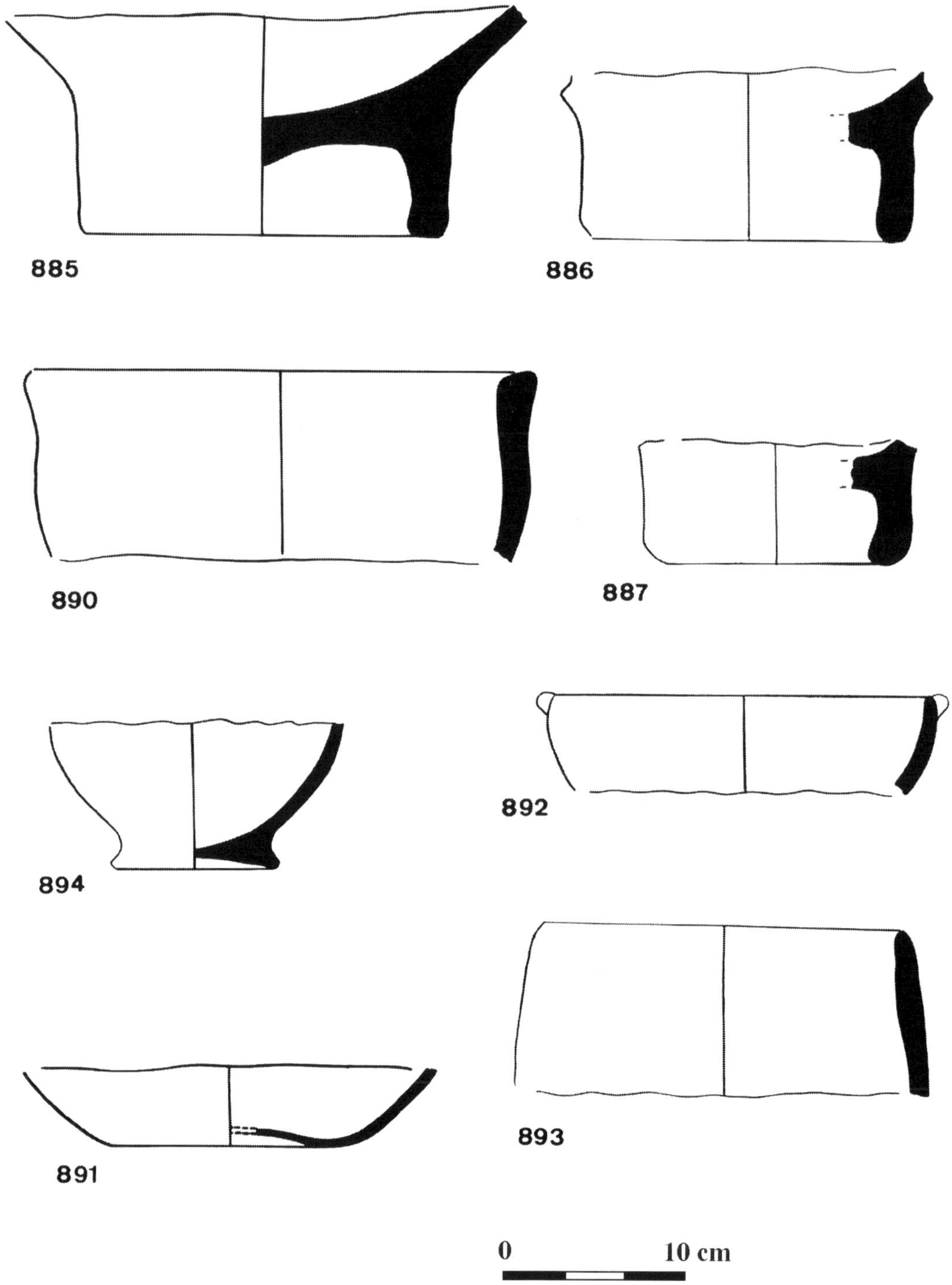

Figure 90

Catalogue

895. Bowl, fragment of upper part: medium compact red paste; diam.: 26 cm. *Kana-91/VI*, room 5a (*fig. 91*).

896. Bowl, fragment of upper part: medium compact red paste; diam.: 30 cm. *Kana-88/VI*, room 1a (*fig. 91*).

897. Bowl, fragment of upper part: medium compact red paste, soot on the exterior; diam.: 28 cm. *Kana-88/VI*, room 1a (*fig. 91*).

898. Bowl, fragment of upper part: medium compact red paste; diam.: 9 cm. *Kana-91/VI*, room 5a (*fig. 91*).

899. Bowl, fragment of upper part: medium compact light red paste; diam.: 20 cm. *Kana-88/VI*, room 1a (*fig. 91*).

900. Bowl, fragment of base: porous red paste with straw temper, overfired; handmade; diam.: 8 cm. *Kana-88/VI*, room 1a (*fig. 91*).

901. Bowl, fragment of upper part: medium compact sandy grey paste, burnishing on the interior; diam.: 36 cm. *Kana-88/VI*, room 1a (*fig. 91*).

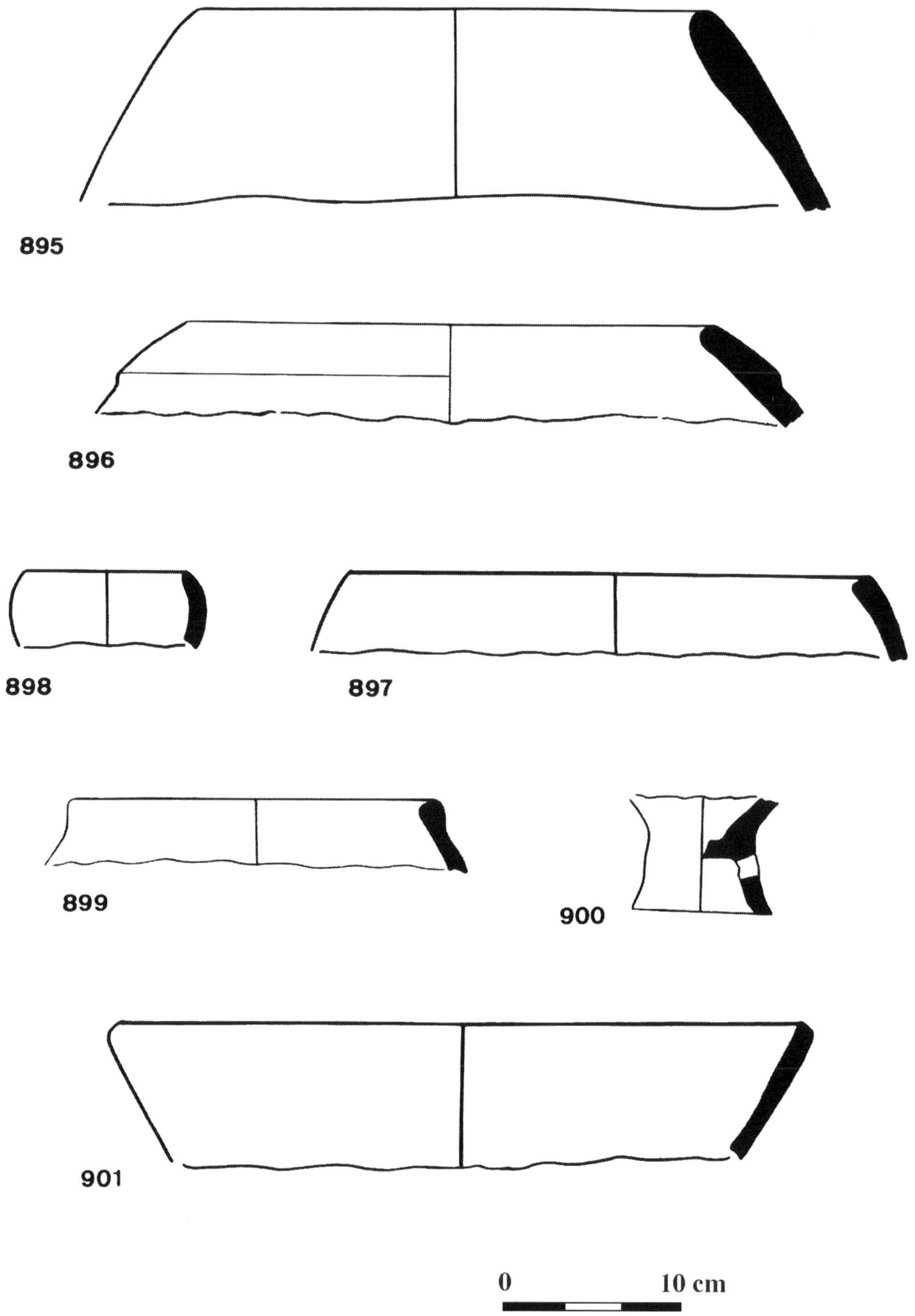

Figure 91

Catalogue

902. Jar, fragment of upper part: dark red medium coarse paste, red slip and burnishing on the exterior and on top of the rim, soot on the exterior; diam.: 30 cm. *Kana-91/VI*, room 5a (*fig. 92*).

903. Jar, fragment of upper part: dark red medium coarse paste, red slip and burnishing on the exterior and on top of the rim, three horizontal incised lines on shoulders, soot on the exterior; diam.: 34 cm. *Kana-88/VI*, room 1a (*fig. 92*).

904. Jar, fragment of upper part: dark red medium coarse paste, red slip and burnishing on the exterior and on top of the rim, three horizontal incised lines on shoulders, soot on the exterior; diam.: 35 cm. *Kana-88/VI*, room 1a (*fig. 92*).

905. Jar, fragment of upper part: dark red medium coarse paste, red slip and burnishing on the exterior and on top of the rim, three horizontal incised lines on shoulders, soot on the exterior; diam.: 35 cm. *Kana-88/VI*, room 1a (*fig. 92*).

906. Jar, fragment of upper part: dark red medium coarse paste, red slip and burnishing on the exterior and on top of the rim, three horizontal incised lines on shoulders, soot on the exterior; diam.: 20 cm. *Kana-88/VI*, room 1a (*fig. 92*).

907. Jar, fragment of upper part: dark red medium coarse paste, red slip and burnishing on the exterior and on top of the rim, soot on the exterior; diam.: 24.5 cm. *Kana-91/VI*, room 5a (*fig. 92*).

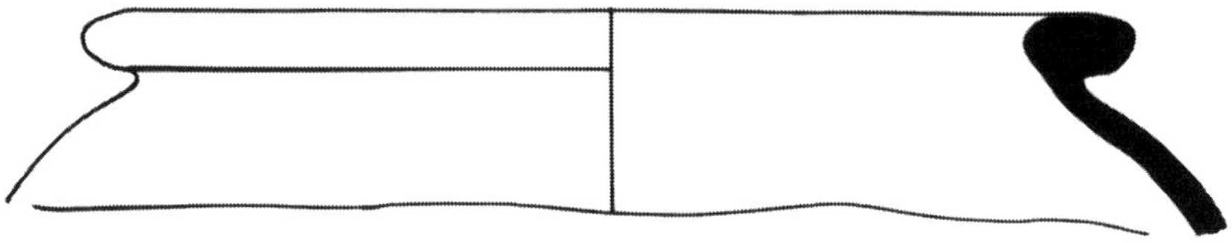

902

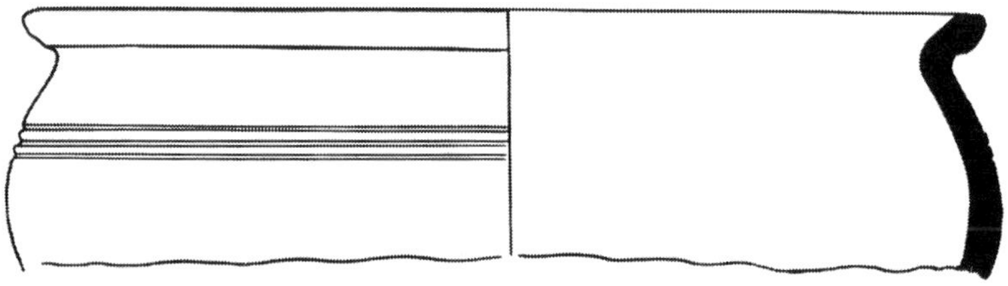

903

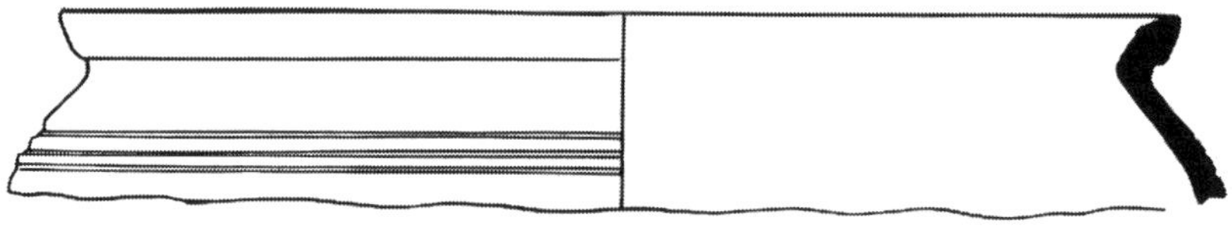

904

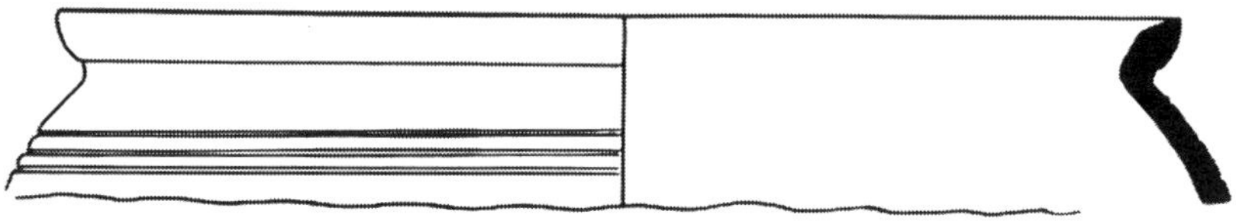

905

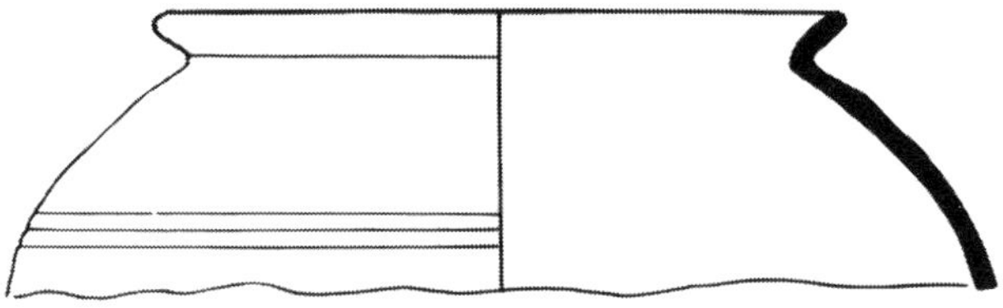

906

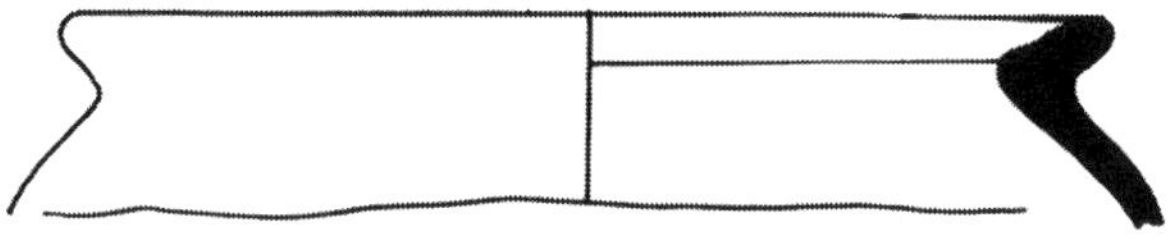

907

0 10 cm

Figure 92

Catalogue

908. Jar, fragment of upper part: red medium fine paste with white inclusions, red slip and burnishing on the exterior and on top of the rim; diam.: 25 cm. *Kana-88/VI*, room 1a (*fig. 93*).

909. Jar, fragment of upper part: red medium fine paste, red slip and burnishing on the exterior and on top of the rim, soot on the exterior; diam.: 24 cm. *Kana-88/VI*, room 1a (*fig. 93*).

910. Jar, fragment of upper part: red medium fine paste, red slip and burnishing on the exterior and on top of the rim, soot on the exterior; diam.: 16 cm. *Kana-91/VI*, room 5a (*fig. 93*).

911. Jar, fragment of rim: red medium fine paste, red slip and burnishing on the exterior and on top of the rim, soot on the exterior; diam.: 18 cm. *Kana-88/VI*, room 1a (*fig. 93*).

912. Jar, fragment of rim: red medium fine paste, red slip and burnishing on the exterior and on top of the rim; diam.: 17 cm. *Kana-88/VI*, room 1a (*fig. 93*).

913. Jar, fragment of rim: red medium fine paste, red slip on the exterior and on top of the rim; diam.: 13 cm. *Kana-88/VI*, room 1a (*fig. 93*).

914. Pan (?), complete vessel: red medium fine paste, dark red slip and burnishing on both sides; diam.: of rim and base 25 cm, height: 5.5 cm. *Kana-88/VI*, room 1a (*fig. 93*).

915. Bowl, complete vessel: red medium coarse paste with white inclusions, dark red slip and burnishing on the interior and on top of the rim, soot on the exterior; diam.: 32 cm, height: 8.5 cm. *Kana-91/VI*, room 5a (*fig. 93*).

916. Bowl, fragment of rim: red medium coarse paste, dark red slip and burnishing on the interior and on top of the rim, soot on the exterior; diam.: 36 cm. *Kana-91/VI*, room 5a (*fig. 93*).

917. Bowl, fragment of rim: red medium coarse paste, dark red slip and burnishing on the interior and on top of the rim, soot on the exterior; diam.: 34 cm. *Kana-91/VI*, room 5a (*fig. 93*).

918. Bowl, fragment of upper part: red medium coarse paste, dark red slip and burnishing on the interior and on top of the rim, soot on the exterior; diam.: 32 cm. *Kana-88/VI*, room 1a (*fig. 93*).

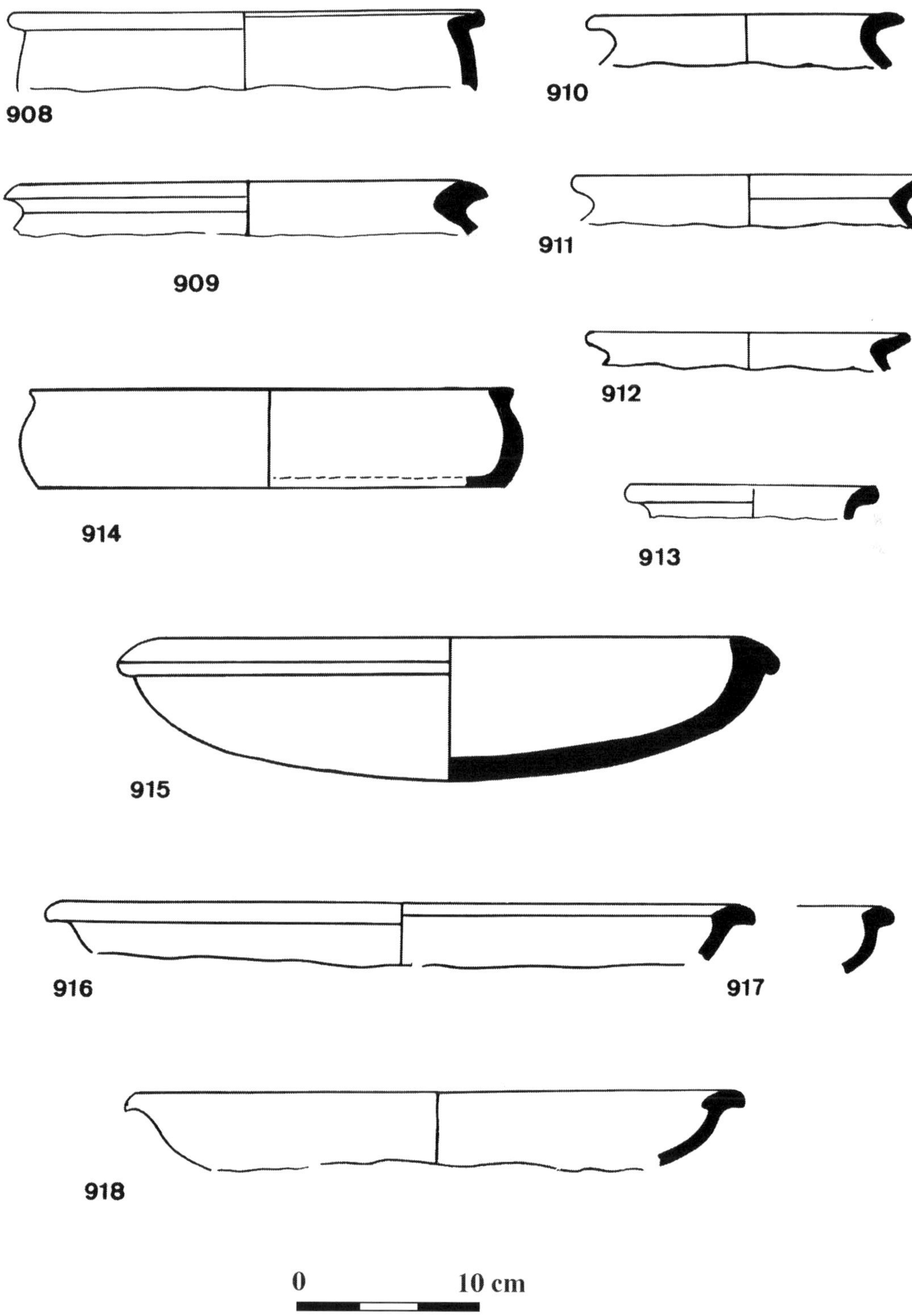

Figure 93

Catalogue

919. Bowl, fragment of upper part: red medium coarse paste, dark red slip and burnishing on the interior and on top of the rim, soot on the exterior; diam.: 28 cm. *Kana-88/VI*, room 1a (*fig. 94*).

920. Bowl, fragment of upper part: red medium fine paste, dark red slip and burnishing on both sides, soot on the exterior; diam.: 21 cm. *Kana-88/VI*, room 1a (*fig. 94*).

921. Jar, fragment of rim: red medium fine paste, soot on the exterior; diam.: 20 cm. *Kana-88/VI*, room 1a (*fig. 94*).

922. Jar, fragment of rim: red medium compact paste with dark and white inclusions; diam.: 12.5 cm. *Kana-91/VI*, room 5a (*fig. 94*).

923. Jar, fragment of base: red porous paste with straw temper; handmade; diam.: 11.5 cm. *Kana-88/VI*, room 1a (*fig. 94*).

924. Jar (?), fragment of wall with spout: light red porous coarse paste; handmade; *Kana-88/VI*, room 1a (*fig. 94*).

925. Jar, fragment of wall: dark red porous coarse paste with straw temper, overfiried, South Arabian *graffito*, monogram, on the exterior; handmade. *Kana-91/VI-12*, room 5a (*fig. 94; pl. 99*).

926. Lid, fragment of rim: light red porous coarse paste with straw temper; handmade; diam.: 26 cm. *Kana-88/VI*, room 1a (*fig. 94*).

927. Lid, fragment of rim: light red porous coarse paste with straw temper; handmade; diam.: 20 cm. *Kana-88/VI*, room 1a (*fig. 94*).

928. Lid, fragment of rim: light red porous coarse paste with straw temper, soot on the exterior; handmade; diam.: 25 cm. *Kana-91/VI*, room 5a (*fig. 94*).

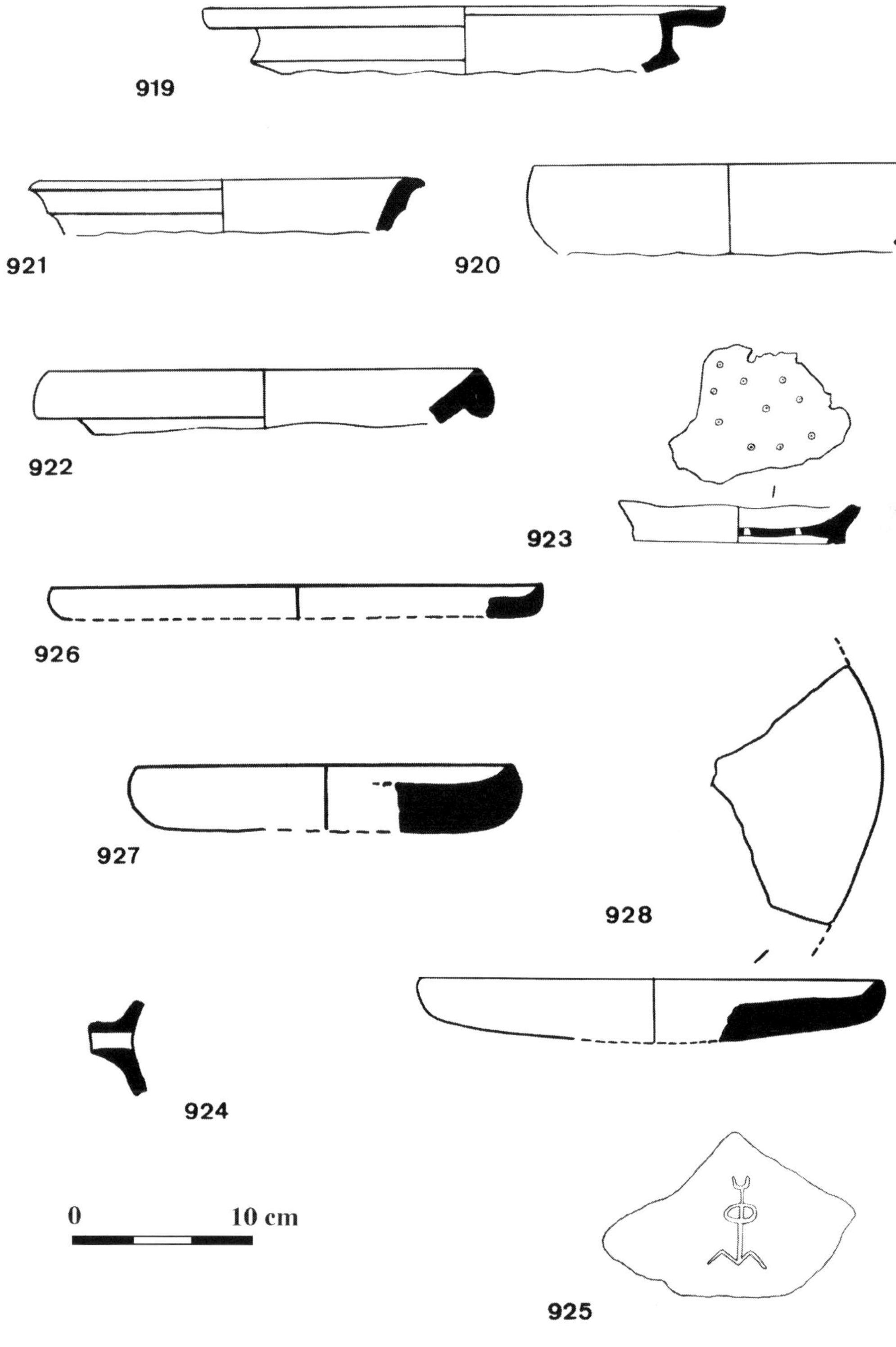

Figure 94

– Les objets de fer sont représentés par de gros clous (*cat.* 934-937, p. 225), une tige fragmentaire, de section ronde (*cat.* 938, p. 225), un couteau minuscule entier (*cat.* 939, p. 225) un fragment de la lame d'un autre couteau, plus grand (*cat.* 940, p. 225), une loupe (*cat.* 941, p. 225). Tous les objets suivent des types bien connus, attestés sur de nombreux sites [33].

– Parmi les objets de bronze remarquons les clous à têtes rondes et carrées (*cat.* 942-948, p. 227), les fragments des faîtes annulaires de certaines tiges (*cat.* 949-953, p. 227), un crochet de pêche (*cat.* 955, p. 227), un ustensile de section carrée, dont la zone de travail est courbée (*cat.* 954, p. 227), un objet en forme de hache (pendule ?) (*cat.* 956, p. 227). La plupart de ces objets ont de nombreux parallèles sur la côte de la Mer Rouge [34].

– Les objets de verre ne sont représentés que par des fragments de récipients, parmi lesquels figure un fragment de verre mosaïqué ou *vasa myrrhina* (*cat.* 957, p. 228). Ce fragment, trouvé dans la pièce 1a, a été endommagé par l'incendie, au point que l'on ne peut guère préciser sa couleur primitive ; d'après le dessin, on peut cependant affirmer qu'il s'agit d'un "flower type of *millefiori*". Ce type de vase était l'un des principaux articles d'exportation romaine vers l'Orient, l'Afrique, l'Arabie et l'Inde [35], ce qui explique pourquoi on en trouve souvent sur les sites côtiers de ces régions, mais aussi à l'intérieur [36].

Dans le tombeau 3 découvert à Wadī Dura, on a trouvé un vase entier, à décor *millefiori*. Dans la publication, la couleur et le décor sont décrits de la manière suivante : « motif de fleurs à six pétales. Le fond est bleu-vert translucide, les inclusions sont en verre opaque jaune, rouge, et peut-être blanc, chaque élément est cerné de points jaunes ». Il est fort possible que la couleur de notre fragment ait été semblable. Le vase est daté de la fin du Ier-début du IIe siècles ap. J.-C. Selon l'auteur, le vase de Wadi Dura aurait été fabriqué à Antioche-sur-l'Oronte [37].

Notre fragment du vase côtelé appartient à un type très répandu de l'époque romaine (*cat.* 958, p. 229). Ces "mold-formed vessels" ou "pillar-moulded bowls", sont assez nombreux en Orient, et l'un de leurs centres de production se trouve dans le bassin oriental de la Méditerrannée, dans la région syro-palestinienne [38]. Ces récipients sont généralement

33. Voir, par exemple, les clous de fer des fouilles à Quseir al-Qadim (D.S. WHITCOMB & J.H. JOHNSON, 1979, *Quseir al-Qadim 1978, Preliminary Report*, Cairo, pl. 69, ii, jj) ; à Aksum (S.C. MUNRO-HAY (ed.), 1989, *Excavations at Aksum, An account of research at the ancient Ethiopian capital directed in 1972-4 by the late Dr Neville Chittick*, London, fig. 15, 160-62).

34. WHITCOMB & JOHNSON, *Quseir al-Qadim*, pl. 69.

35. E.M. STERN, 1993, « The Glass from Heïs », *in Sur les routes antiques de l'Azanie et de l'Inde, Le fonds Révoil du Musée de l'Homme (Heïs et Damo, en Somalie)*, J. DESANGES, E.M. STERN, P. BALLET (eds), Paris, p. 28-31 ; voir aussi E.M. STERN, 1991, « Early Roman Export Glass in India, » *in Rome and India, The Ancient Sea Trade*, V. Begley and R.D. De Puma (eds), Wisconsin, p. 113-124.

36. Voir, par exemple, STERN, « The Glass from Haïs », p. 36-41 ; STERN, « Early Roman Export Glass in India » p. 113-114, pl. 6.1 ; H.M. MORRISON, 1989, « The glass » *in Excavations at Aksum, An account of research at the ancient Ethiopian capital directed in 1972-4 by the late Dr Neville Chittick*, S.C. Munro-Hay (ed.), London, fig. 14. 80-85 ; C. MAYER, 1992, *Glass from Quseir al-Qadim and the Indian Ocean Trade*, Chicago, p. 36-37.

37. J. KOLTES, 1993, « Les verres » *in Trésor du Wādī Ḍura' (République du Yémen), Fouille franco-yéménite de la nécropole de Hajar am-Dhaybiyya*, J.-F. Breton et M. 'A. Bāfaqıh (eds), Paris, p. 63-64.

38. STERN, « The Glass from Haïs », p. 30 ; MAYER, *Glass from Quseir al-Qadim*, p. 44.

datés, de la seconde moitié du Ier siècle av. J.-C.-première moitié du Ier siècle ap. J.-C. [39], même si l'on sait que, par exemple, ils subsistent en Europe Occidentale jusqu'à la fin du IIe siècle ap. J.-C. [40] En Arabie Orientale ils sont attestés, par exemple, à ed-Dur [41] ; en Arabie du Sud on les a trouvés à Timn', capitale du Qataban [42], et à Sumhuram, la forteresse ḥaḍrami de la côte du Zofar [43].

Deux autres fragments de vases de verre, trouvés dans la pièce 1a, ont eux aussi des parallèles dans les verres du début de l'empire. On peut rapprocher un tesson de jarre à haut goulot cylindrique (*cat.* 959, p. 229) d'exemplaires analogues des fouilles de Quseir al-Qadim [44] ; un autre fragment de bord (*cat.* 960, p. 229) entre dans la série des "bowls with broad rims" [45].

– Parmi les objets céramiques figurent un petit couvercle pour récipient (*cat.* 966, p. 228) et un poids de forme ovale avec trou au milieu (*cat.* 967, p. 228). On s'est servi dans le premier d'un fragment de paroi d'un vase, pour le second on a utilisé un grand fragment d'un récipient à parois épaisses de type sud-arabique.

39. MAYER, *Glass from Quseir al-Qadim*, p. 17.
40. Cf. C. ISINGS, 1971, *Roman Glass in Limburg*, Groningen, p. 20, 74-77 ; fig. 11 ; 18.
41. Cf. D.T. POTTS, 1990, *The Arabian Gulf in Antiquity, Volume II, From Alexander the Great to the Coming of Islam*, Oxford, fig. 22, a-d ; E. HAERINCK, C. METDEPENNNINGHEN & K.G. STEVENS, 1992, « Excavations at ed-Dur (Umm al-Qaiwain, U.A.E.), Preliminary report on the third Belgian season (1989) », *AAE* 3, fig. 13.
42. H. COMFORT, « Imported Pottery and Glass from Timna' », p. 207, pl. 146, 147.
43. F.P. ALBRIGHT, 1982, *The American Archaeological Expedition in Dhofar, Oman, 1952-1953*, Washington, p. 106 (n° 204).
44. MAYER, *Glass from Quseir al-Qadim*, p. 31 (n° 221).
45. MAYER, *Glass from Quseir al-Qadim*, p. 20 (n° 52-63).

Catalogue

929. Jar, fragment of upper part, limestone: horizontal ledge handle in the upper part of vessel; diam.: 17 cm, thickness of wall: 1.5 cm. *Kana-91/VI-38*, room 5a (*fig. 95*).

930. Jar, fragment of rim, limestone; diam.: 16 cm. *Kana-91/VI-26*, room 5a (non illus.).

931. Jar, fragment of rim, limestone; diam.: 10 cm. *Kana-91/VI-39*, room 5a (non illus.).

932. Altar, complete, limestone: cubic reservoir, pyramidal base; dim. of reservoir: 11.3 x 11.5 cm; thickness of wall: 1.6 cm; dim. of base: 10.5 x 10.6 cm. *Kana-89/VI-34*, room 1a (*fig. 95*).

933. Offering table, fragment, limestone: round, gutter in a form of small spout; dim. of fragment: 15.3 x 17.4 cm; length of gutter: 0.9 cm. *Kana-89/VI-35*, room 1a (*fig. 95*).

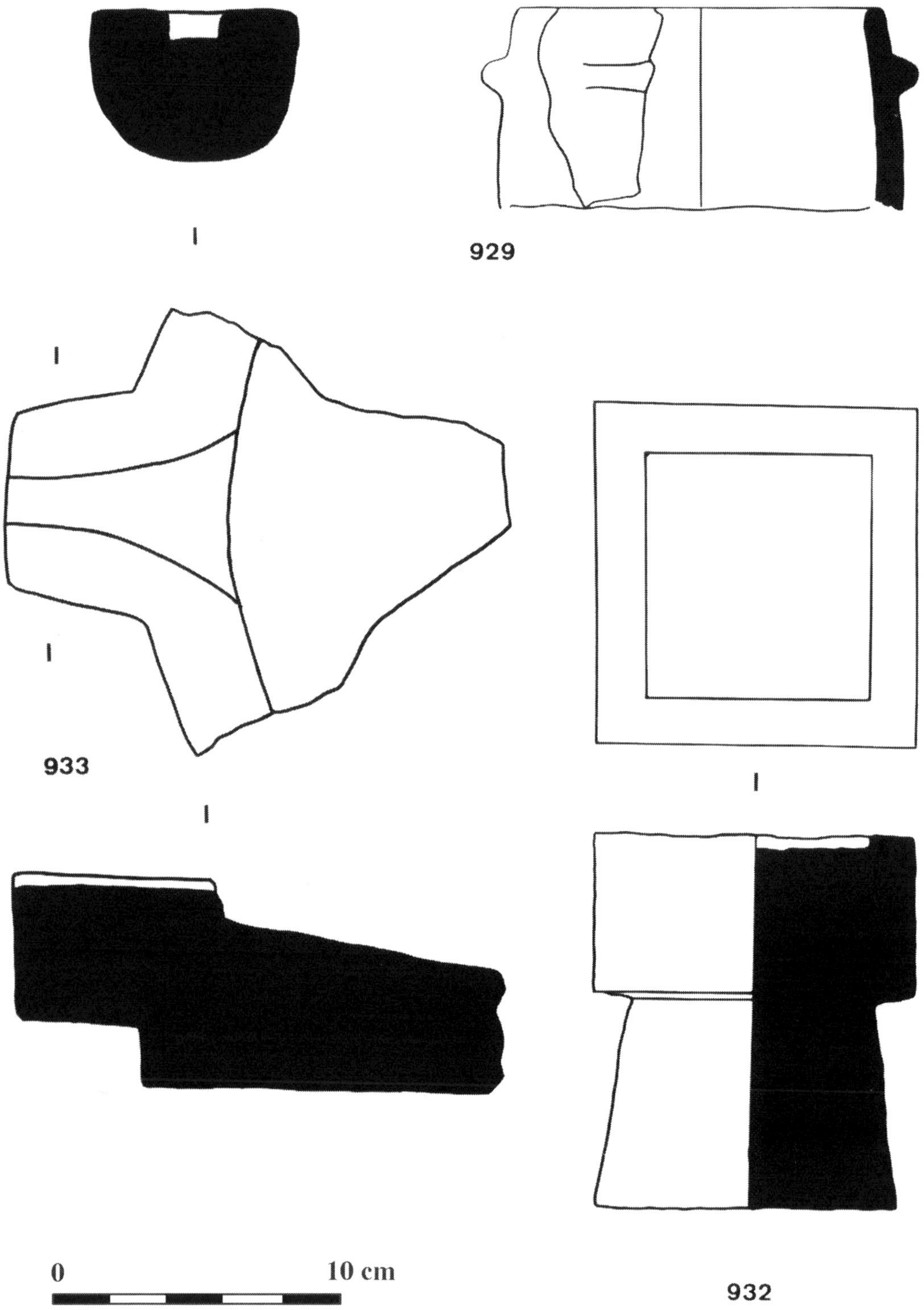

Figure 95

Catalogue

934. Nail, fragment, iron: round head, round section; diam. of head: 2.7 cm, diam of section: 1.3 cm, length: 10.2 cm. *Kana-89/VI-36*, room 1a (*fig. 96*).

935. Nail, fragment, iron: round head, square section; diam. of head: 3.7 cm, dim. of section: 1.6 x 1.6 cm, length: 5 cm. *Kana-89/VI-37*, room 1a (*fig. 96*).

936. Nail, fragment, iron: round head, round section; diam. of head: 2 cm, diam. of section: 1 cm, length: 6.6 cm. *Kana-89/VI-38*, room 1a (*fig. 96*).

937. Nail, fragment, iron: round head, square section; diam. of head: 1.7 cm, dim. of section: 0.9 x 1 cm, length: 5 cm. *Kana-89/VI-39*, room 1a (*fig. 96*).

938. Pivot, fragment, iron: round section; diam. of section: 1.7 cm, length: 8.2 cm. *Kana-88/VI-12*, room 1a (*fig. 96*).

939. Knife, complete: wide blade, triangular section, round section of handle; length: 6 cm; width of blade (maximum): 2 cm; diam. of section: 0.6 cm. *Kana-88/VI-8*, room 1a (*fig. 96*).

940. Knife, fragment of blade, iron; length: 6.9 cm; width: 1.9 cm. *Kana-88/VI-5*, room 1a (*fig. 96*).

941. Ingot (slag?), complete, iron; dim.: 9.5 x 10.6 cm. *Kana-91/VI-42*, room 5a (*pl. 100*).

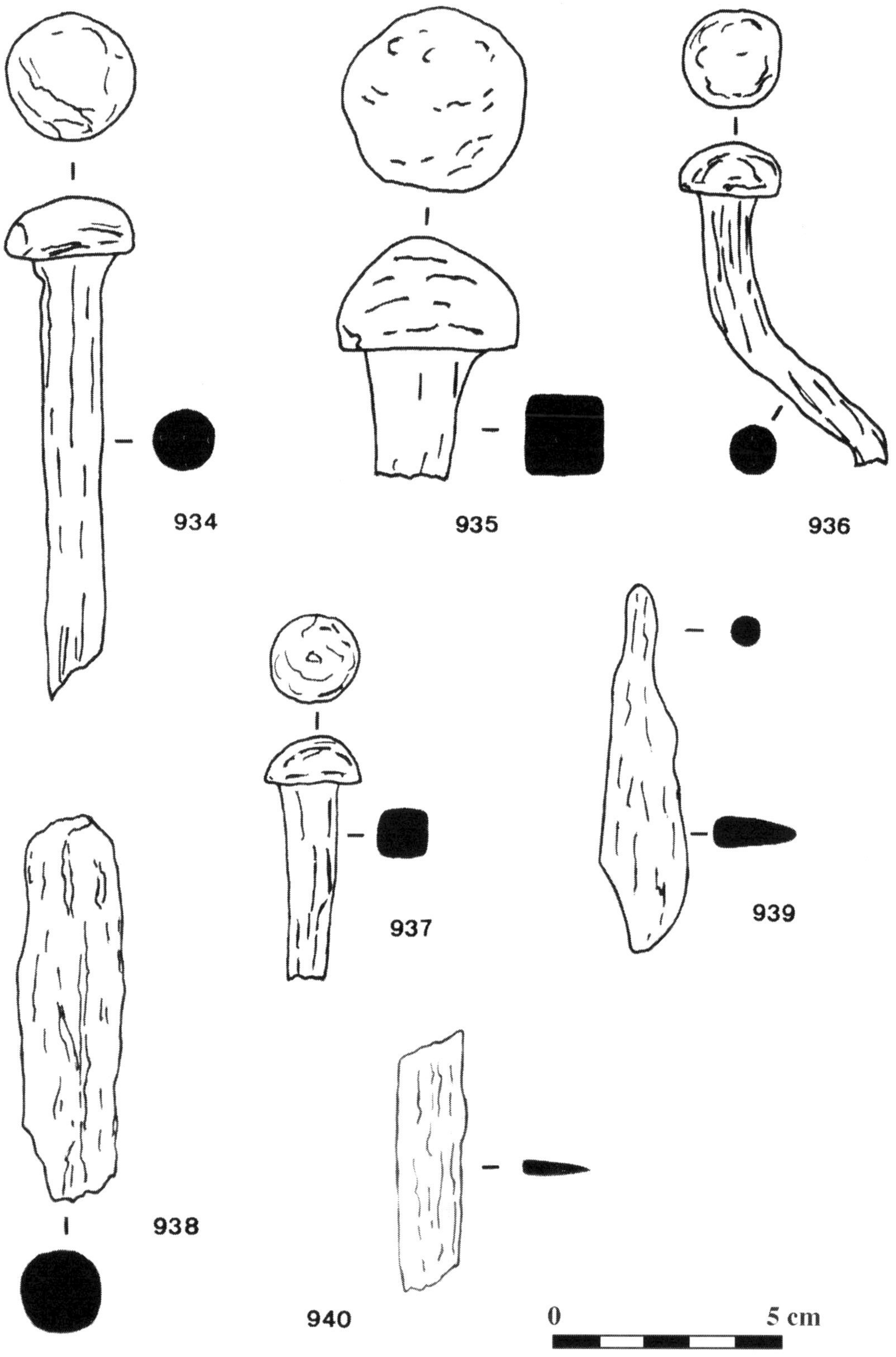

Figure 96

Catalogue

942. Nail, fragment, bronze: round head, square section; diam. of head: 2.2 cm, dim. of section: 0.5 x 0.5 cm, length: 2.7 cm. *Kana-89/VI-40*, room 1a (*fig. 97*).

943. Nail, fragment, bronze: square head, round section; dim. of head: 2 x 2 cm, diam. of section: 0.5 cm, length: 2.9 cm. *Kana-89/VI-41*, room 1a (*fig. 97*).

944. Nail, fragment, bronze: round head, round section; diam. of head: 2 cm, diam. of section: 0.5 cm, length: 2.9 cm. *Kana-89/VI-42*, room 1a (*fig. 97*).

945. Nail, fragment, bronze: square head, square section; dim. of head: 1.75 x 1.75 cm, dim. of section: 0.4 x 0.4 cm, length: 1.75 cm. *Kana-89/VI-42*, room 1a (*fig. 97*).

946. Nail, complete, bronze: round head, round section; diam. of head: 2.2 cm, diam. of section: 0.35 cm, length: 2.4 cm. *Kana-88/VI-10*, room 1a (*fig. 97*).

947. Nail, complete, bronze: square head, square section; dim. of head: 1.8 x 1.8 cm, dim. of section: 0.5 x 0.5 cm, length: 2.75 cm. *Kana-88/VI-11*, room 1a (*fig. 97*).

948. Nail, complete, bronze: square head, square section; dim. of head: 1.3 x 1.3 cm, dim. of section: 0.15 x 0.15 cm, length: 0.8 cm. *Kana-88/VI-12*, room 1a (*fig. 97*).

949. Pivot, fragment, bronze: head in form of circle, square section; dim. of object: 1.75 x 2.3 cm, dim. of section: 0.65 x 0.65 cm. *Kana-89/VI-43*, room 1a (*fig. 97*).

950. Pivot, fragment, bronze: head in form of circle, square section; dim. of object: 1.6 x 1.6 cm, dim. of section: 0.55 x 0.55 cm. *Kana-89/VI-44*, room 1a (*fig. 97*).

951. Pivot, fragment, bronze: head in form of circle, round section; dim. of object: 1.5 x 2 cm, diam. of section: 0.45 cm. *Kana-89/VI-45*, room 1a (*fig. 97*).

952. Pivot, fragment, bronze: head in form of circle, round section; dim. of object: 1.4 x 1.9 cm, diam. of section: 0.4 cm. *Kana-89/VI-46*, room 1a (*fig. 97*).

953. Pivot, fragment, bronze: head in form of circle, square section; dim. of object: 1.5 x 2 cm, dim. of section: 0.4 x 0.5 cm. *Kana-89/VI-47*, room 1a (*fig. 97*).

954. Pivot (?), fragment, bronze: square section; dim. of sections: 0.6 x 0.6 cm and 0.4 x 0.7 cm, length: 4.1 cm. *Kana-88/VI-13*, room 1a (*fig. 97*).

955. Fishhook, complete, bronze: round section, flat head with small hole; dim.: 1.7 x 2.9 cm, diam. of section: 0.1 cm. *Kana-88/VI-14*, room 1a (*fig. 97*).

956. Object in form of small axe, bronze, complete: triangular section; dim.: 1 x 2.2 cm. *Kana-88/VI-15*, room 1a (*fig. 97*).

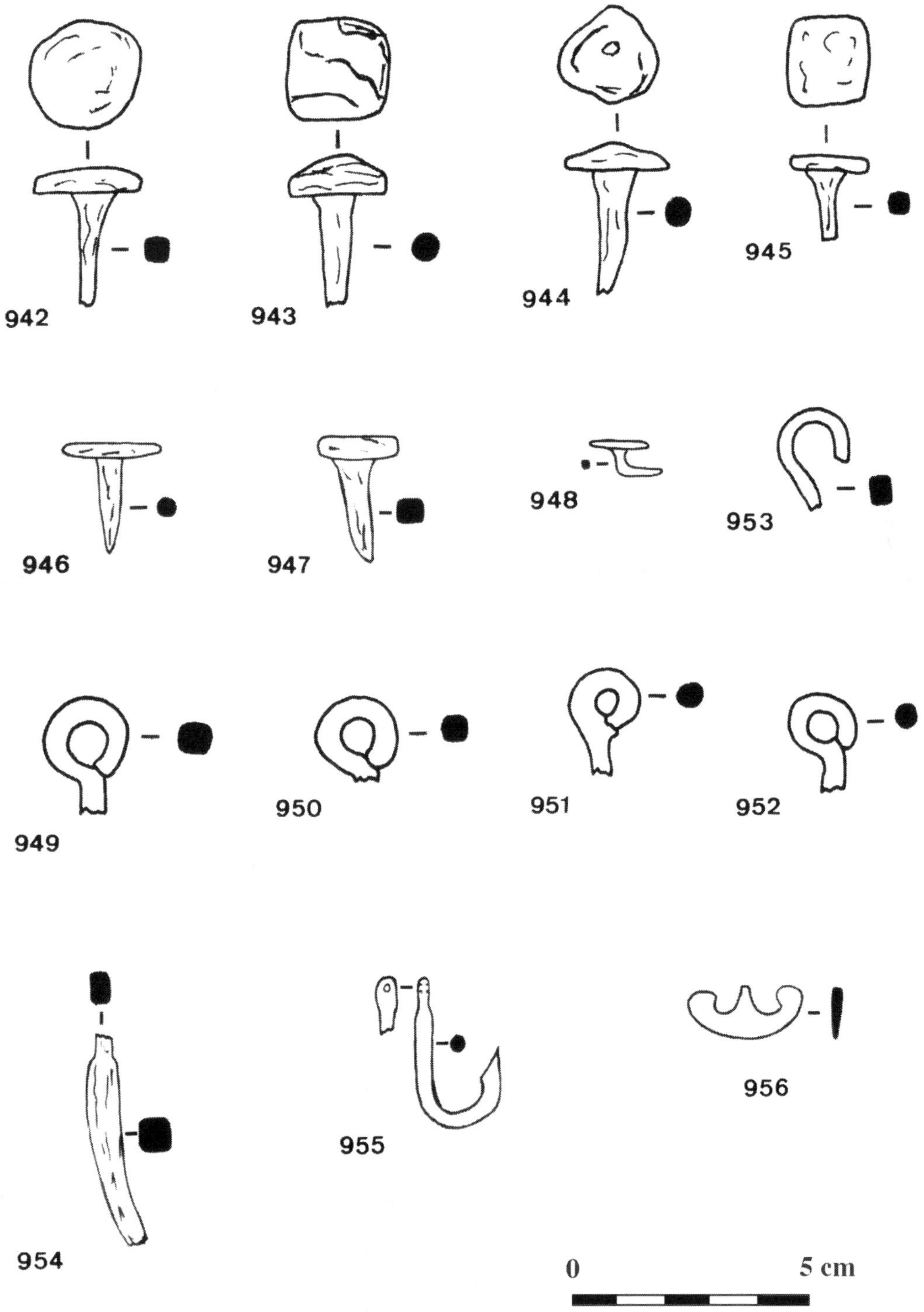

Figure 97

Catalogue

957. Vessel, mosaic glass, fragment of wall: opaque black glass (secondary burnt), decoration in form of light flowers; dim.: 3.5 x 3.7 cm. *Kana-88/VI-16*, room 1a (non illus.).

958. Bowl, glass, fragment of upper part: decoration in form of "ribs", opaque whitish glass; diam.: 17 cm. *Kana-88/VI-17*, room 1a (*fig. 98*).

959. Jar, glass, fragment of upper part: opaque whitish glass; diam. of rim: 11 cm; diam. of neck: 7.5 cm. *Kana-88/VI-18*, room 1a (*fig. 98*).

960. Bowl (?), glass, fragment of rim: opaque brown glass; diam.: 10 cm. *Kana-88/VI-19*, room 1a (*fig. 98*).

961. Vessel, glass, fragment of base: opaque greenish glass; diam.: 7.5 cm. *Kana-88/VI-20*, room 1a (*fig. 98*).

962. Vessel, glass, fragment of wall: opaque greenish glass; dim.: 7.2 x 7.4 cm. *Kana-91/VI-24*, room 5a (non illus.).

963. Vessel, glass, fragment of wall: opaque whitish glass; dim.: 3.4 x 4.7 cm. *Kana-91/VI-27*, room 5a (non illus.).

964. Vessel, glass, fragment of wall: opaque whitish glass; dim.: 2.4 x 3.3 cm. *Kana-91/VI-28*, room 5a (non illus.).

965. Vessel, glass, fragment of wall: opaque greenish glass; dim.: 4.2 x 4.4 cm. *Kana-91/VI-37*, room 5a (non illus.).

966. Stopper, pottery, complete: made from red paste pottery fragment; diam.: 5 cm. *Kana-91/VI-46*, room 5a (non illus.).

967. Stopper, pottery, complete: made from porous coarse light red paste pottery fragment, hole in the centre; dim.: 6.5 x 10.5 cm; diam. of hole: 0.2 cm. *Kana-91/VI-49*, room 5a (non illus.).

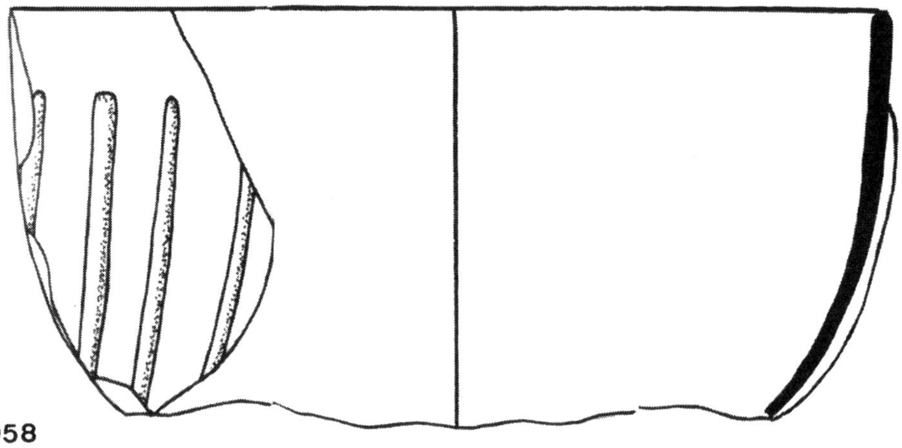

958

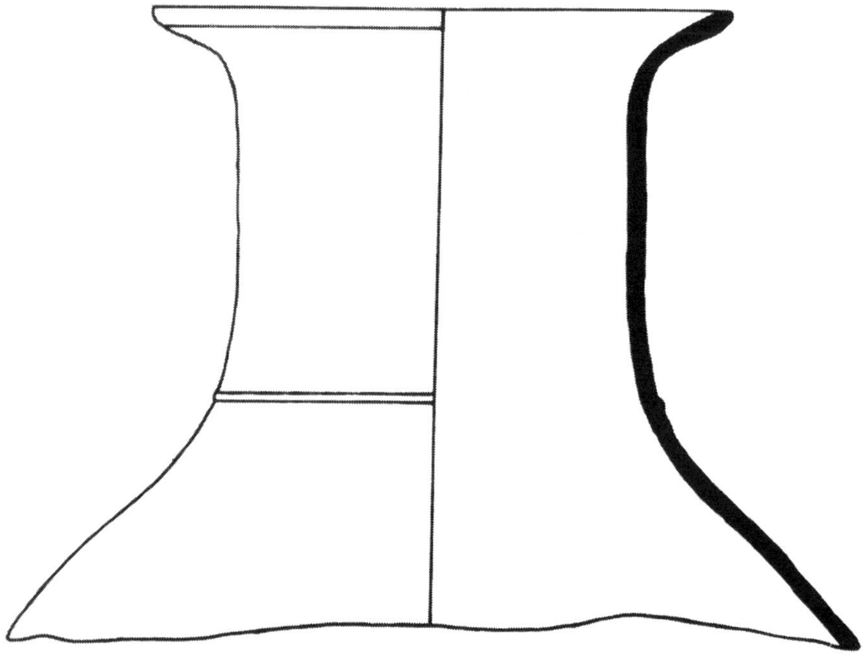

959

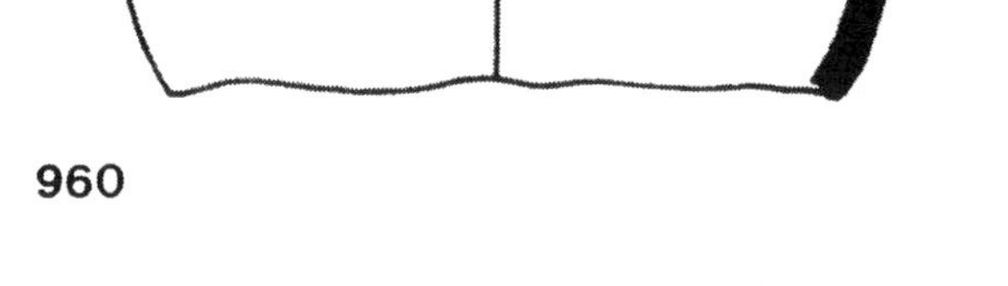

960

961

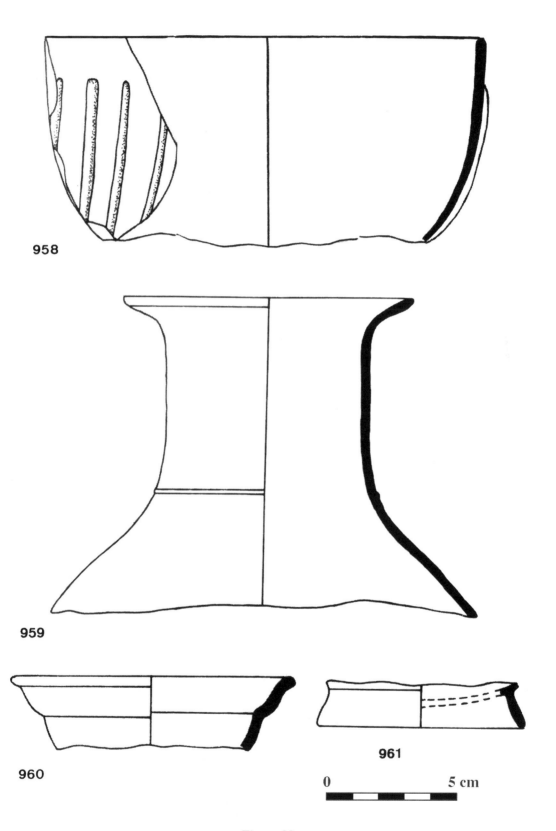

Figure 98

La “bâtisse postérieure”

Au cours des fouilles nous avons mis au jour une partie d’un vaste complexe de pièces, placées le long du mur massif de protection, une maison-“tour” et une section de la “rue” au pied de la colline Ḥuṣn al-Ġurāb (*fig. 99 ; pl. 101*). On pénétrait à l’intérieur de l’espace clôturé par une porte assez étroite (largeur : un peu plus de 1 m) aménagée dans la partie est de l’ensemble, c’est-à-dire du côté de la mer (entre les murs m 32 et m 36).

Nous avons déjà signalé que les édifices de la “bâtisse postérieure” étaient construits sur les ruines antérieures, qui servirent de fondations et furent recouvertes de moellons et de décombres damées. Plusieurs fois, les vestiges des murs des pièces de l’état antérieur servirent de fondations pour les murs des bâtiments postérieurs. Les pièces de la “bâtisse antérieure” utilisées comme fondations sont d’autant mieux conservées que les sols de la “bâtisse postérieure” sont relativement hauts par rapport au pied de la colline et au niveau de la “rue” urbaine ; les différences de conservation tiennent aussi aux variations des niveaux des sols des diverses pièces de l’ensemble. Les fouilles de cette partie du secteur 6 ne sont pas encore terminées, mais il n’est pas exclu qu’une volée de marches, menant à l’intérieur de la bâtisse et de la maison-“tour”, ait été aménagée dans la porte est.

De toute évidence, les anciens bâtiments ne servaient pas toujours de soubassement solide pour les constructions postérieures, bien que les assises inférieures de leurs murs soient souvent plus larges que celles de la phase postérieure. Ainsi, l’angle nord-est de la maison-“tour” était renforcé par une maçonnerie massive, semi-circulaire, jointoyée avec un mortier calcaire, qui servait de contrefort (*pl. 102-103*). De grosses pierres mal taillées assuraient, de même, la base du mur massif m 10, arrêtant l’érosion du versant. Dans tous les cas où les murs de la “bâtisse postérieure” étaient élevés exactement au-dessus des murs antérieurs, comme c’est le cas pour les murs m 1 (la “bâtisse postérieure”) et m 38-m 39 (la “bâtisse antérieure”), la solidité de l’ensemble était assurée sans qu’il y eut besoin de renfort.

La “bâtisse postérieure” se compose donc des pièces délimitées par les murs m 1-m 3 et m 9-m 16, de la maison-“tour”, qui comprend un corridor central (pièce 4) et quatre pièces oblongues ouvrant sur ce corridor (pièces 5-8). On a, par ailleurs, retrouvé une sépulture d’enfant dans les niveaux supérieurs (*fig. 100*).

Pièce 1. Pièce étroite, rectangulaire, mesurant 2,2 x 9,7 m, située dans la partie ouest du secteur 6. La pièce s’étend le long du mur défensif ; l’entrée n’a pas été trouvée, mais se situait, peut-être, dans l’angle sud-ouest et était pourvue d’un seuil élevé. La largeur des murs sud, ouest et est (soit respectivement les murs m 2, m 3 et m 4), faits de pierres mal taillées et liées par un enduit calcaire, atteint 1,05 m. La largeur du mur nord (le mur de défense m 1) est de 1,15 m. Les murs sont conservés sur trois assises.

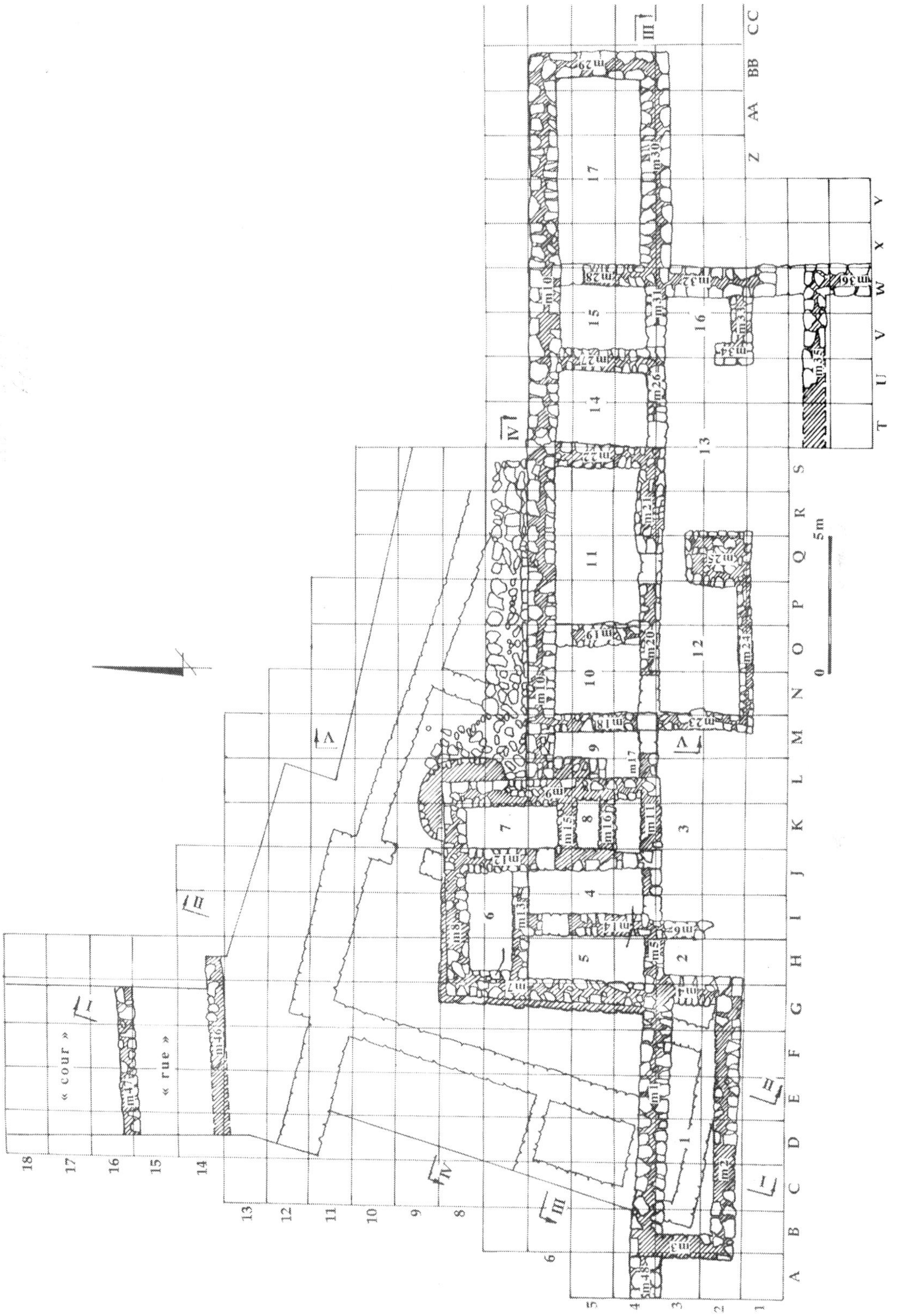

Figure 99

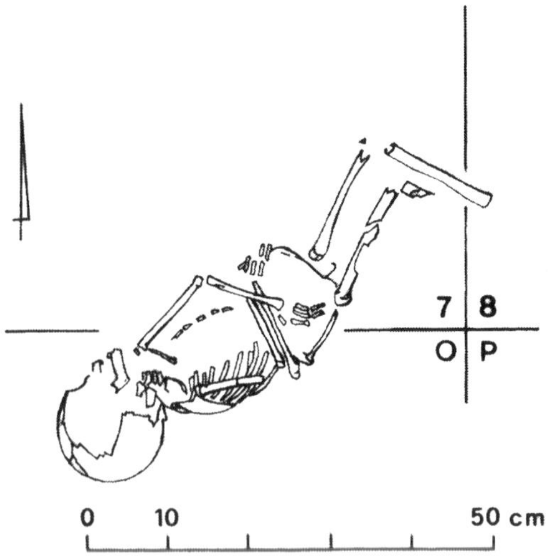

Figure 100

Stratigraphie et trouvailles

Deux niveaux de sols ont été repérés. Le sol antérieur (sol 1) se trouve à une profondeur d'environ 0,7 m sous la surface actuelle. Un second sol (sol 2) est à 0,3 m du premier. Le remplissage entre les sols (couche 1) se compose de sable sombre, bourré de petites pierres et de tessons. Parmi les trouvailles faites dans cette couche, figurent un fragment de vase en pierre (*cat.* 1222, p. 274) et quelques monnaies ḥaḍrami en bronze (voir *Catalogue des monnaies*, n° 600-603).

La couche qui recouvre le sol supérieur de la pièce (couche 2) se compose de sable clair mélangé à des pierres (provenant du démolissage des murs ?), de tessons, d'os de bétail, d'arêtes de poissons de mer, de coquilles de mollusques de mer et de morceaux de carapaces de tortues de mer. Dans l'angle sud-est du mur, un petit trou était aménagé entre les pierres (0,15 x 0,2 x 0,25 m) et contenait de gros morceaux de parfums et trois monnaies ḥaḍrami en bronze (voir *Catalogue des monnaies*, n° 594, 595, 604). Sur le sol dans différents secteurs de la pièce, on a découvert quelques autres monnaies (voir *Catalogue des monnaies*, n° 596-599, 605, 609).

Pièce 2. Cette pièce rectangulaire se situe derrière le mur est de la pièce 1. Dimensions approximatives : 1,65 x 3,2 m. Le nom de pièce est purement conventionnel : le mur sud manque, le mur est (m 6), large de 0,6 m, n'est conservé que sur 2,2 m. Il s'agit en fait, probablement, d'un petit espace clôturé devant l'entrée de la maison-"tour".

Les murs de la pièce étaient recouverts d'un enduit calcaire, conservé *in situ* sur le mur nord (m 5) et le mur ouest (m 4). Le sol a été trouvé à 0,85 m sous la surface actuelle, ce qui correspond au niveau du sol antérieur dans la pièce 1. La couche du remplissage qui recouvrait le sol se compose de sable sombre mêlé à de nombreux tessons, pierres, os de bétail et arêtes de poissons, mollusques de mer. On y a trouvé un vase entier en pierre (*cat.* 1221, p. 274).

Pièce 3. Elle se situe plus à l'est et se présente elle aussi comme un espace vide de constructions devant l'entrée dans la maison-" tour ". Largeur de la partie fouillée : 7,5-8,15 m. Dans l'angle nord-ouest une large entrée, près de 2 m, donne accès à la maison-"tour" (passage dans la pièce 4) ; elle possède un seuil en pierre, dont la hauteur est d'environ 0,15 m, mais dans l'angle nord-est (passage dans la pièce 9 – largeur près de 1 m). Le niveau du sol est le même que celui du sol de la pièce 2 ; la couche de remplissage des deux pièces possède les mêmes caractéristiques.

Pièce 4. C'est le corridor central de la maison-"tour", qui donnait accès à toutes les autres pièces de la bâtisse (*pl. 104*). La pièce est trapézoïdale et mesure 1,8-2 x 5,5 m ; elle ouvre largement sur le sud (le mur sud manque). elle est séparée de la pièce 3 par un seuil en pierre, large d'environ 0,8 m et haut de 0,15 m. Des passages aux angles nord-ouest et nord-est, ainsi que deux passages dans le mur est, relient le corridor avec les pièces correspondantes 5, 6, 7 et 8. Le mur et le sol étaient recouverts d'enduit calcaire, conservé par endroit dans les angles et sur la face interne de son mur ouest (mur m 14). La pièce est remplie de sable sombre avec quelques fragments céramiques.

Pièce 5. C'est la pièce sud-ouest de la maison-"tour", parallèle à la pièce 4. Rectangulaire, elle mesure 2 x 5 m. Elle était reliée au corridor par un passage situé presque exactement dans l'angle nord-est (pièce 4). Largeur du passage : 1,3 m. Le sol est recouvert d'un enduit calcaire, épais d'environ 10 cm. Dans le remplissage de la pièce, composé de sable sombre, d'os de bêtes et d'arêtes de poissons, de coquilles de mollusques, on a trouvé des tessons de vases de stockage et de céramique culinaire, de petits clous de bronze (*cat.* 1268, 1270, p. 280), des fragments de vases en verre (*cat.* 1276-1277, p. 281), et sur le sol, trois monnaies en bronze (voir *Catalogue des monnaies*, n° 610-612).

Pièce 6. Située dans l'angle nord-ouest de la maison-"tour", elle est perpendiculaire aux pièces 4 et 5. Elle est trapézoïdale et mesure 1,6-1,9 x 4,4 m. Elle est relié par un passage, large de 1 m environ, et situé dans l'angle sud-est, avec le corridor (pièce 4 d'après les traces qui subsistent dans l'angle sud-ouest) ; le sol de la pièce devait être d'un enduit calcaire. Le remplissage de la pièce, composé de sable sombre mêlé à une quantité peu importante d'os d'animaux et d'arêtes de poissons, a livré quelques tessons de vases de stockage et de céramique culinaire, et des fragments d'une jarre en verre (*cat.* 1278, p. 281).

Pièce 7. Elle est située dans l'angle nord-est de la maison-"tour". Rectangulaire, elle mesure 1,7 x 3,7 m. Un passage ouvrant dans l'angle sud-ouest, large de 0,7 m, la relie au corridor (pièce 4). Dans le remplissage de la pièce et sur le sol, on a trouvé des fragments de céramiques de stockage ; sur l'un d'entre eux figure une inscription grecque peinte (*dipinto*) [46], des clous en bronze (*cat.* 1002, 1267, 1269, p. 247, 283), et trois monnaies ḥaḍrami en bronze (voir *Catalogue des monnaies,* n° 613-615).

---

46. Voir dans ce volume F. CHELOV-KOVEDJAEV, « Un document de "petite" épigraphie des fouilles de Bir 'Alī (Qāni') ».

Pièce 8. Elle occupe l'angle sud-est de la maison-"tour". Elle est rectangulaire et mesure 2 x 2,6 m. Elle est reliée au corridor par un passage situé dans l'angle sud-ouest (pièce 4). Toute la surface de la pièce est occupée par deux fosses-coffres peu profondes (0,35-0,4 m), dont le fond et les parois sont soigneusement enduits de calcaire. Dimensions des fosses : 0,9 x 2 et 1 x 2 m. Elles sont divisées par une cloison basse (plus haute de 0,15 m que le niveau du sol de la pièce), large de 0,6 m (mur m 16). Dans le remplissage des fosses on a trouvé une grand quantité de céramiques, et des clous en bronze (*cat.* 1232-1244, p. 278).

Pièce 9. Elle est située à l'est de la maison-"tour", dans l'angle formé par la "tour" contiguë au mur défensif m 10. Elle est rectangulaire et mesure : 3 x 3,5 m. Son angle nord-ouest est occupé par un massif de pierre, large de 0,9 m et long d'environ 2 m. L'interprétation en est difficile : il pourrait s'agir des restes d'un contrefort ou renforcement. Un passage dans l'angle sud-est, large d'environ 1 m, donne sur l'espace sans constructions situé devant la maison-"tour" (pièce 3). Dans l'angle nord-ouest de la pièce, près de la réparation, on a découvert un tout petit fond d'une grande jarre de céramique, autrefois fichée dans le sol. Dans le remplissage de la pièce, composé de sable pratiquement pur, on a trouvé quelques rares fragments de céramique culinaire ; une monnaie ḥaḍrami en bronze était sur le sol près de la jarre (voir *Catalogue des monnaies*, n° 616).

Pièce 10. Elle se trouve plus loin à l'est. Elle est rectangulaire, de petites dimensions : 2,6 x 3,2 m. Dans l'angle sud-ouest, un large passage (1,4 m) mène à la pièce 12. On a dégagé sur le seuil de pierre les débris d'une poutre en bois qui devait appartenir à l'huisserie d'une porte (?). Un autre passage, plus étroit (0,55 m), menant à la pièce 11, a été découvert dans l'angle nord-est. Dans l'angle nord-ouest de la pièce, dans le mur nord, on a dégagé une petite niche-foyer (pleine de cendres) ; dimensions 0,35 x 0,45 m. Devant cette niche, une dalle en pierre était posée horizontalement sur le sol. Le sol est très mal conservé. La couche qui le recouvrait (ép. 0,1-0,15 m) se composait de sable sombre, saturé d'humus, d'ossements d'animaux – dont des os de chameau – et d'arêtes de poisson, de coquillages de mollusques de mer, de débris de carapaces de tortues de mer.

Trouvailles

On a trouvé sur le sol, près de l'entrée sud, deux morceaux de résine aromatique (dimensions 20 x 30 et 25 x 40 cm). Près du mur ouest, toujours sur le sol, se trouvait la meule inférieure d'un moulin manuel, en basalte noir (*cat.* 1223, p. 274). Diamètre : 30 cm ; diamètre de l'orifice central : 5,5 cm. Dans la céramique, les fragments de jarres de stockage à parois épaisses et la céramique glaçurée sont majoritaires. Parmi les autres trouvailles il faut signaler un petit fond de récipient en verre (*cat.* 1279, p. 281), un fragment d'objet en bronze, probablement une petite clé de coffre (*cat.* 1272, p. 280), des morceaux de clous en fer (*cat.* 1227-1228, p. 275), un vase en verre (*cat.* 1274, p. 281), un petit grain de corail, et quelques monnaies de bronze (voir *Catalogue des monnaies*, n° 617-622).

Pièce 11. Elle se trouve à l'est de la pièce 10. Elle est rectangulaire et mesure 2,9 x 6,2 m. Elle s'étend le long du mur m 10, dans l'angle nord-ouest duquel s'ouvre un passage étroit qui donne sur la pièce 10 (voir *supra*). Une seconde ouverture, large de 1,2 m, se situe presque au centre du mur sud. Elle donne sur la zone sud du complexe, appelée pièces 12 et 13. Seul son jambage ouest est conservé, l'est étant fortement dégradé. Le mur nord de la pièce, qui constitue également le mur extérieur du complexe tout entier (mur m 10), est conservé sur trois assises. Il est fait de grosses pierres mal taillées, liées avec du calcaire, même si le crépi n'est guère préservé (*pl. 106-107*). Le mur est de la pièce (mur m 22) est monté avec plus de soin, fait de pierres bien taillées, contre le mur nord (*pl. 108*). La face interne du mur sud (mur m 21) n'est pas très régulière. Ce mur est plus large que le mur m 22, ce qui doit signaler un renforcement lors d'une réparation. Cette réparation a du se faire aussitôt après la construction de la pièce, car le renforcement repose sur le premier sol.

Stratigraphie et trouvailles

Nous avons effectué un sondage limité dans la partie est (3 x 3,6 m). Nous avons ainsi dégagé quatre couches d'occupation et une couche de remplissage (abandon) sous le premier sol, qui appartient à la "bâtisse antérieure".

– **Niveau 1** (en partant du fond du sondage). Cette couche de sable sombre et meuble, mêlée de nombreux tessons de céramiques, se trouve au-dessous du sol inférieur de la pièce. C'est un remblai rempli de moellons en provenance de l'effondrement de la "bâtisse antérieure", sur lequel on a édifié les constructions décrites ci-dessus. Le matériel recueilli dans cette couche n'est pas homogène, mêlant des objets abandonnés de la phase de la "bâtisse antérieure", et d'autres de la phase de construction (c'est-à-dire du niveau 1) de la "bâtisse postérieure".

– **Niveau 2**. Cette mince couche de sable, d'environ 5 cm d'épaisseur, contient beaucoup de morceaux de coraux à l'état détritique, souvent couverts d'une sorte de "crépi" calcaire blanchâtre sur leur face externe. De toute évidence, il s'agit des restes de la couverture écroulée d'une pièce plus ancienne de la "bâtisse antérieure", au-dessus desquels a été aménagé le premier sol de la pièce 11.

– **Niveau 3**. Ce remplissage assez dense de moellons occupe tout l'espace intérieur de la pièce, pratiquement jusqu'à la base des murs conservés (épaisseur de 0,75-0,8 m). Il se compose d'un agglomérat de petites pierres et de sable brun foncé, saturé d'humus. La céramique de ce niveau est très fragmentaire, dominée par des tessons de jarres conteneurs et de vaisselle de table.

– **Niveau 4**. Cette couche de sable clair contient une grande quantité de petites pierres : elle est épaisse de 0,35-0,4 m. Il s'agit probablement d'une recharge rapportée comme matériau de radier pour le sol supérieur de la pièce.

– **Niveau 5**. C'est la couche de remplissage recouvrant le sol supérieur de la pièce 11, épaisse de 0,25-0,5 m. Elle est constituée de sable de couleur foncé mêlé de grandes quantités d'os d'animaux et de poisson, de coquilles de mollusques, de débris de carapaces de tortues de mer, etc. Parmi les trouvailles céramiques de ce niveau, on relève de nombreux fragments de récipients de stockage, des vaisselles de cuisine et de table, y compris des céramiques glaçurées. Il faut classer à part une lampe en céramique du type de Tarse (*cat.* 1217, p. 273). Dans la partie ouest de la pièce, on a trouvé sur le sol une lampe en bronze munie d'une anse en forme de crochet (*cat.* 1231, p. 276), ainsi que quelques monnaies de bronze (voir *Catalogue des monnaies*, n° 611-614).

Pièce 12. Elle est située au sud des pièces 10 et 11. La dénomination de pièce est peut-être artificielle, car il n'est pas exclu que, dans une première phase, l'espace soit resté vide de constructions, en particulier au sud (passages ouverts). Lors de la dernière phase d'occupation de la pièce, l'espace était limité à l'ouest par un mur en pierres (mur m 23), rajouté au mur septentrional commun des pièces 10 et 11 (mur m 20) ; au sud et à l'est, les murs m 24 et m 25 clôturaient la pièce. Dans cette configuration, la pièce, de plan rectangulaire, mesure 3,2 x 5,1 m.

Dans l'angle nord-ouest de la pièce, on trouve un évidement dans le mur m 23, c'est-à-dire un passage avec emmarchement large d'environ 1 m, qui conduit vers l'ouest du complexe, vers la maison-"tour" et la pièce 1. L'impression qui ressort est que, dans un premier état, toute la partie ouest du complexe (la maison-"tour", les pièces 1 et 9), avait été édifiée sur un niveau plus élevé que la partie orientale du complexe (pièces 10-17), la liaison entre les deux ensembles se faisant par un passage avec emmarchement, dont les fondations ont été dégagées dans le mur m 23. Après une période d'occupation assez longue pour qu'une couche de décombres épaisse d'environ 0,6 m se soit accumulée sur le sol, le niveau de la pièce 12 s'est ainsi trouvé surélevé jusqu'au niveau du sol de la pièce 3 (*supra*).

Les murs sud et ouest de la pièce sont très mal conservés : seulement deux assises de pierres subsistent, en maçonnerie très grossière, sur une largeur de 0,6-0,7 m et une longueur de 0,3-0,4 m. Au contraire, le mur oriental de la pièce est très large, environ 2 m. Une telle largeur ne peut être expliquée que par une médiocre qualité de la construction initiale, qui a dû entraîner plusieurs réparations de la maçonnerie, effectuées en pierres de petite taille et mal taillées. De plus, les murs ouest, sud et est de la pièce montrent qu'ils ont été édifiés sur des niveaux de sols différents, ce qui souligne les différences chronologiques de ces diverses constructions élevées à des périodes successives.

Stratigraphie et trouvailles

Quatre couches ont été identifiées dans la succession des sols horizontaux.

– **Niveau 1**. Épais de 0,6 m, le remplissage est déposé juste au-dessus du plus ancien sol de la bâtisse, sol sur lequel a été édifié le mur nord de la pièce 12 (m 20). Il est constitué de sable grisâtre mêlé de petites pierres, de débris de corail et de coquillages. Parmi les trouvailles céramiques, on remarquera un fragment de bol en *terra sigillata* avec un timbre estampé (*cat.* 839a, p. 202), intrusion évidente dans ce niveau en provenance de la couche sous-jacente de remblaiement de la "bâtisse antérieure" située juste sous le premier sol de la pièce 12. Sept monnaies en bronze de différents types ḥaḍrami et ḥimyarites proviennent de ce niveau (voir *Catalogue des monnaies*, n° 617, 619-621, 626-628).

– **Niveau 2**. C'est une couche grasse, pleine d'humus, épaisse d'environ 0,25 m, contenant beaucoup de charbons, d'os d'animaux et de poissons, de coquilles de mollusques et de fragments de céramiques. Elle ne paraît pas être liée au sol sur lequel a été édifié le mur est de la pièce (m 25).

– **Niveau 3**. Cette couche est située au-dessus de la précédente, et en est séparée par un sol, sur le niveau duquel ont été édifiés les murs ouest et sud de la pièce (m 23 et m 24).

Épaisse de 0,1-0,25 m, elle est beaucoup plus consistante au milieu de la pièce que sur les bords, et elle est constituée de sable de couleur sombre à veinures calcaires, mêlé de petites pierres et de fragments de céramiques.

– **Niveau 4**. C'est la couche supérieure, épaisse de 0,15-0,2 m, déposée au-dessus du plus haut sol de la pièce. Elle correspond à un niveau analogue identifié dans les pièces 10 et 11 (*supra*). Elle est constituée de sable clair mêlé de débris d'ossements de bêtes et de poissons, et de fragments de céramiques diverses. Parmi les trouvailles, on remarquera un fragment de petite enclume (?) en pierre, à quatre pieds dont deux conservés (*cat.* 1224, p. 274; *pl. 111*), des objets fragmentaires en fer et en bronze (*cat.* 1225, 1229, 1271, 1273, p. 275, 283), ainsi que des monnaies en bronze ḥaḍrami (voir *Catalogue des monnaies,* n° 615, 616, 618, 622-625).

Pièce 13. Il s'agit d'un espace situé à l'est de la pièce 12 et au sud des pièces 11 et 14, vide de toute construction. Sa longueur d'est en ouest est d'environ 7 m, et sa largeur du nord au sud de plus de 4,5 m dans la partie fouillée. Une riche stratigraphie a été révélée dans cet espace sans aucune construction (qui pourrait être une place ?) : comme dans la pièce 12 voisine, quatre niveaux ont été reconnus.

– **Niveau 1**. C'est la couche que l'on trouve sur le sol le plus ancien du bâtiment, sol sur lequel ont été édifiés les murs 21 et 26. Épaisse de 0,3-0,35 m, elle est composée de sable de couleur sombre, compact, mêlé d'humus, de petites pierres, de débris de corail, d'ossements d'animaux, de coquillages et de nombreux fragments céramiques, y compris de types anciens (époque de la "bâtisse antérieure"). Sur le sol, on a recueilli cinq monnaies en bronze ḥaḍrami et ḥimyarites (voir *Catalogue des monnaies,* n° 632-633, 646, 651-653, 661).

– **Niveau 2**. Épaisse d'environ 0,5 m, cette couche pleine d'humus est constituée d'un sable de couleur brune, veiné de lentilles charbonneuses, incluant de nombreux restes organiques tels que des débris d'ossements animaux et des coquillages, ainsi que des fragments de céramiques en abondance. Ce niveau est séparé du précédent, inférieur, par la ligne horizontale blanche d'un sol recouvert d'un revêtement calcaire. Outre les céramiques, six monnaies en bronze ont été retrouvées dans ce niveau (voir *Catalogue des monnaies,* n° 634-635, 654-656, 662).

– **Niveau 3**. C'est un remplissage épais d'environ 0,2 m, calé entre le sol supérieur de la pièce 13, au-dessus, et le niveau 2 sous-jacent. En terme de stratigraphie, cette couche correspond au niveau 3 de la pièce 12 (*supra*). Quelques monnaies en bronze ont été recueillies sur le sol (voir *Catalogue des monnaies*, n° 629, 636-638, 640, 643, 657, 663).

– **Niveau 4**. C'est la couche qui s'est formée au-dessus du sol supérieur, épaisse de 0,25-0,3 m. De même que dans les autres pièces du bâtiment, elle est constituée de sable clair et peu tassé, mêlé d'os d'animaux et de poissons, de coquilles de mollusques et de fragments de céramiques. Parmi d'autres trouvailles, on notera un petit autel en pierre (*cat.* 1220, p. 274), des clous en fer ou en bronze (*cat.* 1226, 1245-1252, p. 275, 281), un fragment de récipient en verre (*cat.* 1275, p. 281), et de nombreuses monnaies en bronze ḥaḍrami, sabéennes et ḥimyarites (voir *Catalogue des monnaies*, n° 639, 641-642, 644-645, 647-650, 658-660).

Pièce 14. Située à l'est de la pièce 11, elle partage un mur commun avec cette dernière (mur m 22). De plan carré, elle mesure 2,9 x 3,2 m. Un passage large de 1 m mène à la pièce 13 vers le sud, c'est-à-dire vers l'espace sans constructions décrit ci-dessus. La fouille a d'abord dégagé un dépôt au-dessus du sol supérieur de la pièce, épais d'environ de 0,25 m, composé de sable de couleur sombre mêlé d'humus, et contenant des ossements d'animaux et des arêtes de poissons, des coquillages et des fragments de céramiques de stockage et de vaisselles de cuisine. Sur le sol de la pièce, on a trouvé des monnaies en bronze ḥaḍrami, et des monnaies en argent et en bronze himyarites (voir *Catalogue des monnaies,* n° 664-671).

Pièce 15. C'est une petite pièce, rectangulaire en plan, située plus à l'est, le long du mur m 10 (dimensions : 2,9 x 3,2 m). Son mur est (mur m 28) est presque entièrement détruit. Dans l'angle sud-ouest de la pièce, un passage large de 0,9 m mène à la pièce 16 voisine. Il semblerait qu'il ait existé un autre passage, également large d'environ 1 m, aménagé dans le mur m 28 – disparu – dans l'angle nord-est de la pièce, qui conduisait vers la pièce 17 plus à l'est. Dans la couche recouvrant le sol de la pièce, on a recueilli des fragments de céramiques et quelques monnaies en bronze ḥaḍrami et ḥimyarites (voir *Catalogue des monnaies*, n° 672-676).

Pièce 16. Située au sud de la pièce 15 à laquelle elle est reliée par un passage aménagé dans le mur m 31 (*supra*), elle est en outre connectée à la pièce 13 par un autre passage très large (environ 2 m), qui occupait une grande partie du mur ouest m 34. Il se pourrait qu'elle ait servi de "vestibule d'entrée" pour les pièces contiguës 15 et 17. Ses dimensions sont 1,9 x 2,6 m.

À en juger par le mode de construction des murs sud (mur m 33) et ouest (mur m 34), édifiés au-dessus du niveau du sol supérieur de la pièce, alors que les fondations des murs nord (m 31) et est (m 32) de la même pièce, les plus anciens, se trouvent à un niveau nettement inférieur, il semble bien que ce "vestibule" ait été construit dans la toute dernière phase d'occupation du complexe, en même temps que la pièce 12 probablement. La même constatation peut être faite dans l'analyse de la couche de remplissage au-dessus du sol supérieur de la pièce, tout à fait identique aux couches de même niveau repérées dans les pièces 12 et 13 (*supra*).

Dans les trouvailles céramiques, on notera une large prédominance des fragments de récipients de stockage. Sur le sol de la pièce, on a recueilli douze monnaies en bronze (voir *Catalogue des monnaies*, n° 677-687).

Pièce 17. La pièce est située à l'extrémité est du complexe, et elle est contiguë à la pièce 15. De plan rectangulaire, elle mesure 3,1 x 7,5 m. Le passage qui menait à la pièce 15 se trouvait probablement au nord-ouest de la pièce, comme le montre un aménagement dans le mur m 28. La couche de dépôt sur le sol supérieur était constituée d'un sable de couleur claire, meuble, mêlé d'une grande quantité de petites et moyennes pierres : il semble assuré que ce remplissage de moellons est le résultat de l'effondrement des murs en pierres de la pièce.

On n'a retrouvé que fort peu de matériel céramique sur le sol de la pièce et dans la couche de dépôt supérieur ; dix monnaies ḥaḍrami, sabéennes et ḥimyarites y ont été recueillies (voir *Catalogue des monnaies*, n° 688-697).

La "rue". À environ vingt mètres au nord de la pièce 1, on a identifié, au pied de la colline Ḥuṣn al-Ġurāb, ce qui semble bien être le tronçon d'une "rue", de direction approximativement est-ouest – en dépit de quelques écarts au nord et au sud. Cette "rue" est large de 3 m environ, bordée sur chaque côté de petits murets en pierres : il s'agit en fait d'une seule assise de blocs mal taillés et grossièrement posés sur le substrat calcaire. La surface de la "rue" n'était pas homogène (*contra* terre damée), et il a été souvent difficile de la reconnaître.

Au-dessus de la "rue" se trouvait un dépôt épais de 0,2 à 0,3 m, constitué d'un sable de couleur sombre, dense, mêlé de beaucoup de pierres et de matériel organique : os d'animaux et de poissons, etc. Quelques fragments de céramiques ont été retrouvés dans cette couche, ainsi que de très nombreuses monnaies en bronze ḥaḍrami, sabéennes et ḥimyarites de types divers (voir *Catalogue des monnaies,* n° 698-756)

Au nord de cette "rue", on a reconnu un espace vide de constructions, peut-être une cour du complexe d'habitation voisin (?). À cet endroit, dans la couche de sable compact et de couleur sombre, quelques fragments de céramiques et des monnaies en bronze ont été trouvés.

Catalogue

968. Amphora, fragment of rim: compact red paste with white and black inclusions; diam.: 13 cm. *Kana-93/VI*, room 12 (*fig. 101*).

969. Amphora, fragment of upper part: compact light red paste with black inclusions; diam.: 14 cm. *Kana-88/VI*, room 1 (*fig. 101*).

970. Amphora, fragment of rim: compact light red paste with black inclusions; diam.: 17 cm. *Kana-93/VI*, room 10 (*fig. 101*).

971. Amphora, fragment of rim: compact light red paste with black inclusions; diam.: 10 cm. *Kana-93/VI*, room 11 (*fig. 101*).

972. Amphora, fragment of rim: compact red paste with mica and white inclusions; diam.: 15.5 cm. *Kana-93/VI*, room 12 (*fig. 101*).

973. Amphora, fragment of rim: compact red paste with mica and white inclusions; diam.: 19 cm. *Kana-93/VI*, room 12 (*fig. 101*).

974. Amphora, fragment of rim: compact red paste with mica and white inclusions; diam.: 16 cm. *Kana-93/VI*, room 12 (*fig. 101*).

975. Amphora, fragment of rim: compact red paste; diam.: 16 cm. *Kana-93/VI*, room 13 (*fig. 101*).

976. Amphora, fragment of rim: fine compact light red paste; diam.: 13 cm. *Kana-93/VI*, room 11 (*fig. 101*).

977. Amphora, fragment of upper part: fine compact light red paste, whitish wash on the exterior; diam.: 9 cm. *Kana-93/VI*, room 13 (*fig. 101*).

978. Amphora, fragment of rim: compact light red paste with mica inclusions, whitish wash on the exterior; diam.: 10 cm. *Kana-93/VI*, room 12 (*fig. 101*).

979. Amphora, fragment of rim: fine compact red paste; diam.: 11.5 cm. *Kana-91/VI* (non illus.).

980. Amphora, fragment of rim: fine compact red paste; diam.: 11 cm. *Kana-91/VI* (non illus.).

981. Amphora, fragment of rim: fine compact red paste. *Kana-89/VI* (non illus.).

982. Amphora, fragment of rim: fine compact red paste; diam.: 11 cm. *Kana-89/VI* (non illus.).

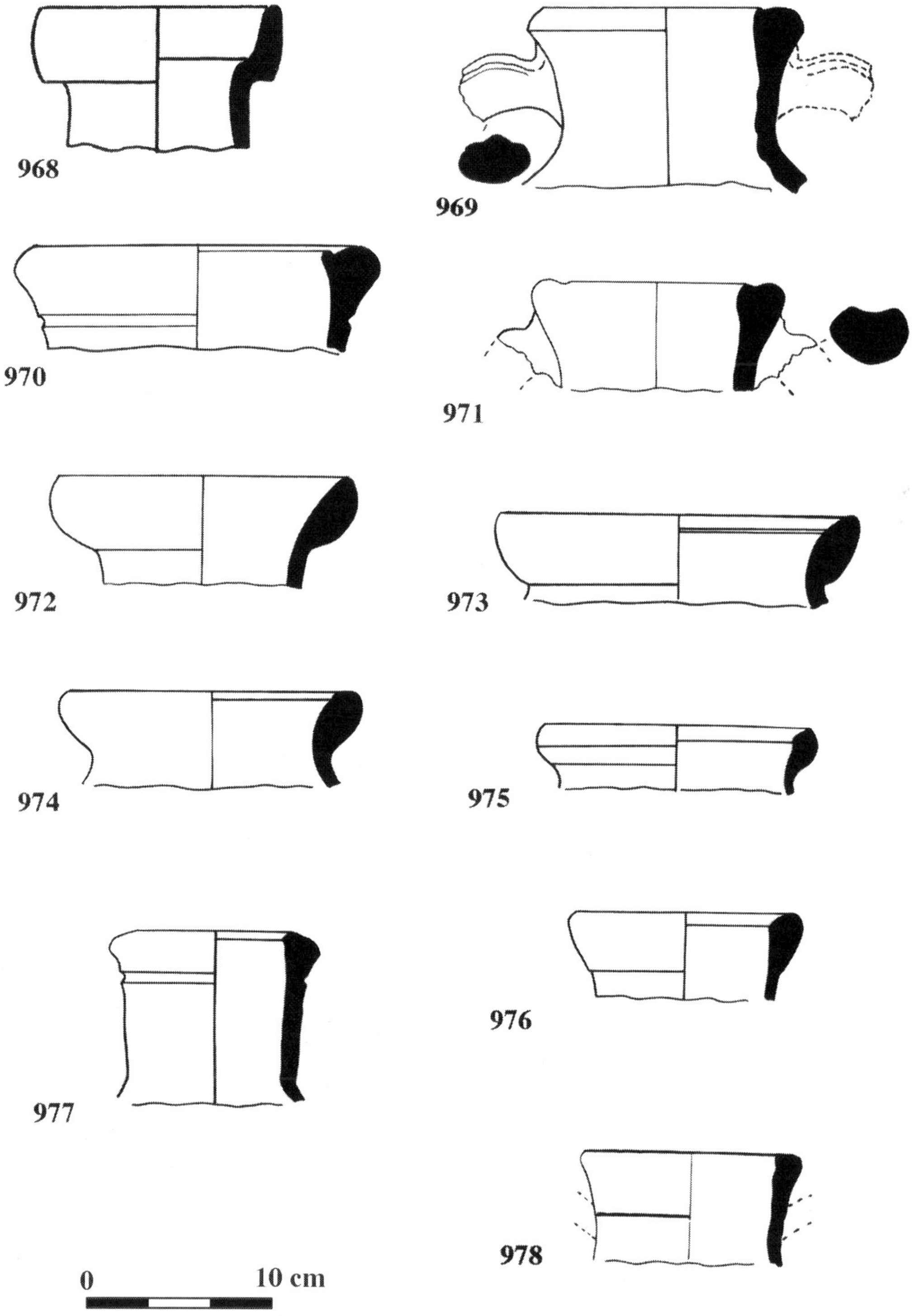

Figure 101

Catalogue

983. Amphora, fragment of rim: fine compact red paste with mica inclusions; diam.: 9 cm. *Kana-93/VI*, room 12 (*fig. 102*).

984. Amphora, fragment of rim: fine compact light red paste, yellowish wash on the exterior; diam.: 9 cm. *Kana-93/VI*, room 12 (*fig. 102*).

985. Amphora, fragment of rim: fine compact red paste; diam.: 9 cm. *Kana-93/VI*, room 11 (*fig. 102*).

986. Amphora, fragment of rim: fine compact greyish paste, traces of wash on the exterior, red core; diam.: 16 cm. *Kana-93/VI*, room 11 (*fig. 102*).

987. Amphora, fragment of upper part: compact red paste; diam.: 12.5 cm. *Kana-91/VI*, room 1 (*fig. 102*).

988. Amphora, fragment of upper part: compact red paste; diam.: 7 cm. *Kana-91/VI*, room 1 (*fig. 102*).

989. Amphora, fragment of upper part: compact red paste; diam.: 3 cm. *Kana-91/VI*, room 1 (*fig. 102*).

990. Amphora, fragment of upper part: compact red paste. *Kana-91/VI*, room 1 (*fig. 102*).

991. Amphora, fragment of upper part: compact light red paste with mica, white and black inclusions, whitish wash on the exterior; diam.: 9 cm. *Kana-93/VI*, room 12 (*fig. 102*).

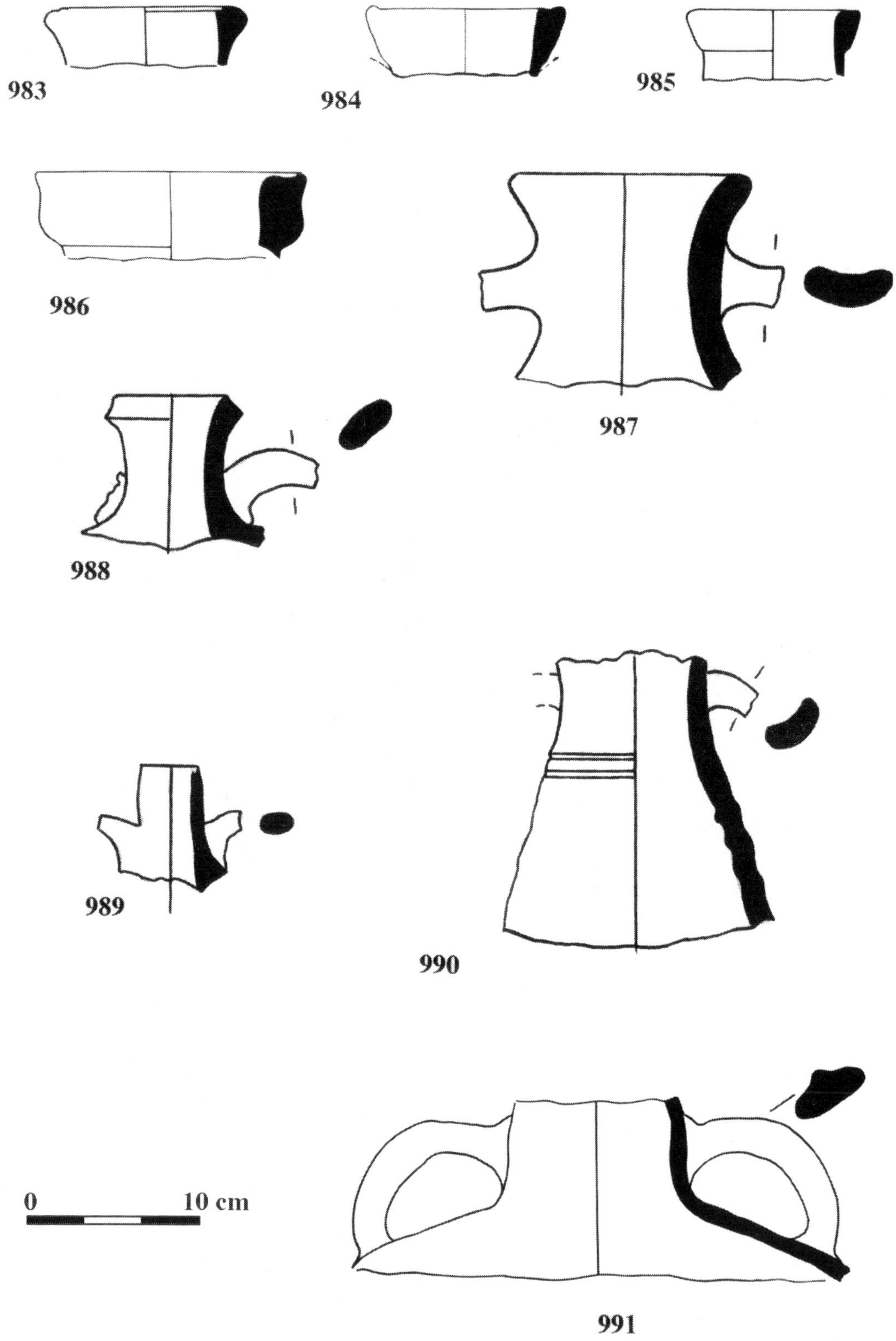

Figure 102

Catalogue

992. Amphora, fragment of handle: compact red paste, greyish wash on the exterior. *Kana-93/VI*, room 15 (*fig. 103*).

993. Amphora, fragment of handle: compact greyish paste with mica inclusions. *Kana-93/VI*, room 15 (*fig. 103*).

994. Amphora, fragment of handle: compact red paste. *Kana-88/VI*, room 1 (*fig. 103*).

995. Amphora, fragment of handle: compact red paste. *Kana-88/VI*, room 2 (*fig. 103*).

996. Amphora, fragment of handle: compact greyish paste. *Kana-88/VI*, room 1 (*fig. 103*).

997. Amphora, fragment of base: compact sandy red paste with mica inclusions; diam.: 5 cm. *Kana-88/VI*, room 1 (*fig. 103*).

998. Amphora, fragment of base: compact sandy red paste with mica, white and black inclusions; diam.: 5 cm. *Kana-88/VI*, room 1 (*fig. 103*).

999. Amphora, fragment of base: compact dark red paste with white and black inclusions. *Kana-88/VI*, room 1 (*fig. 103*).

1000. Amphora, fragment of base: compact sandy red paste with mica, white and black inclusions. *Kana-88/VI*, room 1 (*fig. 103*).

1001. Amphora, fragment of base: compact red paste with mica inclusions. *Kana-88/VI*, room 1 (*fig. 103*).

1002. Amphora, fragment of base: fine compact sandy red paste with mica inclusions; diam.: 2 cm. *Kana-93/VI*, room 12 (*fig. 103*).

1002a. Amphora, fragment of wall: compact light red paste, yellowish wash on the exterior, Syriac *graffito* on the exterior. *Kana-88/VI*, room 1 (*pl. 131*).

1002b. Amphora, fragment of wall: compact red paste, Greek *dipinto* on the exterior. *Kana-89/VI*, room 7 (*pl. 133*).

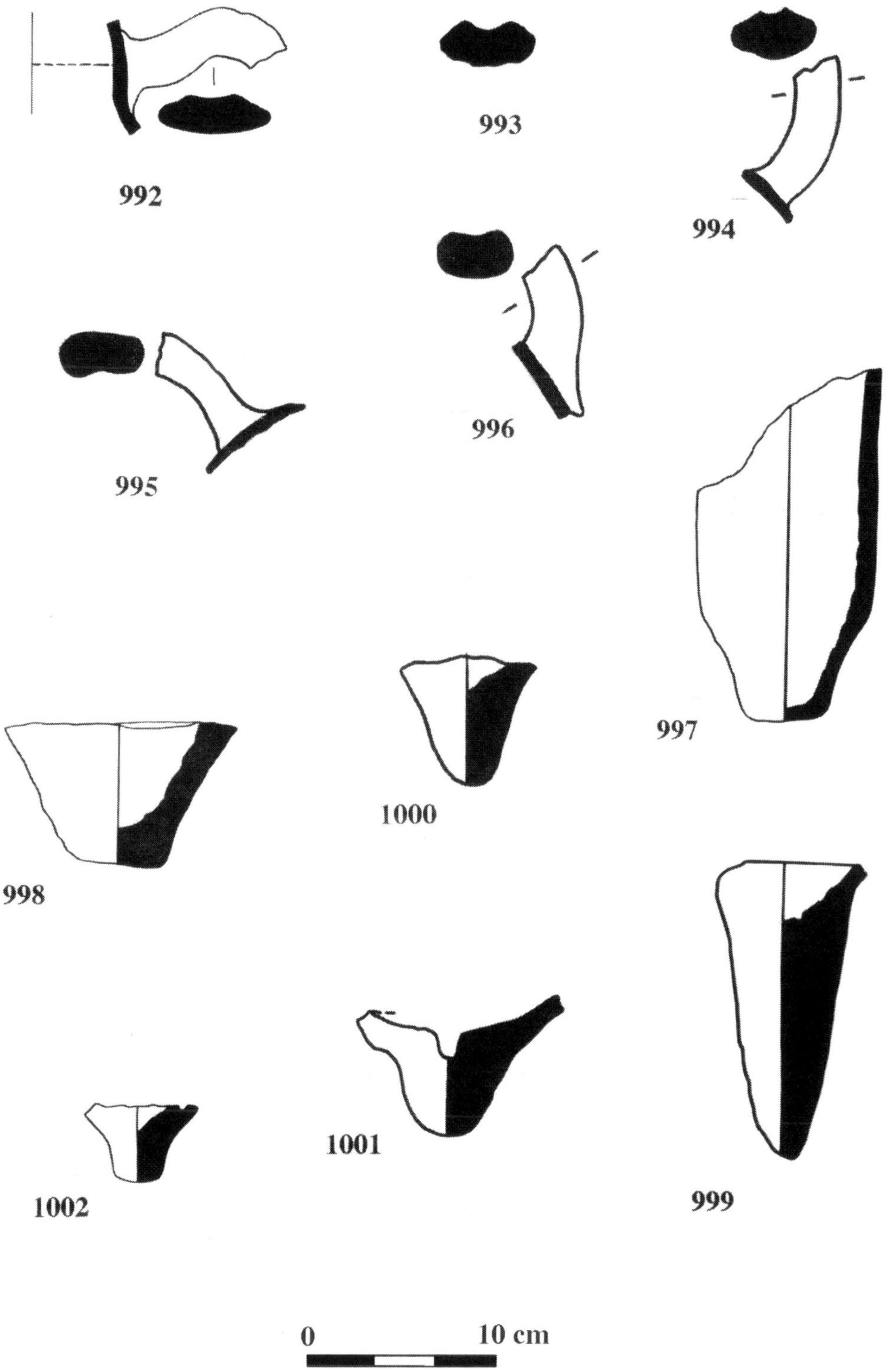

Figure 103

Catalogue

1003. Amphora-like vessel, fragment of rim: compact red paste with mica inclusions; diam.: 12 cm. *Kana-93/VI*, room 12 (*fig. 104*).

1004. Amphora-like vessel, fragment of rim: compact red paste with mica inclusions, black core; diam.: 14 cm. *Kana-93/VI*, room 10 (*fig. 104*).

1005. Amphora-like vessel, fragment of rim: compact red paste with mica inclusions; diam.: 14 cm. *Kana-93/VI*, room 12 (*fig. 104*).

1006. Amphora-like vessel, fragment of rim: compact red paste with mica inclusions; diam.: 12 cm. *Kana-93/VI*, room 12 (*fig. 104*).

1007. Amphora-like vessel, fragment of rim: compact red paste with mica inclusions; diam.: 13 cm. *Kana-93/VI*, room 11 (*fig. 104*).

1008. Amphora-like vessel, fragment of rim: compact red paste with white and black inclusions; diam.: 14 cm. *Kana-94/VI*, room 12 (*fig. 104*).

1009. Amphora-like vessel, fragment of rim: compact red paste with mica inclusions, traces of red slip on the exterior; diam.: 18 cm. *Kana-88/VI*, room 1 (*fig. 104*).

1010. Amphora-like vessel, fragment of rim: compact red paste with mica inclusions; diam.: 16 cm. *Kana-93/VI*, room 13 (*fig. 104*).

1011. Amphora-like vessel, fragment of rim: compact red paste with mica inclusions; diam.: 15 cm. *Kana-93/VI*, room 13 (*fig. 104*).

1012. Amphora-like vessel, fragment of rim: compact red paste with mica inclusions; diam.: 16 cm. *Kana-93/VI*, room 12 (non illus.).

1013. Amphora-like vessel, fragment of rim: compact red paste with mica inclusions; diam.: 19 cm. *Kana-93/VI*, room 12 (non illus.).

1014. Amphora-like vessel, fragment of rim: compact red paste with mica inclusions; diam.: 20 cm. *Kana-93/VI*, room 12 (non illus.).

1015. Amphora-like vessel, fragment of rim: compact red paste, whitish wash on the exterior, bitumen coating on the interior; diam.: 11 cm. *Kana-88/VI*, room 1 (*fig. 104*).

1016. Amphora-like vessel, fragment of rim: medium compact red paste with quartz inclusions; diam.: 18 cm. *Kana-88/VI*, room 1 (*fig. 104*).

1017. Amphora-like vessel, fragment of rim: medium compact red paste with quartz inclusions; diam.: 20 cm. *Kana-88/VI*, room 1 (non illus.).

1018. Amphora-like vessel, fragment of rim: compact red paste; diam.: 16 cm. *Kana-88/VI*, room 1 (non illus.).

1019. Amphora-like vessel, fragment of rim: medium compact red paste with quartz inclusions; diam.: 14 cm. *Kana-88/VI*, room 1 (non illus.).

1020. Amphora-like vessel, fragment of rim: compact red paste with quartz inclusions; diam.: 15 cm. *Kana-88/VI*, room 1 (non illus.).

1021. Amphora-like vessel, fragment of rim: medium compact red paste with quartz inclusions; diam.: 16 cm. *Kana-88/VI*, room 1 (non illus.).

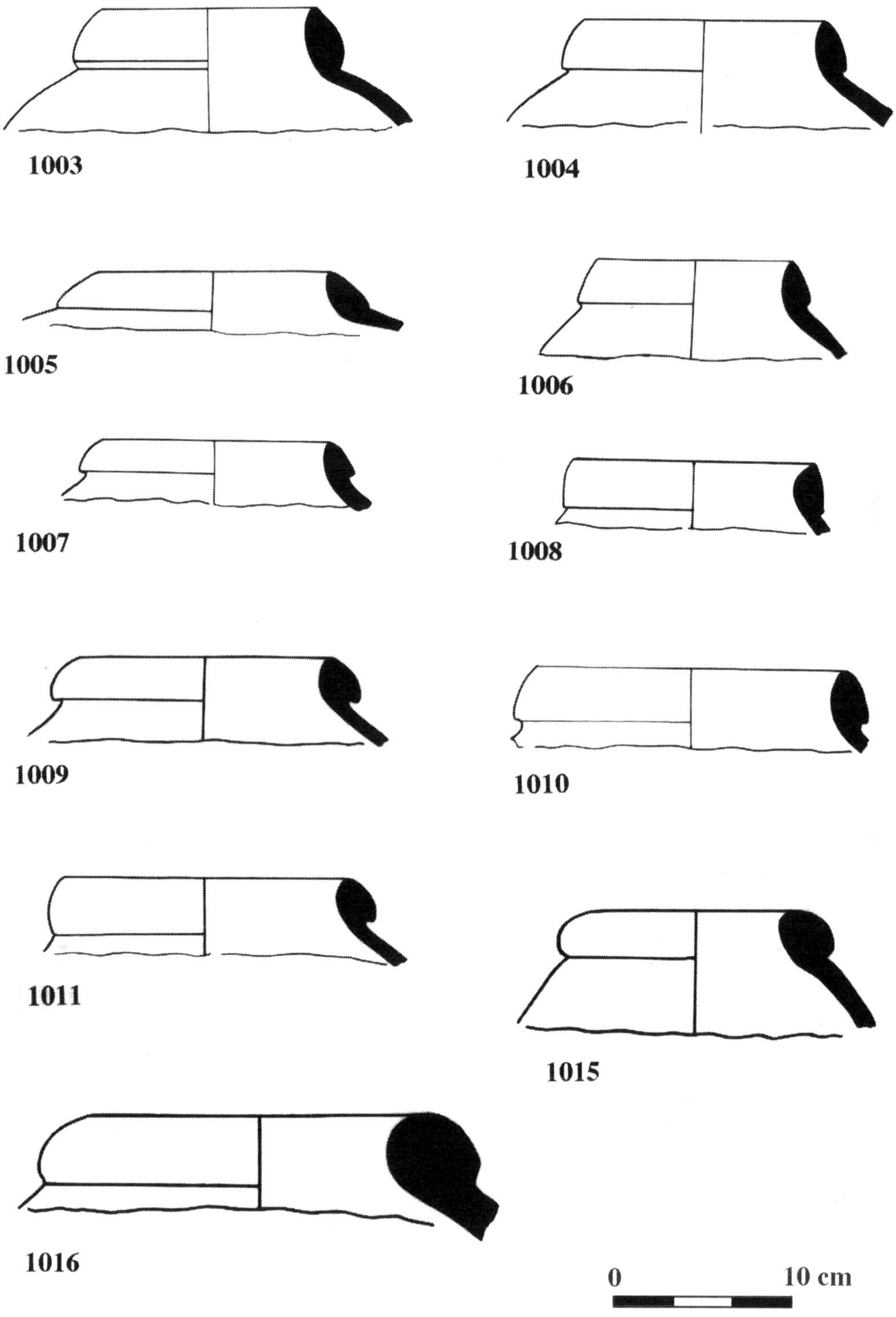

Figure 104

Catalogue

1022. Amphora-like vessel, fragment of rim: medium compact red paste with mica inclusions; diam.: 36 cm. *Kana-93/VI*, room 12 (*fig. 105*).

1023. Amphora-like vessel, fragment of rim: medium compact red paste with white and black inclusions, traces of red slip on the exterior; diam.: 28 cm. *Kana-94/VI*, room 12 (*fig. 105*).

1024. Amphora-like vessel, fragment of rim: medium compact red paste with mica inclusions; diam.: 30 cm. *Kana-93/VI*, room 13 (*fig. 105*).

1025. Amphora-like vessel, fragment of rim: medium compact red paste with white and black inclusions, traces of red slip and burnishing on both surfaces; diam.: 22 cm. *Kana-93/VI*, room 11 (*fig. 105*).

1026. Amphora-like vessel, fragment of rim: medium compact red paste with white and black inclusions, traces of red slip and burnishing on both surfaces; diam.: 24 cm. *Kana-94/VI*, room 12 (*fig. 105*).

1027. Amphora-like vessel, fragment of rim: medium compact red paste with white and black inclusions, traces of red slip and burnishing on both surfaces; diam.: 23 cm. *Kana-94/VI*, room 12 (non illus.).

1028. Amphora-like vessel, fragment of rim: medium compact red paste with white and black inclusions; diam.: 26 cm. *Kana-93/VI*, room 12 (non illus.).

1029. Amphora-like vessel, fragment of rim: medium compact red paste with white and black inclusions; diam.: 26 cm. *Kana-93/VI*, room 10 (non illus.).

1030. Amphora-like vessel, fragment of rim: compact red paste with white and black inclusions, traces of red slip on the exterior; diam.: 16 cm. *Kana-93/VI*, room 12 (non illus.).

1031. Amphora-like vessel, fragment of rim: compact red paste with white and black inclusions, traces of reddish brown slip on the exterior; diam.: 16 cm. *Kana-88/VI*, room 1 (*fig. 105*).

1032. Amphora-like vessel, fragment of rim: compact red paste with white and black inclusions, red slip and traces of burnishing on the exterior; diam.: 19.5 cm. *Kana-94/VI*, room 12 (*fig. 105*).

1033. Amphora-like vessel, fragment of rim: compact red paste with white inclusions; diam.: 16 cm. *Kana-94/VI*, room 12 (*fig. 105*).

1034. Amphora-like vessel, fragment of rim: compact red paste with white and black inclusions, red slip and traces of burnishing on the exterior; diam.: 15 cm. *Kana-93/VI*, room 10 (non illus.).

1035. Amphora-like vessel, fragment of rim: compact red paste with white and black inclusions, red slip and traces of burnishing on the exterior; diam.: 12 cm. *Kana-94/VI*, room 12 (non illus.).

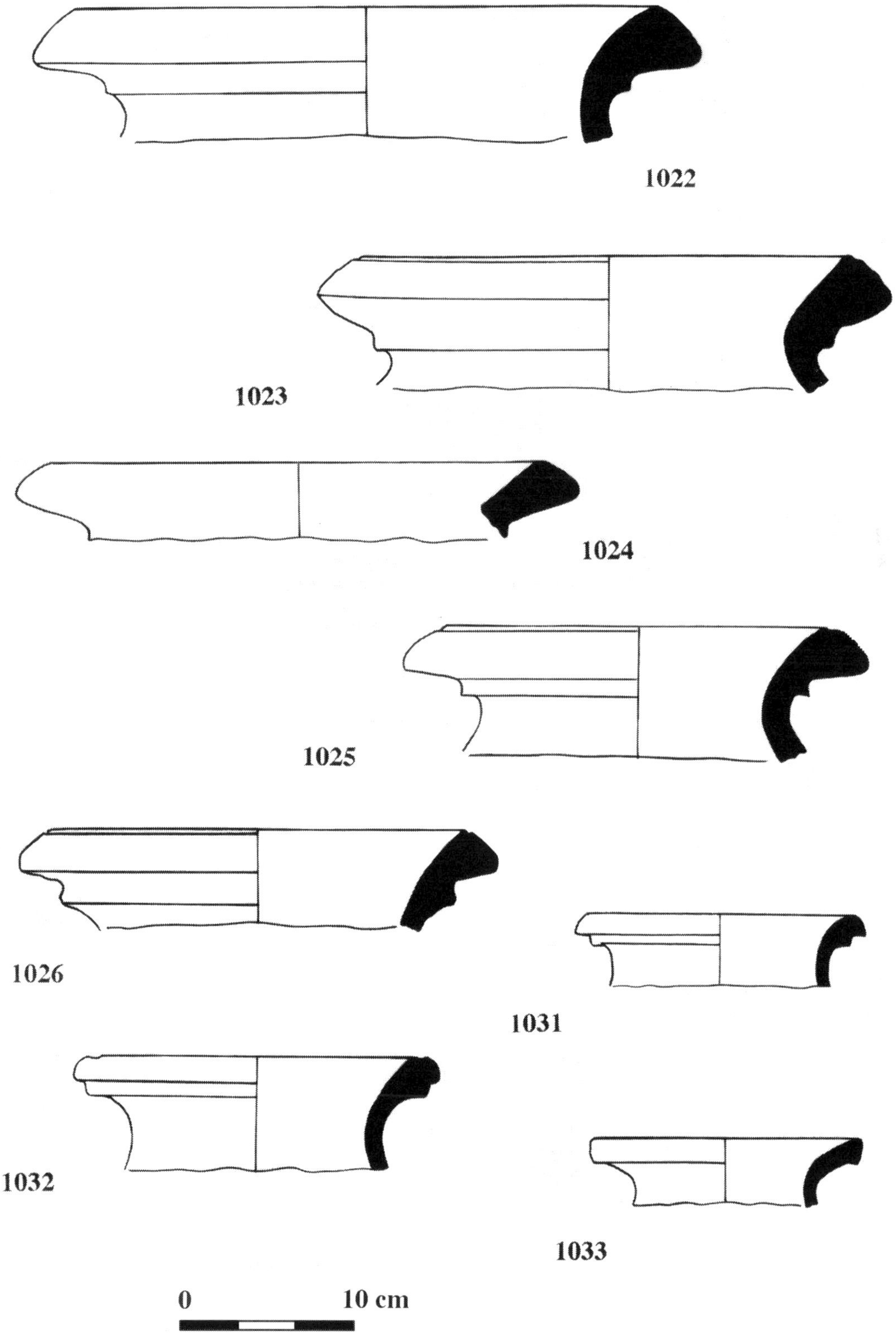

Figure 105

Catalogue

1036. Amphora-like vessel, fragment of rim: medium compact red paste with white and black inclusions, traces of red slip and burnishing on both surfaces; diam.: 21 cm. *Kana-93/VI*, room 12 (*fig. 106*).

1037. Amphora-like vessel, fragment of rim: medium compact red paste with white and black inclusions, traces of red slip on the exterior; diam.: 24 cm. *Kana-88/VI*, room 1 (*fig. 106*).

1038. Amphora-like vessel, fragment of upper part: medium compact sandy red paste; diam.: 20 cm. *Kana-93/VI*, room 11 (*fig. 106*).

1039. Amphora-like vessel, fragment of rim: medium compact sandy red paste; diam.: 24 cm. *Kana-88/VI*, room 1 (*fig. 106*).

1040. Amphora-like vessel, fragment of upper part: medium compact sandy light red paste with mica inclusions, bitumen coating on the interior; diam.: 14 cm. *Kana-89/VI-43*, room 1 (*fig. 106*).

1041. Amphora-like vessel, fragment of upper part: medium compact sandy light red paste, bitumen coating on the interior; diam.: 13 cm. *Kana-89/VI-52*, room 2 (*fig. 106*).

1042. Amphora-like vessel, fragment of rim: medium compact sandy light red paste with mica, whitish wash on the exterior, bitumen coating on the interior; diam.: 15 cm. *Kana-89/VI-57*, room 4 (*fig. 106*).

1043. Amphora-like vessel, fragment of rim: medium compact sandy light red paste; diam.: 14 cm. *Kana-88/VI*, room 1 (*fig. 106*).

1044. Amphora-like vessel, fragment of upper part: medium compact sandy light red paste, bitumen coating on the interior; diam.: 12 cm. *Kana-88/VI*, room 1 (non illus.).

1045. Amphora-like vessel, fragment of upper part: medium compact sandy light red paste, bitumen coating on the interior; diam.: 13 cm. *Kana-93/VI*, room 12 (non illus.).

1046. Amphora-like vessel, fragment of rim: medium compact sandy light red paste, bitumen coating on the interior; diam.: 12 cm. *Kana-88/VI*, room 1 (non illus.).

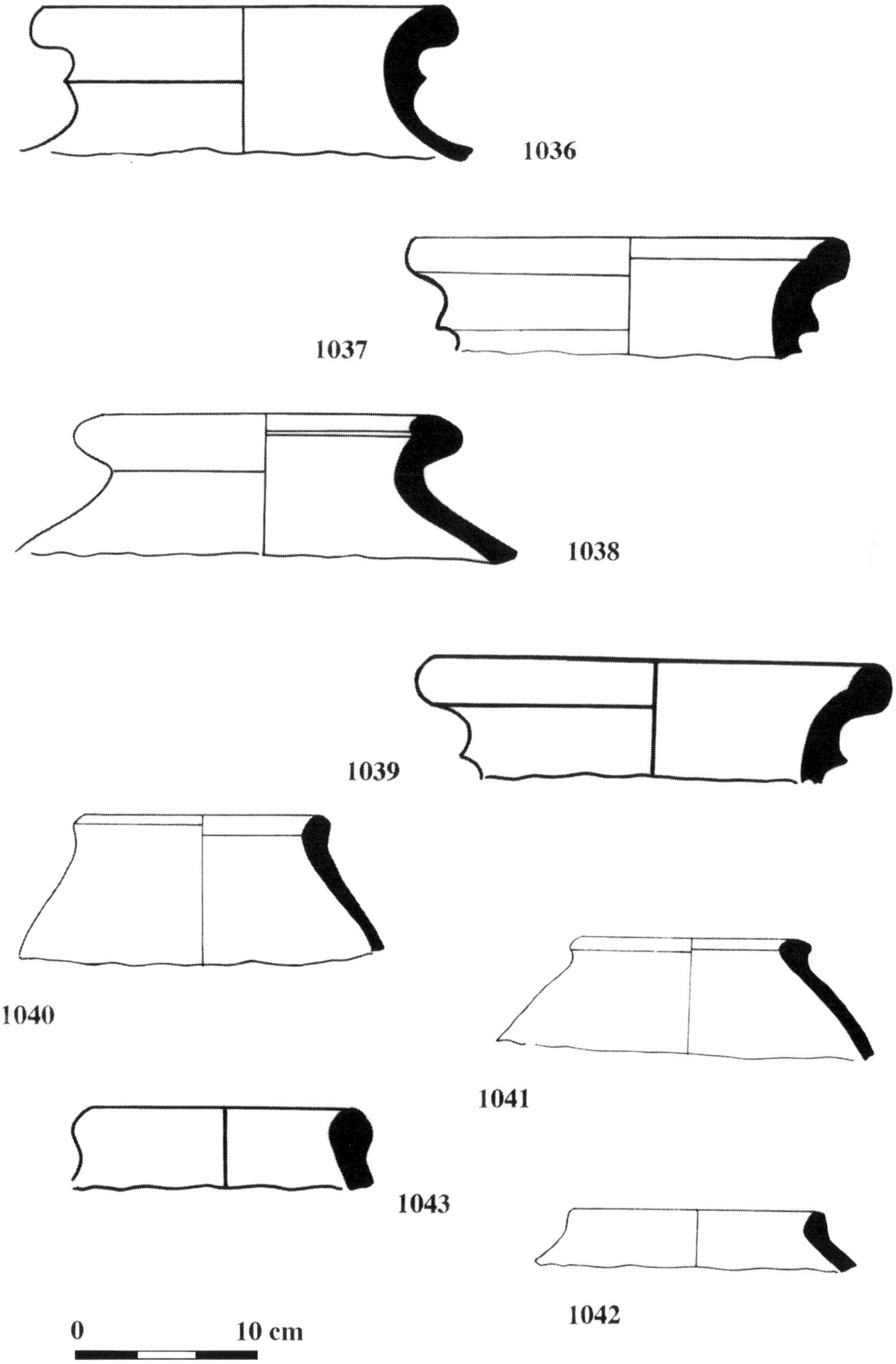

Figure 106

Catalogue

1047. Jar, fargment of upper part: very compact dark grey paste with white inclusions; diam.: 32 cm. *Kana-88/VI*, room 1 (*fig. 107*).

1048. Jar, fargment of upper part: very compact dark grey paste with white inclusions. *Kana-88/VI*, room 1 (*fig. 107*).

1049. Jar, fargment of upper part: very compact dark grey paste with white inclusions, light grey wash on the exterior; diam.: 30 cm. *Kana-89/VI-2* (*fig. 107*).

1050. Jar, fargment of upper part: very compact dark grey paste with white inclusions, light grey wash on the exterior. *Kana-93/VI*, room 13 (*fig. 107*).

1051. Jar, fargment of upper part: very compact dark grey paste with white inclusions. *Kana-93/VI*, room 12 (*fig. 107*).

1052. Jar, fargment of upper part: very compact dark grey paste with white inclusions. *Kana-93/VI*, room 13 (*fig. 107*).

1053. Jar, fargment of upper part: compact light red paste with mica inclusions, whitish wash on the exterior. *Kana-93/VI*, room 12 (*fig. 107*).

1054. Jar, fargment of upper part: compact light red paste with mica and white inclusions, whitish wash on the exterior. *Kana-94/VI*, room 12 (*fig. 107*).

1055. Jar, fargment of rim: red paste, impressed decoration on the exterior, handmade. *Kana-93/VI*, room 12 (*fig. 107*).

1056. Jar, fargment of rim: compact red paste, red slip on both surfaces. *Kana-93/VI*, room 13 (*fig. 107*).

1057. Bowl, fragment of upper part: medium compact grey paste with quartz inclusions, impressed decoration on the exterior, handmade; diam.: 32 cm. *Kana-93/VI*, room 13 (*fig. 107*).

1058. Jar, fargment of base: red paste. *Kana-93/VI*, room 12 (*fig. 107*).

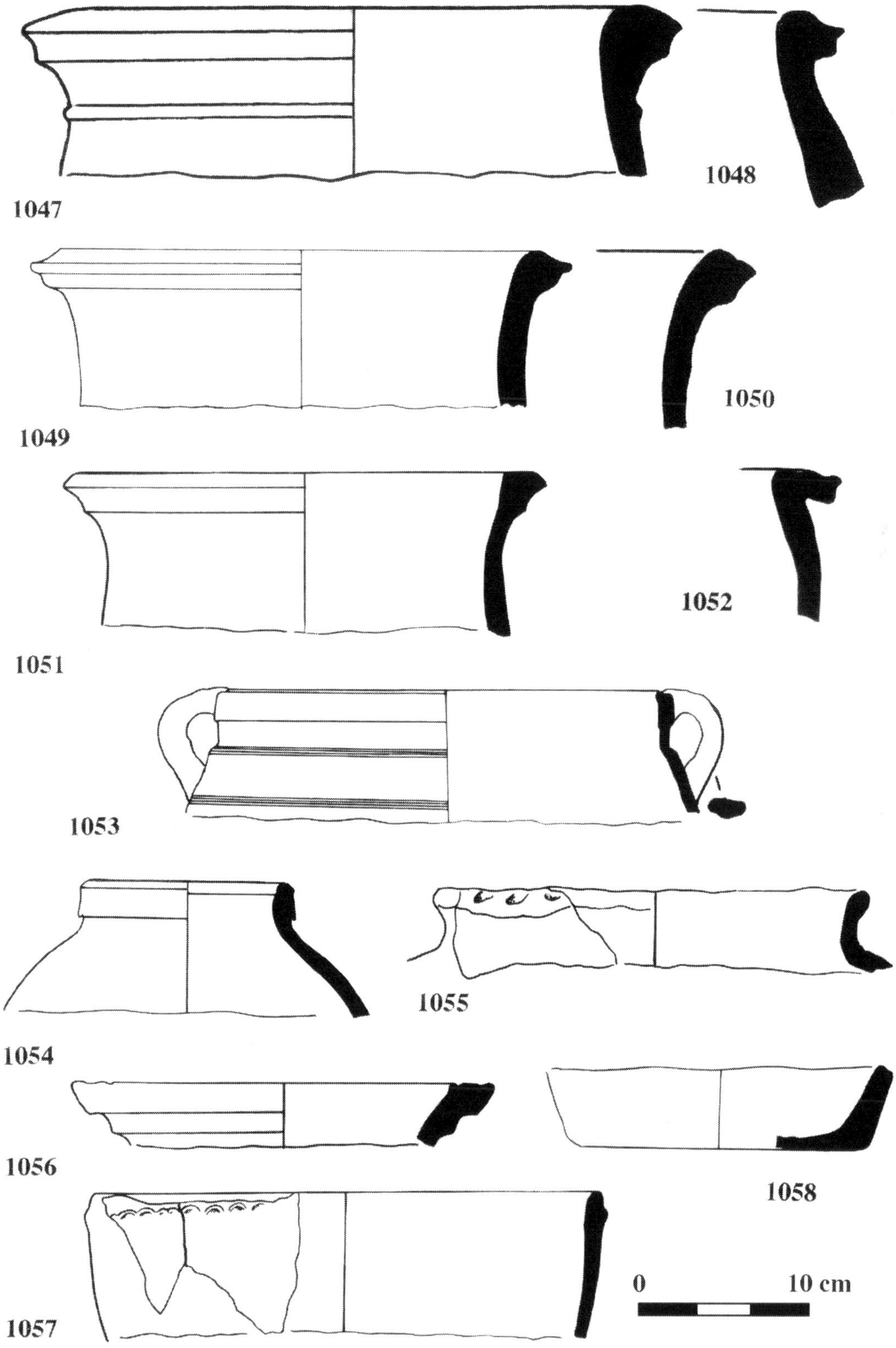
1047
1048
1049
1050
1051
1052
1053
1054
1055
1056
1057
1058
0 10 cm

Figure 107

Catalogue

1059. Jar, fragment of upper part: fine compact dark grey paste with mica inclusions, impressed decoration on the exterior, handmade; diam.: 9 cm. *Kana-88/VI*, room 1 (*fig. 108*).

1060. Jar, fragment of upper part: fine compact dark grey paste with mica inclusions, impressed decoration on the exterior, handmade; diam.: 10 cm. *Kana-89/VI-10* (*fig. 108*).

1061. Jar, fragment of rim: fine red compact paste, dark red slip and burnishing on the exterior; diam.: 10 cm. *Kana-88/VI*, room 1 (*fig. 108*).

1062. Jar, fragment of upper part: fine red compact paste, dark red slip and burnishing on the exterior; diam.: 5 cm. *Kana-93/VI*, room 13 (*fig. 108*).

1063. Jar, fragment of upper part: compact sandy red paste; diam.: 26 cm. *Kana-93/VI*, room 11 (*fig. 108*).

1064. Jar, fragment of rim: fine red compact paste, red slip and burnishing on the exterior; diam.: 15 cm. *Kana-93/VI*, room 12 (*fig. 108*).

1065. Jar, fragment of upper part: compact sandy red paste; diam.: 15 cm. *Kana-88/VI*, room 1 (non illus.).

1066. Jar, fragment of rim: fine red compact paste, red slip and burnishing on the exterior; diam.: 13 cm. *Kana-88/VI*, room 1 (non illus.).

1067. Jar, fragment of rim: fine red compact paste, red slip and burnishing on the exterior; diam.: 16 cm. *Kana-93/VI*, room 12 (*fig. 108*).

1068. Jar, fragment of rim: fine red compact paste, red slip and burnishing on the exterior; diam.: 9 cm. *Kana-88/VI*, room 2 (*fig. 108*).

1069. Jar, fragment of upper part: compact red paste; diam.: 9 cm. *Kana-88/VI*, room 1 (non illus.).

1070. Jar, fragment of upper part: compact red paste; diam.: 13 cm. *Kana-93/VI*, room 12 (non illus.).

1071. Jar, fragment of upper part: very fine compact red paste, red slip and burnishing on both surfaces; diam.: 14 cm. *Kana-93/VI*, room 10 (*fig. 108*).

1072. Jar, fragment of upper part: very fine compact red paste, red slip and burnishing on both surfaces; diam.: 9 cm. *Kana-93/VI*, room 12 (*fig. 108*).

1073. Beaker, fragment of upper part: very fine compact orange paste, dark red paint on the exterior; diam.: 17 cm. *Kana-93/VI*, room 10 (*fig. 108*).

1074. Bowl, fragment of upper part: fine red compact paste, red slip and burnishing on both surfaces; diam.: 14 cm. *Kana-88/VI*, room 1 (*fig. 108*).

1075. Bowl, fragment of upper part: fine red compact paste, red slip and burnishing on both surfaces; diam.: 15.5 cm. *Kana-88/VI*, room 1 (*fig. 108*).

1076. Bowl, fragment of upper part: fine red compact paste, red slip and burnishing on both surfaces; diam.: 15 cm. *Kana-88/VI*, room 1 (*fig. 108*).

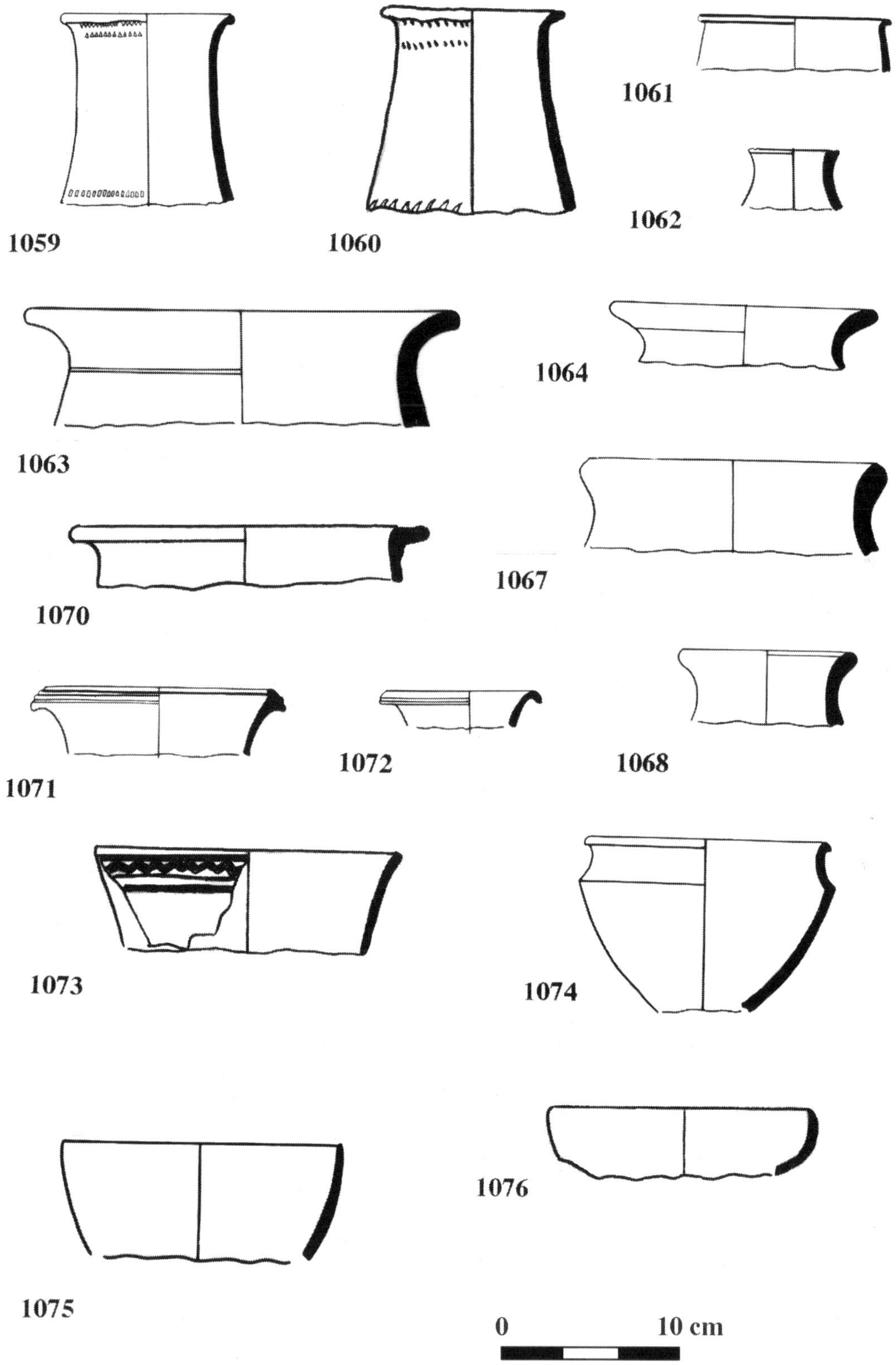
1059
1060
1061
1062
1063
1064
1067
1070
1071
1072
1068
1073
1074
1075
1076
0
10 cm

Figure 108

Catalogue

1077. Bowl, fragment of upper part: fine red compact paste, red slip and burnishing on both surfaces; diam.: 19 cm. Kana-93/VI, room 12) (*fig. 109*).

1078. Bowl, fragment of upper part: fine red compact paste, red slip and burnishing on both surfaces; diam.: 15 cm. *Kana-89/VI* (*fig. 109*).

1079. Bowl, fragment of rim: very fine compact red paste, red slip and burnishing on both surfaces; diam.: 14 cm. *Kana-93/VI*, room 12 (*fig. 109*).

1080. Bowl, fragment of upper part: fine red compact paste, red slip on both surfaces; diam.: 19 cm. *Kana-89/VI* (*fig. 109*).

1081. Plate, fragment of upper part: fine dark grey compact paste, dark grey slip and burnishing on both surfaces; diam.: 20 cm. *Kana-93/VI*, room 13 (*fig. 109*).

1082. Plate, fragment of rim: very fine red compact paste, red slip and burnishing on both surfaces; diam.: 16 cm. *Kana-88/VI*, room 1 (*fig. 109*).

1083. Bowl, fragment of rim: very fine red compact paste, red slip and burnishing on both surfaces; diam.: 11 cm. *Kana-93/VI*, room 10 (*fig. 109*).

1084. Cup, fragment of upper part: very fine red compact paste, red slip and burnishing, incised and impressed decoration on the exterior; diam.: 10 cm. *Kana-93/VI*, room 12 (*fig. 109*).

1085. Cup, fragment of base: fine light red compact paste; diam.: 4.5 cm. *Kana-93/VI*, room 12 (*fig. 109*).

1086. Jar (?), fragment of wall: fine red paste with mica inclusions, impressed decoration on the exterior. *Kana-93/VI*, room 12 (*fig. 109*).

1087. Jar, fragment of upper part: compact light red paste, traces of greenish glaze on the exterior; diam.: 14 cm. *Kana-89/VI-46*, room 2 (*fig. 109*).

1088. Jar, fragment of rim: compact light red paste, traces of greenish glaze on the exterior; diam.: 14 cm. *Kana-89/VI-46*, room 2 (non illus.).

1089. Jar, fragment of upper part: compact light red paste, traces of greenish glaze on the exterior; diam.: 14 cm. *Kana-93/VI*, room 13 (*fig. 109*).

1090. Jar, fragment of rim: compact light red paste, traces of light green glaze on the exterior; diam.: 9 cm. *Kana-93/VI*, room 10 (*fig. 109*).

1091. Jar, fragment of rim: compact light red paste, traces of light green glaze on the exterior; diam.: 9 cm. *Kana-93/VI*, room 12 (*fig. 109*).

1092. Jar, fragment of upper part: compact light red paste, traces of light green glaze on the exterior; diam.: 9 cm. *Kana-93/VI*, room 12 (*fig. 109*).

1093. Jar, fragment of upper part: compact light red paste, traces of dark green glaze on the exterior; diam.: 11 cm. *Kana-93/VI*, room 12 (*fig. 109*).

1094. Jar or amphora, fragment of wall and handle: compact light red paste, traces of greenish glaze on the exterior. *Kana-93/VI*, room 12 (*fig. 109*).

1095. Jar or amphora, fragment of wall and handle: compact light red paste, traces of greenish glaze on the exterior. *Kana-93/VI*, room 12 (*fig. 109*).

1096. Jar or amphora, fragment of handle: compact light red paste, traces of greenish glaze on the exterior. *Kana-93/VI*, room 12 (*fig. 109*).

1097. Jar or amphora, fragment of handle: compact light red paste, traces of greenish glaze on the exterior. *Kana-93/VI*, room 13 (*fig. 109*).

1098. Jar or amphora, fragment of handle: compact light red paste, traces of greenish glaze on the exterior. *Kana-89/VI*, room 3 (non illus.).

1099. Jar or amphora, fragment of handle: compact light red paste, traces of greenish glaze on the exterior. *Kana-89/VI*, room 3 (non illus.).

1100. Jar or amphora, fragment of base: compact light red paste, traces of greenish glaze on the exterior; diam.: 6.5 cm. *Kana-94/VI*, room 12) (*fig. 109*).

1101. Jar or amphora, fragment of base: compact light red paste, traces of light green glaze on the exterior; diam.: 10 cm. *Kana-94/VI*, room 12 (*fig. 109*).

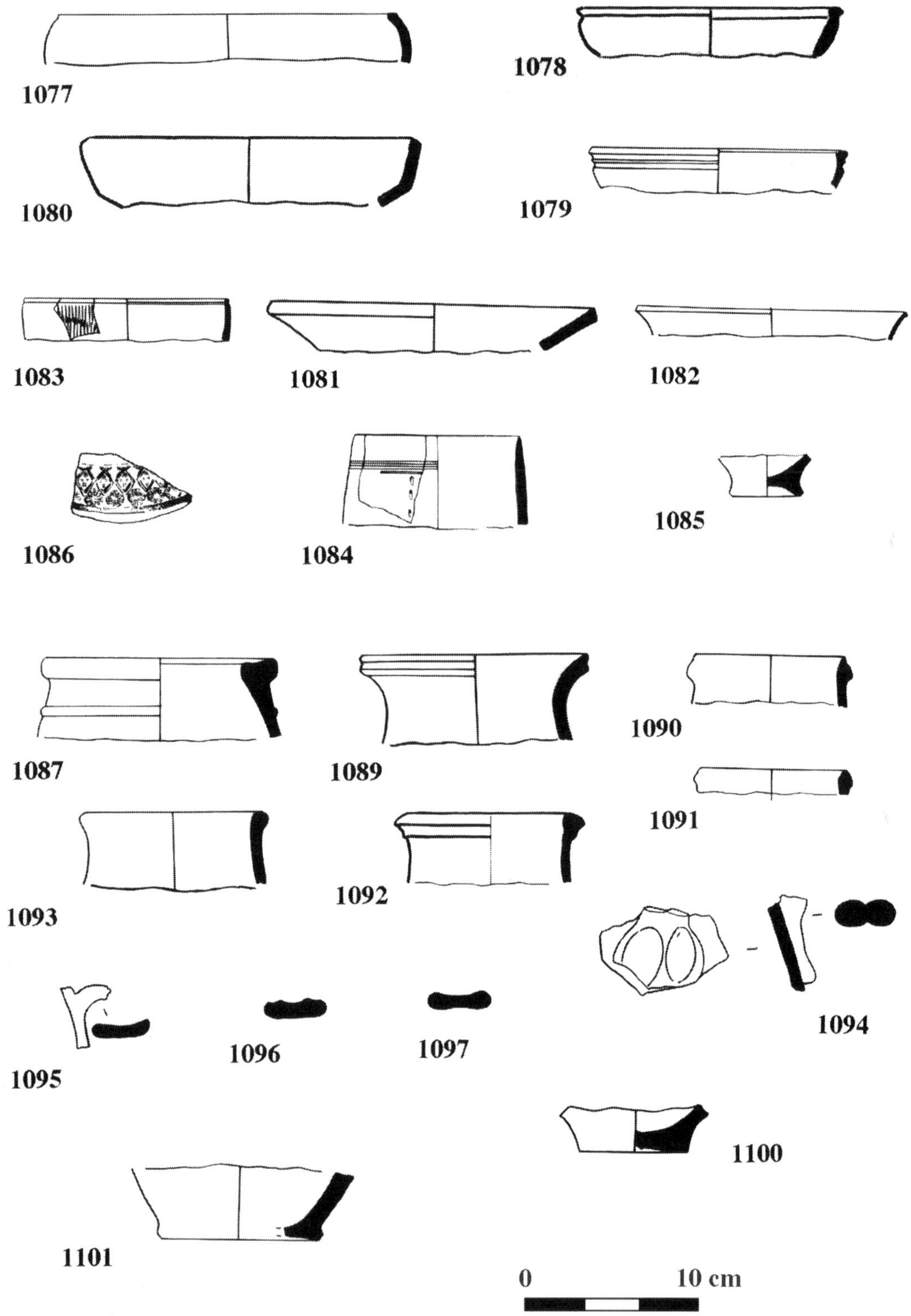
1077
1078
1080
1079
1083
1081
1082
1086
1084
1085
1087
1089
1090
1091
1093
1092
1094
1095
1096
1097
1100
1101
0
10 cm

Figure 109

Catalogue

1102. Plate, fragment of upper part: compact light red paste, traces of greenish glaze on both surfaces; diam.: 19 cm. *Kana-93/VI*, room 12 (*fig. 110*).
1103. Plate, fragment of upper part: compact light red paste, traces of greenish glaze on both surfaces; diam.: 14 cm. *Kana-93/VI*, room 12 (non illus.).
1104. Plate, fragment of upper part: compact light red paste, traces of greenish glaze on both surfaces; diam.: 18 cm. *Kana-93/VI*, room 10 (*fig. 110*).
1105. Plate, fragment of upper part: compact light red paste, traces of greenish glaze on both surfaces; diam.: 12 cm. *Kana-93/VI*, room 12 (*fig. 110*).
1106. Plate, fragment of upper part: compact light red paste, traces of greenish glaze on both surfaces; diam.: 17 cm. *Kana-89/VI*, room 2 (non illus.).
1107. Plate, fragment of upper part: compact light red paste, traces of greenish glaze on both surfaces; diam.: 14 cm. *Kana-89/VI*, room 2 (non illus.).
1108. Plate, fragment of upper part: compact light red paste, traces of greenish glaze on both surfaces. *Kana-93/VI*, room 12 (*fig. 110*).
1109. Plate, fragment of rim: compact light red paste, traces of greenish glaze on both surfaces. *Kana-93/VI*, room 13 (*fig. 110*).
1110. Plate, fragment of upper part: compact light red paste, traces of greenish glaze on both surfaces; diam.: 13 cm. *Kana-89/VI*, room 2 (non illus.).
1111. Plate, fragment of upper part: compact light red paste, traces of greenish glaze on both surfaces; diam.: 10 cm. *Kana-89/VI*, room 2 (non illus.).
1112. Plate, fragment of upper part: compact light red paste, traces of greenish glaze on both surfaces; diam.: 13 cm. *Kana-89/VI*, room 2 (*fig. 110*).
1113. Plate, fragment of upper part: compact light red paste with mica inclusions, traces of greenish glaze on both surfaces; diam.: 24 cm. *Kana-93/VI*, room 13 (*fig. 110*).
1114. Plate, fragment of upper part: compact light red paste, traces of greenish glaze on both surfaces; diam.: 24 cm. *Kana-88/VI*, room 1 (*fig. 110*).
1115. Plate, fragment of upper part: compact light red paste, traces of greenish glaze on both surfaces; diam.: 20 cm. *Kana-89/VI*, room 2 (non illus.).
1116. Bowl, fragment of upper part: compact light red paste, traces of greenish glaze on both surfaces; diam.: 14 cm. *Kana-88/VI*, room 1 (*fig. 110*).
1117. Plate, fragment of base: compact light red paste, traces of whitish glaze on both surfaces, concentric incised circles on the interior; diam.: 8 cm. *Kana-94/VI*, room 12 (*fig. 110*).
1118. Plate, fragment of base: compact light red paste, traces of whitish glaze on both surfaces, concentric incised circles on the interior; diam.: 12 cm. *Kana-88/VI*, room 1 (*fig. 110*).
1119. Plate, fragment of base: compact light red paste, traces of whitish glaze on both surfaces, concentric incised circles on the interior; diam.: 8 cm. *Kana-93/VI*, room 12 (*fig. 110*).
1120. Jar, fragment of base: compact light red paste, traces of greenish glaze on the exterior; diam.: 7.5 cm. *Kana-89/VI*, room 2 (non illus.).
1121. Plate, fragment of base: compact light red paste, traces of greenish glaze on both surfaces, concentric incised circles on the interior; diam.: 5 cm. *Kana-89/VI*, room 2 (non illus.).
1122. Plate, fragment of base: compact light red paste, traces of greenish glaze on both surfaces; diam.: 8 cm. *Kana-88/VI*, room 1 (*fig. 110*).
1123. Plate, fragment of base: compact light red paste, traces of greenish glaze on both surfaces; diam.: 8 cm. *Kana-93/VI*, room 12 (*fig. 110*).
1124. Jar, fragment of base: compact light red paste, traces of greenish glaze on the exterior. *Kana-93/VI*, room 12 (*fig. 110*).
1125. Plate, fragment of base: compact light red paste, traces of light green glaze on both surfaces; diam.: 4.5 cm. *Kana-93/VI*, room 11 (*fig. 110*).
1126. Jar, fragment of base: compact light red paste, traces of greenish glaze on the exterior; diam.: 18 cm. *Kana-88/VI*, room 1 (*fig. 110*).
1127. Jar, fragment of base: compact light red paste, traces of greenish glaze on both sides; diam.: 15 cm. *Kana-88/VI*, room 1 (*fig. 110*).

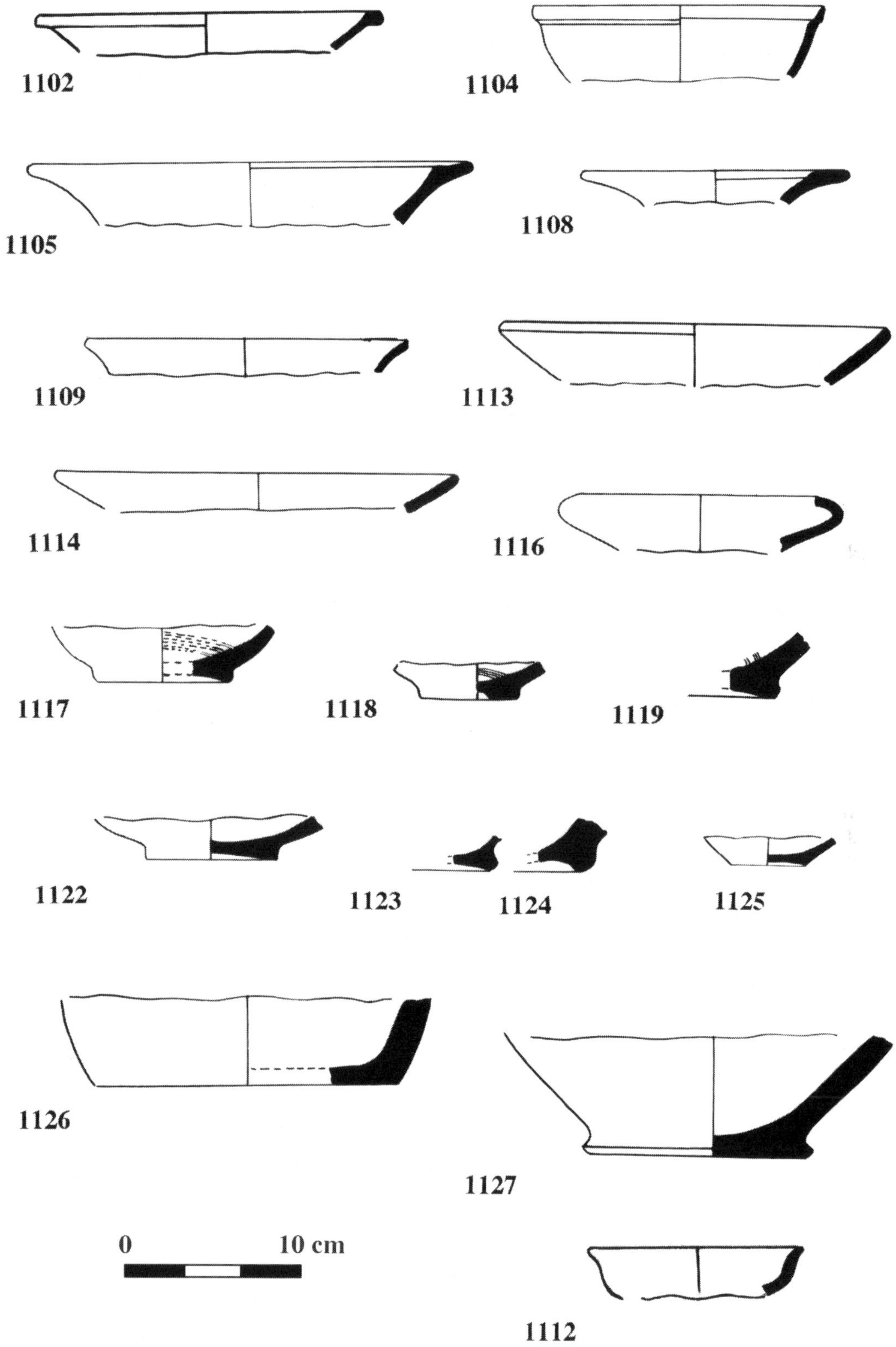
1102
1104
1105
1108
1109
1113
1114
1116
1117
1118
1119
1122
1123
1124
1125
1126
1127
0
10 cm
1112

Figure 110

Catalogue

1128. Jar, fragment of upper part: coarse porous yellowish paste with straw temper, South Arabian monogram on the exterior incised before firing; diam.: 20 cm. *Kana-88/VI*, room 1 (*fig. 111*).

1129. Jar, fragment of rim: coarse porous yellowish paste with straw temper; diam.: 22 cm. *Kana-88/VI*, room 1 (*fig. 111*).

1130. Jar, fragment of rim: coarse porous yellowish paste with straw temper; diam.: 20 cm. *Kana-88/VI*, room 1 (*fig. 111*).

1131. Jar, fragment of rim: coarse porous yellowish paste with straw temper. *Kana-88/VI*, room 1 (non illus.).

1132. Jar, fragment of rim: coarse porous yellowish paste with straw temper; diam.: 22 cm. *Kana-88/VI*, room 1 (non illus.).

1133. Jar, fragment of rim: coarse porous light red paste with straw temper; diam.: 12 cm. *Kana-93/VI*, room 13 (*fig. 111*).

1134. Jar, fragment of rim: coarse porous light red paste with straw temper; diam.: 12 cm. *Kana-93/VI*, room 11 (*fig. 111*).

1135. Jar, fragment of rim: coarse porous red paste with white and black inclusions; diam.: 15 cm. *Kana-93/VI*, room 12) (*fig. 111*).

1136. Jar, fragment of rim: coarse porous red paste with white and black inclusions; diam.: 18 cm. *Kana-94/VI*, room 12 (*fig. 111*).

1137. Jar, fragment of rim: coarse porous yellowish paste with straw temper; diam.: 14 cm. *Kana-93/VI*, room 12 (*fig. 111*).

1138. Jar, fragment of rim: coarse porous yellowish paste with straw temper; diam.: 18 cm. *Kana-93/VI*, room 12 (*fig. 111*).

1139. Jar, fragment of upper part: coarse porous yellowish paste with straw temper; diam.: 12 cm. *Kana-93/VI*, room 12 (*fig. 111*).

1140. Jar, fragment of rim: coarse porous yellowish paste with straw temper; diam.: 12 cm. *Kana-93/VI*, room 12 (*fig. 111*).

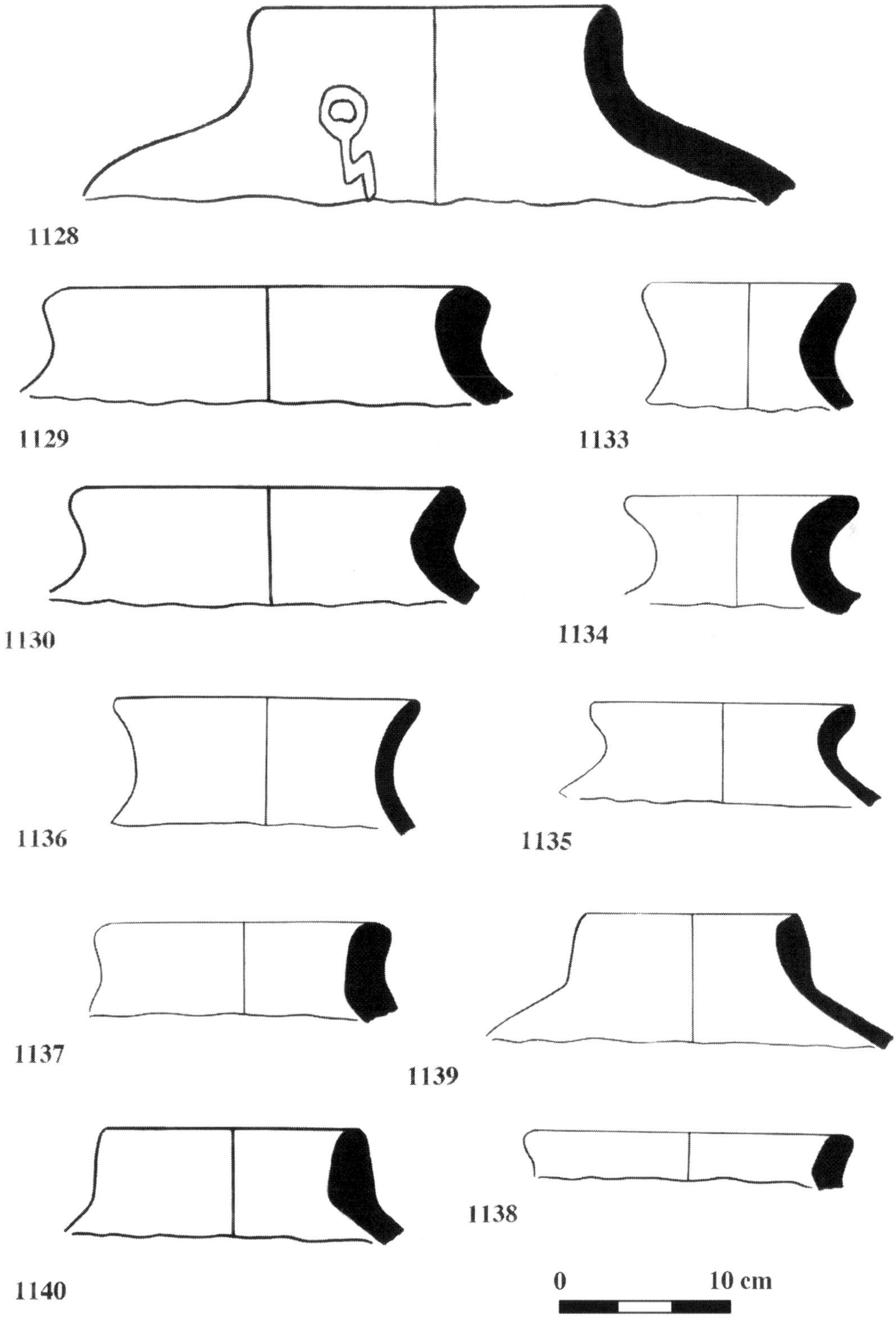
1128
1129
1133
1130
1134
1136
1135
1137
1139
1140
1138
0 10 cm

Figure 111

Catalogue

1141. Bowl, fragment of rim: coarse porous light red paste with straw temper; diam.: 36 cm. *Kana-93/VI*, room 12 (*fig. 112*).

1142. Bowl, fragment of rim: coarse porous light red paste with straw temper, incised wavy line on the exterior; diam.: 38 cm. *Kana-93/VI*, room 12 (*fig. 112*).

1143. Bowl, fragment of rim: coarse porous sandy red paste with straw temper and mica, black core. *Kana-93/VI*, room 12 (*fig. 112*).

1144. Bowl, fragment of upper part: coarse porous light red paste with straw temper, two incised wavy lines on the exterior; diam.: 34 cm. *Kana-93/VI*, room 12 (*fig. 112*).

1145. Bowl, fragment of upper part: porous greenish paste with black inclusions, whitish wash on both surfaces; diam.: 28 cm. *Kana-94/VI*, room 12 (*fig. 112*).

1146. Jar, fragment of base: coarse porous light red paste with straw temper; diam.: 18 cm. *Kana-93/VI*, room 13 (*fig. 112*).

1147. Jar, fragment of base: coarse porous light red paste with straw temper; diam.: 17 cm. *Kana-88/VI*, room 1 (non illus.).

1148. Jar, fragment of base: coarse porous light red paste with straw temper; diam.: 18 cm. *Kana-88/VI*, room 1 (non illus.).

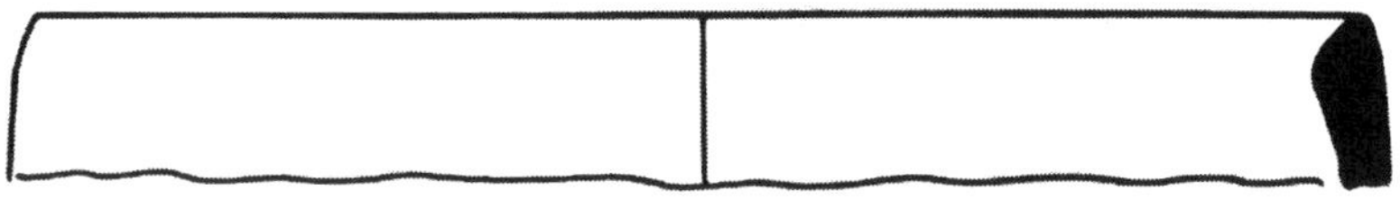

1141

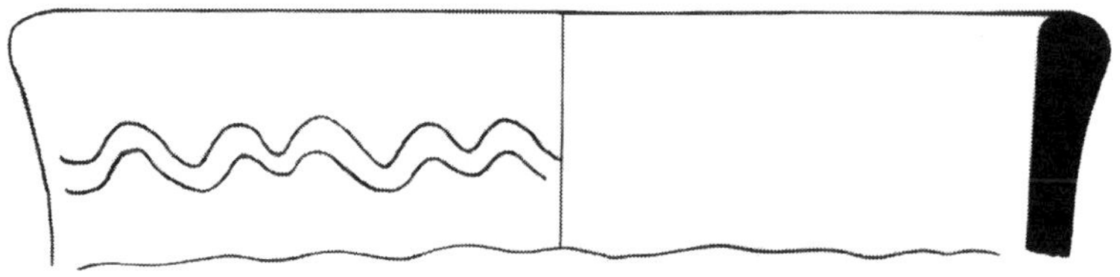

1142

1143

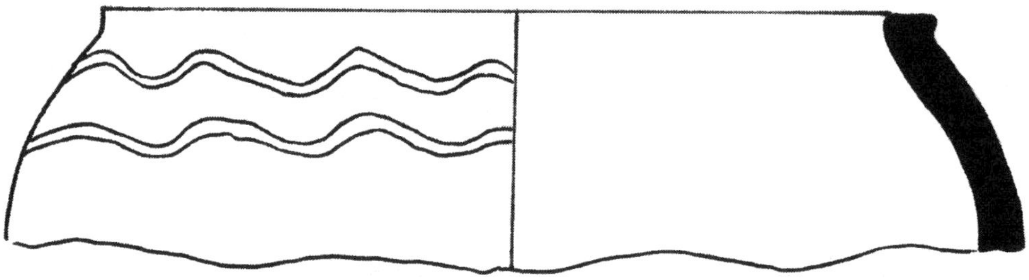

1144

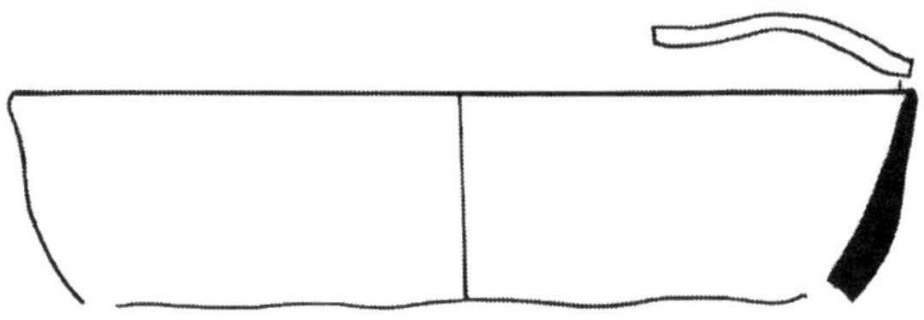

1145

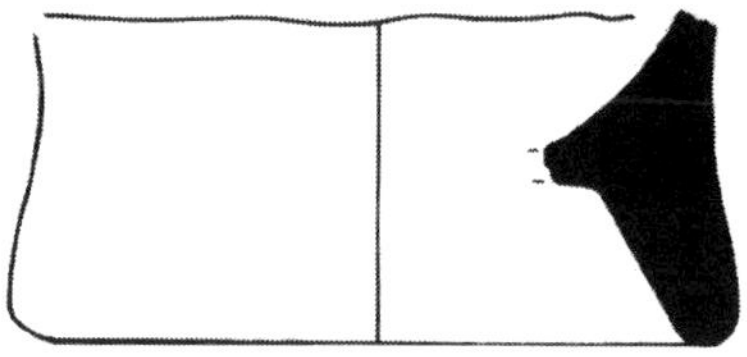

1146

Figure 112

Catalogue

1149. Jar, fragment of upper part: medium compact sandy red paste with mica, white and black inclusions, dark red slip and burnishing on the exterior and on top of the rim, soot on the exterior; diam.: 15 cm. *Kana-89/VI-67*, room 7 (*fig. 113*).

1150. Jar, fragment of upper part: medium compact red paste, red slip on the exterior and on top of the rim, soot on the exterior, horizontal incised lines on the exterior; diam.: 14 cm. *Kana-88/VI*, room 1 (fig. 113).

1151. Jar, fragment of upper part: medium compact red paste, red slip on the exterior and on top of the rim; diam.: 24 cm. *Kana-88/VI*, room 1 (*fig. 113*).

1152. Jar, fragment of upper part: compact red paste with mica inclusions; diam.: 10 cm. *Kana-93/VI*, room 12 (*fig. 113*).

1153. Jar, fragment of upper part: medium compact red paste, red slip on the exterior and on top of the rim, soot on the exterior, horizontal incised lines on the exterior; diam.: 14 cm. *Kana-88/VI*, room 1 (non illus.).

1154. Jar, fragment of rim: medium compact red paste, soot on the exterior; diam.: 15 cm. *Kana-93/VI*, room 12 (non illus.).

1155. Jar, fragment of rim: medium compact red paste with mica inclusions, soot on the exterior; diam.: 14 cm. *Kana-93/VI*, room 12 (*fig. 113*).

1156. Jar, fragment of rim: medium compact greyish paste, soot on the exterior; diam.: 10 cm. *Kana-88/VI*, room 1 (*fig. 113*).

1157. Jar, fragment of upper part: compact red paste with mica inclusions; diam.: 10 cm. *Kana-93/VI*, room 10 (*fig. 113*).

1158. Jar, fragment of upper part: medium compact red paste, dark red slip and burnishing on the exterior and on top of the rim, black core, soot on the exterior, horizontal incised lines on the exterior; diam.: 24 cm. *Kana-94/VI*, room 12 (*fig. 113*).

1159. Jar, fragment of rim: medium compact red paste, soot on the exterior; diam.: 22 cm. *Kana-88/VI*, room 1 (*fig. 113*).

1160. Jar, fragment of upper part: medium compact red paste with white and black inclusions, red slip and burnishing on the exterior and on top of the rim, black core, soot on the exterior, horizontal incised lines on the exterior; diam.: 28 cm. *Kana-89/VI-39*, room 1 (*fig. 113*).

1161. Jar, fragment of rim: medium compact red paste, dark red slip and burnishing on the exterior and on top of the rim, soot on the exterior; diam.: 26 cm. *Kana-93/VI*, room 13 (*fig. 113*).

1162. Jar, fragment of rim: medium compact red paste, red slip and burnishing on the exterior and on top of the rim, soot on the exterior; diam.: 18 cm. *Kana-93/VI*, room 13 (*fig. 113*).

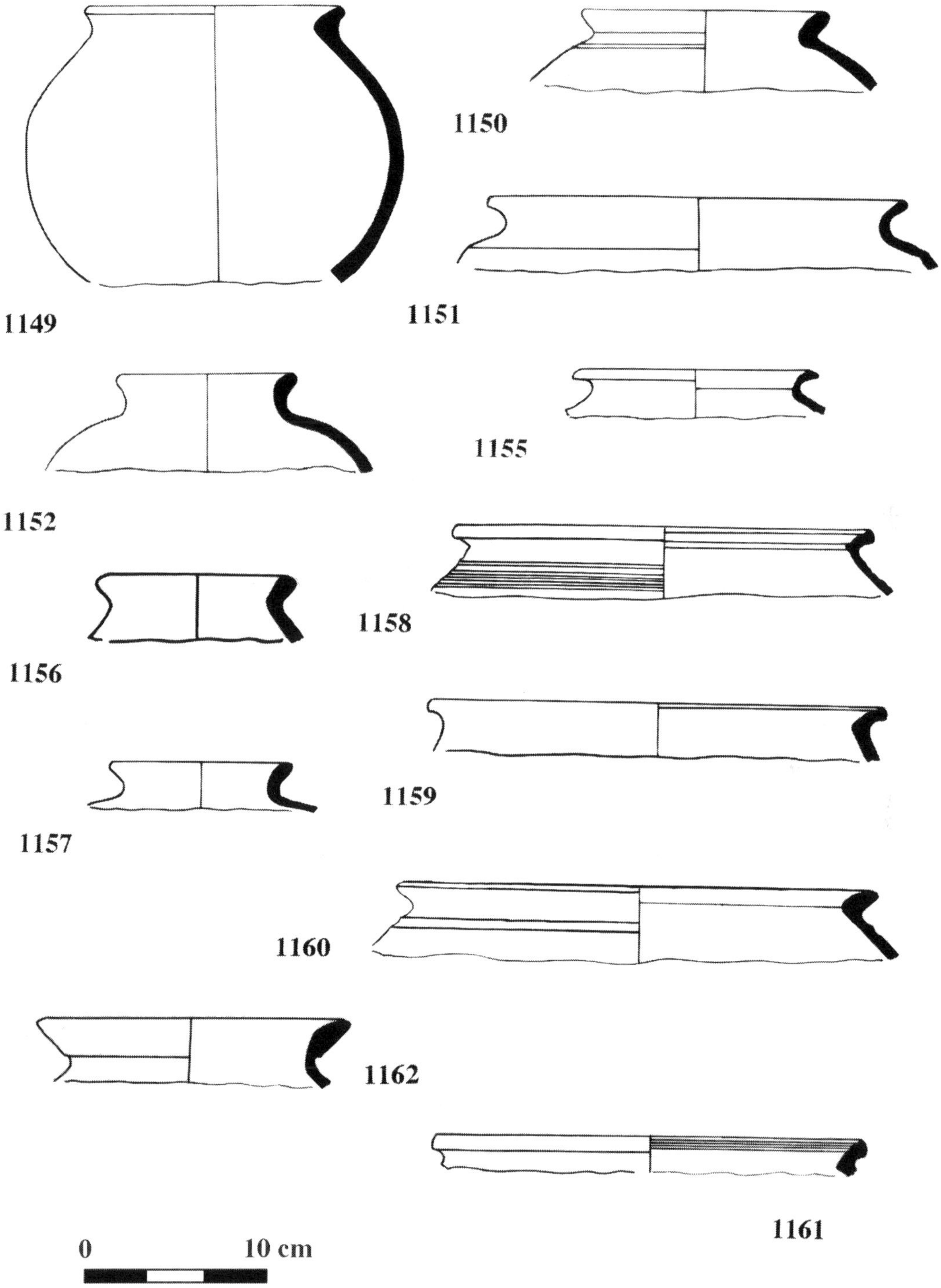
1149
1150
1151
1152
1155
1156
1158
1157
1159
1160
1162
1161
0
10 cm

Figure 113

Catalogue

1163. Jar, fragment of rim: medium compact red paste, red slip and burnishing on the exterior and on top of the rim, soot on the exterior; diam.: 36 cm. *Kana-93/VI*, room 12 (*fig. 114*).

1164. Jar, fragment of rim: medium compact red paste, red slip and burnishing on both surfaces, soot on the exterior; diam.: 12 cm. *Kana-93/VI*, room 12 (*fig. 114*).

1165. Jar, fragment of rim: medium compact red paste, red slip and burnishing on both surfaces, soot on the exterior; diam.: 7 cm. *Kana-93/VI*, room 12 (*fig. 114*).

1166. Jar, fragment of upper part: medium compact red paste with white and black inclusions, red slip and burnishing on the exterior and on top of the rim, soot on the exterior; diam.: 10 cm. *Kana-94/VI*, room 12 (*fig. 114*).

1167. Jar, fragment of rim: medium compact red paste, red slip and burnishing on both surfaces, soot on the exterior; diam.: 16 cm. *Kana-93/VI*, room 12 (*fig. 114*).

1168. Jar, fragment of rim: medium compact red paste, red slip and burnishing on the exterior, soot on the exterior; diam.: 15 cm. *Kana-93/VI*, room 12 (*fig. 114*).

1169. Jar, fragment of rim: medium compact red paste, red slip and burnishing on both surfaces, soot on the exterior; diam.: 18 cm. *Kana-88/VI*, room 1 (*fig. 114*).

1170. Jar, fragment of upper part: medium compact dark red paste, dark red slip and burnishing on the exterior and on top of the rim, soot on the exterior; diam.: 15 cm. *Kana-93/VI*, room 12 (*fig. 114*).

1171. Jar, fragment of rim: medium compact red paste, red slip and burnishing on both surfaces, soot on the exterior; diam.: 12 cm. *Kana-88/VI*, room 1 (*fig. 114*).

1172. Jar, fragment of rim: medium compact dark red paste, dark red slip and burnishing on the exterior and on top of the rim, soot on the exterior; diam.: 14 cm. *Kana-93/VI*, room 10 (*fig. 114*).

1173. Jar, fragment of upper part: medium compact dark red paste with white and black inclusions, dark red slip and burnishing on the exterior and on top of the rim, soot on the exterior; diam.: 14 cm. *Kana-89/VI-74*, room 10 (*fig. 114*).

1174. Jar, fragment of rim: medium compact dark red paste, dark red slip and burnishing on the exterior and on top of the rim, soot on the exterior; diam.: 15.5 cm. *Kana-93/VI*, room 12 (*fig. 114*).

1175. Jar, fragment of upper part: medium compact red paste, dark red slip and burnishing on the exterior and on top of the rim, soot on the exterior, horizontal incised lines on the exterior; diam.: 20 cm. *Kana-94/VI*, room 12 (*fig. 114*).

1176. Jar, fragment of base: medium compact grey paste; diam.: 10 cm. *Kana-93/VI*, room 12 (*fig. 114*).

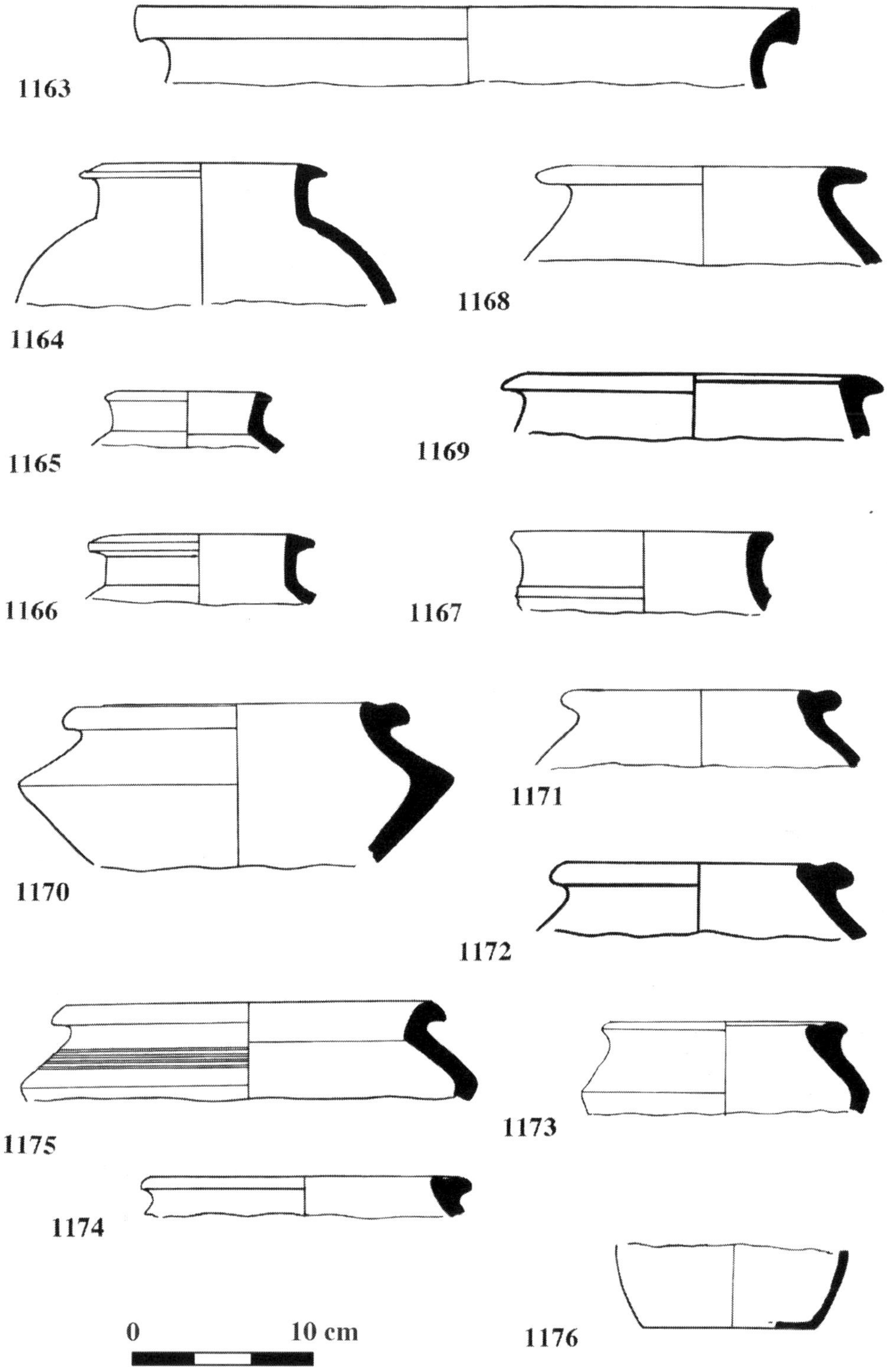
1163
1164
1168
1165
1169
1166
1167
1170
1171
1172
1175
1173
1174
1176
0
10 cm

Figure 114

Catalogue

1177. Bowl, fragment of upper part: medium compact dark red paste, dark red slip and burnishing on the interior, soot on the exterior; diam.: 29 cm. *Kana-93/VI*, room 12 (*fig. 115*).

1178. Bowl, fragment of upper part: medium compact dark red paste, dark red slip and burnishing on the exterior and on top of the rim, soot on the exterior; diam.: 32 cm. *Kana-89/VI-70*, room 8 (*fig. 115*).

1179. Bowl, fragment of upper part: medium compact red paste, red slip and burnishing on the interior, soot on the exterior. *Kana-93/VI*, room 12 (non illus.).

1180. Bowl, fragment of upper part: medium compact red paste, red slip and burnishing on the interior, soot on the exterior; diam.: 32 cm. *Kana-93/VI*, room 12 (*fig. 115*).

1181. Bowl, fragment of upper part: medium compact red paste, red slip and burnishing on the interior, soot on the exterior; diam.: 24 cm. *Kana-93/VI*, room 12 (non illus.).

1182. Bowl, fragment of upper part: medium compact red paste, red slip and burnishing on the interior, soot on the exterior; diam.: 22 cm. *Kana-93/VI*, room 11 (*fig. 115*).

1183. Bowl, fragment of rim: medium compact red paste, red slip and burnishing on the interior, soot on the exterior;. *Kana-93/VI*, room 11 (*fig. 115*).

1184. Bowl, fragment of upper part: medium compact red paste, red slip and burnishing on the interior, soot on the exterior. *Kana-93/VI*, room 11 (*fig. 115*).

1185. Bowl, fragment of rim: medium compact red paste, red slip and burnishing on the interior, soot on the exterior. *Kana-93/VI*, room 11 (*fig. 115*).

1186. Bowl, fragment of upper part: medium compact red paste, red slip and burnishing on the interior, soot on the exterior. Kana-93/VI, room 13).

1187. Bowl, fragment of upper part: medium compact red paste, red slip and burnishing on the interior, soot on the exterior. *Kana-93/VI*, room 12 (non illus.).

1188. Bowl, fragment of rim: medium compact red paste, red slip and burnishing on the interior, soot on the exterior. *Kana-93/VI*, room 10 (non illus.).

1189. Bowl, fragment of rim: medium compact red paste, red slip and burnishing on the interior, soot on the exterior. *Kana-93/VI*, room 12 (non illus.).

1190. Bowl, fragment of rim: medium compact red paste, red slip and burnishing on both surfaces, soot on the exterior; diam.: 34 cm. *Kana-93/VI*, room 13 (*fig. 115*).

1191. Bowl, fragment of upper part: medium compact red paste, red slip and burnishing on the interior, soot on the exterior, horizontal incised lines on the exterior; diam.: 24 cm. *Kana-93/VI*, room 13 (*fig. 115*).

1192. Bowl, fragment of rim: medium compact red paste, red slip and burnishing on both surfaces, soot on the exterior; diam.: 32 cm. *Kana-93/VI*, room 12 (*fig. 115*).

1193. Bowl, fragment of rim: medium compact red paste, red slip and burnishing on both surfaces, soot on the exterior; diam.: 32 cm. *Kana-93/VI*, room 12 (non illus.).

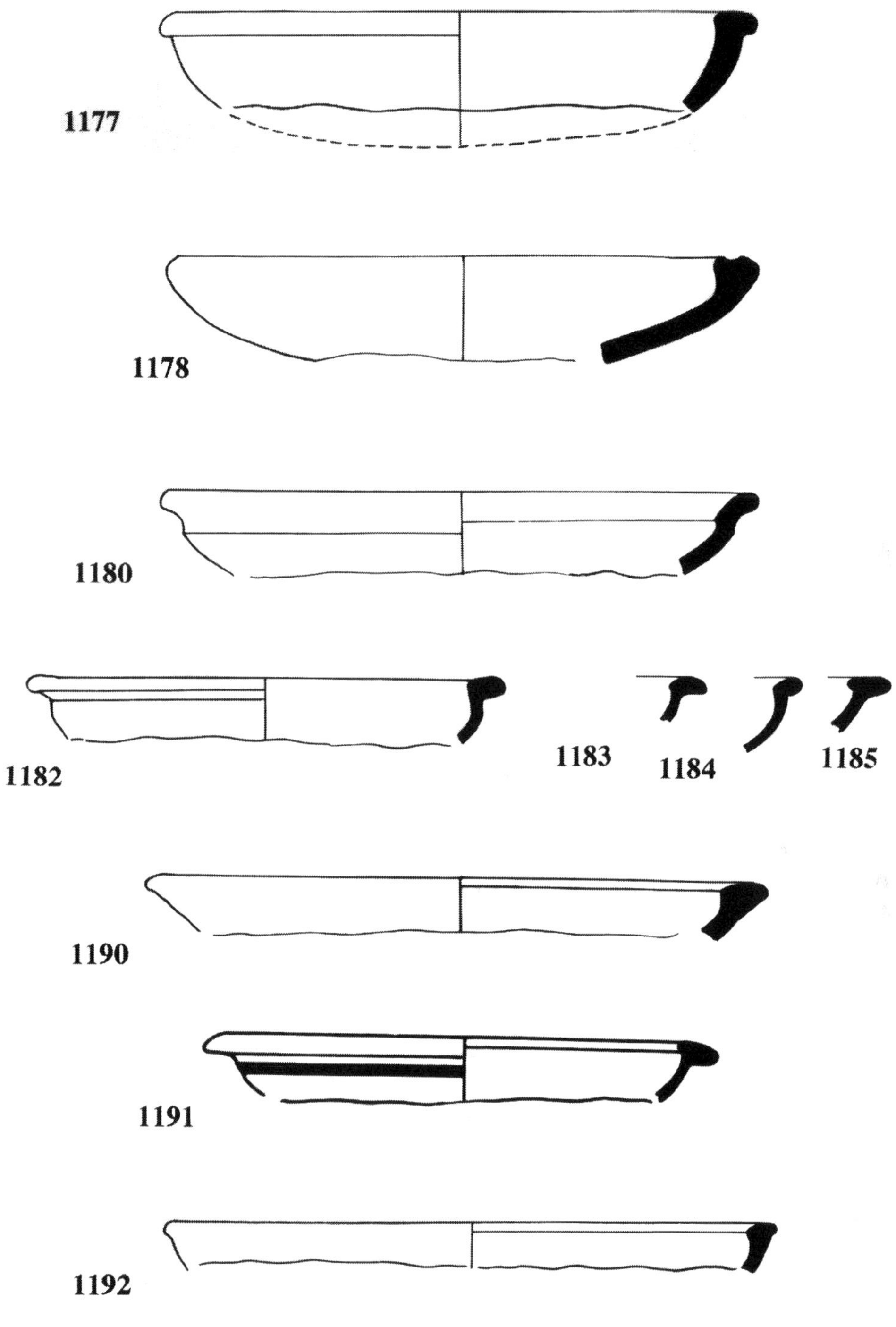

Figure 115

Catalogue

1194. Bowl, fragment of upper part: medium compact red paste, red slip and burnishing on both surfaces, soot on the exterior; diam.: 28 cm. *Kana-93/VI*, room 11 (*fig. 116*).

1195. Bowl, fragment of upper part: medium compact dark red paste with white inclusions, dark red slip and burnishing on both surfaces, soot on the exterior; diam.: 28 cm. *Kana-94/VI*, room 12 (*fig. 116*).

1196. Bowl, fragment of rim: fine compact red paste, red slip and burnishing on the exterior and on top of the rim, soot on the exterior; diam.: 16 cm. *Kana-93/VI*, room 12 (*fig. 116*).

1197. Bowl, fragment of upper part: fine compact red paste, red slip and burnishing on the exterior, soot on the exterior; diam.: 20 cm. *Kana-93/VI*, room 13 (*fig. 116*).

1198. Bowl, fragment of upper part: fine compact red paste, red slip and burnishing on the exterior, soot on the exterior, horizontal incised lines on the exterior; diam.: 19 cm. *Kana-93/VI*, room 13 (*fig. 116*).

1199. Bowl, fragment of upper part: compact dark red paste, dark red slip and burnishing on the exterior and on top of the rim, soot on the exterior; diam.: 16 cm. *Kana-93/VI*, room 12 (*fig. 116*).

1200. Bowl, fragment of rim: compact dark red paste, dark red slip and burnishing on both surfaces; diam.: 16 cm. *Kana-93/VI*, room 12 (*fig. 116*).

1201. Bowl, fragment of rim: red paste; diam.: 30 cm. *Kana-93/VI*, room 12 (*fig. 116*).

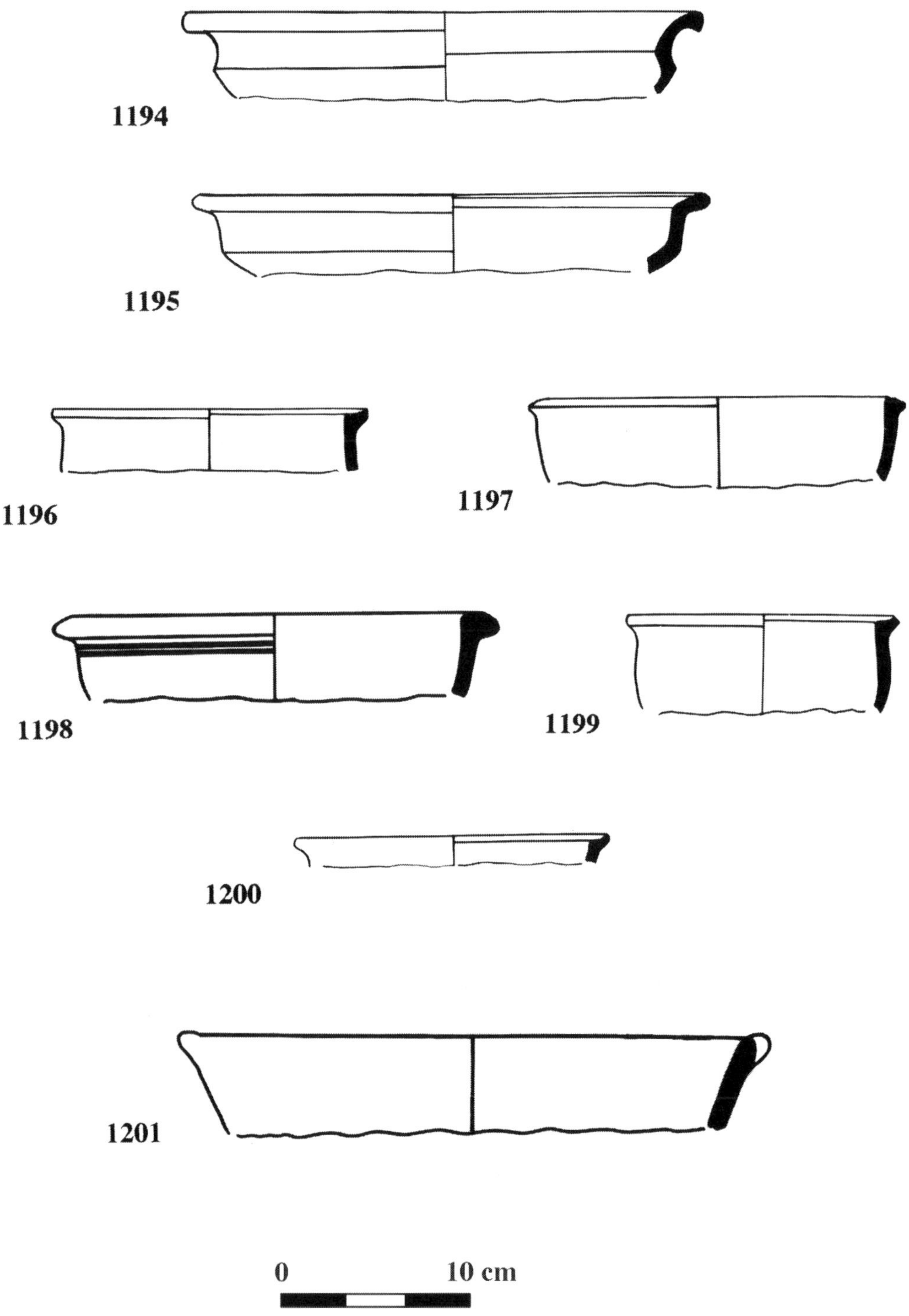

Figure 116

Catalogue

1202. Oil lamp, fragment of upper part: compact red paste with white inclusions; diam.: 16 cm. *Kana-93/VI*, room12 (*fig. 117*).

1203. Oil lamp, fragment of base: compact red paste with white inclusions, soot on the rim of reservoir. *Kana-88/VI*, room 1 (*fig. 117*).

1204. Oil lamp, fragment of rim: compact red paste with white inclusions; diam.: 11 cm. *Kana-88/VI*, room 1 (*fig. 117*).

1205. Oil lamp, fragment of rim: compact red paste with white inclusions; diam.: 16 cm. *Kana-88/VI*, room 1 (*fig. 117*).

1206. Oil lamp, fragment of base: compact red paste with white inclusions, soot on the rim of reservoir. *Kana-93/VI*, room 13 (*fig. 117*).

1207. Oil lamp, fragment of base: compact red paste with white inclusions, soot on the rim of reservoir. *Kana-93/VI*, room 11 (*fig. 117*).

1208. Oil lamp, fragment of base: compact red paste with white inclusions, soot on the rim of reservoir. *Kana-93/VI*, room 11 (*fig. 117*).

1209. Oil lamp, fragment of base: compact red paste with white inclusions, soot on the rim of reservoir. *Kana-93/VI*, room 12 (*fig. 117*).

1210. Oil lamp, fragment of rim: compact red paste with mica and white inclusions; diam.: 16 cm. *Kana-93/VI*, room 13 (*fig. 117*).

1211. Oil lamp, fragment of base: compact red paste with white inclusions, soot on the rim of reservoir. *Kana-88/VI*, room 1 (*fig. 117*).

1212. Oil lamp, fragment of base: compact red paste with white inclusions, soot on the rim of reservoir. *Kana-88/VI*, room 1 (*fig. 117*).

1213. Oil lamp, fragment of rim: compact red paste with mica and white inclusions; diam.: 14 cm. *Kana-93/VI*, room 13 (non illus.).

1214. Oil lamp, fragment of base: compact red paste with white inclusions, soot on the rim of reservoir. *Kana-93/VI*, room 12 (non illus.).

1215. Oil lamp, fragment of rim: compact red paste with mica and white inclusions. *Kana-93/VI*, room 13 (non illus.).

1216. Oil lamp, fragment of rim: fine compact red paste; diam.: 9 cm. *Kana-93/VI*, room 12 (*fig. 117*).

1217. Oil lamp, complete: compact red paste, soot on the rim of spout, impressed and incised decoration; diam.: 6 cm, height 2.3 cm. *Kana-93/VI*, room 11 (*fig. 117; pl. 109*).

1218. Lid, fragment of rim: coarse porous red paste, soot on the rim; diam.: 25 cm. *Kana-93/VI*, room 12 (*fig. 117*).

1219. Lid, fragment of rim: coarse red paste; diam.: 20.5 cm. *Kana-88/VI*, room 1 (*fig. 117*).

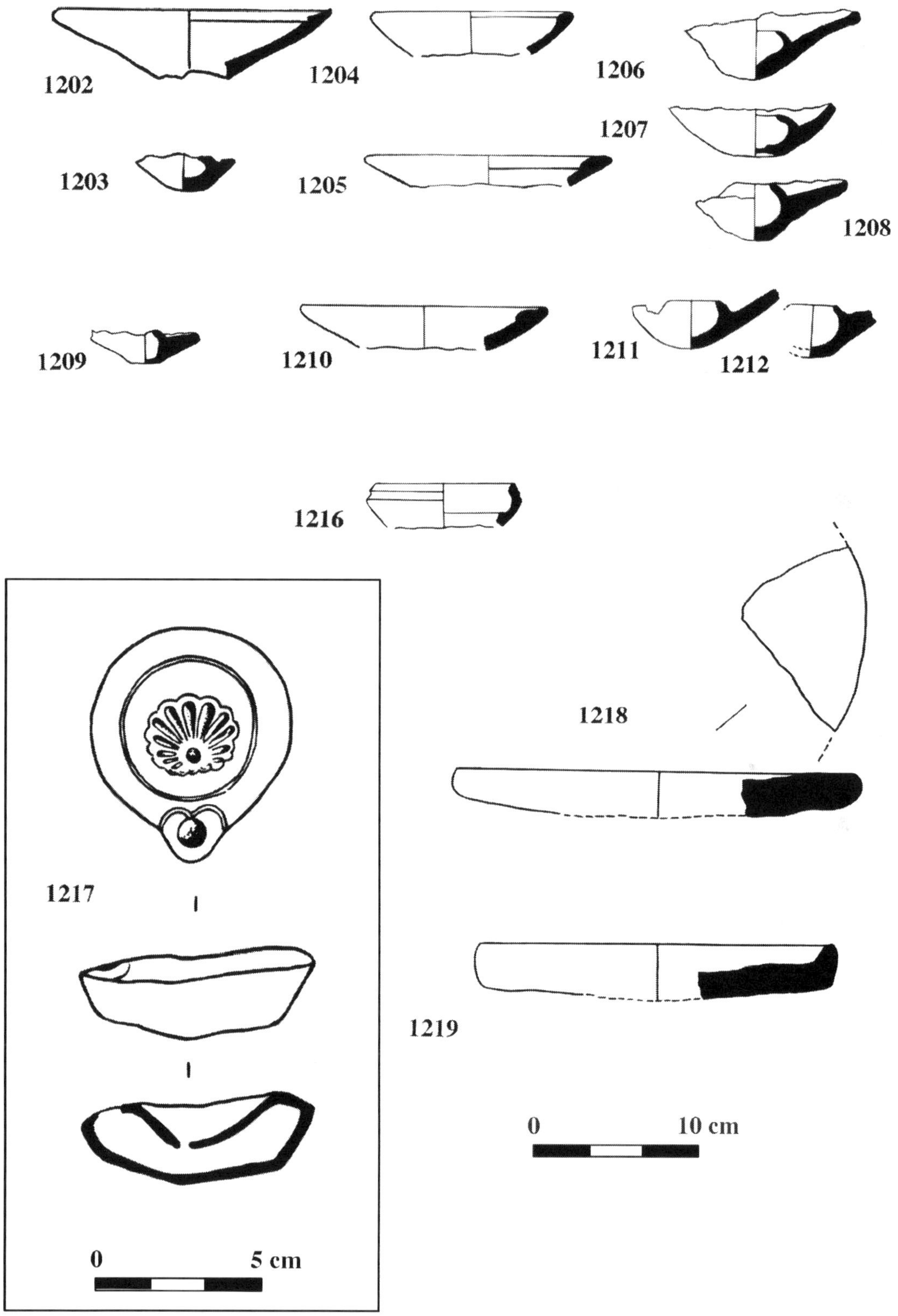
1202
1204
1206
1207
1203
1205
1208
1209
1210
1211
1212
1216
1217
0
5 cm
1218
1219
0
10 cm

Figure 117

Catalogue

1220. Incense burner, complete, limestone; dim. of reservoir: 8 x 9.3 cm, height: 7.5 cm, depth of reservoir: 2.5 cm, length of handle: 5.8 cm. *Kana-94/VI*, room 13 (*fig. 118*).

1221. Bowl, fragment of upper part, limestone; diam.: 32 cm. *Kana-88/VI*, room 2 (*fig. 118*).

1222. Bowl, complete, limestone; diam.: 24.5 cm, height: 15 cm. *Kana-89/VI*, room 1 (*fig. 118*).

1223. Lower part of hand-mill, basalt; diam.: 30 cm, diam.: of central hole 5.5 cm. *Kana-93/VI*, room 10 (*pl. 105*).

1224. Mortar, fragment, limestone; dim.: 6.5 x 12 cm, height: 5.5 cm. *Kana-93/VI*, room 12 (*pl. 111*).

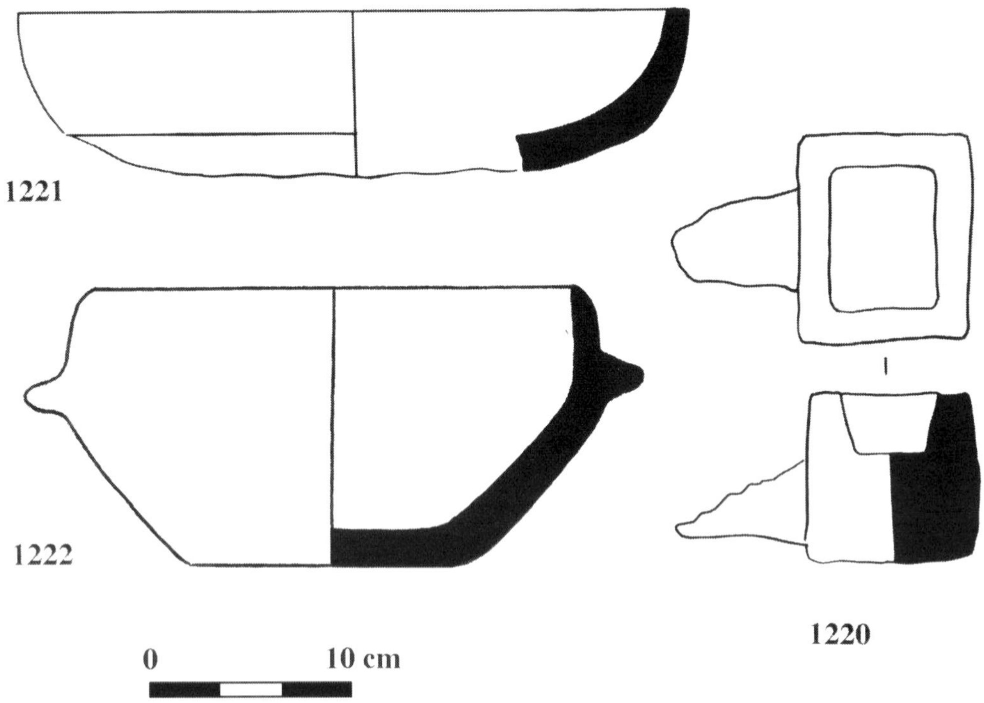

Figure 118

Catalogue

1225. Nail, iron, complete: round head, round section; diam.: 1.5 cm, length: 10.7 cm. *Kana-93/VI*, room 12 (*fig. 119*).

1226. Nail, iron, complete: conical head, round section; diam.: 1.6 cm, length: 6 cm. *Kana-93/VI*, room 13 (*fig. 119*).

1227. Nail, iron, fragment: round section; diam.: 0.7, length: 5.3 cm. *Kana-93/VI*, room 10 (*fig. 119*).

1228. Nail, iron, fragment: round section; diam.: 2.1 cm, length: 12 cm. *Kana-93/VI*, room 10 (*fig. 119*).

1229. Hook, iron, fragment: round section; diam.: 0.5-1 cm. *Kana-94/VI*, room 12 (*fig. 119*).

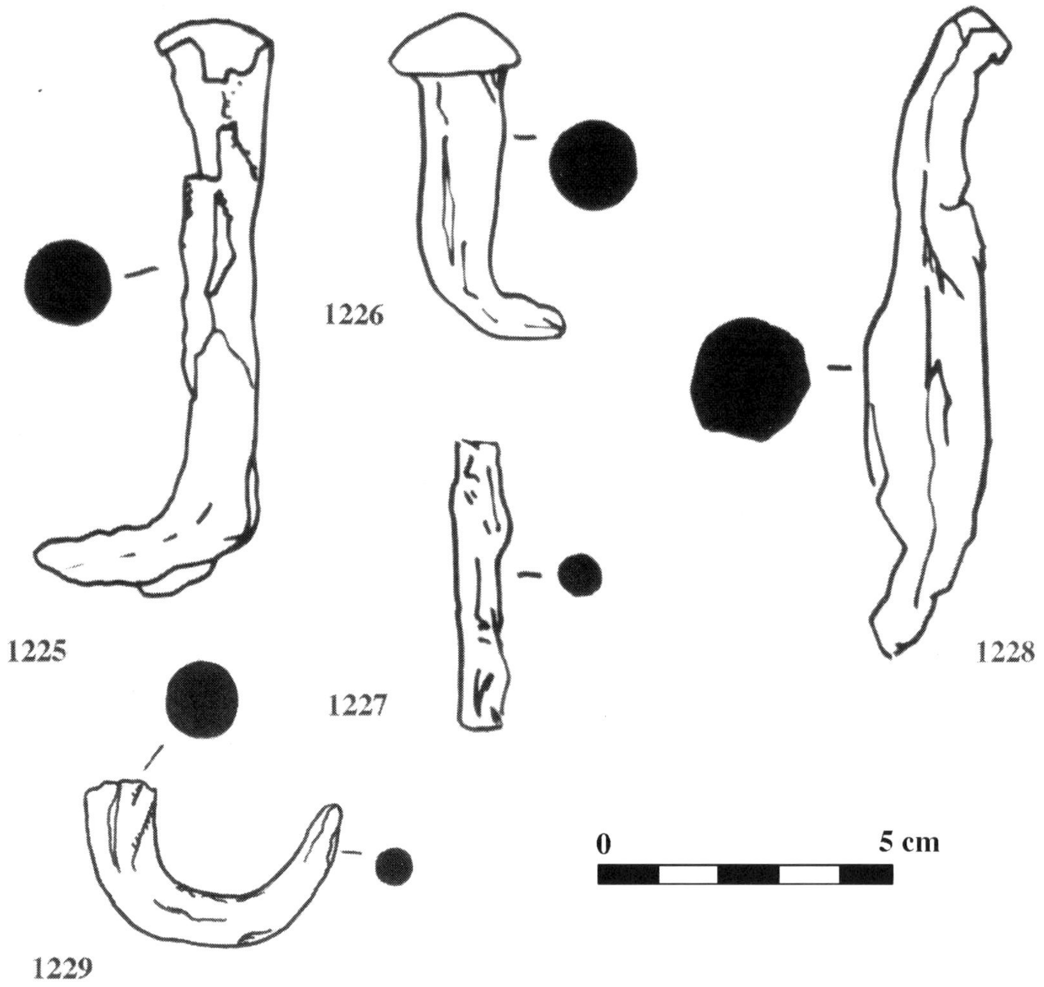

Figure 119

Catalogue

1230. Bull's head, bronze, decoration of vessel, dim.: 2 x 2.5 x 1.5 cm. *Kana-91/VI*, surface (*fig. 120*).
1231. Oil lamp, bronze, complete, diam.: 9.5 cm, height: 4 cm. *Kana-93/VI*, room 11 (*fig. 120*).

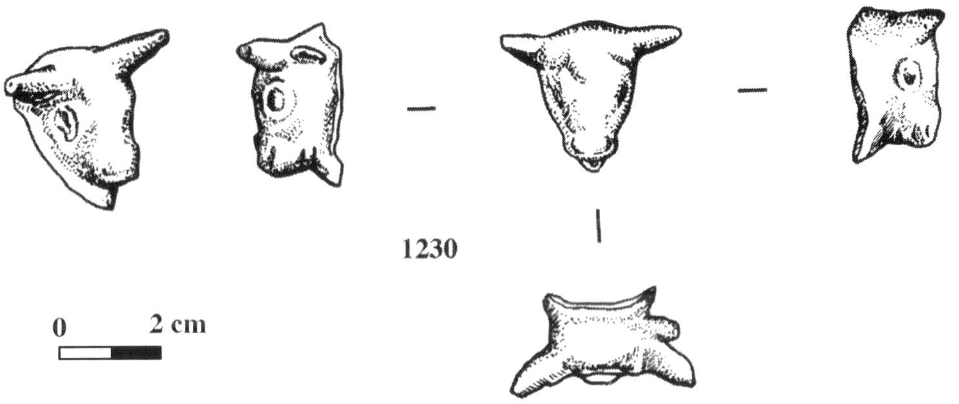

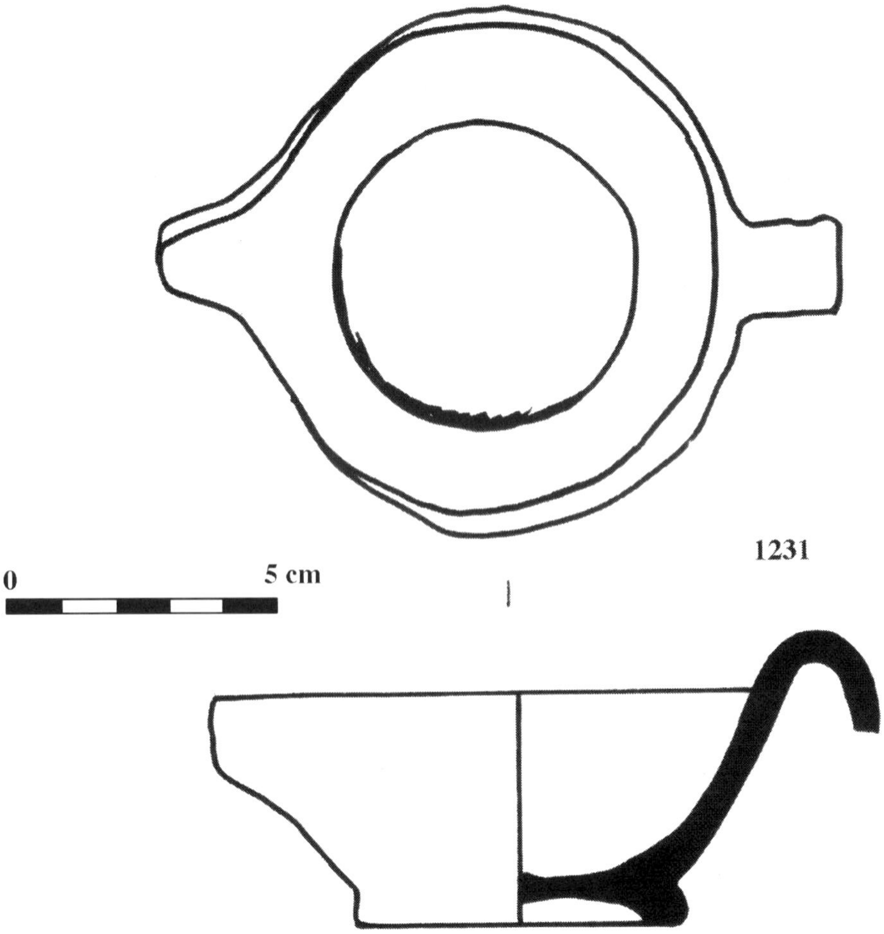

Figure 120

Catalogue

1232. Nail, bronze, complete: round head, square section; diam.: 2.5 cm, section: 0.4 x 0.4 cm. *Kana-89/VI*, room 7 (*fig. 121*).

1233. Nail, bronze, fragment: rectangular head, square section; dim.: 1.9 x 2.1 cm, section: 0.6 x 0.6 cm. *Kana-89/VI*, room 7 (*fig. 121*).

1234. Nail, bronze, fragment: round head; diam.: 2.5 cm. *Kana-89/VI*, room 7 (*fig. 121*).

1235. Nail, bronze, fragment: round head, round section; diam.: 2 cm, diam.: 0.5 cm. *Kana-89/VI*, room 7 (*fig. 121*).

1236. Nail, bronze, fragment: round head, round section; diam.: 2.3 cm, diam.: 0.6 cm. *Kana-89/VI*, room 7 (*fig. 121*).

1237. Nail, bronze, fragment: round head, round section; diam.: 2 cm, diam.: 0.4 cm. *Kana-89/VI*, room 7 (*fig. 121*).

1238. Nail, bronze, fragment: round head, round section; diam.: 2 cm, diam.: 0.6 cm. *Kana-89/VI*, room 7 (*fig. 121*).

1239. Nail, bronze, fragment: round head, round section; diam.: 2.2 cm, diam.: 0.5 cm. *Kana-89/VI*, room 7 (*fig. 121*).

1240. Nail, bronze, fragment: round head, round section; diam.: 2 cm, diam.: 0.5 cm. *Kana-89/VI*, room 7 (*fig. 121*).

1241. Nail, bronze, complete: rectangular head, square section; dim. 1 x 1.6 cm, diam.: 0.4 cm. *Kana-89/VI*, room 7 (*fig. 121*).

1242. Nail, bronze, fragment: round head, round section; diam.: 1.5 cm, diam.: 0.5 cm. *Kana-89/VI*, room 7 (*fig. 121*).

1243. Nail, bronze, fragment: round head, square section; diam.: 1.8 cm, dim.: 0.5 x 0.5 cm. *Kana-89/VI*, room 7 (*fig. 121*).

1244. Nail, bronze, fragment: round head, round section; diam.: 1.2 cm, diam.: 0.3 cm. *Kana-89/VI*, room 7 (*fig. 121*).

1245. Nail, bronze, complete: round head, round section; diam.: 1 cm, diam.: 0.4 cm. *Kana-93/VI*, room 13 (*fig. 121*).

1246. Nail, bronze, fragment: round head, square section; diam.: 0.5 cm, dim.: 0.4 x 0.4 cm. *Kana-93/VI*, room 13 (*fig. 121*).

1247. Nail, bronze, fragment: round head, square section; diam.: 0.9 cm, dim.: 0.5 x 0.5 cm. *Kana-93/VI*, room 13 (*fig. 121*).

1248. Nail, bronze, fragment: round head, square section; diam.: 1.5 cm, diam.: 0.5 cm. *Kana-93/VI*, room 13 (*fig. 121*).

1249. Nail, bronze, complete: round head, round section; diam.: 0.9 cm, dim.: 0.3 cm. *Kana-93/VI*, room 13 (*fig. 121*).

1250. Nail, bronze, fragment: round head, round section; diam.: 1.1 cm, diam.: 0.5 cm. *Kana-93/VI*, room 13 (*fig. 121*).

1251. Nail, bronze, complete: round head, square section; diam.: 0.6 cm, dim.: 0.4 x 0.4 cm. *Kana-93/VI*, room 13 (*fig. 121*).

1252. Nail, bronze, fragment: square head, round section; dim. 0.8 x 0.8 cm, diam.: 0.3 cm. *Kana-93/VI*, room 13 (*fig. 121*).

1253. Nail, bronze, fragment: round head, rectangular section; diam.: 2.3 cm, dim.: 0.4 x 0.6 cm. *Kana-89/VI*, room 8 (non illus.).

1254. Nail, bronze, fragment: round head, round section; diam.: 2.2 cm, diam.: 0.2 cm. *Kana-89/VI*, room 8 (non illus.).

1255. Nail, bronze, fragment: round head, square section; diam.: 1.5 cm, dim.: 0.4 x 0.4 cm. *Kana-89/VI*, room 8 (non illus.).

1256. Nail, bronze, complete: r round head, round section; diam.: 1.9 cm, diam.: 0.5 cm. *Kana-89/VI*, room 8 (non illus.).

1257. Nail, bronze, fragment: round head, round section; diam.: 2.3 cm, diam.: 0.6 cm. *Kana-89/VI*, room 8 (non illus.).

1258. Nail, bronze, fragment: round head, round section; diam.: 2.5 cm, diam.: 0.6 cm. *Kana-89/VI*, room 8 (non illus.).

1259. Nail, bronze, fragment: round head, round section; diam.: 1.3 cm, diam.: 0.2 cm. *Kana-89/VI*, room 8 (non illus.).

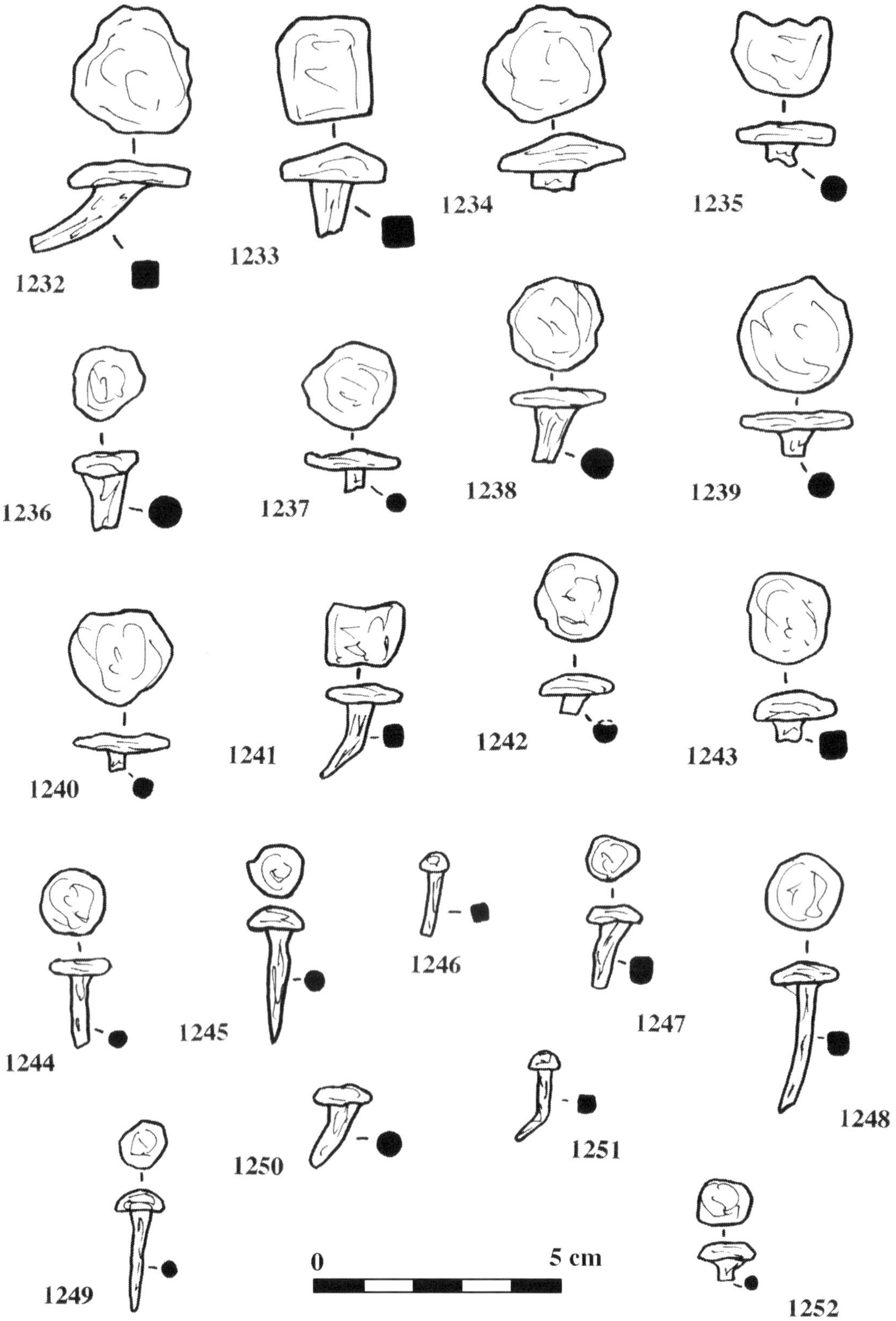
1232
1233
1234
1235
1236
1237
1238
1239
1240
1241
1242
1243
1244
1245
1246
1247
1248
1249
1250
1251
1252
0
5 cm

Figure 121

1260. Nail, bronze, fragment: round head, round section; diam.: 1.9 cm, diam.: 0.3 cm. *Kana-89/VI*, room 8 (non illus.).

1261. Nail, bronze, fragment: round head, square section; diam.: 2 cm, dim.: 0.4 x 0.4 cm. *Kana-89/VI*, room 8 (non illus.).

1262. Nail, bronze, fragment: round head, round section; diam.: 1.5 cm, diam.: 0.5 x 0.5 cm. *Kana-89/VI*, room 8 (non illus.).

1263. Nail, bronze, fragment: round head, square section; diam.: 1.2 cm, dim.: 0.3 x 0.3 cm. *Kana-89/VI*, room 8 (non illus.).

1264. Nail, bronze, complete: round head, round section; diam.: 0.6 cm, diam.: 0.1 cm. *Kana-89/VI*, room 7 (non illus.).

1265. Nail, bronze, fragment: round head, round section; diam.: 0.5 cm, diam.: 0.1 cm. Kana-89/VI, room 7 (non illus.).

Catalogue

1266. Nail, bronze, fragment: round head, round section; diam.: 1.2 cm, diam.: 0.1 cm. *Kana-89/VI*, room 7 (non illus).

1267. Nail, bronze, complete: round head, square section; diam.: 1.8 cm, dim.: 0.3 x 0.3 cm. *Kana-89/VI*, room 7 (*fig. 122*).

1268. Nail, bronze, fragment: round head, round section; diam.: 1.7 cm, diam.: 0.2 cm. *Kana-89/VI*, room 5 (*fig. 122*).

1269. Nail, bronze, complete: round head, square section; diam.: 1 cm, dim.: 0.3 x 0.3 cm. *Kana-89/VI*, room 7 (*fig. 122*).

1270. Nail, bronze, complete: round head, round section; diam.: 1 cm, diam.: 0.2 cm. *Kana-89/VI*, room 5 (*fig. 122*).

1271. Fish-hook, bronze, complete: loupe head, round and square section; diam. of head: 1.6 cm, length: 6.2 cm. *Kana-93/VI*, room 12 (*fig. 122*).

1272. Key, bronze, complete: loupe handle, two round "tooth"; diam. of handle: 2.2 cm, length: 3.2 cm, length of "tooth": 0.6 cm. *Kana-93/VI*, room 10 (*fig. 122*).

1273. Vessel, bronze, fragment of board with handle: round section; diam. of vessel: 44 cm, diam. of section: 1.1 cm. *Kana-93/VI*, room 12 (*fig. 122*).

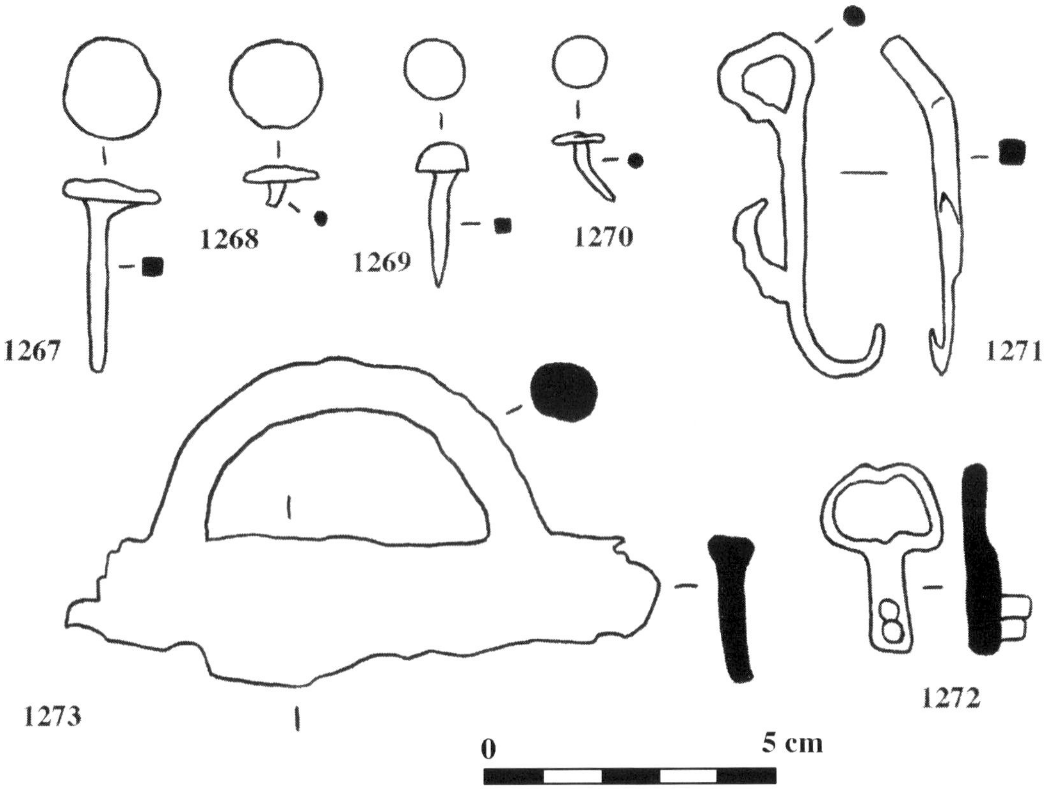

Figure 122

Catalogue

1274. Bowl, fragment of upper part: translucent greenish glass, rudimental handles on the shoulders; diam.: 9 cm. *Kana-93/VI*, room 10 (*fig. 123*).
1275. Bottle, fragment of upper part: translucent greenish glass; diam.: 4 cm. *Kana-93/VI*, room 13 (*fig. 123*).
1276. Vessel, fragment of rim: opaque brownish glass; diam.: 7.5 cm. *Kana-89/VI-12*, room 5 (*fig. 123*).
1277. Vessel, fragment of base: opaque brownish glass; diam.: 4.5 cm. *Kana-89/VI-11*, room 5 (*fig. 123*).
1278. Vessel, fragment of base: opaque brownish glass; diam.: 8 cm. *Kana-89/VI*, room 6 (*fig. 123*).
1279. Vessel, fragment of base: opaque blue glass; diam.: 8 cm. *Kana-94/VI*, room 10 (*fig. 123*).

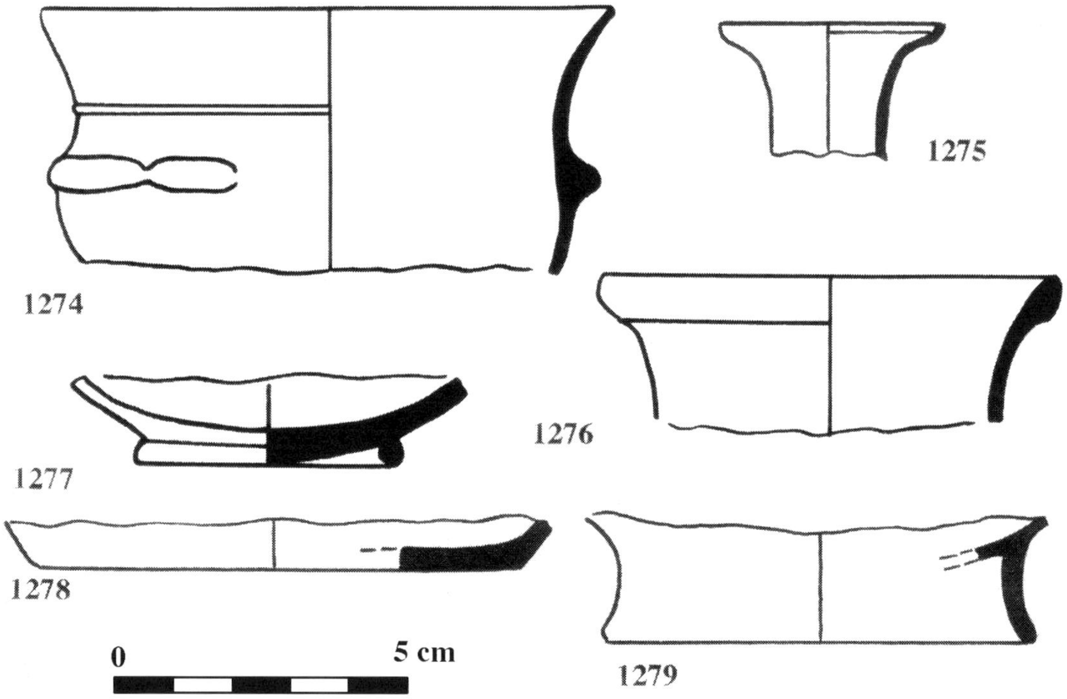

Figure 123

VIII

LES FOUILLES DE LA NÉCROPOLE

En 1991, nous avons fouillé une tombe bien conservée (tombe 1) dans le périmètre de la nécropole. Cette tombe est située dans la partie est de la plate-forme de basalte – dont les dimensions sont réduites –, à peu près à 230 m au nord-ouest de la synagogue (secteur 3). Bien qu'elle ait été pillée depuis longtemps, nous avons pu restituer les détails de sa construction et mettre en évidence les principaux rites funéraires qui étaient pratiqués par les habitants de Qāni' aux IIIe-IVe siècles ap. J.-C.

Le bâtiment funéraire

L'édifice est composé d'une chambre souterraine et d'une construction en surface (*fig. 124*). Les pilleurs ont fortement endommagé l'inhumation.

Le bâtiment édifié en surface

En surface, on trouve un bâtiment en pierre, apparemment sans entrée, de plan trapézoïdal (*pl. 112*). Il est fait de dalles de basalte grossièrement taillées, empilées sans mortier ; les dalles les plus massives sont reléguées dans les angles (*pl. 113*). Dimensions globales à l'extérieur : 2,8 x 4,3 m ; à l'intérieur : 1,3 x 2,7 m. Le bâtiment est orienté dans le sens de la longueur, nord-ouest/sud-est. Largeur des murs : 0,7-0,75 m ; hauteur conservée : 0,7-0,85 m.

La chambre souterraine

Aménagée dans la plate-forme de basalte, elle est de plan ovale allongé, avec une partie sud-est fortement arrondie. Dimensions de la chambre : 1,2 x 2,4 m ; profondeur : 0,9 m. Les murs de la chambre sont constitués de deux grosses dalles en basalte, dont les extrémités servent de base aux murs du bâtiment supérieur. Un trou, sans forme particulière, a été creusé dans la dalle sud-est pour permettre l'accès à la chambre souterraine (*pl. 114*). Dimensions : 0,6 x 0,8 m. Ce trou était probablement recouvert d'une dalle en pierre qu'on a retrouvée dans la partie ouest de la construction en surface. Dimensions de la dalle : 0,8 x 1,3 m.

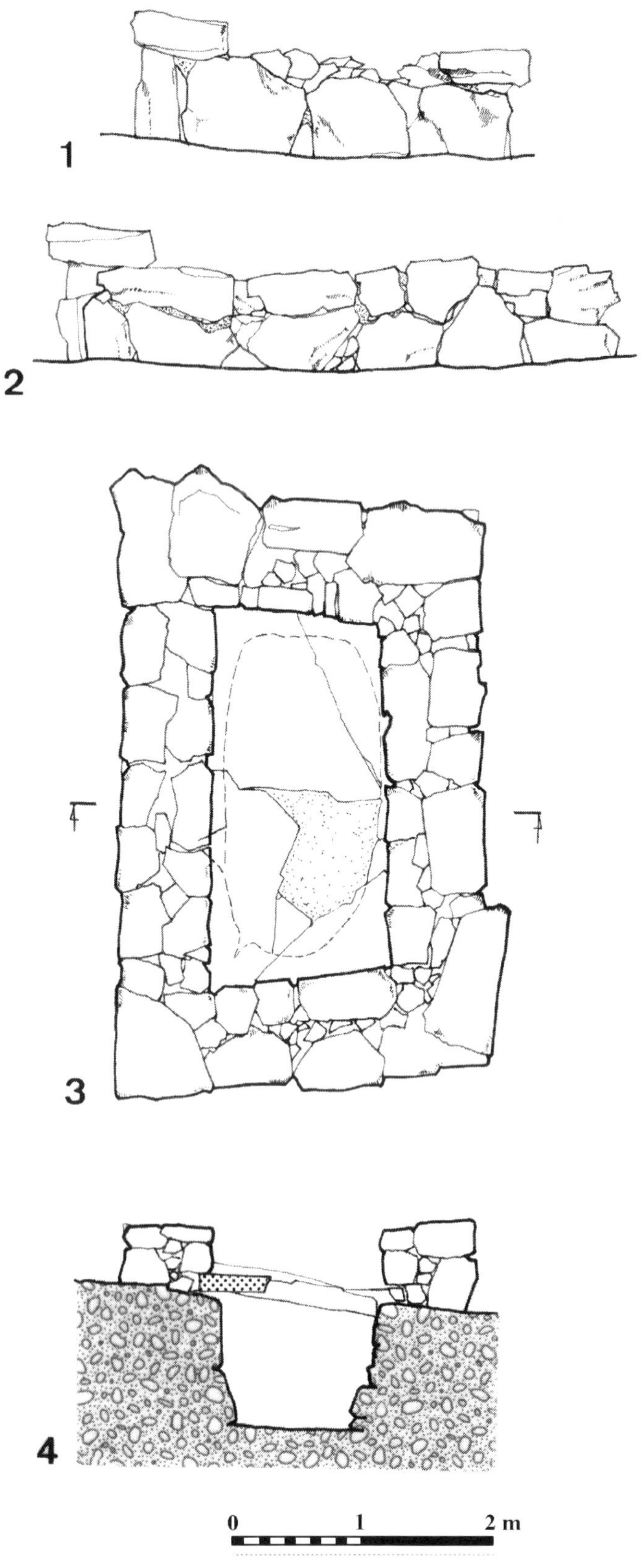

Figure 124

Inhumations

Dans le haut du remplissage de sable de la chambre funéraire, on a trouvé les os épars de plusieurs squelettes et ceux d'un crâne humain. Le fragment d'une mâchoire inférieure et de nombreux os appartenant à plusieurs individus ont été découverts à l'extérieur de la tombe, tout près des murs est et sud de la construction. À l'évidence, il s'agit de dépouilles retirées de la chambre funéraire lors d'un pillage.

Trouvailles

Dans le remplissage de la chambre funéraire souterraine, on a découvert un petit fragment du col d'une jarre à pâte claire (*cat.* 1281, p. 286) et un fragment de bol à lèvre ondulée (*cat.* 1282, *ibid*). Sur la dalle de couverture de la chambre funéraire, dans l'angle nord-ouest, à l'intérieur, on a trouvé les fragments du bord d'une amphore à pâte rouge (*cat.* 1280, *ibid*), un minuscule anneau en or (*cat.* 1283, *ibid*) et un objet en pierre en forme de T avec des rehauts verts sur la partie extérieure de la face de travail (*cat.* 1284, *ibid*).

Datation

Les offrandes funéraires découvertes dans les fouilles de la tombe 1 ne permettent pas de préciser la date exacte de son utilisation. Ainsi, l'anneau minuscule (*cat.* 1283, *ibid.*), trouvé à l'intérieur de la construction en surface, a une forme très simple et atypique.

S'il nous est difficile de résoudre le problème de la date absolue d'utilisation de la tombe, nous pouvons en revanche en préciser la date relative, grâce à la trouvaille d'un fragment de bol en pâte claire, à lèvre ondulée (*cat.* 1282, *ibid.*). D'après les données de Bir 'Alī ce type de vases, dits "*Baiḥān bowls*" [1], n'apparaît que dans les niveaux de la "période moyenne" (voir, par exemple, les céramiques des secteurs 4 et 6). En nous basant sur les dates de la "période moyenne", nous proposons donc les IIIe et IVe siècles ap. J.-C. pour l'utilisation de la tombe 1.

Rites funéraires

Comme le montrent les matériaux fragmentaires provenant du dégagement de la tombe, les funérailles des habitants de Qāni', aux IIIe-IVe siècles ap. J.-C., se caractérisent par l'inhumation du cadavre dans une tombe composée d'une construction en surface et d'une chambre funéraire souterraine. Le tombeau a apparemment servi à l'inhumation de plusieurs personnes de même parenté (voir *supra*, sur les trouvailles d'os de quelques individus).

Outre les cadavres, on y plaçait des offrandes funéraires dont la vaisselle céramique pour le repas (c'est l'interprétation que nous proposons pour les fragments céramiques retrouvés dans le comblement de la chambre funéraire et de la construction en surface), des outils en pierre dont la fonction reste incertaine et des bijoux personnels. Les dimensions réduites de l'anneau découvert sont significatives : il devait servir de pendeloque de collier, et non de bague – mais il

1. D.B. Doe, 1971, *Southern Arabia*, p. 116-117, pl. 27.

est possible qu'il ait eu une autre fonction. Dans les nécropoles anciennes du Yémen, les offrandes funéraires se composaient de différents objets métalliques. Par exemple, à Ḥeid Bin Aqil, dans la nécropole de Timna', la capitale de Qataban, on a découvert des modèles en bronze de réchauds à trois pieds, d'autels pour brûler des parfums aromatiques, de miroirs, etc. [2]. Il se peut que ce minuscule anneau ait été fabriqué uniquement pour les funérailles.

Catalogue

1280. Amphore, fragment de bord. Pâte rouge, sableuse. *Kana-91/nec.1n-1* (non illus.).

1281. Jarre, fragment de col. Pâte claire, sableuse. *Kana-91/nec.1n-2* (non illus.).

1282. Bol, fragment de bord. Pâte claire, sableuse, fine. Diam. : 16 cm. *Kana-91/nec.1n-3* (*fig. 125*).

1283. Minuscule anneau en or. Diam. : 1,1 cm ; dim. de l'écran : 0,4 x 0,8 cm. *Kana-91/nec.1n-5* (*fig. 125*).

1284. Objet en pierre, en schiste gris, en forme de T ; lèvres effilées ; rehauts verts sur l'un des bords inférieurs. Dim. : 9 x 10,5 cm ; épaisseur max. : 1,1 cm. *Kana-91/nec.1n-4* (*fig. 125 ; pl. 115*).

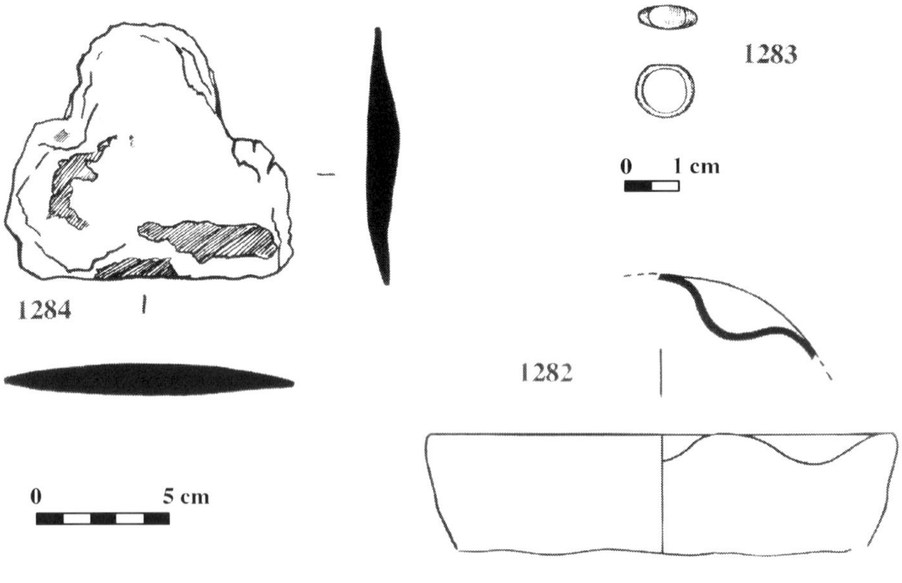

Figure 125

2. R.L. CLEVELAND, 1965, *South Arabian Necropolis, Objects From the Second Campaign (1951) in the Timna' Cemetery*, Baltimore, p. 125-128, pl. 92-93 (objets TC 1291 ; TC 2129 ; TC 2166 ; TC 2209 ; TC 2210 ; TC 2226).

IX

LES FOUILLES DU ḤUṢN AL-ĠURĀB [1]

En 1972, l'auteur a effectué une mission d'études dans ce qui était alors la République Démocratique Populaire du Yémen – aujourd'hui République du Yémen – pour mener une exploration archéologique des monuments les plus anciens du site [2]. Cet article livre les résultats des premières recherches archéologiques sur le territoire d'un des plus anciens ports de la péninsule arabique, connu par les descriptions des auteurs antiques sous le nom de Qāni'.

Les vestiges d'un bâtiment monumental situé au sommet de Ḥuṣn al-Ġurāb, qui pourraient correspondre à l'ancienne citadelle de Qāni', se sont révélés particulièrement intéressants. Une grande partie de la construction est dissimulée par la colline qui s'est constituée sur ses décombres. La situation du bâtiment, édifié sur le point le plus élevé et le plus visible de la colline, ses dimensions, ainsi que les vestiges d'un escalier dallé, fortement détérioré, laissent supposer que cette bâtisse jouait un rôle important dans la vie de l'antique cité.

Nous avons entrepris des fouilles de reconnaissance sur les ruines du bâtiment, en collaboration avec le Musée d'al-Mukallā. Cela nous a permis de dégager les vestiges d'une construction très intéressante, bâtie sur un plan rectangulaire, du sud-est au nord-ouest, qui atteint 27 m de long (*fig. 127-128*). La partie sud est un bâtiment rectangulaire massif mesurant 7,5 x 8,8 m ; les murs, faits de blocs de basalte, à l'intérieur comme à l'extérieur, peuvent atteindre 1 m de large (dimensions : de 34 x 34 x 30 cm à 75 x 40 x 36 cm) [3].

Au nord-ouest de l'entrée de ce bâtiment en forme de tour, se trouve un corridor dallé de pierres qui mesure 4,8 m de long et 2,3 m de large ; il est flanqué de part et d'autre de pièces plus petites, ayant vraisemblablement eu une fonction domestique, adjacentes au bâtiment principal. Il y a deux pièces (dimensions : 2,5 x 2 m et 2,7 x 2,65 m) sur le côté ouest du corridor. Disposée symétriquement à ces pièces, sur le côté est, se trouve une autre pièce de 4,85 x 2,7 m, dont le mur extérieur, qui comprend des vestiges de la toiture antique, est parfaitement conservé ; au moment des fouilles, il atteignait une hauteur de 2,7 m.

À son extrémité nord-ouest, le corridor s'abaisse de trois marches, ouvrant sur une terrasse de plan carré (9,7 x 9,7 m) [4] qui donne sur l'extérieur. Cette terrasse est bordée d'un parapet (largeur : 0,85 m) fait de blocs de pierre taillés en prisme, travaillés sur les faces intérieures et extérieures [5].

---

1. Cet article est une traduction abrégée de l'article de S.S. SHIRINSKIY, 1977, « Novij pamjatnik yuzhnoarabskoj arhitekturi I v. do n.e. (Un nouveau monument de l'architecture sud-arabique du Ier siècle av. J.-C.) », publié en russe dans le recueil *Istorija i kultura antichnogo mira (L'histoire et la culture du monde antique)*, Moscou, p. 202-205.
2. Sur la publication préalable des résultats, voir A.G. LUNDIN, 1973, « Novie yuzhnoarabskie nadpisi iz vadi Hirr (Les nouvelles inscriptions sud-arabiques de Wādī Ḥirr) », *in Pismennie pamjatniki i problemi istorii i kulturi narodov Vostoka. Drevnjaja Aravija (Les monuments écrits et les problèmes de l'histoire et de la culture des peuples d'Orient. L'Arabie ancienne)*, Leningrad, p. 81-89.
3. Sur la surface d'abandon de cette partie du bâtiment se trouvaient les vestiges d'une petite construction, faite de pierres non travaillées, datant d'une époque tardive.
4. Du côté de la terrasse, on accédait aussi aux pièces de service mentionnées plus haut.
5. On a établi une analogie, fort intéressante, avec un parapet datant d'une période tardive qui se trouve dans la Grande Mosquée de Ṣan'ā'. Voir G. GARBINI, 1970, *Antichita Yemenita*. t. IX, Roma.

Figure 126

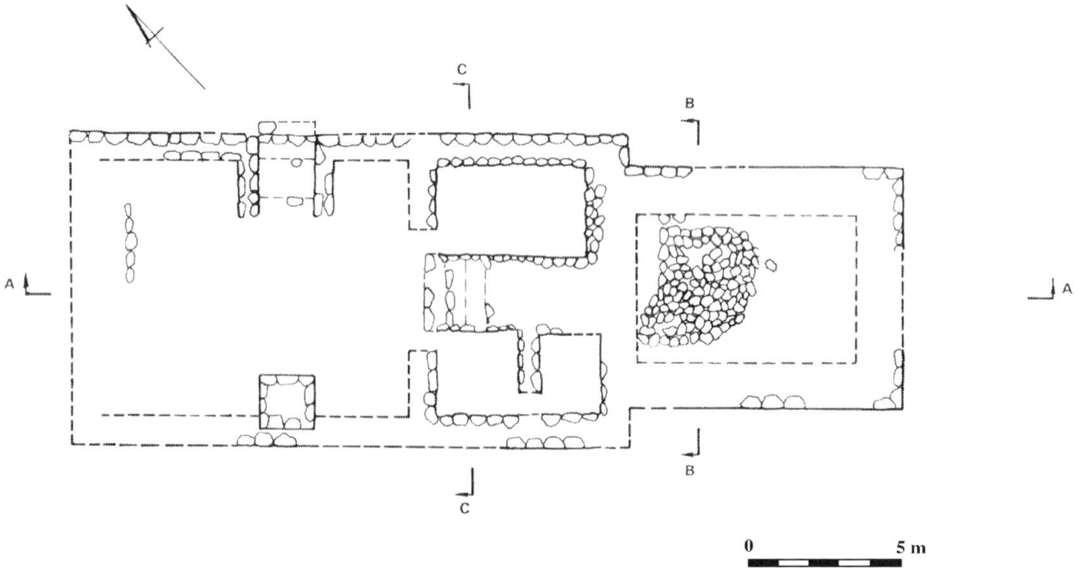

Figure 127

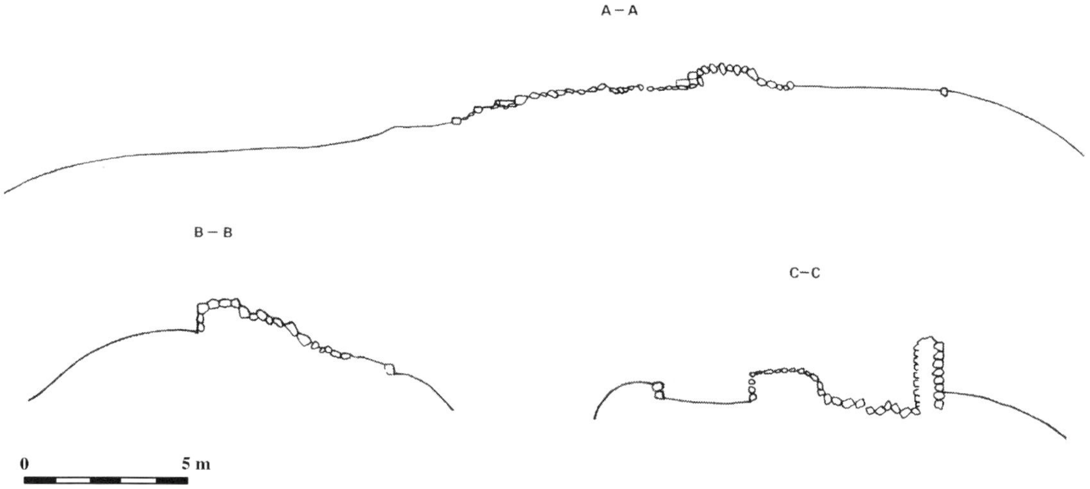

Figure 128

Près du bord ouest de la terrasse, on a trouvé les vestiges d'un bassin carré, très peu profond, de 1,9 x 1,7 m, dallé de pierres ; en face, se situe la sortie de la terrasse, bordée d'un parapet, qui débouche sur la surface supérieure de la citadelle, adjacente au bâtiment. L'autre entrée, apparemment l'entrée principale de la bâtisse, se trouve sur le côté nord-ouest de la terrasse : c'est là qu'est situé l'escalier de pierre que nous avons déjà mentionné et qui mène de la partie inférieure de la citadelle de Qāni' jusqu'à cette construction.

En fondant sur les particularités de la construction du bâtiment et en nous appuyant sur ce que nous connaissons de l'architecture ancienne de l'Arabie du Sud et du Sud-Ouest [6], nous avons pu proposer une première reconstruction graphique de l'édifice (*fig. 126*). Cette reconstruction reflète de façon objective les données qui étaient à notre disposition. On a pu déterminer, par exemple, l'apparence de la façade nord-ouest du bâtiment principal du complexe (en forme d'un mur divisé en trois panneaux verticaux, celui du centre légèrement en retrait) à partir de l'étude des vestiges du sol antique, à l'intérieur, et en fonction des proportions des pièces adjacentes. On a pu définir la hauteur approximative du bâtiment et le nombre d'étages de la partie principale en se fondant sur l'étude des détails de la construction des murs et de leurs dimensions ; nous nous sommes également appuyés sur une étude comparative entre le caractère et le volume des déblais provenant des constructions environnantes et ceux des autres pièces de cette bâtisse [7].

Les fouilles de la terrasse du bâtiment ont mis au jour une anse d'amphore bifide (*cat.* 1285, p. 291) et, sous le mur du local principal du complexe, le fragment d'une corne de figurine votive représentant un taureau en bronze (*cat.* 1286, p. 291). La première de ces trouvailles datant du Ier siècle av. J.-C. (plus probablement du Ier siècle ap. J.-C.), nous en déduisons que le bâtiment situé au sommet de Ḥuṣn al-Ġurāb ne peut pas être antérieur à cette date. La seconde trouvaille – le fragment de la figurine votive en forme de taureau – démontre

---

6. V.A. KRATCHKOVSKAJA, 1947, « Istoricheskoe znachenie pamjatnikov yuzhnoarabskoj arhitekturi (La portée historique des monuments de l'architecture sud-arabiques) » ; *Sovetskoe vostokovedenie*, t. IV, Moscou-Leningrad ; voir aussi : C. RATHJENS & H. VON WISSMANN, 1932, *Vörislamische Altertümer*, Hamburg, fig. 31 ; D.B. DOE, 1963, « The site of 'Am 'Adiya », *Antiquities report*, 2 (May), Aden, fig. 10.

7. Au sujet de cette méthode, voir V.D. BLAVATSKIJ, 1967, *Antichnaja polivaja arheologija (L'archéologique antique de campagne)*, Moscou, p. 202-204.

que ce complexe architectural était un temple dans l'antiquité. Cette conclusion est indirectement confirmée par l'implantation du bâtiment sur l'emplacement le plus élevé de la citadelle, qui lui permettait d'être vu aussi bien depuis l'océan que depuis la ville, et par la présence d'un bassin à ablutions sur la terrasse.

On n'a pas encore établi de similitude entre le temple découvert sur le sommet de Ḥuṣn al-Ġurāb – la citadelle de la ville portuaire de Qāni' – et d'autres monuments connus de l'Arabie du Sud et du Sud-Ouest. On peut cependant suggérer le rapprochement suivant : le temple de Ḥuṣn al-Ġurāb présente des similitudes ponctuelles avec le temple célèbre d'al-Ḥuqqa, situé au nord-ouest de Ṣan'ā [8], qui compte parmi les monuments architecturaux des civilisations anciennes de l'Arabie ayant directement influencé les formes architecturales du temple d'Aksum à Jehā et conservé un caractère national jusqu'au début de l'Islam.

*

* *

Additional reconnaissances carried out on the summit of Ḥuṣn al-Ġurāb in 1985-91 made it absolutely clear that the excavated structure was not a temple, but, probably, a light-house : traces of a monolithic stepped platform forming the major part of the building speak well about such identification (see sections on *fig. 128*). A monumental staircase located between two rows of subsidary rooms in the northern part of the building led directly from the courtyard to the lower step of the platform. It is quite possible that the two-stepped platform was crowned with a shelter for a fire (see reconstruction on *fig. 130*).[9]

A fragment of Dressel 2-4 amphora (*cat.* 1285, p. 291) found in the course of excavations makes it possible to date the foundation of the light-house close to the early Ist century A.D. Note that a bronze coin of Yashhur'il Yuhar'ish, son of Abiyaša, *mukarrib* of Ḥaḍramawt (series *head/eagle*, type 4) was picked up in 1972 on the top of Ḥuṣn al-Ġurāb (see *Catalogue des monnaies*, n° 5). A fragment of bronze horn (*cat.* 1286, p. 291) belongs, most likely, to a head of bull's figurine, which was a decoration of a vessel (compare with similar object, *cat.* 1230, p. 276, picked up from the surface of the settlement in close vicinity to the Area 6 and to the beginning of the path to the summit of Ḥuṣn al-Ġurāb).

Additional note by A.V.Sedov

8. RATHJENS & VON WISSMANN, *Vörislamische Altertümer*, fig. 31.
9. Cf. representations and reconstructions of Roman light-houses in M. REDDE, 1979, « La représentation de phares à l'époque romaine », *Mélanges de l'École Française de Rome et d'Athènes*, 91, p. 845-872.

Catalogue

1285. Amphora, fragment of handle : sandy red paste with mica, white and black inclusions. *Kana-72/Ḥuṣn al-Ġurāb (fig. 129)*.

1286. Bull's head (?), fragment of horn, bronze. *Kana-72/Ḥuṣn al-Ġurāb (fig. 129)*.

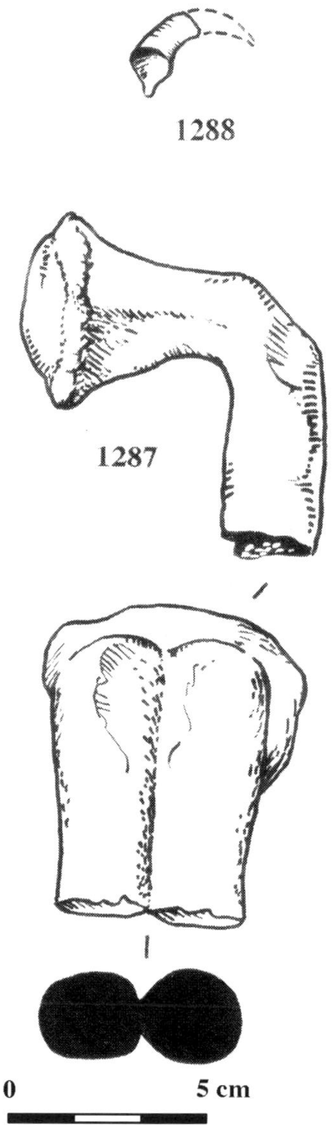

Figure 129

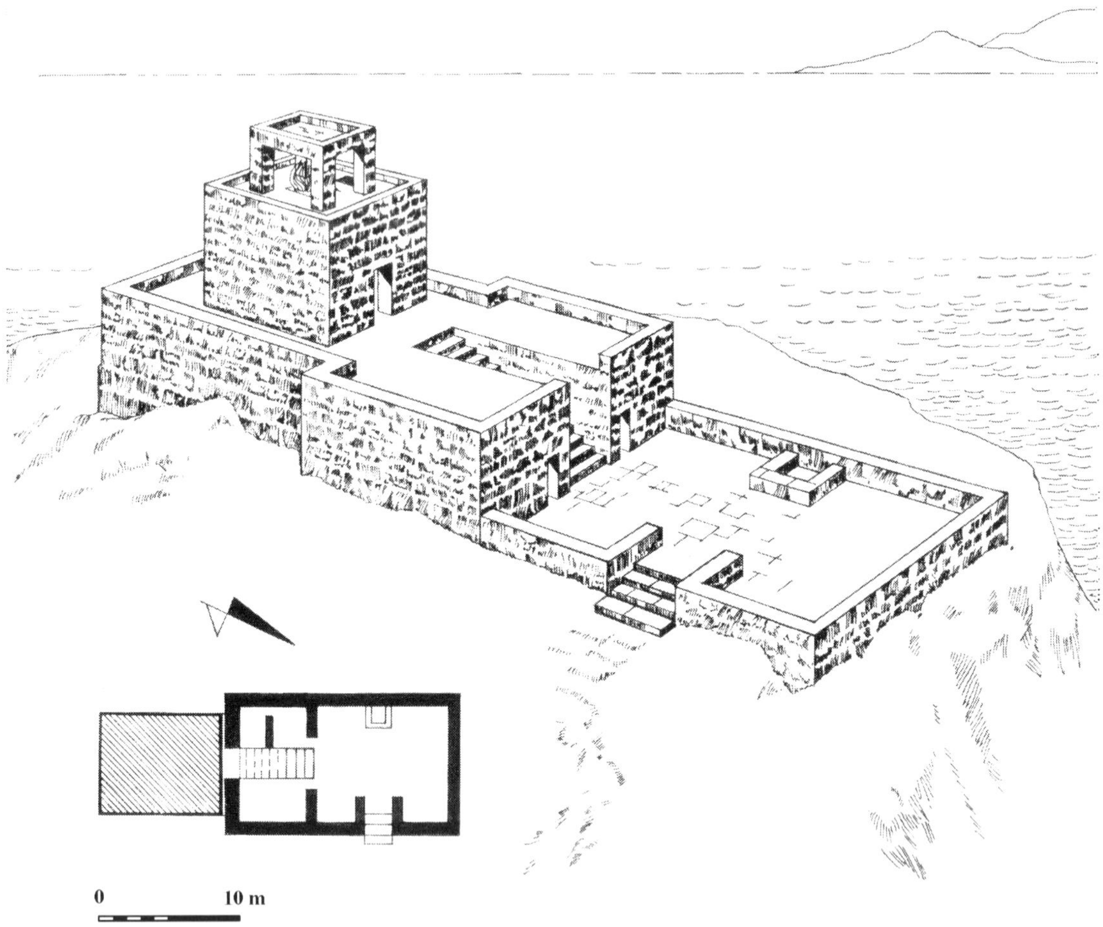

Figure 130

X

THE HOARD FROM THE AREA 5

Description

1. Necklace 1 (*cat.* 727, p. 172; *fig. 131-133*, p. 295-297; *pl. 116*)

Object: necklace
Date: A.D. 100-300
Dimensions: total length: 92 cm
Place of finding: Bir 'Alī settlement (Qāni'), Area 5
Materiel: gold, coral and agate
Place of conservation: Ataq Museum

Description

The necklace is the most valuable part of the assemblage of artefacts. There is a total of sixty-five beads and of these eleven are identical gold spheres 0.6 cm in diameter, with attached collar bands of gold. The beads are hammered sheet-gold made in two parts which have been soldered together. They have been strengthened by inclusion of an inner core substance. The attached collar-bands on each side of the sphere appear to be filigree but on close examination the gold has been punched from underneath to create a double row of small raised spheres. The diameter of the band is 0.6 cm and there are twenty spheres 0.8 mm in diameter in two rows.

The twenty-eight large agate beads vary in size and quality. The majority are barrel shaped, the tone range of the agate is grey, brown, cream and brown often in narrow fine bands, a typical South Arabian type.[1]

1: a flattened elongated bead banded in brown, cream and grey;
2: a small barrel shaped bead, milky opaque agate with two black bands and one central pale honey coloured band;
3: oval barrel bead pale translucent banded twice with honey coloured darker bands, the poorly drilled is not straight;
4: irregularly shaped bead, basically brown agate with three white bands, one side is flattened;
5: translucent bead, poorly carved and finished asymmetrically, honey brown, the surface is pitted and scratched;
6: flattened barrel shaped bead, the stone is pitted, the straight line horizontal banding is in shades of brown and cream;
7: elongated bead triangular in cross section, it is half opaque white stone and half translucent honey coloured agate;
8: elongated flattened oval bead of brown, beige, white and honey-coloured banded agate;
9: a large perfect, even dense stone white opaque agate with dark honey translucent inclusions;

1. H.C. BECK, 1930, « A Note on Certain Agate Beads », *The Antiquaries Journal*, X, London, p. 149; pl. XV. In Beck's short article questioning the origin of a large collection of agate beads some of which were dated to the Roman period, Arabia is given as a possible source of the beads. Our find is the first example of a necklace that could substantiate that claim, associated with the wide distribution pattern. The similarity between the beads illustrated by Beck and my drawings make clear that the beads are originating from a single source, whether it is the Yemen or another Roman resource cannot be definitively stated yet, but the association of our beads with coral does indicate that the necklace was locally assembled.

10: an almost rectangular bead, slightly bowed along the sides, white and black agate;
11: a flat uneven barrel shaped bead, the stripped opaque agate is banded across the bead;
12: a flattened oblong bead, translucent agate, triple banded in brown, white and brown;
13: a large flattened bead which has a non-crystalline center, banded in brown, cream, brown;
14: a barrel shaped bead of non-crystalline agate with narrow bands of brown across a cream coloured stone;
15: elongated oval bead, banded agate of grey, brown, cream, brown and grey and brown;
16: elongated oval bead one end slightly damaged, banded agate;
17: flattened elongated oval bead;
18: barrel shaped bead, banded agate grey, cream, brown and beige;
19: mis-shapen bead, brown agate with small cream coloured inclusions;
20: a poor quality stone of dark brown agate, a mis-shaped oval;
21: small barrel shaped bead, banded agate, brown, white grey, and brown;
22: a flattened bead, dark brown banded agate, one cream horizontal inclusion;
23: a smaller cylindrical bead, banded agate light brown, cream, dark brown, cream, light brown;
24: a cylindrical translucent bead, banded in light brown and cream;
25: a mis-shapen elongated oval bead, with a wave pattern of beige, grey and dark brown;
26: a small barrel shaped bead, banded opaque agate of brown, white cream, and brown;
27: a small cylindrical bead slightly mis-shapen, banded agate in black and white;
28: a small barrel shaped bead in grey agate.

The remaining twenty six beads are branch coral which is faded to a pale cream-rose colour. Their cylindrical shape is similar and they vary only in length and diameter.

The cohensive design of the necklace, the combination of gold, large agate beads and coral is aesthetically sophisticated and suggests a necklace of importance.

Bibliography

H.C. Beck, « A Note on Certain Agate Beads » (*supra*), p. 149, pl. XV; D. Williams & J. Ogden, 1994, *Greek Gold: Jewellery of the Classical World*, London, p. 19; D. Stronach, 1978, *Pasargadae*, Oxford, pl. 172, no. 34, no. 35.

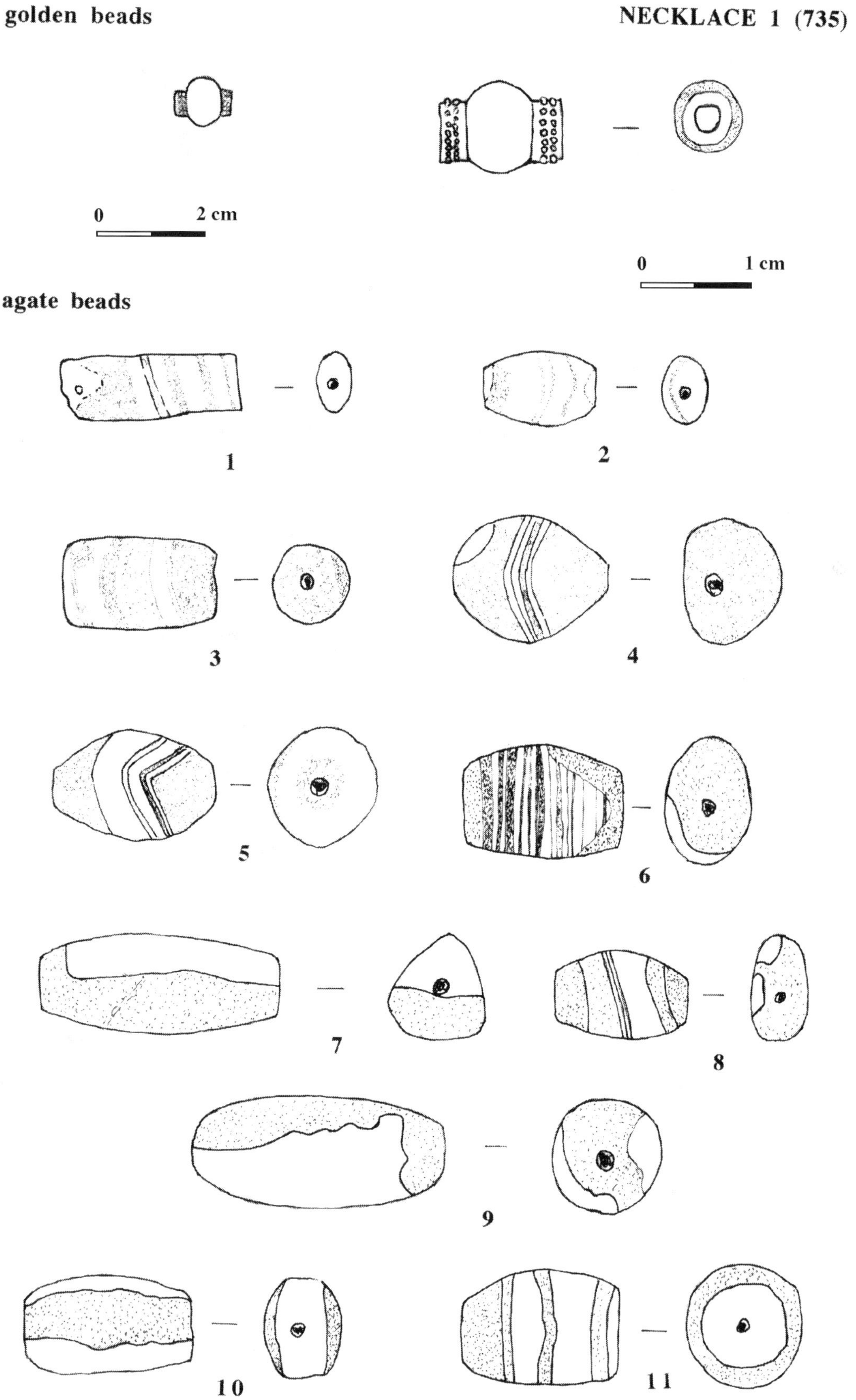
golden beads
NECKLACE 1 (735)
0 2 cm
0 1 cm
agate beads
1
2
3
4
5
6
7
8
9
10
11

Figure 131

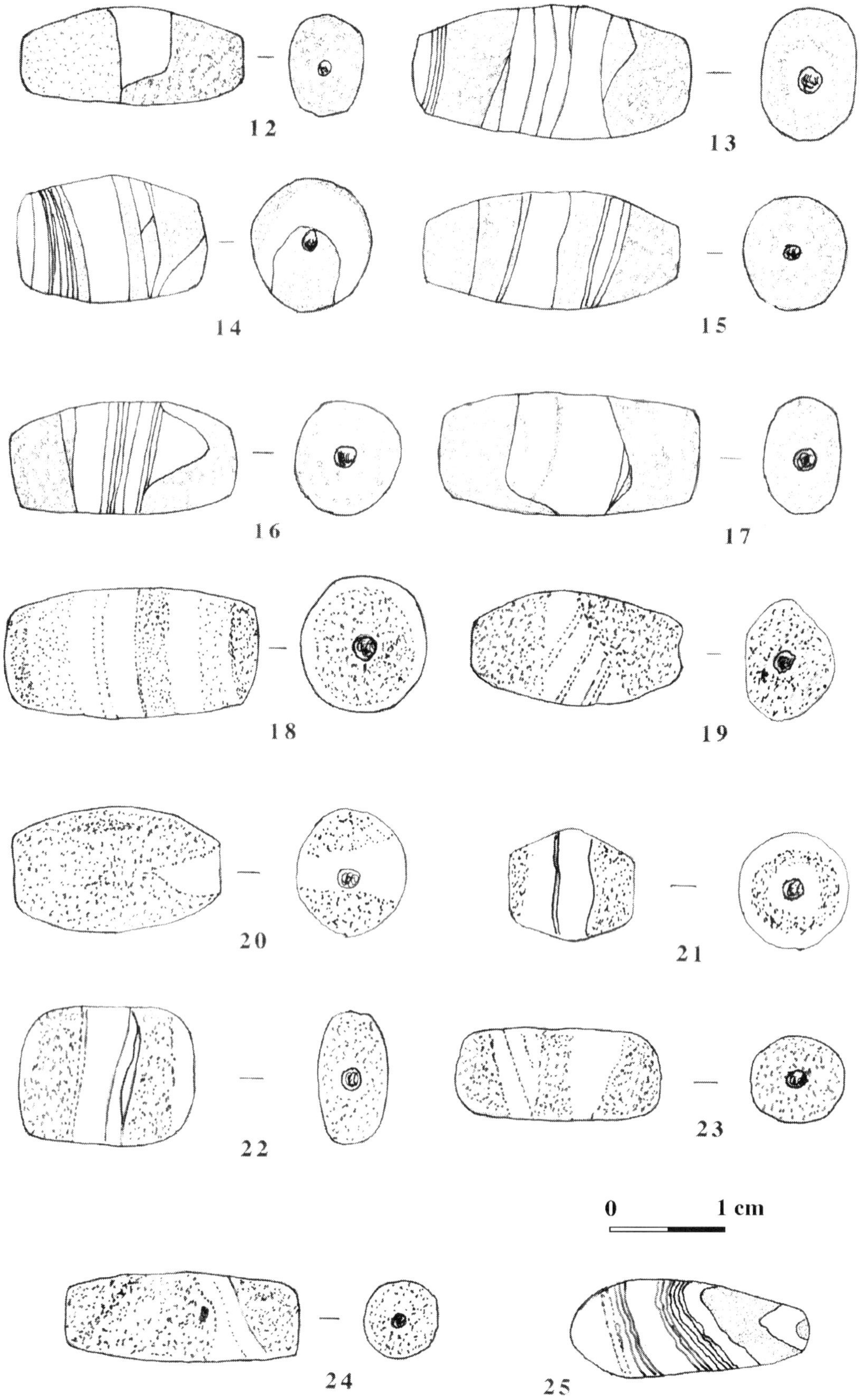

Figure 132

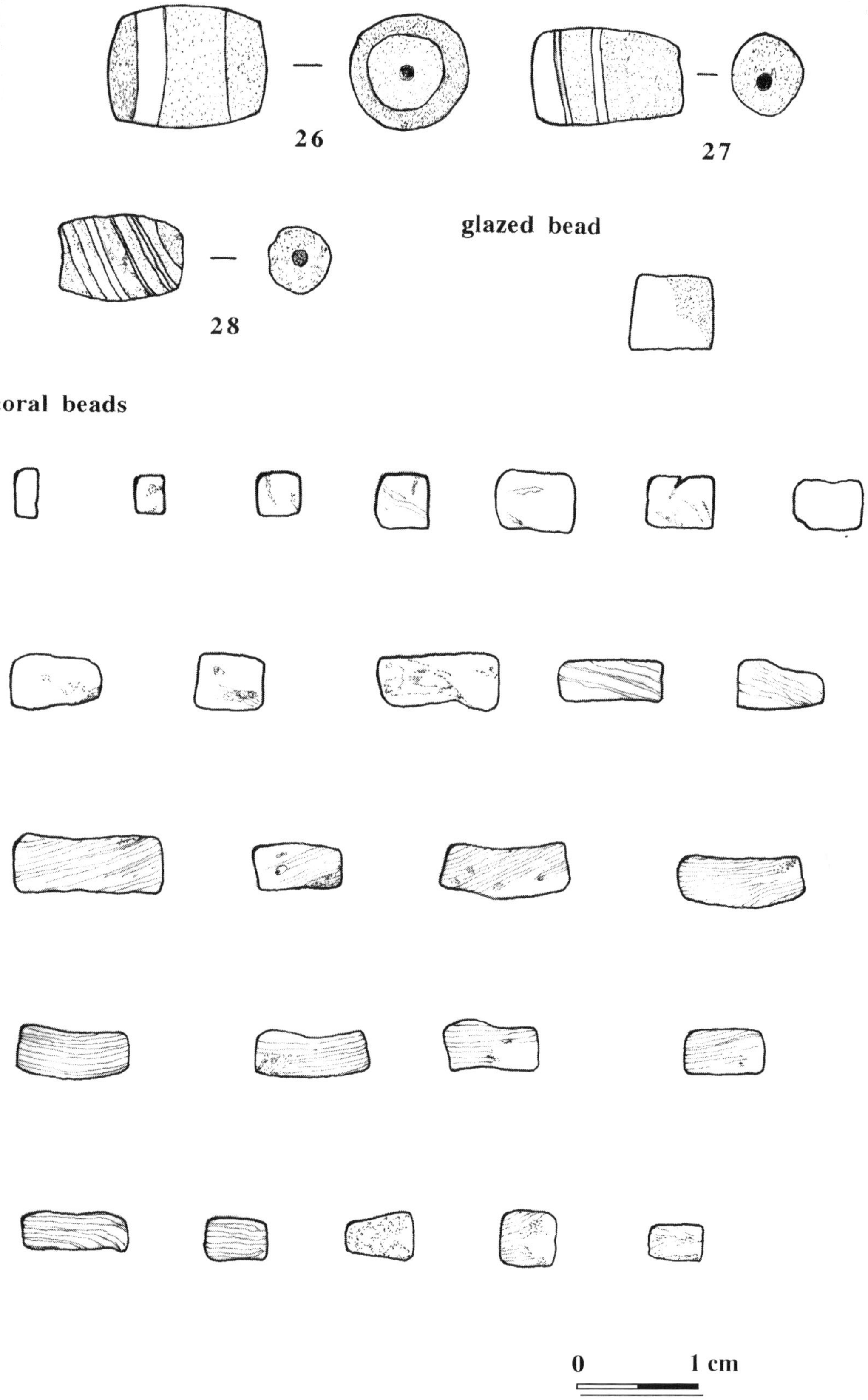

Figure 133

2. Necklace 2 (*cat.* 736, p. 172; *fig. 134*, p. 299; *pl. 117*)

Object: necklace
Date: 100 B.C.-A.D. 200
Dimensions: total length: 48 cm
Place of finding: Bir 'Alī settlement (Qāni'), Area 5
Materiel: agate, assorted stones, carnelian, shell, ivory, glass, coral
Place of conservation: Ataq Museum

Description

The necklace is made up of sixty-seven small beads of various materials. The unifying property is the colour, as the majority of the non agate beads are shades of green.

1: dark green glass, straight cut;
2: yellow-green stone, round;
3: green stone, round;
4: glass (uncertain), oval;
5: green stone, biconoid;
6: wrapped glass, oblong;
7: stone, biconoid;
8: shell, square cut;
9: green glass, round with straight cut ends;
10: wrapped glass, uneven conoid;
11: shell, pear shape;
12: stone, biconoid;
13: stone, truncated;
14: glass, biconoid;
15-16: stone, biconid;
17: green glass;
18: stone, biconoid;
19: ivory, oval;
20: stone, biconoid;
21: turquoise, straight cut;
22-25: stone, biconoid;
26: black stone, straight cut;
27-28: stone, biconoid;
29: green stone, faceted six sided;
30: carnelian, round with straight cut ends;
31: blue-green glass, straight cut;
32: agate brown and white banded, barrel shaped;
33: banded grey white and brown agate, sphere;
34: translucent cream white agate, barrel shaped;
35: banded brown and white agate, biconoid;
36: banded translucent brown white brown agate, biconoid;
37: black brown black banded agate, truncated sphere;
38: agate solid mahogony colour, flat disc pierced longitudinally;
39: cream honey white banded agate sphere;
40: translucent solid brown agate, lentoid;
41: banded agate brown cream and white, biconoid;
42: agate brown and cream bands, biconoid;
43: agate brown and white, truncated sphere;
44: agate banded, mis-shapen small, biconoid;
45: agate banded brown and white, biconoid;
46: carnelian, elongated oval;
47: glazed frit, grey;
48: glass (agate copy), straight cut ends;
49: agate, oval;
50: green frit, thin straight cut;
51: black stone uneven, straight cut ends;
52: green frit, biconoid;
53: brown stone, uneven truncated sphere;
54: green frit, uneven;
55-56: glass, truncated biconoid;
57: frit, wrapped;
58: brown frit, biconoid mis-shapen;
59: green frit, biconoid;
60: stone, biconoid;
61: black stone, round straight cut ends;
62: frit, biconoid;
63: shell, straight cut ends;
64: frit, biconoid;
65: stone, truncated;
66: shell, square;
67: ivory.

NECKLACE 2 (736)

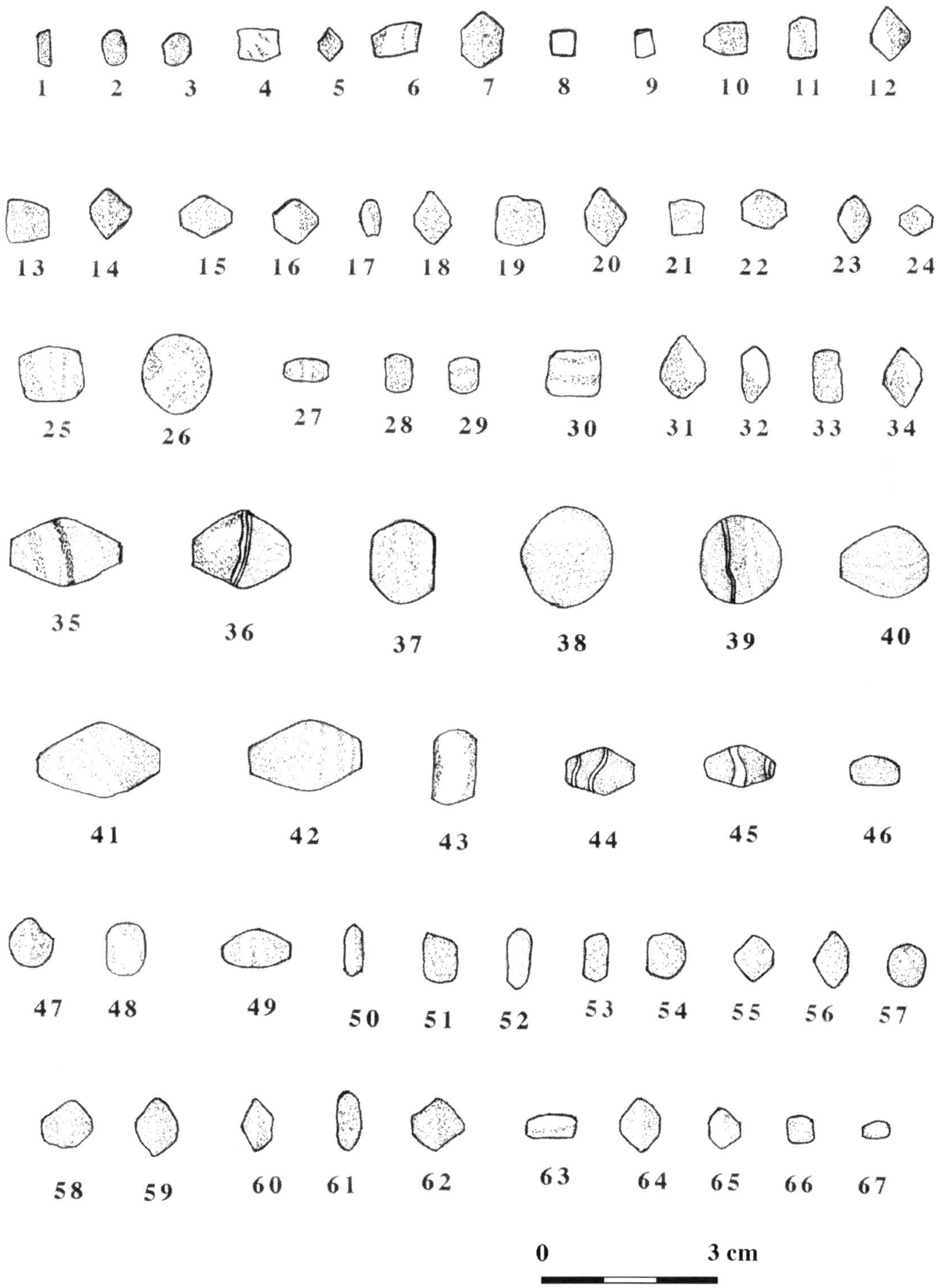

Figure 134

Bibliography

H.C. BECK, 1928, « Classification and Nomenclature of Beads and Pendants », *Archaeologia*, LXVII, p. 1-76; BECK, « A Note on Certain Agate Beads » (*supra*), p. 149, pl. XV; G. CATON THOMPSON, 1944, *The Tombs and Moon Temple of Hureidha (Hadramaut)*. Oxford, p. 96-101, pl. XXXVIII, XXXIX, XL, XLII-XLIII; L.Sh. DUBIN, 1987, *The History of Beads, from 30,000 B.C. to the Present*, New York, p. 56.

3. Kohl vessel (*cat.* 727, p. 172; *fig. 135*, p. 301; *pl. 118*)

Object: stoppered kohl vessel — *Place of finding*: Bir 'Alī settlement (Qāni'), Area 5
Date: A.D. 200-550 — *Materiel*: ivory
Place of conservation: Ataq Museum
Dimensions: height: 14.5 cm, diam. at base: 3.5 cm, interior diam. at neck: 1.2 cm

Description

The tall, slender slightly curved container tapers from the base to the top and takes advantage of the natural shape of the ivory. A deep horizontal groove 1,3 cm from the base is balanced by a 1 cm wide groove carved into the stopper. Four narrow bands of triple horizontal grooves decorate the body of the vessel.

Bibliography

J.V. D'ABBADIE, 1972, *Catalogue des objets de toilette égyptiens*, Paris, p. 61.

4. Unguent pot (*cat.* 726, *ibid.*; *fig. 135*, *ibid.*; *pl. 119*)

Object: lidded round vessel — *Place of finding*: Bir 'Alī settlement (Qāni'), Area 5
Date: A.D. 200-300 — *Materiel*: ivory
Inscription: no inscription — *Place of conservation*: Ataq Museum
Dimensions: overall height of the vessel including the lid: 6.6 cm, diam.: 5 cm, height of the vessel: 3.6 cm and height of the lid: 3 cm

Description

The round lidded ivory jar is a dull brownish shade in a poor state of preservation. The vessel is plain with a stepped top over which the lid sits. The design of the lip is poor being so minute a lip of 1 mm as to invite breakage and prevent an effective seal. The conical domed lid is more than 50% intact. The lid is decorated with one raised horizontal band. A turned drill technique hollowing out the box and the lid leaves a thicker base for the jar. The top of the lid is not damaged and ends in a neat point.

Bibliography

1978, *Africa in Antiquity. The Arts of Ancient Nubia and the Sudan*, I-II, New York, Brooklyn Museum.

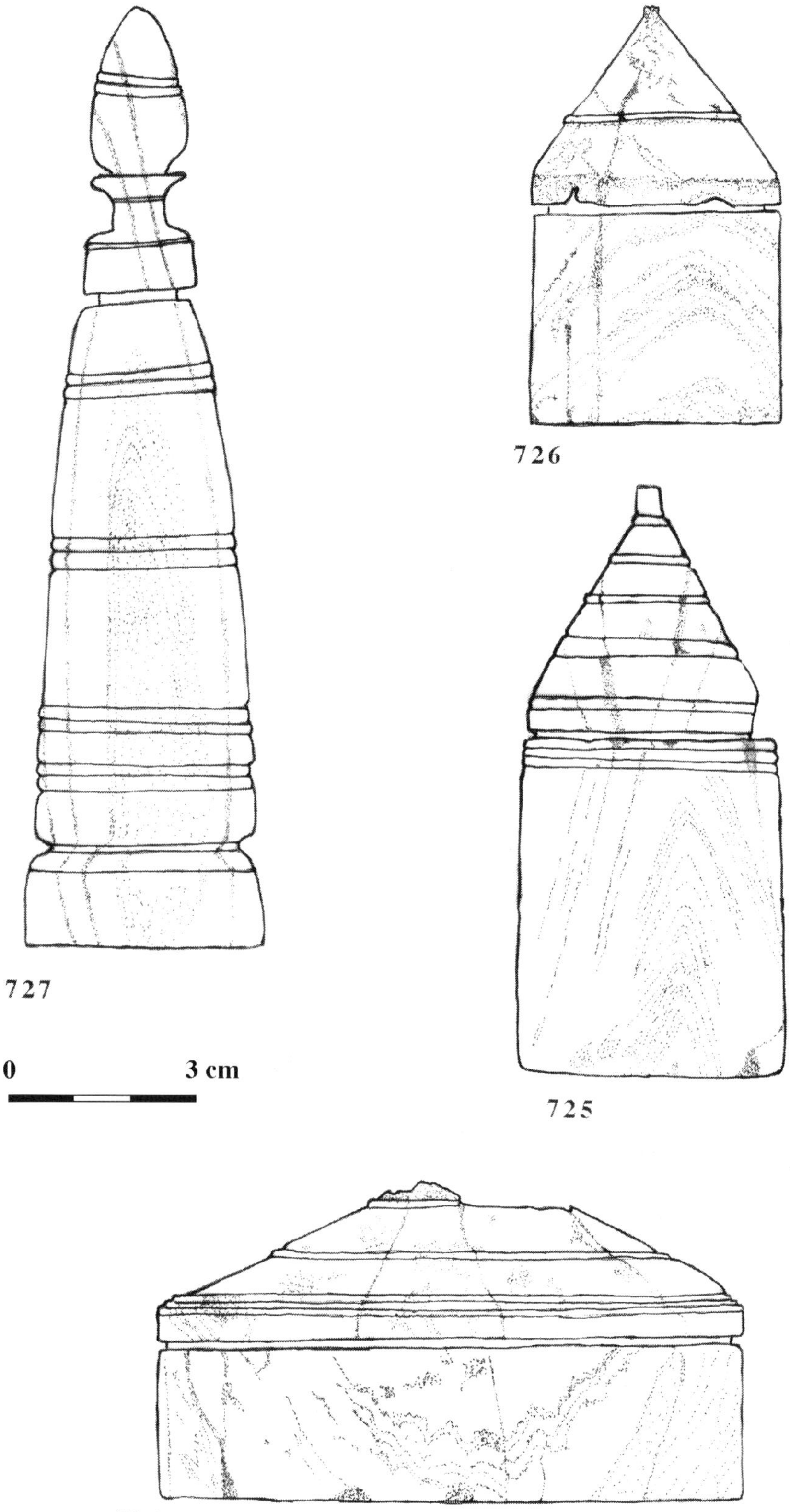

Figure 135

5. Unguent vessel (*cat.* 725, p. 172; *fig. 135*, p. 301; *pl. 120*)

Object: lidded round vessel
Place of finding: Bir 'Alī settlement (Qāni'), Area 5
Date: A.D. 200-300
Materiel: ivory
Place of conservation: Ataq Museum
Dimensions: overall height of the vessel including the lid: 9 cm, diameter: 4.5 cm, height of the vessel: 5.2 cm and height of the lid: 3.8 cm

Description

The round ivory vessel is carved with the lid from a single tusk. The ivory is in poor condition, friable and breaks easily. The upper edge of the vessel is decorated with a triple row of incised lines. The conical lid is decorated with five bands of double incised lines. Half of the lid is broken and the upper finial missing.

Bibliography

Africa in Antiquity. The Arts of Ancient Nubia and the Sudan, I-II (*supra*).

6. Unguent vessel (*cat.* 724, *ibid.*; *fig. 135*, *ibid.*; *pl. 121*)

Object: lidded round vessel
Place of finding: Bir 'Alī settlement (Qāni'), Area 5
Date: A.D. 100-300
Materiel: ivory
Place of conservation: Ataq Museum
Dimensions: overall height of the vessel including the lid: 5 cm (damaged), diam.: 9.6 cm, height of the vessel: 2.5 cm and height of the lid: 2.5 cm (damaged)

Description

The shallow round ivory lidded box is undecorated, a recessed lip holds the lid. The conical domed lid is decorated with horizontal bands. There is a triple band at the base and at least two more double incised lines. The central upper portion of the lid is missing.

Bibliography

K.-H. PRIESE, 1933, *The Gold of Meroe*, New York-Mainz, p. 29.

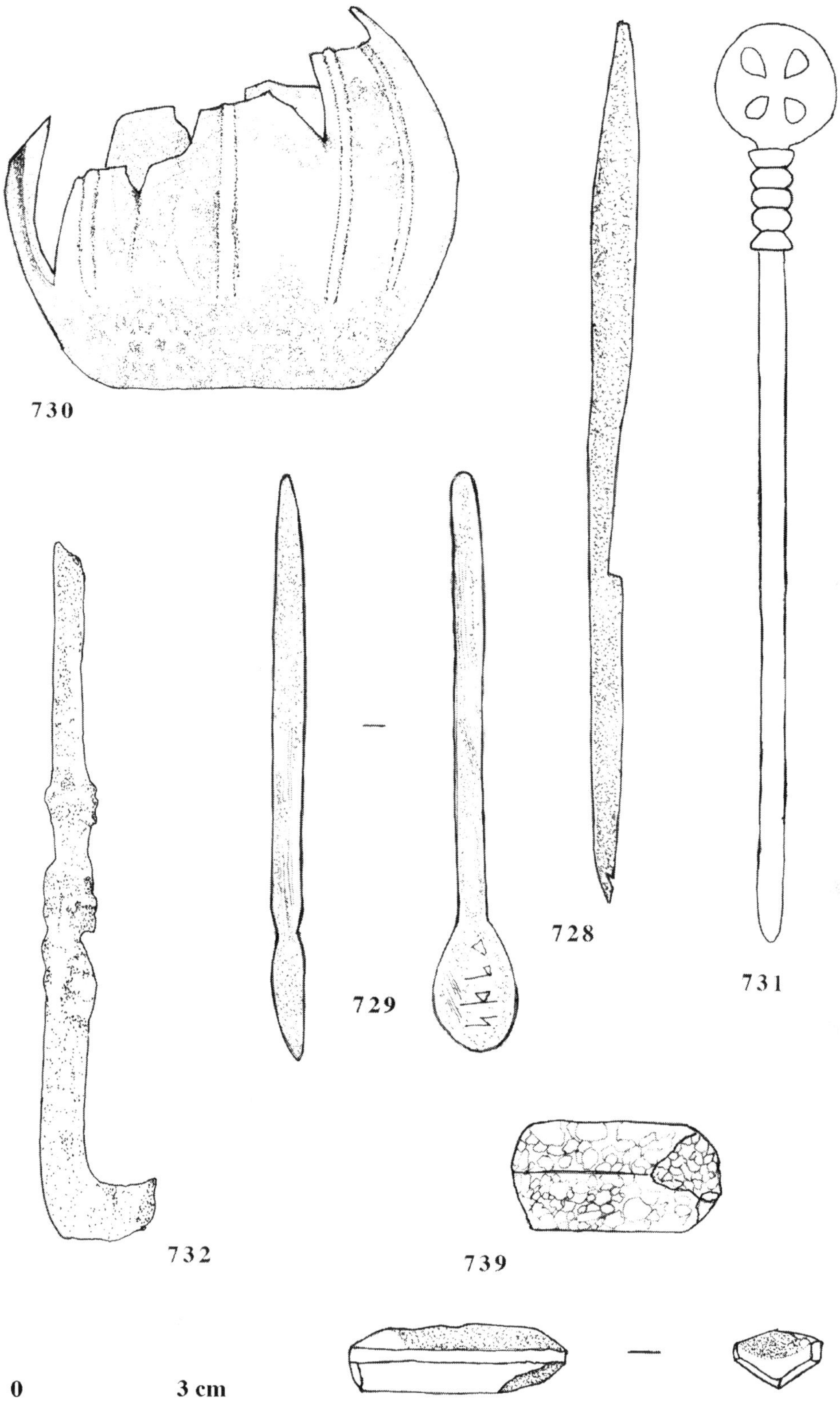

Figure 136

7. Cosmetic wand (*cat.* 729, *ibid.*; *fig. 136*, p. 303; *pl. 122*)

Object: spoon shaped wand
Date: A.D. 100-300
Dimensions: length: 9.7 cm
Inscription: 𐩬𐩵𐩺𐩲 = *ndy'*

Place of finding: Bir 'Alī settlement (Qāni'), Area 5
Materiel: ivory
Place of conservation: Ataq Museum

Description

The ivory spoon associated with the unguent vessels has a shallow bowl, on the reverse of which is an inscription (a proper name). The handle of the spoon is pointed. The ivory is a medium brown tan and there is a patina on the handle.

Bibliography

D'ABBADIE, *Catalogue des objets de toilette égyptiens*, (supra), p. 61.

8. Pin (*cat.* 728, p. 172; *fig. 136*, p. 303; *pl. 123*)

Object: pin (two fragments)
Date: early first millennium A.D.
Dimensions: length: 15 cm

Place of finding: Bir 'Alī settlement (Qāni'), Area 5
Materiel: ivory
Place of conservation: Ataq Museum

Description

This pointed tool, most probably a pin, has a small groove cut horizontally 0.5 cm from the point. The ivory is damaged at the broader end.

9. Amulet (*cat.* 739, *ibid.*; *fig. 136*, *ibid.*)

Object: crystal
Date: A.D. 100-300
Dimensions: length: 3.6 cm

Place of finding: Bir 'Alī settlement (Qāni'), Area 5
Materiel: quartz crystal
Place of conservation: Ataq Museum

Description

The hexagonal shaped crystal is colourless and transparent. It is a naturally occurring specimen and has two smooth faces. One end of the upper surface has broken in a typical conchoidal break.

Bibliography

Africa in Antiquity. The Arts of Ancient Nubia and the Sudan, I-II (*supra*).

10. Glass Vessel (*cat.* 730, *ibid.*; *fig. 136*, *ibid.*; *pl. 124*)

Object: round glass vessel, marvered thread decoration
Date: 1st century A.D.
Place of finding: Bir 'Alī settlement (Qāni'), Area 5
Materiel: glass
Place of conservation: Ataq Museum
Dimensions: height: 7.3 cm (restored), diam. at widest point: 8.2 cm, diam. at base: 4.4 cm, width at top: 2.4 cm (restored)

Description

The colour today is a grey tone. The thinly walled vessel is 1 mm thick at the thickest strengthening ribs. There are fourteen ribs spaced 1.8 cm apart. The base of the vessel is slightly raised. One extending upper fragment allows us to restore the vessel shape as curving steeply inwards to a narrow neck.

Bibliography

S.M. BERGMAN & A.Jr. OLIVER, 1980, *Ancient Glass : Ancient and Islamic Glass in the Carnegie Museum of Natural History*, Pittsburgh, p. 53, no. 39; Metropolitan Museum of Art, reg. no. 91.1320.

11. Pin (*cat.* 731, p. 172; *fig. 136*, p. 303; pl. 125)

Object: pin
Place of finding: Bir 'Alī settlement (Qāni'), Area 5
Dimensions: length: 15 cm
Materiel: bronze
Place of conservation: Ataq Museum

Description

The garment pin of bronze has a circular decorative end with a quadrafoil decoration. Below the round top there are five raised bands.

Bibliography

AKIL, Azza, 1993 *passim* (unpublished dissertation).

Discussion

The available comparative material for South Arabian chronological comparison remains small and with specific reference to the jewellery, unstratified except for the Ḥureidha material from graves, and also a few beads from Hajar bin Ḥumeid (the full Wadī al-Jubbah bead report was not available to me at this time). The following suggestions for our stratified material demonstrate the very unique assemblage at Qāni' where it must be remembered that only a small percentage of the pottery is local indigenous ware. The combination of artefacts in the hoard, and an absence of weaponry, suggests that the hoard be associated with a woman.

The assemblage was excavated in the building at Area 5 during the 1989 field season. It includes two necklaces, four ivory vessels, one inscribed ivory spoon, an ivory pin, one rock crystal amulet, a glass bowl, a bronze pin.

The agate beads on necklace 1 are large, well made and could be local. Caton Thompson makes the point that there is no reason to assume that agate is imported; my own enquiries make clear that cryptocrystalline deposits of quartz which occur in vugs in volcanic rocks are known in the Yemen, and recent work by the French [2] supports also the presence of local carnelian, another variety of quartz. Beck suggests to this author that further work on the Roman bead industry, its distribution and sources could lead to establishing Yemen as a producer of agate beads. Today it is referred to as « the stone of the Yemen ». The coral beads are unusual and rare. Beck for example makes no reference to coral beads at all and Dubin (*supra*) gives only two examples. The easy availability of the coral at Qāni' implies a local production of the beads. Small coral beads were found in the treasure at Pasargades in Iran and suggest that they were highly regarded. The gold beads are simple spheres with collar decoration that appears to imitate true granulation. Similar samples in the Aden Museum number only twenty three, and while Turner refers to the collars as wire, Akil does not describe any decoration on the collars. The spheres from Qāni' which are made in two parts are similar to plain beads from the East Greek cities and a maritime connection may be suggested. As it has not been possible to source the gold, such suggestions remain tentative. Necklace 2 is of a different style and clearly less prestigious. The mixed beads are randomly associated and there is a suggestion that the colour is defining value. A mixed stone necklace from Babylon dated to the first half of the first century B.C. is finer but smaller in concept. While Beck makes comparison with an East Mediterranean corpus when referring to the Ḥureidha material,[3] the growing corpus of beads suggests that an indigenous industry was in operation.

The "set" of ivory vessels are not exactly alike in pattern but they appear to be of a type and can be grouped together for discussion. A tall ivory cylinder in the Dijon Museum of unknown provenance is of the same type. Their workmanship follows the pattern of woodworking as can be seen in the example of a wooden box from Meroe. The small spoon with the name of the owner personalises the hoard and a comparison with kohl sticks published by d'Abbadie finds a bronze comparison dated to the late period in Egypt. A trade connection with the southern Nile city of Meroe in Africa seems most probable. The bronze and ivory pins must have been used to hold a draped fabric

2. M.-L. Inizan, M. Jazim & F. Mermier, 1992, « L'artisanat de la cornaline au Yemen : premières données », *Techniques et culture*, 20, p. 155-174.
3. Cf. H.C. Beck, 1944, « The beads », in G. Caton Thompson, *The Tombs and the Moon Temple of Hureidha (Hadhramaut)*, Oxford, p. 96-101.

XI

ARCHAEOZOOLOGICAL INVESTIGATIONS AT QĀNI'

Introduction

At Qāni', archaeological excavations were carried out since 1985 by members of the Institute of Oriental Studies of the Russian Academy of Sciences, Moscow, under the direction of Prof. A. Sedov (Sedov 1994).[1] In 1995 and 1996, the excavation was a joint Russian-French project. The Mission Archéologique Française dans le Jawf-Ḥaḍramawt, a team of the CNRS (UMR 5647)-Maison de l'Orient Méditerranén in Lyon under the direction of M. Mouton, excavated the area 7, a religious complex, the so-called temple. The occupation of the site started at the beginning of the 1st century A.D. and lasted until the 7th century A.D.

The faunal remains discussed in this paper have been collected during archaeological fieldwork in 1989, 1995 and 1996. They come from two areas, namely the settlement (area VI) and the temple (area VII). As to area VI, two occupation stages and different archaeological structures can be distinguished:

1) Settlement, 1st-2nd cent. A.D. (= lower period)
2) Settlement, 2nd-4th cent. A.D. (= middle period)
3) Fire-place 1, 2nd-4th cent. A.D. (= middle period)
4) Fire-place 2, 2nd-4th cent. A.D. (= middle period)

Most of the bones from the temple also date to the middle period.

Apart from a few remains of donkey, dog, cat and rat as well as two fragments of elephant ivory, the archaeofauna studied represents kitchen refuse. The state of preservation of the bones varies between the samples. The osseous remains from the two fire-places (area VI) are totally burnt and heavily fragmented, whereas the unburnt material of the same area consists of smaller and larger vertebra, rib, limb bone, tooth and skull fragments, exhibiting typical cut and chop marks. As to the bone sample from the temple (area VII), though unburnt, it is heavily fragmented due to trampling. These differences in size of bone fragments are reflected by the average bone weight of livestock remains in each unit as well as by the high percentage of tiny, unidentifiable fish bone fragments in the sample from area VII (*Table 13*):

Area/Species	cattle	dromedary	sheep and goat
Area VI, 1st-4th cent., unburnt	30 g	78 g	9 g
Area VI, fire-places	13 g	30 g	4.6 g
Area VII, temple, unburnt	8.6 g	32.5 g	3.4 g

1. A. SEDOV, 1994, « Qana' (Yemen) and the Indian Ocean. The archaeological evidence. Tradition and Archaeology », in *Early Maritime Contacts in the Indian Ocean. Proceedings of the International Seminar Techno-Archaeological Perspectives of Seafaring in the Indian Ocean, 4th cent. B.C.-15th cent. A.D.*, Manohar, New Delhi, p. 11-35.

Species composition

Table 1 lists the species and their absolute frequencies in the different excavation units. A total of 2,256 bones and shells could be identified, the bulk of the sample being produced by the younger occupation stage of the settlement (area VI). About 75% of the material identified belong to the domestic species cattle, dromedary, sheep, goat, pig, donkey, dog, cat and chicken. In all units one observes a preponderance of sheep and goat within the samples (*Table 1*). A comparison of the absolute frequencies of the livestock species from the two occupation stages reveals that in the course of time the importance of cattle and dromedary increases at the expense of sheep and goat (*Table 2*). While camel remains make out 5.6% of the assemblage in the earlier occupation phase, their quantity amounts to 15.8% in the middle period. Cattle also becomes more important, although less conspicuous compared to the dromedary (from 9.7 to 13.4%).

Table 2 records the total bone weight for each of the major domestic species. As body weight correlates with skeletal weight, it is possible to use the relative bone weights of the different domestic species to estimate their importance in the human diet. From these it can be seen that during the older occupation stage, about half of the meat consumed was supplied by small livestock (48%), followed by dromedary (31%) and cattle (21%). On the other hand, meat consumption during the younger occupation stage is characterised by a dominance of dromedary (52%), followed by sheep and goat (30%) and cattle (17%). Though bone fragment counts indicate that cattle were slaughtered more frequently during the younger occupation stage (*Table 1 and 2*), this is not reflected by its bone weight (*Table 2*). Apparently the cattle remains from the fire-places and the temple suffered a more intensive fragmentation compared to the bone material of the other species.

The skeletal distributions of the mammalian species according to archaeological unit and time period is given in *Table 3 to 6*. From these it can be seen that the domestic animals, used for meat consumption regularly, such as cattle, dromedary, sheep and goat, are represented by all parts of the body. This implies that they were slaughtered and processed within the settlement.

The remains of wild species make up one fourth of the total amount of faunal material collected. Wild mammals are represented, apart from the ivory pieces mentioned, for which no specific identification – Indian or African elephant – can be given, by two terrestrial species, namely Ibex *(Capra ibex)* and Black rat (*Rattus rattus*).

A number of marine species, such as green turtle, fish and molluscs also have been caught at sea or collected on the seashore. These animals also played a role in the economy of the site. Besides the inhabitants of Qāni' occasionally hunted sea birds and sometimes caught dolphins in their fishing nets.

Animal husbandry

Cattle generally were used for labour and/or transport purposes and only slaughtered as adult animals. A few subadult individuals are also recorded on the basis of three unfused limb bones (humerus, tibia, femur). A single fragment of an atlas indicates the presence of a calf. The few cattle bones measured represent small (*e.g.* scapula, metacarpus, second phalanx) and medium sized (tibia, tali, first phalanx) animals. Not a single bone enabled us to calculate the height at the withers of these animals, but a comparison between the measurements of cattle astragali (GL 59-70.5 mm) from Qāni' and those from other, osteometrically well documented (pre)historic cattle populations of the Near East, suggests a range in shoulder height of at least 1.15 to 1.25 m. As such, the relatively small size of the Qāni' cattle can be best explained by considering the natural environment in the vicinity of the site: with its scarce vegetation and arid climate, conditions for cattle breeding were not optimal at all. Though it is known that especially zebu cattle are well adapted to this kind of environment, we could find no osteological evidence for the presence of humped breeds near Qāni' in Antiquity.

As with cattle most of the camels were slaughtered at an advanced age after being used as pack, riding and draught animals for an extended period of time. Apart from remains of adult animals, the fauna also yielded a patella of a calf and a femur and a thoracic segment of a vertebral column of a juvenile individual. *Table 11* summarises the bone measurements; they suggest medium sized animals.

In contrast with the two species mentioned before, more precise information about the age distribution and body size of small livestock is available due to the larger sample size. As less than one third of the total amount of bone remains from small livestock generally can be assigned to the species level, sheep and goat should be treated together, for example when discussing the importance of small livestock in the diet of the site inhabitants.

In the material of Qāni', 390 of 1261 bone fragments could be identified specifically, 98 belonging to sheep and 292 to goat, the ratio sheep to goat being about 1 to 3. Thus, goat husbandry seems to have been more important than the keeping of sheep (*Table 1*). In both animals, remains of females dominate (*Table 8*), suggesting the need for the milk. The kill-off pattern of small livestock moreover suggests that the site inhabitants slaughtered animals at any age, with a preference for adult animals, as can be seen from the age distributions of mandibles and postcranial elements (*Tables 7a and 7b*).

Some metapodials enabled us to calculate the height at the withers of *Ovis* and *Capra* (*Table 9*). All in all, the animals must have been quite small, the variation of the shoulder height of sheep ranging between 58 and 65 cm, with a mean of 61.5 cm (n = 4). Goats were on average even smaller than sheep, since their height at the withers varied between 48 and 62 cm, with a mean of 55 cm (n = 9). The smaller size of the goats perhaps reflects differences in the socio-economic position of the two species: sheep husbandry in a desert environment can only succeed if adequate fodder is supplied to the animals. Apparently this has been the case, if one considers the mean size of the sheep population at Qāni'.

Of special interest are the bone finds of pigs (*Table 1*). They pertain to very young animals and include two vertebrae, one rib fragment, a humerus and a femur (*Table 3 and 4*). One can only speculate about the origin of these remains. Were people able to raise pigs in reduced numbers under these extreme environmental conditions, or are we dealing here with salted and/or smoked meat (hams, cutlets), brought in by ship trade ? The latter hypothesis is invoked by Uerpmann and Uerpmann [2] to explain the presence of pig remains in the 3rd to 2nd millennium B.C. site of Qala'at al-Bahrain. For Qāni' also, the second hypothesis is more likely, given the younger age of the site and its function as a port for long-distance trade. On the other hand, if people have a good knowledge of animal

2. M. UERPMANN & H.-P. UERPMANN, 1994, « Animal bone finds from Excavation 520 at Qala'at al-Bahrain », in *Qala'at al-Bahrain*, vol. 1, Jutland Archaeological Society Publications XXX: 1, p. 424.

husbandry, it is possible to raise pigs even in arid environments. This is illustrated by the number of pig remains from other sites in the Gulf, *e.g.* Shimal[3] or Failaka.[4]

Domestic donkeys are represented by three bones from area VI (2nd-4th cent. A.D.; see *Table 4*), *i.e.* an axis, a humerus and a metacarpus. Two of these specimens could be measured: humerus, BT 57.3 mm and metacarpus, Bd 31.5, Dd 23.5 mm. The scarce evidence for this valuable species is due to the fact that its meat was not eaten on a regular basis by the inhabitants of the site, who had enough meat of better quality at their disposal.

Only two dog bones, a distal metacarpus from an adult, medium sized animal, and a radius from a newborn puppy, were found in the faunal sample (*Table 6*). Cats are represented by two bones as well (*Table 4*), a skull fragment and an incomplete left mandible, both from small animals. The mandible has a toothrow length (P3-M1) of 18.5 mm.

In contrast to pigs, chicken can be raised easily under arid conditions. Though a total of 6 bones (*Table 1*) gives the impression that its meat was negligible in the diet of the site inhabitants, it is noted that remains of poultry least likely survive the scavenging of dogs and other species.[5] The bones indicate small and slenderly built animals, as is illustrated by a few measurable skeletal parts: ulna, GL 60.4 mm; femur, Bd 12.5 mm; tarsometatarsus, Bp 13.0 mm.

Wild mammals and birds

The remains of Ibex were identified on the basis of their large size compared to goat bones. At least five bones of Ibex are present in the samples: a scapula (SLC 23.0; GLP 39.0; LG 35.0; BG 27.0 mm), a humerus (BT 40.0 mm), a femur (Bd 50 mm), the shaft of a tibia and an astragalus (GLl 36.0, GLm 35.0; Dl 18.3, Bd 23.0 mm).

South Yemen belongs to the former distribution area of the Nubian ibex, *Capra ibex nubiana,* which included the southern parts of Palestine, the mountain ranges on both sides of the Red Sea and the Ethiopian region of Africa. In the second half of the 20th century, this bovid species still survived in the mountainous hinterland of South Yemen and in the Ḥaḍramawt region.[6] As mountain dwellers the animals were certainly not killed in the vicinity of Qāni', but brought to the site after a successful hunt.

The Black rat, represented by two femora and a tibia (*Table 6*) from subadult individuals, probably was an unwelcome, but quite common inhabitant of a settlement with a port like Qāni'.

---

3. A. von den Driesch, 1994, « Viehhaltung, Jagd und Fischfang in der bronzezeitlichen Siedlung von Shimal bei Ras al-Khaimah/U.A.E. », in *Beiträge zur Altorientalischen Archäologie und Altertumskunde. Festschrift für Barthel Hrouda*, Harrassowitz Verlag, Wiesbaden, p. 73-85.
4. J. Desse & N. Desse-Berset, 1990, « La Faune : Les Mammifères et les Poissons », in *Failaka. Fouilles Françaises 1986-1988*, ed. par Y. Calvet et J. Gachet, Travaux de la Maison de l'Orient Méditerranéen 18, Lyon, p. 51-70.
5. Ø.S. La Bianca, 1995, « Ethnoarchaeological and Taphonomical Investigations in the Village of Hesban », in *Hesban 13, Faunal Remains*. Ø.S. La Bianca & A. von den Driesch (eds), Andrews Univ. Press, Berrien Springs, Michigan, pp. 17-32.
6. D.L. Harrison & P.P.J. Bates, 1991, *The Mammals of Arabia*, Harrison Zoological Museum Publication (2nd ed.), Sevenoaks, Kent., p. 183.

Dolphins can be caught by accident in fishing nets or can be actively hunted, using boats and harpoons. The comparatively low number of dolphin remains – two lumbar vertebrae of an almost two meter long specimen (*pl. 129: 3*) – suggests, however, that the site inhabitants were not particularly interested in obtaining this marine mammal.

Occasionally birds, frequenting the seashore near the site, were also hunted. Three species are recorded in the faunal material from Qāni', namely Hemprich's gull, Masked booby and a duck, probably the Wigeon or the Gadwall. Hemprich's gull is quite frequently observed near Qāni' today, the other two species visit the area only occasionally, the duck presumably as a winter guest. Two left humeri of Hemprich's gull indicate the presence of more than one individual. An almost complete carpometacarpus has a greatest length (GL) of 53.4 mm.

The only bone fragment of the Masked booby is a distal end of a humerus with a greatest distal breadth (Bd) of 24.0 mm.

The duck as well is represented by a humerus, its greatest distal breadth (Bd) being 13.5 mm.

Green turtle

The remains of turtle are quite numerous. As far as the state of preservation allowed a specific identification, only the green turtle, *Chelonia mydas,* could be recognised among the remains. The green turtle is the "soup" turtle of today, its meat being very tasty. Apparently the inhabitants of ancient Qāni' appreciated its meat too. The material consists of 160 pieces with a total weight of 4,285 g, the bulk of it being fragments of the carapace (*Table 12*). The variation in thickness of these finds indicates that mainly adult animals and occasionally juvenile individuals were captured. Fragmentary cervical vertebrae are relatively numerous. Seven femora (*pl. 129: 2*) represent different individuals, namely five large to very large (greatest length of the femora 145, 150, and 190 mm) and two medium sized specimens, whose femora could not be measured.

Bone weight of turtles does not correlate in a similar ratio to meat weight as is observed in mammals (*Table 2*). The turtle skeleton with its carapace is relatively heavy, so the animals yield less meat relative to their body weight compared to for example cattle. Yet the frequency of the turtle bones in the material from Qāni' underlines the importance of the species in the diet of the site inhabitants.

Chelonia mydas lives in shallow coastal waters and can be speared from a boat. The animals are also often caught in fishing nets.

Fish

The fauna from Qāni' yielded 1,070 bones of fish. Of these, 749 fragments could not be identified (*Table 13*), due to the poor state of preservation, especially in area VII (temple). The sample is dominated by vertebrae (*fig. 128: 6*), many of which can only be assigned taxonomically to the family level (*Table 13*).

The family *Serranidae* is the most numerous group within the sample, particularly the genus *Epinephelus*, excellent eating fishes. The 75 *Epinephelus* bones represent at least 20 individuals with an estimated size variation between 20-30 and 70-80 cm total length. Some serranid remains could not be identified to the genus level: they may belong to species of the genus *Epinephelus*, but members of the genus *Cephalopholis* cannot be excluded in every case. Two huge praecaudal vertebrae fit best the corresponding skeletal parts of the Humpback grouper *(Cromileptes altivelis)* of the reference collection of our institute. This predatory species lives in the vicinity of coral reefs.

The *Carangid* family – today one of the most important groups of commercial fishes – is represented by 85 bone fragments of at least five different genera. The dominant species is the Longnose trevally, *Caranx (Carangoides) chrysophrys*. Large individuals of this species (with total lengths up to 80 cm) are characterised by a swelling of the occipital crest and the supraoccipital bone.[7] These osseous tumours are "sausage"-shaped (*pl. 128: 1a and b*) and, as such, are characteristic for this species. Other members of the Carangidae present in the material from Qāni' are the Yellowspotted trevally, *Carangoides fulvoguttatus*, the Golden trevally, *Caranx (Gnathanodon) speciosus*, the Snubnose pompano, *Trachinotus blochii*, the Talang queenfish, *Scomberoides commersonnianus*, and a scad, *Decapterus spec*. The ichthyofauna also contains a number of cleithra exhibiting hyperostoses at their distal ends; a species identification for these specimens as well as for a number of vertebrae cannot be given for the moment.

Many members of the *Carangid* family are pelagic species preferring the open sea, though some of them are also found near coral reefs.

Identification of *Sparids*, the next most numerous group within the sample (*Table 13*), is based essentially on jaw elements. Larger individuals of the King soldierbream, *Argyrops spinifer*, have also been recognized because of the presence of hyperostoses on certain elements of the neurocranium and on the first dorsal basalia. In this species, hyperostosis is not confined to the supraoccipital bone but also extends to the frontal bone (*pl. 128: 2a and b*), which facilitates its identification. All the hyperostotic skull remains of *Argyrops spinifer* come from very large (and old) fish, ranging in size between 60 and 70 cm total length, whereas other bones testify that also smaller, younger individuals of about 40 cm total length were caught. *Argyrops spinifer* frequents a wide range of habitats. The juveniles are found closer to the shore. Adults, like those found at Qāni', usually occur in the deeper parts of the coastal facies, generally between 30 and 100 m.[8]

The Picnic seabream or Doublebar bream, *Acanthopagrus berda*, another excellent eating fish of the sparid family, is also present in the sample. All the bone material comes from the same archaeological unit (area VII, UF 64, e 216) and represents at least 2 individuals.

Another fairly abundant fish group in the sample of Qāni' are the tunas (*Table 13*). Tunas are open-water fish, seldom approaching the coast and ranging from surface waters to a depth of 250 m. Three very similar large to medium-sized tuna species occur in the waters near the south coast of Yemen: The Bigeye tuna, *Thunnus obesus*, the Yellowfin tuna, *Thunnus albacares*, and the Skipjack tuna, *Euthynnus (= Katsuwonus) pelamis*. All species

---

7. A. VON DEN DRIESCH, 1994, « Hyperostosis in fish », in *Fish Exploitation in the past Proceedings of the 7th meeting of the ICAZ Fish Remains Working Group*. Van Neer (ed.), Annales du Musée Royal de l'Afrique Centrale, Sciences Zoologiques no. 274, Tervuren, fig. 3.
8. W. VAN NEER & M. UERPMANN, 1994, « Fish remains from Excavation 520 at Qala'at al-Bahrain », in *Qala'at al-Bahrain*, vol. 1, Jutland Archaeological Society Publications XXX: 1, p. 449.

reach sizes up to 80 cm total length. A comparison of the fossil bones of tuna with the reference collection of the institute reveals that the majority belong to the Yellowfin tuna.

A number of other bony fish species were recognised in the sample of Qāni', all of them good or even excellent foodfishes. A pectoral fin spine could only be identified as belonging to a catfish of the families *Ariidae* or *Plotosidae* (order *Siluriformes*). Barracudas of the genus *Sphyraena* were caught in a wide variety of age and body size, the total length variation ranging from 20 to 100 cm. The Spangled emperor, *Lethrinus nebulosus*, and the Masked triggerfish, *Sufflamen cf. fraenatus*, seem to have been captured more or less regularly, while the Cobia, *Rachycentron canadum* (*pl. 128: 3a and b*), the Snapper, *Lutjanus spec.*, the Threadfin bream, *Nemipterus spec.*, the Parrotfish, *Scarus spec.*, and the Wrasse, *Cheilinus spec.*, apparently were of less economic importance. The same is true for the only cartilaginous fish present in the material, a *Carcharhinus* shark. Three vertebrae from three individuals of this genus were found, one of them a large calcified and artificially perforated specimen (*pl. 128: 5*).

Molluscs

The species of molluscs identified are listed in *Table 14*. At least 6 species of bivalves, 5 species of marine gastropods and one unidentified cuttlefish are present in the faunal sample. Except for the *Mytilus* and *Ostrea* fragments, which represent consumption refuse, the low frequency of shells of other mollusc species suggests that they have been collected for other purposes. Apparently molluscs did not contribute much to the diet of the inhabitants of ancient Qāni'.

Conclusions

The site of Qāni' is located at the southern coast of Yemen. It is bordered by a dune field, the present-day vegetation consisting of herbs and shrubs. The treeless, desert hinterland is nearly denuded of any kind of ground vegetation. The region receives almost no rain. The local domestic stock consists of dromedary, sheep, goat and chicken. To the north of Qāni' there is a vulcanic mountain range. Its former vulcanic activity is testified by the big lava crumbs lying around at the coast.

Ancient Qāni', a well-known trading centre in Roman times, may have had broadly comparable environmental conditions. This is indicated by the species composition of the archaeofauna and the small size of the domestic animals, especially cattle, sheep and goat. However, if cattle breeding was practised by the inhabitants of the site, it implies a denser grass cover than observed in the area today. Animal husbandry (and perhaps agriculture) mainly took place in the wadī, for it can be assumed that in these, plant diversity and density may have been decidedly higher in Antiquity than at present.

In Antiquity, animal husbandry at Qāni' was dominated by sheep and goat, the animals being kept in or near the settlement for their milk and, in the case of sheep, to collect the wool. Cattle, dromedaries and donkeys were used for labour, presumably not only in agriculture and as riding or pack animals, but also in the harbour, for dragging boats onto the beach.

When they had served their time, cattle, sheep, goat and dromedary were slaughtered and their meat processed in the settlement. During the younger occupation stage, however, an augmentation in the consumption of dromedary meat is observed (*Table 2*). If not related to an increased population density at Qāni', this change might reflect a growing demand for provisions for the seamen on the trade vessels.

Besides domestic stock, the fauna of Qāni' shows that sea turtles and fish contributed significantly to the diet of the site inhabitants. The presence of a wide variety of fish species has been noted. Most of them are either pelagic animals or dwellers of deeper waters, but there is evidence for species living near coral reefs. Consequently, fishing was practised in coastal waters as well as in the open sea, implying a diversified set of fishing techniques.

All in all, the archaeofauna from the site of Qāni' reflects an economy essentially based on local animal husbandry. A good deal of animal proteins were supplied by fishing, whereas hunting activities did contribute insignificantly to the diet of the site inhabitants. The only bone finds suggesting long-distance trade of food stuffs are the remains of pig, which might have been consumed at the site in form of salted and/or smoked meat.

***Table 1.* Species list and numeric distribution according to topography and periods.**

	Area VI 1-2 c. A.D.	Area VI 2-4 c. A.D.	Area VI fire-place 1 2-4 c. A.D.	Area VI fire-place 2 2-4 c. A.D.	Area VII Temple 2-4 c. A.D.	Total
Domestic						
Cattle, *Bos taurus*	48	122	4	5	30	209
Dromedary, *Camelus dromedarius*	28	172	7	9	1	217
Sheep, *Ovis aries*	35	56	4	1	2	98
Sheep or Goat	279 - 418	421 - 640	39 - 52	45 - 52	87 - 99	871-1261
Goat, *Capra hircus*	104	163	9	6	10	292
Pig, *Sus scrofa domesticus*	2	3	-	-	-	5
Donkey, *Equus asinus*	-	3	-	-	-	3
Dog, *Canis familiaris*	-	-	-	-	2	2
Cat, *Felis catus*	-	2	-	-	-	2
Chicken, *Gallus gallus dom.*	-	3	-	-	3	6
Sum domestic	496	945	63	66	135	1,705
Wild						
Ivory	-	-	-	-	2	2
Ibex, *Capra ibex*	3	1	-	-	1	5
Black rat, *Rattus rattus*	-	-	-	-	3	3
Bottle-nosed dolphin, *Tursiops truncatus*	-	2	-	-	-	2
Hemprich's gull, *Larus hemprichii*	-	4	-	-	-	4
Masked booby, *Sula dactylatra*	1	-	-	-	-	1
Wigeon or Gadwall, *Anas penelope* or *A. strepera*	-	-	-	-	1	1
Green Turtle, *Chelonia mydas*	7	93	8	14	38	160
Fish, *Pisces*	3	50	36	5	227	321
Molluscs, *Mollusca*	3	25	1	-	23	52
Total	513	1,120	108	85	430	2,256

***Table 2*. Numeric distribution of the bones of the most important domestic animals, and bone weights.**

	Number of bones				Bone weight			
	Area VI 1st-2nd c. A.D.		Area VI and VII 2nd-4th c. A.D.		Area VI 1st-2nd c. A.D.		Area VI and VII 2nd-4th c. A.D	
	N	%	N	%	g	%	g	%
Cattle	48	9.7	161	13.4	1,640	20.8	3,653	17.0
Dromedary	28	5.6	189	15.8	2,430	30.8	11,184	52.1
Sheep and Goat	418	84.3	843	70.3	3,785	48.1	6,472	30.1
Pig/Donkey	2	0.4	6	0.5	0,022	0.3	0,164	0.8
Sum	496	100	1,199	100	7,877	100	21,473	100

***Table 3*. Area VI, 1st-2nd cent. A.D. Skeletal distribution of mammalian bones.**

	Cattle	Drome-dary	Sheep	S/G	Goat	Pig	Ibex
Cranium	2	1	1	15	29	-	-
Mandible	2	3	-	22	-	-	-
Dentes	1	-	-	-	-	-	-
Vertebra	8	6	-	62	-	-	-
Ribs	4	4	-	28	-	-	-
Scapula	4	3	6	29	17	-	1
Humerus	2	2	2	15	10	1	-
Radius	1	-	4	25	5	-	-
Ulna	-	2	-	3	1	-	-
Metacarpus	3	2	5	9	15	-	-
Pelvis	5	-	3	17	7	-	-
Femur	5	4	1	24	3	1	1
Tibia	4	1	3	20	1	-	-
Tarsus	3	-	1	4	6	-	1
Metacarpus	1	-	7	6	7	-	-
Phalanges	4	-	2	-	3	-	-
Sum	48	28	35	279	104	2	3

***Table 4*. Area VI, 2nd-4th c. A.D. Skeletal distribution of mammalian bones.**

	Cattle	Drome-dary	Sheep	S/G	Goat	Pig	Don-key	Ibex	Cat
Cranium	4	-	4	30	29	-	-	-	1
Mandible	3	2	-	29	-	-	-	-	1
Dentes	-	1	-	-	-	-	-	-	-
Vertebra	36	45	-	69	7	2	1	-	-
Ribs	21	36	-	50	-	1	-	-	-
Scapula	8	8	6	30	15	-	-	-	-
Humerus	6	10	6	27	19	-	1	1	-
Radius	3	13	7	44	14	-	-	-	-
Ulna	4	2	-	5	3	-	-	-	-
Carpus	-	2	-	-	-	-	-	-	-
Metacarpus	5	8	8	7	20	-	1	-	-
Pelvis	2	6	11	39	10	-	-	-	-
Femur	7	10	2	31	5	-	-	-	-
Patella	-	2	-	-	-	-	-	-	-
Tibia	10	6	1	47	8	-	-	-	-
Tarsus	6	9	1	2	12	-	-	-	-
Metatarsus	2	2	7	10	15	-	-	-	-
Phalanges	5	10	3	1	6	-	-	-	-
Sum	122	172	56	421	163	3	3	1	2

***Table 5a*. Area VI, Fire-place 1. Skeletal distribution of mammalian bones.**

	Cattle	Drome-dary	Sheep	S/G	Goat
Cranium	1	1	-	1	2
Mandible	1	-	-	3	-
Vertebra	-	2	-	7	-
Ribs	-	3	-	2	-
Scapula	-	-	-	3	-
Humerus	-	-	-	2	2
Radius/Ulna	-	-	-	1	-
Metacarpus	-	-	-	3	1
Pelvis	1	-	3	11	1
Femur	-	-	-	3	1
Tibia	-	-	-	2	-
Tarsus	-	1	1	-	-
Metatarsus	-	-	-	1	2
Phalanges	1	-	-	-	-
Sum	4	7	4	39	9

***Table 5b*. Area VI, Fire-place 2. Skeletal distribution of mammalian bones.**

	Cattle	Drome-dary	Sheep	S/G	Goat
Cranium	2	-	1	6	1
Mandible	-	1	-	5	-
Vertebra	1	4	-	5	1
Ribs	1	-	-	-	-
Scapula	-	-	-	6	-
Humerus	-	1	-	1	-
Radius/Ulna	-	-	-	2	1
Metacarpus	-	1	-	-	1
Pelvis	1	-	-	8	-
Femur	-	-	-	4	-
Tibia	-	1	-	6	-
Metatarsus	-	-	-	1	2
Phalanges	-	1	-	1	-
Sum	5	9	1	45	6

***Table 6*. Area VII, 2nd-4th cent. A.D., temple. Skeletal distribution of mammalian bones.**

	Cattle	Drome-dary	Sheep	S/G	Goat	Ibex	Dog	Rat
Cranium	2	-	-	2	-	-	-	-
Mandible	3	-	-	5	-	-	-	-
Dentes	4	-	-	12	-	-	-	-
Vertebra	7	-	1	17	-	-	-	-
Ribs	1	-	-	8	-	-	-	-
Scapula	-	-	-	2	-	-	-	-
Humerus	2	-	-	3	3	-	-	-
Radius/Ulna	5	-	-	5	-	-	1	-
Metacarpus	2	-	-	3	-	-	1	-
Pelvis	1	-	-	1	-	-	-	-
Femur	1	-	-	6	-	-	-	2
Tibia	1	1	-	12	1	1	-	1
Talus	-	-	-	1	1	-	-	-
Metatarsus	1	-	1	5	1	-	-	-
Phalanges	-	-	-	5	4	-	-	-
Sum	30	1	2	87	10	1	2	3

***Table 7a*. Sheep/Goat. Age distribution testified by the upper and lower jaw bones. (+/- in eruption, + slightly worn, ++ middle worn, +++ heavily worn)**

Tooth eruption and tooth wear	1st-2nd c. A.D		2nd-4th c. A.D.		Age in months
	upper jaw	lower jaw	upper jaw	lower jaw	
M1 +/-	-	-	1	1	3
M1+,M2-	1	-	-	-	
M2+/-	-	2	-	1	9
M2+,M3-	-	-	-	5	
M3+/-	2	-	2	-	18
M3+	5	12	7	9	20-24
M3++	1	4	1	2	
M3+++	-	-	-	1	
Sum	9	18	11	19	

***Table 7b*. Sheep/Goat. Age distribution testified by the epiphyseal fusion of some limb. bones.(-not fused, +/-infusion, +fused) prox = proximal, dist = distal, O = Sheep, C = Goat**

	1st-2nd c. A.D			2nd-4th c. A.D.			Age in months
	O	O/C	C	O	O/C	C	
Humerus							
dist+/-	-	5	1	-	4	3	15
dist+	1	1	10	4	1	17	> 15
prox-/prox+/-	- / 2	1 / -	- / 1	- / 1	6 / 1	- / -	< 42 (3,5 years)
prox+	-	-	-	1	2	1	> 42 (3,5 years)
Radius							
prox-	-	1		-	3		< 15
prox+	3	-	4	5	3	10	> 15
dist-	-	11	-	2	19	1	< 42
dist+	1	-	1	1	1	5	> 42
Tibia							
dist-		13			7		< 18
dist+	3	-	1	1	2	7	> 18
prox-	-	1	-	-	9	-	< 42
prox+	-	1	-	-	7	-	> 42
Metapodials							
dist-	4		19	2		18	< 18
dist+	5		10	6		18	> 18

***Table 8*. Sheep/Goat. Sex distribution testified by the pelvic bones.**

	1st-2nd c. A.D	2nd-4 th c. A.D.
Ovis-Pelvis female	2	8
Ovis-Pelvis male	1	4
Capra-Pelvis female	7	11
Capra-Pelvis male	1	2
O/C-Pelvis female	-	2
O/C-Pelvis male	-	2

***Table 9*. Sheep/Goat. Bone measurements.**
O = Sheep, C = Goat

					Humerus					
					1st-2nd c. A.D					
Species	C	C	C	C	C	C	C	C	C	O
BT	32,0	30,0	28,0	28,0	27,0	27,0	26,0	25,0	24,0	23,5
					2nd-4 th c. A.D.					
Species	C	O	C	C	C	C	C	C	C	C
BT	35,5	33,0	32,0	31,0	30,5	29,5	29,5	28,0	28,0	28,0
Species	O	C	C	O	C	C	C			
BT	27,5	27,5	25,5	25,5	25,0	25,0	22,5			
					Radius					
					1st-2nd c. A.D					
Species	O	C	C	O	C					
Bp	28,5	28,5	27,5	27,0	26,5					
BFp	27,0	27,5	27,0	26,5	26,0					
Bd	25,2	30,0								
					2nd-4 th c. A.D.					
Species	C	C	O	O	C	O	C	C	C	O
Bp	34,8	33,0	32,0	28,5	28,0	28,0	27,5	27,0	26,0	26,0
BFp	32,0	32,0	30,0	27,0	27,5	26,0	26,0	26,0	25,0	24,0
Bd	29,5	25,5			25,5		24,2			
					Metacarpus					
		1st-2nd c. A.D					2nd-4 th c. A.D.			
Species	O	C	O			C	C	C	C	
GL	129,0	106,5	122,0			107,8	96,0	88,0	85,0	
Bp	-	21,7	21,0			22,2	20,0	19,0	-	
SD	13,0	14,8	12,5			14,2	13,5	13,0	11,0	
Bd	24,0	28,0	22,5			26,0	24,0	22,5	19,0	
Withers-height cm	63,1	61,3	59,7			62,0	55,2	50,6	50,0	

	Metacarpus					
	1st-2nd c. A.D					
Species	C	O	O	C	C	C
Bp	23,5	23,5	23,5	22,5	22,5	22,0
Species	C	C	C			
Bd	27,5	22,5	22,0			
	2nd-4 th c. A.D.					
Species	C	C	C	O		
Bp	23,0	22,6	21,0	20,0		
Species	C	C	C			
Bd	27,5	24,5	23,0			

	Tibia					
	1st-2nd c. A.D					
Species	O	O	O			
Bd	29,6	26,0	23,0			
	2nd-4 th c. A.D.					
Species	C	C	C	C	C	C
Bd	25,0	25,0	24,0	23,0	22,5	22,0
Species	C	C	O			
Bd	21,5	21,0	21,0			

	Talus					
	1st-2nd c. A.D					
Species	Ibex	C	C	C		
GLl	36,0	26,0	25,5	25,3		
GLm	35,0	25,2	23,8	23,0		
Dl	18,3	14,0	14,0	13,0		
Bd	23,0	16,5	16,2	15,2		
	2nd-4 th c. A.D.					
Species	C	C	C	C	C	C
GLl	29,0	27,0	27,0	27,0	23,5	22,0
GLm	27,5	25,0	24,0	-	22,5	21,0
Dl	15,5	14,0	14,5	13,0	12,5	12,3
Bd	18,0	17,0	16,8	-	15,5	14,3

	Calcaneus				
	1st-2nd c. A.D		2nd-4 th c. A.D.		
Species	C		O	C	O
GL	51,0		56,5	50,0	47,0
GB	17,0		19,0	17,0	16,2

	Metatarsus					
	1st-2nd c. A.D		2nd-4 th c. A.D.			
Species	O	C	O	C	C	C
GL	143,0	99,0	128,5	107,5	104,5	91,0
Bp	18,5	16,8	18,0	19,0	17,5	15,0
SD	10,2	9,5	11,0	12,0	10,7	9,0
Bd	22,0	20,0	22,0	24,0	21,8	18,5
Withers-height cm	64,9	52,9	58,3	57,4	55,8	48,6

	Metatarsus				
	1st-2nd c. A.D.			2nd-4 th c. A.D.	
Species	C	O	O	O	C
Bp	19,5	19,5	19,5	21,0	19,0

	Metatarsus								
	1st-2nd c. A.D.				2nd-4 th c. A.D.				
Species	C	O	O	O	C	O	O	O	C
Bd	24,0	24,0	23,7	22,2	25,2	24,0	24,0	23,0	22,0

	Phalanx 1								
	1st-2nd c. A.D.		2nd-4 th c. A.D.						
Species	C	O	O	C	C	C	O	C	O
GLpe	35,0	33,0	39,5	38,5	33,0	33,0	33,0	32,0	31,0
Bp	14,0	10,5	12,0	13,0	12,0	11,0	11,5	9,5	11,0
SD	11,3	8,5	9,4	11,5	9,2	8,8	9,0	7,0	9,0
Bd	13,0	9,8	11,0	13,5	12,0	11,5	10,5	9,5	10,0

***Table 10*. Cattle, bone measurements (2nd-4 th *c.* A.D.)**

Scapula	
KLC	-
GLP	62,0
LG	52,0
BG	41,5

Metacarpus	
Bd	53,5

Tibia	
Bp	89,0

Phalanx 2	
GL	35,0
Bp	26,0
SD	21,0
	ant.

Talus				
GLl	59,0	69,5	68,5	70,5
GLm	56,0	64,0	62,0	66,0
Dl	31,0	37,0	37,0	38,5
Bd	37,0	45,0	42,0	44,5

Phalanx 1				
GLpe	56,5	59,0	55,0	50,0
Bp	24,0	30,0	25,5	25,0
SD	20,0	-	22,5	21,5
Bd	23,5	-	25,0	26,0
	post.	post.	ant.	ant.

Table 11. **Dromedary, bone measurements.**

Scapula (2nd-4th c. A.D.)		
KLC	-	-
GLP	112,5	-
LG	-	73,0
BG	57,0	60,0

Talus (2nd-4th c. A.D.)		
GLl	81,5	75,5
GLm	73,0	68,0
Dl	46,0	42,0
Bd	53,5	50,0

Tibia (2nd-4th c. A.D.)	
Bp	(115)

Humerus (1st-2nd c. A.D.)	
Bd	99,0
BT	84,0

Calcaneus (2nd-4th c. A.D.)	
GL	132,0
GB	51,0

Radius (2nd-4th c. A.D.)	
Bd	99,0
BT	84,0

	Phalanx 1 (2nd-4th c. A.D.)		**Phalanx 2** (2nd-4th c. A.D.)		
GL	92,0	86,0	59,5	57,5	59,5
Bp	35,5	33,0	30,0	34,0	32,0
SD	20,0	18,8	25,5	28,0	27,5
Bd	32,0	34,0	35,0	31,5	31,5
	post.				

Table 12. Cheloniamydas, **Skeletal distribution.**

	AreaVI 1st-2nd c. A.D.	AreaVI 2nd-4th c. A.D.	AreaVI Fire places	AreaVII temple	Total
skull	1	-	-	-	1
vertebrae	1	-	-	20	21
shouldergirdle	-	1	-	-	1
humerus	-	1	-	-	1
radius / ulna	-	1	-	-	1
pelvicgirdle	1	5	-	-	6
femur	-	7	-	-	7
tibia	1	1	-	-	2
carapace	3	77	22	18	120
sum	7	93	22	38	160

***Table 13*. Fish species list.**

	AreaVI 1-2 c. A.D.	AreaVI 2-4 c. A.D.	fire-place 1	fire-place 2	AreaVII 2-4 c. A.D.	Total
Shark, *Carcharhinusspec.*	-	1	-	-	2	3
Barracuda, *Sphyraenaspec.*	-	1	-	-	12	13
Yellowfintuna, *Thunnuscf. albacares*	2	8	9	-	-	19
Thunnusspec.	-	-	-	-	1	1
Euthynnusspec.	-	-	-	-	3	3
Indian mackerel, *Rastrelligerkanagurta*	-	-	-	-	3	3
*Scombridae*indet.	-	-	-	-	4	4
Longnosetrevally, *Caranx (Carangoides) chrysophrys*	-	13	25	1	1	40
Yellow spotted trevally, *Carangoidescf. fulvoguttatus*	-	4	-	1	-	5
Carangoidesspec.	-	-	-	-	3	3
Golden trevally, *Caranx (Gnathanodon) speciosus*	-	-	-	-	1	1
Scad, *Decapterusspec.*	-	-	-	-	1	1
Snub nose pompano, *Trachinotusblochii*	-	-	-	-	4	4
Talang queen fish, *Scomberoidescommersonnianus*	-	1	-	-	-	1
Carangidae indet.	1	4	1	2	22	30
Cobia, *Rachycentroncanadum*	-	-	-	-	2	2
Humpback grouper, *Cromileptesaltivelis*	-	2	-	-	-	2
Grouper, *Epinephelusspec.*	-	1	-	-	74	75
Serranidae indet.	-	2	-	-	8	10
Snapper, *Lutjanusspec.*	-	-	-	-	9	9
Threadfin bream, *Nemipterusspec.*	-	-	-	-	4	4
Spangled emperor, *Lethrinus nebulosus*	-	-	-	-	22	22
King soldier bream, *Argyrops spinifer*	-	12	1	1	6	20
Picnic sea bream, *Acanthopagrusberda*	-	-	-	-	11	11
Sparidae indet.	-	1	-	-	-	1
Wrasse, *Cheilinusspec.*	-	-	-	-	2	2
Labridae indet.	-	-	-	-	1	1
Parrot fish, *Scarusspec.*	-	-	-	-	3	3
Masked trigger fish, *Sufflamencf.fraenatus*	-	-	-	-	14	14
Percoidei	-	-	-	-	9	9
Perciformes	-	-	-	-	4	4
Siluriformes	-	-	-	-	1	1
Sum	3	50	36	5	227	321
Unidentified fish bones	-	2	7	-	740	749

Table 14. **Mollusc species list.**

	AreaVI 1st-2nd c. A.D.	AreaVI 2nd-4th c. A.D.	fire-place 2	AreaVII 2nd-4th c. A.D.	Total
Unidentified Sepia	-	2	-	8	10
Mytilusviridis	-	1	-	9	10
Ostreacucullata	3	5	-	1	9
Pectenerythraeensis	-	1	-	-	1
Pinctadaspec.	-	2	-	-	2
Mactraglabrata	-	1	-	-	1
Diodoraspec.	-	1	-	-	1
Bivalviaindet.	-	12	-	-	1
Turbobrunneus	-	1	-	-	1
Monodontavermiculata	-	1	-	-	1
Lithophagacumingiana	-	2	-	-	2
Cypraeamoneta	-	1	-	-	1
Conusspec.	-	1	-	1	2
Gastropodaspec.	-	5	1	4	10
Sum	3	25	1	23	52

XII

COINS FROM BIR 'ALĪ SETTLEMENT (ANCIENT QĀNI')

Altogether 765 coins were found in the course of excavations at the Bir 'Alī settlement (ancient Qāni') during the 1985-95 campaigns – the number includes 72 pieces collected from the surface of the site. The entire material is stored in the 'Ataq National Museum, Shabwa Governorate. In addition, the *Catalogue of coins* below registered one coin, which was found, as reported in 1987, in the ruins of an ancient site in the mouth of Wadī Sana', the very eastern extremity of the Wadī Ḥaḍramawt = Wadī Masila, in or nearby the ruins of the temple complex known as Ḥuṣn al-Qays (the coin is in the Say'un National Museum, Ḥaḍramawt Governorate). The majority of the pieces were identified and attributed to certain South Arabian pre-Islamic series: they represent Ḥaḍrami, Sabaean and Ḥimyarite coinages. A number of pieces, because of their rather poor state of preservation, were identified only generally as Ḥaḍrami (34 pieces, 4.5% of the total coins finds) and Late Ḥimyarite (65 pieces, 8.6% of the total coins finds) series. A few foreign coins, an Eastern Arabian issue, two Aksumite series and an unidentified coin, were also registered. *Table 1* summarises the distribution of the pieces according to their provenance (see below). The description and the *Catalogue of coins* below were arranged in order proposed and developed by the author.[1]

Coinage of Ḥaḍramawt

More than 66% of all registered pieces belong to the coinage of the ancient Ḥaḍramawt Kingdom.

The earliest coins revealed so far at Bir 'Alī settlement (ancient Qāni') are series of the early Ḥaḍramawt imitations of Athenian tetradrachms (series *head/owl*).[2] Altogether 9 pieces (1.2% of the total coins' finds) were found on the surface of the site and in its different strata. They represent two types of the early Ḥaḍramawt imitations: with pseudo-Greek legend (type 1.1) and with Ḥaḍrami legend (type 1.2). The obverse of the type 1.1 (see *Catalogue of coins*, n° 1, 326, 520-521, 615, 629, 677-678; *pl. 137*) bears the head of Athena facing to the right adorned with something similar to triangles or triangular rays (apparently the image derived from the head of Athena wearing a helmet adorned with olive leaves). The pieces of type 1.2 (see *Catalogue of coins*, n° 496) show a male (?) head facing to the right instead of Athena's image. The reverse of both types bears an owl standing to the right with head facing front, traces of crescent with horns down on top left, and vertical legend on right. Imitations of type 1.1 bear pseudo-Greek legend ΑΘΕ (Θ usually showed as a dot), while Ḥaḍrami legend on the coins of type 1.2 reads 𐩦𐩤𐩧 = s^2qr, which was the

1. A.V. SEDOV, 1998, *Moneti drevnego Hadramauta (The Coinage of Ancient Ḥaḍramawt)*, Moscow, RosCentr.; A.V. SEDOV, 2005, *Drevnij Hadramaut. Ocherki arheologii i numizmatiki (Ancient Ḥaḍramawt. Essays on Archaeology and Numismatics)*, Moscow, Vostochnaja literatura, p. 359-419.
2. SEDOV, *Moneti*..., p. 21-35; SEDOV, *Drevnij Hadramaut*..., p. 368-375.

name of the royal palace in Shabwa, the capital of ancient Ḥaḍramawt Kingdom, and, at the same time, the designation of the royal mint.[3]

Coins of both types were struck in bronze on uneven, often triangular rather thick (4.5-6.0 mm) flans, 8-12 x 10-13 mm in size. Their weights are irregular, from 1.45 to 2.69 g, representing, probably, one denomination (the coin of the type 1.2 is very light – only 0.54 g). Unfortunately, no traces of value-marks are preserved on the obverse of the pieces. The die-axis could be distinguished in two cases only: they are on 12.00 and 10.00 o'clock.

The early Ḥaḍramawt imitations of the series *head/owl*, both with pseudo-Greek and Ḥaḍrami legends on the reverse, were reported from the Ḥuraiḫar hoard found in the Wadī Dau'an (Inner Ḥaḍramawt) in 1989.[4] Single pieces are known also from occasional finds in Eastern Arabia,[5] from the American and Italian excavations at Khōr Rōrī (ancient Sumhuram).[6] The Ḥaḍrami imitations with owl on the obverse were minted, most probably, between the second half of the 4th and the late 3rd or early 2nd centuries B.C. (mid 4th mid 3rd cent. B.C. for the imitations of the type 1.1, and mid 3rd-early 2nd cent. B.C. for the imitations of the type 1.2), but we cannot exclude the possibility that, like other ancient Ḥaḍramawt issues, they were still in use some time after the new series of the Ḥaḍramawt coinage appeared in the circulation. Unfortunately, the precise attribution of these coins to certain Ḥaḍrami rulers is a very hardly debated question.[7]

The next type of Ḥaḍramawt coinage found at Bir 'Alī settlement is a series of 20 bronzes (2.8% of the total coins finds), which bear a radiated male (?) head facing to the right on the obverse, while the reverse shows a winged caduceus accompanied with the name 𐩦𐩤𐩧 = s^2qr (vertical legend on the right) and a monogram  on the left (series *radiated head/winged caduceus*; type 3.0;[8] see *Catalogue of coins*, n° 2-3, 84-86, 152, 175, 215-216, 286, 432, 477, 497, 528-530, 554, 577, 590, 698; *pl. 135-138*). Coins were struck on uneven rather thick (3-5.5 mm) flans, 10-12 mm in diameter, very similar to the flans of the previous series. Their weights are irregular, from less than 1.00 g to a bit more than 2.00 g although lighter (0.43 and 0.49 g) and heavier (2.94 g) pieces are also known; die-axis is unstable.

Following a suggestion by Chr.J. Robin,[9] the monogram on the reverse could be deciphered as the name of Sumhuram (s^1mhrm), which designates, most probably, the name of a Ḥaḍrami ruler who minted this type of coins.[10] In addition to Bir 'Alī, pieces with winged caduceus are known from the excavations and surface finds at Shabwa, at Sumhuram in the Khōr Rōrī lagoon (modern Dhofar). They were picked up from the

---

3. On this subject see A.V. SEDOV, 2001, « The Coinage of Pre-Islamic Yemen: General Remarks », *Adumatu. A Semi-Annual Archaeological Refereed Journal on the Arab World.* Issue no. 3, January, p. 27.
4. SEDOV, *Moneti...*, p. 25-26; SEDOV, *Drevnij Hadramaut...*, p. 372-375.
5. R.C. SENIOR, 1994, *Trade and Coinage in Eastern Arabia c. 100 BC–100 AD,* London, no. A4.
6. A. AVANZINI & *al.*, 2001, *Excavations and Restoration of the Complex of Khor Rori. Interim Report (October 2000 – April 2001).* Pisa, p. 36; A.V. SEDOV, 2002, « The coins from Sumhuram: the 1997-2000 seasons », in *Khor Rori Report 1*, ed. by A. Avanzini, Pisa, p. 249-270.
7. SEDOV, *Moneti...*, p. 26-35; SEDOV, *Drevnij Hadramaut...*, p. 383-389.
8. See SEDOV, *Moneti...*, p. 70-75; SEDOV, *Drevnij Hadramaut...*, p. 376-380.
9. See A.V. SEDOV & U. 'AYDARUS, 1995, « The Coinage of Ancient Ḥaḍramawt: the Pre-Islamic Coins in the al-Mukalla Museum », *Arabian Archaeology and Epigraphy (AAE)*, 6/1, p. 44.
10. Its earlier interpretation as the name of the mint located in the daughter-city founded on the coast of Dhofar by colonists from Shabwa (SEDOV & 'AYDARUS, « The Coinage... », p. 44) cannot be maintained anymore (cf. SEDOV, *Moneti...*, p. 72-74; SEDOV, *Drevnij Hadramaut...*, p. 388-389).

surface of al-Barīra settlement in the Wādī Ğirdān.[11] Two pieces were found rather far away from the political frontiers of the ancient Ḥaḍramawt Kingdom – in Mleiha oasis and at ed-Dur settlement in the Eastern Arabia.[12]

Typologically coins with caduceus represent the continuation of series with owl on the reverse: very often they are struck on similar irregular and rather thick flans; the radiated head on the obverse can be considered as the next and, probably, the final phase of the derivative image of Athena wearing a helmet adorned with olive leaves: the successfully accumulated distortions of the image of Athena result finally in the appearance of a male (?) head adorned with triangles on the obverse; the style and place of legend 𐩪𐩤𐩧 = *s²qr* on the reverse are absolutely identical on both series.

The representation of caduceus on the coins from Ḥaḍramawt reminds the image on the reverse of bronze coins of the king Aminta minted in Galatia in 36-26 B.C.[13] On the other hand, it is hardly likely that coins from Asia Minor give the *terminus post quem* for the Ḥaḍrami series with caduceus: at Sumhuram in the Khōr Rōrī lagoon they are found in the layers securely dated close to the late 3rd-2nd centuries BC. According to the stratigraphical finds from the Bir ʿAlī excavations, the coins remained in circulation during, at least, the 1st and, probably, some part of the 2nd centuries AD.

The coinage of Yashhur'il Yuhar'ish, son of Abiyaśaʿ, *mukarrib* of Ḥaḍramawt is represented by 26 pieces of his series *head/eagle* (type 4.0), which corresponds roughly to 3.4% of the total coins finds (see *Catalogue of coins*, n°4-9, 153, 213, 433-435, 498-499, 512-513, 531-535, 555-556, 578, 616, 699-700; *pl. 138*). The obverse of the coins bears a male head with hairs in long ringlets facing to the right, a big letter 𐩣 = *m* (reversed) on the left and a vertical legend 𐩦𐩺𐩬 = *s¹yn* (the name of the Ḥaḍramawt "federal" deity) on the right. The reverse shows an eagle with open wings standing to the right on a wavy line, and two legends – 𐩪𐩤𐩧 = *s²qr* (name of Ḥaḍrami royal palace in Shabwa = name of the royal mint) on top left and 𐩺𐩪𐩠 = *ys²h* (first letters of the name Yashhur'il) on the right.[14] Coins were cast in a mould (there are traces of cut mould-junctions practically on all pieces). They vary in size and weights, which presumably depended on the coins value: "medium" (diam. 22-24 mm, weight from 4.35 to 8.25 g) and "small" (diam. 15-21 mm, weight from 0.85 to 2.75 g) denominations. Die-axis was constant on 12.00 o'clock.

Some pieces of the series, especially those of "medium" denomination, have rather clear images and legends. In contrast, the representations on well-preserved coins of

11. SEDOV, *Moneti...*, p. 70-71; SEDOV, *Drevnij Hadramaut...*, p. 376-380.
12. SENIOR, *Trade and Coinage...*, no. A7; E. HAERINCK, 1998, « The shifting pattern of overland and seaborn trade in SE-Arabia: foreign pre-Islamic coins from Mleiha (Emirate of Sharjah, U.A.E.) », *Akkadica*, 106, p. 34, no. 12; E. HAERINCK, 1998, « International contacts in the Southern Persian Gulf in the late 1st century B.C./1st century A.D.: numismatic evidence from ed-Dur (Emirate of Umm al-Qaiwain, U.A.E.) », *Iranica Antiqua*, XXXIII, p. 285-286, no. 7.
13. Cf. R. GÖBL, 1978, *Antike Numismatik*. T. II, Munich, S. 169; Taf. 62.1134; *SNG Deutschland. Sammlung v. Aulock. Galatien, Kappadokien, Kaiserzeitliche Kistophoren posthume Lysimachus- und Alexander-Tetradrachmen incerti. 14. Heft. Nr. 6099-6673*, Berlin, 1967, nos. 6111, 6112; *SNG. Volume VII. Manchester University Museum. The Raby and Güterbock Collection*, London, 1986, pl. XLIX, 1312.
14. Cf. SEDOV, *Moneti...*, p. 75-79; SEDOV, *Drevnij Hadramaut...*, p. 390-395; some scholars intended to see the representation on the reverse as an eagle (animal manifestation of Sayīn dhū-'Ilīm, "federal" deity worshiped in Shabwa) attacking a serpent (= wavy line) (Chr.J. ROBIN, 1996, « Sheba dans les inscriptions d'Arabie du Sud », in *Supplément au dictionnaire de la Bible*, col. 1168, Paris). Such a possibility can not be unlikely, but pieces from Bir ʿAlī excavations do not confirm the identification of the wavy line as snake with certainty.

"small" denomination are decomposed, sometimes completely: one can only recognise the big letter ꟼ = *m* and something similar to a head on the obverse. The eagle on the reverse was converted into a kind of chicken, and the legends disappeared, sometimes completely. Such "degradation" was, most probably, the result of poor technology, when errors have been successfully accumulated in the new coin moulds carelessly executed from the samples with not very clear design.

Coins of the series with eagle on the reverse, first attributed to " Ḥaḍramautic coinage" by J. Walker,[15] were collected from different sites in Inner Ḥaḍramawt including Shabwa, al-Barīra in the Wadī Ğirdān, aṣ-Ṣafīl 2 in the Wadī al-'Ayn, Bir Ḥamad and Juja settlements in the Wadī Ḥaḍramawt. They constitute the bulk of numismatic finds from Sumhuram in the Khōr Rōrī lagoon. One piece, moulded in billon (debased silver), was found in Mleiha, U.A.E.[16]

J. Walker, following the suggestion by E.S.G. Robinson, compared the image on the reverse with the representation of an eagle on the series of the Roman emperors Trajan and Hadrian minted in Alexandria, and Septimius Severus struck in Antioch. Such resemblance allowed him to date Ḥaḍramawt coinage around the early 2nd century A.D.[17] In the recent numismatic literature there is a tendency to date those coins even later – close to the early 3rd century A.D.[18] According to Chr.J. Robin, Yashhur'il Yuhar'ish, son of Abiyaśa', *mukarrib* of Ḥaḍramawt ruled in the early 1st century A.D.[19] But all above mentioned dating significantly contradicts with stratigraphy of coin finds from the ancient settlements, with iconographical and typological parallels. It should be noted that it was also J. Walker, who, in his article published in 1937 in *Numismatic Chronicle*, mentioned close iconographical and metrological parallels for the Ḥaḍrami series among Ptolemaic issues.[20] At Sumhuram in the Khōr Rōrī lagoon and at Juja settlement in the Wadī Ḥaḍramawt the series with eagle were found in the strata, which could be securely dated close to the 3rd, 2nd and 1st centuries B.C. The finds from Bir 'Alī settlement (ancient Qāni') confirmed, in general, the early chronological limits for the Ḥaḍrami series *head/eagle*: at least eleven pieces were found in the filling of the ruins of dwellings considered to be the earliest at the site, and dated close to the late 1st century B.C.-early 1st century A.D. (beginning of the "lower" period = BA-I). But again, like for other Ḥaḍramawt series, there are plenty of archaeological evidence that coins of the series with eagle on the reverse is remained in circulation in Ḥaḍamawt in the 1st, 2nd, and even, probably, in the early 3rd centuries A.D.

One coin from the ruins of dwelling (a shop ?) at the area 4 belongs to the Ḥaḍrami series *radiated head/bull* (type 5.2), which are identified as the issues of a certain 'Ili'adh – quite a number of Ḥaḍrami kings had such name. The obverse of this coin bore a radiated

15. J. WALKER, 1937, « A New Type of South Arabian Coinage », *NC*, XVII, 5th ser., p. 260-179.
16. A.V. SEDOV, 1995, « Two South Arabian Coins from Mleiha », *AAE*, 6/1, p. 62-63; SEDOV, *Moneti…*, p. 75-76; SEDOV, *Drevnij Hadramaut…*, p. 393; D.P. HANSEN, E.L. OCHSENSCHLAGER & S. AL-RADI, 2004, « Excavations at Jujah, Shibam, Wadi Hadramawt », *AAE*, 15/1, p. 66.
17. WALKER, « A New Type… », p. 264, 279.
18. G. DEMBSKI, 1987., « The Coins of Arabia Felix », in *Yemen. 3000 Years of Art and Civilization in Arabia Felix*, ed. by W. Daum. Innsbruck/Frankfurt am Main, p. 126-128; S.C. MUNRO-HAY, 1992, « The Coinage of Shabwa (Haḍramawt), and Other Ancient South Arabian Coinage in the National Museum, Aden », in *Fouilles de Shabwa. II. Rapports préliminaires*, éd. par J.-F. Breton. Paris, p. 410.
19. Chr.J. ROBIN, 1994, « Yashhur'il Yuhar'ish, fils de Abiyaśa', mukarrib du Ḥaḍramawt » *Raydān*, 6, p. 107-109.
20. WALKER, « A New Type… », p. 264.

head facing to the left and big letter 𐩱 = *'alif* on left below, in front of the head – most probably, the initial letter of the ruler's name. The reverse shows a bull standing on line to the right with head facing front, faint traces of horizontal legend 𐩬𐩺𐩯 = s^1yn on top, and vertical legend 𐩧𐩤𐩦 = s^2qr on right downwards. The coin was moulded in a cast; flan is irregular, 14 mm in diameter; the weight is 1.28 g (see *Catalogue of coins,* n° 436).

Such coins were first published from the collection of the al-Mukallā Museum (5 pieces), where they were registered as coming from Shabwa, the capital of the ancient Ḥaḍramawt Kingdom.[21] Iconographical features such as representation of the bull on the reverse allowed to put them in typological order after the issues of Yashhur'il Yuhar'ish, son of Abiyaśa', *mukarrib* of Ḥaḍramawt, his series with radiated head on the obverse and bull on the reverse (type 5.1),[22] and consider them as the coinage of one of his successor.

Excavations at Bir 'Alī settlement revealed 39 pieces (5.2% of all coins finds) of the series *radiated head/bull* (type 5.3) also attributed to the issues of a certain 'Ilī 'adh, ruler of Ḥaḍramawt. On the obverse of such coins there is a representation of a radiated male (?) head facing to the right, and on the reverse, a bull standing on line to the right, head facing forward, horizontal legend 𐩧𐩤𐩦 = s^2qr on top above the bull, and a monogram on bottom right (𐩱𐩡).[23] The coins were struck on regular rather thick, sometimes slightly scyphate flans with bevelled edges, 16-23 mm in diameter. Their weights are irregular, from 3.10 to 8.60 g (many of the pieces are broken or heavy corroded, which does not allow to calculate their real weights); the die-axis, when it was possible to trace, were on 2.00, 4.00, 6.00 and 9.00 o'clock (see *Catalogue of coins,* n° 12, 82, 154-168, 217, 439, 440, 514-517, 557, 579, 630, 701-712; *pl. 136*).

Usually the state of preservation of such coins is very poor – they are corroded, broken on edges, have a lot of cracks –, but several pieces bear rather clear images and legend on the obverse and reverse. In addition to the very characteristic flan with bevelled edges, there is also another very clear feature – a small central conical cavity or cavities on one or both sides of the coins, which helps to identify them more or less precisely. The appearance of cavities is connected with coin-making technology, specifically with the final process of production of bronze coin-blanks.[24]

The coins of the series *radiated head/bull* (type 5.3) were found at Shabwa, on the surface of al-Barīra settlement in the Wādī Ǧirdān, at Juja settlement in the vicinity of Shibam in the Wadī Ḥaḍramawt, at ancient Sumhuram in the Khōr Rōrī lagoon.[25] Three pieces were found in Mleiha oasis and one more at ed-Dur settlement in the U.A.E.[26]

The monogram on the reverse could be deciphered as initial letters of the name started with]𐩡𐩱 = *'il[*, such as 'Ilī 'adh. At Bir 'Alī settlement (ancient Qāni') coins of this type were found in the strata of the "lower' (BA-I) period and in the early strata of the "middle" (BA-II) period (see, for instance, finds on the basalt platform under the floor of

21. SEDOV & 'AYDARUS, « The Coinage of Ancient Ḥaḍramawt », p. 23; SEDOV, *Moneti...*, p. 79-80.
22. Cf. SEDOV, *Moneti...*, p. 79; SEDOV, *Drevnij Hadramaut...*, p. 395-398.
23. SEDOV, *Moneti...*, p. 81-82; SEDOV, *Drevnij Hadramaut...*, p. 395-398.
24. See SEDOV & 'AYDARUS « The Coinage of Ancient Ḥaḍramawt », p. 48; SEDOV, *Moneti...*, p. 186-187; SEDOV, *Drevnij Hadramaut...*, p. 416-418.
25. SEDOV, *Moneti...*, p. 81; AVANZINI et *al.*, *Excavations and Restoration of the Complex of Khor Rori*, p. 37; SEDOV, « The coins from Sumhuram... », p. 249-270; D.P. HANSEN, E.L. OCHSENSCHLAGER & S. AL-RADI, « Excavations at Jujah, Shibam... », p. 66.
26. SENIOR, *Trade and Coinage*, A6; HAERINCK, « The shifting pattern », p. 33-34, nos. 9-11; *id.*, « International contacts », p. 284-286, no. 6.

the main room of the "early synagogue" at the Area 3; *Catalogue of coins*, n° 154-168). The coin from ed-Dur excavations was reported as coming from the strata dated before the mid-2nd century A.D.[27]

The Ḥaḍrami pieces of the series *head/bull* (type 6.1), constitute 2.9% of the total coins finds (22 pieces) from the excavations at the Bir 'Alī settlement (ancient Qāni'). On the obverse of such coins there is a male (?) head with hair in long ringlets wearing a cap facing to the left, and a monogram (𐩺𐩵) in front of the head. The reverse shows a bull standing on line to the right, horizontal legend 𐩪𐩺𐩬 = *s^1yn* on top above the bull, and vertical legend 𐩦𐩤𐩧 = *s^2qr* on right downwards.[28] The coins are struck on rather regular flans, 13-18 mm in diameter. Their weights were irregular, from 1.10 to 3.44 g (one piece is 4.70 g); the die-axis, when it was possible to trace, are on 2.00, 5.00, 8.00, 10.00 and 12.00 o'clock (see *Catalogue of coins,* n° 87-88, 169-174, 287, 345-346, 441-442, 580-581, 596, 617-618, 631-632, 664, 679, 688, 713; *pl. 135-138*).

In addition to Bir 'Alī settlement, the Ḥaḍrami series *head/bull* (type 6.1) were found at Shabwa, the capital of ancient Ḥaḍramawt, on the surface of al-Barīra settlement in the Wadī Ǧirdān.[29]

There are two more series of the Ḥaḍramawt coinage from the Bir 'Alī settlement typologically closely connected with the preceding series. These are series *head/bull* (type 6.2) and series *head/bull's head* (type 7.1).[30] The first one is represented by a sole piece (0.1% of the total coins' finds) with similar image on the obverse accompanied with vertical legend 𐩪𐩺𐩬 = *s^1yn* on right downwards, and identical image with the same legends on the reverse. The coin was struck on irregular flan, 17 mm in diameter, weighing 4.65 g; die-axis was on 5.00 o'clock (see *Catalogue of coins,* n° 173; *pl. 135*). The second one shows the identical image with similar monogram on the obverse, and bull's head facing front accompanied with vertical legend 𐩪𐩺𐩬 = *s^1yn* on left downwards (letter *s^1* on top between horns) and another vertical legend, probably 𐩦𐩤𐩧 = *s^2qr*, on right downwards. Three pieces of the series (0.4% of the total coins finds) were struck on irregular flans 9-12 mm in diameter, weighing 1.07-2.95 g; die-axis is on 9.00 o'clock (see *Catalogue of coins*, n° 174, 443-444; *pl. 135*).

In addition to the Bir 'Alī settlement, a few coins of the series *head/bull's head* (type 7.1) were found at Shabwa, the capital of ancient Ḥaḍramawt, and at the surface of al-Barīra settlement in the Wadī Ǧirdān. They are known also from private collection and from the collection of the British Museum.[31]

The possible deciphering of the obverse monogram as two South Arabian letters 𐩺 + 𐩵 = *y* + *d* makes it possible to consider it as initial letters of the names such as Yada''ab or Yada'īl. The epigraphical sources mentioned several rulers of the Ḥaḍramawt Kingdom with such names,[32] and the above-mentioned series could be identified as issues of these rulers.

---

27. HAERINCK, « International contacts », p. 285, cf. note 30.
28. See SEDOV, *Moneti*..., p. 82-83; SEDOV, *Drevnij Hadramaut*..., p. 398-400.
29. See SEDOV, *Moneti*..., p. 83; SEDOV, *Drevnij Hadramaut*..., p. 400.
30. See SEDOV, *Moneti*..., p. 82-83; SEDOV, *Drevnij Hadramaut*..., p. 398-400.
31. See SEDOV, *Moneti*..., p. 82-83; SEDOV, *Drevnij Hadramaut*..., p. 400.
32. See, for instance: A. JAMME, 1963, *The Al-'Uqlah Texts*, Washington DC, p. 10-13 (Documentation sud-arabe, 3); ROBIN, *Les inscriptions d'al-Mi'sāl*, p. 327-328.

The anonymous Ḥaḍramawt issues are represented by the series *s²qr/bull* (type 8.1), which constitute about 0.7% of the total coins' finds (5 pieces). The obverse of the coins bears Ḥaḍrami legend 𐩦𐩤𐩧 = *s²qr* in a square frame, while the reverse shows a bull standing on line to the right, head facing forward, and a horizontal legend 𐩪𐩹𐩬 = *s¹yn* on top. The coins were struck on rather regular flans, 13-17 mm in diameter; their weights are from 1.10 to 2.53 g; die-axis are on 9.00 and 3.00 o'clock (see *Catalogue of coins*, n° 10-11, 405, 437-438; *pl. 137*).[33] In addition to the pieces of unknown provenance and finds from the Bir 'Alī settlement, the coins of the series *s²qr/bull (*type 8.1*)* are known also from Shabwa (7 pieces).[34]

The appearance of the most numerous series of the anonymous Ḥaḍrami coinage – small square bronzes with the name 𐩦𐩤𐩧 = *s²qr* on the obverse, bull's head facing front and legend 𐩪𐩹𐩬 = *s¹yn* on the reverse (series *s²qr/bull's head*; type 10.0) – could be associated with one of the Ḥaḍrami rulers of the early 1st cent. B.C. Excavations at Bir 'Alī revealed 342 pieces of such coins, which constituted 45.3% of all coin finds from the settlement (see *Catalogue of coins*, n° 13-50, 89-135, 176-189, 202-206, 214, 218-237, 288-300, 327-344, 347-358, 377, 379-401, 406-424, 427-429, 445-465, 474, 475, 478-489, 493-494, 500-509, 522, 523, 536-552, 558-571, 582-587, 591-594, 597, 599-603, 619-625, 633-639, 665, 666, 680, 714-728; *pl. 135-138*). The coins were struck on rather thick (4.0-5.5 mm) rectangular, square or oblong flans, 6-11x7-12 mm in size. Their weights are irregular, from 0.31 to 2.81 g; die-axis is unstable, although on roughly half of the pieces it is on 12.00 o'clock.

Finds of square coinage were reported from the region of Shabwa including the ruins of the ancient Ḥaḍramawt capital, from al-Barīra settlement in the Wadī Ğirdān, from the ancient sites in the Wadī Ḥaḍramawt, and single pieces from Khōr Rōrī (ancient Sumhuram).[35] At the Bir 'Alī settlement (ancient Qāni') they constituted the majority of the pieces from the strata of the "lower" (BA-I) and the "middle" (BA-II) periods. As we can judge from these finds, the coins of the series *s²qr/bull's head* (type 10.0) were minted during at least four hundred years by a number of Ḥaḍrami rulers or authorities without any visible changes in their iconography.

Coinage of Saba'

The coinage of the Sabaean Kingdom is represented by bronze and silver fractions of the so-called, according to Hill's classification, series with "*Bucranium*".[36] Altogether 23 pieces were found, which constitute about 3% of the total coins' finds. The obverse of the coins shows a male head within a border facing to the right or left flanked with symbol of Ilmaqah () on the left and of Athtar () on the right. The reverse bears a head of bucranium with long horns and "plume" between them facing front within a border interrupted with crescent and pellet above, monogram () on left or right, and symbol of Awwam temple () on right or left. Silver fractions were struck on rather regular flans 15-

33. SEDOV, *Moneti...*, p. 80-81.
34. SEDOV, *Drevnij Hadramaut...*, p. 400-401.
35. SEDOV, *Drevnij Hadramaut...*, p. 401. SEDOV, *Moneti...*, p. 78-79.
36. G.F. HILL, 1922, *Catalogue of the Greek Coins of Arabia, Mesopotamia and Persia*, BMC, London, p. 64-67.

17 mm in diameter; their weights are from 0.90 to 1.63 g; die-axis are on 5.00 and 12.00 o'clock (see *Catalogue of coins*, n° 402, 468, 490-491, 646, 667-668; *pl. 137*). The bronze pieces were struck on irregular flans from 9 to 15 mm in diameter, weighing from 0.30 to 2.01 g; die-axis were on 11.00 and 12.00 o'clock (see *Catalogue of coins*, n° 52, 190, 301, 469-471, 511, 626, 647-648, 681, 690-692, 734-735; *pl. 135, 138*).

It seems likely that Sabaean series with *"Bucranium"*, both silver and bronze fractions, were minted in the 2nd-first half of the 3rd centuries A.D. by different rulers bearing the titles "king of Saba'" and "king of Saba' and dhū–Raydān". It could be considered as the mintage of the revive independent Sabaean Kingdom, which reached the peak of its mighty during the reign of 'Alhan Nahfan (*c.* late 2nd-early 3rd centuries A.D.) and his son Sha'r Awtar (*c.* 210-230 A.D.).[37] Archaeological context from Bir 'Alī excavations as well as from other sites speaks well about this dating.[38]

Coinage of Ḥimyar

The Ḥimyarite coinage is represented by two series: series with *two heads* and series with *"Bucranium"*. The first one constitutes only 0.5% of the total coins' finds (4 pieces), while the second one is more numerous – about 20.8% of the total coins finds (157 pieces) from Bir 'Alī excavations.

The coins of series with *two heads* bear a male head facing to the left or right within a border on the obverse, and same head as on the obverse but smaller facing to the right or left, legends on top round and in the exergue, monogram and/or symbol on the right and/or left.[39] There are two pieces of silver fraction, one with the name of [𐩲𐩣𐩵]𐩬𐩿𐩨𐩺𐩬𐩿 = *['md]n/byn/* on round top (the coinage of 'Amdān Bayin Yuhaqbiḍ, king of Saba' and dhū-Raydān, *c.* 80-100 A.D.;[40] see *Catalogue of coins*, n° 510, 693; *pl. 138*), and two more of bronze fraction representing, probably, the issues of the same ruler (see *Catalogue of coins*, n° 136, 649). Archaeological context of the finds confirms the proposed dates of the Ḥimyarite ruler.

In addition to the series with *two heads*, Bir 'Alī revealed a great number of pieces identified as late Ḥimyarite issues. This is the so-called *small crude bronze fractions of the series with "Bucranium"*, which constitute about 20.8% of the total coins' finds (157 pieces; see *Catalogue of coins*, n° 53-65, 137-147, 191-198, 207-212, 238-273, 302-311, 359-366, 378, 403-404, 425-426, 430, 472-473, 492, 595, 604-610, 612-614, 627-628, 650-660, 669-671, 674-676, 682-687, 694-697, 736-751; *pl. 135-137*). Its obverse bears a male head facing to the right or to the left within dotted or linear border flanked with two symbols: symbol of Ilmaqah on the left (), and symbol of Athtar on the right (). The reverse shows bucranium with long horns and plume between them facing front, monogram

37. Cf. Chr.J. Robin, 1997, « Les royaumes combattants », in *Yémen au pays de la reine de Saba'. Exposition présentée à l'Institut du Monde Arabe du 25 octobre 1997 au 28 février 1998*, Paris, p. 186-187.
38. Cf. a bronze piece of Sabaean series with "Bucranium" found in 1958 in Aksum in the stratum II dated between 4th and early 7th centuries A.D. (H. de Contenson, « Les fouilles à Axoum en 1958. Rapport préliminaire », *Annales d'Éthiopie*, V, Paris, 1963, p. 8, pl. XIVc).
39. See Hill, *Catalogue*..., p. 68-73.
40. Cf. A.V. Sedov & O. Aydrūs, 1992., « Rare Ḥimyaritic Coins from Ḥaḍramawt », *AAE*, 3/2, p. 177-179.

() on the left or right, and symbol of Awwam temple () on the right or left.[41] The further development of the image on the reverse finalised in two or three vertical lines derives from what once were long horns with plume between them of the bucranium. Coins were struck on irregular thin sometimes slightly scyphate flans, 4-8 mm in diameter, and are very light weighing usually less than 0.5 g (a lot of the pieces had weight less than 0.1 g); die-axis is mostly on 12.00 o'clock.

Small crude bronze fractions of the series with *"Bucranium"* were found at Shabwa, at the settlements in the Wadī Ḥaḍramawt (see, for instance, *Catalogue of coins*, n° 757), in the Marib oasis (necropolis near Awwam temple), at Khōr Rōrī (ancient Sumhuram). Coin hoards of several hundreds of such coins are known from al-Jawf and Wadī Markha in Yemen, and even from Ethiopia.[42] Pieces from private collections were also published.[43] It seems they are among the smallest and lightest coins ever minted in South Arabia, and typologically they could be considered as a continuation of the late Sabaean coinage represented by silver and bronze *Bucranium series* of the 2nd and mid 3rd centuries A.D.[44] The stratigraphy of the finds from controlled excavations clearly indicates its attribution to the late Ḥimyarite issues: at Bir 'Alī settlement (ancient Qāni') almost all pieces were found in the top strata of the "middle" (BA-II) period dated between the late 3rd and early 5th centuries A.D. Apparently, the Ḥimyarites borrowed the late Sabaean type for the internal use, while Aksumite gold coins probably substituted the currency for the international trade.[45]

Coinage of Eastern Arabia

The coin identified as Eastern Arabian coinage was found in the top layers of the filling of the room 5a of the "Early Structure A" at the area 6. The obverse of the coin is blank, slightly concave, while the reverse shows four lines forming a cross not joining in the centre, and four dots in the centre of each sector. The weight of the coin is 2.00 g; its diameter = 19 mm (see *Catalogue of coins*, n° 527; *pl. 138*).

The coin belongs to the final series of bronze Eastern Arabian imitations of tetradrachms of Alexander the Great (class XXXVIII according to D.T. Potts).[46]

---

41. See HILL, *Catalogue*, p. 64-67; SEDOV, *Moneti...*, p. 152.
42. Cf. SEDOV, *Moneti...*, p. 152.
43. S.C. MUNRO-HAY, 1997, « South Arabian Coins in a Private Collection (PC1996) », *AAE*, 8/2, 1997, p. 233-234.
44. Cf. A.V. SEDOV & B. DAVIDDE, 1998, « Das südarabische Münzwesen », in *Jemen. Kunst und Archäologie im Land der Königin von Saba'*, Hrsg. von W. Seipel, Wien, S. 196-197; SEDOV, « The Coinage of Pre-Islamic Yemen », p. 31-32.
45. Cf. S.C. MUNRO-HAY, 1997, « La monnaie dans l'Empire Ḥimyarite (Ve-VIe siècles) », in *Yémen au pays de la reine de Saba'. Exposition présentée à l'Institut du Monde Arabe du 25 octobre 1997 au 28 février 1998*, Paris, p. 197.
46. Cf. D.T. POTTS, 1991, *The Pre-Islamic Coinage of Eastern Arabia*, Copenhagen, p. 73 (CNIP, 14).

Coinage of Aksum

The list of foreign coins from Bir 'Alī settlement (ancient Qāni') is supplemented by the finds of bronze Aksumite series.

One coin from the sounding at the area 5 was identified as issues of the king Ouazebas (*c*. 4th century A.D.).[47] Its obverse bears a male bust facing to the right in a circular frame, and traces of circular Greek legend OYAZEBAC BACIΛEYC ("King Ouazebas"). The reverse shows a male bust as on the obverse but smaller, and traces of circular Greek legend TOYTOAPECHTHXωPA ("May this please the people"). The coin was struck on regular thin flan 17 mm in diameter; its weight is 1.18 g; die-axis is on 12.00 o'clock (see *Catalogue of coins*, n° 495; *pl. 138*).

Two more pieces found on the surface of the ancient site were attributed to the issues of the so-called Anonimus II (*c*. 350-400 AD).[48] The obverse bears a male bust facing to the right within linear border, and circular Greek legend above the bust BACIΛEYC ("King"). The reverse shows a cross with wide edges in the centre within a circular frame, and circular Greek legend TOYTOAPECHTHXωPA ("May this please the people"). Both coins were struck on irregular thin flans; one of the pieces is 13 mm in diameter weighing 0.85 g; die-axis of both pieces is on 12.00 o'clock (see *Catalogue of coins,* n° 80-81; *pl. 135*).

The presence of Aksumite coins was, probably, connected with the influx of people from Eastern Africa who started to settle down at Bir 'Alī settlement (ancient Qāni') from the late 4th century onwards.

---

47. Cf. S.C. MUNRO-HAY & B. JUEL-JENSEN, 1995, *Aksumite Coinage. A revised and enlarged edition of the coinage of Aksum*, London, p. 147-152.
48. *Ibid*., p. 141-146.

***Table 1*. Distribution of the coins' finds**

SERIES (TYPES)	**NUMBER OF PIECES**							**TOTAL**
	surface	**area 1**	**area 2**	**area 3**	**area 4**	**area 5**	**area 6**	
Ḥaḍramawt, series *head/owl* (type 1.1)	1			1			6	8 (1%)
aramawt, series *head/owl* (type 1.2)							1	1 (0.1%)
Ḥaḍramawt, series *radiated head/winged caduceus* (type 3.0)	2		3	5	2		6	20 (2.8%)
Ḥaḍramawt, series *head/eagle* (type 4.0)	6			2	3		15	26 (3.4%)
Ḥaḍramawt, series *radiated head/bull* (type 5.2)					1			1 (0.1%)
Ḥaḍramawt, series *s^2qr/bull* (type 8.1)	2				3			5 (0.7%)
Ḥaḍramawt, series *radiated head/bull* (type 5.3)	1	1		16	2		19	39 (5.2%)
Ḥaḍramawt, series *head/bull* (type 6.1)			2	7	2		11	22 (2.9%)
Ḥaḍramawt, series *head/bull* (type 6.2)				1				1 (0.1%)
Ḥaḍramawt, series *head/ bull's head* (type 7.1)				1	2			3 (0.4%)
Ḥaḍramawt, series *s^2qr/bull's head* (type 10)	38		47	84	80	2	91	342 (45.3%)
Unidentified, aramawt coinage?	1	1			3		29	34 (4.5%)
Saba', series with *"Bucranium"*	1			2	7		13	23 (3%)
Ḥimyar, series with *two heads*			1				3	4 (0.5 %)
Ḥimyar, series with *"Bucranium"*	13		11	69	8		56	157 (20.8%)
Unidentified, late Ḥimyarite coinage?	14		4	39			8	65 (8.6%)
Aksumite coinage	2					1		3 (0.4%)
Eastern Arabian coinage							1	1 (0.1%)
Unidentified, foreign coinage					1			1 (0.1%)
TOTAL	81 (10.8%)	2 (0.2%)	68 (9%)	227 (30.4%)	114 (15.1%)	3 (0.4%)	259 (34.3%)	756 (100%)

Catalogue of Coins

Note: the numbers in the coin illustrations refer to the catalogue numbers below. In the description of each coin we have noted the metal, weight, diameter or size, die-axis according to the clockwise, characteristic of the flan and field registration number (in italics). All the coins illustrated here are reproduced at 150% of their true size for easier viewing; at the same time, exact diameters are given whenever available.

A. Coins from the surface of the site

Series *head/owl* (type 1.1)
Ḥaḍramawt, early imitations (*c.* late 4th cent.-mid 3rd cent. B.C.)
Obv.: head of Athena (?) facing r.;
Rev.: owl standing r., head facing, crescent on top l. and of pseudo-Greek legend AΘE on r. downwards
cf. SEDOV, 2005, p. 368-375.

1. *Obv.*: as above; *Rev.*: as above, two last letters of legend on r. downwards.
Bronze; 1.45 g; 12 mm; 12.00, irregular thick flan. *Kana-88/20.*

Series *radiated head/winged caduceus* (type 3.0)
Ḥaḍramawt, coinage of Sumhuram (*c.* 2nd cent. B.C.)
Obv.: radiated male (?) head facing r., linear border around.
Rev.: winged caduceus, vertical legend 𐩦𐩤𐩧 = s^2qr on r., monogram on l.
cf. SEDOV, 2005, p. 376-380.

2. *Obv.*: as above, traces of linear border on l.; *Rev.*: as above, traces of monogram on l., traces of legend on r.
Bronze, 0.90 g; 11 mm; 6.00; irregular thick flan. *Kana-89/3.*
3. *Obv.*: as above; *Rev.*: as above, traces of linear border on l.
Bronze; 1.50 g; 13 mm; 10.00; irregular thick flan. *Kana-89/12.*

Series *head/eagle* (type 4.0)
Ḥaḍramawt, coinage of Yashhur'il Yuhar'ish, son of Abiyaśa', *mukarrib* of Ḥaḍramawt (*c.* mid 2nd cent. B.C.)
Obv.: male head with hair in ringlets facing r., big letter 𐩣 = *m* (reversed) on l., vertical legend 𐩪𐩺𐩬 = s^1yn on r., linear border around.
Rev.: eagle with open wings standing on a wavy line, head facing r., legend 𐩦𐩤𐩧 = s^2qr on top l., vertical legend 𐩺𐩦𐩢 = ys^2h on r., linear or/and dotted border around.
cf. SEDOV, 2005, p. 390-395.

4. *Obv.*: as above, legend on r. reads 𐩪𐩺[𐩬] = s^1yn; *Rev.*: as above, legend on r. reads 𐩺[𐩦𐩢] = ys^2h, legend on top l. obliterated.
Bronze; 1.85 g; 21 mm; 12.00; irregular thin flan, moulded, traces of mould-junctures on top and bottom. *Kana-91/5.*
5. *Obv.*: as above, legend on r. reads [𐩪]𐩺[𐩬] = $[s^1]y[n]$; *Rev.*: as above, legend on top l. reads 𐩦𐩤𐩧 = s^2qr (first and last letters reversed), legend on r. obliterated.
Bronze; 1.95 g; 18 mm; 12.00; irregular thin flan, moulded. *Kana-72*, summit of Ḥuṣn al-Ġurāb.
6. *Obv.*: as above, legends obliterated completely; *Rev.*: crude outline of eagle, legends obliterated completely
Bronze; 2.20 g; 22 mm; 12.00; irregular thin flan, moulded, traces of mould-junctures on top and bottom. *Kana-91/3.*
7. *Obv.* and *Rev.* as above.
Bronze; 1.80 g; 19 mm; 12.00; irregular thin flan, partly broken, moulded. *Kana-88/1.*
8. *Obv.* and *Rev.* as above.
Bronze; 1.50 g; 20 mm; 12.00?; irregular thin flan, moulded. *Kana-89/9.*
9. *Obv.* and *Rev.* as above.
Bronze; ?; ?; 12.00?; fragment, moulded. *Kana-88/23.*

Series s^2qr/*bull* (type 8.1)
Ḥaḍramawt, anonymous coinage (*c.* 2nd cent. A.D.?)
Obv.: legend 𐩦𐩤𐩧 = s^2qr in a square frame.
Rev.: bull standing on line r., head facing, horizontal legend 𐩪𐩺𐩬 = s^1yn on top.
cf. SEDOV, 2005, p. 400-401.

10. *Obv.*: as above; *Rev.*: as above, legend reads 𐩪𐩺[𐩬] = $s^1y[n]$.
Bronze; 1.95 g; 17 mm; 9.00; irregular flan. *Kana-89/10.*
11. *Obv.*: as above; *Rev.*: as above, legend off the field.
Bronze; 1.25 g; 16 mm; 9.00; irregular flan. *Kana-89/11.*

Series *radiated head/bull* (type 5.3)
Ḥaḍramawt, coinage of ʾIliʿadh Yaluṭ, (*c.* mid 1st cent. A.D.)
Obv.: radiated male (?) head facing r.
Rev.: bull standing on line r. head facing, horizontal legend 𐩦𐩤𐩧 = s^2qr on top, monogram on r.
cf. SEDOV, 2005, p. 395-398.

12. *Obv.* and *Rev.* as above?
Bronze; 4.30 g; 17 mm; 3.00?; regular flan. *Kana-91/1*.

Series *s^2qr/bull's head* (type 10.0)
Ḥaḍramawt, square coinage (*c.* 1st-4th cent. A.D.)
Obv.: big letters of legend 𐩦𐩤𐩧 = s^2qr.
Rev.: bull's head facing front, legend 𐩪𐩹𐩬 = s^1yn around (letter 𐩪 = s^1 on r., letter 𐩹 = y on top between horns, letter 𐩬 = n on l.).
cf.: SEDOV, 2005, p. 401.

13. *Obv.*: as above; *Rev.*: as above, traces of legend [𐩦]𐩤[𐩧] = *[s^2]q[r]* on r. downwards.
Bronze; 1.15 g; 10 mm; 12.00; irregular flan. *Kana-89/13*. Variant of type 10?
14. *Obv.* and *Rev.* as above.
Bronze; 1.85 g; 8 x 8 mm; 12.00; square thick flan. *Kana-88/12*.
15. *Obv.*: traces of legend; *Rev.*: as above.
Bronze; 1.60 g; 9 x 10 mm; 12.00?; rectangular thick flan. *Kana-88/13 (pl. 135)*.
16. *Obv.* and *Rev.* as above.
Bronze; 1.90 g; 9 x 10 mm; 12.00?; rectangular thick flan. *Kana-88/14*.
17. *Obv.*: as above, legend reads 𐩦𐩧𐩤 = s^2rq; *Rev.*: as above.
Bronze; 1.70 g; 9 x 9 mm; 2.00; square thick flan. *Kana-88/17*.
18. *Obv.* and *Rev.* as above.
Bronze; 2.05 g; 9 x 11 mm; 2.00; rectangular thick flan. *Kana-89/1*.
19. *Obv.* and *Rev.* as above.
Bronze; 1.65 g; 8 x 9 mm; 12.00; rectangular thick flan. *Kana-89/2*.
20. *Obv.* and *Rev.* as above.
Bronze; 1.80 g; 9 x 11 mm; 12.00; oblong thick flan. *Kana-89/5*.
21. *Obv.* and *Rev.* as above.
Bronze; 0.85 g; 7 x 9 mm; 2.00; rectangular thick flan. *Kana-89/6*.
22. *Obv.* and *Rev.* as above.
Bronze; 1.50 g; 8 x 12 mm; 3.00; oblong thick flan. *Kana-89/8*.
23. *Obv.* and *Rev.* as above.
Bronze; 1.60 g; 8 x 9 mm; 11.00; rectangular thick flan. *Kana-89/14*.
24. *Obv.* and *Rev.* as above.
Bronze; 1.65 g; 6 x 10 mm; 12.00; oblong thick flan. *Kana-89/15*.
25. *Obv.* and *Rev.* as above.
Bronze; 1.00 g; 8 x 8 mm; 9.00; square thick flan. *Kana-89/16*.
26. *Obv.* and *Rev.* as above.
Bronze; 0.90 g; 7 x 8 mm; 2.00; rectangular thick flan. *Kana-89/17*.
27. *Obv.* and *Rev.* as above.
Bronze; 1.50 g; 7 x 10 mm; 12.00; rectangular thick flan. *Kana-89/21*.
28. *Obv.* and *Rev.* as above.
Bronze; 1.05 g; 8 x 9 mm; 3.00?; rectangular thick flan. *Kana-89/23*.
29. *Obv.* and *Rev.* as above.
Bronze; 1.10 g; 7 x 8 mm; 10.00?; rectangular thick flan. *Kana-89/24*.
30. *Obv.* and *Rev.* as above.
Bronze; 1.05 g; 12 x 11 mm; 2.00?; triangular thick flan. *Kana-89/26*.
31. *Obv.* and *Rev.* as above.
Bronze; 0.90 g; 9 x 10 mm; 12.00?; rectangular thick flan. *Kana-89/30*.
32. *Obv.* and *Rev.* as above.
Bronze; 0.70 g; 5 x 10 mm; 5.00; oblong thick flan. *Kana-89/33*.
33. *Obv.* and *Rev.* as above?
Bronze; ?; ?; 12.00?; fragment. *Kana-89/36*.
34. *Obv.*: obliterated; *Rev.*: traces of bull's head.
Bronze; 1.90 g; 8 x 11 mm; ?; rectangular thick flan. *Kana-88/15*.
35. *Obv.*: obliterated; *Rev.*: as above.
Bronze; 2.20 g; 12 x 12 mm; ?; square thick flan. *Kana-88/16*.
36. *Obv.*: obliterated; *Rev.*: as above.
Bronze; 1.00 g; 7 x 7 mm; ?; square thick flan. *Kana-88/18*.
37. *Obv.*: obliterated; *Rev.*: as above.
Bronze; 1.10 g; 7 x 11 mm; ?; oblong thick flan. *Kana-88/19 (pl. 135)*.
38. *Obv.*: obliterated; *Rev.*: as above.
Bronze; 1.35 g; 8 x 9 mm; ?; rectangular thick flan. *Kana-88/19a*.
39. *Obv.*: obliterated; *Rev.*: as above.
Bronze; 1.30 g; 9 x 11 mm; ?; rectangular thick flan. *Kana-89/7*.
40. *Obv.*: obliterated; *Rev.*: as above.
Bronze; 1.20 g; 7 x 11 mm; ?; oblong thick flan. *Kana-89/18*.
41. *Obv.*: obliterated; *Rev.*: as above.
Bronze; 1.25 g; 8 x 8 mm; ?; square thick flan. *Kana-89/19*.
42. *Obv.*: obliterated; *Rev.*: as above.
Bronze; 0.70 g; 6 x 8 mm; ?; oblong thick flan. *Kana-89/22*.
43. *Obv.*: obliterated; *Rev.*: as above.
Bronze; 1.05 g; 8 x 9 mm; ?; rectangular thick flan. *Kana-89/25*.

44. *Obv.*: obliterated; *Rev.*: as above.
Bronze; 1.10 g; 7 x 11 mm; ?; oblong thick flan. *Kana-89/27.*

45. *Obv.*: obliterated; *Rev.*: as above?
Bronze; 1.65 g; 8 x 12 mm; ?; oblong thick flan. *Kana-89/28.*

46. *Obv.*: obliterated; *Rev.*: as above?
Bronze; 1.00 g; 9 x 9 mm; ?; square thick flan. *Kana-89/29.*

47. *Obv.*: obliterated; *Rev.*: as above?
Bronze; 0.90 g; 6 x 7 mm; ?; rectangular thick flan. *Kana-89/31.*

48. *Obv.*: obliterated; *Rev.*: as above?
Bronze; 0.95 g; 8 x 8 mm; ?; square thick flan. *Kana-89/32.*

49. *Obv.*: obliterated; *Rev.*: as above?
Bronze; 0.80 g; 6 x 9 mm; ?; oblong thick flan. *Kana-89/34.*

50. *Obv.*: obliterated; *Rev.*: as above?
Bronze; 1.10 g; 7 x 7 mm; ?; square thick flan. *Kana-89/35.*

Unidentified
Ḥaḍramawt coinage?

51. *Obv.* and *Rev.* obliterated.
Bronze; 1.85 g; 9 x 10 mm; ?; square thick flan. *Kana-89/37.*

Series with *"Bucranium"*
Sabaean coinage (*c.* 2nd-first half of the 3rd cent. A.D.)

Obv.: male head facing r. or l. within a border, symbol on l., symbol on r.
Rev.: bucranium with long horns and plume between them facing front, crescent and pellet above, monogram on l. or r., symbol on r. or l.
cf. HILL, 1922, p. 64-67; SEDOV, 2005, p. 403-405.

52. *Obv.*: as above, faint traces of symbol on l., symbol on r. obliterated, traces of border of small double vertical lines and dots between them below; *Rev.*: as above, symbol on l., traces of monogram on r., traces of the same border as on obv. below on r. and l.
Bronze; 0.30 g; 9 mm; 11.00; irregular thin flan. *Kana-89/4.*

Late Ḥimyarite coinage (*c.* late 3rd-4th cent. A.D.)

Obv.: male head facing l. or r. within a border, symbol on l., symbol on r.
Rev.: bucranium with long horns and plume between them facing front, monogram on l. or r., symbol on r. or l.
cf. HILL, 1922, p. 64-67; SEDOV, 2005, p. 405-407.

53. *Obv.*: head l. (?); *Rev.*: as above, monogram on l. obliterated, traces of symbol on r.
Bronze; 0.30 g; 9 mm; ?; irregular thin flan. *Kana-91/2.*

54. *Obv.*: head l. (?); *Rev.*: as above, faint traces of monogram on l. and symbol on r.
Bronze; 0.12 g; 6 mm; 6.00; irregular thin flan. *Kana-88/9-16 (pl. 135).*

55. *Obv.*: traces of head, faint traces of symbol on r.; *Rev.*: as above.
Bronze; 0.35 g; 8 mm; ?; irregular thin flan. *Kana-88/16-6.*

56. *Obv.*: traces of head; *Rev.*: traces of bucranium
Bronze; 0.40 g; 8 mm; ?; irregular thin flan. *Kana-88/16-7 (pl. 135).*

57. *Obv.*: obliterated; *Rev.*: as above, faint traces of monogram on l., symbol on r. obliterated.
Bronze; 0.60 g; 9 mm; ?; irregular thin flan. *Kana-88/16-2.*

58. *Obv.*: obliterated; *Rev.*: as above, monogram and symbol obliterated.
Bronze; 0.30 g; 9 mm; ?; irregular thin flan. *Kana-88/16-5.*

59. *Obv.*: obliterated; *Rev.*: as above, monogram and symbol obliterated.
Bronze; 0.45 g; 7-9 mm; ?; oval thin flan. *Kana-88/16-8.*

60. *Obv.*: obliterated; *Rev.*: as above, monogram and symbol obliterated, crescent and pellet above head.
Bronze; 0.20 g; 6 mm; ?; irregular thin flan. *Kana-91/4a.*

61. *Obv.*: obliterated; *Rev.*: as above, monogram and symbol obliterated.
Bronze; 0.20 g; 7 mm; ?; irregular thin flan. *Kana-91/4b.*

62. *Obv.*: obliterated; *Rev.*: as above, monogram and symbol obliterated.
Bronze; 0.05 g; 4 mm; ?; irregular thin flan. *Kana-88/9-7.*

63. *Obv.*: obliterated; *Rev.*: as above, monogram and symbol obliterated.
Bronze; 0.05 g; 6 mm; ?; irregular thin flan. *Kana-88/9-11.*

64. *Obv.*: obliterated; *Rev.*: as above, monogram and symbol obliterated.
Bronze; 0.07 g; 4 mm; ?; irregular thin flan. *Kana-88/9-17.*

65. *Obv.*: obliterated; *Rev.*: as above, monogram and symbol obliterated.
Bronze; 0.30 g; 6 mm; ?; irregular thin flan. *Kana-89/20.*

Unidentified
Late Ḥimyarite coinage?

66. *Obv.* and *Rev.* obliterated.
Bronze; 0.50 g; 10 mm; ?; irregular thin flan. *Kana-88/16-3.*

67. *Obv.* and *Rev.* obliterated.
Bronze; 0.40 g; 9 mm; ?; irregular thin flan. *Kana-88/16-4.*

68. *Obv*. and *Rev*. obliterated.
Bronze; 0.65 g; 8 mm; ?; irregular thin flan. *Kana-88/16-9*.

69. *Obv*. and *Rev*. obliterated.
Bronze; 0.45 g; 8 mm; ?; irregular thin flan. *Kana-88/16-10*.

70. *Obv*. and *Rev*. obliterated.
Bronze; 0.20 g; 7 mm; ?; irregular thin slightly scyphate flan. *Kana-88/16-11*.

71. *Obv*. and *Rev*. obliterated.
Bronze; 0.04 g; 3-5 mm; ?; oval thin flan. *Kana-88/9-1*.

72. *Obv*. and *Rev*. obliterated.
Bronze; 0.05 g; 6 mm; ?; irregular thin flan. *Kana-88/9-2*.

73. *Obv*. and *Rev*. obliterated.
Bronze; ?; 5-8 mm; ?; oval thin flan, fragment. *Kana-88/9-3*.

74. *Obv*. and *Rev*. obliterated.
Bronze; 0.03 g; 4 mm; ?; irregular thin flan. *Kana-88/9-4*.

75. *Obv*. and *Rev*. obliterated.
Bronze; 0.06 g; 5 mm; ?; irregular thin flan. *Kana-88/9-5*.

76. *Obv*. and *Rev*. obliterated.
Bronze; 0.04 g; 5 mm; ?; irregular thin flan. *Kana-88/9-6*.

77. *Obv*. and *Rev*. obliterated.
Bronze; 0.05 g; 5 mm; ?; irregular thin flan. *Kana-88/9-8*.

78. *Obv*. and *Rev*. obliterated.
Bronze; 0.03 g; 5 mm; ?; irregular thin flan. *Kana-88/9-9*.

79. *Obv*. and *Rev*. obliterated.
Bronze; 0.02 g; 4 mm; ?; irregular thin flan. *Kana-88/9-10*.

Aksumite coinage
Anonymous II (*c*. 350-400 A.D.)
Obv.: male bust facing r., circular legend above the bust in Greek , linear border
Rev.: cross with wide edges in a circular frame in centre, circular legend in Greek:

cf. MUNRO-HAY & JUEL-JENSEN, 1995, p. 141-146

80. *Obv*. and *Rev*. as above
Bronze; 0.85 g; 13 mm; 12.00; irregular flan. *Kana-88/9-22 (pl. 135)*.

81. *Obv*. and *Rev*. as above
Bronze; ?; 11 mm; 12.00; irregular flan. *Kana-88/9-23 (pl. 135)*.

B. Coins from the Area 1

Series *radiated head/bull* (type 5.3)
Ḥaḍramawt, coinage of 'Ili'adh (*c*. mid 1st cent. A.D.)

82. *Obv*.: traces of head?; *Rev*.: bull r., faint traces of legend on top and monogram on r.
Bronze; 4.40 g; 16 mm; ?; irregular flan. *Kana-86/I-21*; Build. A, room 4, floor.

Unidentified
Ḥaḍramawt coinage?

83. *Obv*. and *Rev*. obliterated.
Bronze; ?; 8 mm; ?; irregular thick flan. *Kana-86/I-70*; Build. B, room 6, above floor.

C. Coins from the Area 2

Series *radiated head/winged caduceus* (type 3.0)
Ḥaḍramawt, coinage of Sumhuram (*c*. 2nd cent. B.C.)

84. *Obv*.: traces of head; *Rev*.: as above, traces of monogram on l., traces of legend on r. (only endings of letters are in the field).
Bronze; 1.07 g; ?; ?; irregular thick flan. *Kana-87/II-7a (pl. 135)*.

85. *Obv*.: as above; *Rev*.: as above, monogram on l. obliterated.
Bronze; 0.49 g; 10 mm; 12.00; irregular thick flan. *Kana-86/II-6*.

86. *Obv*.: as above; *Rev*.: as above, but all details obliterated.
Bronze; 0.43 g; 10 mm; ?; irregular thick flan. *Kana-87/II-8*.

Series *head/bull* (type 6.1)
Ḥaḍramawt, coinage of Yada'īl (*c*. 1st-2nd cent. A.D.)
Obv.: head with hair in long ringlets wearing a cap (?) facing r., monogram on r.
Rev.: bull standing on line to r., horizontal legend 𐩪𐩺𐩬 = s^1yn on top, legend 𐩦𐩤𐩧 = s^2qr on r. downwards.
cf. SEDOV, 1998, p. 82-83.

87. *Obv*.: traces of head r.; *Rev*.: traces of bull
Bronze; 3.44 g; 17 mm; 8.00; regular flan. *Kana-86/II-1a*; sounding in the room 1, stratum 4.

88. *Obv*.: as above; *Rev*.: as above, upper part of the image and legend on top off the field, legend on r. reads [𐩦]𐩤⸢𐩧⸣ = $[s^2]qr$
Bronze; 1.71 g; 13 x 18 mm; ?; irregular oval flan. *Kana-87/II-7b*.

Series ***s²qr/bull's head*** **(type 10.0)**
Ḥaḍramawt, square coinage (*c.* 1st-4th cent. A.D.)

89. *Obv.*: legend; *Rev.*: bull's head, legend.
Bronze; 0.96 g; ?; square thick flan. *Kana-86/II-1b*; sounding in the room 1, stratum 4.

90. *Obv.* and *Rev.* as above.
Bronze; ?; ?; ?; square thick flan. *Kana-86/II-1c*; sounding in the room 1, stratum 4.

91. *Obv.* and *Rev.* as above.
Bronze; ?; ?; ?; square thick flan. *Kana-86/II-1d*; sounding in the room 1, stratum 4.

92. *Obv.* and *Rev.* as above.
Bronze; ?; ?; ?; square thick flan. *Kana-86/II-1e*; sounding in the room 1, stratum 4.

93. *Obv.* and *Rev.* as above.
Bronze; ?; ?; ?; square thick flan. *Kana-86/II-1f*; sounding in the room 1, stratum 4.

94. *Obv.* and *Rev.* as above.
Bronze; ?; ?; ?; square thick flan. *Kana-86/II-1g*; sounding in the room 1, stratum 4.

95. *Obv.* and *Rev.* as above.
Bronze; ?; ?; ?; square thick flan. *Kana-86/II-1h*; sounding in the room 1, stratum 4.

96. *Obv.* and *Rev.* as above.
Bronze; ?; ?; ?; square thick flan. *Kana-86/II-1i*; sounding in the room 1, stratum 4.

97. *Obv.* and *Rev.* as above.
Bronze; ?; ?; ?; square thick flan. *Kana-86/II-1j*; sounding in the room 1, stratum 4.

98. *Obv.* and *Rev.* as above.
Bronze; ?; ?; ?; square thick flan. *Kana-86/II-1k*; sounding in the room 1, stratum 4.

99. *Obv.* and *Rev.* as above.
Bronze; ?; ?; ?; square thick flan. *Kana-86/II-1l*; sounding in the room 1, stratum 4.

100. *Obv.* and *Rev.* as above.
Bronze; ?; ?; ?; square thick flan. *Kana-86/II-1n*; sounding in the room 1, stratum 4.

101. *Obv.*: traces of legend; *Rev.*: traces of image and legend.
Bronze; ?; ?; ?; square thick flan. *Kana-86/II-21*.

102. *Obv.* and *Rev.* as above.
Bronze; ?; ?; ?; square thick flan. *Kana-86/II-22*.

103. *Obv.* and *Rev.* as above.
Bronze; ?; ?; ?; square thick flan. *Kana-86/II-23*.

104. *Obv.* and *Rev.* as above.
Bronze; ?; ?; ?; square thick flan. *Kana-86/II-24*.

105. *Obv.* and *Rev.* as above.
Bronze; ?; ?; ?; square thick flan. *Kana-86/II-25*.

106. *Obv.* and *Rev.* as above.
Bronze; ?; ?; ?; square thick flan. *Kana-86/II-26*.

107. *Obv.* and *Rev.* as above.
Bronze; ?; ?; ?; square thick flan. *Kana-86/II-27*.

108. *Obv.* and *Rev.* as above.
Bronze; ?; ?; ?; square thick flan. *Kana-86/II-28*.

109. *Obv.* and *Rev.* as above.
Bronze; ?; ?; ?; square thick flan. *Kana-86/II-29*.

110. *Obv.* and *Rev.* as above.
Bronze; ?; ?; ?; square thick flan. *Kana-86/II-30*.

111. *Obv.* and *Rev.* as above.
Bronze; ?; ?; ?; square thick flan. *Kana-86/II-31*.

112. *Obv.* and *Rev.* as above.
Bronze; ?; ?; ?; square thick flan. *Kana-86/II-32*.

113. *Obv.* and *Rev.* as above.
Bronze; ?; ?; ?; square thick flan. *Kana-86/II-33*.

114. *Obv.* and *Rev.* as above.
Bronze; ?; ?; ?; square thick flan. *Kana-86/II-34*.

115. *Obv.* and *Rev.* as above.
Bronze; ?; ?; ?; square thick flan. *Kana-86/II-35*.

116. *Obv.* and *Rev.* as above.
Bronze; ?; ?; ?; square thick flan. *Kana-86/II-36*.

117. *Obv.* and *Rev.* as above.
Bronze; ?; ?; ?; square thick flan. *Kana-86/II-37*.

118. *Obv.* and *Rev.* as above.
Bronze; ?; ?; ?; square thick flan. *Kana-86/II-38*.

119. *Obv.* and *Rev.* as above.
Bronze; ?; ?; ?; square thick flan. *Kana-86/II-39*.

120. *Obv.* and *Rev.* as above.
Bronze; ?; ?; ?; square thick flan. *Kana-86/II-40*.

121. *Obv.* and *Rev.* as above.
Bronze; ?; ?; ?; square thick flan. *Kana-86/II-41*.

122. *Obv.* and *Rev.* as above.
Bronze; ?; ?; ?; square thick flan. *Kana-86/II-42*.

123. *Obv.* and *Rev.* as above.
Bronze; ?; ?; ?; square thick flan. *Kana-86/II-43*.

124. *Obv.* and *Rev.* as above.
Bronze; ?; ?; ?; square thick flan. *Kana-86/II-44*.

125. *Obv.* and *Rev.* as above.
Bronze; ?; ?; ?; square thick flan. *Kana-86/II-45*.

126. *Obv.* and *Rev.* as above.
Bronze; ?; ?; ?; square thick flan. *Kana-86/II-46*.

127. *Obv.* and *Rev.* as above.
Bronze; ?; ?; ?; square thick flan. *Kana-86/II-47*.

128. *Obv.* and *Rev.* as above.
Bronze; ?; ?; ?; square thick flan. *Kana-86/II-48*.

129. *Obv.* and *Rev.* as above.
Bronze; ?; ?; ?; square thick flan. *Kana-86/II-49*.

130. *Obv.* and *Rev.* as above.
Bronze; ?; ?; ?; square thick flan. *Kana-86/II-50*.

131. *Obv.* and *Rev.* as above.
Bronze; ?; ?; ?; square thick flan. *Kana-86/II-51*.

132. *Obv.* and *Rev.* as above.
Bronze; ?; ?; ?; square thick flan. *Kana-86/II-52*.

133. *Obv.* and *Rev.* as above.
Bronze; ?; ?; ?; square thick flan. *Kana-86/II-53*.

134. *Obv.* and *Rev.* as above.
Bronze; 0.31 g; ?; ?; square thick flan. *Kana-87/II-4*.

135. *Obv.* and *Rev.* as above.
Bronze; 0.49 g; ?; ?; square thick flan. *Kana-87/II-5*.

Series with *two heads*
Ḥimyarite coinage (*c.* 1st-early 2nd cent. A.D.)

Obv.: male head facing r. or l. within a border.
Rev.: male head as on obv. but smaller facing r. or l., legends on top round and in the exergue, monogram and/or symbol on r. and/or l.
cf. HILL, 1922, p. 68-73.

136. *Obv.*: head r. (?), traces of linear border on r.; *Rev.*: head l., legends and symbols obliterated.
Bronze; 0.30 g; 8 mm; 12.00; irregular thin slightly scyphate flan. *Kana-87/II-13*.

Series with *"Bucranium"*
Late Ḥimyarite coinage (*c.* late 3rd-4th cent. A.D.)

137. *Obv.*: head r.; *Rev.*: bucranium, monogram on l., symbol on r.
Bronze; ?; ?; ?; irregular thin flan. *Kana-87/II-14*.

138. *Obv.*: as above; *Rev.*: as above, faint traces of monogram on l. and symbol on r.
Bronze; 0.25 g; 8 mm; 2.00; irregular thin flan. *Kana-87/II-12*.

139. *Obv.*: traces of head; *Rev.*: traces of bucranium.
Bronze; 0.20 g; ?; ?; irregular thin flan. *Kana-87/II-10*.

140. *Obv.* and *Rev.* as above.
Bronze; 0.25 g; 7 mm; ?; irregular thin flan. *Kana-87/II-11*.

141. *Obv.*: faint traces of head; *Rev.*: as above.
Bronze; ?; ?; ?; irregular thin flan. *Kana-87/II-9*.

142. *Obv.*: obliterated; *Rev.*: as above.
Bronze; ?; ?; ?; irregular thin flan. *Kana-86/II-15*.

143. *Obv.*: obliterated; *Rev.*: as above.
Bronze; ?; ?; ?; irregular thin flan. *Kana-86/II-16*.

144. *Obv.*: obliterated; *Rev.*: as above.
Bronze; ?; ?; ?; irregular thin flan. *Kana-86/II-17*.

145. *Obv.*: obliterated; *Rev.*: as above.
Bronze; ?; ?; ?; irregular thin flan. *Kana-86/II-18*.

146. *Obv.*: obliterated; *Rev.*: as above.
Bronze; ?; ?; ?; irregular thin flan. *Kana-86/II-19*.

147. *Obv.*: obliterated; *Rev.*: as above.
Bronze; ?; ?; ?; irregular thin flan. *Kana-86/II-20*.

Unidentified
Late Ḥimyarite coinage?

148. *Obv.* and *Rev.* obliterated.
Bronze; ?; ?; ?; irregular thin flan. *Kana-86/II-7*.

149. *Obv.* and *Rev.* obliterated.
Bronze; ?; ?; ?; irregular thin flan. *Kana-87/II-1*.

150. *Obv.* and *Rev.* obliterated.
Bronze; ?; ?; ?; irregular thin flan. *Kana-87/II-2*.

151. *Obv.* and *Rev.* obliterated.
Bronze; ?; ?; ?; irregular thin flan. *Kana-87/II-3*.

D. Coins from the Area 3

D1. "Early synagogue", main room, under the floor (on the basalt platform)

Series *radiated head/winged caduceus* (type 3.0)
Ḥaḍramawt, coinage of Sumhuram (*c.* 2nd cent. B.C.)

152. Obv.: head r., image partly off the field; Rev.: caduceus, faint traces of monogram on l., legend on r. obliterated
Bronze; 2.94 g; 12 mm; 4.00; irregular thick flan. *Kana-88/III-6-1* (*pl. 135*).

Series *head/eagle* (type 4.0)
Ḥaḍramawt, coinage of Yashhur'il Yuhar'ish, son of Abiyaśa', *mukarrib* of Ḥaḍramawt (*c.* mid 2nd cent. B.C.)

153. *Obv.* and *Rev.* obliterated.
Bronze; 5.70 g; 18 mm; ?; irregular thick flan, traces of mould-junctures on top and bottom. *Kana-88/III-12-7*.

Series *radiated head/bull* (type 5.3)
Coinage of 'Ili'adh (*c.* mid 1st cent. A.D.)

154. *Obv.*: traces of head; *Rev.*: traces of bull, no legend on top, legend on r. instead of monogram, which reads [𐩦]𐩤𐩧 = *[s²]qr*.
Bronze; 4.58 g; 20 mm; 6.00; irregular flan with sharp edge. *Kana-88/III-6-8*.

155. *Obv.*: as above; *Rev.*: as above, faint traces of legend 𐩦𐩤𐩧 = *s²qr* on top l., monogram on r. obliterated.
Bronze; 5.65 g; 21 mm; 4.00; regular thick flan, central conical cavities on both sides. *Kana-88/III-12-3*.

156. *Obv.*: obliterated; *Rev.*: as above.
Bronze; 6.60 g; 19 mm; ?; irregular thick flan, central conical cavities on both sides. *Kana-88/III-12-9*.

157. *Obv.*: obliterated; *Rev.*: as above, legend obliterated.
Bronze; 6.30 g; 20 mm; ?; irregular thick flan, central conical cavities on both sides. *Kana-88/III-12-10.*

158. *Obv.*: obliterated; *Rev.*: as above, legend obliterated.
Bronze; 7.30 g; 21 mm; ?; irregular thick flan, central conical cavities on both sides. *Kana-88/III-12-12.*

159. *Obv.*: obliterated; *Rev.*: as above, legend obliterated.
Bronze; 5.40 g; 20 mm; ?; irregular thick flan, central conical cavities on both sides. *Kana-88/III-12-15.*

160. *Obv.*: obliterated; *Rev.*: as above, legend obliterated.
Bronze; 4.15 g; 20 mm; ?; irregular thick flan, central conical cavities on both sides, broken. *Kana-88/III-12-2.*

161. *Obv.* and *Rev.* obliterated.
Bronze; 8.60 g; 21 mm; ?; irregular thick flan, central conical cavities on both sides. *Kana-88/III-12-4.*

162. *Obv.* and *Rev.* obliterated.
Bronze; 7.50 g; 22 mm; ?; irregular thick flan, central conical cavities on both sides. *Kana-88/III-12-14.*

163. *Obv.* and *Rev.* obliterated.
Bronze; 6.80 g; 20 mm; ?; irregular thick flan, central conical cavities on both sides. *Kana-88/III-12-11.*

164. *Obv.* and *Rev.* obliterated.
Bronze; 6.80 g; 19 mm; ?; irregular thick flan, central conical cavities on both sides. *Kana-88/III-12-8.*

165. *Obv.* and *Rev.* obliterated.
Bronze; 6.50 g; 17 mm; ?; irregular thick flan, central conical cavities on both sides. *Kana-88/III-12-13.*

166. *Obv.* and *Rev.* obliterated.
Bronze; 6.90 g; 21 mm; ?; irregular thick flan, central conical cavities on both sides. *Kana-88/III-12-5.*

167. *Obv.* and *Rev.* obliterated.
Bronze; 6.80 g; 18 mm; ?; irregular thick flan, central conical cavities on both sides. *Kana-88/III-12-6.*

168. *Obv.* and *Rev.* obliterated.
Bronze; 6.15 g; 20 mm; ?; irregular thick flan, central conical cavities on both sides. *Kana-88/III-12-1.*

Series *head/bull* (type 6.1)
Ḥaḍramawt, coinage of Yada'īl (*c.* 1st-2nd cent. A.D.)

169. *Obv.*: obliterated; *Rev.*: as above, legend on top reads 𐩦𐩺[𐩬] = *s¹y[n]*, legend on r. obliterated.
Bronze; 1.49 g; 15 mm; ?; irregular flan. *Kana-88/III-6-6.*

170. *Obv.*: head r. (?); *Rev.*: faint traces of image, legend on r. obliterated, faint traces of legend on top l (*pl. 135*).
Bronze; 2.75 g; 13 mm; ?; irregular flan. *Kana-88/III-6-5.*

171. *Obv.* and *Rev.* obliterated.
Bronze; 2.55 g; 16 mm; ?; irregular flan, partly broken. *Kana-88/III-6-7.*

172. *Obv.* and *Rev.* obliterated.
Bronze; 1.60 g; 15 mm; ?; irregular flan. *Kana-88/III-6-4.*

Series *head/bull* (type 6.2)
Ḥaḍramawt, coinage of Yada''ab (*c.* 1st-2nd cent. A.D.)
Obv.: head with hair in long ringlets wearing a cap (?) facing r., legend 𐩦𐩺𐩬 = *s¹yn* on r. downwards.
Rev.: bull standing on line to r., horizontal legend 𐩦𐩺𐩬 = *s¹yn* on top, legend 𐩪𐩤𐩧 = *s²qr* on r. downwards.
cf. SEDOV, 2005, p. 398-400.

173. *Obv.*: as above, traces of legend; *Rev.*: as above, faint traces of legend on top l., legend on r. reads [𐩪]𐩤𐩧 = *[s²]qr.*
Bronze; 4.65 g; 17 mm; 5.00; irregular flan. *Kana-88/III-6-3 (pl. 135).*

Series *head/bull's head* (type 7.1)
Ḥaḍramawt, coinage of Yada'īl (*c.* 1st-2nd cent. A.D.)
Obv.: male (?) head facing r., horizontal line under the head, monogram on r.
Rev.: bull's head facing front, legend 𐩦𐩺𐩬 = *s¹yn* (letter *s¹* on top between horns) on l. downwards, legend (?) on r.
cf. SEDOV, 2005, p. 400.

174. *Obv.*: as above, faint traces of monogram; *Rev.*: as above, legend on r. obliterated.
Bronze; 2.95 g; 12 mm; 9.00; irregular flan. *Kana-88/III-6-2 (pl. 135).*

D2. "Early synagogue", main room, on the floor (strata of the Kosmas *graffito*)

Series *radiated head/winged caduceus* (type 3.0)
Ḥaḍramawt, coinage of Sumhuram (*c.* 2nd cent. B.C.)

175. *Obv.*: head r., image partly off the field; *Rev.*: caduceus, monogram on l. off the field, legend on r. reads 𐩧𐩤[𐩦] = *[s²]qr*
Bronze; 0.86 g; 11 mm; 1.00; irregular thick flan. *Kana-88/III-1-1 (pl. 135).*

Series *s²qr/bull's head* (type 10.0)
Ḥaḍramawt, square coinage (*c.* 1st-4th cent. A.D.)

176. *Obv.*: legend; *Rev.*: bull's head, legend.
Bronze; 1.60 g; 7 x 11 mm; 12.00; rectangular thick flan. *Kana-88/III-1-2 (pl. 135).*

177. *Obv.* and *Rev.* as above.
Bronze; 1.40 g; 8 x 11 mm; 1.00; rectangular thick flan. *Kana-88/III-1-2 (pl. 135).*

178. *Obv.*: only letter *r* is visible; *Rev.*: as, above.
Bronze; 0.83 g; 8 x 9.5 mm; 12.00; rectangular thick flan. *Kana-88/III-1-10.*

179. *Obv.* and *Rev.* as above.
Bronze; 1.70 g; 7 x 10 mm; 6.00; rectangular thick flan. *Kana-88/III-1-11.*

180. *Obv.* and *Rev.* as above.
Bronze; 1.78 g; 7.5 x 9.5; 12.00; rectangular thick flan. *Kana-88/III-1-12.*

181. *Obv.* and *Rev.* as above.
Bronze; 1.07 g; 8 x 9 mm; 12.00; rectangular thick flan. *Kana-88/III-1-13 (pl. 135).*

182. *Obv.* and *Rev.* as above.
Bronze; 1.43 g; 8 x 10 mm; 12.00; rectangular thick flan. *Kana-88/III-1-14.*

183. *Obv.* and *Rev.* as above.
Bronze; 1.53 g; 8 x 12 mm; 2.00; rectangular thick flan. *Kana-88/III-1-30 (pl. 135).*

184. *Obv.* and *Rev.* as above.
Bronze; ?; ?; 11.00; oblong thick flan. *Kana-88/III-1-32 (pl. 135).*

185. *Obv.* and *Rev.* as above.
Bronze; ?; ?; 12.00; square thick flan. *Kana-88/III-1-34.*

186. *Obv.* and *Rev.* as above.
Bronze; 0.82 g; 7 x 9 mm; 2.00; rectangular thick flan. *Kana-88/III-1-28.*

187. *Obv.*: as above; *Rev.*: as above, legend obliterated.
Bronze; 0.09 g; 5 mm; 12.00; oval thin flan. *Kana-88/III-1-31.*

188. *Obv.*: only letter *r* is visible; *Rev.*: traces of image.
Bronze; 0.10 g; 6 mm; ?; oval thin flan. *Kana-88/III-1-20.*

189. *Obv.*: obliterated; *Rev.*: traces of image.
Bronze; 0.09 g; 6 x 6 mm; ?; square thin flan. *Kana-88/III-1-22.*

Series with *"Bucranium"*
Sabaean coinage (*c.* 2nd-first half of the 3rd cent. A.D.)

190. *Obv.*: head l., letter 𐩱 = *'alef* in the exergue, symbol on l. off the field, traces of linear border around; *Rev.*: as above, symbol on l., monogram on r. (its upper part is off the field), a pair of dots and traces of linear border in the exergue.
Bronze; 1.52 g; 9 mm; 11.00; irregular thin flan. *Kana-88/III-1-33 (pl. 135).*

Late Ḥimyarite coinage (*c.* late 3rd-4th cent. A.D.)

191. *Obv.*: head r. (?); *Rev.*: traces of bucranium.
Bronze; 0.08 g; 6 mm; ?; irregular thin flan. *Kana-88/III-1-3.*

192. *Obv.*: obliterated; *Rev.*: only upper part of the image.
Bronze; 0.03 g; 5 mm; ?; irregular thin flan. *Kana-88/III-1-25 (pl. 135).*

193. *Obv.*: traces of head; *Rev.*: traces of bucranium.
Bronze; 0.08 g; 6 mm; ?; irregular thin flan. *Kana-88/III-1-8.*

194. *Obv.*: obliterated; *Rev.*: traces of bucranium.
Bronze; 0.05 g; 6 mm; ?; irregular thin flan. *Kana-88/III-1-15 (pl. 135).*

195. *Obv.* and *Rev.*: as above.
Bronze; 0.05 g; 5 mm; 12.00; irregular thin flan. *Kana-88/III-1-18.*

196. *Obv.*: vertical lines (?); *Rev.*: as above.
Bronze; 0.03 g; 5 mm; ?; irregular thin flan. *Kana-88/III-1-16 (pl. 135).*

197. *Obv.* and *Rev.* as above.
Bronze; 0.03 g; 5 mm; ?; irregular thin flan. *Kana-88/III-1-17 (pl. 135).*

198. *Obv.*: obliterated; *Rev.*: as above.
Bronze; 0.06 g; 5 mm; ?; irregular thin flan. *Kana-88/III-1-26.*

Unidentified
Late Ḥimyarite coinage?

199. *Obv.* and *Rev.* obliterated.
Bronze; 0.03 g; 4.5 mm; ?; irregular thin flan. *Kana-88/III-1-7.*

200. *Obv.* and *Rev.* obliterated.
Bronze; 0.03 g; 5 mm; ?; irregular thin flan. *Kana-88/III-1-19.*

201. *Obv.* and *Rev.* obliterated.
Bronze; 0.07 g; 6 mm; ?; irregular thin flan. *Kana-88/III-1-21.*

D3. "Early synagogue", on the eastern pavement

Series *s^2qr/bull's head* (type 10.0)
Ḥaḍramawt, square coinage (*c.* 1st-4th cent. A.D.)

202. *Obv*.: legend; *Rev*.: bull's head, legend.
Bronze; 1.90 g; 8 x 10 mm; 11.00; rectangular thick flan. *Kana-88/III-4-12 (pl. 136).*

203. *Obv*. and *Rev*. as above.
Bronze; 1.99 g; 9 x 11 mm; 10.00; rectangular thick flan. *Kana-88/III-4-13 (pl. 136).*

204. *Obv*. and *Rev*. as above.
Bronze; 1.07 g; 8 x 9 mm; 10.00; rectangular thick flan. *Kana-88/III-4-14.*

205. *Obv*.: traces of legend; *Rev*.: traces of image and legend.
Bronze; 1.48 g; 7 x 10 mm; ?; rectangular thick flan. *Kana-88/III-4-11.*

206. *Obv*. and *Rev*. as above.
Bronze; 0.96 g; 7 x 7 mm; ?; square thick flan. *Kana-88/III-4-10.*

Series with *"Bucranium"*
Late Ḥimyarite coinage (*c.* late 3rd-4th cent. A.D.)

207. *Obv*.: obliterated; *Rev*.: bucranium, faint traces of symbol on l., monogram on r. obliterated.
Bronze; 0.07 g; 5 mm; ?; irregular thin flan. *Kana-88/III-4-1.*

208. *Obv*.: obliterated; *Rev*.: traces of image.
Bronze; 0.06 g; 5 mm; ?; irregular thin flan. *Kana-88/III-4-2.*

209. *Obv*.: obliterated; *Rev*.: as above.
Bronze; 0.15 g; 6 mm; ?; irregular thin flan. *Kana-88/III-4-4.*

210. *Obv*.: obliterated; *Rev*.: as above.
Bronze; 0.05 g; 4 mm; ?; irregular thin flan. *Kana-88/III-4-5.*

211. *Obv*.: obliterated; *Rev*.: as above.
Bronze; 0.03 g; 4 x 6 mm; ?; irregular oval thin flan. *Kana-88/III-4-6.*

212. *Obv*.: obliterated; *Rev*.: as above.
Bronze; 0.06 g; 6 mm; ?; irregular thin flan. *Kana-88/III-4-3.*

D4. "Late synagogue", room 2, on the floor

Series *head/eagle* (type 4.0)
Ḥaḍramawt, coinage of Yashhur'il Yuhar'ish, son of Abiyaśa', *mukarrib* of Ḥaḍramawt (*c.* mid 2nd cent. A.D.)

213. *Obv*.: head r., legend on r. obliterated; *Rev*.: eagle, legends obliterated.
Bronze; 2.19 g; 18 mm; 12.00; irregular partly broken flan, moulded. *Kana-87/III-2-6.*

Series *s^2qr/bull's head* (type 10.0)
Ḥaḍramawt, square coinage (*c.* 1st-4th cent. A.D.)

214. *Obv*.: faint traces of legend; *Rev*.: faint traces of image and legend.
Bronze; 1.22 g; 8 x 11 mm; 12.00; rectangular thick flan. *Kana-87/III-2-127 (pl. 136).*

D5. "Late synagogue", eastern part of the room 3 (the courtyard), on the floor

Series *radiated head/winged caduceus* (type 3.0)
Ḥaḍramawt, coinage of Sumhuram (*c.* 2nd cent. B.C.)

215. *Obv*.: head r.; *Rev*.: faint traces of winged caduceus, legend and monogram obliterated completely.
Bronze; 1.64 g; 11 mm; 12.00?; irregular thick flan. *Kana-88/III-3-13 (pl. 136).*

216. *Obv*. and *Rev*. as above.
Bronze; 2.15 g; 10 mm; ?; irregular thick flan. *Kana-88/III-3-19.*

Series *radiated head/bull* (type 5.3)
Ḥaḍramawt, coinage of 'Ili'adh (*c.* mid 1st cent. A.D.)

217. *Obv*.: obliterated; *Rev*.: bull, traces of legend)ϕ[ʒ] = *[s^2]qr* on top l., faint traces of monogram on r (*pl. 136).*
Bronze; ?; ?; ?; fragment. *Kana-88/III-3-18.*

Series *s^2qr/bull's head* (type 10.0)
Ḥaḍramawt, square coinage (*c.* 1st-4th cent. A.D.)

218. *Obv*.: legend; *Rev*.: bull's head, legend.
Bronze; 2.15 g; 8 x 12.5 mm; 3.00; rectangular thick flan. *Kana-88/III-2-40 (pl. 136).*

219. *Obv*. and *Rev*. as above.
Bronze; 1.63 g; 8 x 8 mm; 12.00; square thick flan. *Kana-88/III-2-19 (pl. 136).*

220. *Obv*. and *Rev*. as above.
Bronze; 1.47 g; 10 x 11 mm; 12.00; rectangular thick flan. *Kana-88/III-2-41.*

221. *Obv*. and *Rev*. as above.
Bronze; 0.80 g; 7 x 8 mm; 12.00; rectangular thick flan. *Kana-88/III-2-43 (pl. 136).*

222. *Obv.* and *Rev.* as above.
Bronze; 1.33 g; 8 x 9 mm; 10.00; rectangular thick flan. *Kana-88/III-3-10 (pl. 136).*

223. *Obv.*: traces of legend; *Rev.*: traces of image and legend.
Bronze; 2.46 g; 8.5 x 11mm; ?; rectangular thick flan. *Kana-88/III-2-45.*

224. *Obv.* and *Rev.* as above.
Bronze; 0.86 g; 7 x 9.5 mm; 12.00?; rectangular thick flan. *Kana-88/III-2-46.*

225. *Obv.* and *Rev.* as above.
Bronze; 0.40 g; 6.5 x 7 mm; ?; rectangular thick flan. *Kana-88/III-2-47.*

226. *Obv.* and *Rev.* as above.
Bronze; 2.22 g; 10 x 12 mm; ?; rectangular thick flan. *Kana-88/III-2-49 (pl. 136).*

227. *Obv.* and *Rev.* as above.
Bronze; 0.91 g; 7 x 9.5 mm; ?; rectangular thick flan. *Kana-88/III-2-44 (pl. 136).*

228. *Obv.* and *Rev.* as above.
Bronze; 0.98 g; 8 x 12 mm; ?; rectangular thick flan. *Kana-88/III-2-52 (pl. 136).*

229. *Obv.* and *Rev.* as above.
Bronze; 0.99 g; 9 x 11 mm; ?; rectangular thick flan. *Kana-88/III-2-51.*

230. *Obv.* and *Rev.* as above.
Bronze; 1.12 g; 8.5 x 9 mm; 12.00; oval thick flan. *Kana-88/III-3-11.*

231. *Obv.* and *Rev.* as above.
Bronze; 0.10 g; 5 x 7 mm; 12.00; oval thick flan. *Kana-88/III-3-7.*

232. *Obv.* and *Rev.* as above.
Bronze; 2.42 g; 10 mm; ?; oval thick flan. *Kana-88/III-3-12.*

233. *Obv.* and *Rev.* as above.
Bronze; 0.10 g; 7 mm; ?; oval thick flan. *Kana-88/III-3-14.*

234. *Obv.* and *Rev.* as above.
Bronze; 2.37 g; 10 x 11 mm; ?; rectangular thick flan. *Kana-88/III-2-48.*

235. *Obv.* and *Rev.* as above.
Bronze; 2.10 g; 10 x 10 mm; ?; square thick flan. *Kana-88/III-2-50 (pl. 136).*

236. *Obv.* and *Rev.* as above.
Bronze; 1.50 g; 9 mm; ?; oval thick flan. *Kana-88/III-2-53.*

237. *Obv.* and *Rev.* as above.
Bronze; 0.90 g; 7 x 10 mm; ?; rectangular thick flan. *Kana-88/III-2-63.*

Series with *"Bucranium"*
Late Ḥimyarite coinage (*c.* late 3rd-4th cent. A.D.)

238. *Obv.*: head l.; *Rev.*: bucranium, symbol and monogram obliterated.
Bronze; 0.19 g; 7 mm; 12.00; irregular thin flan. *Kana-88/III-2-60.*

239. *Obv.*: as above; *Rev.*: as above, symbol on r.
Bronze; 0.08 g; 6 mm; 12.00; irregular thin flan. *Kana-88/III-2-13.*

240. *Obv.*: image partly off the field, r. symbol is in the centre; *Rev.*: as above, traces of monogram on l.
Bronze; 0.04 g; 5 mm; 12.00; irregular thin flan. *Kana-88/III-2-15.*

241. *Obv.*: traces of image; *Rev.*: as above.
Bronze; 0.37 g; 7.5 mm; 12.00; irregular thin flan. *Kana-88/III-2-38 (pl. 136).*

242. *Obv.*: obliterated; *Rev.*: as above, crescent with pellet above head between horns, faint traces of monogram on l., traces of symbol on r.
Bronze; 0.34 g; 7 mm; ?; irregular thin flan. *Kana-88/III-3-1 (pl. 136).*

243. *Obv.*: obliterated; *Rev.*: traces of image.
Bronze; 0.06 g; 7 mm; ?; irregular thin flan. *Kana-88/III-2-18.*

244. *Obv.*: obliterated; *Rev.*: traces of image.
Bronze; 0.07 g; 5 mm; ?; irregular thin flan. *Kana-88/III-2-35.*

245. *Obv.*: obliterated; *Rev.*: traces of image.
Bronze; 0.05 g; 6 mm; ?; irregular thin flan. *Kana-88/III-2-58.*

246. *Obv.*: obliterated; *Rev.*: traces of image.
Bronze; 0.07 g; 6 mm; ?; irregular thin flan. *Kana-88/III-2-57.*

247. *Obv.*: obliterated; *Rev.*: traces of image, symbol on r.
Bronze; 0.13 g; 6 mm; ?; irregular thin flan. *Kana-88/III-3-5 (pl. 136).*

248. *Obv.*: obliterated; *Rev.*: traces of image.
Bronze; 0.06 g; 7 mm; ?; irregular thin flan. *Kana-88/III-2-2.*

249. *Obv.*: obliterated; *Rev.*: traces of image.
Bronze; 0.14 g; 5.5 mm; ?; irregular thin flan. *Kana-88/III-2-59.*

250. *Obv.*: obliterated; *Rev.*: traces of image.
Bronze; 0.03 g; 4 mm; ?; irregular thin flan. *Kana-88/III-2-3 (pl. 136).*

251. *Obv.*: obliterated; *Rev.*: traces of image.
Bronze; 0.03 g; 4-5 mm; ?; oval thin flan. *Kana-88/III-2-21.*

252. *Obv.*: obliterated; *Rev.*: traces of image.
Bronze; 0.02 g; 5 mm; ?; irregular thin flan. *Kana-88/III-2-5.*

253. *Obv.*: obliterated; *Rev.*: traces of image.
Bronze; 0.05 g; 4-6 mm; ?; oval thin flan. *Kana-88/III-2-8 (pl. 136).*

254. *Obv.*: obliterated; *Rev.*: traces of image.
Bronze; 0.03 g; 4-5 mm; ?; oval thin flan. *Kana-88/III-2-12.*

255. *Obv.*: obliterated; *Rev.*: traces of image.
Bronze; 0.01 g; 3.5 mm; ?; irregular thin flan. *Kana-88/III-2-28.*

256. *Obv.*: obliterated; *Rev.*: traces of image.
Bronze; ?; ?; ?; fragment. *Kana-88/III-2-31.*

257. *Obv.*: obliterated; *Rev.*: traces of image.
Bronze; 0.03 g; 5 mm; ?; irregular thin flan. *Kana-88/III-2-11.*

258. *Obv.*: obliterated; *Rev.*: traces of image.
Bronze; 0.02 g; 4 mm; ?; irregular thin flan. *Kana-88/III-2-9.*

259. *Obv.*: obliterated; *Rev.*: traces of image.
Bronze; 0.02 g; 5 mm; ?; irregular thin flan. *Kana-88/III-2-10 (pl. 136).*

260. *Obv.*: obliterated; *Rev.*: traces of image.
Bronze; 0.08 g; 6 mm; ?; irregular thin flan. *Kana-88/III-2-26.*

261. *Obv.*: obliterated; *Rev.*: traces of image.
Bronze; 0.08 g; 6 mm; ?; irregular thin flan. *Kana-88/III-2-27.*

262. *Obv.*: obliterated; *Rev.*: traces of image.
Bronze; 0.05 g; 5 mm; ?; irregular thin flan. *Kana-88/III-2-39.*

263. *Obv.*: obliterated; *Rev.*: traces of image.
Bronze; 0.03 g; 6 mm; ?; irregular thin flan. *Kana-88/III-2-61.*

264. *Obv.*: obliterated; *Rev.*: traces of image.
Bronze; 0.02 g; 5-7 mm; ?; oval thin flan. *Kana-88/III-2-36.*

265. *Obv.*: obliterated; *Rev.*: traces of image.
Bronze; 0.10 g; 5-8 mm; ?; oval thin flan. *Kana-88/III-2-33.*

266. *Obv.*: obliterated; *Rev.*: traces of image.
Bronze; 0.08 g; 5-6 mm; ?; oval thin flan. *Kana-88/III-2-16.*

267. *Obv.*: obliterated; *Rev.*: traces of image.
Bronze; 0.05 g; 5-7 mm; ?; oval thin flan. *Kana-88/III-2-22.*

268. *Obv.*: obliterated; *Rev.*: traces of image.
Bronze; 0.06 g; 4-6.5 mm; ?; oval thin flan. *Kana-88/III-3-8.*

269. *Obv.*: obliterated; *Rev.*: traces of image.
Bronze; 0.03 g; 4-5.5 mm; ?; oval thin flan. *Kana-88/III-3-9.*

270. *Obv.*: obliterated; *Rev.*: traces of image.
Bronze; 0.14 g; 5 mm; ?; irregular thin flan. *Kana-88/III-2-25.*

271. *Obv.*: obliterated; *Rev.*: traces of image.
Bronze; 0.14 g; 6 mm; ?; irregular thin flan. *Kana-88/III-2-14.*

272. *Obv.*: obliterated; *Rev.*: traces of image.
Bronze; 0.15 g; 5 mm; ?; irregular thin flan. *Kana-88/III-2-24.*

273. *Obv.*: obliterated; *Rev.*: traces of image.
Bronze; 0.13 g; 6 mm; ?; irregular thin flan. *Kana-88/III-2-4.*

Unidentified

Late Ḥimyarite coinage?

274. *Obv.* and *Rev.* obliterated.
Bronze; 0.19 g; 6 mm; ?; irregular thin flan. *Kana-88/III-2-34.*

275. *Obv.* and *Rev.* obliterated.
Bronze; 0.10 g; 5 mm; ?; irregular thin flan. *Kana-88/III-2-6.*

276. *Obv.* and *Rev.* obliterated.
Bronze; 0.03 g; 4 mm; ?; irregular thin flan. *Kana-88/III-2-7 (pl. 136).*

277. *Obv.* and *Rev.* obliterated.
Bronze; 0.03 g; 5 mm; ?; irregular thin flan. *Kana-88/III-2-29.*

278. *Obv.* and *Rev.* obliterated.
Bronze; 0.03 g; 4 mm; ?; irregular thin flan. *Kana-88/III-2-30.*

279. *Obv.* and *Rev.* obliterated.
Bronze; 0.03 g; 4 mm; ?; irregular thin flan. *Kana-88/III-2-31.*

280. *Obv.* and *Rev.* obliterated.
Bronze; 0.05 g; 6 mm; ?; irregular thin flan. *Kana-88/III-2-62.*

281. *Obv.* and *Rev.* obliterated.
Bronze; 0.08 g; 4.5-6 mm; ?; oval thin flan. *Kana-88/III-2-23.*

282. *Obv.* and *Rev.* obliterated.
Bronze; 0.08 g; 5-6 mm; ?; oval thin flan. *Kana-88/III-2-20.*

283. *Obv.* and *Rev.* obliterated.
Bronze; 0.07 g; 5 mm; ?; irregular thin flan. *Kana-88/III-3-2.*

284. *Obv.* and *Rev.* obliterated.
Bronze; 0.02 g; 4 mm; ?; irregular thin flan. *Kana-88/III-3-6.*

285. *Obv.* and *Rev.* obliterated.
Bronze; 0.03 g; 5 mm; ?; irregular thin flan. *Kana-88/III-2-1.*

D6. "Late synagogue", western part of the room 3 (the courtyard), on the floor

Series *radiated head/winged caduceus* (type 3.0)
Ḥaḍramawt, coinage of Sumhuram (*c.* 2nd cent. A.D.)

286. *Obv*.: obliterated; *Rev*.: traces of caduceus.
Bronze; 2.02 g; 11 mm; ?; irregular thick flan. *Kana-88/III-5-39*.

Series *head/bull* (type 6.1)
Ḥaḍramawt, coinage of Yada'īl (*c.* 1st-2nd cent. A.D.)

287. *Obv*.: head r.; *Rev*.: traces of bull, legends obliterated.
Bronze; 2.41 g; 15 mm; ?; irregular flan. *Kana-88/III-5-46 (pl. 136)*.

Series *s^2qr/bull's head* (type 10.0)
Ḥaḍramawt, square coinage (*c.* 1st-4th cent. A.D.)

288. *Obv*.: traces of legend; *Rev*.: traces of bull's head, legend.
Bronze; 1.84 g; 7 x 11 mm; 12.00; rectangular thick flan. *Kana-88/III-5-29*.

289. *Obv*.: legend reads 𐩦[𐩤𐩧] = *s^2[qr]*; *Rev*.: as above.
Bronze; 1.30 g; 8x10 mm; 3.00; rectangular thick flan. *Kana-88/III-5-28 (pl. 136)*.

290. *Obv*. and *Rev*. as above.
Bronze; 1.10 g; 9 x 9 mm; 12.00; square thick flan. *Kana-88/III-5-30*.

291. *Obv*. and *Rev*. as above.
Bronze; 1.40 g; 9 x 9 mm; 12.00; square thick flan. *Kana-88/III-5-31 (pl. 136)*.

292. *Obv*. and *Rev*. as above.
Bronze; 0.72 g; 8 x 8 mm; 12.00; square thick flan. *Kana-88/III-5-32*.

293. *Obv*. and *Rev*. as above.
Bronze; 1.60 g; 9 x 11 mm; 5.00; rectangular thick flan. *Kana-88/III-5-33*.

294. *Obv*. and *Rev*. as above.
Bronze; 1.42 g; 8 x 9 mm; 12.00; rectangular thick flan. *Kana-88/III-5-34 (pl. 136)*.

295. *Obv*. and *Rev*. as above.
Bronze; 1.42 g; 9 x 10 mm; 12.00; rectangular thick flan. *Kana-88/III-5-35 (pl. 136)*.

296. *Obv*. and *Rev*. as above.
Bronze; 1.33 g; 8 x 9 mm; 2.00; rectangular thick flan. *Kana-88/III-5-37 (pl. 136)*.

297. *Obv*. and *Rev*. as above.
Bronze; 1.20 g; 8 x .9 mm; 12.00; rectangular thick flan. *Kana-88/III-5-42 (pl. 136)*.

298. *Obv*. and *Rev*. as above.
Bronze; 1.40 g; 7 x 11 mm; 12.00; rectangular thick flan. *Kana-88/III-5-44 (pl. 136)*.

299. *Obv*.: faint traces of legend; *Rev*.: faint traces of image, legend obliterated.
Bronze; 1.80 g; 8.5 x 10 mm; ?; rectangular thick flan. *Kana-88/III-5-36*.

300. *Obv*. and *Rev*. as above.
Bronze; 1.50 g; 9 x 10 mm; ?; rectangular thick flan. *Kana-88/III-5-45*.

Series with *"Bucranium"*
Sabaean coinage (*c.* 2nd-first half of the 3rd cent. A.D.)

301. *Obv*.: traces of head, crescent with pellet above, linear border; *Rev*.: obliterated.
Bronze; 1.20 g; 15 mm; ?; irregular thin flan broken in two fragments. *Kana-88/III-5-38*.

Late Ḥimyarite coinage (*c.* late 3rd-4th cent. A.D.)

302. *Obv*.: obliterated; *Rev*.: bucranium, faint traces of symbol on r., traces of monogram on l.
Bronze; 0.05 g; 6 mm; ?; irregular thin flan. *Kana-88/III-5-5 (pl. 137)*.

303. *Obv*.: obliterated; *Rev*.: as above, traces of symbol on r., monogram obliterated.
Bronze; ?; 6.5 mm; ?; fragment. *Kana-88/III-5-27*.

304. *Obv*.: obliterated; *Rev*.: as above, faint traces of symbol on r.
Bronze; ?; 4 mm; ?; fragment. *Kana-88/III-5-14 (pl. 137)*.

305. *Obv*.: traces of image (vertical lines); *Rev*.: traces of image (vertical and horizontal lines).
Bronze; 0.02 g; 4.5 mm; ?; irregular thin flan. *Kana-88/III-5-20 (pl. 137)*.

306. *Obv*.: faint traces of head; *Rev*.: traces of bucranium.
Bronze; ?; 6 mm; ?; fragment. *Kana-88/III-5-1*.

307. *Obv*. and *Rev*. as above.
Bronze; 0.03 g; 5 mm; ?; irregular thin flan. *Kana-88/III-5-40*.

308. *Obv*. and *Rev*. as above.
Bronze; 0.03 g; 4-5 mm; ?; oval thin flan. *Kana-88/III-5-9*.

309. *Obv*. and *Rev*. as above.
Bronze; 0.02 g; 4 mm; ?; irregular thin flan. *Kana-88/III-5-10*.

310. *Obv*. and *Rev*. as above.
Bronze; ?; 4.5 mm; ?; fragment. *Kana-88/III-5-17*.

311. *Obv*. and *Rev*. as above.
Bronze; 0.08 g; 4 mm; ?; irregular thin flan. *Kana-88/III-5-25*.

Unidentified
Late Ḥimyarite coinage?

312. *Obv*. and *Rev*. obliterated.
Bronze; 0.12 g; 6 mm; ?; irregular thin flan. *Kana-88/III-5-6*.

313. *Obv*. and *Rev*. obliterated.
Bronze; ?; 6 mm; ?; fragment. *Kana-88/III-5-7*.

314. *Obv*. and *Rev*. obliterated.
Bronze; 0.04 g; 6 mm; ?; irregular thin flan. *Kana-88/III-5-8*.

315. *Obv*. and *Rev*. obliterated.
Bronze; 0.02 g; 4 mm; ?; irregular thin flan. *Kana-88/III-5-11*.

316. *Obv*. and *Rev*. obliterated.
Bronze; 0.12 g; 5 mm; ?; irregular thin flan, slightly scyphate. *Kana-88/III-5-12*.

317. *Obv*. and *Rev*. obliterated.
Bronze; ?; 5 mm; ?; fragment. *Kana-88/III-5-13*.

318. *Obv*. and *Rev*. obliterated.
Bronze; ?; 5 mm; ?; fragment of thin, slightly scyphate flan. *Kana-88/III-5-15*.

319. *Obv*. and *Rev*. obliterated.
Bronze; 0.14 g; 5 x 7 mm; ?; oval thin flan. *Kana-88/III-5-16*.

320. *Obv*. and *Rev*. obliterated.
Bronze; 0.02 g; 5 mm; ?; irregular thin flan. *Kana-88/III-5-3*.

321. *Obv*. and *Rev*. obliterated.
Bronze; 0.08 g; 6 mm; ?; irregular thin flan. *Kana-88/III-5-23*.

322. *Obv*. and *Rev*. obliterated.
Bronze; 0.09 g; 6 mm; ?; irregular thin flan. *Kana-88/III-5-24*.

323. *Obv*. and *Rev*. obliterated.
Bronze; 0.18 g; 6 x 8 mm; ?; oval thin flan. *Kana-88/III-5-26*.

324. *Obv*. and *Rev*. obliterated.
Bronze; 0.13 g; 6 x 7 mm; ?; oval thin flan. *Kana-88/III-5-43*.

325. *Obv*. and *Rev*. obliterated.
Bronze; 0.02 g; 6 mm; ?; irregular thin flan. *Kana-88/III-5-18*.

D7. "Late synagogue", room 4, on the floor

Series *head/owl* (type 1.1)
Ḥaḍramawt, early imitations (*c*. late 4th-mid 3rd cent. B.C.)

326. *Obv*.: faint traces of Athena's head; *Rev*.: owl, faint traces of Greek legend (as a dot) on r.
Bronze; 2.69 g; 12 mm; 10.00; triangular thick flan. *Kana-87/III-4-19-1* (*pl. 137*).

Series *s^2qr/bull's head* (type 10.0)
Ḥaḍramawt, square coinage (*c*. 1st-4th cent. A.D.)

327. *Obv*.: legend; *Rev*.: bull's head, legend.
Bronze; 1.62 g; 8 x 9 mm; 7.00; rectangular thick flan. *Kana-87/III-4-19-7*.

328. *Obv*.: faint traces of image; *Rev*.: as above.
Bronze; 1.64 g; 7.5 x 10 mm; 12.00?; rectangular thick flan. *Kana-87/III-4-19-3*.

329. *Obv*. and *Rev*. as above.
Bronze; 1.01 g; 8 x 8 mm; 2.00?; square thick flan. *Kana-87/III-4-19-4*.

330. *Obv*. and *Rev*. as above.
Bronze; 1.25 g; 8 x 10 mm; ?; rectangular thick flan. *Kana-87/III-4-19-2*.

331. *Obv*.: traces of legend; *Rev*.: traces of image.
Bronze; ?; ?; ?; square thick flan. *Kana-87/III-4-19-5*.

332. *Obv*. and *Rev*. as above.
Bronze; ?; ?; ?; square thick flan. *Kana-87/III-4-19-6*.

333. *Obv*. and *Rev*. as above.
Bronze; ?; ?; ?; square thick flan. *Kana-87/III-4-19-7*.

Bronze; ?; ?; ?; square thick flan. *Kana-87/III-4-19-8*.

335. *Obv*. and *Rev*. as above.
Bronze; ?; ?; ?; square thick flan. *Kana-87/III-14-19-9*.

336. *Obv*. and *Rev*. as above.
Bronze; ?; ?; ?; square thick flan. *Kana-87/III-14-19-10*.

337. *Obv*. and *Rev*. as above.
Bronze; ?; ?; ?; square thick flan. *Kana-87/III-14-19-11*.

338. *Obv*. and *Rev*. as above.
Bronze; ?; ?; ?; square thick flan. *Kana-87/III-14-19-12*.

339. *Obv*. and *Rev*. as above.
Bronze; ?; ?; ?; square thick flan. *Kana-87/III-14-19-13*.

340. *Obv*. and *Rev*. as above.
Bronze; ?; ?; ?; square thick flan. *Kana-87/III-14-19-14*.

341. *Obv*. and *Rev*. as above.
Bronze; ?; ?; ?; square thick flan. *Kana-87/III-14-19-15*.

342. *Obv*. and *Rev*. as above.
Bronze; ?; ?; ?; square thick flan. *Kana-87/III-14-19-16*.

343. *Obv*. and *Rev*. as above.
Bronze; ?; ?; ?; square thick flan. *Kana-87/III-14-19-17*.

344. *Obv*. and *Rev*. as above.
Bronze; ?; ?; ?; square thick flan. *Kana-87/III-14-19-18*.

34. *Obv*. and *Rev*. as above.

D8. "Late synagogue", room 5, on the floor

Series *head/bull* (type 6.1)
Ḥaḍramawt, coinage of Yada'īl (*c*. 1st-2nd cent. A.D.)

345. *Obv*.: head r., monogram obliterated; *Rev*.: bull r., legend on top reads [𐩬]𐩺𐩯 = $s^1y[n]$, legend on r. reads 𐩧𐩤[𐩦] = $[s^2]qr$ (letter *r* reversed).
Bronze; 2.70 g; 16 mm; 9.00; irregular flan. *Kana-88/III-8-33 (pl. 137).*

346. *Obv*.: obliterated; *Rev*.: as above, faint traces of legend on top l., legend on r. obliterated completely.
Bronze; 1.10 g; 12 mm; ?; irregular flan. *Kana-88/III-8-32.*

Series s^2*qr/bull's head* (type 10.0)
Ḥaḍramawt, square coinage (*c*. 1st-4th cent. A.D.)

347. *Obv*.: legend; *Rev*.: bull's head, legend.
Bronze; 0.65 g; 7 x 7 mm; 1.00; square thick flan. *Kana-88/III-8-28.*

348. *Obv*. and *Rev*. as above.
Bronze; 1.50 g; 8.5 x 9 mm; 12.00; square thick flan. *Kana-88/III-8-23 (pl. 137).*

349. *Obv*. and *Rev*. as above.
Bronze; 1.35 g; 9 x 10 mm; 2.00; rectangular thick flan. *Kana-88/III-8-24 (pl. 137).*

350. *Obv*. and *Rev*. as above.
Bronze; 1.50 g; 9 x 9 mm; 12.00; square thick flan. *Kana-88/III-8-25.*

351. *Obv*.: legend reads 𐩦𐩤𐩧 = rqs^2; *Rev*.: as above.
Bronze; 0.85 g; 8 x 8 mm; 3.00; square thick flan. *Kana-88/III-8-26 (pl. 137).*

352. *Obv*. and *Rev*. as above.
Bronze; ?; 7 x 7 mm; 11.00; square thick flan. *Kana-88/III-8-27 (pl. 137).*

353. *Obv*. and *Rev*. as above.
Bronze; 1.95 g; 9 x 9 mm; 12.00; square thick flan. *Kana-88/III-39.*

354. *Obv*. and *Rev*. as above.
Bronze; 2.60 g; 9 x 11 mm;, 11.00; triangular thick flan. *Kana-88/III-40.*

355. *Obv*.: traces of legend; *Rev*.: traces of image.
Bronze; 2.70 g; 11 x 12 mm; ?; triangular thick flan. *Kana-88/III-42.*

356. *Obv*. and *Rev*. obliterated.
Bronze; 1.30 g; 6.5 x 8 mm; ?; rectangular thick flan. *Kana-88/III-29.*

357. *Obv*. and *Rev*. obliterated.
Bronze; 1.10 g; 6.5 x 9 mm; ?; oblong thick flan. *Kana-88/III-30.*

358. *Obv*. and *Rev*. obliterated.
Bronze; 1.95 g; 9 x 9 mm; ?; square thick flan. *Kana-88/III-31.*

Series with *"Bucranium"*
Late Ḥimyarite coinage (*c*. late 3rd-4th cent. A.D.)

359. *Obv*.: head l., traces of symbol on l.; *Rev*.: bucranium, faint traces of monogram on l., traces of symbol on r.
Bronze; 0.30 g; 8 mm; 11.00; irregular thin flan. *Kana-88/III-8-4 (pl. 137).*

360. *Obv*. and *Rev*. as above.
Bronze; 0.03 g, 6 mm; 12.00; irregular thin flan. *Kana-88/III-8-8 (pl. 137).*

361. *Obv*.: faint traces of image; *Rev*.: as above, monogram on r. obliterated completely.
Bronze; 0.06 g; 4 x 6 mm; 12.00; oval thin flan. *Kana-88/III-8-19.*

362. *Obv*.: faint traces of image; *Rev*.: as above.
Bronze; 0.05 g; 5 x 6.5 mm; 12.00?; oval thin flan. *Kana-88/III-8-20.*

363. *Obv*.: obliterated; *Rev*.: as above.
Bronze; 0.03 g; 4 x 5.5 mm; ?; oval thin flan. *Kana-88/III-8-34.*

364. *Obv*.: obliterated; *Rev*.: traces of image.
Bronze; 0.05 g; 5 x 6 mm; ?; oval thin flan. *Kana-88/III-8-2 (pl. 137).*

365. *Obv*.: obliterated; *Rev*.: faint traces of image.
Bronze; 0.06 g; 6 mm; ?; irregular thin flan. *Kana-88/III-8-12.*

366. *Obv*.: obliterated; *Rev*.: as above?
Bronze; 0.03 g; 4 mm; ?; irregular thin flan. *Kana-88/III-8-21.*

Unidentified
Late Ḥimyarite coinage?

367. *Obv*. and *Rev*. obliterated.
Bronze; 0.09 g; 6 mm; ?; irregular thin flan. *Kana-88/III-8-6.*

368. *Obv*. and *Rev*. obliterated.
Bronze; 0.03 g; 6 mm; ?; irregular thin flan. *Kana-88/III-8-7.*

369. *Obv*. and *Rev*. obliterated.
Bronze; 0.02 g; 6 x 8 mm; ?; oval thin flan. *Kana-88/III-8-9.*

370. *Obv*. and *Rev*. obliterated.
Bronze; 0.02 g; 6 mm; ?; irregular thin flan. *Kana-88/III-8-10.*

371. *Obv*. and *Rev*. obliterated.
Bronze; ?; 6 mm; ?; fragment of thin slightly scyphate flan. *Kana-88/III-8-13.*

372. *Obv*. and *Rev*. obliterated.
Bronze; 0.07 g; 6 mm; ?; irregular thin flan. *Kana-88/III-8-14.*

373. *Obv*. and *Rev*. obliterated.
Bronze; 0.07 g; 6 mm; ?; irregular thin flan. *Kana-88/III-8-15.*

374. *Obv*. and *Rev*. obliterated.
Bronze; 0.07 g; 5 x 6 mm; ?; oval thin flan. *Kana-88/III-8-16*.

375. *Obv*. and *Rev*. obliterated.
Bronze; 0.02 g; 5 mm; ?; irregular thin flan. *Kana-88/III-8-18*.

376. *Obv*. and *Rev*. obliterated.
Bronze; 0.10 g; 6 mm; ?; irregular thin flan. *Kana-88/III-8-43*.

D9. "Late synagogue", room 6, on the floor

Series ***s²qr/bull's head*** **(type 10.0)**
Ḥaḍramawt, square coinage (*c*. 1st-4th cent. A.D.)

377. *Obv*.: traces of legend; *Rev*.: traces of bull's head.
Bronze; 1.05 g; 8 x 8 mm; 12.00?; square thick flan. *Kana-88/III-15-5* (*pl. 137*).

Series with ***"Bucranium"***
Late Ḥimyarite coinage (*c*. late 3rd-4th cent. A.D.)

378. *Obv*.: obliterated; *Rev*.: traces of bucranium, monogram and symbol obliterated completely.
Bronze; 0.02 g; 5 mm; ?; fragment of thin flan. *Kana-88/III-15-4* (*pl. 137*).

E. Coins from the Area 4

E1. Room 1

Series ***s²qr/bull's head*** **(type 10.0)**
Ḥaḍramawt, square coinage (*c*. 1st-4th cent. A.D.)

379. *Obv*.: legend; *Rev*.: bull's head, legend.
Bronze; 0.67 g; 7 x 7 mm; 9.00; square thick flan. *Kana-88/IV-7-29*.

380. *Obv*. and *Rev*. as above.
Bronze; 1.05 g; 10 x 10 mm; 2.00; square thick flan. *Kana-88/IV-4-3*.

381. *Obv*. and *Rev*. as above.
Bronze; 0.94 g; 9 x 10 mm; 12.00; rectangular thick flan. *Kana-88/IV-4-4*.

382. *Obv*. and *Rev*. as above.
Bronze; 0.43 g; 4 x 5 mm; 9.00; rectangular thick flan. *Kana-88/IV-4-5*.

383. *Obv*. and *Rev*. as above.
Bronze; 1.06 g; 7 x 8 mm; ?; rectangular thick flan. *Kana-88/IV-4-6*.

384. *Obv*. and *Rev*. as above.
Bronze; 1.35 g; 11 x 12 mm; ?; rectangular thick flan. *Kana-88/IV-5-10*.

385. *Obv*. and *Rev*. as above.
Bronze; 1.07 g; 9 x 10 mm; ?; rectangular thick flan. *Kana-88/IV-5-21*.

386. *Obv*. and *Rev*. as above.
Bronze; 1.41 g; 12 x 13 mm; ?; rectangular thick flan. *Kana-88/IV-5-12*.

387. *Obv*. and *Rev*. as above.
Bronze; 1.8 g; ?; ?; square thick flan. *Kana-88/IV-7-28*.

388. *Obv*.: traces of legend; *Rev*.: as above.
Bronze; 1.42 g; ?; ?; square thick flan. *Kana-88/IV-5-11*.

389. *Obv*.: traces of legend; *Rev*.: as above.
Bronze; 1.07 g; ?; ?; square thick flan. *Kana-88/IV-5-9*.

390. *Obv*.: traces of legend; *Rev*.: as above.
Bronze; 1.02 g; ?; ?; square thick flan. *Kana-88/IV-5-15*.

391. *Obv*.: traces of legend; *Rev*.: as above.
Bronze; 0.75 g; ?; ?; square thick flan. *Kana-88/IV-5-16*.

392. *Obv*.: traces of legend; *Rev*.: traces of image.
Bronze; 0.98 g; ?; ?; square thick flan. *Kana-88/IV-3-124*.

393. *Obv*. and *Rev*. as above.
Bronze; 1.46 g; ?; ?; square thick flan. *Kana-88/IV-3-2*.

394. *Obv*. and *Rev*. as above.
Bronze; 0.76 g; ?; ?; square thick flan. *Kana-88/IV-5-13*.

395. *Obv*. and *Rev*. as above.
Bronze; 1.41 g; ?; ?; square thick flan. *Kana-88/IV-5-14*.

396. *Obv*. and *Rev*. as above.
Bronze; 0.97 g; ?; ?; square thick flan. *Kana-88/IV-5-17*.

397. *Obv*. and *Rev*. as above.
Bronze; 1.72 g; ?; ?; square thick flan. *Kana-88/IV-5-18*.

398. *Obv*. and *Rev*. as above.
Bronze; 0.80 g; ?; ?; square thick flan. *Kana-88/IV-5-19*.

399. *Obv*. and *Rev*. as above.
Bronze; 0.85 g; ?; ?; square thick flan. *Kana-88/IV-5-20*.

400. *Obv*. and *Rev*. as above.
Bronze; 1.54 g; ?; ?; square thick flan. *Kana-88/IV-5-7*.

401. *Obv.* and *Rev.* as above.
Bronze; 1.56 g; ?; ?; square thick flan. *Kana-88/IV-5-8.*

Series with *"Bucranium"*
Sabaean coinage (*c.* 2nd-first half of the 3rd cent. A.D.)

402. *Obv.*: head with hair in long ringlets facing l., horizontal line and letter (?) under head, symbols on l. and r., dotted border around; *Rev.*: bucranium, monogram on l., symbol on r., border of short vertical double lines and dot between them.
Silver; 1.63 g; 17 mm; 5.00; regular flan partly broken. *Kana-88/IV-3-1* (*pl. 137*).

Late Ḥimyarite coinage (*c.* late 3rd-4th cent. A.D.)

403. *Obv.*: head l.; *Rev.*: bucranium, traces of monogram on r.
Bronze?; 0.19 g; ?; ?; irregular thin flan. *Kana-88/IV-5-22.*

404. *Obv.*: head r.; *Rev.*: as above, traces of symbol on r., traces of monogram on l.
Bronze?; 0.70 g; ?; ?; irregular thin flan. *Kana-88/IV-5-41.*

E2. Room 2

Series *s²qr/bull* (type 8.1)
Ḥaḍramawt anonymous coinage (*c.* 2nd century A.D.?)

405. *Obv.*: legend in frame; *Rev.*: bull, legend.
Bronze; 2.27 g; 15 mm; 3.00; irregular flan. *Kana-88/IV-2-8*; on the floor (*pl. 137*).

Series *s²qr/bull's head* (type 10.0)
Ḥaḍramawt, square coinage (*c.* 1st-4th cent. A.D.)

406. *Obv.*: legend; *Rev.*: bull's head, legend.
Bronze; 1.18 g; 10 mm; 8.00; oval thick flan. *Kana-88/IV-2-10.*

407. *Obv.* and *Rev.* as above.
Bronze; 1.60 g; 6 x 9 mm; 2.00; rectangular thick flan. *Kana-88/IV-2-14.*

408. *Obv.*: as above; *Rev.*: traces of image.
Bronze; 1.12 g; ?; ?; square thick flan. *Kana-88/IV-6-24.*

409. *Obv.*: as above; *Rev.*: traces of image.
Bronze; 1.83 g; ?; ?; square thick flan. *Kana-88/IV-8-35.*

410. *Obv.*: as above; *Rev.*: traces of image.
Bronze; 2.26 g; ?; ?; square thick flan. *Kana-88/IV-8-33.*

411. *Obv.*: as above; *Rev.*: traces of image.
Bronze; 1.67 g; ?; ?; square thick flan. *Kana-88/IV-8-34.*

412. *Obv.*: as above; *Rev.*: traces of image.
Bronze; 1.41 g; ?; ?; square thick flan. *Kana-88/IV-8-36.*

413. *Obv.*: as above; *Rev.*: traces of image.
Bronze; 1.7 g; ?; ?; square thick flan. *Kana-88/IV-8-37.*

414. *Obv.*: as above; *Rev.*: traces of image.
Bronze; 1.37 g; ?; ?; square thick flan. *Kana-88/IV-8-38.*

415. *Obv.*: as above; *Rev.*: traces of image.
Bronze; 1.47 g; ?; ?; square thick flan. *Kana-88/IV-8-39.*

416. *Obv.*: as above; *Rev.*: traces of image.
Bronze; 1.27 g; ?; ?; square thick flan. *Kana-88/IV-8-40.*

417. *Obv.*: as above; *Rev.*: traces of image.
Bronze; 1.03 g; ?; ?; square thick flan. *Kana-88/IV-8-41.*

418. *Obv.*: as above; *Rev.*: traces of image.
Bronze; 0.75 g; ?; ?; square thick flan. *Kana-88/IV-8-40a.*

419. *Obv.*: as above; *Rev.*: traces of image.
Bronze; 1.36 g; ?; ?; square thick flan. *Kana-88/IV-8-42.*

420. *Obv.*: as above; *Rev.*: traces of image.
Bronze; 1.11 g; ?; ?; square thick flan. *Kana-88/IV-8-43.*

421. *Obv.*: as above; *Rev.*: traces of image.
Bronze; 1.68 g; ?; ?; square thick flan. *Kana-88/IV-155-25.*

422. *Obv.*: traces of legend; *Rev.*: traces of image.
Bronze; 0.86 g; ?; ?; square thick flan. *Kana-88/IV-155-26.*

423. *Obv.*: traces of legend; *Rev.*: traces of image.
Bronze; 0.62 g; ?; ?; square thick flan. *Kana-88/IV-155-27.*

424. *Obv.* and *Rev.* obliterated.
Bronze; 1.74 g; ?; ?; square thick flan. *Kana-88/IV-8-32.*

Series with *"Bucranium"*
Late Ḥimyarite coinage (*c.* late 3rd-4th cent. A.D.)

425. *Obv.*: traces of head; *Rev.*: bucranium, monogram and symbol obliterated.
Bronze; 0.16 g; 6 mm; ?; triangular thin flan. *Kana-88/IV-8-44.*

426. *Obv.* and *Rev.* as above.
Bronze; 0.14 g; 6 mm; ?; irregular thin flan. *Kana-88/IV-8-45.*

E3. Room 3

Series *s²qr/bull's head* (type 10.0)
Ḥaḍramawt, square coinage (*c.* 1st-4th cent. A.D.)

427. *Obv.*: legend; *Rev.*: bull's head, legend.
Bronze; 1.27 g; 9 x 9 mm; 8.00; square thick flan. *Kana-88/IV-3-11*.

428. *Obv.* and *Rev.* as above.
Bronze; 1.22 g; ?; ?; square thick flan. *Kana-88/IV-9-49*.

429. *Obv.* and *Rev.* as above.
Bronze; 1.71 g; ?; ?; square thick flan. *Kana-88/IV-9-50*.

Series with *"Bucranium"*
Late Ḥimyarite coinage (*c.* late 3rd-4th cent. A.D.)

430. *Obv.*: head l., symbol on r. obliterated; *Rev.*: bucranium, crescent with pellet above, monogram on l., symbol on r. obliterated.
Bronze; 0.17 g; 6 mm; 2.00; irregular thin flan. *Kana-88/IV-8-46*.

Unidentified
Foreign coinage (?)

431. *Obv.*: bearded male head wearing a helmet (?) facing r.; *Rev.*: symbol of unclear character, traces of dotted border on l.
Bronze; 0.86 g; 11 mm; 3.00 (?); regular slightly scyphate flan. *Kana-88/IV-3-12 (pl. 137)*.

E4. Room 4

Series *radiated head/winged caduceus* (type 3.0)
Ḥaḍramawt, coinage of Sumhuram (*c.* 2nd cent. B.C.).

432. Obv.: radiated head r., border obliterated; *Rev.*: caduceus, faint traces of monogram on l.
Bronze; 0.97 g; 12 mm; 3.00; irregular thick flan. *Kana-88/IV-4-9*; sounding, stratum 2.

Series *head/eagle* (type 4.0)
Ḥaḍramawt, coinage of Yashhur'il Yuhar'ish, son of Abiyaśa', *mukarrib* of Ḥaḍramawt (*c.* mid 2nd cent. B.C.)

433. *Obv.*: head l., letter on l. reads 𐩪𐩺𐩯 = *s¹yn* (letter *n* reversed); *Rev.*: eagle, traces of legend on l., faint traces of legend on r.
Bronze; 5.97 g; 23 mm; 12.00; irregular flan, partly broken, moulded. *Kana-88/IV-4-1*.

434. *Obv.*: faint traces of image and legend; *Rev.*: faint traces of image, legends obliterated.
Bronze; 6.36 g; 23 mm; 12.00; irregular flan, moulded. *Kana-88/IV-4-2*.

435. *Obv.* and *Rev.* obliterated.
Bronze; 11.07 g; ?; ?; irregular flan, moulded?. *Kana-88/IV-12-72*.

Series *radiated head/bull* (type 5.2)
Ḥaḍramawt, coinage of 'Ili'adh (*c.* late 1st-early 2nd A.D.)
Obv.: radiated male (?) head facing l., big letter 𐩱 = *'alif* on l. below, in front of the head.
Rev.: bull standing on line r. head facing, horizontal legend 𐩬𐩺𐩯 = *s¹yn* on top, vertical legend 𐩧𐩤𐩦 = *s²qr* on r. downwards.
cf.: SEDOV, 2005, p. 395-398.

436. *Obv.*: as above; *Rev.*: as above, faint traces of legend on top l., legend on r. reads [𐩧]𐩤[𐩦] = *[s²]q[r]*.
Bronze; 1.28 g; 14 mm; ?; moulded, irregular flan. *Kana-88/IV-12-68*.

Series *s²qr/bull* (type 8.1)
Ḥaḍramawt anonymous coinage (*c.* 2nd cent. A.D.?)

437. *Obv.*: legend in a frame; *Rev.*: bull, traces of legend on top l.
Bronze; 1.10 g; 13 mm; ?; irregular flan. *Kana-88/IV-11-53*.

438. *Obv.*: faint traces of legend; *Rev.*: faint traces of image.
Bronze; 2.53 g; 14 mm; ?; irregular flan. *Kana-88/IV-114-85*.

Series *radiated head/bull* (type 5.3)
Ḥaḍramawt, coinage of 'Ili'adh (*c.* mid 1st cent. A.D.)

439. *Obv.*: obliterated; *Rev.*: bull, legend on top l. reads [𐩧]𐩤𐩦 = *s²qr*.
Bronze; 3.34 g; 16 mm; ?; irregular flan, central conical cavities on both sides. *Kana-88/IV-11-54*.

440. *Obv.* and *Rev.* obliterated.
Bronze; 4.32 g; ?; ?; irregular flan, central conical cavities on both sides. *Kana-88/IV-11-52*.

Series *head/bull* (type 6.1)
Ḥaḍramawt, coinage of Yada'īl (*c.* 1st-2nd cent. A.D.)

441. *Obv.*: head r., monogram on r.; *Rev.*: bull, legends on top and r.
Bronze; 4.70 g; 20 mm; 12.00; irregular flan. *Kana-88/IV-4-5*; on the floor (*pl. 137*).

442. *Obv.* and *Rev.* as above.
Bronze; 2.72 g; 17 mm; 12.00; irregular flan. *Kana-88/IV-4-7* (*pl. 137*).

Series *head/bull's head* (type 7.1)
Ḥaḍramawt, coinage of Yada'īl (*c.* 1st-2nd cent. A.D.)

443. *Obv.*: head r.; *Rev.*: bull's head, legend on l. downwards reads 𐩬𐩺[𐩪] = *[s¹]yn*.
Bronze; 1.07 g; 9 mm; ?; irregular flan. *Kana-88/IV-11-55*.

444. *Obv.*: traces of head r.; *Rev.*: as above.
Bronze; ?; 10 mm; ?; irregular flan. *Kana-88/IV-11-58*.

Series *s²qr/bull's head* (type 10.0)
Ḥaḍramawt, square coinage (*c.* 1st-4th cent. A.D.)

445. *Obv.*: legend; *Rev.*: bull's head, legend.
Bronze; 0.88 g; 6 x 8 mm; 2.00; rectangular thick flan. *Kana-88/IV-4-15*.

446. *Obv.*: traces of legend; *Rev.*: traces of image.
Bronze; 1.45 g; ?; ?; square thick flan. *Kana-88/IV-11-56*.

447. *Obv.* and *Rev.* as above.
Bronze; 1.44 g; ?; ?; square thick flan. *Kana-88/IV-11-57*.

448. *Obv.* and *Rev.* as above.
Bronze; 1.17 g; ?; ?; square thick flan. *Kana-88/IV-11-58*.

449. *Obv.* and *Rev.* as above.
Bronze; 1.19 g; ?; ?; square thick flan. *Kana-88/IV-11-59*.

450. *Obv.* and *Rev.* as above.
Bronze; 2.56 g; ?; ?; square thick flan. *Kana-88/IV-11-60*.

451. *Obv.* and *Rev.* as above.
Bronze; 1.17 g; ?; ?; square thick flan. *Kana-88/IV-11-61*.

452. *Obv.* and *Rev.* as above.
Bronze; 1.50 g; ?; ?; square thick flan. *Kana-88/IV-11-62*.

453. *Obv.* and *Rev.* as above.
Bronze; 0.88 g; ?; ?; square thick flan. *Kana-88/IV-11-64*.

454. *Obv.* and *Rev.* as above.
Bronze; 1.72 g; ?; ?; square thick flan. *Kana-88/IV-11-65*.

455. *Obv.* and *Rev.* as above.
Bronze; 1.52 g; ?; ?; square thick flan. *Kana-88/IV-12-73*.

456. *Obv.* and *Rev.* as above.
Bronze; 1.56 g; ?; ?; square thick flan. *Kana-88/IV-12-74*.

457. *Obv.* and *Rev.* as above.
Bronze; 0.78 g; ?; ?; square thick flan. *Kana-88/IV-12-75*.

458. *Obv.* and *Rev.* as above.
Bronze; 0.87 g; ?; ?; square thick flan. *Kana-88/IV-12-76*.

459. *Obv.* and *Rev.* as above.
Bronze; 1.41 g; ?; ?; square thick flan. *Kana-88/IV-12-78*.

460. *Obv.* and *Rev.* as above.
Bronze; 1.65 g; ?; ?; square thick flan. *Kana-88/IV-14-84*.

461. *Obv.* and *Rev.* as above.
Bronze; 1.86 g; ?; ?; square thick flan. *Kana-88/IV-14-88*.

462. *Obv.* and *Rev.* as above.
Bronze; 1.64 g; ?; ?; square thick flan. *Kana-88/IV-14-89*.

463. *Obv.* and *Rev.* as above.
Bronze; 0.98 g; ?; ?; square thick flan. *Kana-88/IV-11-63*.

464. *Obv.* and *Rev.* as above.
Bronze; 1.24 g; ?; ?; square thick flan. *Kana-88/IV-12-70*.

465. *Obv.* and *Rev.* as above.
Bronze; 1.08 g; ?; ?; square thick flan. *Kana-88/IV-12-77*.

Unidentified
Ḥaḍramawt coinage?

466. *Obv.* and *Rev.* obliterated.
Bronze; 2.58 g; ?; ?; irregular flan. *Kana-88/IV-14-86*.

467. *Obv.* and *Rev.* obliterated.
Bronze; 1.20 g; ?; ?; irregular flan. *Kana-88/IV-14-83*.

Series with *"Bucranium"*
Sabaean coinage (*c.* 2nd-first half of the 3rd cent. A.D.)

468. *Obv.*: head l., dotted border around; *Rev.*: bucranium, monogram on l., symbol on r., border of short vertical double lines and big dot between them.
Silver, 1.55 g; 15 mm; 12.00; regular flan. *Kana-88/IV-14-82* (*pl. 137*).

469. *Obv.*: head r.; *Rev.*: traces of image.
Bronze; 0.91 g; 11 mm; ?; irregular flan. *Kana-88/IV-14-82*.

470. *Obv.*: obliterated; *Rev.*: traces of image.
Bronze; 1.49 g; 12 mm; ?; irregular flan. *Kana-88/IV-11-69*.

471. *Obv.*: obliterated; *Rev.*: traces of image.
Bronze; 0.31 g; 13 mm; ?; irregular thin flan broken in three fragments. *Kana-88/IV-17-92*.

Late Ḥimyarite coinage (*c.* late 3rd-4th cent. A.D.)

472. *Obv.*: head l.; *Rev.*: traces of bucranium.
Bronze; 0.22 g; 7 mm; ?; irregular thin flan. *Kana-88/IV-11-51.*

473. *Obv.*: obliterated; *Rev.*: traces of image.
Bronze; 0.20 g; 4 mm; ?; irregular thin flan. *Kana-88/IV-4-67.*

E5. Room 5

Series *s²qr/bull's head* (type 10.0)
Ḥaḍramawt, square coinage (*c.* 1st-4th cent. A.D.)

474. *Obv.*: legend; *Rev.*: bull's head, legend.
Bronze; 1.07 g; ?; ?; square thick flan. *Kana-88/IV-16-108.*

475. *Obv.* and *Rev.* as above.
Bronze; 1.10 g; ?; ?; square thick flan. *Kana-88/IV-16-109.*

Unidentified
Ḥaḍramawt coinage?

476. *Obv.* and *Rev.* obliterated.
Bronze; 2.73 g; ?; ?; irregular flan. *Kana-88/IV-16-107.*

E6. Room 6

Series *radiated head/winged caduceus* (type 3.0)
Ḥaḍramawt, coinage of Sumhuram (*c.* 2nd cent. B.C.)

477. *Obv.*: radiated head r., border obliterated; *Rev.*: caduceus, monogram on l. is off the field.
Bronze; 1.81 g; 13 mm; 2.00; irregular thick flan. *Kana-88/IV-17-106 (pl. 137).*

Series *s²qr/bull's head* (type 10.0)
Ḥaḍramawt, square coinage (*c.* 1st-4th cent. A.D.)

478. *Obv.*: traces of legend; *Rev.*: traces of image and legend.
Bronze; 1.98 g; ?; ?; square thick flan. *Kana-88/IV-17-94.*

479. *Obv.* and *Rev.* as above.
Bronze; 1.93 g; ?; ?; square thick flan. *Kana-88/IV-17-95.*

480. *Obv.* and *Rev.* as above.
Bronze; 1.47 g; ?; ?; square thick flan. *Kana-88/IV-17-96.*

481. *Obv.* and *Rev.* as above.
Bronze; 1.80 g; ?; ?; square thick flan. *Kana-88/IV-17-97.*

482. *Obv.* and *Rev.* as above.
Bronze; 1.04 g; ?; ?; square thick flan. *Kana-88/IV-17-98.*

483. *Obv.* and *Rev.* as above.
Bronze; 1.78 g; ?; ?; square thick flan. *Kana-88/IV-17-99.*

484. *Obv.* and *Rev.* as above.
Bronze; 2.81 g; ?; ?; square thick flan. *Kana-88/IV-17-100.*

485. *Obv.* and *Rev.* as above.
Bronze; 1.65 g; ?; ?; square thick flan. *Kana-88/IV-17-101.*

486. *Obv.* and *Rev.* as above.
Bronze; 2.07 g; ?; ?; square thick flan. *Kana-88/IV-17-102.*

487. *Obv.* and *Rev.* as above.
Bronze; 1.31 g; ?; ?; square thick flan. *Kana-88/IV-17-103.*

488. *Obv.* and *Rev.* as above.
Bronze; 1.62 g; ?; ?; square thick flan. *Kana-88/IV-17-104.*

489. *Obv.* and *Rev.* as above.
Bronze; 1.01 g; ?; ?; square thick flan. *Kana-88/IV-17-105.*

Series with *"Bucranium"*
Sabaean coinage (*c.* 2nd-first half of the 3rd cent. A.D.)

490. *Obv.*: head l., horizontal line and letter ◦ = *'ayn* under head, symbol on r. obliterated, dotted border around; *Rev.*: bucranium, monogram on l., symbol on r., border obliterated.
Silver; 1.42 g; 17 mm; 6.00; regular flan partly broken. *Kana-88/IV-17-90 (pl. 137).*

491. *Obv.*: as above, symbols, letter and border obliterated; *Rev.*: as above.
Silver; 0.90 g; 15 mm; 7.00; regular flan partly broken. *Kana-88/IV-17-91 (pl. 137).*

Late Ḥimyarite coinage (*c.* late 3rd-4th cent. A.D.)

492. *Obv.*: head r., crescent with pellet above head; *Rev.*: bucranium, monogram on r. obliterated.
Bronze; 0.17 g; ?; ?; irregular thin flan. *Kana-88/IV-17-93.*

F. Coins from the Area 5

Series *s^2qr/bull's head* (type 10.0)
Ḥaḍramawt, square coinage (*c.* 1st-4th cent. A.D.)

493. *Obv*.: legend; *Rev*.: bull's head, legend.
Bronze; 0.78 g; 8 x 8 mm; 2.00; square thick flan. *Kana-88/IV-16-51*; sounding, stratum 3.

494. *Obv*.: traces of legend; *Rev*.: traces of image.
Bronze; ?; ?; ?; square thick flan. *Kana-88/IV-16-52*; sounding, stratum 3.

Aksumite coinage
King Ouazebas (*c.* 4th cent. A.D.)
Obv.: male bust facing r. in a circular frame, circular legend in Greek:
OϒAZEBACBACIΛEϒC, linear border around.
Rev.: male bust as on obv., but smaller, circular legend in Greek TOϒTOAPECHTHXωPA.
cf. Munro-Hay & Juel-Jensen, 1995, p. 147-152

495. *Obv*.: as above, legend reads Oϒ.....; *Rev*.: as above, legend reads O...A...C...ω..
Bronze; 1.18 g; 17 mm; 12.00; regular thin flan, partly broken. *Kana-88/V-8-117*; under the floor (*pl. 138*).

G. Coins from the Area 6

G1. "Early structure A", room 1a

Series *head/owl* (type 1.2)
Ḥaḍramawt, early imitations (*c.* mid 3rd-early 2nd cent. B.C.)
Obv.: male (?) head facing r.
Rev.: owl standing r., head facing, crescent on top l., Ḥaḍrami legend 𐩧𐩤𐩪 = s^2qr on r. downwards.
cf. Sedov, 2005, p. 375.

496. *Obv*.: obliterated; *Rev*.: upper part of owl, crescent obliterated, legend reads [𐩧𐩤]𐩪 = *s^2[qr]*.
Bronze; 0.54 g; 9 mm; ?; irregular thin flan. *Kana-89/VI-63-2*; lower stratum.

Series *radiated head/winged caduceus* (type 3.0)
Coinage of Sumhuram (*c.* 2nd cent. B.C.)

497. *Obv*.: head r., border obliterated; *Rev*.: caduceus, monogram on l. obliterated.
Bronze; 1.85 g; 9 mm; 11.00; irregular thick flan. *Kana-88/VI-1-3*; on the floor (*pl. 138*).

Series *head/eagle* (type 4.0)
Ḥaḍramawt, coinage of Yashhur'il Yuhar'ish, son of Abiyaśa', *mukarrib* of Ḥaḍramawt (*c.* mid 2nd cent. B.C.)

498. *Obv*.: head r., legend on r. reads [𐩬𐩺]𐩦 = *s^1[yn]*; *Rev*.: eagle, legends obliterated.
Bronze; 6.55 g; 23 mm; 12.00; regular thick flan, minted (?). *Kana-89/VI-65-1*; on the floor.

499. *Obv*.: crude outline of head, legend on r. obliterated, traces of linear border around; *Rev*.: crude outline of eagle, legends obliterated.
Bronze; 1.00 g; 14 mm; 12.00; irregular thin flan, moulded, traces of mould-juncture on top and bottom. *Kana-89/VI-63-1*; lower stratum (*pl. 138*).

Series *s^2qr/bull's head* (type 10.0)
Ḥaḍramawt, square coinage (*c.* 1st-4th cent. A.D.)

500. *Obv*.: legend; *Rev*.: bull's head, legend.
Bronze; 1.35 g; 7 x 9 mm; 12.00; rectangular thick flan. *Kana-89/VI-63-3*; lower stratum.

501. *Obv*. and *Rev*. as above.
Bronze; 1.15 g; 7 x 11 mm; 12.00; rectangular thick flan. *Kana-89/VI-63-4*; lower stratum.

502. *Obv*. and *Rev*. as above.
Bronze; 1.30 g; 9 x 10 mm; 12.00; triangular thick flan. *Kana-89/VI-63-5*; lower stratum.

503. *Obv*. and *Rev*. as above.
Bronze; 1.25 g; 8 x 10 mm; 12.00; triangular thick flan. *Kana-88/VI-7-4*; upper stratum (*pl. 138*).

504. *Obv*. and *Rev*. as above.
Bronze; 2.10 g; 8 x 15 mm; 12.00; rectangular thick flan. *Kana-88/VI-7-1*; upper stratum.

505. *Obv*. and *Rev*. as above.
Bronze; 0.93 g; 7 x 9 mm; 12.00; rectangular thick flan. *Kana-88/VI-7-2*; upper stratum.

506. *Obv*. and *Rev*. as above.
Bronze; 1.10 g; 8 x 8 mm; 2.00; square thick flan. *Kana-88/VI-7-3*; upper stratum.

507. *Obv*.: traces of legend; *Rev*.: traces of image.
Bronze; 2.05 g; 12 x 12 mm; ?; square thick flan. *Kana-88/VI-7-5*; upper stratum.

508. *Obv*. and *Rev*. as above.
Bronze; 1.38 g; 9 x 9 mm; ?; rectangular thick flan. *Kana-88/VI-11-2*; upper stratum (*pl. 138*).

509. *Obv*. and *Rev*. as above.
Bronze; 0.96 g; 6 x 8 mm; ?; rectangular thick flan. *Kana-89/VI-63-6*; lower stratum.

Series with *two heads*
Ḥimyar, coinage of ‘Amdān Bayin Yuhaqbiḍ, king of Saba’ and dhū-Raydān (*c.* 80-100 A.D.)

510. *Obv.*: contour of male head facing l.; *Rev.*: head l., symbol on l., symbol as a pellet on r., legend on top reads [𐩲𐩣𐩵]𐩬𐩿𐩨𐩺𐩬𐩿 = *[‘md]n/byn/*, no legend in the exergue.
Silver; 0.25 g; 10 mm; 8.00; small very scyphate flan. *Kana-88/VI-7-6*; upper stratum (*pl. 138*).

Series with *“Bucranium”*
Sabaean coinage (*c.* 2nd-first half of the 3rd cent. A.D.)

511. *Obv.*: male head wearing a helmet (?) with hair in long ringlets facing l., horizontal line under head, crescent with pellet above head, symbols on r. and l., traces of dotted border on top; *Rev.*: bucranium, symbol on r., monogram on l., traces of border of short double vertical lines and dot between them.
Bronze; 2.01 g; 16.5 mm; 12.00; regular flan. *Kana-88/VI-11-1*; on the floor (*pl. 138*).

G2. “Early structure A”, room 2a

Series *head/eagle* (type 4.0)
Ḥaḍramawt, coinage of Yashhur’il Yuhar‘ish, son of Abiyaśa‘, *mukarrib* of Ḥaḍramawt (*c.* mid 2nd cent. B.C.)

512. *Obv.*: head r., legend on l. obliterated; *Rev.*: crude outline of eagle with open wings standing right on a line, faint traces of legend on top l.
Bronze; 2.25 g; 18 mm; 12.00; irregular thin flan, moulded, traces of mould-juncture on top and bottom. *Kana-89/VI-67-1*; on the floor (*pl. 138*).

513. *Obv.*: faint traces of image; *Rev.*: as above.
Bronze; ?; 22 mm; 12.00; fragment. *Kana-89/VI-67-2*; on the floor.

Series *radiated head/bull* (type 5.3)
Ḥaḍramawt, coinage of ’Ili‘adh (*c.* mid 1st cent. A.D.)

514. *Obv.* and *Rev.* obliterated.
Bronze; 6.65 g; 22 mm; ?; regular thick flan, central conical cavities on both sides. *Kana-89/VI-67-3*; on the floor.

515. *Obv.* and *Rev.* obliterated.
Bronze; 6.65 g; 21 mm; ?; regular thick flan, central conical cavities on both sides. *Kana-89/VI-67-6*; on the floor.

516. *Obv.* and *Rev.* obliterated.
Bronze; 3.90 g; 19 mm; ?; irregular flan, central conical cavities on both sides. *Kana-89/VI-67-5*; on the floor.

517. *Obv.* and *Rev.* obliterated.
Bronze; 3.40 g; 19 mm; ?; regular flan, central conical cavities on both sides. *Kana-89/VI-67-4*; on the floor.

Unidentified
Ḥaḍramawt coinage?

518. *Obv.* and *Rev.* obliterated.
Bronze; 2.90 g; 17 mm; ?; regular flan, partly broken. *Kana-89/VI-67-7*; on the floor.

519. *Obv.* and *Rev.* obliterated.
Bronze; ?; ?; ?; fragment. *Kana-89/VI-67-8*; on the floor.

G3. “Early structure A”, room 5a

Series *head/owl* (type 1.2)
Ḥaḍramawt, early imitations (*c.* mid 3rd-early 2nd cent. B.C.)

520. *Obv.*: obliterated; *Rev.*: traces of owl, legend obliterated.
Bronze; 2.30 g; 12 x 13 mm; ?; triangular thick flan. *Kana-91/VI-13*; lower stratum.

521. *Obv.*: obliterated; *Rev.*: traces of owl, legend obliterated.
Bronze; 2.40 g; 11 x 12 mm; ?; triangular thick flan. *Kana-91/VI-14*; lower stratum.

Series *s²qr/bull’s head* (type 10.0)
Ḥaḍramawt, square coinage (*c.* 1st-4th cent. A.D.)

522. *Obv.*: legend; *Rev.*: bull’s head, legend.
Bronze; 1.30 g; 8 x 10 mm; 3.00; rectangular thick flan. *Kana-91/VI-47*; on the floor.

523. *Obv.* and *Rev.* as above.
Bronze; 1.60 g; 9 x 9 mm; 10.00; triangular thick flan. *Kana-91/VI- 7*; upper stratum.

Unidentified
Ḥaḍramawt coinage?

524. *Obv.* and *Rev.* obliterated.
Bronze; 2.40 g; 10 x 12 mm; ?; triangular thick flan. *Kana-91/VI-8*; upper stratum.

525. *Obv*. and *Rev*. obliterated.
Bronze; 3.30 g; 11 x 11 mm; ?; triangular thick flan. *Kana-91/VI-43-1*; upper stratum.

526. *Obv*. and *Rev*. obliterated.
Bronze; 1.30 g; 20 mm; ?; irregular flan. *Kana-91/VI-43-2*; upper stratum.

Eastern Arabian coinage
Class XXXVIII
Obv.: blank.
Rev.: four lines forming a cross not joining in the centre, dot in the centre of each sector.
cf.: POTTS, 1991, p. 73.

527. *Obv*. and *Rev*. as above.
Bronze; 2.00 g; 19 mm; ?; irregular slightly convex flan. *Kana-91/VI-6*; upper stratum (*pl. 138*).

G4. “Street” to the north of the “early structure A”

Series *radiated head/winged caduceus* (type 3.0)
Ḥaḍramawt, coinage of Sumhuram (*c*. 2nd cent. B.C.)

528. *Obv*.: head r.; *Rev*.: caduceus, legend on r. reads 𐩧[𐩤𐩦] = *[s²q]r*, traces of monogram on l.
Bronze; 2.00 g; 12 mm; 12.00; irregular flan. *Kana-89/VIA-18-1 (pl. 138).*

529. *Obv*.: as above; *Rev*.: as above, legend on r. obliterated.
Bronze; 1.10 g; 12 mm; 3.00; irregular flan. *Kana-89/VIA-19-6*.

530. *Obv*. and *Rev*. as above.
Bronze; 0.95 g; 10 mm; ?; irregular flan. *Kana-89/VIA-18-2*.

Series *head/eagle* (type 4.0)
Ḥaḍramawt, coinage of Yashhur’il Yuhar‘ish, son of Abiyasa‘, *mukarrib* of Ḥaḍramawt (*c*. mid 2nd cent. B.C.)

531. *Obv*.: head r., legend on r. reads 𐩬𐩺[𐩪] = *[s¹]yn*; *Rev*.: crude outline of eagle, legend on r. reads 𐩠𐩦[𐩺] = *[y]s²h*, legend on l. obliterated.
Bronze; 8.25 g; 24 mm; 12.00; irregular thin flan, moulded. *Kana-89/VIA-21-1*.

532. *Obv*. and *Rev*. as above.
Bronze; 5.95 g; 21 mm; 12.00; irregular flan, moulded. *Kana-89/VIA-21-3*.

533. *Obv*. and *Rev*. as above.
Bronze; 4.60 g; 25 mm; 12.00; irregular flan, moulded. *Kana-89/VIA-21-2 (pl. 138).*

534. *Obv*. and *Rev*. as above.
Bronze; 1.35 g; 19 mm; 12.00; irregular flan, partly broken, moulded. *Kana-89/VIA-21-4*.

535. *Obv*. and *Rev*. as above.
Bronze; 0.75 g; 15 mm; 12.00; irregular flan. *Kana-89/VIA-21-5*.

Series *s²qr/bull’s head* (type 10.0)
Ḥaḍramawt, square coinage (*c*. 1st-4th cent. A.D.)

536. *Obv*.: legend; *Rev*.: bull’s head, legend.
Bronze; 1.40 g; 8 x 10 mm; 12.00; oblong thick flan. *Kana-89/VIA-19-1*.

537. *Obv*. and *Rev*. as above.
Bronze; 0.90 g; 8 x 8 mm; 6.00; square thick flan. *Kana-89/VIA-19-2*.

538. *Obv*. and *Rev*. as above.
Bronze; 1.30 g; 7 x 9 mm; 12.00; rectangular thick flan. *Kana-89/VIA-19-3*.

539. *Obv*. and *Rev*. as above.
Bronze; 1.30 g; 7 x 11 mm; 12.00; rectangular thick flan. *Kana-89/VIA-19-4*.

540. *Obv*. and *Rev*. as above.
Bronze; 1.20 g; 8 x 8 mm; 11.00; square thick flan. *Kana-89/VIA-18-3*.

541. *Obv*. and *Rev*. as above.
Bronze; 2.10 g; 9 mm; 12.00; regular thick flan. *Kana-89/VIA-18-5*.

542. *Obv*. and *Rev*. as above.
Bronze; 1.25 g; 9 mm; 10.00; regular thick flan. *Kana-89/VIA-18-6*.

543. *Obv*. and *Rev*. as above.
Bronze; 1.00 g; 8 x 9 mm; 12.00; rectangular thick flan. *Kana-89/VIA-23-1*.

544. *Obv*. and *Rev*. as above.
Bronze; 1.15 g; 7 0 x 10 mm; 9.00; rectangular thick flan. *Kana-89/VIA-23-2*.

545. *Obv*. and *Rev*. as above.
Bronze; 0.90 g; 8 x 9 mm; 12.00; rectangular thick flan. *Kana-89/VIA-23-4*.

546. *Obv*. and *Rev*. as above.
Bronze; 0.95 g; 9 x 10 mm; 12.00; rectangular thick flan. *Kana-89/VIA-23-5*.

547. *Obv*. and *Rev*. as above.
Bronze; 1.05 g; 7 x 9 mm; 11.00; rectangular thick flan. *Kana-89/VIA-21-6*.

548. *Obv*.: obliterated; *Rev*.: traces of image and legend.
Bronze; 1.20 g; 8 x 8 mm; ?; square thick flan. *Kana-89/VIA-17-1*.

549. *Obv*. and *Rev*. as above.
Bronze; 0.70 g; 6 x 8 mm; ?; rectangular thick flan. *Kana-89/VIA-23-6*.

550. *Obv*. and *Rev*. as above.
Bronze; 2.15 g; 9 x 10 mm; ?; rectangular thick flan. *Kana-89/VIA-18-4*.

551. *Obv*. and *Rev*. as above.
Bronze; 1.05 g; 6 x 10 mm; ?; rectangular thick flan. *Kana-89/VIA-23-3*.

552. *Obv*. and *Rev*. as above.
Bronze; 1.30 g; 9 x 10 mm; ?; rectangular thick flan. *Kana-89/VIA-21-7*.

Unidentified
Ḥaḍramawt coinage?

553. *Obv*. and *Rev*. obliterated.
Bronze; 0.75 g; 10 mm; ?; irregular flan. *Kana-89/VIA-19-5*.

G5. "Early structure B", the " courtyard " (to the north of the "street")

Series *radiated head/winged caduceus* (type 3.0)
Ḥaḍramawt, coinage of Sumhuram (*c*. 2nd cent. B.C.)

554. *Obv*.: head r.; *Rev*.: caduceus, monogram partly off the field, legend reads = *[s²]qr*.
Bronze; 0.95 g; 12 mm; 12.00; irregular flan. *Kana-89/VIA-20-2*.

Series *head/eagle* (type 4.0)
Ḥaḍramawt, coinage of Yashhur'il Yuhar'ish, son of Abiyaśa', *mukarrib* of Ḥaḍramawt (*c*. mid 2nd cent. B.C.)

555. *Obv*.: crude outline of head, legend reads = *[s¹]yn*, traces of linear border around; *Rev*.: crude outline of eagle, legends obliterated, traces of linear border around.
Bronze; 4.35 g; 23 mm; 12.00; defective flan moulded in a broken form (horizontal line-seam on obv., rev. displaced), traces of mould-juncture on bottom. *Kana-89/VIA-22-1*.

556. *Obv*.: as above, legend reads = *[s¹]yn*; *Rev*.: totally decomposed image and legends consisting of several lines.
Bronze; 2.75 g; 18 mm; 12.00; irregular thin flan, moulded, traces of mould-juncture on top and bottom. *Kana-89/VIA-20-1*.

Series *radiated head/bull* (type 5.3)
Ḥaḍramawt, coinage of 'Ili'adh (*c*. mid 1st cent. A.D.)

557. *Obv*.: obliterated; *Rev*.: faint traces of bull.
Bronze; 3.70 g; 16 mm; ?; slightly scyphate flan with bevelled edge. *Kana-89/VIA-22-6*; upper strata.

Series *s²qr/bull's head* (type 10.0)
Ḥaḍramawt, square coinage (*c*. 1st-4th cent. A.D.)

558. *Obv*.: legend; *Rev*.: bull's head, legend.
Bronze; 1.20 g; 8 x 9 mm; 12.00; rectangular thick flan. *Kana-89/VIA-22-2*.

559. *Obv*. and *Rev*. as above.
Bronze; 1.95 g; 8 x 9 mm; 10.00; rectangular thick flan. *Kana-89/VIA-20-4*.

560. *Obv*. and *Rev*. as above.
Bronze; 1.65 g; 8 x 9 mm; 5.00; rectangular thick flan. *Kana-89/VIA-16-1*.

561. *Obv*. and *Rev*. as above.
Bronze; 1.05 g; 7 x 9 mm; 6.00; rectangular thick flan. *Kana-89/VIA-16-2*.

562. *Obv*. and *Rev*. as above.
Bronze; 1.40 g; 9 x 9 mm; 5.00; square thick flan. *Kana-89/VIA-16-3*.

563. *Obv*. and *Rev*. as above.
Bronze; 1.20 g; 9 x 11 mm; 1.00; rectangular thick flan. *Kana-89/VIA-16-4*.

564. *Obv*. and *Rev*. as above.
Bronze; 0.90 g; 7 x 8 mm; 12.00; rectangular thick flan. *Kana-89/VIA-16-5*.

565. *Obv*.: traces of legend; *Rev*.: traces of image and legend.
Bronze; 1.35 g; 8 x 9 mm; ?; rectangular thick flan. *Kana-89/VIA-16-6*.

566. *Obv*. and *Rev*. as above.
Bronze; 0.80 g; 9 x 9 mm; ?; square thick flan. *Kana-89/VIA-16-7*.

567. *Obv*. and *Rev*. as above.
Bronze; 1.80 g; 10 x 11 mm; ?; rectangular thick flan. *Kana-89/VIA-16-8*.

568. *Obv*. and *Rev*. as above.
Bronze; 0.75 g; 8 x 10 mm; ?; rectangular thick flan. *Kana-89/VIA-16-9*.

569. *Obv*. and *Rev*. as above.
Bronze; 0.85 g; 8 x 9 mm; ?; rectangular thick flan. *Kana-89/VIA-16-10*.

570. *Obv*. and *Rev*. as above.
Bronze; 1.45 g; 8 x 9 mm; ?; triangular thick flan. *Kana-89/VIA-16-11*.

571. *Obv*. and *Rev*. as above.
Bronze; 0.80 g; 7 x 7 mm; ?; square thick flan. *Kana-89/VIA-20-3*.

Unidentified
Ḥaḍramawt coinage?

572. *Obv*. and *Rev*. obliterated.
Bronze; 2.80 g; 11 x 12 mm; ?; triangular thick flan. *Kana-89/VIA-20-5*.

573. *Obv*. and *Rev*. obliterated.
Bronze; 1.80 g; 8 x 12 mm; ?; triangular thick flan. *Kana-89/VIA-20-6*.

574. *Obv*. and *Rev*. obliterated.
Bronze; 1.10 g; 8 x 9 mm; ?; rectangular thick flan. *Kana-89/VIA-22-3*.

575. *Obv*. and *Rev*. obliterated.
Bronze; 1.60 g; 9 x 10 mm; ?; rectangular thick flan. *Kana-89/VIA-22-4*.

576. *Obv*. and *Rev*. obliterated.
Bronze; 2.45 g; 8 x 12 mm; ?; regular flan. *Kana-89/VIA*

G6. "Late structure", room 1

Series *radiated head/winged caduceus* (type 3.0)
Ḥaḍramawt, coinage of Sumhuram (*c*. 2nd cent. B.C.)

577. *Obv*.: head r.; *Rev*.: traces of caduceus, legend and monogram obliterated.
Bronze; 1.02 g; 10 mm; 2.00?; irregular thick flan. *Kana-88/VI-13-4*; 1st floor.

Series *head/eagle* (type 4.0)
Coinage of Yashhur'il Yuhar'ish, son of Abiyaśa', *mukarrib* of Ḥaḍramawt (*c*. mid 2nd cent. B.C.)

578. *Obv*.: head r., legend obliterated; *Rev*.: crude outline of eagle, legends obliterated.
Bronze; 0.95 g; 17 mm; 12.00; irregular thin flan, moulded. *Kana-88/VI-13-5*; 1st floor.

Series *radiated head/bull* (type 5.3)
Ḥaḍramawt, coinage of 'Ili'adh (*c*. mid 1st A.D.)

579. *Obv*.: traces of head; *Rev*.: bull, faint traces of l egend and border.
Bronze; 4.45 g; 21 mm; ?; irregular flan. *Kana-88/VI-10-5*; 1st floor.

Series *head/bull* (type 6.1)
Ḥaḍramawt, coinage of Yada'īl (*c*. 1st-2nd cent A.D.)

580. *Obv*.: head r., monogram obliterated, traces of linear border on top; *Rev*.: bull, faint traces of legend on top l., traces of linear border around.
Bronze; 2.53 g; 15.5 mm; 5.00; irregular flan. *Kana-88/VI-10-1*; 1st floor (*pl. 138)*.

581. *Obv*. and *Rev*.: traces of images and legends.
Bronze; 2.15 g; 17 mm; 10.00; irregular flan. *Kana-88/VI-10-2*; 1st floor (*pl. 138)*.

Series s^2*qr/bull's head* (type 10.0)
Ḥaḍramawt, square coinage (*c*. 1st-4th cent. A.D.)

582. *Obv*.: legend; *Rev*.: bull's head, legend.
Bronze; 1.72 g; 9 x 10 mm; 12.00; rectangular thick flan. *Kana-88/VI-10-3*; 1st floor.

583. *Obv*. and *Rev*. as above.
Bronze; 1.70 g; 9 x 9 mm; 12.00; square thick flan. *Kana-88/VI-14-3*; 2nd floor.

584. *Obv*.: traces of legend; *Rev*.: traces of image and legend.
Bronze; 1.45 g; 10 x 10 mm; ?; square thick flan. *Kana-88/VI-14-2*; 2nd floor.

585. *Obv*. and *Rev*. as above.
Bronze; 1.05 g; 9 x 9 mm; ?; square thick flan. *Kana-88/VI-14-4*; 2nd floor.

586. *Obv*. and *Rev*. as above.
Bronze; 1.75 g; 10 x 11 mm; ?; rectangular thick flan. *Kana-88/VI-14-1*; 2nd floor.

587. *Obv*. and *Rev*. as above.
Bronze; 1.85 g; 10 x 12 mm; ?; rectangular thick flan. *Kana-88/VI-13-1*; 1st floor.

Unidentified
Ḥaḍramawt coinage?

588. *Obv*. and *Rev*. obliterated.
Bronze; 3.75 g; 15 mm; ?; irregular flan. *Kana-88/VI-10-4*; 1st floor.

589. *Obv*. and *Rev*. obliterated.
Bronze; 4.87 g; 23 mm; ?; irregular flan. *Kana-88/VI-10-6*; 1st floor.

G7. "Late structure", south of the room 1

Series *radiated head/winged caduceus* (type 3.0)
Ḥaḍramawt, coinage of Sumhuram (*c*. 2nd cent. B.C.)

590. *Obv*.: obliterated; *Rev*.: traces of winged caduceus.
Bronze; 1.05 g; 11 mm; ?; irregular flan. *Kana-89/VI-1-9-3*.

Series s^2*qr/bull's head* (type 10.0)
Ḥaḍramawt, square coinage (*c*. 1st-4th cent. A.D.)

591. *Obv*.: legend; *Rev*.: bull's head, legend.
Bronze; 1.00 g; 7 x 8 mm; 11.00; rectangular thick flan. *Kana-89/VI-1-9-1* (*pl. 138)*.

592. *Obv*. and *Rev*. as above.
Bronze; 1.45 g; 8 x 11 mm; ?; oblong thick flan. *Kana-89/VI-1-9-2*.

G8. "Late structure", room 5, on the floor

Series *s²qr/bull's head* (type 10.0)
Ḥaḍramawt, square coinage (*c*. 1st-4th cent. A.D.)

593. *Obv*.: legend; *Rev*.: bull's head, legend.
Bronze; 1.15 g; 9 x 9 mm; 12.00; square thick flan. *Kana-89/VI-12-14-4*.

594. *Obv*. and *Rev*. as above.
Bronze; 1.70 g; 8 x 10 mm; ?; rectangular thick flan. *Kana-89/VI-12-14-5*.

Series with *"Bucranium"*
Late Ḥimyarite coinage (*c*. late 3rd-4th cent. A.D.)

595. *Obv*.: obliterated; *Rev*.: bucranium, traces of monogram on r., traces of symbol on l.
Bronze; 0.16 g; 8 x 9 mm; ?; oval thin flan. *Kana-89/VI-12-14-6*.

G9. "Late structure", room 7, on the floor

Series *head/bull* (type 6.1)
Ḥaḍramawt, coinage of Yada'īl (*c*. 1st-2nd cent. A.D.)

596. *Obv*.: faint traces of head r.; *Rev*.: bull r., legends on r. and l.
Bronze; 1.40 g; 16 mm; ?; irregular slightly scyphate flan with sharp edge. *Kana-89/VI-15-23-9 (pl. 138)*.

Series *s²qr/bull's head* (type 10.0)
Ḥaḍramawt, square coinage (*c*. 1st-4th cent. A.D.)

597. *Obv*.: legend; and *Rev*.: bull's head, legend.
Bronze; 1.80 g; 9 x 10 mm; 12.00; rectangular thick flan. *Kana-89/VI-15-23-7*.

Unidentified
Ḥaḍramawt coinage?

598. *Obv*. and *Rev*. obliterated.
Bronze; 2.45 g; 14 mm; ?; irregular flan. *Kana-89/VI-15-23-6*.

G10. "Late structure", room 9, on the floor

Series *s²qr/bull's head* (type 10.0)
Ḥaḍramawt, square coinage (*c*. 1st-4th cent. A.D.)

599. *Obv*.: legend; *Rev*.: bull's head, legend.
Bronze; 1.05 g; 7 x 8 mm; 12.00; rectangular thick flan. *Kana-89/VI-27-10*.

G11. "Late structure", room 10, on the floor

Series *s²qr/bull's head* (type 10.0)
Ḥaḍramawt, square coinage (*c*. 1st-4th cent. A.D.)

600. *Obv*.: legend; *Rev*.: bull's head, legend.
Bronze; 1.10 g; 9 x 10 mm; 2.00; rectangular thick flan, corroded. *Kana-93/VI-13-1*.

601. *Obv*. and *Rev*. as above.
Bronze; 1.30 g; 11 x 11 mm; 12.00; square thick flan, corroded. *Kana-93/VI-13-2*.

602. *Obv*. and *Rev*. as above.
Bronze; ?; 8 x 10 mm; ?; rectangular thick flan, corroded. *Kana-93/VI-10-1*.

603. *Obv*.: traces of legend; *Rev*.: traces of image and legend.
Bronze; ?; 7 x 9 mm; ?; rectangular thick flan, corroded. *Kana-93/VI-10-2*.

Series with *"Bucranium"*
Late Ḥimyarite coinage (*c*. late 3rd-4th cent. A.D.)

604. *Obv*.: head r.; *Rev*.: traces of bucranium.
Bronze; 0.20 g; 5 mm; 12.00; irregular thin flan, corroded. *Kana-93/VI-13-3*.

605. *Obv*.: corroded; *Rev*.: as above.
Bronze; 0.30 g; 6 mm; ?; irregular thin flan, corroded. *Kana-93/VI-13-4*.

606. *Obv*.: corroded; *Rev*.: as above.
Bronze; 0.15 g; 5 mm; ?; irregular thin flan, corroded. *Kana-93/VI-13-5*.

607. *Obv*.: corroded; *Rev*.: as above.
Bronze; 0.23 g; 6 mm; ?; irregular thin flan, corroded. *Kana-93/VI-13-6*.

608. *Obv*.: faint traces of head; *Rev*.: as above, crescent with pellet on top, traces of symbol on r., traces of monogram on l.
Bronze; ?; 6 mm; ?; regular thin flan, corroded. *Kana-93/VI-10-3*.

609. *Obv*.: faint traces of head; *Rev*.: faint traces of image.
Bronze; ?; 6 mm; ?; regular thin flan. *Kana-93/VI-10-4*.

610. *Obv*.: obliterated; *Rev*.: faint traces of image.
Bronze; ?; 5 mm; ?; irregular thin flan. *Kana-93/VI-10-5*.

G12. "Late structure", room 11, on the floor

Unidentified
Ḥaḍramawt coinage?

611. *Obv*. and *Rev*. corroded.
Bronze; 1.80 g; 16 mm; ?; irregular flan. *Kana-93/VI-18-1*; stratum 5.

Series with *"Bucranium"*
Late Ḥimyarite coinage (*c*. late 3rd-4th cent. A.D.)

612. *Obv*.: traces of head; *Rev*.: traces of bucranium.
Bronze; 0.12 g; 5 mm; ?; irregular thin flan. *Kana-93/VI-18-2*; stratum 5.

613. *Obv*.: corroded; *Rev*.: as above.
Bronze; 0.20 g; 6 mm; ?; irregular thin flan. *Kana-93/VI-18-3*; stratum 5.

614. *Obv*.: corroded; *Rev*.: as above.
Bronze; 0.10 g; 6 mm; ?; irregular thin flan. *Kana-93/VI-18-4*; stratum 5.

G13. "Late structure", room 12, on the floor

Series *head/owl* (type 1.1)
Ḥaḍramawt, early imitations (*c*. late 4th-mid 3rd cent. B.C.)

615. *Obv*.: faint traces of head; *Rev*.: traces of owl, traces of pseudo-Greek legend on r. (as a dot).
Bronze; ?; 12 x 18 mm; ?; triangular thick flan. *Kana-93/VI-12-6*; stratum 4.

Series *head/eagle* (type 4.0)
Ḥaḍramawt, coinage of Yashhur'il Yuhar'ish, son of Abiyaśa', *mukarrib* of Ḥaḍramawt (*c*. mid 2nd B.C.).

616. *Obv*.: faint traces of head and letter, legend obliterated; *Rev*.: faint traces of eagle, legends obliterated.
Bronze; ?; ?; ?; fragment. *Kana-93/VI-12-11*; stratum 4.

Series *head/bull* (type 6.1)
Ḥaḍramawt, coinage of Yada'īl (*c*. 1st-2nd cent. A.D.)

617. *Obv*.: corroded; *Rev*.: traces of bull.
Bronze; 2.10 g; 18 mm; ?; regular flan. *Kana-93/VI-22-1*; stratum 1.

618. *Obv*.: corroded; *Rev*.: faint traces of bull.
Bronze; ?; 15 mm; ?; regular flan. *Kana-93/VI-12-12*; stratum 4.

Series *s^2qr/bull's head* (type 10.0)
Ḥaḍramawt, square coinage (*c*. 1st-4th cent. A.D.)

619. *Obv*.: legend; *Rev*.: bull's head, legend.
Bronze; 1.10 g; 9 x 11 mm; 12.00; rectangular thick flan, corroded. *Kana-93/VI-22-2*; stratum 1.

620. *Obv*. and *Rev*. as above.
Bronze; 1.40 g; 8 x 11 mm; 2.00; rectangular thick flan, corroded. *Kana-93/VI-22-3*; stratum 1.

621. *Obv*. and *Rev*. as above.
Bronze; 0.90 g; 7 x 7 mm; 12.00; square thick flan, corroded. *Kana-93/VI-22-4*; stratum 1.

622. *Obv*.: traces of legend; *Rev*.: traces of image and legend.
Bronze; ?; 8 x 13 mm; ?; rectangular thick flan. *Kana-93/VI-12-7*; stratum 4.

623. *Obv*. and *Rev*. as above.
Bronze; ?; 10 x 12 mm; ?; rectangular thick flan. *Kana-93/VI-22-5*; stratum 4.

624. *Obv*. and *Rev*. as above.
Bronze; ?; 10 x 13 mm; ?; rectangular thick flan. *Kana-93/VI-12-8*; stratum 4.

625. *Obv*. and *Rev*. as above.
Bronze; ?; 10 x 12 mm; ?; rectangular thick flan. *Kana-93/VI-12-9*; stratum 4.

Series with *"Bucranium"*
Sabaean coinage (*c*. 2nd-first half of the 3rd cent. A.D.)

626. *Obv*.: obliterated; *Rev*.: faint traces of bucranium, crescent with pellet on top.
Bronze; ?; 9 x 11 m; ?; oval thin broken flan. *Kana-93/VI-12-10*; on the floor of stratum 1.

Late Ḥimyarite coinage (*c*. late 3rd-4th cent. A.D.)

627. *Obv*.: heavy corroded; *Rev*.: faint of bucranium. Bronze; 0.30 g; 6 mm; ?; irregular thin flan. *Kana-93/VI-12-1*; stratum 1.

628. *Obv*. and *Rev*. as above. Bronze; 0.14 g; 5 mm; ?; irregular thin flan, corroded. *Kana-93/VI-22-4*; stratum 1.

G14. "Late structure", room 13

Series *head/owl* (type 1.2)
Ḥaḍramawt, early imitations (*c*. 3rd-mid 2nd cent. B.C.)

629. *Obv*.: faint traces of head; *Rev*.: corroded. Bronze; ?; 9 x 10 mm; ?; triangular thick flan. *Kana-93/VI-16-57*; stratum 3.

Series *radiated head/bull* (type 5.3)
Ḥaḍramawt, coinage of 'Ili'adh (*c*. mid 1st cent. A.D.)

630. *Obv*.: corroded; *Rev*.: faint traces of bull. Bronze; ?; 23 mm; ?; regular thick flan. *Kana-93/VI-16-56*; stratum 4.

Series *head/bull* (type 6.1)
Ḥaḍramawt, coinage of Yada'īl (*c*. 1st-2nd cent. A.D.)

631. *Obv*.: head r., faint traces of monogram on r.; *Rev*.: faint traces of bull, legend obliterated. Bronze; 2.40 g; 13 mm; 2.00; regular flan, corroded. *Kana-93/VI-16-5*; stratum 1.

632. *Obv*.: faint traces of head; *Rev*.: faint traces of image. Bronze; 2.30 g; 18 mm; ?; irregular flan, corroded. *Kana-93/VI-16-6*; stratum 1.

Series *s²qr/bull's head* (type 10.0)
Ḥaḍramawt, square coinage (*c*. 1st-4th cent. A.D.)

633. *Obv*.: legend; and *Rev*.: bull's head, legend. Bronze; 1.10 g; 8 x 9 mm; 12.00; rectangular thick flan, corroded. *Kana-93/VI-16-4*; stratum 1.

634. *Obv*.: traces of legend; *Rev*.: traces of image and legend. Bronze; ?; 7 x 10 mm; ?; square thick flan, corroded. *Kana-93/VI-10-52*; stratum 2.

635. *Obv*. and *Rev*. as above. Bronze; ?; 8 x 9 mm; ?; square thick flan, corroded. *Kana-93/VI-10-53*; stratum 2.

636. *Obv*. and *Rev*. as above. Bronze; 1.20 g; 9 x 9 mm; 2.00; square thick flan, corroded. *Kana-93/VI-10-2*; stratum 3.

637. *Obv*. and *Rev*. as above. Bronze; 1.40 g; 9 x 9 mm; 12.00; square thick flan, corroded. *Kana-93/VI-10-48*; stratum 3.

638. *Obv*. and *Rev*. as above. Bronze; ?; 8 x 9 mm; ?; rectangular thick flan, corroded. *Kana-93/VI-10-49*; stratum 3.

639. *Obv*. and *Rev*. as above. Bronze; 0.80 g; 9 x 9 mm; 12.00; square thick flan, corroded. *Kana-93/VI-10-3*; stratum 4.

Unidentified
Ḥaḍramawt coinage?

640. *Obv*.: corroded; *Rev*.: corroded. Bronze; ?; 12 x 13 mm; ?; triangular thick flan. *Kana-93/VI-16-58*; stratum 3.

641. *Obv*.: corroded; *Rev*.: corroded. Bronze; ?; 11 x 11 mm; ?; triangular thick flan. *Kana-93/VI-16-59*; stratum 4.

642. *Obv*.: corroded; *Rev*.: corroded. Bronze; ?; ?; ?; triangular thick flan. *Kana-93/VI-16-60*; stratum 4.

643. *Obv*. and *Rev*. corroded. Bronze; 2.50 g; 11 x 12 mm; ?; triangular thick flan, heavy corroded. *Kana-93/VI-10-1*; stratum 3.

644. *Obv*. and *Rev*. corroded. Bronze; ?; 9 x 10 mm; ?; triangular thick flan, heavy corroded. *Kana-93/VI-13-11*; stratum 4.

645. *Obv*. and *Rev*. corroded. Bronze; ?; 9 x 11 mm; ?; rectangular thick flan, heavy corroded. *Kana-93/VI-10-3*; stratum 4.

Series with *"Bucranium"*
Sabaean coinage (*c*. 2nd-first half of the 3rd cent. A.D.)

646. *Obv*.: head l., faint traces of symbol on r., faint traces of letter below head; *Rev*.: bucranium, symbol on r., monogram on l., traces of border of dots and small vertical bars between them on r. and downwards. Silver; ?; 16 x 17 mm; 5.00; oval flan. *Kana-93/VI-13-12*; stratum 1.

647. *Obv*.: traces of head r.; *Rev*.: traces of bucranium. Bronze; ?; 15 mm; ?; regular flan. *Kana-93/VI-16-41*; stratum 4.

648. *Obv*. and *Rev*. as above. Bronze; ?; 13 mm; ?; fragment. *Kana-93/VI-16-42*; stratum 4.

Series with *two heads*
Ḥimyarite coinage (*c*. late 1st-early 2nd cent. A.D.)

649. *Obv*.: faint traces head; *Rev*.: faint traces of head and legends. Bronze; ?; 5 mm; ?; regular, very scyphate flan. *Kana-93/VI-16-40*; stratum 4.

Series with *"Bucranium"*
Late Ḥimyarite coinage (*c*. late 3rd-4th cent. A.D.)

650. *Obv*.: faint traces of head; *Rev*.: traces of bucranium.
Bronze; 0.30 g; 5 mm; ?; irregular thin flan, corroded. *Kana-93/VI-10-5*; stratum 4.

651. *Obv*.: corroded; *Rev*.: as above.
Bronze; ?; 7 mm; ?; irregular thin flan, corroded. *Kana-93/VI-13-13*; stratum 1.

652. *Obv*.: corroded; *Rev*.: as above.
Bronze; ?; 6 mm; ?; irregular thin flan, corroded. *Kana-93/VI-13-14*; stratum 1.

653. *Obv*.: corroded; *Rev*.: as above.
Bronze; 0.17 g; 5 mm; ?; irregular thin flan, corroded. *Kana-93/VI-16-3*; stratum 1.

654. *Obv*.: corroded; *Rev*.: as above.
Bronze; ?; 5 mm; ?; irregular thin flan, corroded. *Kana-93/VI-16-28*; stratum 2.

655. *Obv*.: corroded; *Rev*.: as above.
Bronze; ?; 6 mm; ?; irregular thin flan, corroded. *Kana-93/VI-16-29*; stratum 2.

656. *Obv*.: corroded; *Rev*.: as above.
Bronze; ?; 7 mm; ?; irregular thin flan, corroded. *Kana-93/VI-16-30*; stratum 2.

657. *Obv*.: corroded; *Rev*.: as above.
Bronze; ?; 5 mm; ?; irregular thin flan, corroded. *Kana-93/VI-16-25*; stratum 3.

658. *Obv*.: corroded; *Rev*.: as above.
Bronze; 0.20 g; 6 mm; ?; irregular thin flan, corroded. *Kana-93/VI-10-6*; stratum 4.

659. *Obv*.: corroded; *Rev*.: as above.
Bronze; 0.13 g; 5 mm; ?; irregular thin flan, corroded. *Kana-93/VI-16-1*; stratum 4.

660. *Obv*.: corroded; *Rev*.: as above.
Bronze; 0.18 g; 6 mm; ?; irregular thin flan, corroded. *Kana-93/VI-16-2*; stratum 4.

Unidentified
Late Ḥimyarite coinage?

661. *Obv*. and *Rev*. obliterated.
Bronze; ?; ?; ?; fragment. *Kana-93/VI-16-33*; stratum 1.

662. *Obv*. and *Rev*. obliterated.
Bronze; ?; ?; ?; fragment. *Kana-93/VI-16-34*; stratum 2.

663. *Obv*. and *Rev*. obliterated.
Bronze; ?; ?; ?; fragment. *Kana-93/VI-16-35*; stratum 3.

G15. "Late structure", room 14

Series *head/bull* (type 6.1)
Ḥaḍramawt, coinage of Yada'īl (*c*. 1st-2nd cent. A.D.)

664. *Obv*.: corroded; *Rev*.: faint traces of bull, legend obliterated.
Bronze; ?; 18 mm; ?; regular flan. *Kana-95/VI-14-1*; floor.

Series *s²qr/bull's head* (type 10.0)
Ḥaḍramawt, square coinage (*c*. 1st-4th cent. A.D.)

665. *Obv*.: legend; and *Rev*.: bull's head, legend.
Bronze; ?; 9 x 10 mm; ?; rectangular thick flan, heavy corroded. *Kana-95/VI-14-2*; floor.

666. *Obv*. and *Rev*. as above.
Bronze; ?; 9 x 11 mm; ?; rectangular thick flan, heavy corroded. *Kana-95/VI-104-3*; floor.

Series with *"Bucranium"*
Sabaean coinage (*c*. 2nd-first half of the 3rd cent. A.D.)

667. *Obv*.: traces of head r.; *Rev*.: traces of bucranium.
Silver; ?; 15 mm; ?; regular flan, corroded. *Kana-95/VI-14-4*; floor.

668. *Obv*. and *Rev*. as above.
Silver; ?; 15 mm; ?; regular flan, corroded. *Kana-95/VI-14-5*; floor.

Late Ḥimyarite coinage (*c*. late 3rd-4th cent. A.D.)

669. *Obv*.: traces of head; *Rev*.: traces of bucranium.
Bronze; ?; 7 mm; ?; irregular thin flan, corroded. *Kana-95/VI-14-6*; floor.

670. *Obv*. and *Rev*. as above.
Bronze; ?; 6 mm; ?; irregular thin flan, corroded. *Kana-95/VI-14-7*; floor.

671. *Obv*. and *Rev*. as above.
Bronze; ?; 6 mm; ?; irregular thin flan, corroded. *Kana-95/VI-14-8*; floor.

G16. "Late structure", room 15

Unidentified
Ḥaḍramawt coinage?

672. *Obv*.: corroded; *Rev*.: corroded.
Bronze; ?; 9 x 11 mm; ?; rectangular thick flan. *Kana-95/VI-15-1*; floor.

673. *Obv*.: corroded; *Rev*.: corroded.
Bronze; ?; 10 x 10 mm; ?; rectangular thick flan. *Kana-95/VI-15-2*; floor.

Series with *"Bucranium"*
Late Ḥimyarite coinage (*c*. late 3rd-4th cent. A.D.)

674. *Obv*.: traces of head; *Rev*.: traces of bucranium.
Bronze; ?; 5 mm; ?; irregular thin flan, corroded. *Kana-95/VI-15-3*; floor.

675. *Obv*. and *Rev*. as above.
Bronze; ?; 5 mm; ?; irregular thin flan, corroded. *Kana-95/VI-15-4*; floor.

676. *Obv*. and *Rev*. as above.
Bronze; ?; 6 mm; ?; irregular thin flan, corroded. *Kana-95/VI-15-5*; floor.

G17. "Late structure", room 16

Series *head/owl* (type 1.2)
Ḥaḍramawt, early imitations (*c*. mid 3rd-early 2nd cent. B.C.)

677. *Obv*.: faint traces of head; *Rev*.: corroded.
Bronze; ?; 9 x 11 mm; ?; triangular thick flan. *Kana-95/VI-16-1*; floor.

678. *Obv*. and *Rev*. as above.
Bronze; ?; 8 x 10 mm; ?; irregular thick flan. *Kana-95/VI-16-2*; floor.

Series *head/bull* (type 6.1)
Ḥaḍramawt, coinage of Yada'īl (*c*. 1st-2nd cent. A.D.)

679. *Obv*.: corroded; *Rev*.: faint traces of bull, legend obliterated.
Bronze; ?; 15 mm; ?; regular flan. *Kana-95/VI-16-3*; floor.

Series *s^2qr/bull's head* (type 10.0)
Ḥaḍramawt, square coinage (*c*. 1st-4th cent. A.D.)

680. *Obv*.: legend; and *Rev*.: faint traces of bull's head.
Bronze; ?; 8 x 10 mm; ?; oblong thick flan, heavy corroded. *Kana-95/VI-16-4*; floor.

Series with *"Bucranium"*
Sabaean coinage (*c*. 2nd-first half of the 3rd cent. A.D.)

681. *Obv*.: traces of head; *Rev*.: traces of bucranium.
Bronze; ?; 11 x 14 mm; ?; oval flan, corroded. *Kana-95/VI-16-5*; floor.

Late Ḥimyarite coinage (*c*. late 3rd-4th cent. A.D.)

682. *Obv*.: traces of head; *Rev*.: traces of bucranium.
Bronze; ?; 5 mm; ?; irregular thin flan, corroded. *Kana-95/VI-16-6*; floor.

683. *Obv*. and *Rev*. as above.
Bronze; ?; 5 mm; ?; irregular thin flan, corroded. *Kana-95/VI-16-7*; floor.

684. *Obv*. and *Rev*. as above.
Bronze; ?; 5 mm; ?; irregular thin flan, corroded. *Kana-95/VI-16-8*; floor.

685. *Obv*. and *Rev*. as above.
Bronze; ?; 5 mm; ?; irregular thin flan, corroded. *Kana-95/VI-16-9*; floor.

686. *Obv*. and *Rev*. as above.
Bronze; ?; 6 mm; ?; irregular thin flan, corroded. *Kana-95/VI-16-10*; floor.

687. *Obv*. and *Rev*. as above.
Bronze; ?; 7 mm; ?; irregular thin flan, corroded. *Kana-95/VI-16-11*; floor.

G18. "Late structure", room 17

Series *head/bull* (type 6.1)
Ḥaḍramawt, coinage of Yada'īl (*c*. 1st-2nd cent. A.D.)

688. *Obv*.: corroded; *Rev*.: faint traces of bull, legend obliterated.
Bronze; ?; 13 x 14 mm; ?; oval flan. *Kana-95/VI-17-1*; floor.

Unidentified
Ḥaḍramawt coinage?

689. *Obv*.: corroded; *Rev*.: corroded.
Bronze; ?; 12 x 12 mm; ?; square thick flan, heavy corroded. *Kana-95/VI-17-2*; floor.

Series with *"Bucranium"*
Sabaean coinage (*c*. 2nd-first half of the 3rd cent. A.D.)

690. *Obv*.: traces of head; *Rev*.: bucranium, crescent with pellet on top.
Bronze; ?; 14 mm; ?; irregular thin flan, corroded. *Kana-95/VI-17-3*; floor.

691. *Obv*. and *Rev*. as above.
Bronze; ?; 11 mm; ?; irregular thin flan, corroded. *Kana-95/VI-17-4*; floor.

692. *Obv*. and *Rev*. as above.
Bronze; ?; 10 mm; ?; irregular thin flan, corroded. *Kana-95/VI-17-5*; floor.

Series with *two heads*
Ḥimyarite coinage (*c*. 1st-2nd cent. A.D.)

693. *Obv*.: traces head; *Rev*.: corroded.
Silver; ?; 6 mm; ?; regular, very scyphate flan. *Kana-95/VI-17-6*; floor.

Series with *"Bucranium"*
Late Ḥimyarite coinage (*c*. late 3rd-4th cent. A.D.)

694. *Obv*.: traces of head; *Rev*.: traces of bucranium.
Bronze; ?; 5 mm; ?; irregular thin flan, corroded. *Kana-95/VI-17-7*; floor.

695. *Obv*. and *Rev*. as above.
Bronze; ?; 5 mm; ?; irregular thin flan, corroded. *Kana-95/VI-17-8*; floor.

696. *Obv*. and *Rev*. as above.
Bronze; ?; 5 mm; ?; irregular thin flan, corroded. *Kana-95/VI-17-9*; floor.

697. *Obv*. and *Rev*. as above.
Bronze; ?; 7 mm; ?; irregular thin flan, corroded. *Kana-95/VI-17-10*; floor.

G19. "Street" north of the "late structure", garbage layer (mixed context)

Series *radiated head/winged caduceus* (type 3.0)
Ḥaḍramawt, coinage of Sumhuram (*c*. 2nd cent. B.C.)

698. *Obv*.: radiated male head r.; *Rev*.: caduceus, legend on r. reads 𐩧𐩤[𐩦] = *[s²]qr*, lower part of monogram on l.
Bronze; 1.25 g; 12 mm; 4.00; irregular thick flan. *Kana-91/VI-51-3*.

Series *head/eagle* (type 4.0)
Ḥaḍramawt, coinage of Yashhur'il Yuhar'ish, son of Abiyaśa', *mukarrib* of Ḥaḍramawt (*c*. mid 2nd cent. B.C.)

699. *Obv*.: head r., letter on l., legend reads 𐩪𐩺[𐩬] = *s¹y[n]*; *Rev*.: crude outline of eagle, legends obliterated.
Bronze; 1.30 g; 16 mm; 12.00; irregular thin flan, moulded. *Kana-91/VI-51-1*.

700. *Obv*.: head r., letter on l., legend reads [𐩪𐩺]𐩬 = *[s¹y]n*; *Rev*.: crude outline of eagle, faint traces of legends.
Bronze; 1.20 g; 15 mm; 12.00; irregular thin flan, moulded, traces of mould-junctions on top and bottom. *Kana-91/VI-51-2*.

Series *radiated head/bull* (type 5.3)
Ḥaḍramawt, coinage of 'Ili'adh (*c*. mid 1st cent. A.D.)

701. *Obv*.: faint traces of head r.; *Rev*.: faint traces of bull.
Bronze; 6.30 g; 22 mm; 2.00; irregular thick slightly scyphate flan with sharp edges, central conical cavities on both sides, heavy corroded. *Kana-89/VI-66-3*.

702. *Obv*. and *Rev*. obliterated.
Bronze; 5.20 g; 21 mm; ?; regular thick slightly scyphate flan with sharp edges, central conical cavities on both sides, heavy corroded. *Kana-89/VI-66-4*.

703. *Obv*. and *Rev*. obliterated.
Bronze; 4.60 g; 19 mm; ?; irregular thick slightly scyphate flan with sharp edges, central conical cavities on both sides, heavy corroded. *Kana-89/VI-66-5*.

704. *Obv*. and *Rev*. obliterated.
Bronze; 4.80 g; 20 mm; ?; irregular thick slightly scyphate flan with sharp edges, central conical cavities on both sides, heavy corroded. *Kana-89/VI-66-6*.

705. *Obv*. and *Rev*. obliterated.
Bronze; 5.20 g; 19 mm; ?; regular thick slightly scyphate flan with sharp edges, central conical cavities on both sides, heavy corroded. *Kana-89/VI-66-7*.

706. *Obv*. and *Rev*. obliterated.
Bronze; 4.60 g; 18 mm; ?; regular thick slightly scyphate flan with sharp edges, central conical cavities on both sides, heavy corroded. *Kana-89/VI-66-8*.

707. *Obv*. and *Rev*. obliterated.
Bronze; 5.50 g; 19 mm; ?; regular thick slightly scyphate flan with sharp edges, central conical cavities on both sides, heavy corroded. *Kana-89/VI-66-9*.

708. *Obv*. and *Rev*. obliterated.
Bronze; 3.10 g; 18 mm; ?; fragment of irregular thick slightly scyphate flan with sharp edges, central conical cavities on both sides, heavy corroded. *Kana-89/VI-66-10*.

709. *Obv*. and *Rev*. obliterated.
Bronze; 3.50 g; 20 mm; ?; fragment of irregular thick slightly scyphate flan with sharp edges, central conical cavities on both sides, heavy corroded. *Kana-89/VI-66-11*.

710. *Obv*. and *Rev*. obliterated.
Bronze; 3.10 g; 18 mm; ?; fragment of irregular thick slightly scyphate flan with sharp edges, central conical cavities on both sides, heavy corroded. *Kana-89/VI-66-12*.

711. *Obv*. and *Rev*. obliterated.
Bronze; 3.15 g; 17 mm; ?; regular thick slightly scyphate flan with sharp edges, central conical cavities on both sides, heavy corroded. *Kana-89/VI-66-13*.

712. *Obv*. and *Rev*. obliterated.
Bronze; 6.45 g; 19 mm; ?; regular thick slightly scyphate flan with sharp edges, central conical cavities on both sides, heavy corroded. *Kana-91/VI-29-1*.

Series *head/bull* (type 6.1)
Ḥaḍramawt, coinage of Yada'īl (*c*. 1st-2nd cent. A.D.)

713. *Obv*.: obliterated; *Rev*.: faint traces of bull, faint traces of legend [𐩦]𐩤[𐩧] = *[s^2]q[r]*.
Bronze; 1.40 g; 17 mm; ?; irregular flan. *Kana-91/VI-41-10*.

Series *s^2qr/bull's head* (type 10.0)
Ḥaḍramawt, square coinage (*c*. 1st-4th cent. A.D.)

714. *Obv*.: legend; *Rev*.: f bull's head, legend.
Bronze; 2.10 g; 8 x 9 mm; 11.00; rectangular thick flan. *Kana-91/VI-29-4*.

715. *Obv*. and *Rev*. as above.
Bronze; 1.90 g; 9 x 9 mm; 7.00; square thick flan. *Kana-91/VI-41-1*.

716. *Obv*. and *Rev*. as above.
Bronze; 1.35 g; 9 x 9 mm; 5.00; square thick flan. *Kana-91/VI-41-2*.

717. *Obv*. and *Rev*. as above.
Bronze; 1.90 g; 7 x 10 mm; 5.00; rectangular thick flan. *Kana-91/VI-41-3*.

718. *Obv*. and *Rev*. as above.
Bronze; 1.30 g; 7 x 8 mm; 5.00; rectangular thick flan. *Kana-91/VI-41-4*.

719. *Obv*. and *Rev*. as above.
Bronze; 1.10 g; 7 x 8 mm; 5.00; rectangular thick flan. *Kana-91/VI-41-5*.

720. *Obv*. and *Rev*. as above.
Bronze; 1.65 g; 7 x 10 mm; 11.00; rectangular thick flan. *Kana-91/VI-41-6*.

721. *Obv*. and *Rev*. as above.
Bronze; 0.35 g; 6 x 8 mm; 3.00; triangular thick flan. *Kana-91/VI-19-5*.

722. *Obv*. and *Rev*. as above.
Bronze; 2.55 g; 9 x 10 mm; 7.00; rectangular thick flan. *Kana-91/VI-19-2*.

723. *Obv*. and *Rev*. as above.
Bronze; 1.10 g; 7 x 8 mm; 12.00; rectangular thick flan. *Kana-89/VI-66-2*.

724. *Obv*. and *Rev*. as above.
Bronze; 1.50 g; 8 x 10 mm; ?; rectangular thick flan. *Kana-91/VI-19-3*.

725. *Obv*. and *Rev*. as above.
Bronze; 1.65 g; 9 x 10 mm; ?; triangular thick flan. *Kana-91/VI-19-4*.

726. *Obv*. and *Rev*. as above.
Bronze; ?; 11 x 13 mm; ?; rectangular thick flan. *Kana-91/VI-19-1*.

727. *Obv*. and *Rev*. as above.
Bronze; 1.15 g; 7 x 10 mm; ?; rectangular thick flan. *Kana-89/VI-66-1*.

728. *Obv*. and *Rev*. as above.
Bronze; 0.80 g; 8 x 10 mm; ?; triangular thick flan. *Kana-91/VI-41-7*.

Unidentified
Ḥaḍramawt coinage?

729. *Obv*. and *Rev*. obliterated.
Bronze; 1.90 g; 13 mm; ?; regular flan. *Kana-91/VI-29-2*.

730. *Obv*. and *Rev*. obliterated.
Bronze; 2.10 g; 19 mm; ?; regular flan. *Kana-93/VI-19-20*.

731. *Obv*. and *Rev*. obliterated.
Bronze; ?; ?; ?; fragment. *Kana-89/VI-66-14*.

732. *Obv*. and *Rev*. obliterated.
Bronze; ?; ?; ?; fragment. *Kana-89/VI-66-15*.

733. *Obv*. and *Rev*. obliterated.
Bronze; ?; ?; ?; fragment. *Kana-89/VI-66-16*.

Series with *"Bucranium"*
Sabaean coinage (*c*. 2nd-first half of the 3rd cent. A.D.)

734. *Obv*.: obliterated; *Rev*.: bucranium, crescent with pellet on top, symbol on r., monogram on l., traces of border of small double vertical lines and dots between them.
Bronze; 1.60 g; 19 mm; ?; regular flan, corroded. *Kana-91/VI-19-6*.

735. *Obv*.: obliterated; *Rev*.: traces of bucranium.
Bronze; ?; 15 mm; ?; fragment, corroded. *Kana-91/VI-19-7*.

Late Ḥimyarite coinage (*c*. late 3rd-4th cent. A.D.)

736. *Obv*.: traces of head; *Rev*.: traces of bucranium.
Bronze; ?; 7 mm; ?; fragment of irregular thin flan. *Kana-91/VI-19-8*.

737. *Obv*.: corroded; *Rev*.: as above.
Bronze; 0.30 g; 6 mm; ?; irregular thin flan. *Kana-93/VI-19-1*.

738. *Obv*.: corroded; *Rev*.: as above.
Bronze; 0.15 g; 7 mm; ?; irregular thin flan. *Kana-93/VI-19-2*.

739. *Obv*.: corroded; *Rev*.: as above.
Bronze; 0.20 g; 6 mm; ?; irregular thin flan.
Kana-93/VI-19-3.

740. *Obv*.: corroded; *Rev*.: as above.
Bronze; 0.10 g; 6 mm; ?; irregular thin flan.
Kana-93/VI-19-4.

741. *Obv*.: corroded; *Rev*.: as above.
Bronze; 0.20 g; 7 mm; ?; irregular thin flan.
Kana-93/VI-19-5.

742. *Obv*.: corroded; *Rev*.: as above.
Bronze; 0.12 g; 6 mm; ?; irregular thin flan.
Kana-93/VI-19-6.

743. *Obv*.: corroded; *Rev*.: as above.
Bronze; 0.30 g; 7 mm; ?; irregular thin flan.
Kana-93/VI-19-7.

744. *Obv*.: corroded; *Rev*.: as above.
Bronze; 0.20 g; 8 mm; ?; irregular thin flan.
Kana-93/VI-19-8.

745. *Obv*.: corroded; *Rev*.: as above.
Bronze; 0.30 g; 7 mm; ?; irregular thin flan.
Kana-93/VI-19-9.

746. *Obv*.: corroded; *Rev*.: as above.
Bronze; 0.15 g; 7 mm; ?; irregular thin flan.
Kana-93/VI-19-10.

747. *Obv*.: corroded; *Rev*.: as above.
Bronze; 0.20 g; 6 mm; ?; irregular thin flan.
Kana-93/VI-19-11.

748. *Obv*.: corroded; *Rev*.: as above.
Bronze; 0.30 g; 9 mm; ?; irregular thin flan.
Kana-93/VI-19-12.

749. *Obv*.: corroded; *Rev*.: as above.
Bronze; 0.20 g; 6 mm; ?; irregular thin flan.
Kana-93/VI-19-13.

750. *Obv*.: corroded; *Rev*.: as above.
Bronze; 0.15 g; 7 mm; ?; irregular thin flan.
Kana-93/VI-19-14.

751. *Obv*.: corroded; *Rev*.: as above.
Bronze; 0.20 g; 8 mm; ?; irregular thin flan.
Kana-93/VI-19-15.

Unidentified
Late Ḥimyarite coinage?

752. *Obv*.: corroded; *Rev*.: corroded.
Bronze; 0.30 g; 7 mm; ?; irregular thin flan.
Kana-93/VI-19-16.

753. *Obv*.: corroded; *Rev*.: corroded.
Bronze; 0.35 g; 7 mm; ?; irregular thin flan.
Kana-93/VI-19-17.

754. *Obv*.: corroded; *Rev*.: corroded.
Bronze; 0.20 g; 6 mm; ?; irregular thin flan.
Kana-93/VI-19-18.

755. *Obv*.: corroded; *Rev*.: corroded.
Bronze; 0.15 g; 6 mm; ?; irregular thin flan.
Kana-93/VI-19-19.

756. *Obv*.: corroded; *Rev*.: corroded.
Bronze; 0.10 g; 6 mm; ?; irregular thin flan.
Kana-93/VI-19-21.

H. Mouth of Wadī Sana' (Wadī Masila)

Series with *"Bucranium"*
Late Ḥimyarite coinage (*c*. late 3rd-4th cent. A.D.)

757. *Obv*.: head l., symbol on r. obliterated, faint traces of letter 𐩦 = s^1 below; *Rev*.: bucranium, crescent with pellet on top, monogram on l. partly off the field, symbol on r.
Bronze; 0.52 g; 9 mm; 2.00; regular thin flan.
NM Say'un-1987.

XIII

STRATIGRAPHY AND DEVELOPMENT OF THE SITE PRELIMINARY REMARKS

Systematic excavations at Bir ʿAlī settlement (ancient Qāniʾ), which have been carried out during eight field campaigns, have shed a great deal of light on various facets of the city's history, its topography, character of the city's structures, stratigraphy of the cultural deposits including its approximate chronological limits, on different aspects of its material culture. The following is an attempt to summarise the preliminary results.

Stratigraphy

Excavations and soundings in various parts of the settlement made it possible to determine three main phases of Bir ʿAlī (ancient Qāniʾ) occupation: the "lower" (BA-I), "middle" (BA-II) and "upper" (BA-III) periods. Each period had its own chronological limits, and was characterised by specific pottery and numismatic assemblages, dwellings and building constructions. Imported pottery was dominant in all strata from the settlement and added up to 80% of all pottery finds.

The "lower" period (BA-I)

Structures

The earliest structures unearthed during the excavations were located at the foothill of Ḥuṣn al-Ġurāb (Area 6), at the beginning of the path leading to the fortress and the lighthouse on the summit. The excavated building ("early structure") revealed several adjoining large rooms, some of them covering an area of about 90 square meters. In addition, we cannot exclude the possibility that some houses reported on the northern slope of Ḥuṣn al-Ġurāb along the path to the summit were also built during the BA-I period. Prior to the excavations such a supposition could not be justified with certainty, but the close similarity in the character of the stone masonry of these "early" buildings must be pointed out.

Layers

Cultural deposits unearthed in the ruins of the "early structure" at the Area 6 above the "initial" floors of its rooms are not very thick indicating, probably, a specific function of the building used not as a dwelling but as a warehouse. Traces of a big fire exposed in the ruins show very clearly that the end of the "early structure" was violent. In addition to the Area 6, strata with similar pottery assemblages were unearthed in the soundings at the

Areas 2 and 4, but in both cases the deposits were rather thin covering the bedrock or virgin sand with no structures exposed.

Pottery

The majority of the pottery fragments found in the strata of the "lower" period (BA-I) can be identified as imports from the Mediterranean, Arabian Gulf and Indian subcontinent regions. Of special interest is a rather small percentage of the locally made pottery: it constitutes only about 25% of the total amount of pottery sherds. These are mostly large, hand-made storage vessels, the so-called *zirs*, but there are also a limited amount of kitchen and table (pedestal bowls) vessels. Parallels for locally made pottery could be found in the Wadī Ḥaḍramawt pottery assemblages of the last centuries B.C.-first centuries A.D. (phases LR-I – LR-III of the 'Late Raybūn" period).[1]

A number of diagnostic forms can be identified in each category of the pottery corpus.

In the storage pottery the majority of the distinguishable pieces, about 58% of the RHB (rim, handle, base) fragments, belongs to the so-called *Koan type* or Dressel 2-4 amphorae. As we noted above, at least three fabrics could be identified: *(a)* Koan or/and Eastern Aegean fabric; *(b)* Egyptian fabric; *(c)* Campanian fabric. The amphorae types of the "lower" period (BA-I) are not limited to the Dressel 2-4 forms. Fragments of probable Rhodian amphorae (6% of RHB fragments), Dressel 1B/Ostia XX/Class 4 and Dressel 7-11/Ostia LII/Beltran I/Class 17 amphorae were found in the mixed contexts at the Area 2 and Area 6 (10% and 8% fragments of all RHB fragments accordingly). All above mentioned types can be dated between the middle or late 1st century B.C. and the early or middle 2nd century A.D. Fragments of a rather special type of coarse, thick-walled storage vessels, the so-called *Black and Grey Ware* were found in the strata of the "lower" period (BA-I). It shows parallels with ed-Dur material and could be identified as Arabian Gulf productions of the last centuries B.C.-first centuries A.D.[2]

Table pottery revealed pieces of the well known and universally popular in the Ancient East *terra sigillata* wares. Some fragments can be classified as *Eastern sigillata A (ESA)* wares, but others are undoubtedly of western origin. The *Eastern sigillata* range in date from the first half to the late 1st century A.D., while those for *Italian terra sigillata* are between 15 B.C. and 15 A.D. Fragments of elegant, thin-walled bowls and plates made of pink clay and painted inside with red pattern were also found in the strata of the "lower" period (BA-I). They are undoubtedly of Nabataean origin and can be dated close to the 1st century B.C.-1st century A.D. A few pieces of fine red slipped pottery, which show similarities with *Indian Red Polished Ware (RPW)*, *Rouletted Ware (RW)*, and *Black and Red Ware (BRW)*, are also occurred in the strata of the "lower" (BA-I) period.[3] The same strata

1. See: A.V. SEDOV, 2003, « Notes on stratigraphy and pottery sequence at Raybūn I settlement (Western Wadī Ḥaḍramawt) », *Arabia. Revue de sabéologie*, 1, Paris, p. 173-196.
2. In addition to the already cited works of J.-F. Salles see now P. DE PAEPE, K. RUTTEN, L. VRYDAGHS & E. HAERINK, 2003, « A Petrographic, Chemical and Phytolith Analysis of Late Pre-Islamic Ceramics from ed-Dur (Umm al-Qaiwain, U.A.E.) », in *Archaeology of the United Arab Emirates. Proceedings of the First International Conference on the Archaeology of the U.A.E.*, ed. by D.T. Potts, H. al-Nabbodah and P. Hellyer, Trident Press, p. 211-212.
3. On the identification of these types of pottery see S. GURUMURTHY, 1981, *Ceramic traditions in South India (down to 300 A.D.)*, Madras, p. 230-275; N.N. SINGH, 1982, *History and archaeology of Black and*

revealed also a small amount, *i.e.* about 8% of all pottery sherds, of the so-called *green glazed pottery*, which has similarities with the Parthian, or more generally, Mesopotamian pottery.

The diagnostic forms of the kitchen pottery are red slipped and burnished globular or biconical jars and deep bowls made from red paste.

Coins

Altogether 82 coins attributed to different Ḥaḍrami series as well as single pieces of Sabaean, Ḥimyarite and Eastern Arabian series were revealed in the strata of the "lower" period (BA-I; see *Table 1*). The coinage of Ḥaḍramawt is represented by the so-called "early imitation" series (series *head/owl*, types 1.1, 1.2; series *radiated head/winged caduceus*, type 3.0), *head/eagle* (type 4.0), *radiated head/bull* (type 5.3). and series *s²qr/bull's head* (type 10.0). Foreign coinage is represented by single pieces of Sabaean bronze series with *"Bucranium"*, silver coin of 'Amdān Bayin Yuhaqbiḍ, king of Saba' and dhū-Raydān (*c.* 80-100 A.D.) (small fraction of his series with *two heads*), and a sole piece of the Eastern Arabian coinage, class XXXVIII (according to D.T. Potts' classification).

Table 1

Distribution of coins in the layers of the "lower" period (BA-I)

SERIES (TYPES)	**NUMBER OF PIECES**		**TOTAL**
	AREA 4	**AREA 6**	
Ḥaḍramawt, series *head/owl* (type 1.1)		2	**2**
Ḥaḍramawt, series *head/owl* (type 1.2)		1	**1**
Ḥaḍramawt, series *radiated head/winged caduceus* (type 3.0)	1	5	**6**
Ḥaḍramawt, series *head/eagle* (type 4.0)		11	**11**
Ḥaḍramawt, series *radiated head/bull* (type 5.3)		5	**5**
Ḥaḍramawt, series *s²qr/bull's head* (type 10.0)		43	**43**
Unidentified, Ḥaḍramawt coinage		11	**11**
Saba', series with *"Bucranium"*		1	**1**
Ḥimyar, series with *two heads*		1	**1**
Eastern Arabian coinage, class XXXVIII		1	**1**
TOTAL	**1**	**81**	**82**

Red Ware (Chalcolithic period), Delhi; N.P. Orton, 1991, « Red Polished Ware in Gujarat: A Catalogue of Twelve Sites », in *Rome and India. The Ancient Sea Trade*, ed. by V. Begley and R.P. de Puma. Madison, p. 46-81; S. Gupta, 1995-96, « Beyond Arikamedu: macro stratigraphy of the Iron Age – early historic transition and Roman contact in South India », *Putatattva. Bulletin of the Indian Archaeological Society*, 26, p. 50-61; H. Schenk, 2001, « The development of pottery at Tissamaharama », in *Ancient Ruhuna: Sri Lankan-German archaeological project in the Southern Province. Vol. 1*, ed. by H.J. Weisshaar, H. Roth and W. Wijeyapala, Mainz am Rhein, p. 59-196.

Dating

Judging from the preliminary analysis of the material, mostly Mediterranean imports, the "lower" period (BA-I) of Bir 'Alī (ancient Qāni') occupation can be placed between the second half of the 1st century B.C. and the middle or, better, the late 1st century A.D.

The "middle" period (BA-II)

Structures

Structures of the "middle" period (BA-II) were revealed in various parts of the settlement (Areas 2, 3, 4, 6 and 7). They are in general multi-roomed dwellings, sometimes with enormous enclosed courtyards (Areas 2 and 6), shops (Areas 4 and 6) and religious buildings (Area 3 and 7). Some of them were built on the ruins of previous structures (Area 6), others on the basalt platform or the virgin soil (Areas 2, 3 and 4). It seems quite probable that buildings on the slope of Ḥuṣn al-Ġurāb as well as on its summit (fortress *'Urr Māwiyat* and lighthouse) were still in function.

Layers

Several phases of occupation connecting with different floors were distinguished in the buildings at the Areas 2, 3, 5 and 6. The thickness of cultural deposits testified a rather long period of occupation. Unfortunately, the difference in the pottery assemblages between the "early" and "late" layers of the "middle" period (BA-II) cannot be determined and is reflected only in the coin finds (see below).

Pottery

There are a lot of changes in the pottery corpus of the "middle" period (BA-II) of Bir 'Alī (ancient Qāni') occupation, which can be explained, no doubt, as chronological changes.

Dressel 2-4 and other early Mediterranean amphorae, *terra sigillata* and Nabataean pottery have completely disappeared at this time. The most typical forms of storage pottery of the "middle" period (BA-II) are vessels of apparently North African origin. Most probably, we can recognise a number of North African amphorae such as Tripolitanian (?) types, made from red to dark-red paste with a large portion of white lime grits (Tripolitanian I and II), and Africana types, made from greyish to dark-red paste with white inclusions (*Africano piccolo* and *Africana grande*). The so-called *North Africa-Gallic* amphorae could be identified in the pottery assemblage of the period as well (Ostia V/ Dressel 30/Class 38 and Ostia LX/Pélichet 47/Class 27). All these types were produced from the late 2nd to the 4th or early 5th centuries A.D.

The two forms are diagnostic for the storage vessels of the BA-II period: (1) handless amphorae-like vessels with triangular or oval pointed slightly vertical rim and, probably, long narrow body, and (2) handless amphorae-like vessels with collar stepped rim. They were manufactured from red or reddish-brown paste with large portion of white lime grit and small portion of mica, and were covered with yellowish to pink wash or, sometimes, reddish brown slip on the exterior. In some strata of the "middle" period (BA-II) such vessels constitute more than 10% of all storage jars' shards. Most probably the origin of these storage jars was Palestine, where very similar forms have been produced at least from the Early Iron Age. Recently, the vessels with collar stepped rim were compared with Indian pottery, for example from Amreli, and their Indian origin was postulated.[4]

Fragments of Egyptian "bitronconique" amphorae also occurred in the layers of the "middle" period (BA-II).[5]

One more diagnostic form for the "middle" period (BA-II) is a very specific type of oil lamps in shape of plates with a round bottom and small reservoir inside. The edge of reservoir is usually slightly burnt. Rather similar oil lamps were discovered in abundance during the excavations of Early Christian (4th to 7th centuries A.D.) sites along the Nile in Nubia, were revealed at the ancient settlements in India where they usually interpreted as lids.[6] An archaeologically complete piece and a rim sherd of such type of oil lamps were found in Shabwa in the layers of Niveaux XI-XIV dated close to the 2nd-4th centuries A.D.[7]

Table pottery is characterised by the presence of the sherds of *Fine Orange Painted Ware* representing by beaker fragments. The direct analogies for such kind of pottery can be found at Tepe Yahya in the strata of Periods I-IA dated to the Partho-Sasanian period (*ca* 0-500 A.D.), as well as at some other Southern Iranian sites, and at the monuments located on the Arabian coast of the Gulf – in the Sasanian layers of Qala'at al-Bahrain dated close to the 3rd-4th centuries A.D. The percentage of glazed wares of Mesopotamian origin and the so-called Indian *RPW*, known from the previous strata in very few numbers, increases in the layers of the "middle" period (BA-II). At the end of the "middle" period (BA-II), Aksumite pottery suggesting perhaps an East African connection, seems to appear for the first time in the Bir 'Alī (ancient Qāni') pottery corpus. Fragments of local, Ḥaḍrami pottery remain scarce, representing exclusively large storage vessels made from coarse and porous yellowish or greenish-yellow paste.

Coins

Ḥaḍrami series (47 pieces) were found exclusively in the early layers of the "middle" (BA-II) period of Bir 'Alī occupation (see *Table 2*). These are series *radiated head/winged caduceus* (type 3.0) attributed to the issues of a certain Sumhuram, coins of Yashhur'il Yuhar'ish, son of Abiyaśa', *mukarrib* of Ḥaḍramawt (series *head/eagle*, type 4.0), series *radiated head/bull* (type 5.3), *head/bull* (types 6.1, 6.2 and 7.1), *s²qr/bull* (type 8.1) and *s²qr/bull's head* (type 10.0).

---

4. B. Davidde, R. Petriaggi & D. Williams, 2004, « New data on the commercial trade of the harbour of Kane through the typological and petrographic study of pottery », *Proceedings of the Seminar for Arabian Studies (PSAS)*, 34, p. 85-100.
5. P. Ballet, 1996, « De la Méditerranée à l'océan Indien. L'Égypte et le commerce de longue distance a l'époque romaine: les données céramiques », *Topoi*, 6/2, p. 825-826.
6. R.E.M. Wheeler, 1946, « Arikamedu: an Indo-Roman Trading-station on the East Coast of India », *Ancient India. Bulletin of the Archaeological Survey of India*, 2, fig. 23, 38a, c; S.R. Rao, 1966, *Excavations at Amreli. A Kshatrapa-Gupta town. Baroda*, fig. 17, 52-53; V. Begley, 1993, « New investigations at the port of Arikamedu », *JRA*, 6, p. 105, fig. 15.
7. L. Badre, 1992, « Le sondage stratigraphique de Shabwa 1976-1981 », in *Fouilles de Shabwa. II. Rapports preliminaires*, éd. par J.-F. Breton. Paris, p. 280, fig. 16, 331, 334.

Table 2

Distribution of coins in the early layers of the "middle" period (BA-II)

SERIES (TYPES)	NUMBER OF PIECES				TOTAL
	AREA 2	AREA 3	AREA 5	AREA 6	
Ḥaḍramawt, series *radiated head/winged caduceus* (type 3.0)		1			**1**
Ḥaḍramawt, series *head/eagle* (type 4.0)		1			**1**
Ḥaḍramawt, series *radiated head/bull* (type 5.3)		15			**15**
Ḥaḍramawt, series *head/bull* (type 6.1)	1	4		1	**6**
Ḥaḍramawt, series *head/bull* (type 6.2)		1			**1**
Ḥaḍramawt, series *head/bull's head* (type 7.1)		1			**1**
Ḥaḍramawt, series s^2*qr/bull's head* (type 10.0)	12		2	8	**22**
TOTAL	**13**	**23**	**2**	**9**	**47**

The late layers of the "middle" (BA-II) period of Bir ʻAlī occupation revealed 544 pieces (see *Table 3*): 323 coins attributed to Ḥaḍrami series, 219 Sabaean and Ḥimyarite series including 195 pieces identified as late Ḥimyarite series with *"Bucranium"*, a single bronze coin of the Aksumite king Ouazebas (*c.* 4th century A.D.), and an unidentified bronze issue of, probably, foreign coinage.

Table 3

Distribution of coins in the late layers of the "middle" period (BA-II)

SERIES (TYPES)	NUMBER OF PIECES					TOTAL
	AREA 2	AREA 3	AREA 4	AREA 5	AREA 6	
Ḥaḍramawt, series *head/owl* (type 1.1)		1			4	**5**
Ḥaḍramawt, series *radiated head/winged caduceus* (type 3.0)	3	4	1		3	**11**
Ḥaḍramawt, series *head/eagle* (type 4.0)		1	3		4	**8**
Ḥaḍramawt, series *radiated head/bull* (type 5.2)			1			**1**
Ḥaḍramawt, series s^2*qr/bull* (type 8.1)			3			**3**
Ḥaḍramawt, series *radiated head/bull* (type 5.3)		1	2		14	**17**
Ḥaḍramawt, series *head/bull* (type 6.1)	1	3	2		10	**16**
Ḥaḍramawt, series *head/bull's head* (type 7.1)			2			**2**
Ḥaḍramawt, series s^2*qr/bull's head* (type 10.0)	35	84	80		40	**239**
Unidentified, Ḥaḍramawt coinage?			3		18	**21**
Saba', series with *"Bucranium"*		2	7		12	**21**
Ḥimyar, series with *two heads*	1				2	**3**
Late Ḥimyar, series with *"Bucranium"*	11	69	8		56	**144**
Unidentified, late Ḥimyarite coinage	4	39			8	**51**
Aksumite coinage				1		**1**
Unidentified, foreign coinage			1			**1**
TOTAL	**55**	**204**	**113**	**1**	**171**	**544**

Thus, the main difference between early and late layers of the "middle" period (BA-II) of Bir 'Alī (ancient Qāni') occupation is the presence or absence of the late Ḥimyarite series with *"Bucranium"*. They are among the smallest, lightest and the most numerous issues ever minted in South Arabia. The finds from Bir 'Alī showed also very clearly that the custom to withdraw the old pieces from circulation when the new ones appeared on the market was not practised in Ḥaḍramawt.

Dating

Judging from the preliminary analysis of the pottery assemblage, the "middle" period (BA-II) of Bir 'Alī (ancient Qāni') occupation can be placed between the 2nd and 5th centuries A.D. It might be concluded also that early layers were formed before ancient Qāni' was integrated into the political and economic system of the Ḥimyarite Empire, *i.e.* before the late 3rd century A.D.

The "upper" period (BA-III)

Structures

Structures of the "upper" period (BA-III) were revealed in the south-western (Area 1) and central (Area 5) parts of the settlement. Usually they are big multi-rooms houses separated from each other by small narrow streets.

Layers

Several phases of occupation connecting with different floors were traced in the excavated buildings.

Pottery

New types of storage pottery are diagnostic for the strata of "upper" period (BA-III) of Bir 'Alī (ancient Qāni') occupation.

The amphorae with ribbed body constituted the majority of sherds. The vessels were made from reddish gritty clay, containing mica, white lime grits and large granulated quartz, and had cream, nearly pink, or greyish wash on the exterior. They had a vertical rim with a step inside, a high neck and a rather narrow body widely spaced by ridges. Their handles were massive, oval or semi-oval in section. Rather often the vessels had *graffiti*, *dipinti* or painted design in black or red on the exterior.

The amphorae with ribbed body are comparable to the Ayla-Aksum type distributed in the red Sea region during the 5th, 6th and early 7th centuries. The majority of the Qāni' vessels were produced, probably, in the region of Aqaba (ancient Ayla), where kilns of the early 7th century A.D. have been discovered.

Another diagnostic type is the vessel made of brown to drab brown clay sometimes with a greyish wash on the exterior. They had a small everted or slightly vertical rim and rough, loop handles on the shoulders. This is the well-known "Gaza type" or Late Roman Amphorae 4 produced in Palestine in the late 4th to the late 7th centuries A.D.

The strata of the "upper" period (BA-III) revealed a great amount of handmade pottery with close parallels in Aksum monuments.

Coins

Only two pieces were found in the strata of the "upper" period (BA-III) of Bir 'Alī (ancient Qāni') occupation. The first one could be attributed to Ḥaḍrami series *radiated head/bull* (type 5.3), while identification of the second one was uncertain (see *Catalogue of coins*, n° 82-83).

Dating

Judging from the analysis of the pottery material, the "upper" period (BA-III) of Bir 'Alī (ancient Qāni') occupation should be placed between the 6th and early 7th centuries A.D.

Development of the site

As stated above (see Introduction), some scholars consider that the earliest attestation of Qāni' occurs in the first quarter of the 6th century B.C., however others believe that this reference of *Ezekiel* should be attributed to *Kanneh* situated in Galilee. It is hard to imagine, in my opinion, that such a small place on the practically uninhabited (at that time) southern coast of the Arabian Peninsula, so far from Palestine, would be mentioned in the Bible.

It is also thought that already in the 2nd century B.C. Qāni' became an important transit point on the circum-Arabian "road of aromates" and one of the main "sea-gates" of the South Arabian kingdoms.[8] The last statement is mere speculation and has no base as well. It is not impossible that some structures dating to the last centuries of the first millennium B.C. do exist somewhere at the foothill or on the top of Ḥuṣn al-Ġurāb, but in all cases it is doubtful that these hypothetical "early structures" might constituted a relatively large trading site. In the soundings at the Area 2, specific strata lying above the natural soil were revealed. They contained ash, fish bones and shells, stone tools, and no doubt might be considered as the remains of human activity at the site. According to the preliminary analyses of the material including the tentative results of the ^{14}C dating, these strata can be placed in some part of the third millennium B.C.,[9] but they had no connection with the proper Qāni'. The latter was founded, most probably, in the very early first century A.D. during the reign of Yashhur'il Yuhar'ish, son of Abiyaśa', *mukarrib* of Ḥaḍramawt.

The earliest structures of the Bir 'Alī settlement (ancient Qāni') unearthed during the excavations were located at the foothill of Ḥuṣn al-Ġurāb (Area 6), at the beginning of the

8. P.A. GRIAZNEVICH, 1995, « Morskaja torgovlja na Aravijskom more: Aden i Kana (Sea-Trade in the Arabian Sea: Aden and Qana') », in *Hadramaut. Arheologicheskie, etnograficheskie i istoriko-kul'turnie issledovanija. Trudi Sovetsko-Yemenskoj kompleksnoj ekspedicii. Tom I (Ḥaḍramawt. Archaeological, Ethnological and Historical Studies. Preliminary Reports of the Soviet-Yemeni Joint Complex Expedition. Volume I)*. Moscow, p. 273-301; cf. also H. VON WISSMANN, 1964, « Ḥimyar, Ancient History », *Le Muséon*, LXXVII, 3-4, p. 444.
9. See below *Appendix* of H. Amirkhanov.

path leading to the fortress and to the lighthouse on the summit. The excavated building ("early structure") revealed several adjoining big rooms, some of them covering an area of about 90 square meters, with columns supporting the roof.[10] The rooms had been dug into the base of the rock. Judging from the remains, the building was used as a warehouse for holding incense, the main export item of the Ḥaḍramawt kingdom: the rooms were badly damaged by fire and a large amount of burnt incense was found all over the floors. The remnants of burnt incense were also discovered in baskets or big bags made of palm, which once stood in the corners of the rooms. These containers were used in ancient Ḥaḍramawt to carry and hold incense, which finds correspondence with the modern practice.

We cannot exclude the possibility that some houses reported on the northern slope of Ḥuṣn al-Ġurāb along the path to the summit also belonged to the period of "early Qāni'". Prior the excavations such a supposition could not be justified with certainty, but close similarity in the character of the stone masonry of these "early" buildings must be pointed out. The fragment of Dressel 2-4 amphora found during the excavation of the lighthouse on the very top of Ḥuṣn al-Ġurāb confirms the existence of the building from the very beginning of the city's history. It seems quite probable that some structures constituted the ruins of the fortress 'Urr Māwiyat on the top of the rock and that at least three large water cisterns, which were also constructed during the earlier days of the city.

Of special importance is the absence of remains of any structures in the BA-I strata exposed at the Areas 2 and 4. Judging by this fact, it seems quite probable that the "early Qāni'", Qāni'of the time of the *Periplus Maris Erythraei*, was limited to the areas at the foot of Ḥuṣn al-Ġurāb, where a warehouse for storing incense was situated as well as some structures on the summit.

The period between the early 2nd and 5th centuries A.D. was, probably, the heyday of the Bir 'Alī settlement (ancient Qāni'). Its territory grew up very intensively and covered at that time an area of more than 5 ha. Big multi-roomed houses with central corridor system, sometimes with enormous courtyards were built along the seashore of the bay (Area 2), while shops were apparently concentrated in the southern part of the city (Areas 4 and 6). A huge temple probably dedicated to Sayīn, the supreme god of Ḥaḍramawt, was built to the southwest of the settlement (Area 7).[11] On the north-western outskirts of the city a building used as a synagogue was erected (Area 3). A cemetery consisting of rectangular crypts with subterranean chambers was founded to the northwest of the city.

The warehouse at the foot of Ḥuṣn al-Ġurāb was abandoned. A long defence wall with rectangular bastions surrounding the foothill and protecting the path to the 'Urr Māwiyat fortress was erected on its ruins. The bastions were divided into small adjoining rooms. There were oblong adjoining rooms along the wall as well. The rooms unearthed along the wall and in bastions seem to have been used as dwellings, shops and storages. A building discovered close to the northwest of this defence area might also have been a shop: a lot of

10. Cf. similar storage rooms, "the bins" (especially room K3), excavated at Khōr Rōrī (ancient Sumhuram): F.P. ALBRIGHT, 1982, *The American Archaeological Expedition in Dhofar, Oman, 1952-1953*, Washington, DC, p. 33; pl. 4, 12, fig. 19.

11. The temple was partly excavated in 1995-96 by the French team under the leadership of Dr. Michel Mouton (on behalf of the Russian archaeological mission in the Republic of Yemen).

small bronze and silver Ḥaḍrami, Sabaean and Ḥimyarite coins of various types were found on the floors of the rooms (see *Catalogue of coins*, n° 379-492).

On the northwestern outskirts of the settlement a building was excavated which appears to have had a religious function. This is suggested both by the ground plan and the nature of the finds recovered within it. The building comprised several sections: a big courtyard, a vestibule, a main prayer hall with a very small rectangular chamber on a high platform added to its northern side (an apse oriented towards Jerusalem and intended for holding an *Ark of the Law* or Torah shrin?), and some structures adjoining the north-eastern corner of the courtyard. According to its layout, the building was identified as a synagogue (see above). A stone basin for ablutions once stood in the vestibule. A large piece of frankincense, a part of a marble chancel screen (?), fragments of limestone and bronze candlesticks and a large number of Ḥaḍrami and Ḥimyarite bronze coins of various types (an unusually large number for dwelling or store-house; see *Catalogue of coins*, n° 152-378) were found there.

The structure was erected above what we identified as the ruins of an "early synagogue" with a different layout. The Greek *graffito* incised on a fragment of gypsum plaster was found on the floor of one of the rooms of this "early synagogue". The text is a part of a prayer of a certain Kosmas (?) to the Almighty and to His Temple, to keep his (Kosmas) caravan and ship safe and sound during the journey, and to grant him (Kosmas) success during his voyage. According to its palaeography, the inscription can be dated close to the second half of the 4th century A.D., which, most probably, is also the date of construction of the entire building.

In the 6th-early 7th centuries A.D. the ancient town of Qāni' occupied the north-western part of the settlement only, which is about 130 x 155 m in size. Houses consisting of several dwellings (Areas 1 and 5) covered its reduced territory. Each dwelling had two or three, rarely more, small rooms and a separate entrance. Small narrow streets separated the structures from each other. According to the South Arabian inscription *CIH* 621 cut on the rock of Ḥuṣn al-Ġurāb, the fortress *'Urr Māwiyat* was rebuilt on the top of the rock around A.D. 525.

In all probability, the Bir 'Alī settlement (ancient Qāni') was abandoned around the early 7th century A.D., perhaps as a result of political and religious changes on the Arabian Peninsula. It seems, however, that the desolation of the individual districts of the city did not happen simultaneously. While life continued in the central parts of the town, the south-western and south-eastern districts fell into a state of neglect. Burials were found in the ruins of abandoned houses (Areas 1 and 6), and probably the last inhabitants of the city were buried there. Later only pilgrims on their way to Mecca used the ruins of the settlement as temporary shelters.

XIV

LES INSCRIPTIONS ET LES *GRAFFITI* SUD-ARABIQUES DES FOUILLES DU SITE DE BIR 'ALĪ (QĀNI')

Les exemples d'écriture sud-arabique découverts au cours des fouilles de Bir 'Alī (*Qāni'*) sont très peu nombreux. Aucune inscription monumentale n'a été trouvée sur le site. On ne peut faire état que de quelques fragments d'inscriptions sur du plâtre et sur des objets divers dont quelques tessons.

Qāni' 6 = BA 1 (pl. 72) [1]

Inventaire : Kana-86/III-1

Provenance : synagogue du secteur 3, bloc de construction d'un mur détruit du bâtiment.

Description : une grande lettre sur un bloc de construction en grès, gravée au centre du bloc. Dimensions du bloc : 48 x 23 x 16 cm ; haut. de la lettre : 14 cm ; larg. de la lettre : 6 cm.

Copie: *' aleph'*

Commentaire : marque de construction ou marque de tâcheron.

Datation : l'écriture n'est pas régulière et ne peut pas être comparée à d'autres exemples paléographiques ; l'appendice supérieur est un peu incliné par rapport à la base et occupe plus de la moitié de la hauteur du signe. Elle n'est donc pas datable d'après des critères paléographiques, mais plutôt d'après le contexte archéologique : fin du IVe-début du Ve s. ap. J.-C.

Qāni' 7 = BA 2 (cat. 422,* p. 97 *; pl. 57)

Inventaire : Kana-88/III-71

Provenance : synagogue du secteur 3, ruines du bâtiment "antérieur".

Description : fragment de plâtre portant une inscription de deux lignes ; la deuxième ligne est très courte : il en subsiste seulement deux signes finaux détériorés. Plus bas, il y a un trait horizontal sous lequel on distingue difficilement les signes de l'autre texte (ligne 3).

Dimensions du fragment : 13 x 17 cm ; haut. des lettres : 2,5-3 cm ; larg. des lettres : 0,8-1,2 cm.

Copie : 1. *]/hḏnn/[t][*
2. *]m(t)*
3. *]'[r][*

Commentaire : l.1 : les traces du premier signe sont probablement les restes du signe d'interponction. La racine *hḏn* ne se rencontre pas dans les inscriptions. On connaît seulement le nom propre *hḏnm* dans l'inscription de al-'Uqla (*Ja 938 = RES 4869* ; à comparer aussi avec le fragment du nom propre dans l'inscription *SOYCE-Rb XIV/87*, n° 137 dans *dhu Mayfa'an* temple). Hadhnan est un nom propre, peut-être originaire du Ḥaḏramawt. La lettre qui suit le signe d'interponction peut être lue comme un *t*, plutôt d'après les brisures du plâtre que d'après les restes de la lettre elle-même.

---

1. Pour les inscriptions *Qāni' 1-5* voir article par Chr. Robin dans ce volume.

l.2 : deux signes sont conservés : *m* et, probablement, *t* ou *h*. Ils échappent à l'interprétation. Notons que si le deuxième signe est *t*, il diffère beaucoup par sa forme du *t* de la première ligne. Il se peut que les deux lignes ne soient pas liées entre elles.

l.3 : plus bas il y a un trait horizontal sous lequel on distingue les parties supérieures de deux ou trois lettres. Seule la première – *aleph* – est lisible ; la suivante est probablement un *r*.

Datation : les formes des lettres *h*, avec les "pieds" près de la haste centrale de soutien, et *ḏ*, permettent de dater l'inscription du IVe-Ve s. ap. J.-C.

Qāni' 8 = BA 2a (cat. 423, **p. 97** *; pl. 57)*

Inventaire : Kana-88/III-72

Provenance : synagogue du secteur 3, ruines du bâtiment "antérieur".

Description : sur quatre fragments de plâtre rattachés au précédent, à droite, et partiellement liés entre eux, on peut distinguer des traits et des restes de signes. Dimensions des fragments : 6 x 8 cm ; haut. des lettres : 3 cm ; larg. des lettres : 1,5 cm.

Copie : *[s²]qr + 'aleph'*

Commentaire : on distingue le signe *aleph* et, à sa droite, une partie du monogramme des lettres *q* et *r*, probablement le monogramme connu au Ḥaḍramawt : *s²qr*. C'est le nom du château royal de Shabwa : « Shaqir ». Il servait de « marque royale » et se retrouve sur les monnaies du Ḥaḍramawt, parfois sur les édifices et sur la céramique.

Datation : IVe s. ap. J.-C (d'après le contexte archéologique).

Qāni' 9 = BA 3 (cat. 280, **p. 60** *; fig. 22)*

Inventaire : Kana-87/I-26

Provenance : secteur 1, pièce 12.

Description : fragment de dalle en calcaire (albâtre), le matériau préféré pour les inscriptions sudarabiques de haute qualité. Ce matériau ressemble beaucoup à celui des inscriptions de la nécropole de Timnaʿ. La partie supérieure de la dalle est cassée. Sur le fragment conservé, en haut, se trouve une inscription d'une ligne, partiellement détériorée. Dimensions de la dalle : 12,6 x 14,3 x 3,3 cm ; dimensions des lettres : 3,4 cm (haut.) ; 2,7 cm (larg.) ; 1,4 cm (diam.).

Copie : [ḏ]t/r(t)ʿt

Commentaire : par ses dimensions et par son type, mais aussi par la disposition de son texte, la dalle ressemble beaucoup à celles trouvées en grande quantité dans la nécropole de Timnaʿ à Heid bin ʿAqil [2]. Cela nous permet de restituer *[ḏ]t*, la particule qui introduit le nom de la tribu. La partie supérieure contenant le nom propre est cassée. Le nom de la tribu *rtʿt* ne se trouve pas sur les inscriptions (comparer Min. *ḏrtʿ* dans les inscriptions de la « liste des hiérodules » M 392, A,9,12 ; C,11 ; Qat. *ḏrtʿ* dans *CIH 851* et *RES 4940, 2* et aussi *rtʿm* dans *MAFRAY-al-Kafir 27*).

Datation : les *apices* soulignés et la forme du *r* permettent de dater l'inscription des IIe-IIIe s. ap. J-C. Elle n'a probablement pas été gravée sur le site de Bir ʿAlī (*Qāni'*), mais a dû être apportée d'ailleurs ; elle a été réutilisée longtemps après sa fabrication. Son origine n'est pas claire.

---

2. R.-L. CLEVELAND, 1965, *An Ancient South Arabian Necropolis. Objects from the Second Campaign (1951) in the Timnaʿ Cemetery*, Baltimore, pl. 70-74.

Qāni' 10 = BA 4 (cat. 790b, **p. 192***)*

Inventaire : Kana-91/VI-32

Provenance : secteur 6, ruines du bâtiment "antérieur".

Description : fragment de paroi d'amphore. Dimensions de la lettre : 6 cm (haut.) ; 1,4 cm (larg.).

Copie : *(/)aleph*

Commentaire : une grande lettre incisée et précédée d'un trait vertical, coïncidant avec la bordure gauche de la lettre. Il s'agit probablement du sceau du propriétaire ou de celui qui transportait l'amphore.

Datation : Ier-IIe s. ap. J.-C (d'après le contexte archéologique).

Qāni' 11 = BA 5 (cat. 925, **p. 218** *; fig. 94 ; pl. 99)*

Inventaire : Kana-91/VI-12

Provenance : secteur 6 ; ruines du bâtiment "antérieur".

Description : fragment de paroi de récipient de cuisine portant un monogramme incisé comprenant trois lettres. Dimensions du fragment : 11 x 17 cm ; dimensions du monogramme : 7,3 cm (haut.) ; 3,7 cm (larg. de la base).

Copie : [s^2]qr

Commentaire : le monogramme comprend un s^2 très nettement dessiné, d'une forme archaïque, et un *q* rond. Il s'agit d'un « sceau royal » sur le récipient.

Datation : Ier-IIe s. ap. J.-C (d'après le contexte archéologique).

Qāni' 12 = BA 6 (cat. 253, **p. 58** *; fig. 20)*

Inventaire : Kana-87/I-97

Provenance : secteur 1, pièce 16.

Description : tesson céramique portant une lettre incisée avant cuisson sur argile humide. Dimensions du tesson : 2,4 x 3,7 cm ; dimensions de la lettre : 0,7 x 0,8 cm.

Copie : d ou *t*

Commentaire : il s'agit peut-être d'une lettre – *d* ou *t* – sud-arabique, mais les proportions du signe ne coïncident pas avec celles qui sont typiques de l'écriture monumentale. Sceau du fabricant ou du propriétaire (?), mais probablement sous la forme d'une figure géométrique et non pas d'une lettre.

Datation : VIe s. ap. J.-C (d'après le contexte archéologique).

Qāni' 13 = BA 7 (cat. 467, **p. 112** *; fig. 49)*

Inventaire : Kana-87/III-12

Provenance : secteur 3, ruines de la synagogue.

Description : fragment de plaque en schiste portant une inscription calligraphique incisée sur une ligne. Dimensions du fragment : 4 x 5,2 cm ; dimensions des lettres : 2 cm (haut.) ; 1-1,5 cm (largeur).

Copie :]mt/[

Commentaire : il reste les signes *m* et *t*, et une partie de la lettre suivante ou le signe d'interponction. Le sens du mot n'est pas clair. Fragment d'objet ?

Datation : l'inscription est datée paléographiquement des Ve-VIe s. ap. J.-C.

Qāni' 14 = BA 8 (cat. 468,* p. 112 *; fig. 49)

Inventaire : Kana-87/III-13

Provenance : secteur 3, ruines de la synagogue.

Description : fragment de plaque en schiste portant une inscription en relief, semblable à la précédente. Dimensions du fragment : 2,5 x 4 cm.

Copie :]m/w[

Commentaire : on lit trois signes : deux lettres et le signe d'interponction. Le sens du mot n'est pas clair. Le signe *m* apparaît sur les deux fragments (*Qani' 13 et 14*) sous une forme différente.

Datation : l'écriture semble plus ancienne que celle du fragment précédent ; elle daterait des IVe-Ve s. ap. J.-C.

Qāni' 15 = BA 9 (cat. 417,* p. 97 *; fig. 43)

Inventaire : Kana-88/III-65

Provenance : synagogue du secteur 3, ruines du bâtiment "antérieur".

Description : fragment de plaque en os, fortement endommagé par le feu. Dimensions du fragment : 1,9 x 3,3 cm.

Copie :]n[

Commentaire : fragment d'une lettre incisée avec une recherche calligraphique. Partie du revêtement d'une petite boîte ou d'un coffret (?).

Datation : elle date probablement, d'après des critères paléographiques, des Ve-VIe s. ap. J.-C.

Qāni' 16 = BA 10 (cat. 729,* p. 172 *; fig. 74 et 136 ; pl. 122)

Inventaire : Kana-88/V-70

Provenance : secteur 5, pièce 5, locus 1, le trésor.

Description : petite cuillère en ivoire, complète, cuve ovale (dim. 1,8x1,0 cm ; prof. 0,3 cm) avec un *graffito* à peine visible incisé sur la surface extérieure : section du manche ronde. Dimensions de l'objet : long. 9,6 cm ; diam. de la section 0,5 cm ; dimensions des lettres : 0,5-0,6 cm (haut.) ; 0,3 cm (larg.)

Copie : ndy'

Commentaire : nom propre (?)

Datation : elle date probablement, d'après des critères paléographiques, des IIIe-IVe s. ap. J.-C.

Qāni' 17 = BA 11 (cat. 524,* p. 138 *; fig. 59, pl. 134)

Inventaire : Kana-88/IV-1.

Provenance : secteur 4, ruines du bâtiment.

Description : fragment de paroi de récipient de type sud-arabique portant un monogramme incisé avant cuisson sur l'argile humide. Dimensions du fragment : 12 x 16 cm ; dimensions du monogramme : 3,0 cm (haut.) ; 3,2 cm (larg.).

Copie : signe et *ḏ*

Commentaire : le monogramme comprend un signe et une lettre *ḏ*. Il s'agit d'un « sceau royal » sur le récipient (« signs of Sabaean *mukarribs* »).

Datation : IIIe-IVe s. ap. J.-C. (d'après le contexte archéologique).

Qāni' 18 = BA 12 (cat. 1128,* p. 260 *; fig. 111, pl. 134)

Inventaire : Kana-93/VI

Provenance : secteur 6, ruines de la "bâtisse postérieure", pièce 12.

Description : fragment de paroi de récipient de type sud-arabique portant un monogramme incisé avant cuisson sur l'argile humide. Dimensions du fragment : 11 x 18 cm ; dimensions du monogramme : 5,8 cm (haut.) ; 3,2 cm (larg.).

Copie : y et *n*

Commentaire : le monogramme comprend les lettres *y* et *n*.

Datation : IIIe-IVe s. ap. J.-C. (d'après le contexte archéologique).

XV

LES *GRAFFITI* EN LANGUES NORD-SÉMITIQUES DE BIR 'ALĪ (QĀNI')

Au cours des fouilles effectuées en 1988 dans le secteur 6, au pied de Ḥuṣn al-Ġurāb, on a découvert deux tessons céramiques portant des *graffiti* en langues nord-sémitiques.

Le premier fragment appartient à une amphore Dressel 2-4, presque complète (*cat.* 776, p. 190 ; *fig. 83 ; pl. 130*). Cette amphore date du début de la période romaine ; elle était destinée à conserver et à transporter du vin. Dans la partie supérieure de l'amphore, sur le col, on lit une inscription en caractères palmyréniens. Elle consiste en cinq lettres qui forment un seul mot : la première lettre est peut-être un *non* ou la fin d'un *mim* ; la deuxième est un *aleph* ; la troisième un *kaph* ; la quatrième un *yod* et la cinquième un *aleph*, de nouveau. Le dessin des lettres est très proche de celui des inscriptions palmyréniennes du Ier siècle après J.-C. et particulièrement de la première moitié de ce siècle. On lit ainsi le mot « *n/m'ky'* ». Il n'est par sûr qu'il soit complet, une ou plusieurs lettres ayant pu être perdues dans la cassure à droite, donc au début du mot. La finale du mot, *y'*, évoque peut-être un pluriel en *ayā*, mais, plus probablement, soit un nom propre, soit un gentilice. Le *aleph* intérieur pose question : c'est probablement la notation, inhabituelle cependant en palmyrénien, d'une voyelle longue *ā/ē* ou d'une diphtongue. On pensera à la transcription d'un mot étranger, probablement un nom propre d'origine ou d'appartenance.

Sur le deuxième fragment d'amphore, découvert dans le même secteur, se trouve une inscription en caractères syriaques (*cat.* 1002a, p. 244 ; *pl. 131*). On lit quatre lettres complètes et le début d'une cinquième formant un mot complet. L'un d'entre nous en avait proposé une première lecture qui est à rectifier après relecture du fragment[1]. La première lettre est clairement un *gamal* ; la seconde, très allongée et ouverte à gauche, est un *beth* ; la troisième est sans doute une forme archaïque de *waw*, un peu anguleuse mais ouverte à la base, comme c'est généralement le cas dans l'*estrangelâ* ancien ; la quatrième est un *lamad*, dont la hampe est enrichie d'un petit crochet rentrant ; de la dernière, un *aleph*, il ne reste que les deux branches en haut et en bas à droite, la hampe verticale de gauche ayant disparu dans la cassure. On lit donc le mot « *gbwl'* », le nom d'agent de la racine *gbl* « modeler », qui désigne le potier. Ce mot était sans doute suivi d'un nom propre ; l'inscription était la marque de fabrique de l'amphore. La forme des lettres, assez peu caractéristique, est conforme à la datation du matériel : IIIe ou IVe siècle.

---

1. A.V. SEDOV, 1992, « New archaeological and epigraphical material from Qana (South Arabia) », *AAE*, 3/2, p. 118.

XVI

UNE INSCRIPTION GRECQUE SUR LE SITE DE BIR 'ALĪ (QĀNI')

Une trouvaille unique a été faite par les archéologues yéménites Haïran az-Zubaïdi et Fadl Salamuni en 1988, au cours des fouilles de l'expédition soviéto-yéménite du site de Bir 'Alī (Qāni') : il s'agit d'une inscription grecque gravée sur des fragments de plâtre, tombés du mur appartenant à une construction (*cat.* 421, p. 97 *; pl. 132*) [1]. La structure des fragments, vue en coupe, laisse voir la technique du crépi. L'appareil était d'abord recouvert d'une couche assez épaisse (environ 1 cm) de plâtre pratiquement dépourvu d'additifs ; sur cette couche on a étendu un enduit de plâtre plus mince (environ 0,5 cm) criblé encore plus soigneusement. Le bloc portant l'inscription est fait de 5 fragments jointifs ; ses dimensions maximales sont, en longueur, 23 cm ; en hauteur, 13 cm. Les lettres sont gravées assez profondément à l'aide d'un instrument pointu sur le plâtre sec. Le texte entier ne contenait pas plus de 5 lignes, puisque dans sa partie inférieure le bloc de plâtre se courbe harmonieusement sur toute sa longueur et paraît se transformer en corniche saillante ou arc de cercle. Une courbe légère dans le coin inférieur gauche (s'arrondissant dans la direction opposée au spectateur), ainsi que l'examen du texte, permettent d'affirmer qu'une ou deux lettres sont perdues au début de chaque ligne ; il est impossible d'évaluer le nombre de caractères disparus à la fin de chaque ligne.

Les lettres sont assez soigneusement dessinées et sont hautes de 1-1,5 cm ; la hauteur de l'*omicron* et du *sigma* est de 0,7-1 cm ; les interlignes sont de 0,5-1 cm. Le texte est de plus en plus mutilé à partir de la ligne 3 ; plus de la moitié des lettres des lignes 4 et 5 sont endommagées à la suite de l'érosion du matériau (plâtre). Les caractères ont plusieurs particularités propres à la fin de l'antiquité. La haste droite de l'*alpha* dépasse de l'alignement supérieur des autres lettres et fait une courbe visible à gauche ; il en va de même pour *delta* et *lambda*. Les barres transversales de *alpha* et *delta* ont une inclinaison marquée à droite, formant une angle avec la haste droite. Le diamètre de *thêta* touche presque la circonférence ; les lettres *epsilon* et *sigma* sont toujours cursives ; la barre du *pi* dépasse les hastes à droite et à gauche. Dans un seul cas – ligne 4 – les lettres *pi* et *alpha* présentent une ligature. L'ensemble de ces indices paléographiques, comparé avec les inscriptions du début de l'ère chrétienne du IIIe, IVe et Ve siècles provenant de l'ensemble du monde antique [2], permet de dater avec certitude le *graffito* du site Bir 'Alī (Qāni') de la deuxième moitié du IVe siècle ap. J.-C., ce que ne contredit pas le contexte archéologique (voir ci-dessous).

Même si certaines lettres ne sont pas absolument intactes, la lecture du texte est suffisamment sûre :

1. Le contexte de la trouvaille est décrit dans le commentaire archéologique de A.V. SEDOV, « Les fouilles dans le secteur 3 » dans ce volume ; cf. *SEG* XXXIX, 1989, [1992], n°1661.
2. M. GUARDUCCI, 1978, *Epigrafia greca, Vol. IV: Epigrafi cristiane,* Roma, p. 445, N 3 ; p. 525, N 3 ; p. 527, N 4 ; p. 542, N 3, fig. 169.

[Εἷς] Θεὸς ὁ βοαθôν (*sic*) Κοσ̣[μᾶ̣ ?]
[κ]α̣ὶ ὁ ἅγ̅ιος τ̣όπος τοῦ | [- - -]
[σ]υνοδία γίνῃ μοι ἡ [- - -]
[π]λοτὰ ᾗ ναῖ (*sic*), ἀπάγητ̣[αι]
[ἔ]ργα καὶ || . . . . M [- - - - - - -]

Traduction

Dieu unique, qui aide Kosmas (?), et cette place sacrée . . . Que la caravane soit pour moi . . . que (la mer ?) soit favorable pour le voyage du navire, que guide (?)... les affaires et ...

Parmi les particularités orthographiques, il faut noter la perte de la quantité par les voyelles dans les mots βοηθῶν et [π]λωτά, ce qui est très typique pour cette époque, le *iota adscriptum*, ainsi que le remplacement de η par α dans le mot βοηθῶν ; ceci nous amène à préférer la lecture, ligne 4, du datif de ναῦ ς plutôt que ναί = « en vérité ».

Au premier coup d'œil il est évident que nous avons là une inscription-prière, laissée dans le sanctuaire par un négociant appelé Kosmas (?) pour le succès de son voyage commercial [3]. *Conj. pro imp.* dans le sens de « demande, vœu, exigence », convenait parfaitement pour les inscriptions de ce genre [4]. Le texte commence par un appel (*acclamatio*) au Dieu qui aide de la part de l'orant, dont le nom est mis d'habitude au datif [5] ; ce cas est souvent remplacé à cette époque par le génitif [6] ou l'accusatif [7]. On rencontre une quantité énorme de préambules similaires dans différentes catégories d'inscriptions partout dans le monde chrétien, mais surtout en Orient [8]. La formule normale pour désigner une église chrétienne est à cette époque ὁ ἅγιος τόπος [9]. R. Aigrain note qu'elle est souvent accompagnée du nom du saint à qui la chapelle était dédiée [10] ; voilà pourquoi, dans notre inscription, je crois que του à la fin de la ligne 2 se rapporte au nom de l'éponyme du temple et non pas, par exemple, à τούτ̣[ου]. Dès la ligne 3, Kosmas [11] expose la raison et le sens de sa demande. La signification technique du terme ἡ συνοδία a été déterminée par Dittenberger dès le début de notre siècle : « les négociants qui voyageaient de Palmyre vers le Golfe Persique à travers le désert, comme c'est le cas même à notre époque dans ces pays, s'unissaient en corporations (caravanes), dénommées συνοδία en grec ; un de ses membres, élu, semble-t-il, par un vote des autres, se mettait à sa tête, et c'est lui

3. À comparer avec des inscriptions analogues de Palestine : Ἰ(ησοῦ)ς Χ(ριστό)ς, βοήθι τὶν δου[λό]ν σου Δημήτριν κὲ τὴν συνοδί[αν] αὐτοῦ *(Bull. ép.* 1950, 215) ; Κ(ύρι)ε ἐλέησον Διογενιανὸν καὶ τὴν συνοδίαν (Bull. ép. 1954, 249a).
4. Ed. Schwyzer, 1950, *Griechische Grammatik*, München, Bd. II, S. 316, 4 ; cit. Septuaginta (Ruth. 1, 9) : δώῃ κύριος ὑμῖν κτλ. À comparer avec les « inscriptions mémoriales » proches (μνησθῇ) : M. Guarducci, 1974, *Epigrafia greca,* Vol. III, Roma, p. 217-226.
5. Par exemple, *Bull. ép.* 1966, 477 : Εἷς Θεὸς ὁ βοηθῶν [Μ]αρίνῳ, Palestine.
6. Par exemple, *SEG* XXVIII, 1441 : Εἷ[ς] Θεὸς ὁ βοηθῶν Ὀσείου, Palestine.
7. Par exemple, *Bull. ép.* 1976, 738 : τὸν δοῦλόν σου, Sinay.
8. J'en donne ici une liste non complète et non systématique : *Bull. ép.* 1946/47, 204 (Haute Syrie) ; 1967, 645 (Palestine) ; 1973, 509 (Chypre) ; 1974, 704 (Égypte) ; 1976, 756 (Égypte) ; 1977, 576 (Égypte) ; *SEG* XXX, 1731-1736 (Égypte).
9. Voir, par exemple, les inscriptions sur les mosaïques des basiliques chrétiennes : *Bull. ép.* 1977, 322 (Rhodes) ; *SEG* XXVIII, 1324 : τὸν ἅγιον τόπον ἐψήφωσαν (Commagène, 447 après J.-C.) ; *SEG* XXXIV, 1516 (Arabie).
10. R. Aigrain, 1947, « Sur quelques inscriptions d'églises de l'époque byzantine », *Orientalia Christiana Periodica*, 13, p. 18-27 (*non vidi*, cf. *Bull. ép.* 1948, 11).
11. Κοσ[μᾶς] : le nom est très répandu au début de l'époque byzantine ; on ne peut pas exclure d'autres noms plus rares en Κοσ-.

qui était nommé συνοδιάρχης» [12]. Le terme συνοδία et ses dérivés sont le plus souvent attestés par les inscriptions de Palmyre [13], bien qu'ils se rencontrent aussi dans les autres documents épigraphiques du Proche Orient [14].

Grâce aux travaux de M. Rostovtzeff, E. Will et M. Gawlikowski, l'organisation du commerce caravanier s'est beaucoup éclaircie [15]. Trois catégories principales de participants y prenaient part. Premièrement, les grands magnats – les patrons des expéditions caravanières, dont la résidence se trouvait à Palmyre ou dans ses colonies ; ils fournissaient de l'argent, des bêtes de somme et des conducteurs de bêtes et, parfois, assuraient le convoi armé, mais le plus souvent ils ne prenaient pas part aux voyages. Les chefs des caravanes étaient les συνοδιάρχαι ou ἀρχέμποροι, auxquels étaient subordonnés les simples négociants et le personnel de service. Dans notre cas justement le chef de la caravane – le sinodiarque – et non pas le simple marchand – était apparemment Kosmas, qui prie pour l'issue favorable du voyage de la caravane. On ignore comment on doit compléter la fin de la ligne 3 ; en tout cas ἥ[συχος] = « tranquille » ne paraît pas ici bien opportun. On attendrait l'article ἡ avec un participe quelconque suivi d'un complément direct ou d'un adjectif. En tout cas les marchands de caravanes avaient de nombreuses raisons pour prier pour l'issue favorable de l'entreprise : une inscription honorifique provenant de Palmyre parle d'une caravane revenue, « sauvée d'un grand danger qui la menaçait » [16] ; une autre témoigne directement de la lutte hardie menée contre la bande de brigands qui a attaqué la caravane [17].

Dans une hypothèse intéressante, M. Gawlikowski a récemment admis que les sinodiarques s'occupaient non seulement des questions de transport caravanier, mais aussi des problèmes de la livraison des marchandises par eau [18]. Cette supposition pourrait trouver sa confirmation dans notre document, si nous avons raison de faire de Kosmas un sinodiarque. En tout cas, le mot [π]λοτά suivi d'un complément, au commencement de la ligne 4, devait certainement être précédé par le mot [πελάγη, ὕδατα] ou autre. Il est aussi difficile de choisir une acception unique pour le verbe suivant ἀπάγητ[αι] : il peut marquer le souhait d'obtenir un guide sûr ou même un timonier, mais on ne peut pas exclure qu'il exprime seulement le vœu d'obtenir un retour heureux chez soi. L'avant-dernier mot de l'inscription – [ἔ]ργα qui veut dire « les affaires, les soucis » s'insère bien dans le contexte général.

Quels renseignements historiques sont livrés par la nouvelle inscription de Bir ʿAlī (Qāniʾ), qui est sans conteste l'inscription grecque trouvée le plus au sud ? Avant tout, elle permet de tracer les lignes générales de l'itinéraire du voyage commercial de Kosmas (?) et de ses compagnons. Puisque l'auteur de l'inscription n'a pas pu, de toute évidence, changer l'ordre,

12. *OGIS* 632, p. 341, adn. 2.
13. *CIG* 4486 = Waddington - Le Bas 2603 ; *OGIS* 632, 633, 638, 646 = *IGRR* III, 105, 1053, 1051, 1045 ; 1050 ; *SEG* VII, 135, 139 ; XV, 849 = *Bull. ép.* 1958, 506 ; H. Seyrig, 1941, *Syria*, 22, p. 252, N 21 = *Bull. ép.* 1942, 164.
14. Palestine : *Bull. ép.* 1950, 215 ; 1954, 249a ; Pisidie : *SEG* XXXI, 1251.
15. M. Rostovtzeff, 1932, « Les inscriptions caravanières de Palmyre », *in Mélanges G. Glotz*, II, Paris, p. 793-811 ; E. Will, 1957, « Marchands et chefs de caravanes à Palmyre », *Syria*, 34, p. 262-277 ; M. Gawlikowski, 1988, « Le commerce de Palmyre sur terre et sur eau », *in L'Arabie et ses mers bordières*, I. *Itinéraires et voisinages*, Lyon, p. 163-172.
16. *SEG* XV, 849 : διασώσαντα δὲ καὶ τὴν ... παραγενομέν[ην συν]οδίαν ἐκ τοῦ περιστάντος αὐ[τ]ὴν μεγάλου κινδύνου.
17. À comparer avec : M. Gawlikowski, *Le commerce de Palmyre*, p. 168 (non publié). Sur la défense des caravanes de marchands contre les attaques des nomades arabes, voir : M. Rostovtzeff, 1984, *Gesellschafts- und Wirtschaftsgeschichte der hellenistischen Welt*. Bd. II. Darmstadt, S. 681 f.
18. M. Gawlikowski, *Le commerce de Palmyre*, p. 169.

dans l'énumération, des moyens de transport fixés, on peut supposer qu'à l'étape initiale la caravane de négociants devait se diriger vers les régions intérieures de Ḥaḍramawt pour y prendre des marchandises de valeur. Des recherches récentes ont découvert plusieurs voies caravanières, locales et transarabiques ; quelques unes d'entre elles menaient à l'intérieur de la péninsule depuis les alentours de Bir 'Alī (Qāni') [19].

La caravane avait à suivre la partie suivante de la voie vers la mer : en revenant vers son point de départ ou en se dirigeant vers quelque autre port, par exemple dans la région d'Aden ou du détroit du Bab-el-Mandeb. Là les marchandises devaient être déchargées sur un navire et expédiées *via* la mer Rouge vers le Sinai et, de là, en Méditerranée, par exemple à Alexandrie ; on pouvait aussi choisir l'autre itinéraire – contourner la péninsule Arabique, suivre le golfe Persique et les fleuves de la Mésopotamie vers la Syrie [20]. Il est peu probable que l'inscription désigne les marchandises qui devaient assurer des profits à Kosmas et à ses compagnons, mais nous avons peu de chance de nous tromper en supposant que les principales d'entre elles étaient les plus lucratives – les parfums et les épices. D'après le Tarif de Dioclétien mis en vigueur en 301-302 ap. J.-C., une livre (327.45 gr.) d'encens coûtait 100 deniers [21], et une livre de safran d'Arabie 2000 deniers [22]. Un autre problème historique très important soulevé par l'étude de l'inscription, est celui de l'expansion du christianisme en Arabie du Sud. On sait qu'aux premiers siècles de notre ère la religion monothéiste commence peu à peu à dominer parmi la population du Yémen, initialement sans la désignation concrète du dieu unique [23]. Mais dès le IVe siècle est attestée une rivalité manifeste entre les monothéismes juif et chrétien. Selon le témoignage de Philostorge, le missionnaire chrétien Théophile l'Indien qui a vaincu les Juifs, familiers du roi du Yémen (l'éthnarque), dans des discussions théologiques, et qui a convaincu le roi de construire trois temples pour les « Romains » venus dans son pays, a été envoyé en Arabie du Sud par l'empereur Constance [24]. Cependant, les attestations épigraphiques du christianisme au Yémen ne sont pas antérieures à la fin du Ve-début du VIe siècles [25].

Les deux formules standardisées du *graffito* du site Bir 'Alī (Qāni'), qui se rencontrent par dizaines et par centaines dans les inscriptions chrétiennes [26], avec le nom grec typique de l'orant, laissent penser que l'inscription a été faite par un chrétien [27] (l'hypothèse selon laquelle Kosmas [?] professait le judaïsme est beaucoup moins probable, mais ne peut pas être exclue). Dans ce cas, la conclusion que le christianisme pénétrait et se répandait au Yémen par l'intermédiaire des marchands byzantins trouve ici une nouvelle confirmation [28].

---

19. D. POTTS, 1988, « Trans-Arabian Routs of the Pre-Islamic Period », *in L'Arabie et ses mers bordières*, I. *Itinéraires et voisinages*, Lyon, p. 127-162, fig. 1.
20. Sur la circumnavigation de l'Arabie voir J.-F. SALLES, 1988, « La circumnavigation de l'Arabie dans l'antiquité classique », *in L'Arabie et ses mers bordières*, p. 75-102 ; fig. 1.
21. M. GIACCHERO, 1974, *Edictum Diocletiani et Collegarum de pretiis rerum venalium*, Gènes, p. 214 sg. N 34, 10 ; cf. M. RASCHKE, 1978, « New Studies in Roman Commerce with the East », *ANRW*, II, 9, 2.
22. GIACCHERO, M., *Edictum Diocletiani*..., p. 214 sg. N 34, 14.
23. Voir : M.B. PIOTROVSKI, 1985, *Juznaja Aravija v rannee srednevekovje (L'Arabie du Sud au commencement du Moyen Age)*, Moscou, p. 105 cf., 155 cf.
24. M.B. PIOTROVSKI, *Juznaja Aravija*..., p. 161.
25. M.B. PIOTROVSKI, *Juznaja Aravija*..., p. 162.
26. Je ne peux citer qu'un seul emploi de *agios topos* pour une synagogue – dans l'inscription de la fin du IIIe siècle de notre ère provenant de Stobi en Macédoine : M. HENGEL, 1966, « Die Synagogeninschrift von Stobi », *Zeitschrift für die neutestamentliche Wissenschaft*, 59, S. 145-183 (*non vidi*, cf. *Bull. ép.* 1968, 325).
27. Voilà pourquoi on peut regretter que la fin de la ligne 2 soit perdue : la verticale qu'on y voit très distinctement pouvait faire partie du nom τοῦ Ἰ[(ησο)ῦ] ?
28. Voir : M.B. PIOTROVSKI, *Jusnaja Aravija*..., p. 106, 161.

XVII

THE NEW GREEK INSCRIPTION FROM SOUTH YEMEN [1]

In 1988 the Russian (at that time Soviet-Yemeni) archaeological expedition to the Bir 'Alī settlement, which is identified with the ancient Ḥaḍrami port city of Qāni' on the southern coast of the Arabian Peninsula, uncovered a building complex, for which a *graffito* on plaster suggested a sacral character (Area 3, "early structure"). The text is in Greek. It may well be the southernmost Greek inscription ever found and its importance for the history of South Arabia in the early Byzantine period is considerable. The *graffito* was published by the Russian epigraphist Yu. Vinogradov twice: with the Russian commentary in *VDI* together with a short archaeological commentary by A. Sedov on the building complex,[2] and later in the English language survey published in *AAE*.[3]

The text, as constituted by Vinogradov, runs as follows:

> [Εἷς] Θεὸς ὁ βοαθôν (*sic*) Κοσ̣[μᾶ̣ ?]
> [κ]α̣ὶ ὁ ἅγ̄ιος τ̣όπος τοῦ | [- - -]
> [σ]υνοδία γίνῃ μοι ἡ [- - -]
> [π]λοτὰ ἧ̣ ναῖ (*sic*), ἀπάγητ̣[αι]
> [ἔ]ργα καὶ || . . . . Μ [- - - - - - -]

Vinogradov translates this tentatively in the following way :

« Almighty, helping Kosmas (?), and this Holy place is . . . let my caravan be kept safe . . . let it (the sea ?) be safe for a ship, let him lead (?) . . . the matters and . . . »

The inscription is plausibly ascribed to the second half of the 4th century A.D. (although it could be a little later), largely on the basis of the dating of the "early structure".[4] The letter-forms are utterly inconclusive but would certainly be consistent with this dating. Vinogradov concludes that this is a Christian document although it bears no Christian symbols, and he suggests that it « gives rise to a number of questions connected with land – and sea – trade in the region as well as with the spread of Christianity to South Arabia ».[5]

The second half of the third line and all of the fourth are exceedingly difficult to read. The text cannot yet be judged definitive, and Vinogradov's constitution of line four seems influenced by his interpretation of line three. But lines one and two are clear as far as they go, and [σ]υνοδία in line three seems beyond question. The secure bases for interpreting

---

1. This is a slightly modified version of the article published by the same author in *TO ΕΛΛΗΝΙΚΟΝ, Studies in Honour of Speros Vryonis, Jr.*, Vol. I, *Hellenic Antiquity and Byzantium*, ed. by J.S. Langdon, S.W. Reinert, J.S. Allen & Ch.P. Ioannides, Athens, 1993, p. 3-8.
2. Yu. VINOGRADOV with appendix by A. SEDOV, 1989, « Grecheskaja nadpis' iz Yuzhnoj Aravii », *VDI*, 2, p. 162-169. See above the French translation of the article in this volume : Yu.G. VINOGRADOV, « Une inscription grecque du site de Bir 'Alī (Qāni') ».
3. A. SEDOV, with appendix by Yu. VINOGRADOV, 1992, « New archaeological and epigraphical material from Qana (South Arabia) », *AAE*, 3/2, p. 110-137.
4. See now the article A.V. SEDOV, « Les fouilles dans le secteur 3. La synagogue » in this volume.
5. SEDOV, « New archaeological and epigraphical matériel... », p. 136.

this document thus lie in the significant phrases εἷς θεὸς ὁ βοαθõν (representing βοηθῶν, but at this date not to be corrected ω and ο sounded the same), and ὁ ἅγιος τόπος. The former phrase is well attested in Christian epigraphy, and Vinogradov documented it with a few appropriate examples. But he was evidently unacquainted with the mass of material gathered by Erik Peterson in his still important study Εἷς θεός: *Epigraphische, formgeschichtliche und religionsgeschichtliche Untersuchungen* (Göttingen, 1926). There he would have observed a substantial chapter (p. 276-99) on « Die jüdische Ableitung der Εἷς θεός - Formel ». This topic becomes pertinent to the new Yemeni inscription when one considers the implication of the expression ὁ ἅγιος τόπος.

In his comments Vinogradov provided only four examples of ὁ ἅγιος τόπος in Christian texts.[6] All are relatively late (mid 5th century or beyond), and all are mosaic texts. In a footnote toward the end of his commentary Vinogradov alluded to the famous Stobi synagogue inscription as providing one instance of ἅγιος τόπος in relation to a synagogue: « Je ne peux citer qu'un seul emploi de ἅγιος τόπος pour une synagogue – dans l'inscription de la fin du IIIe siècle de notre ère provenant de Stobi en Macédoine ».[7]

Yet, as Lifshitz remarked in 1967, ἅγιος τόπος was « la désignation courante de la synagogue ».[8] Examples abound:[9]

τῷ ἁγίῳ τόπῳ Stobi (L no. 10)
τοῦ ἁγίου τόπου Gaza (L no. 72, F 966)
[τ]ῷ ἁγιωτ(άτῳ) τόπῳ Gaza (L no. 73a, F 867)
ἁγιο[τάτῳ] τόπῳ Gerasa (L no. 78)
τῷ ἁγ[ίῳ τόπῳ] Egypt (L no. 88, F. 1435)
τῷ ἁγίῳ [τόπῳ] Egypt (L no. 89, F 1436)
τῷ ἁγίῳ τό[πῳ] Egypt (L no. 90, F 1437).[10]

This designation for a synagogue matches the Aramaic *'trh qdy̧sh* in the three (probably four) inscriptions of Noarah (F 1199, 1203, 1204, and, with restoration, 1205). It is already apparent in the Greek of 2 Maccabees 1:29, 2:18, and 8:17.

Such compelling testimony for ὁ ἅγιος τόπος in a Jewish context means that Peterson's rewiew of the « jüdische Ableitung » of the expression εἷς θεός must be taken seriously here. In the last decade a particularly striking instance of the phrase θεὸς βοηθός has turned up in a major Jewish inscription at Aphrodisias in Caria.[11] This large text contains lists of names of Jews, proselytes, and friends of Jews. Although the precise role of

---

6. Rhodos: *Archaiologikon deltion* 26, 1971, Chron. II, 553 (a Christian basilica), known to Vinogradov from J. and L. ROBERT, 1977, *Bulletin épigraphique*, p. 322 (where the page reference to the Chron. appears erroneously as 582); Commagene: *Supplementum Epigraphicum Graecum*, ed. P. Roussel et *al*., 1923-, Leiden, 28.1324 (dated 447); 'Ammān in Jordan: *SEG*, 34.1516 (second half of the 6th century). See note 9 in VINOGRADOV, « Une inscription grecque... » (*supra*).
7. See note 26 in VINOGRADOV, « Une inscription grecque... » (*supra*).
8. B. LIFSHITZ, 1967, « Donateurs et fondateurs dans les synagogues juives », *Cahiers de la Revue biblique*, 7, Paris, p. 33.
9. The abbreviation L refers to the volume by Lifshitz cited in the foregoing note, and F designates the collection of J.-B. FREY, 1952, *Corpus Inscriptionum Judaicarum*, vol. II, Rome.
10. On this text see further L. ROBERT, 1958, *Revue de philologie*, 43/4 (repr. in *Opera Minora Selecta*, vol. V, p. 183, no. 4).
11. J. REYNOLDS & R. TANNENBAUM, 1987, *Jews and Godfearers at Aphrodisias*, Cambridge.

these persons is still unclear, they would appear to be donors or supporters of some building (the Aphrodisias synagogue perhaps) or enterprise (an eleemosynary project, as proposed in the original publication). The whole phrase Εἷς θεὸς ὠ βοειθῶν (not to be corrected, as in Lifshitz, to ὁ βοειθῶν) appears in a Jewish inscription of Dmeir in Syria from the 5th or 6th century.[12]

The weight of probability shifts, therefore, from a Christian to a Jewish context for the new Yemeni text. Even the word συνοδία, undoubtedly a correct word for a caravan, must be reconsidered in this new context. An inscription from Nysa in the Maeander Valley records the construction of a synagogue (οἰκοδομήσας τὸν τόπον) for the Jewish community (τῷ λαῷ) and for the religious association (τῇ συνόδῳ, « thiase » in Lifshitz) presided over by Dositheus, son of Theogenes.[13] The use of συνοδία, as opposed to σύνοδος, with reference to a religious association poses no problem since the word συνοδία is well attested as a designation for such groups: for example, Basil, in J.-P. Migne, *Patrologia Graeca* (= *PG*) 31, 876 B (*Ascet.* 1.3), προσήκει...τῷ προεστῶτι...ὑποχείριον εἶναι τὴν συνοδίαν, and other Christian examples in Lampe, *A patristic Greek lexicon* s.v. ; also *PG* 40, 1224 (Evagrius of Scitis), ἐν κοινοβίοις ἢ συνοδίαις. For Jewish θιασεῖται at Tanaïs, see the group of inscriptions in *Corpus Inscriptionum Regni Bosporani* 1261-75, with the comments in J. and L. Robert, *Bulletin épigraphique* 1959, 274. As for the name Kosmas, it is by no means a conspicuously Christian name: cf. instances in Aï Khanum documented in P. Bernard, *CRAI* 1972. 618-9 and *CRAI* 1980. 441-2; cf. Cl. Rapin, *Fouilles d'Aï Khanoum* VIII (1992), p. 102 and 388.

More important, obviously, would be the significance of a group of Jews at Qāni' in the second half of the fourth century. As it happens, the history of the Ḥaḍramawt at this time provides a far better background for the Jewish interpretation of the new Greek text than for the Christian one. At a date soon after 378, the new local king of the Ḥimyarite dynasty, Abkarib Asfiad, is said by the Arabic sources to have converted to Judaism.[14] Subsequently the region was viewed in Byzantium as a Jewish kingdom. The Arab historian Mas'ūdī reports a revealing comment from the emperor at Byzantium to a petitioner from Yemen :

أنتم يهود و الحبشة نصارى و ليس في الديانة أن ننصر المخالف على الموافق

« You are Jews, and the Ethiopians are Christian. It is not possible in our religion to help the opponents against those who believe as we do ». The date of these response seems

12. R. Brünnow & A. von Domaszewski, 1909, *Die Provincia Arabia*, Vol. III, Strasbourg, p. 207, no. 37 (L no. 61, F 848). Cf. B. Lifshitz, 1975, *Prolegomenon to the reprint of Frey* (note 9 above), the two volumes together, New York, p. 75.

13. L no. 31, p. 33.

14. See J. Ryckmans, 1951, *L'institution monarchique en Arabie méridionale avant l'Islam*, Louvain, p. 318. Cf. P. Costa, 1978, *The pre-Islamic antiquities at the Yemen National Museum*, Rome, p. 15: « The ruler and a large part of the population appear to have embraced Judaism ». Above all, Ch. Robin, 1991, « L'Arabie antique de Karib'il à Mahomet », *Revue du Monde Musulman et de la Méditerranée*, 61, p. 81 and p. 144-145. On the 3rd century dates for the Ethiopian presence in South Arabia, see also Ch. Robin, 1989, *Proc. 8th Int. Conf. of Ethiopian Studies*, vol. 2, p. 149-52.

to be in the 6th century, but the episode recounted here may reflect diplomacy in the 4th.[15] In any case, the Byzantine view of Yemen as a Jewish kingdom is important.

According to Philostorgius there was already a noticeable Jewish community in the Ḥaḍramawt at the time of the visit of the Christian missionary Theophilus of India: p. 34, line 8: ἡ δὲ τῶν Ἰουδαίων οἰκεία ἐπίνοια before a lacuna, but cf. p. 34, lines 27-28 (Martyrdom of Arethas, derived from Philostorgius): τῶν Ἰουδαίων ἀνθισταμένων καὶ ἀναπειθόντων τὸν βάρβαρον μὴ προχείρως οὕτω ξένον εἰς τὴν πολιτείαν εἰσδέξασθαι μηδὲ περὶ τὰ θεῖα νεωτερίζειν (« The Jews offered resistance and argued persuasively not to receive the barbarian eadily into their polity as a guest nor to change their religion »).[16] This community was presumably the one that Abkarib Asfiad joined. His act had manifestly political consequences in representing a repudiation of the ousted Ethiopian overlords. Irfan Shahıd has identified with characteristic elegance « a competition between the two religions of the Old and the New Testaments which might be described as 'the struggle for Arabia' ». He goes on to observe. « The south was naturally more disposed to Judaism, since Christianity was associated with its two traditional enemies, Byzantium and Ethiopia ».[17]

The monotheism proclaimed in the remarkable Greek text from Qāni', on the southern coast of the Arabian peninsula, admirably illustrates Shahīd's generalization and fits well into the Arabic tradition concerning the later Ḥimyarite kingdom. We should not fail to notice the continued use of the Greek language among persons of non-Hellenic origin in a place so far removed from the Greek world. Greek is seen once again as the *lingua franca* of alien cultures and religions.[18]

As for the building in which this inscription was found, it is impossible to say whether part of it was used as a synagogue. In view of the range of designs in diaspora synagogues, the possibility exists, pending further excavation. But two things can be said with certainty: the plan of the building unearthed at the area 3 bears no resemblance whatever to a Christian church or chapel, and the building that replaced the one with the *graffito* was definitely a synagogue.

---

15. Mas'ūdī, *Murūj al-dhahab wa ma'ādin al-Jawhar*, III. 162, p. 203 in the Beirut edition of 1966 by de B. Meynard, P. de Courteille and C. Pellat. For the possibility of a comparison with earlier events, see RYCKMANS, *L'institution monarchique*, p. 308-309 (discussing a suggestion by C. Conti Rossini).
16. Philostorgius is cited from the third edition of Bidez-Wikelmann in the series *Die griechischen christlichen Schriftsteller*.
17. *Cambridge History of Islam*, Volume I, 1970, p. 14.
18. For the theme, see G.W. BOWERSOCK, 1990, *Hellenism in late antiquity*, Ann Arbor and Cambridge.

XVIII

UN DOCUMENT DE “PETITE” ÉPIGRAPHIE DES FOUILLES DU SITE DE BIR ‘ALĪ (QĀNI’)

Le *dipinto* trouvé au cours des fouilles de Qāni’ au Yémen (*Kana-89*, secteur 6, pièce 7, sur le sol, *cat.* 1002b, p. 244 ; *pl. 133*) a tous les caractères d’un ostrakon chrétien. L’appartenance confessionnelle de l’auteur de ce document intéressant est révélée par la croix, tracée au début de l’inscription. Une telle pratique est l’un des traits les plus saillants et les plus distinctifs des documents épigraphiques du commencement du christianisme.

L’arrangement et le dessin du texte suivent assez exactement les contours capricieux d’un fragment de paroi d’un vase de terre claire – peut-être une amphore –, sur laquelle a été tracé le *dipinto*. Les caractéristiques énumérées (qui sont le plus en relief sur la première ligne) montrent clairement que l’inscription a été gravée sur un tesson et qu’elle est entière. De toute évidence l’auteur essayait de mettre à profit au maximum toute la surface du fragment – peut-être pour des raisons apotropaïques.

Le *dipinto* est tracé avec de la peinture rouge clair tirant sur l’orange et comprend deux lignes écrites sans tenir compte des règles de la séparation syllabique. Il est parfaitement lisible : + ΝΕΑΠΡωΘΟС. En se fondant sur l’écriture (il faut prendre en considération l’*epsilon* et l’*oméga* en forme de ω, le *thêta* quasi-rectangulaire, le *sigma* lunaire demi-ovale), on peut estimer que le IVe siècle de notre ère est l’époque la plus vraisemblable pour l’inscription. On doit aussi tenir compte du fait que, à cause de la technique spéciale de l’exécution, plusieurs formes caractéristiques du tracé des lettres apparaissent dans le *dipinto* beaucoup plus tôt que, par exemple, dans les inscriptions lapidaires. Il faut encore noter que l’auteur ne devait pas être expert dans ce domaine (les imprécisions citées ci-dessous en témoignent) – il a subi un échec en dessinant l’*alpha*, bien fait finalement, et sa main paraît mal assurée dans la graphie des lettres *pi*, *thêta* et *omicron*.

L’interprétation de l’inscription est plus compliquée que sa lecture. Il est assez évident que, dans la deuxième ligne, l’emploi du Θ au lieu de T est incorrect : il correspond à l’usage non différencié des lettres *tau* et *thêta* dans l’épigraphie de l’époque. Avec la même certitude on peut affirmer que dans le *dipinto* publié nous avons un matériel onomastique. Une question reste à régler : combien de noms avons-nous, un ou deux ?

Le nom féminin Νέα ainsi que le nom masculin Πρῶτος étaient assez largement répandus dans le monde grec, y compris dans les zones périphériques, à l’époque de notre inscription [1]. On ne doit pas, *a priori*, écarter la possibilité que deux proches parents ont pu, par exemple, laisser ce témoignage de leur appartenance à la communauté chrétienne. Cependant, bien que des *ostraka* contenant une énumération (parfois très longue) de noms soient connus, on trouve plus régulièrement un nom (ou les noms) d’une seule personne sur le même *ostrakon*. Si l’on suit cette hypothèse, il faut lire le nom Néaprothos sur le *dipinto* publié. La possibilité qu’un pareil nom propre composé de deux éléments existe est

---

1. Voir, par ex., Πρῶτος – *OGIS* 573.9 (*Cilicie*) ; *Bull. ép.* 70, 254 (nom d’un personnage originaire de Sidon qui se rencontre dans une inscription d’Athènes) ; 50, 205 (Doura-Europos) ; Νέα – *Bull. ép.* 68, 342, p. 482, N 225 (Byzance) ; 74, 644 (Bostra), etc.

confirmée par l'existence de mots du type Θεόπρωτος etc. [2]. Dans ce cas il est nécessaire de découvrir pourquoi on ne trouve pas sur le *dipinto* la forme plus correcte – Νεόπρωτος. On peut y voir le résultat de la dégradation de la prononciation, de sa vulgarisation au début de l'ère chrétienne (dont on aurait là une attestation dans la graphie de l'inscription), ou bien ce serait dû à la tendance, connue depuis longtemps et dans les différents dialectes grecs [3], de faire alterner o/a, notamment dans les noms propres [4].

Il faut noter en conclusion que, quelle que soit l'interprétation retenue, quelle que soit la destination fonctionnelle de l'inscription [5], elle constitue sans aucun doute un important témoignage historique. Notre *ostrakon* prouve la diffusion en Arabie du Sud à l'époque antérieure à (et contemporaine de) l'activité de Moḥammad, de différents courants chrétiens ou autres, proches sur le plan confessionnel, et dont même les écrits du Prophète montrent qu'il en avait connaissance [6].

---

2. F. BECHTEL, 1982, *Die historischen Personennamen des Griechischen bis zur Kaiserzeit*, Hildesheim-Zurich-New York (reprint), S. 387 (Délos).
3. R. KÜHNER, 1869, *Ausführliche Grammatik der griechischen Sprache*. t. 1, Abt. 1, Hanovre, § 24 à 10, S. 105 ; cf. E. SCHWYZER, 1977, *Griechische Grammatik*. München (reprint).
4. F. BECHTEL, *Die historischen Personennamen*..., S. 329 (exemples d'Apollonia d'Illyrie, Sparte, Théra).
5. La situation dans le domaine de la classification et des publications analytiques générales des inscriptions grecques du début de l'époque chrétienne reste traditionnellement insatisfaisante. La publication critique et systématique de ces documents, c'est-à-dire leur étude proprement dite, reste jusqu'à maintenant un *desideratum*. En somme, nous ne sommes pas véritablement en mesure de dire avec certitude si des analogies existent pour notre *dipinto*. L'absence de séries d'analogies sûres et bien localisées ne nous permet pas de tirer une conclusion unique sur le genre de l'inscription. Elle pouvait être l'expression de son identité, l'accompagnement de la prière, servir de jeton ou d'*ex-voto*, avoir un sens apotropaïque ou être un certain signe pour l'auteur, le porteur ou le destinataire.
6. Voir, par ex., G.E. VON GRUNEBAUM, 1988, *Classical Islam. A History 600-1258*, Moscow (édition russe), p. 21 suiv.

XIX

FIRST INDIAN INSCRIPTION FROM SOUTH ARABIA

Written classical sources, and first of all the *Periplus of the Erythraean Sea,* describe the port of Qāni' as a very important point of trade between Rome, South Arabia, the Persian shore and India (*Periplus*, 27: 9.4; 28: 9.21; 36: 12.8; 57: 19.7; Plin. *Nat.Hist.,* VI, 104). Archaeological excavations at the ancient settlement of Bir 'Alī identified as the Ḥaḍrami city-port of Qāni'revealed quite a large number of imports from the Mediterranean, East Africa and Arab-Persian Gulf regions. More surprising is the fact that very few objects of Indian origin have been discovered so far. In this context the find of a potsherd with an inscription in Indian characters is of very high importance. This is the first Indian inscription from South Arabia found so far, and it adds the row of Indian inscriptions and *graffiti* already known from Egypt.[1]

The fragment (*cat.* 256, *fig. 20*, p. 59, *pl. 134*) was found in the ruins of the room 16 in the building B (Area 1). Most probably, it belongs to the body of a storage jar made from red sandy medium coarse paste. Its exterior surface was covered with thin creamish wash, and the inscription was executed in red paint. The dimension of the fragment is 4 x 5 cm.; stratigraphically it belongs to the "upper" period (BA-III), and from the archaeological context it can be dated close to the 6th-early 7th centuries A.D.

The potsherd from Qāni' bears the traces of four characters. Unfortunately, the first sign cannot be determined; it is followed by three readable signs: *u-la[lā?]-jā.* The upper parts of the third and the fourth signs pass by the very edge of the potsherd, but in anyway the last sign is *-jā.* With certainty we may say that the text is written in Prākrit, and it can be interpreted as a word *ula[lā?]jā* for sure. It is either the beginning of a compound or, less probably, an entire word. In both cases, we must take into consideration very common interchange of consonants *-da/-la.*[2] Thus, the inscription can be translated in the first case as "water...[?]" (Skt. *udaja*) or "watery...[?]", "produced of water...[?]"; in the second, as "[?] of lotus flowers" (Skt. *udaja*). It must not be forgotten, that *uda* (Skt. water) may stand only at the end or at the beginning of a compound. The use of the sign for initial *-u* definitely says that this is neither the middle part of a word nor the end. Though linguistically possible, the reflection of *ūrja[vat]* – "juicy" or *ūrjā [d]* – "consuming food" (from *ūrj* – "food", "refreshment") is less probable since for the root *ūrj* the meaning of food is quite secondary.

The inscription under consideration is not only very interesting from the historical point of view, but its palaeography is also extremely important. The shape of characters is not similar to

---

1. I. MAHADEVAN, 1996, « Tamil- Brāhmī Graffito », in *Berenike 1995. Preliminary Report of the Excavations at Berenike (Egyptian Red Sea Coast) and the Survey of the Eastern Desert*, ed. by S.E. Sidebotham and W.Z. Wendrich, Leiden, p. 205-208 (inscription in Tamili Brāhmī of the 1st century A.D.); D.S. WHITCOMB & J.H. JOHNSON, 1979, *Quseir al-Qadim 1978. Preliminary Report*, Princeton-Cairo, pl. 27j; D.S. WHITCOMB & J.H. JOHNSON, 1980, *Quseir al-Qadim 1980. Preliminary Report*, Malibu, pl. 61 (both inscriptions are in Tamili of the 1st century A.D.); S.K. CHATTERJI, 1968, *India and Ethiopia from the Seventh Century B.C.*, Calcutta, p. 53-54; B.S. NAIK, 1971, *Typography of Devanagari*, vol. I, Bombay, p. 19; R. SALOMON, 1991, « Epigraphic Remains of Indian Traders in Egypt », *JAOS*, 111/4, p. 731-734 (same publication in *International Journal of Dravidian Studies,* vol. 1, 1994, p. 7-16); R. SALOMON, Addenda to « Epigraphic Remains of Indian Traders in Egypt », *JAOS*, 113, p. 593 (inscriptions in Prākrit of the second-third centuries A.D.).
2. R. PISCHEL, 1981, *A Grammar of the Prākrit Languages*, New Delhi, p. 201-202 (§ 244).

that known from Egypt, although its second and fourth visible signs are quite common – there are hundreds of similar examples. Such shape is very characteristic for the South Indian inscriptions of the first half of the first millennium A.D. For instance, the characters *-u* and *-jā* executed in the same way as in the Qāni' inscription are numerous in the texts written in southern script and in the southern variety of the western script – however, the third and the fourth signs do not look like the characters of the western variety of the southern script. One of the best examples is an inscription of the 6th century A.D. of unknown origin.[3]

The third sign *-la* (or *-lā*) is of quite rare writing. This is the sign that could tell us from where does this inscription come and when (approximately) it was written. Its rounded shape points to the southern regions. However, in southern script *-la* was written in a rather different way: its inner delta-like element is usually turned outwards and not inwards as in the present case. Its upper element normally ends as falling down from right to left. Here we see it is not falling but getting up again.

Nevertheless there are some examples showing the same way of writing of *-la*. Practically all of them are executed in early Kannaḍa (or Kannaḍa-Telugu) script, which is, however, too late for dating the inscription. This sign with the inner element turned in both directions – inwards and outwards – occurs in the Kanari inscription of the Rāṣṭrakūṭas (late 8th century A.D.). Here it is significant that the sign, turned inwards, has no element falling left.[4] Quite the same writing of *-la* and, especially, *-lā* can be found in the Ganga inscription (Andhra Pradesh) of the same period (8th century).[5] Similar writing of *-lā* occurs in the inscriptions from Anaimalai in the time of Parentaka (770 A.D.) and in the Trichinopoly cave inscriptions of the 7th century.[6]

Even more exact parallels for *-la* can be found in the line 5 of the Dongalasāni inscription of Vankeya-Chōla written in Telugu-Kannaḍa characters of the 10th century A.D., published by K.H.V. Sarma,[7] in another inscription from Andhra Pradesh (village of Galavalli, taluka Bobbili, district Srikakulam), also written in Telugu-Kannaḍa script of the 9th century. Especially striking similarity for *-lā* is seen in the line 8, which is written absolutely the same,[8] in the inscription written in the Telugu-Kannaḍa script, styled as early southern, of the 7th century A.D., in the inscription written in Vēngi type of the 10th century of Amma II from Taluka Nandigana, district Krishna, former state of Bezwāda (Andhra Pradesh),[9] published in the same volume of *Epigraphia Indica*.[10] In this very inscription *-lā* is written (ll. 41, 66) following exactly the same way as on the potsherd from Qāni'. Other inscriptions also indicate

3. D.C. Sircar, 1953-1954, « Charter of Viṣnusēna, Samvat 649 », *Epigraphia Indica*, XXX, p. 163-181.
4. A.H. Dani, 1986, *Indian Paleography*, Oxford, pl. XVIb.
5. *Ibid.*, pl. XVIIb.
6. *Ibid.*, pl. XVIIIb.
7. K.H.V. Sarma, 1959-1960, « Dongalasāni Inscription of Vankeya-chōla, Year 41 », *Epigraphia Indica*, XXXIII, p. 27-31.
8. Publication: D.C. Sircar, 1955-1956, « Two Grants from Galavalli », *Epigraphia Indica*, XXXI, p. 187-197 (plates of Ganga Year 393).
9. Cf. V. Rangacharya, 1955-1956, « Māngallu Grant of Amma II », *Epigraphia Indica*, XXXI, p. 37-45. (l. 20-21, 26-27 etc); *Annual Report on South Indian Epigraphy*, 1917, Appendix A, no. 1, p. 117-118.
10. M. Somasekhara Sarma, 1955-1956, « Three Grants of Chālukya Jayasimha I », *Epigraphia Indica*, XXXI, p. 129-139 (grant no. 3; cf. p. 136-139); *Annual Report on Epigraphy*, 1945-1946. App. A, no. 3.

southwest and southeast origin of this way of writing.[11] We may also refer for some earlier inscriptions written in Kanarese script of the tenth century A.D.,[12] the Uttaramallūr inscription of the 10th century written with use of the Grantha characters.[13]

In these and other similar inscriptions with the same way of writing for *-la* and *-lā*, the scripts have been used which go back to the early Kanarese characters applied in the Kannara region in the second half of the first millennium A.D. The sign for *-ja* is written in Kannaḍa script in the same way as in the Qāni' inscription, but in Kannaḍa it signifies *ṣa*. The sign for *-u* has no parallels in Kannaḍa script, which means that it is still not fully developed. So, two of the signs from the Qāni' inscription show common southern or south-western characteristics with still pure Brāhmī features, while *-lā* (or *-la*) is written in early Kanarese-Grantha style. These may indicate the time when southern Brāhmī script was gradually replaced by Grantha and then Kannaḍa and Telugu script, *i.e.* the end of the first half of the first millennium A.D. As we see, the relations between southwest (or southeast India: both regions kept contacts with Roman world already in the time of the *Periplus* [60: 20, 11]) and South Arabia still existed, most probably, due to the Roman traders.

11. North Arcot district of Madras: A.V. VENKATASUBBA, 1949-1950, « Two Tamil Inscriptions from Punganūr », *Epigraphia Indica*, XXVIII, p. 267-272; pl. 54a (cf. A., pp. 270-271); *Madras Epigraphical Collection*, 1940-1941, no. 13; cf. also: *Epigraphia Indica*, XXVIII, pl. 48a, 52 (the last two, though coming from modern Mysore state, are quite late, and one may not take them into consideration).

12. J.F. FLEET, 1896-1897, « Stone inscriptions at the Jaṭinga-Rāmēśvara hill », *Epigraphia Indica*, IV, p. 213-216 (cf. A.: Inscription of Vishnuvardhana-Vijayāditya, A.D. 1064; p. 212-214).

13. K.V. SUBRAHMANYA AIYER, 1933-1934, « Uttaramallūr Inscription of Parāntaka I », *Epigraphia Indica*, XXII, p. 145-150 (line 1); *Madras Epigraphical Collection*, 1898, no. 12.

XX

QĀNIʾ ET LE ḤAḌRAMAWT À LA LUMIERE DES INSCRIPTIONS SUD-ARABIQUES

L'identification et la vocalisation de *Qnʾ*

Le port de Kanè est mentionné dans le *Périple de la mer Érythrée* et la *Géographie* de Ptolémée et, grâce aux indications fournies par ces deux ouvrages, il a été localisé (au moins de manière approximative) dès les premières études sur la géographie historique de l'Arabie. Dans un premier temps, deux propositions, qui se fondaient notamment sur l'identification des îles que mentionne le *Périple* et différaient assez peu, furent en concurrence : la première, défendue par A. Sprenger [1], localisait le port à Bal-Ḥāf (à 17 km à l'ouest de Ḥuṣn al-Ġurāb) et la seconde, préférée "provisoirement" par Eduard Glaser [2], le plaçait dans la baie de Ḥuṣn al-Ġurāb.

Ces deux sites furent départagés en 1885 par J.H. Mordtmann, qui comprit que le grec Kanè transcrivait le sud-arabique *Qnʾ* d'une inscription sud-arabique de Ḥuṣn al-Ġurāb, Qāniʾ 4 = *CIH* 728/2 [3]. L'étonnant est que cette observation n'ait pas été faite plus tôt : dans ce texte copié en 1834, le mot *Qnʾ* avait été correctement déchiffré dès 1841, grâce à la similitude des trois lettres Q, N et ʾ en sud-arabique et en guèze [4].

Reste la vocalisation de *Qnʾ*. Assez rapidement, Qanaʾ s'est imposé. Ce choix, qui implique que la désinence "è" du grec (prononcée /i/ comme on le sait à l'époque qui nous occupe) est un ajout, se fonde apparemment sur le fait que le *alif* en position finale est souvent précédé par la voyelle *a*, comme dans Sabaʾ (*S^1bʾ*), Ḍuraʾ (*Ḍrʾ*) ou Banaʾ (*Bnʾ*), pour s'en tenir à des ethnonymes et toponymes d'Arabie méridionale [5]. Il est possible également que le bourg galiléen de Cana (connu par les fameuses "Noces de Cana") [6] ait été un modèle implicite. Wilfred H. Schoff, en 1912, appelle le port "Cana" [7]. Pour Hermann von Wissmann et Maria Höfner, en 1953, tout comme pour Brian Doe un peu plus tard, c'est Qanaʾ [8]. En arabe, on en a tiré les formes Qanā et même Qanaʿ, avec un *ʿayn* [9].

---

1. SPRENGER, 1875, n° 101, p. 82-83. La même localisation était soutenue par Fabricius (l'éditeur du *Périple*) et par Ritter (un spécialiste de géographie antique), selon SCHOFF, 1912, p. 116.
2. GLASER, 1890, p. 175. C. Müller (dans son commentaire des *Geographi Græci Minores*) avait exprimé le même point de vue (d'après SCHOFF, 1912, p. 116).
3. MORDTMANN 1885, p. 233. Dans l'étude qu'il publie en 1890 (voir la note précédente), Eduard Glaser ne mentionne pas cette identification. *Qnʾ* a également été rapproché d'un toponyme biblique, Kanné, qu'on relève dans *Ezéchiel* XXVII/23 (« Ḥaran, Kanneh et ʿEden, les marchands de Sheba, d'Ashshur et de Kilmad trafiquaient avec toi ») ; en faveur de l'identification, on invoquait la mention de ʿEden (= ʿAdan ?) et de Kanné (= *Qnʾ* ?) dans un même passage, mais cette proposition se heurte au fait que la correspondance *Qnʾ/Kanné* n'est pas régulière puisque le *q* du sud-arabique devrait être noté par le *qof* de l'hébreu. Pour les inscriptions sud-arabiques (résolution des sigles et bibliographie), voir KITCHEN, 2000.
4. RÖDIGER, 1841, p. 34.
5. Pour la localisation des toponymes et ethnonymes de cette contribution, voir ROBIN-BRUNNER 1997.
6. Évangile de Jean, 2/1-12.
7. SCHOFF, 1912, p. 116
8. Voir WISSMANN-HÖFNER, 1952, notamment p. 86 et suiv., carte, etc. ; D.B. DOE 1961.

Une autre vocalisation, cependant, semble préférable : Qānī'. C'est celle qui a été adoptée sur la carte Robin-Brunner [10]. On observe que la toponymie yéménite est étonnamment répétitive, avec de mêmes noms de lieux qui se retrouvent à l'identique, ou presque, dans les régions les plus diverses. Or la racine QN' est attestée dans Qāniya, toponyme formé sur le schème *fā'ila* comme le confirme al-Bakrī, ce qui amène à restituer une forme primitive *Qāni'a (qui correspond exactement à la graphie sud-arabique, *Qn'*t^{m}) [11]. Il est vraisemblable que *Qn'* est le masculin de *Qn't*. Si on accepte cette hypothèse, la vocalisation de *Qn'* est Qāni', forme qui présente l'avantage de correspondre mieux à la vocalisation du grec.

Qāni' dans les inscriptions

Une inscription qatabānite du Ier siècle av. l'ère chrétienne (?)

La plus ancienne mention épigraphique de Qāni' (quelque peu hypothétique, il est vrai) se trouve dans une inscription qatabānite, qui pourrait remonter au Ier s. av. è. chr. si on se fonde sur la graphie. Il s'agit d'une dédicace, malheureusement très fragmentaire, au "Maître de Baśar^{um} (*b'l Bs*^{3}*r*^{m}). A.F.L. Beeston suppose qu'elle commémore une offrande de bronze prise sur un butin fait à Qāni', mais seuls subsistent les mots qui signifient « offrande de bronze » et « Qāni' »(*CIAS* 95.11/p8 n° 1/2-3 : *...]s*^{1}*qnyt ḏhb*^{n} *ḥg |[... ...]n Qn'*). Le texte est trop fragmentaire pour permettre une interprétation assurée : il n'indique pas explicitement que *Qn'* est un toponyme, ni ne fait allusion au Ḥaḍramawt. Cependant, les seules attestations de la racine QN' en sud-arabique sont les toponymes *Qn'* et *Qn't*^{m} ; et toutes les autres occurrences de *Qn'* se rapportent sans conteste au port du Ḥaḍramawt.

La date de ce document, qui semble antérieur au développement du commerce entre l'Égypte et l'Inde (après le passage de l'Égypte dans l'orbite romaine, en 30 av. è. chr.), suggère qu'un bourg et sans doute un port existaient à Qāni' sous les derniers Lagides.

La campagne du roi sabéen Sha'r^{um} Awtar, vers 225 de l'ère chrétienne

Les premières mentions épigraphiques assurées de Qāni' se trouvent dans deux relations d'une même campagne sabéenne victorieuse en territoire ḥaḍrami. Vers 225, le roi sabéen Sha'r^{um} Awtar défait et capture le roi ḥaḍrami Ilī'azz Yaluṭ, s'empare de sa capitale Shabwat et ravage le port de Qāni'.

L'inscription Ry 533/8-9, dans un contexte malheureusement mutilé, indique le nombre de vaisseaux détruits par les Sabéens dans le port :

.]Ryd^{n} *'dy hgr*^{n} *Qn['] l-mḫr-hmw w-ymẓ'w 'd[... ...* ^{9} *..]ḥrmt*^{m} *w-s*^{1}*b' w-'rb'y 's*^{3}*dq*^{m} *w-'flk[... ...*

9. Pour Qanā, voir MAQḤAFĪ, 1985, *s.v.*, qui renvoie à Jawād 'Alī ; pour Qana' (bel exemple d'hyper correction), voir *PDRY, Official Standard Names*, p. 155.

10. N8/9.

11. La même évolution se retrouve dans *Lg't*^{m}, aujourd'hui Lājiya.

« ...]Raydān jusqu'à la ville de Qāni' le lendemain, et ils arrivèrent à [... ...] | ... *ḥrmt*^{m} et quarante-sept navires de transport et felouques [... ... »

La même expédition est évoquée dans Ir 13 [12], par. 13 :

w-ḥmd^{m} *b-ḏt wz' 'lmqh ẖmr 'bd-hw Fr'*^{m} *s*^{1}*b' w-mṭw 'dy 'rḍ Ḥḍrmwt ṯty 's*^{1}*b't*^{n} *w-wz'w ẖtrs*^{2}*n ḏhb*^{m} *w-ġnm*^{m} *bn hgr*^{n} *S*^{2}*bwt w-Qn' w-'dww w-dhr 's*^{1}*m s*^{1}*fn*^{m} *b-ḥyq*^{n} *Qn' mkdḥ mlk Ḥḍrmwt*

« et en action de grâce, parce que Almaqah a encore accordé à son serviteur Fāri'^{um} de partir en expédition au Pays du Ḥaḍramawt à deux reprises, et ils ont aussi pillé du bronze et du butin dans les villes de Shabwat et de Qāni', et ont atteint et détruit un grand nombre de navires dans le port de Qāni', le *mkdḥ* du roi du Ḥaḍramawt ».

Ces deux brèves relations sont à compléter par Ja 632/2-3 et Sh 17/10-12 [13]. Le premier de ces deux textes commémore la dédicace de diverses offrandes prélevées sur le butin réalisé lors de cette campagne :

'rb't 'ṣlm^{m} | *w-ṯwr*^{m} *ḏ-ḏhb*^{m} *bn ḡnm-hmw bn S*^{2}*bwt w-bn hgr*^{n} *Qn'*

« quatre statuettes et un taureau en bronze, pris sur leur butin à Shabwat et dans la ville de Qāni' ».

Le second texte, Sh 17, qui enregistre l'offrande de deux statuettes d'homme et d'une statuette de femme, pris sur le butin fait à Shabwat, remercie la divinité, entre autres bienfaits, d'avoir secouru l'un des deux dédicants (qui appartiennent au lignage des banū 'Athkalān *Ms*^{1}*kt*^{n}) :

w-l-ḏt hwfy bn-hw[R]|bb^{m} *'ydr*^{m} *bn ḍl't*^{m} *ms*^{1}*b|' Qn'*

« et parce qu'Il a épargné à son fils Rabīb^{um} *'ydr*^{m} de devenir infirme lors de l'expédition de Qāni' ».

On notera que la tribu Bakīl^{um}, une importante fédération tribale dont le territoire s'étendait au nord-ouest de Ṣan'ā', de Shibām^{um} (aujourd'hui Shibām-Kawkabān) à Raydat (aujourd'hui Rayda), a joué un rôle important dans le raid contre Qāni'. Sur les quatre textes évoquant cette opération, trois ont pour auteurs des Bakīlites, qui tous soulignent leur bonne fortune. Le texte Ry 533 est dû à Rabīb^{um} Akhṭar et Asad^{um} As'ad banū Su'rān, qayls de Bakīl^{um}, fraction de dhu-Raydat ; Ja 632 a pour auteurs deux officiers du même Asad^{um} As'ad ; enfin Ir 13 est offert par Fāri'^{um} Aḥṣan ibn Aqyān^{um}, qayl de la tribu Bakīl^{um}, fraction de dhu-Shibām^{um}.

Le quatrième texte est rédigé par des Sabéens de Marib (les banū 'Athkalān de Sh 17), qui ne semblent pas avoir participé à l'épisode décisif contre Qāni', puisqu'ils n'évoquent ni butin ni hauts faits, mais seulement la faveur du dieu qui a évité une grave infirmité.

Ces quatre documents suggèrent que seule une petite partie de l'armée sabéenne, tout particulièrement les contingents de Bakīl^{um}, a participé au raid contre Qāni' ; c'est confirmé par le fait qu'une seule inscription mentionne le butin fait à Qāni' [14], tandis qu'elles sont six pour celui pris à Shabwat [15].

12. Dans KITCHEN, 2000, voir sous Iryani.
13. Dans KITCHEN, 2000, voir sous Sharafaddin.
14. Ja 632.
15. Voir Fa 75 et 102 ; Ja 632, 636 et 637 ; Sh 17.

Un achat de navires à Qāni', vers 350-360 de l'ère chrétienne

Après l'expédition de Sha‘r^{um} Awtar, il faut attendre près d'un siècle et demi pour retrouver le nom de Qāni', toujours en relation avec la mer. Dans ‘Abadān 1/37, daté de juillet 360 è. chr. (*ḏ-mḏr'*^{n} 470 de l'ère ḥimyarite), des Yaz'anides, le lignage qui domine alors le Ḥaḍramawt, rapportent :

w-s^{2}*'mw bn '[......]ḫw b-ḥyq*^{n} *Qn' ḫms*^{1} *'s*^{3}*dq*^{m} *b-rgnt-hn*

« et ils achetèrent aux ... ... dans le port de Qāni' cinq vaisseaux avec leur gréement ».

Deux mentions de Qāni' dans des titres, aux Ve-VIe siècles de l'ère chrétienne

Les dernières mentions de Qāni' sont d'une autre nature. L'inscription Qāni' 4 = *CIH* 728 a été gravée par le serviteur d'un gouverneur : « *—yd*^{m} Abrad fils de Malshān, trésorier (?) de dhu-*Bds*^{2}, gouverneur de Qāni', a fait cette inscription sur le mont *Mwyt* » (voir le texte sud-arabique ci-dessous). Les personnages évoqués ici sont inconnus. Il est donc impossible de dater précisément ce texte, que sa graphie situe vers le Ve s. è. chr. (moins vraisemblablement au IVe ou au VIe).

La dernière mention de Qāni' apparaît dans la titulature de Yaz'anides qui reviennent d'une expédition à As‘iyān (*'s*^{1}*‘y*^{n}) [16] et commémorent l'événement dans le shi‘b Yanbuq, non loin de ‘Azzān. Le texte BR-Yanbuq 47 est daté d'avril 515 è. chr. (*ḏ-ṯbt*^{n} 625 ḥim.) :

1 *S*^{1}*myf‘ 's*^{2}*w‘ w-M‘dkrb Ymgd w-*
2 *Lḥy‘t Yrḫm w-S*^{2}*rḥb'l Ykml bny Lḥy‘=*
3 *t Yrḫm 'lht Yz'n w-Gdn*^{m} *w-Bs*^{3}*'y*^{n} *w-Y=*
4 *lḡb w-Ḡym*^{n} *w-Yṣbr w-Myf‘ w-Grd*^{n} *w-Rḫyt w-*
5 *s*^{2}*‘b-hmw Ḍyft*^{n} *w-Rṯḥ*^{m} *w-S*^{1}*'kl*^{n} *w-S*^{3}*krd w-Mṭl=*
6 *ft*^{n} *w-qbḍ [w-]kbwr s*^{2}*‘b-hmw S*^{1}*yb*^{n} *w-Ḥḍrmwt w-Qn' w-'=*
7 *mr(‘*^{n}*)*

« Sum,yafa‘ Ashwa‘, Ma‘dīkarib Yamgud, Laḥay‘at Yarkhum et Shuriḥbi'īl Yakmul, fils de Laḥay‘at Yarkhum, dhu-Yaz'an, Gadan^{um}, Bs^{3}'y^{n}, *Ylḡb*, Ghaymān, Yṣbr, Mayfa‘, Girdān et Rakhyat, et leurs tribus *Ḍyft*^{n}, *Rṯḥ*^{m}, Sa'kalān, Śakrad et *Mṭlft*^{n}, avec les nobles et les chefs de leurs tribus Saybān, Ḥaḍramawt, Qāni' et '|*mr*(..) ».

Dans ce document, Qāni' est qualifié de "tribu" (*s*^{2}*‘b*), alors que précédemment elle était qualifiée de "ville" (*hgr*) ou de "port" (*ḥyq*^{n}). Cela signifie simplement que c'est la population qui est visée et qu'il n'existe pas d'autre nom que celui de la ville pour la désigner.

La toponymie de Qāni'

Les inscriptions ne mentionnent qu'un seul toponyme, *Mwyt*, le nom antique du piton que couronne l'actuel Ḥuṣn al-Ġurāb, le "Fort du Corbeau". Elles ne donnent pas le nom du fort lui-même dont Qāni' 1 = *CIH* 621 commémore la construction des murailles, de la

16. Arabe al-As‘à, aujourd'hui al-Shiḥr.

porte, des citernes et des voies d'accès. Aucun monument, temple, palais ou enceinte, n'est cité.

Remarques sur le lexique maritime

Le petit *corpus* des inscriptions citant Qāni' contient toutes les mentions de navires relevées dans la documentation épigraphique sud-arabique. Il utilise trois termes, tous d'origine étrangère [17] :

's³ dq : c'est apparemment le pluriel d'un mot d'origine indienne, qui a donné en arabe *sundūq/ṣundūq*, avec le sens de caisse (comparer avec le grec σκάφη, " auge, bateau "). Ce serait un petit bateau, une sorte de barge.

'flk : c'est le pluriel d'un terme qui a donné l'arabe *falūk* et dérive du grec ἐφόλκιον. Ce serait un bateau plus important, pouvant affronter la haute mer.

s¹fn : comparer avec l'arabe *sufun*, pluriel de *safīna*, qui serait un emprunt au syriaque. Il désigne, semble-t-il, tout type d'embarcation.

Il convient de noter que le *Périple de la mer Érythrée* (par. 33) appelle σκάφας et ἐφόλκια les navires utilisés par les gens de Qāni' pour se rendre dans l'île de Sérapis (Maṣīra). Le second se retrouve en sud-arabique.

L'identification de ces vaisseaux est d'autant plus malaisée qu'ils ne sont pas illustrés dans l'art sud-arabique, si on excepte quelques gravures rupestres au Ẓafār omanais, relevées et publiées par 'Alī Aḥmad al-Shaḥrī [18].

L'origine étrangère du lexique suggère que les Sud-arabiques n'avaient pas de véritable tradition maritime, même si le *Périple* évoque une possession ḥimyarite en Afrique [19].

Pour désigner le port, ces textes utilisent deux termes, l'un qui se réfère à la topographie et l'autre à la fonction. Le premier, *ḥyq*, peut être rapproché du guèze *ḥayq*, "rivage (mer, lac), rive", et de l'amharique *hayq*, "lac". Le second, *mkdḥ,* est plus énigmatique. Il a été rapproché de l'arabe *kadaḥ* "peiner", ce qui suggérerait un sens tel que "chantier naval" [20]. Une seconde piste est suggérée par un autre sens de *kadaḥ* "retirer un profit chez quelqu'un" (voir aussi *iktadaḥ* "chercher à gagner la vie des siens"), ce qui donnerait plutôt le sens de "douane" ou de "marché, emporion". Ce dernier sens rappelle qu'emporion, dans les langues ouest-sémitiques, se disait *maḥūzā* [21]. La proximité phonétique de *mkdḥ* et de *maḥūzā* amène à se demander si ces deux termes ne dériveraient pas d'un même mot non sémitique.

ḥyq et *mkdḥ* sont utilisés à propos de Qāni' dans Ir 13, par. 13, comme nous l'avons vu. Une autre attestation du mot *ḥyq* se trouve en relation avec 'Adan : *w-'dyw ḥyqⁿ ḏ-'dnᵐ*, « et ils s'introduisirent dans la baie de dhū-'Adanᵘᵐ » (Mafray-al-Mi'sāl 5/17, 275 è. chr. environ).

17. BEESTON, 1994, p. 39-45, p. 43, n° 42 (*'s³dq*) et n° 41 (*'flk*) ; JEFFERY, 1938, p. 171-172 (*safīna*), 229-230 (*fulk*).
18. ŠAḤRĪ, 1994, pl. 164-171.
19. Rhapta (par. 16).
20. Le Dictionnaire sabéen donne : « port, chantier naval ».
21. TEIXIDOR, 1993.

Quelques voyageurs qui ont pu transiter par Qāni'

Certains étrangers, dont on relève le nom dans les inscriptions ḥaḍrami, sont probablement passés par Qāni'. D'après Ja 931, la suite royale d'Ilī'azz Yaluṭ, roi ḥaḍrami dont la première attestation est datée de 218-219 è. chr. (144 de l'ère de Radmān), compte deux Palmyréniens (nommés *Ḫyry* et *'ḏd*^{m}), deux Chaldéens (*Ḏmtrn* et *Flqt*) et deux Indiens (*Dhrdh* et *Mndh*). Il est loisible de supposer que ce sont des ambassadeurs envoyés au moment où Ilī'azz accède au trône. Les deux Indiens sont certainement venus par mer, et donc par Qāni' ; les autres ont pu venir par terre comme par mer.

On sait qu'un ambassadeur indien nommé Damadamis [22] a été reçu à Émèse par Élagabale (218-222). Il est assez vraisemblable que Damadamis et *Dhrdh* soient un seul et même personnage, vu la parenté des noms et la proximité chronologique. On peut supposer que *Dhrdh* se trouve en Arabie au début du règne d'Ilī'azz, puis se rend en Syrie.

Concernant les Palmyréniens, il faut noter qu'une dédicace de Shabwa (*RES* 4691, du règne d'Ilī'azz Yaluṭ) a des Palmyréniens, nommés *'ḏd*^{m} et *Rb'l*, pour auteurs. Il est possible que le premier soit à identifier avec l'ambassadeur de Ja 931, puisque la chronologie ne l'interdit pas. Ce rapport étroit entre le Ḥaḍramawt et Palmyre est illustré par d'autres données : deux textes syriens, dont un écrit dans un araméen de type palmyrénien, sur des amphores, ont été découverts lors des fouilles du port de Qāni' [23] ; par ailleurs, des "Arabes heureux", c'est-à-dire des Sud-arabiques, auraient figuré dans le défilé triomphal d'Aurélien après sa victoire sur Zénobie en 273, si l'on en croit l'*Histoire Auguste* [24], mais il ne faut pas donner trop d'importance à cette dernière mention, qui apparaît dans une amplification épique, énumérant tous les peuples susceptibles de menacer le monde romain.

Citons enfin un Sabéen qui offre deux inscriptions, avec deux statues, dans le grand temple d'Almaqah à Marib, en se félicitant d'être « revenu sain et sauf de Shabwat et de la mer » (Ja 741/6-8 et 756/6-8 : *b-kn* | *t'wl b-wfy*^{m} *bn S*^{2}|*bwt w-bn bḥr*^{n}). On ne sait si cette évocation laconique fait allusion à un retour de Shabwat par la mer (et donc en passant par Qāni'), ou à deux expéditions, une première à Shabwat et une seconde sur mer.

Les inscriptions relevées à Qāni'

Les inscriptions découvertes sur le site ne sont pas très nombreuses. Ce sont celles trouvées en fouille et publiées par A.G. Lundin dans ce volume, qui s'ajoutent aux quatre (plus un dessin énigmatique), connues depuis le XIXe s. (ici, Qāni' 1-5). Il a semblé utile de reproduire le texte de ces dernières pour donner une vision d'ensemble de la

---

22. Porphyre, *De l'abstinence*, tome III, livre IV, texte établi, traduit et annoté par M. Patillon et A. Ph. Segonds, avec le concours de L. Brisson, Les Belles Lettres, Coll. des Universités de France, Paris, 1995, 28 et n° 261 ; voir aussi XXXIX, n° 103. Le manuscrit a Damadamin ; les éditeurs corrigent ce nom en Dandamin.

23. SEDOV 1992, p. 118-119 et fig. 8, p. 120 ; SEDOV, ROBIN & BALLET, 1997, p. 28.

24. *Histoire Auguste* : *les empereurs romains des II*^{e} *et III*^{e} *siècles*, édition bilingue latin-français, traduction du latin par André Chastagnol, édition établie par André Chastagnol, Robert Laffont, Coll. Bouquins, Paris, 1994, XXVI, Vie d'Aurélien, XXXIII, 4 : « ... sans parler des prisonniers originaires des pays barbares : Blemmyes, Axoumites (*Exomitae*), gens de l'Arabie Heureuse (*Arabes Eudaemones*), Indiens, Bactriens, Ibères, Sarrasins (*Saraceni*) et Perses, portant chacun leurs présents, Goths, Alains, Roxolans, Sarmates, Francs, Vandales, Germains, les mains liées puisqu'ils étaient prisonniers ».

documentation disponible ; pour Qāni’ 1 = *CIH* 621, texte historique capital, il manquait d’ailleurs une publication qui intègre les corrections apportées à l’édition *princeps*, fondée sur des copies imparfaites, et des photographies aisément accessibles et suffisamment détaillées. Concernant la bibliographie de Qāni’ 1-5, se reporter à Kitchen, 2000, p. 132, 144, 454 et 603.

Qāni’ 1 = CIH 621 = RES 2633 = RES 5091 (pl. 139-141 ; fig. 137,1)

L’inscription, qui est gravée sur un rocher en bordure du sentier qui mène au Fort du Corbeau (Ḥuṣn al-Ġurāb), l’acropole de Qāni’, commémore l’achèvement de travaux d’importance modeste si l’on en juge d’après les vestiges visibles aujourd’hui. Elle ne comporte aucune invocation religieuse, ce qui trahit probablement une situation conflictuelle. Sur la signification historique de ce document, voir Beaucamp, Briquel-Chatonnet & Robin, 1999, p. 36-37.

1 *S^{1}myf‘ ’s^{2}w‘ w-bny-hw S^{2}rḥb’l Ykml w-M‘dkrb Y‘fr bny Lḥy‘t*
2 *Yr¿m ’lht Kl‘^{n} w-ḏ-Yz’n w-Gdn^{m} w-Mṯl^{n} w-S^{2}rq^{n} w-Ḥb^{m} w-Yṯ‘^{n}*
3 *w-Ys^{2}r^{m} w-Yrs^{3} w-Mkrb^{m} w-‘qht w-Bs^{3}’y^{n} w-Ylḡb w-Ḡym^{n} w-Yṣbr*
4 *w-S^{2}bḥ^{m} w-Gdwy^{n} w-Ks^{3}r^{n} w-Rḫyt w-Grd^{n} w-Qbl^{n} w-S^{2}rgy w-bny Mlḥm*
5 *w-’s^{2}‘b-hmw Wḥẓt w-’lh^{n} w- S^{1}lf^{n} w-Ḍyft^{n} w-Rṯḥ^{m} w-Rkb^{n} w-Mṭlf=*
6 *^{n} w- S^{1}’kl^{n} w-S^{3}krd w-kbwr w-mḥrg S^{1}yb^{n} ḏ-Nṣf s^{1}ṭrw ḏn ms^{3}nd^{n} b-‘=*
7 *r^{n} Mwyt k-ṯwb-hw gn’t-hw w-ḫlf-hw w-m’glt-hw w-mnqlt-hw*
8 *k-s^{1}tṣn‘w b-hw k-gb’w bn ’rḍ Ḥbs^{2}t w-’s^{1}yw ’ḥbs^{2n} zrf=*
9 *t^{n} b-’rḍ Ḥmyr^{m} k-hrgw mlk Ḥmyr^{m} w-’qwl-hw ’ḥmr^{n} w-’rḥb^{n}*
10 *wrḫ-hw ḏ-ḥlt^{n} ḏ-l-’rb‘y w-s^{1}ṯ m’t^{m} ḫrft^{m}*

En dessous, à gauche, série de cinq monogrammes. De gauche à droite, ils représentent probablement *Yṣbr*, *Yz[’n]*, *Yr[ḫm]*, *K[l‘^{n}]* et *Ḥb[^{m}]*.

1 Sumuyafa‘ Ashwa‘ et ses fils, Shuriḥbi’īl Yakmul et Ma‘dīkarib Ya‘fur, fils de Laḥay‘at
2 Yarkhum, (du lignage) de Kal‘ān, dhu-Yaz’an, Gadan^{um}, *Mṯl^{n}*, Shāriqān, Ḥabb^{um}, *Yṯ‘^{n}*,
3 *Ys^{2}r^{m}*, *Yrs^{3}*, Mikrāb^{um}, *‘qht*, *Bs^{3}’y^{n}*, *Ylḡb*, Ghaymān, *Yṣbr*,
4 *S^{2}bḥ^{m}*, *Gdwy^{n}*, Ka˜rān, Rakhyat, Girdān, *Qbl^{n}*, *S^{2}rgy* et banī *Mlḥm*,
5 et leurs tribus Waḥāẓat, Alhān, Suflān, *Ḍyft^{n}*, *Rṯḥ^{m}*, Rakbān, *Mṭlf=*,
6 ^{n}, Sa’kalān et Śakrad, et les chefs et commandants de Saybān *ḏ-Nṣf*, ont écrit cette inscription sur le
7 mont *Mwyt*, quand ils en ont aménagé les murailles, la porte, les citernes et les voies d’accès,
8 quand ils s’y sont retranchés à leur retour du pays d’Abyssinie et que les Abyssins ont envoyé leur corps expéditionnaire
9 au pays de Ḥimyar^{um}, quand ils ont tué le roi de Ḥimyar^{um} et ses barons, Ḥimyarites et Raḥbatites,
10 au mois de dhu-ḥillatān de l’an 640 (= février 531 è. chr.)

ll. 2-4 : plusieurs noms de lignage peuvent être localisés. Ce sont dhu-Kal‘ān (région d’Ibb, dans le Yémen occidental), dhu-Yaz’an (voir ci-dessous), Gadan^{um} (Marib), Ḥabb^{um} (wādī Ḍura’), Kaśrān (wādī l-Kasr, au sud de Haynan, dans le wādī Ḥaḍramawt occidental),

Rakhyat (entre Shabwa et le wādī Ḥaḍramawt), Girdān (au sud de Shabwa). Ils dessinent les territoires dominés (ou revendiqués) par les auteurs du texte.

l. 4, *Gdwyn* : la première lettre présente un appendice rectangulaire (et non triangulaire), ce qui pourrait amener à hésiter entre *gīm* et *ghayn*.

l. 5 : les tribus dont la localisation est établie sont Waḥā'at et Alhān (Yémen occidental), *Ḍyft*^{n} et *Rṯḥ*^{m} (région de Naqb al-Hajar), Sa'kalān (Ẓafār omanais), Śakrad (l'île de Suquṭra) et Saybān (plateau au sud du wādī Ḥaḍramawt).

Qāni' 2 = RES 2634 (fig. 137,2)

Figure énigmatique, interprétée par E. Rödiger comme une rose des vents. Elle n'a pas été retrouvée.

Qāni' 3 = CIH 727 = RES 2635 (fig. 137,3)

Ce petit texte, connu par la copie de Wellsted, n'a pas été retrouvé.

1 *mrṯdm/bl*
2 *n/'wṣm/*
3 *s*^{1}*ṭr/s*^{1}*mh*
4 *w/* *(ḏ)n*
5 *m*

Lire *Mrṯd*^{m} *b|n 'ws*^{1m} | *s*^{1}*ṭr s*^{1}*m-h|w* (Marthad^{um} fils d'Aws^{um} a écrit son nom) ?

Qāni' 4 = CIH 728 = RES 2636 = RES 5092 (pl. 142 ; fig. 137,4)

Texte gravé en bordure du chemin qui mène au Fort du Corbeau, un peu à l'est de Qāni' 1 = *CIH* 621.

1 *Ṣyd*^{m} *'brd bn Mls*^{2}*n mṣd' ḏ-Bds*^{2} *'=*
2 *qb Qn' s*^{1}*tflr b-'r*^{hn} *Mwyt*

1 *Ṣyd*^{m} Abrad fils de Malshān, trésorier (?) de dhu-*Bds*^{2}, gou-
2 verneur de Qāni', a écrit dur le mont *Mwyt*

Noter la survivance de l'article ḥaḍrami *-hn*, dans un texte certainement postérieur à la disparition d'un royaume indépendant au Ḥaḍramawt.

Qāni' 5 = RES 5093 (pl. 142 ; fig. 137,4)

À droite de la précédente, dont elle est peut-être un faux départ.

1 *Ṣyd*^{m}*/*
2 *'y*

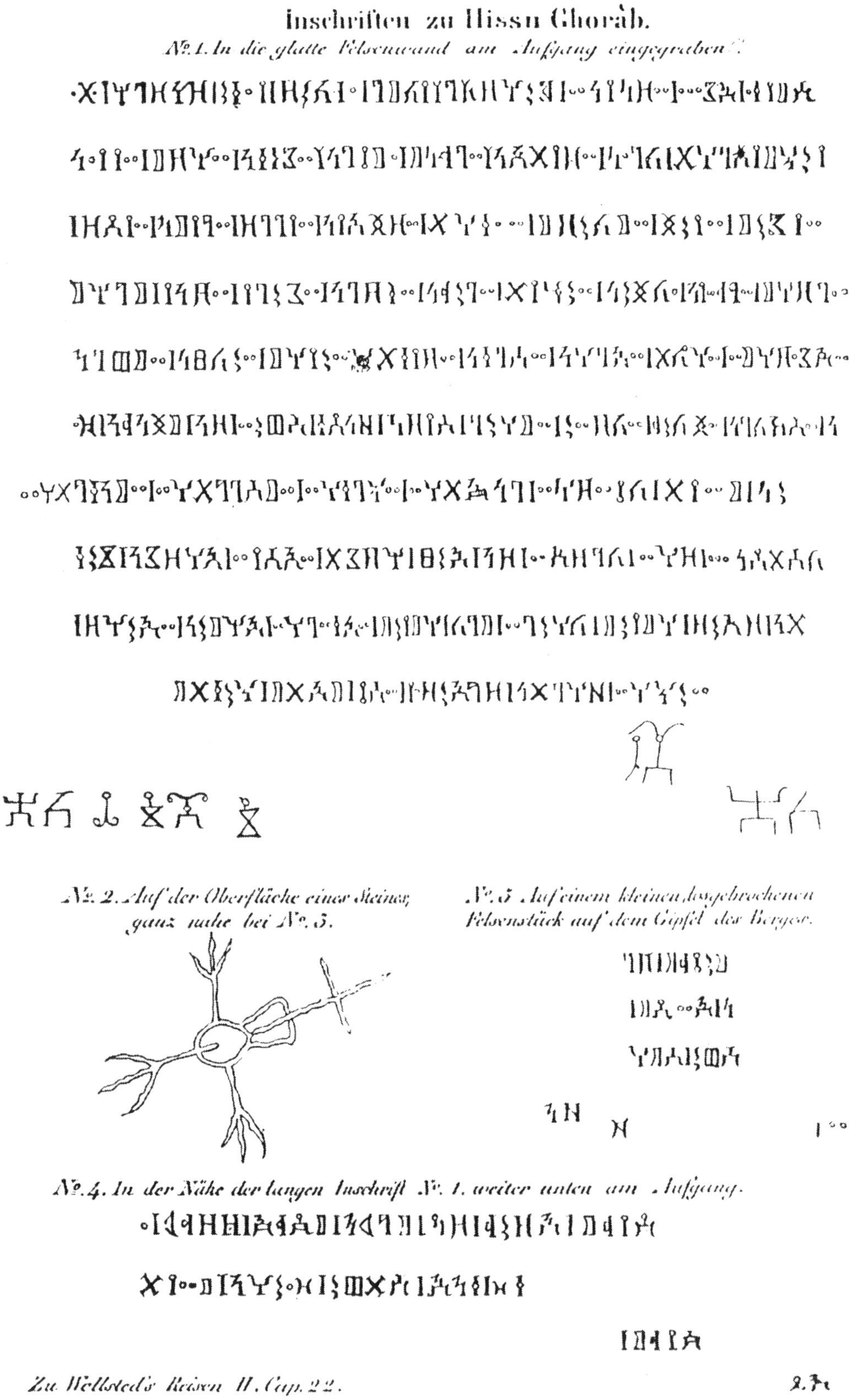
Inschriften zu Hissn Ghorâb.
No. 1. In die glatte Felsenwand am Aufgang eingegraben.
No. 2. Auf der Oberfläche eines Steines; ganz nahe bei No. 3.
No. 3. Auf einem kleinen, losgebrochenen Felsenstück auf dem Gipfel des Berges.
No. 4. In der Nähe der langen Inschrift No. 1. weiter unten am Aufgang.
Zu Wellsted's Reisen II. Cap. 22.

Figure 137

Qāni’ dans l’empire ḥimyarite

Il semble que Shabwat, après l’annexion du Ḥaḍramawt par Ḥimyar, perde rapidement toute importance. Se pose dès lors la question de reconnaître la ville qui lui succède dans le rôle de capitale régionale. C’est ce que nous voudrions examiner maintenant.

La fin du Ḥaḍramawt et le déclin de Shabwa

Les inscriptions sabéo-ḥimyarites permettent de dater entre 286 et 299 è. chr. (396 et 409 ḥim.[25]) l’ajout du “Ḥaḍramawt” dans la titulature du roi ḥimyarite Shammar Yuhar‘ish. Cet ajout ne semble pas impliquer l’annexion de l’ensemble du Ḥaḍramawt, mais seulement celle des régions occidentales, autour du bassin de Ramlat al-Sab‘atayn, a savoir la capitale Shabwat, et les wādīs Jurdān, ‘Abadān, Ḍura’ et Bayḥān.

Shabwat dépend désormais du pouvoir ḥimyarite. D’après Ja 662/12-14, le roi Shammar Yuhar‘ish ordonne à l’un de ses deux lieutenants à la tête de la tribu de Saba’ (*wz‘y s*^{2}*‘b*^{n} *S*^{1}*b’*) « de prendre position et veiller au bon ordre dans la ville de Shabwat, avec sa tribu Saba’ » (*l-qrn w-n‘r* | *b-hgr*^{n} *S*^{2}*bwt b-‘m s*^{2}*‘b-h*|*mw S*^{1}*b’*) ; il convient de noter que ce personnage consulte le dieu Almaqah à Shabwat même (*b-ml’ s*^{1}*tml’ b-‘m-hw b-h*|*[gr*^{n}*] S*^{2}*bwt*, « dans un oracle qu’il Lui avait demandé dans la ville de Shabwat », ll. 8-9).

Une autre inscription, Ir App. B 3/10-12, nous apprend que, sous le même roi Shammar, « Abīshamar Awlaṭ fut envoyé en mission dans la ville de Shabwat pour participer au pèlerinage de Siyān » (*blt* | *’bs*^{2}*mr ’wlṭ ‘dy hgr*^{n} *S*^{2}*b*|*wt l-qrb l-ḥḍr S*^{1}*yn*). Bien que le texte ne soit pas très explicite, Abīshamar semble chargé de représenter le roi dans une ville qui est passée sous le pouvoir de ce dernier.

Le texte ‘Abadān 1 illustre que le ralliement des Yaz’anides au pouvoir ḥimyarite est déjà effectif sous le règne de Tha’rān Yuhan‘im (mentionné ll. 5 et 16), dont l’activité est attestée à partir de 324 è. chr. (Maṣna‘at Māriya 1 = DJE 25). Les territoires impliqués vont du wādī Markha au wādī Jirdān, en passant par Ḍura’ et ‘Abadān, ainsi que les régions entre ‘Abadān et Qāni’.

Mais un royaume indépendant survit incontestablement dans l’actuel wādī Ḥaḍramawt (le Sarīrān des inscriptions, al-Sarīr en arabe), comme l’indique la mention postérieure de rois du Ḥaḍramawt : ce sont Sharaḥ’īl et Rabbīshamsum (Ja 656) ou Sharaḥ’īl seul (*CIH* 948), sous le règne de Shammar avec la titulature longue ; un roi anonyme sous le règne de Yāsirum Yuhan‘im et de son fils Dhara’’amar Ayman (vers 315 è. chr.) (Ja 665/19-20) ; peut-être un roi nommé Anmārum, d’après une nouvelle interprétation d’Ir 32/42-43[26], sous le règne de Dhamar‘alī Yuhabirr (320-350 environ). À une date indéterminée, antérieure à juillet 360 è. chr. (*ḏ-mḏr’n* 470 ḥim.), le Ḥaḍramawt a encore la capacité de détruire la ville de ‘Abadān (aujourd’hui Niṣāb) (‘Abadān 1/32).

---

25. Voir *CIH* 448 + Garb-Hakir 1 (396 ḥim.) et ‘Abd Allāh-YMN 13 (409 ḥim.)

26. Dans une conférence faite à Paris, Serge Frantsouzoff a proposé de traduire *w-’wlw ‘m-hmw ’nm*|*r*^{m} *ḏ-hmlkw Ḥḍrmwt w-Rb‘t bn W’l*^{m} ..., par « ils ramenèrent avec eux Anmār^{um} que les ḥaḍrami avaient fait roi, Rabī‘at fils de Wā’il^{um} ... ».

La disparition définitive du royaume indépendant intervient sans doute vers 350 ou peu après. Désormais, le Ḥaḍramawt n'est plus que l'une des composantes de l'empire ḥimyarite. Mais son importance est incontestable. Le mot " Ḥaḍramawt " est maintenu dans la titulature royale. Plus significatif encore, le monogramme de Shaqir (S2qr), le palais royal ḥaḍrami à Shabwat, est l'un des trois symboles qui constituent le sceau de la dynastie, jusque sous le règne d'Abraha [27].

Cependant, il semble assuré que Shabwat décline rapidement après la conquête ḥimyarite. Les dernières attestations épigraphiques du nom de la ville datent du tout début du IVe s., sous le règne de Shammar Yuhar'ish (Ja 662 et Ir App. B 3). Parmi les inscriptions trouvées sur le site, on en compte deux qui sont probablement plus tardives, puisqu'elles comportent des tournures typiquement monothéistes : Hamilton 11 (un modeste graffite) et Res 4699 [28]. Bien qu'il soit impossible de les dater précisément, il est vraisemblable que ces documents, qui reprennent la phraséologie officielle, sont postérieurs aux premières inscriptions royales monothéistes, qui datent de janvier 384. Il faut noter cependant que ce sont des inscriptions peu soignées : elles n'émanent probablement pas d'officiels ou de notables, mais de personnes qui veulent affirmer la prééminence du monothéisme dans un ancien centre païen, connu pour son pèlerinage. On ne saurait dire dans quelle mesure ces textes impliquent le maintien d'une population permanente à Shabwat.

L'archéologie ne nous éclaire pas sur la date d'abandon du site. Le monument identifié avec le palais royal de Shaqir a été détruit par un incendie, mais à une date qui reste indéterminée [29].

Il convient d'ajouter qu'à l'époque d'al-Ḥasan al-Hamdānī, au Xe s. è. chr., Shabwa n'est plus qu'une bourgade insignifiante.

Il semblerait donc que Shabwat cesse d'être un centre politique et religieux dans le courant du IVe s. ou au plus tard au Ve s. Au VIe s., la référence au palais Shaqir dans les monogrammes royaux ne serait plus qu'un moyen de légitimer le pouvoir, une simple survivance ; elle n'implique pas que le palais existe encore, ni que le souverain s'y rende. La question qui se pose désormais est de savoir quelle est alors la capitale du Ḥaḍramawt.

Qāni', capitale ?

Le déclin de Shabwa permet-il à Qāni' de devenir le centre urbain le plus important du Ḥaḍramawt, en quelque sorte sa capitale ? Les sources dont nous disposons ne permettent pas de donner une réponse assurée, mais suggèrent que Qāni' joue effectivement un rôle majeur.

L'archéologie et l'épigraphie donnent peu d'informations sur le Ḥaḍramawt aux Ve-VIe s. Les fouilles archéologiques confirment que le port de Qāni' est encore actif au VIe s., mais n'apprennent rien pour le reste du pays. Les inscriptions significatives sont peu nombreuses et se trouvent presque toutes dans la principauté yaz'anide, à l'ouest et au sud-

---

27. Robin, 1987, p. 122-123.
28. Voir en dernier lieu Pirenne, 1990, p. 86-87.
29. Breton, 1992, p. 221.

ouest ; la seule exception notable est Beeston Or. Ant. 1/1 + Bāfaqīh ND 4 (Raydān 6, 1994, p. 13-16).

L'organisation de la principauté yaz'anide peut se déduire de la titulature donnée par l'inscription Yanbuq 47. Le texte distingue deux ensembles de tribus : d'une part Ḍyftn, *Rṯḥ*^{m}, Sa'kalān, Śakrad et *Mṭlft*^{n}, d'autre part Saybān, Ḥaḍramawt, Qāni' et *'mr(..)*. Le premier ensemble est certainement sous l'autorité directe des Yaz'anides, puisqu'on y trouve *Ḍyft*^{n} et *Rṯḥ*^{m} (région de Naqb al-Hajar) qui sont le domaine originel du lignage ; on y découvre également le Ẓafār omanais (Sa'kalān), l'île de Suquṭra (Śakrad) et une tribu non identifiée (*Mṭlft*^{n}). Le deuxième ensemble réunit, semble-t-il, les tribus sur lesquelles les Yaz'anides n'exercent qu'une autorité indirecte : ce sont Saybān (sur le plateau au sud du wādī Ḥaḍramawt), le Ḥaḍramawt, Qāni' et une tribu non identifiée (*'mr..*).

Un point crucial est de déterminer ce que signifie Ḥaḍramawt dans ce contexte, à cette époque. C'est une appellation qui doit englober ce qu'il reste de tribus se réclamant de l'ancien royaume, en dehors de celles que les Yaz'anides dominent. Ces tribus se trouvent en partie dans le wādī Ḥaḍramawt actuel, en partie plus au sud, sur la côte (entre al-Shiḥr et Qāni').

Les seules données précises sur la carte tribale du Ḥaḍramawt se trouvent dans des sources arabes islamiques (notamment les récits relatifs à l'écrasement de la *Ridda* et surtout la description géographique du Ḥaḍramawt par al-Ḥasan al-Hamdānī), postérieures de plusieurs siècles.

Si l'on en croit al-Ḥasan al-Hamdānī, Kinda, au Xe s., est établi dans le cours occidental du wādī Ḥaḍramawt, entre Haynan et Shibām (« où commence le Pays de Ḥimyar ») et dans certains des wādī au sud de Haynan. L'un des deux bourgs formant al-Hajarān, dans le wādī Daw'an, est alors la résidence des descendants du roi kindite Ḥujr Ākil al-Murār ; il faut ajouter que le fameux poète Imru' al-Qays (mort vers 550), l'arrière-arrière petit-fils de Ḥujr, ferait des allusions à cette région dans son œuvre.

Il n'est pas invraisemblable, cependant, que Kinda occupe, au VIe s., les mêmes territoires qu'au Xe s. : les possessions des Yaz'anides vers 500 n'incluent aucun de ces territoires kindites. Le récit de la révolte du Kindite Yazīd b. Kabshat, qui rassemble des Sabéens de Marib, des Yaz'anites et des Kindites contre Abraha (*CIH* 541) n'infirme pas cette supposition.

Si on retient cette hypothèse, le Ḥaḍramawt de BR-Yanbuq 47 devrait désigner le wādī Ḥaḍramawt en aval de Shibām et les régions au sud, entre al-Shiḥr et Qāni'.

Une dernière catégorie de sources à interroger est constituée par les histoires ecclésiastiques et les hagiographies. Dans son *Histoire ecclésiastique*, Philostorge rapporte que Théophile l'Indien, envoyé de Constance II (337-360), convertit le souverain ḥimyarite qui s'engage à faire construire trois églises à ses frais [30]. La première est bâtie dans la capitale, Tapharos (Ẓafār), la deuxième dans le comptoir romain sur l'océan, Adanè ('Adan) et la troisième dans « l'emporion perse bien connu à l'embouchure de la mer Persane ».

---

30. *Philostorgius Kirchengeschichte*, mit dem Leben des Lucian von Antiochien und den Fragmenten eines arianischen Historiographen, herausgegeben von Joseph Bidez, Zweite, überarbeitete Auflage besorgt von Friedhelm Winkelmann (Die griechischen christlichen Schriftsteller der ersten Jahrhunderte), Berlin (Akademie Verlag), 1972, notamment p. 34/16-23.

Cette troisième église a-t-elle été construite à Qāni', ou beaucoup plus loin vers l'est, dans la péninsule d'Oman ou sur le Golfe Arabo-persique ? Si on regarde une carte géographique, Qāni' se trouve bien au débouché d'un long bras de mer (constitué par la mer Rouge et le Golfe d'Aden) : le terme d'embouchure lui convient parfaitement. Mais deux questions restent sans réponse : est-il vraisemblable que Qāni' ait été un « emporion perse » et le golfe d'Oman a-t-il été appelé la « mer Persane » ? Il faut également prendre en considération qu'au IVe s., l'Empire ḥimyarite ne s'étendait probablement pas au-delà du Ẓafār omanais – comme l'indiquent les opérations militaires rapportées par 'Abadān 1 – et que Qāni', important port cosmopolite, où les étrangers chrétiens avaient besoin d'un lieu de culte, était évidemment un excellent candidat pour l'implantation d'une église. Il est donc possible, mais non prouvé, que la troisième église ait été construite à Qāni'.

Une deuxième source ecclésiastique est intéressante. La *Vie de Saint Gregentios* énumère les églises construites par le roi abyssin Caleb en Arabie du Sud, après sa victoire sur Yūsuf (vers 529 è. chr.) [31]. Ce sont trois églises à Nagrān, trois à Ẓafār, trois à Akana (l'église de l'Ascension du Sauveur, l'église de Jean-Baptiste et l'église de l'apôtre Thomas) et d'autres (sans précisions) à Atarph et Legmia (villes non identifiées). Le lieu et la date de composition de cette *Vie* sont discutés, de même que sa valeur historique. Cependant, ce nom même d'Akana suggère que la *Vie* a pu faire usage de sources fiables. Il est en effet vraisemblable que Caleb ait édifié des églises à Qāni', un port encore important à cette époque, et Akana est une transposition grecque acceptable du sud-arabique Qāni'.

Les hagiographies consacrées à la persécution de Najrān (novembre 523) apportent quelques données supplémentaires. Si l'on en croit le *Livre des Ḥimyarites* [32], la persécution frappe principalement trois centres dans lesquels l'église est incendiée et où des fidèles sont exécutés : ce sont Ẓafār (ch. VIII), Najrān (ch. XIII pour la destruction de l'église) et "Ḥaḍramawt la ville" (*Ḥṣrmwt mdynt'*) (ch. XXIX-XXX) ; l'ouvrage mentionne également des martyrs à Marib (ch. XXXI) et à [Ha]jarayn (ch. XXXII), mais sans rapporter qu'une église ait été détruite dans ces villes. Dans la seconde *Lettre* de Siméon de Bayt Arsham [33], la persécution frappe le Ḥaḍramawt, sans autre précision. Il est vraisemblable que Ḥaḍramawt, dans ces récits, désigne une ville ("Ḥaḍramawt-ville") et non une région. La question est de savoir quelle est cette ville.

Al-Hajarān (dans le wādī Daw'an) semble exclue, si on reconnaît cette ville dans [Ha]jarayn. Dès lors, les meilleurs candidats théoriques (si on se fonde sur les données épigraphiques et historiques) sont Shibām, Ṣay'ūn, Tarīm, al-As'à (= al-Shiḥr) et Qāni'. Il est difficile de choisir parmi ces villes, qui ont pu être gagnées au christianisme par les échanges terrestres (comme Najrān), ou par les contacts maritimes (comme Mukhawān = al-Makhā ou Suquṭra). Il n'en reste pas moins que Qāni', comme le souligne Irfan Shahīd, est le meilleur candidat, puisqu'on connaît son importance économique et stratégique au VIe s.

Si Qāni' est une ville qui compte au VIe s., il ne faut pas oublier qu'al-Hajarān (dans le wādī Daw'an) est également une bourgade jouissant d'un certain éclat. Cette dernière n'est pas attestée dans les inscriptions sud-arabiques [34], mais se reconnaît sous la forme

31. SHAHĪD, 1979, p. 35-53.
32. MOBERG, 1924, notamment p. cii-ciii.
33. SHAHĪD, 1971, notamment p. 45.
34. Dans Ry 533/2, il semble impossible que *Qrytnhn* (nom qui signifie probablement "les deux bourgs") soit identifié avec al-Hajarān, puisque le raid sabéen n'atteint pas le Ḥaḍramawt intérieur (et notamment le wādī Daw'an où se trouve al-Hajarān). Reste un graffite trouvé en Égypte, dans le wādī Hammāmāt qui se lirait

Hagarayne, dans l'inscription guèze de Marib, malheureusement très lacunaire, qui décrit la campagne abyssine de Kaleb contre le roi Yūsuf (*RIEth* 195-II/16) ; et nous avons vu qu'elle est sans doute mentionnée par le *Livre des Ḥimyarites* comme un des centres de la persécution.

Une dernière indication doit être relevée. On rapporte que l'expédition perse sassanide qui a mis fin au pouvoir abyssin au début des années 570 a débarqué à *Mṯwb* (variante *Mnwb*) [35], toponyme qui n'est pas identifié. Or, les points de débarquement permettant de gagner le Yémen en venant du golfe Arabo-persique ne sont pas nombreux. Et le moins incommode est incontestablement Qāni', d'où on parvient aisément au wādī Mayfa'a, et de là, au Ramlat al-Sab'atayn. Je me demande si *Mṯwb/Mnwb* n'est pas une corruption de *Mwyt* : le corps consonantique est presque le même si on lit l'arabe **Mwyt*. Mais une telle supposition implique que le toponyme *Mwyt* ait désigné l'ensemble du site, et non le seul piton.

En résumé, le Ḥaḍramawt semble avoir deux centres majeurs au VIe siècle, Qāni' (à identifier peut-être avec Akana et "Ḥaḍramawt-ville") et Hajarayn/al-Hajarān. Le pays paraît organisé en trois ensembles tribaux, la principauté yaz'anide à l'ouest, l'enclave kindite au centre, et ce qui reste de tribus ḥaḍramawtiques à l'est et au sud. Si le lecteur autorise une hypothèse audacieuse, je suggérerais de reconnaître dans Qāni' le principal centre urbain des ensembles yaz'anide et ḥaḍramawtique, et dans al-Hajarān la capitale des Kindites du Ḥaḍramawt.

D¿ym bn Qs³m'l hgryhn : la désinence *-hn* signale peut-être une origine ḥaḍrami, d'où l'hypothèse que *hgry* soit la *nisba* formée sur un hypothétique **Hgrnhn* (Weigall 2, dans COLIN 1988). Mais la racine *HGR* est trop commune pour permettre une conclusion assurée ; il faut souligner par ailleurs que, si les *nisba* sud-arabiques sont formées sur des noms de tribu (dans l'immense majorité des cas) ou de lignage (rarement), il est exceptionnel qu'elles le soient sur des toponymes.

35. BOSWORTH, 1999, p. 245, n° 598.

Bibliographie

J. BEAUCAMP, F. BRIQUEL-CHATONNET & Chr.J. ROBIN, 1999-2000, « La persécution des chrétiens de Nagrān et la chronologie ḥimyarite », *Aram*, 11-12, p. 15-83.

A.F.L. BEESTON, 1994, « Foreign Loanwords in Sabaic », in *Arabia Felix. Beiträge zur Sprache und Kultur des vorislamischen Arabien, Festschrift Walter W. Müller zum 60. Geburtstag*, Norbert Nebes (éd.), Wiesbaden, Harrassowitz.

C.E. BOSWORTH, 1999, *The History of al-fiabarī*, Volume V, *The Sāsānids, the Byzantines, the Lakhmids, and Yemen*, translated by ~, Bibliotheca persica, State University of New York Press.

J.-F. BRETON (éd.), 1992, *Rapports préliminaires. Fouilles de Shabwa*, II (Institut français d'Archéologie du Proche-Orient, Publication hors série n° 19, Extrait de *Syria*, LXVIII, 1991), Paris, Geuthner.

G. COLIN, 1988, « À propos des graffites sud-arabiques du ouādi Hammāmāt », *Bulletin de l'Institut français d'Archéologie orientale*, 88, p. 33-36.

Dictionnaire sabéen, A.F.L. Beeston, M.A. Ghul, W.W. Müller, J. Ryckmans, *Sabaic Dictionary* (English-French-Arabic) - *Dictionnaire sabéen* (anglais-français-arabe) - *al-Mu'jam al-saba'ī* (bi-l-inğilīziyya wa-l-firansiyya wa-l-'arabiyya) (Publication of the University of Sanaa), Louvain-la-Neuve (Éditions Peeters) - Beyrouth (Librairie du Liban), 1984.

D.B. DOE, 1961, « Ḥuṣn al-Ġurāb and the Site of Qana' », *Le Muséon*, LXXIV, p. 191-198. Réimprimé dans *Antiquities*, Bulletin Number 3, July, 1964 (Aden), p. 8-16.

Ed. GLASER, 1890, *Geschichte und Geographie Arabiens, von den ältesten Zeiten bis zum Propheten Muḥammad, nebst einem Anhange zur Beleuchtung der Geschichte Abessyniens im 3. und 4. Jahrhundert n. Chr., Auf Grund der Inschriften, der Angaben der alten Autoren und der Bibel*, II. Band, Berlin, Weidmannsche Buchhandlung.

A. JEFFERY, 1938, *The foreign vocabulary of the Qur'ān* (Gaekwad's oriental series LXXIX), Baroda, Oriental Institute.

K.A. KITCHEN, 2000, *Bibliographical Catalogue of Texts* (Documentation for Ancient Arabia, Part II), The World of Ancient Arabia Series, Liverpool University Press.

Ibrāhīm Aḥmad AL-MAQḤAFĪ, 1985, *Mu'jam al-buldān wa-l-qabā'il al-yamaniyya*, Ṣan'ā' (Dār al-Kalima), 1406 h./1985 m.

A. MOBERG, 1924, *The Book of the Himyarites. Fragments of a Hitherto Unknown Syriac Work*, edited with introduction and translation by ~, Acta Reg. Societatis Humaniorum Litterarum Lundensis, VII, Lund, C.W.K. Gleerup.

J.H. MORDTMANN, 1885, « Neue himjarische Inschriften », *ZDMG*, XXXIX, p. 227-236 et 2 pl.

J. PIRENNE, 1990, *Les témoins écrits de la région de Shabwa et l'histoire. Fouilles de Shabwa*, I, Institut français d'Archéologie du Proche-Orient, Bibliothèque archéologique et historique, CXXXIV, Paris, Geuthner.

PDRY, Official Standard Names, Peoples Democratic Republic of Yemen, Official Standard Names, Prepared by the Defense Mapping Agency Topographic Center, Washington, 1976.

RIÉth, E. BERNAND, A.J. DREWES & R. SCHNEIDER, 1991, *Recueil des inscriptions de l'Éthiopie des périodes pré-axoumite et axoumite*, Tome I : *Les documents* ; Tome II : *Les planches*, Académie des Inscriptions et Belles-Lettres, Paris.

Chr.J. ROBIN, 1987, « L'inscription Ir 40 de Bayt Ḍab'ān et la tribu *Ḏmry* », *in Ṣayhadica, Recherches sur les inscriptions de l'Arabie préislamique offertes par ses collègues au Professeur A.F.L. Beeston*, éditées par Christian Robin et Muḥammad Bāfaqīh (L'Arabie préislamique, vol. 1), Ṣan'ā' (Centre français d'Études yéménites - Centre yéménite d'Études et de Recherches), p. 113-164.

Chr.J. ROBIN & U. BRUNNER, 1997, *Map of Ancient Yemen, Carte du Yémen antique*, 1 : 1 000 000, München, Staatliches Museum für Völkerkunde.

E. RÖDIGER, 1841, *Versuch über die Himjaritischen Schriftmonumente*, Halle, Waisenhaus.

W.H. SCHOFF, 1912, *The Periplus of the Erythraean Sea. Travel and Trade in the Indian Ocean by a Merchant of the First Century*, Translated from the greek and annotated by ~, New York, Longmans, Green and Co., Reprise, New Dehli, Oriental Books Reprint Corporation, 1974.

A.V. SEDOV, 1992, « New archaeological and epigraphical material from Qana (South Arabia) », *Arabian archaeology and epigraphy*, 3, p. 110-137.

A.V. SEDOV, Chr.J. ROBIN & P. BALLET, 1997, « Qâni', port de l'encens », *in Hadramawt, la vallée inspirée = Saba* (Amyris, Bruxelles), n° 3-4, p. 20-31.

I. SHAHĪD, 1971, *The Martyrs of Najrân. New Documents*, Subsidia Hagiographica, n° 49, Bruxelles, Société des Bollandistes.

I. SHAHĪD, 1979, « Byzantium in South Arabia », *Dumbarton Oaks Papers*, 33, p. 25-94.

A. SPRENGER, 1875, *Die alte Geographie Arabiens als Grundlage der Entwicklungsgeschichte des Semitismus*, Bern, Reprise, Amsterdam, Meridian Publishing, 1966.

'Alī Aḥmad 'Alī Maḥāš AL-ŠAḤRĪ, 1994, *Ẓafār, kitābātu-hā wa-nuq,·u-hā al-qadīma. Kayf ibtadaynā wa-kayf irtaqaynā bi-l-ḥaḍāra al-insāniyya min ·ibh al-Ǧazīra al-'arabiyya*, Ṣalāla (publication personnelle : B.P. 211-1205, Ṣalāla, Oman).

J. TEIXIDOR, 1993, « Un terme ouest-sémitique pour *emporion* », *in L'emporion*, textes réunis par Alain Bresson et Pierre Rouillard, Publications du Centre Pierre Paris, URA 991, 26, Paris, p. 85-87.

H. VON WISSMANN & M. HÖFNER, *Beiträge zur historischen Geographie des vorislamischen Südarabien* (Mainz, Akademie der Wissenschaften und der Literatur, Abhandlungen der Geistes- und sozialwissenschaftlichen Klasse, Jahrgang 1952, Nr. 4), Wiesbaden (in Kommission bei Franz Steiner), 1953.

XXI

QĀNI' CHEZ LES AUTEURS GRECS ET LATINS [1]

Καvή, le latin *Cane* transcrivant le grec, n'est mentionnée, dans l'ordre chronologique, que dans le *Périple de la mer Érythrée* (rédigé entre 40 et 70 de l'ère chrétienne [2], fourchette que de récentes découvertes sur la chronologie nord-indienne permettent de réduire à la décennie 40-50) [3], chez Pline l'Ancien (mort en 79), chez Ptolémée (*c.* 150).

Seuls les deux premiers témoignages décrivent la fonction commerciale de Qāni', que l'on saisit donc au Ier siècle de l'ère chrétienne, mais à deux ou trois décennies de distance ; ce temps aura suffi pour qu'interviennent un certain nombre de changements, décalage que Nigel Groom s'est récemment attaché à souligner [4].

Au Ier siècle de l'ère chrétienne, Qāni' est d'une part le port de commerce (ἐμπόριον) du Ḥaḍramawt, d'autre part un nœud de routes maritimes ; c'est notamment l'un des quelques ports d'où l'on tentait la traversée de l'océan Indien.

---

1. Ces pages doivent beaucoup aux commentaires de L. Casson dans son édition du *Périple* (L. CASSON, *The Periplus Maris Erythraei*, Princeton, 1989 = CASSON, 1989). Autres abréviations :
GROOM, 1981 = N. GROOM, *Frankincense and Myrrh*, Londres-New York-Beyrouth, 1981.
GROOM, 1986 = N. GROOM, « Eastern Arabia in Ptolemy's map », *PSAS*, 16.
GROOM, 1995 = N. GROOM, « The *Periplus*, Pliny and Arabia », *AAE*, 6, p. 180-195.
RASCHKE, 1978 = M.G. RASCHKE, « New Studies in Roman Commerce with the East », *ANRW*, IX.2, Berlin.
ROBIN, 1991 = Chr.J. ROBIN, « L'Arabie du sud et la date du *Périple de la mer Erythrée* (nouvelles données) », *Journal Asiatique*, 279, p. 1-30.
ROBIN, 1996 = *Supplément au Dictionnaire de la Bible*, s.v. *Sheba.*
SIDEBOTHAM, 1986 = S.E. SIDEBOTHAM, *Roman economic policy in the Erythra Thalassa*, 30 B.C.-A.D. 217, Leyde.
THOMSON, 1948 = J. O. THOMSON, *History of ancient geography*, Cambridge.
WISSMANN, 1964 = H. VON WISSMANN, *Zur Geschichte und Landeskunde von Alt-Südarabien*, Wien.
WISSMANN, 1976 = H. VON WISSMANN, « Die Geschichte der Sabäerreichs und der Feldzug des Aelius Gallus », *ANRW*, 2.9.1, Berlin, p. 308-544
WISSMANN, 1977 = H. VON WISSMANN, *Das Weihrauchland Sa'kalān, Samārum und Mos-cha*, Wien.
Christian Robin a relu ce texte et m'a évité un certain nombre d'erreurs d'appréciation ; qu'il en soit remercié.
2. Ce sont les dates du règne de Malichas II, roi de Nabatène, mentionné dans *Peripl.* 19. Quant à la situation politique du Yémen telle qu'elle est décrite par le *Périple,* elle n'autorise nullement à dater le texte du IIIe siècle de l'ère chrétienne et trouve au contraire un écho dans les données de l'épigraphie sud-arabique du Ier siècle (ROBIN 1991).
3. G. FUSSMAN, 1991, « Le Périple et l'histoire politique de l'Inde », *Journal Asiatique*, 279, p. 31-38. La situation politique de l'Inde du nord-ouest décrite par le *Périple*, instable et divisée, est antérieure à 50 ap. J.-C., moment où la conquête de cette zone par les Kouchans de Bactriane est achevée (*ibid.,* p. 35-36).
4. GROOM (1995) souligne les changements intervenus dans ce laps de temps : augmentation possible du tonnage des bateaux, promotion d'Okèlis comme tête de la principale route maritime de l'Inde, déchéance du port de Barygaza en Inde du Nord, concentration du commerce « romain » (*i.e.* non arabe ni indien) sur les liaisons avec l'Inde du sud, où cependant la piraterie aurait gagné les abords de Muziris qui vit encore au temps de Pline sur sa réputation de « première place commerciale de l'Inde », mais auquel les marins préfèrent désormais Bekarè, plus méridional.

Le commerce à Qāni’

Le monopole de l’exportation de l’encens du Ḥaḍramawt

Tandis que le Ḥaḍramawt est habituellement désigné chez les auteurs grecs et latins par le nom vernaculaire de la tribu dont il est le territoire (*Hadramitai*, *Chatramôtitai*, etc.), l’auteur du *Périple* emploie une périphrase grecque : χώρα Λιβανωτοφόρος « Pays qui produit l’encens ». Je pense en effet que cette expression doit être comprise comme un nom propre, à la fois parce qu’elle apparaît dans les listes de noms géographiques de Ptolémée (*Geogr.* 6.7.24) et parce qu’elle ressurgit sous la même forme chez Pline, *HN* 6.104 : le syntagme *Cane Turiferae regionis* est un calque du grec Κανὴ χώρας Λιβανωτοφόρου. Dans ces deux textes, le Ḥaḍramawt est donc nommé d’après son principal produit d’exportation : c’est une vision de marchand, ce qu’étaient l’auteur du *Périple* et manifestement les informateurs de Pline pour *HN* 6.104.

Il est instructif de comparer *Peripl.* 27 (= notre texte 1, *infra*) aux passages du livre 12 de l’*Histoire Naturelle* où sont décrites les modalités de la production et de la commercialisation de l’encens (*HN* 12.51-65). D’après *Peripl.* 27, tout l’encens du Ḥaḍramawt est obligatoirement convoyé et commercialisé à Qāni’. L’auteur anonyme dépeint un vaste mouvement convergeant sur ce port, par voie de terre et de mer. Les deux autres entrepôts d’encens qu’il mentionne dans le royaume sont d’intérêt essentiellement local et peu accessibles aux étrangers :

– L’un, défini comme une ἀποθήκη (magasin de stockage), est situé au cap Suagros (Rās Fartak), où se trouvent aussi une forteresse et un port aménagé (λιμήν) pour lequel aucun trafic n’est signalé (*Peripl.* 30) ; même si l’auteur n’en donne pas expressément la raison, il n’est pas difficile de la deviner : Qāni’ a le monopole du commerce de l’encens (*Peripl.* 27) et les marins craignent les miasmes du golfe Sachalite où se trouve le Suagros (*Peripl.* 29) [5].

– Le port de Moscha (*Peripl.* 32 = texte 3). Moscha reste entouré de mystère, d’abord parce que son emplacement n’est pas établi avec certitude, ensuite parce que le passage qui concerne ce port est le seul où l’auteur se départe de son positivisme habituel et mentionne un phénomène surnaturel : l’encens, entreposé en plein air et sans surveillance, ne peut cependant quitter les lieux sans autorisation royale ; celle-ci n’est normalement accordée qu’à des embarcations (probablement indigènes) qui le transportent à Kanè et font apparemment la navette entre les deux ports ; l’interdiction d’enlever l’encens sans autorisation est tellement bien intériorisée qu’elle donne cours à une croyance superstitieuse (partagée par l’auteur anonyme, sauf ironie de sa part) selon laquelle un bateau chargé d’encens de contrebande resterait paralysé [6]. D’après le *Périple*, Moscha ne semble pas fréquenté par les navires gréco-romains (d’où l’irruption du prodigieux dans le texte), mais seulement par des navires indiens (?) [7] auxquels il arrive d’être bloqués là par la mousson d’hiver, ce qui leur laisse

---

5. ἐπίνοσοι δὲ δεινῶς οἱ τόποι καὶ τοῖς μὲν παραπλέουσι λοιμικοί, τοῖς δὲ ἐργαζομένοις πάντοτε θανατώδεις, « ces lieux sont redoutablement pestilentiels ; les navigateurs qui les longent en sont infectés et, pour ceux qui y travaillent, c’est la mort assurée ».

6. Ce tabou existait déjà au temps de Théophraste : lorsque, peut-être en 324, des explorateurs grecs s’aventurèrent en pays « sabéen » pour refaire provision d’eau douce et assistèrent par hasard à la récolte de la myrrhe et de l’encens, ils s’avisèrent que les indigènes laissaient le produit récolté sans surveillance et profitèrent largement de l’aubaine ; ils n’eurent évidemment aucun mal à ἀποπλεῖν (sur cet épisode, voir S. AMIGUES, « L’expédition d’Anaxicrate en Arabie occidentale », *Topoi*, 6/2, 1996, p. 671-677).

7. Leur origine n’est pas spécifiée dans le texte grec, mais déduite par CASSON, 1989, p. 173.

manifestement le temps, par exception, de négocier avec les autorités locales des dispenses leur permettant d'échanger leur cargaison contre de l'encens. On comprend dès lors pourquoi Moscha n'est pas désigné par l'auteur du *Périple* comme un ἐμπόριον (place de commerce), à l'instar de Kanè, mais seulement comme un ὅρμος ἀποδεδειγμένος, un « port désigné », « prévu à cet effet », c'est-à-dire sous contrôle et protection officiels [8].

La plupart des commentateurs s'accordent à identifier Moscha avec Khawr Rūrī, seul site antique de la côte du Ẓafār [9] à présenter des vestiges pré-islamiques significatifs, mais dont la situation ne concorde pas avec les distances indiquées dans le *Périple* (1100 stades depuis le Suagros, soit *c.* 175 km, la distance réelle étant 315 km) [10] ; la marge d'erreur ne serait pas tellement réduite si l'on songeait, avec Chr. Robin [11], à identifier Moscha avec al-Balīd, capitale du Ẓafār depuis le XIIe siècle et dont le site est exceptionnel, en admettant que la ville médiévale ait absorbé toute trace de l'établissement antique. Ptolémée, le seul autre auteur ancien qui mentionne Moscha, place ce port à l'ouest du Suagros et n'est d'aucune aide. En fait, on a l'impression que les Méditerranéens connaissaient mal la côte méridionale de la péninsule Arabique à l'est de Qāni' (dans le *Périple*, la côte au delà de Kanè est le domaine des pestilences et du surnaturel), ce qui expliquerait aussi l'incertitude dont témoignent les textes sur ce qu'il convient d'appeler golfe Sachalite. Là-dessus, le *Périple* lui-même n'est pas clair : il fait commencer le golfe Sachalite « après Kanè » [12], le cap Suagros, qui fait partie du golfe Sachalite [13], marquant la limite occidentale du golfe d'Omana [14], mais Moscha, qui se trouve encore plus à l'est, est bien le port d'exportation de l'encens sachalite ; cette contradiction est résolue si l'on considère avec Wissmann que la baie d'Omana est incluse dans ce grand golfe Sachalite [15]. Ptolémée reproche à Marin de Tyr d'avoir situé le golfe Sachalite à l'ouest du Suagros alors que tous les navigateurs (mais pas l'auteur du *Périple* !) s'accordent pour le placer à l'est [16]. La toponymie sud-arabique semble donner raison à Ptolémée : Sachalitès est la transcription de S^1kl^n, nom sud-arabique du Ẓafār, province la plus occidentale de l'Oman actuel, tandis que le Sachalite du *Périple* correspond soit à al-Mahra, la province yéménite frontalière de l'Oman, où survit le nom sud-arabique de Mahrat qui est attesté à partir du IVe siècle de l'ère chrétienne, soit, si l'on accepte l'idée de Wissmann, à l'ensemble constitué par les deux provinces. Deux possibilités : soit Mahrat existait avant le IVe siècle et l'auteur du *Périple* est mal renseigné, soit le Ḥaḍramawt appelait S^1kl^n toute la région correspondant à l'ensemble Mahra + Ẓafār [17].

---

8. CASSON, 1989, p. 272-274.
9. Dhofar pour les anglophones.
10. CASSON, 1989, p. 168-172.
11. *Bulletin critique des Annales islamologues*, 12, p. 235. Al-Balīd est à 35 km à l'ouest de Khawr Rūrī.
12. *Peripl.* 29 : μετὰ δὲ Κανή κτλ.
13. *Peripl.* 30 : τούτο(υ) δ'ἐστὶν ἀκρωτήριον τοῦ κόλπου μέγιστον, littéralement « à ce golfe appartient un très grand promontoire ». L'expression est vague et n'impose ni n'exclut que le Suagros marque la limite orientale du golfe Sachalite selon le *Périple* comme l'écrit CASSON, 1989, p. 165.
14. À noter que toutes les occurrences du toponyme *Omana*/*Ommana* dans le *Périple* posent problème.
15. WISSMANN, 1977, p. 11.
16. Ptol. 1.17.2-3. WISSMANN, 1977, p. 5-6, explique cette « erreur » de Marin par le fait que Suagros n'est que la transcription du nom commun ṣauqara, « montagne », qui a pu désigner pour certains navigateurs un cap au NE de Moscha (pour lui Rās Naus).
17. Chr. Robin, *per litt.*

Qāni' serait donc, au temps du *Périple*, le seul point du Ḥaḍramawt où s'échangent régulièrement les biens et aussi la seule porte de sortie pour l'encens du royaume.

En *HN* 12, nulle mention des ports de Qāni' et de Moscha ; Pline décrit successivement et de façon complémentaire comment l'encens s'exporte en direction de la Syrie-Palestine, principalement par l'intermédiaire des Minéens : *Attingunt et Minaei, pagus alius, per quos euehitur uno tramite angusto. Hi primi commercium turis fecere maximeque exercent, a quibus et Minaeum dictum est*, « Ces forêts [d'encens ḥaḍrami] confinent aux Minéens, autre tribu, que les caravanes d'encens traversent sur une seule piste étroite. Ce sont eux qui, les premiers, ont fait le commerce de l'encens, et qui le pratiquent encore le plus activement : aussi appelle-t-on aussi l'encens *minéen* [18] » (*HN* 12.54, trad. A. Ernout).

Quelques paragraphes plus loin, il s'agit toujours d'un commerce caravanier en direction de la Méditerranée, mais il n'est plus question des Minéens : voici qu'intervient un autre peuple, les *Gebbanitae* (*HN* 12.63), dans lequel il faut reconnaître une transcription de Qatabān [19]. L'encens est d'abord acheminé à dos de chameau sous un étroit contrôle à Sabota (Shabwa), la capitale du Ḥaḍramawt ; ensuite, « on ne peut l'exporter que par le pays des Gebbanites [20] ; aussi paye-t-on un tribut également à leur roi. Leur capitale, Thomna [21], se trouve à 2 millions 437.500 pas de Gaza, port de Judée situé sur notre littoral, trajet qui est divisé en 65 étapes de chameau » [22]. La présentation de Pline ferait croire que l'exportation de l'encens par caravanes était encore pratiquée en son temps [23], ce dont plusieurs raisons font douter :

1) La principale est le témoignage du *Périple*, qui contredit radicalement ce tableau : d'après son auteur, tout l'encens du Ḥaḍramawt est rassemblé à Kanè, ce qui suggère que le commerce maritime a complètement supplanté le commerce caravanier ; évidemment, on peut toujours supposer que notre navigateur anonyme était mal renseigné sur ce qui se passait dans

18. Que ce « trade-mark » s'est maintenu à l'époque impériale est confirmé par les auteurs ; parmi les références citées par CASSON 1989, p. 155, cf. le papyrus W.Chr. 273 (II-IIIe siècle de l'ère chrétienne), tarif des droits de douane à percevoir sur divers produits probablement au titre du *vectigal maris Rubri* : les parfums de l'Arabie du sud y sont appelés μύρον ἐκ Μειναίας, ce qui les distingue des africains, ἐκ Τρωγωδυτικῆς. Le qualificatif « minéen » ne signifie plus que les produits en question ont été convoyés par les caravanes minéennes ; il est une survivance du temps où l'exportation se faisait massivement par les caravanes minéennes, ce qui n'exclut pas que les Minéens restent impliqués dans le commerce local : c'est ainsi que, dans *Peripl.* 24, le port de Mouza exporte différentes sortes de myrrhe, dont la myrrhe « minéenne », qui est, comme le remarque CASSON 1989, p. 156, ou bien produite dans leur territoire, ou bien commercialisée par eux à Mouza.

19. Identification inutilement mise en doute par A.F.L. BEESTON, 1972, « Pliny's Gebbanitae », *Proc. Fifth Seminar for Arabian Studies*, p. 5-8.

20. Ce passage de Pline explique peut-être un paradoxe apparent de la description de l'Arabie méridionale par Ératosthène (STR. 16.4.2) : l'Arabie du Sud compte quatre grands peuples, les Minéens, les Sabéens, les *Kattabaneis* (Qatabān) et les *Chatramôtitai* (le Ḥaḍramawt) ; Qatabān produit de l'encens, qui est vendu à des marchands descendus d'Aelana (en pays nabatéen), le Ḥaḍramawt produit de la myrrhe qu'emportent des marchands venus de Gerrha. Il est inexact de dire, comme beaucoup de commentateurs, que les zones de production sont interverties : le Ḥaḍramawt produit de la myrrhe aussi bien que de l'encens (GROOM, 1981, carte p. 99, « The ancient myrrh and frankincense regions ») ; quant à l'idée que l'encens provient de Qatabān, elle s'expliquerait par la tutelle qu'exerce alors Qatabān sur le Ḥaḍramawt et le détour obligé de l'encens ḥaḍrami par Qatabān dont Pline se fait tardivement l'écho.

21. Tamna'.

22. *HN* 12.63-64. Trad. A. Ernout (éd. Belles Lettres). À rapprocher d'Ératosthène, *apud* STR. 16.4.4 : c'est 70 jours que mettent des marchands venus d'Aila pour arriver en pays minéen.

23. Ainsi pense, par exemple, C.A.M. GLUCKER, 1987, *The city of Gaza in the Roman and Byzantine periods*, Oxford, p. 89-91.

l'arrière-pays ; mais si Pline s'était soucié d'actualiser sa description des routes de l'encens, il aurait aussi mentionné la route maritime ;

2) Les données du *Périple* sont confirmées par un autre témoin attentif, Strabon, qui enregistre même une évolution dans l'histoire des routes maritimes en mer Rouge : dans son ensemble, on considère que la *Géographie* reflète l'état du monde en 3/2 av. J.-C. mais que Strabon a actualisé certains passages au début du règne de Tibère au moyen d'additions repérables à des expressions telles que ἀλλὰ νῦν, νῦν δέ (« mais maintenant...») ; dans le récit de l'expédition d'Aelius Gallus en Arabie, le séjour prolongé de l'armée au port nabatéen de Leukè Kômè sert de prétexte à une parenthèse où sont signalées les étapes de la route des aromates : Leukè Kômè, Petra, Rinokoloura [24] ; Strabon n'en dit rien, mais il est vraisemblable que les marchandises arrivaient par mer et non par voie de terre au port nabatéen de Leukè Kômè ; lorsqu'il révise son livre, il ajoute : « mais maintenant, la plupart des marchandises sont transportées sur le Nil jusqu'à Alexandrie ; elles sont amenées depuis l'Arabie et l'Inde jusqu'à Myos Hormos et de là convoyées à dos de chameau à Koptos en Thébaïde ».

3) La référence aux Minéens, dont les activités commerciales sont bien documentées aux époques perse et hellénistique, sent l'anachronisme : il semble que le royaume minéen disparaît vers 120 av. J.-C. [25] ; bien qu'ayant cessé d'être une force politique organisée, les Minéens ont-il, comme groupe ethnique, continué à commercer ? Les seuls indices seraient le témoignage de Pline et la survivance du « trade-name » ; en 25 ou 24 av. J.-C., Aelius Gallus n'a vu en eux que des agriculteurs prospères [26].

4) Les *Gebbanitae* : Qatabān existe certes encore au temps de Pline, mais n'est plus le puissant royaume qu'il décrit, détournant autoritairement l'encens du Ḥaḍramawt vers sa capitale et s'étendant jusqu'à la mer, où il règle par son port d'Okèlis le commerce de la cannelle (*HN* 12.88 et 93) [27] ; le tableau rappelle Qatabān du IIIe siècle av. J.-C. selon Ératosthène [28]. Au Ier siècle ap. J.-C., Okèlis n'est plus qu'un village indigène où les bateaux ont la possibilité de faire provision d'eau douce (*Peripl.* 25) : l'activité portuaire des anciens territoires qatabānites s'est déplacée vers le nord, à Mouza, et il n'est plus du tout question de cannelle.

5) La description faite dans le *Périple* de la côte occidentale de la péninsule Arabique au sud de Leukè Kômè (§20) ne donne pas l'impression de conditions propices au passage des caravanes : il est vraisemblable que les naufrageurs « Kanraites », dont l'habitat se trouvait d'ailleurs à l'intérieur des terres, devaient s'attaquer aux caravanes de la route terrestre aussi bien qu'aux bateaux.

---

24. Et non plus Gaza, principal terminus de la route caravanière à l'époque perse et hellénistique : c'est que Gaza avait été détruite vers 96 av. J.-C. par le grand-prêtre hasmonéen Alexandre Jannée ; reconstruite vers 56 par Gabinius, proconsul de Syrie, sur ordre de Pompée, elle fut donnée en 30 av. J.-C. par Octavien à Hérode, roi des Juifs et ennemi des Nabatéens, ce qui explique qu'au temps de l'expédition de Gallus, ceux-ci préféraient utiliser un autre port méditerranéen.

25. WISSMANN, 1976, p. 395. Chr. Robin me signale que la dernière mention sud-arabique de la tribu de Ma'īn se trouve dans *CIH* 609/2, du milieu du Ier siècle ap. J.-C.

26. Témoignage rapporté par Pline lui-même, *HN* 6.161.

27. L'identité de la graphie *Gebbanitae* (propre à Pline) indique que la source employée en 12.88 et 12.93 est la même que celle d'où Pline tire les informations sur la route de l'encens (12.63) ; Pline mentionne Qatabān ailleurs d'après d'autres sources dont la diversité est manifestée par celle des graphies (*Atabanes*, *Catapani*).

28. Str. 16.4.2. Ainsi pense aussi F.V. WINNETT, 1939, « The place of the Minaeans in the history of pre-islamic Arabia », *BASOR*, 73, p. 4.

6) D'une manière générale, les bouleversements politiques survenus en Arabie du sud à partir du IIe siècle av. J.-C. [29] risquent d'être défavorables à la poursuite du commerce caravanier [30].

On peut même aller plus loin et soupçonner que la ruine du commerce caravanier, amenée par la concurrence des liaisons maritimes, n'est pas étrangère à la recomposition du paysage politique en Arabie méridionale. Que se passe-t-il en effet ? À partir du IIe siècle av. J.-C., Qatabān se réduit progressivement par suite de sécessions de tribus, dont certaines, celles de la côte, formeront Ḥimyar (les Homérites du *Périple*) ; Saba' s'effondre (dans des circonstances dont on ignore tout) et se trouve réuni au Ier siècle de l'ère chrétienne [31] sous un seul roi avec Ḥimyar. Au terme du processus, Qatabān se retrouve le seul des quatre grands royaumes d'Arabie méridionale à ne pas avoir d'accès à la mer, handicap mortel quand l'heure est justement aux échanges maritimes [32]. Le Ḥaḍramawt en revanche, affranchi de la tutelle qatabānite et jouissant d'une longue façade maritime, peut traiter directement avec sa clientèle et fonde des ports : Qāni' et Khawr Rūrī ne sont, d'après l'archéologie, pas antérieurs au Ier siècle de l'ère chrétienne. Kanè est le port de l'encens, comme Okèlis était celui de la cannelle au temps de l'hégémonie qatabānite.

Pline n'est pas inconscient que le commerce des produits sud-arabiques a une histoire : il pressent que le rôle des Minéens a évolué (ils ont cessé d'être les seuls à transporter l'encens) mais il ne mesure pas jusqu'à quel point. Bien qu'il consulte volontiers les rapports de navigation contemporains, il n'a pas su s'affranchir, dans sa description du commerce de l'encens, de ses lectures, notamment de sa principale source, pour l'Arabie, le traité (perdu) de Juba rédigé vers 1 ap. J.-C., qui a pu témoigner d'une situation antérieure au *Périple*, mais aussi faire fond sur des sources désuètes : on relève dans les passages de Pline sur les produits de l'Arabie des souvenirs de lectures (Théophraste et même Hérodote) qui le montrent plus respectueux de l'autorité des anciens que soucieux d'actualiser les connaissances.

Pline ne fait allusion à un commerce maritime de l'encens qu'en *HN* 6.104, c'est-à-dire lorsqu'il se sert de sources absolument contemporaines du moment de la rédaction, comme il le laisse entendre à plusieurs reprises [33]. Aussi Qāni' est-elle mentionnée, mais seulement comme ville du « Pays de l'Encens » et tête de la route transocéanique de l'Inde, route qui est le sujet spécifique du chapitre ; c'est pourquoi il ne faut pas inférer du silence de Pline sur tout commerce d'encens à Qāni' que ce port avait cessé d'exporter le produit. En revanche, Pline signale incidemment que Mouza exporte de l'encens, produit qui ne figure précisément pas dans

29. Pression des nomades arabes sur les royaumes sud-arabiques, sécession de tribus qatabānites, formation d'Ḥimyar, effondrement de Saba'.

30. Chr. Robin (*per litt.*), qui me signale malgré tout une hypothèse de Wissmann, selon qui la tribu de 'Amīr aurait pu supplanter les Minéens dans le commerce caravanier ; ses arguments sont que 'Amīr s'installe dans d'anciens sites minéens à partir du IIe siècle av. J.-C., se consacre à l'élevage du chameau à grande échelle et que les pistes chamelières en direction de la Mésopotamie et de la Méditerranée passent nécessairement par son territoire (WISSMANN, 1964, p. 134). Mais les sources classiques ne font nulle part état de ce nouveau protagoniste.

31. Peut-être même dès l'expédition d'Aelius Gallus (25-24 av. J.-C.) : Strabon décrit en effet Marib comme appartenant aux « Rammanitai », ce qui s'expliquerait si la capitale du nouveau royaume sabéo-ḥimyarite était désormais Ẓafār (ROBIN, 1996, 1133).

32. Le déclin de Qatabān est clairement résumé par WISSMANN, 1976, p. 395.

33. *HN* 6.96 : *deinde eam nauigationem quae his annis comperta seruatur hodie*, « (il convient d'exposer) ensuite la route maritine qui a été découverte ces dernières années et qui est empruntée aujourd'hui ». *HN* 6.101 : *nunc primum*, « aujourd'hui pour la première fois...». *HN* 6.105 : *regnabat ibi, cum proderem haec, Caelobothras*, « au moment où j'écris ces lignes, le roi de ce pays est Caelobothras ».

la liste que donne le *Périple* des denrées qu'on peut acquérir à Mouza : faut-il en inférer un changement par rapport aux années 40-50 (le monopole de Qāni' serait tombé, l'encens du Ḥaḍramawt pourrait être exporté aussi par un port ḥymiaritico-sabéen) ? Chr. Robin ne le pense pas ; pour lui, l'encens exporté à Mouza doit être de l'encens africain [34] (oublié par le *Périple* ?).

Autres denrées

Peripl. 28 (texte 1) énumère les produits qui trouvent un marché à Qāni'. Quant à ceux qu'on peut y acquérir, il n'y a pas d'autre production locale, l'encens mis à part, que le suc d'aloès ; il est notable que le *Périple* ne mentionne pas de myrrhe : le Ḥaḍramawt produit également de la myrrhe, sans doute celle que Pline appelle *Atramitica murra* [35]. Sinon, il s'agit de denrées venues de ports avec lesquels Qāni' a des liaisons maritimes et qui sont énumérés en *Peripl.* 27 : les ports de l'Afrique orientale, Barygaza, la plaine de l'Indus et finalement « Omana et la Perse voisine » (ces derniers mots faisant problème : voir *infra*). Observons que le *Périple* ne mentionne pas de liaison directe avec la côte méridionale de l'Inde : s'il arrivait que des navigateurs gréco-romains partent de Qāni' dans cette direction, ils n'avaient aucune raison d'y faire escale au retour.

On déduit de cette liste que Qāni' recevait directement les produits de la Corne de l'Afrique (donc notamment l'ivoire, la corne de rhinocéros, divers aromates, dont la *kasia*, des esclaves), ceux qu'exportait l'Inde du nord (produits locaux : aromates, pierres fines, cotonnades, mais aussi soieries et fourrures de Chine), et la Perse, *via* Omana (perles, étoffes de pourpre, vêtements régionaux, vin, dattes, or, esclaves, ainsi que la spécialité d'Omana, les bateaux « cousus ») [36]. Le *Périple* ne permet pas de savoir si les produits de l'Inde du sud arrivaient néanmoins à Qāni' par des voies indirectes.

Le *Périple* permet d'ajouter à ce tableau l'écaille de tortue de premier choix que les marchands de Qāni' vont chercher à l'île de Serapis (Maṣīra). Il est frappant qu'il ne fasse aucune allusion à une quelconque liaison maritime entre Kanè et l'île beaucoup plus proche de Dioskouridès (Suquṭra), qui pourtant appartient au Ḥaḍramawt [37] : il a connaissance d'une époque révolue où l'île, également exportatrice d'écaille de tortue, avait des échanges peu intensifs avec Mouza et des bateaux venus de l'Inde qui y faisaient escale occasionnellement ; mais, de son temps, Suquṭra semble devenue une zone militaire retranchée des routes commerciales et dont l'abord est interdit (*Peripl.* 31).

Qāni', point de départ de la traversée de l'océan Indien

Tel est le cas dans le *Périple* et chez Pline, mais les deux auteurs signalent chacun une alternative différente. Dans le *Périple*, la traversée vers l'Inde se fait également au départ du

34. *Per litt.* À noter que Pline (contrairement à l'auteur du *Périple*), ignore que l'Afrique produisait aussi de l'encens, dont il fait une exclusivité de l'Arabie méridionale (*HN* 12.51).
35. *HN* 12.69.
36. *Peripl.* 36 (texte 5).
37. Chr. Robin me signale que le régime des vents n'est pas favorable à la liaison Qāni'-Suquṭra.

Port des Aromates (le cap Guardafui) ; chez Pline, d'Okèlis, dont il souligne que c'est même un point de départ plus favorable (*scil.* que Kanè)[38].

Casson pense néanmoins reconnaître une allusion discrète dans le *Périple* à Okèlis comme tête de la route de l'Inde ; plus haut, dans la description progressive des côtes de la péninsule Arabique, l'auteur anonyme présentait Okèlis en ces termes : Κατὰ τοῦτον τὸν ἰσθμὸν παραθαλάσσιός ἐστιν Ἀράβων κώμη τῆς αὐτῆς τυραννίδος Ὄκηλις, οὐχ οὕτως ἐμπόριον ὡς ὅρμος καὶ ὕδρευμα καὶ πρώτη καταγωγὴ τοῖς ἔσω διαίρουσιν, « au niveau de ce détroit [le Bāb al-Mandab], se trouve un village d'Arabes en bord de mer, Okèlis, qui relève de la même province [39] et qui n'est pas tant une place de commerce qu'un mouillage, un point d'eau et une première escale pour ceux qui entrent [dans le golfe d'Aden] » (*Peripl.* 25). Pour Casson p. 158, « The author has in mind vessels that went directly to India without intermediate stops at any of the ports in Arabia. Leaving from Myos Hormos or Berenicê and taking the central passage down the Red Sea, they made their first stop at Okêlis to attend the last-minute matters and take on water before the long haul over the open sea. Cf. Pliny 6.104...»

Je me demande si Casson n'a pas surinterprété le texte pour l'harmoniser avec le témoignage de Pline. Πρώτη καταγωγή, « première escale », ne signifie pas forcément que les bateaux n'ont pas fait halte depuis les ports égyptiens ; l'expression peut aussi bien vouloir dire que c'est la première escale possible qui se présente pour les bateaux qui sortent de l'*Arabikos kolpos* (*i.e.* la mer Rouge au sens moderne), quelle que soit leur destination au delà du Bāb al-Mandab (les ports des côtes nord et est de la corne de l'Afrique ; un cabotage en remontant le long de la côte sud-est de la péninsule Arabique ; l'Inde par le raccourci transocéanique).

De toute façon, Okèlis ou le cap Guardafui ne signifient pas des routes maritimes sensiblement différentes et leur distinction est peut-être un faux problème [40]. Quant à la popularité d'Okèlis comme base de départ vers l'Inde au détriment de Kanè à l'époque de Pline, elle pourrait s'expliquer par la désaffection que note N. Groom, chez les navigateurs gréco-romains, de la route transmaritime vers l'Inde du nord-ouest, au profit de celle de l'Inde méridionale [41]. Vu la direction des vents, Qāni' apparaît comme un point de départ inutilement septentrional pour l'Inde du sud.

Les anciens n'avaient pas perdu la mémoire du progrès décisif qu'avait représenté l'utilisation saisonnière des moussons pour traverser l'océan Indien, trouvaille qu'ils attribuaient au capitaine Hippale qui, selon eux, avait transmis son nom à la mousson du S-O qui souffle de mai à octobre [42] et permet la traversée au long cours en direction des côtes

38. *HN* 6.104.

39. C'est-à-dire la Mapharitide, province vassale du royaume de Saba' et d'Ḥimyar.

40. Observation de Chr. Robin, contre Groom, 1995, p. 180 : « Here Pliny ... mentions that the latest technique was to sail direct from Ocelis to Muziris without any stop-over. This method was not known to the writer of the *Periplus*, who states that ships would stop either at Qana or at Aromata promontory (Gardafui) before heading out into the open sea ».

41. Groom, 1995, p. 181 ; les ports de l'Inde du nord-ouest, Barbarikon et Barygaza, n'entrent pas en compte dans la description de la route transmaritime de l'Inde au temps de Pline. Les explications proposées par N. Groom sont d'une part les bouleversements politiques consécutifs à la conquête de l'Inde du nord par les Kouchans, d'autre part, en ce qui concerne Barygaza, l'envasement de ce port dont l'accès était déjà difficile au temps du Périple (*Peripl.* 43-46).

42. Comme cette mousson dite d'été s'accompagne de vents violents qui rend l'approche des côtes indiennes dangereuses de juin à août, les navigateurs appareillaient de façon à atteindre l'Inde en septembre, lorsqu'elle perdait de sa force (Casson, 1989, p. 290). Sur l'« hippale », voir en dernier lieu J. Desanges, 1996, « Sur la mer hippale au souffle du vent hippale », *Topoi*, 6, p. 665-670.

indiennes (*Peripl.* 57). Ainsi l'auteur du *Périple* qui rappelle que la circumnavigation qu'il vient de décrire de Qāni' à la côte des Malabars était la route obligée avant cette découverte, et comme celle-ci daterait du IIe siècle av. J.-C., son texte pourrait laisser croire que dans son esprit Qāni' existait déjà à cette époque. Mais sa description même prouve aussi que, dans les années 40-50, les navigateurs du monde romain n'avaient pas abandonné le cabotage le long des côtes de la péninsule Arabique, de la Perse puis de l'Inde.

Pline se montre également très conscient des progrès qui ont ponctué la navigation hauturière vers l'Inde : il détaille trois routes transocéaniques postérieures au retour de Néarque et Onésicrite avec la flotte d'Alexandre depuis l'Indus jusqu'à l'Euphrate ; ces trois routes [43], qui utilisent bien entendu l'« hippale », sont présentées par Pline comme des découvertes successives ; sauf pour la troisième, une innovation toute récente [44] (donc postérieure au *Périple*), il n'indique pas de date.

Qāni' chez Ptolémée [45]

Ptolémée mentionne Qāni' au livre 6, chap. 7 de sa *Géographie* (« Disposition de l'Arabie heureuse ») ainsi que dans cet abrégé des livres précédents qu'est le livre 8. Celui-ci consiste en une liste des principales villes du monde habité avec leurs coordonnées exprimées selon une méthode différente de celle qui est employée dans les livres précédents [46]. En 6.7.10 [47], la longitude et la latitude de Qāni' sont exprimées en degrés respectivement à partir du méridien des îles Fortunées (μακάρων νῆσοι, les Canaries [48]) et à partir de l'équateur ; en 8.22.9, la longitude est indiquée par le nombre d'heures équinoxiales [49] séparant Qāni' du méridien d'Alexandrie ; quant à la latitude, elle est exprimée de deux manières : 1) par la durée du plus long jour ; 2) Kanè faisant partie des villes se trouvant sous ou entre les tropiques [50], par le nombre de fois que le soleil y est à la verticale et par la mesure en degrés de l'arc de l'écliptique compris entre le point où le soleil est au zénith et le point solsticial (point où l'écliptique est tangente au tropique) [51].

Ces deux méthodes aboutissent à des résultats très différents pour la longitude : en 8.22.9, l'intervalle de longitude entre Alexandrie [52] et Kanè donné comme étant de 24°, est surévalué de 5° 34' ; en 6.7.10, la longitude indiquée est de 84° par rapport au méridien des Canaries, alors qu'elle est en réalité, par rapport à ce méridien, de 66° 20' : l'erreur est ici de 18°. Le

---

43. *HN* 6.100. (1) Suagros vers Patala (dans le delta de l'Indus) ; (2) Suagros vers Zygerus (peut-être Melizeigara, *Peripl.* 53 ; doutes sur cette identification exprimés par ANDRE et FILLIOZAT, *comm. ad HN* 6.101, éd. Belles Lettres) ; (3) Kanè ou de préférence Okèlis vers Muziris ou de préférence Bakarè (*HN* 6.104-105).

44. Voir note 29.

45. Textes 8 et 9.

46. G. AUJAC, 1993, *Claude Ptolémée, astronome, astrologue, géographe, connaissance et représentation du monde habité*, Paris, p. 160-161.

47. Les numéros de paragraphes sont ceux de l'édition Nobbe.

48. Ce méridien (celui de la plus occidentale de l'archipel) se trouve à 18° à l'ouest de celui de Greenwich, qui l'a remplacé comme méridien origine au siècle dernier (THOMSON, 1948, p. 337).

49. C'est-à-dire nos heures fixes de 60 minutes.

50. Sous les tropiques, le soleil passe une fois par an à la verticale ; entre les tropiques, deux fois par an.

51. Je remercie le Dr Marinus Taisbak (Université de Copenhague) qui a pris la peine d'éclairer pour moi ce passage de Ptolémée en m'expliquant, sphère céleste à l'appui, cette caractéristique de latitude.

52. Longitude d'Alexandrie : 29° 54' E.

matériau compilé dans le livre 8 est vraisemblablement antérieur aux autres livres de la *Géographie* (le principe appliqué est déjà décrit dans l'*Almageste*) et Ptolémée ne semble pas s'être préoccupé de réduire les divergences entre les résultats obtenus selon les deux méthodes [53]. Pour la clarté, je les récapitule dans le tableau suivant :

Coordonnées terrestres de Qāni'

longitude		latitude	
méridien de Greenwich	48° 20' E	réelle	14° 01' N
méridien des Canaries, réelle	66° 20' E		
Geog. 6.7.10	84° E	*Geog.* 6.7.10	12° 30' N
méridien d'Alexandrie, réelle	18° 26' E		
Geog. 8.22.9	24° E	*Alm.* 2.6	12° 30' N

Geog. 6.7.10 est la liste des localités et objets géographiques du territoire des « Hadramitai » que Ptolémée réduit à une bande côtière comprise entre celui des *Homèritai* et celui des *Sachalitai* [54]. Les deux derniers toponymes nommés avant les *Sachalitai* sont Moscha et le cap Suagros, cités dans cet ordre, inverse de celui du *Périple*, comme on a vu [55]. Les « villages de nomades et d'ichtyophages » du *Périple* sortent ici de l'anonymat ; certains sont promus à l'état de *poleis* (villes), d'autres restent villages ; cette distinction signifie-t-elle que certaines de ces bourgades ont profité de l'ouverture du Ḥaḍramawt sur la mer et se sont développées en un siècle ? Même si Ptolémée n'échappe pas au soupçon d'anachronisme [56], sa description de la côte du Ḥaḍramawt, plus complexe que celle du *Périple*, pourrait refléter un état postérieur.

Moscha et Kanè conservent la définition qui est la leur dans le *Périple* : le premier est défini comme λιμήν, Kanè comme ἐμπόριον (καὶ ἄκρον) ; Kanè reste le seul *emporion* du Ḥaḍramawt (et il est notable que Ptolémée le considère comme une des quelque 360 villes principales du monde habité autour desquelles il propose de bâtir sa carte au livre 8 de la Géographie). Troulla, île déserte au large de Kanè dans le *Périple*, est définie par Ptolémée comme « port » (λιμήν) ; il ne mentionne pas l'île des Oiseaux [57] de *Peripl.* 27.

Conclusion

Le *Périple* est le premier texte à mentionner des échanges commerciaux directs entre le Ḥaḍramawt et les navigateurs gréco-romains ; ces échanges s'effectuent à Qāni', seul

53. Thomson, 1948, p. 337.
54. Ptolémée n'a pas compris que le peuple côtier des *Hadramitai* n'est autre que celui de *Chatramôtitai*, à l'intérieur des terres, qui s'étend du Mont Klimax jusqu'au territoire des *Sachalitai* (6.7.25).
55. *Supra*. Sur l'emplacement de Moscha et les déficiences de Ptolémée pour cette partie de la côte, cf. Groom, 1986, p. 70 ; Id. 1995, p. 184.
56. Groom, 1986, p. 70 ; H.I. Macadam, 1989, « Strabo, Pliny the Elder and Ptolemy of Alexandria: three views of ancient Arabia and its peoples », *L'Arabie préislamique et son environnement historique et culturel* (T. Fahd éd.), Leyde, p. 310-311.
57. Casson, 1989, p. 161, identifie Troulla à Barrāqa et l'île aux Oiseaux à Sikhā.

emporion [58] du Ḥaḍramawt, ce qu'il est encore au IIe siècle, si Ptolémée est fiable sur ce point. La grande affaire de Qāni', c'est le commerce de l'encens. De longue date, ce commerce a été soumis à un contrôle pointilleux et la tradition s'est maintenue, même si les voies d'exportation, désormais maritimes, ont radicalement changé. Bien que susceptible d'être entreposé en plusieurs points de la côte (au cap Suagros, au port de Moscha), l'encens transite obligatoirement par Kanè et, au temps du *Périple*, c'est apparemment le seul endroit où les Méditerranéens puissent acquérir de l'encens sud-arabique. Ce monopole de Qāni' représente un changement radical par rapport à l'époque où l'encens du Ḥaḍramawt transitait obligatoirement par Qatabān, qui prélevait un tribut au passage, avant d'être emporté vers le monde méditerranéen par voie de terre ; ce changement, cette ouverture sur la mer, est survenu à la faveur de deux facteurs sans doute liés : l'éclatement de Qatabān au IIe-Ier siècle av. J.-C. et les progrès de la navigation qui font que les bateaux appareillant d'Égypte sont plus nombreux et vont plus loin. L'essor du commerce maritime, amorcé sous les Ptolémées, spectaculaire sous le règne d'Auguste, a dû entraîner un déséquilibre économique et culturel entre les régions côtières de Qatabān et celles de l'intérieur, entraînant la sécession des plus privilégiées, qui se constituent en royaume indépendant (Ḥimyar). Ce qui reste de Qatabān ne fait plus le poids face au Ḥaḍramawt jusque là dominé et qu'avantagent désormais doublement sa position de producteur d'encens et sa façade maritime. L'existence de Qāni' procède en dernière analyse de la volonté, de la part des « Romains », de court-circuiter les intermédiaires étrangers à l'Empire et d'acquérir l'encens à la source. Pline se plaint du gonflement du prix de l'encens causé par ces intermédiaires (Gebbanites, Minéens, et tous "bakchicheurs" qui hantent une piste caravanière), sans être conscient que la route terrestre de l'encens qu'il décrit est un anachronisme et qu'il milite pour une cause déjà gagnée ; un des buts d'Auguste, en commanditant l'expédition d'Aelius Gallus, avait été d'instaurer un accès direct aux produits de l'Arabie heureuse pour rééquilibrer la balance commerciale, les Arabes ayant la réputation de ne rien acheter en échange de ce qu'ils vendaient. Il est assez vraisemblable que l'établissement des règles commerciales, peut-être même la fondation de Qāni', ont été discutés entre les souverains du Ḥaḍramawt et les empereurs romains : des ambassades entre les souverains sud-arabiques et Rome ont souvent été échangées.

58. Contrairement à Mouza, son homologue ḥimyaritico-sabéen, Kanè n'est pas définie comme un ἐμπόριον νόμιμον (« place de commerce réglementée ») ; la différence entre un ἐμπόριον comme Kanè et un ἐμπόριον νόμιμον comme Mouza n'est pas connue avec certitude (cf. CASSON, 1989, p. 274-276).

Appendice : textes

1. *Peripl.* 27-28 : localisation et profil commercial de Qāni'

[27] Ἀπὸ δὲ τῆς Εὐδαίμονος Ἀραβικῆς ἐκδέχεται συναφὴς αἰγιαλὸς ἐπιμήκης καὶ κόλπος ἐπὶ δισχιλίους ἢ πλείονας παρήκων σταδίους, Νομάδων τε καὶ Ἰχθυοφάγων κώμαις παροικούμενος, οὗ μετὰ τὴν προέχουσαν ἄκραν ἐμπόριόν ἐστιν ἕτερον παραθαλάσσιον Κανη, βασιλείας Ἐλεάζου, χώρας λιβανωτοφόρου, καὶ κατ'αὐτὴν ἄνεμοι νῆσοι δύο, μία μὲν ἡ τῶν Ὀρνέων, ἡ δ'ἑτέρα λεγομένη Τρουλλας, ἀπὸ σταδίων ἑκατὸν εἴκοσι τῆς Κανης. Ὑπέρκειται δὲ αὐτῆς μεσόγειος ἡ μητρόπολις Σαυβαθα, ἐν ᾗ καὶ ὁ βασιλεὺς κατοικεῖ · πας δ'ὁ γεννώμενος ἐν τῇ χώρᾳ λίβανος εἰς αὐτὴν ὥσπερ ἐκδοχεῖον εἰσάγεται καμήλοις τε καὶ σχεδίαις ἐντοπίαις δερματίναις ἐξ ἀσκῶν καὶ πλοίοις. Ἔχει δὲ καὶ αὐτὴ ⟨ν⟩ σύγχρησιν τῶν τοῦ πέραν ἐμπορίων ⟨καὶ⟩ Βαρυάζων καὶ Σκυθίας καὶ Ὀμάνω⟨ν⟩ καὶ τῆς παρακειμένης Περσίδος.

[28] Εἰσάγεται δὲ εἰς αὐτὴν ἀπ' Αἰγύπτου μὲν ὁμοίως πυρὸς ὀλίγος καὶ οἶνος ὥσπερ καὶ εἰς Μουζα, ἱματισμὸς Ἀραβικός, ⟨καὶ⟩ ὁμοίως καὶ κοινὸς καὶ ἁπλοῦς καὶ ὁ νόθος περισσότερος, καὶ χαλκὸς καὶ κασσίτερος καὶ κοράλλιον καὶ στύραξ καὶ τὰ λοιπὰ ὅσα εἰς Μουζα· τὰ πλείονα δὲ ἀργυρώματα τετορευμένα καὶ χρυσώματα τῷ βασιλεῖ, ἵπποι τε καὶ ἀνδριάντες καὶ ἱματισμὸς διάφορος ἁπλοῦς. Ἐξάγεται δὲ ἐξ αὐτῆς ἐντόπια μὲν φορτία, λίβανος καὶ ἀλόη, τὰ δὲ λοιπὰ κατὰ μετοχὴν τῶν ἄλλων ἐμπορίων. Πλεῖ⟨σ⟩ται δὲ εἰς αὐτὴν περὶ τὸν αὐτὸν καιρὸν ὃν καὶ εἰς Μουζα, προϊμώτερον δέ.

« Aussitôt après Eudaimôn Arabia [Aden] vient le long rivage d'un golfe qui s'étend sur deux mille stades ou plus (1), bordé de villages de nomades et d'ichthyophages ; après le promontoire qui s'avance se trouve un autre port maritime de commerce, Kanè, dans le royaume d'Eleazos, le Pays qui produit l'encens. À cent vingt stades au large de Kanè il y a deux îles désertes appelées respectivement île aux Oiseaux et Troullas (2). À l'intérieur des terres, au-delà de Kanè, se trouve la capitale, Saubatha, où réside le roi. À Kanè (3) est centralisé tout l'encens produit dans ce pays, qu'on y apporte à dos de chameau, dans des canots de cuir confectionnés avec des outres selon une technique locale (4) et par bateau. Kanè a des échanges réguliers avec les ports d'outre-détroit (5), Barygaza, la Scythie (6), ainsi qu'Omana et la Perse attenante (7).

À l'instar de Mouza, Kanè importe un peu de blé et de vin d'Égypte ; des vêtements arabes (8) en assez grande quantité aussi bien fantaisie que simples ou imprimés (9) ; du cuivre, de l'étain, du corail, du styrax (10), et toutes les autres denrées qu'importe Mouza (11). L'argenterie ciselée et les objets en or sont en général pour le roi, ainsi que des chevaux (12), des statues et des vêtements de premier choix simples. Kanè exporte des produits locaux (encens et aloès) et, pour le reste, les marchandises venues des autres places commerciales. On appareille pour Kanè vers la même époque que pour Mouza (13), mais plus tôt ».

(1) αἰγιαλὸς ἐπιμήκης καὶ κόλπος: « le rivage étendu d'un golfe » et non « un rivage étendu et un golfe », car c'est bien la distance d'Aden à Qāni' que l'auteur estime à 2000 stades ou plus. 2000 stades équivalent à *c.* 316 km (le stade alexandrin mesure, selon les auteurs, 157,5 ou 158,314 m.), or il y a *c.* 205 milles nautiques entre Aden et Qāni' (CASSON, 1989, p. 161), soit 380 km.

(2) 120 stades : *c.* 19 km. CASSON 1989, p. 161 identifie l'île aux Oiseaux à Sikha (*c.* 12 km au SE de Qāni'), Troullas à Barraqah (*c.* 15 km à l'est), et remarque que ces deux îles sont couvertes de guano, d'où le nom de la première. Ptolémée définit Troulla comme un port.

(3) Le texte grec a εἰς αὐτήν, ce que Schoff, suivi par Groom 1981, comprenait comme Saubatha alors que la mention des bateaux et la phrase suivante indiquent qu'il s'agit de Kanè. Voici la traduction de Schoff : « all the frankincense produced in the country is brought by camels to that place [*i.e.*

Saubatha] to be stored, and to Cana on rafts held up by inflated skins after the manner of the country, and in boats ».

(4) Ne faut-il pas rapprocher ces embarcations des *Askitai*, ethnique tiré de ἀσκός, « outre », attribué par les Grecs à une peuplade côtière des environs du Suagros (Ptol. *Geog.* 6.7.26) donc voisine du golfe Sachalitès : or tant le Suagros que le Sachalitès se trouvent dans le royaume d'Eleazos. Les bateaux utriculaires apporteraient à Qāni' l'encens sachalite.

(5) Littéralement : « les ports qui sont de l'autre côté », l'adverbe πέραν renvoyant généralement à « l'autre côté de l'eau ». On pourrait donc croire, et l'absence de copule dans le manuscrit y invite, qu'il s'agit de Barygaza, d'Omana et de la Scythie, et c'est ainsi que Casson le comprend dans sa traduction, mais non dans son introduction, p. 19, où il écrit que Qāni' a des échanges avec l'Afrique. De fait, l'auteur du *Périple* appelle « de l'autre côté » ce qui a trait à la côte africaine « de l'autre côté » du détroit de Bāb al-Mandab, entre Avalitès et Oponè, comme il s'en explique lui-même en *Peripl.* 7.

(6) Ainsi l'auteur du *Périple* désigne-t-il la plaine de l'Indus (Casson, 1989 p. 186).

(7) Omana : l'auteur revient sur la liaison Kanè-Omana en *Peripl.* 36 (texte 5). L'emplacement de cet *emporion* perse n'est pas connu. Casson, 1989, p. 180 le situe à l'est du détroit d'Ormuz, sur la côte de l'Iran ou du Pakistan actuels ; cette hypothèse n'est pas acceptée par Groom, 1995, p. 187, qui renvoie à D.T. Potts, 1990, *The Arabian gulf in antiquity,* II, Oxford, p. 309, proposant de placer Omana à ad-Dūr, dans l'émirat de Umm al-Qaywayn, sur la côte arabique du golfe Persique, à une centaine de km au sud-ouest du détroit d'Ormuz. La « Perse attenante » désignerait alors les territoires de l'est de la péninsule sous domination perse mentionnés en *Peripl.* 33, passage qui suggère l'existence d'une frontière commune au royaume d'Eleazos et au royaume perse. Mais le texte du *Peripl.* ne se prête pas, me semble-t-il, à cette deuxième hypothèse : il est clair que si l'auteur anonyme connaît l'existence d'Apologos, *emporion* au fond du golfe Persique, ses navigations ne l'ont pas emmené dans ce golfe dont il se borne à décrire l'entrée (τὸ στόμα), c'est-à-dire le détroit d'Ormuz ; il n'est pas indifférent que la route empruntée pour atteindre Omana soit décrite en ces termes : παραπλεύσαντι τοῦτο τὸ στόμα (*Peripl.* 36) ; on longe le détroit d'Ormuz, on ne le traverse pas, comme Casson a raison de le souligner, *o.l.* p. 178-179 (pour désigner la traversée du Bāb al-Mandab, le terme employé est διάπλους : *Peripl.* 25). En bref, l'identification d'Omana est une question non résolue (J.-F. Salles, 1988, « La circumnavigation de l'Arabie dans l'antiquité classique », *in L'Arabie et ses mers bordières.* I. *Itinéraires et voisinages*, Lyon, p. 90).

(8) Pour Casson, 1989 p. 293, ces vêtements « arabes » sont *made in Egypt* pour l'exportation (il n'est fait aucune mention de ce type de produit dans les papyrus grecs d'Égypte relatifs à l'industrie textile locale). Ne peut-on songer aussi à des vêtements nordarabiques ? *Peripl.* 19 signale justement une liaison Myos Hormos-Leukè Kômè, grâce à laquelle des bateaux partis de Myos Hormos ont pu, à mon avis, embarquer à Leukè Kômè des produits nordarabiques provenant de Petra ou ayant transité par cette capitale et destinés au marché sud-arabique. Mais *Peripl.* 19 indique qu'il existait aussi une ligne directe, effectuée par des bateaux de petit tonnage, entre Leukè Kômè et l'Arabie [du Sud], qui doublait donc (ou avait carrément remplacé ?) la voie caravanière entre le nord et le sud de la péninsule Arabique.

(9) L. Casson, 1983, « Greek and Roman clothing: some technical terms », *Glotta*, 61, p. 193-207 : dans ce contexte, κοινός caractérise les vêtements pourvus d'ornements habituels (tissages particuliers, broderies, bordures..., ce que je traduis par « fantaisie »), ἁπλοῦς ceux qui sont sans ornements, νόθος les imprimés (p. 199-202).

(10) Le styrax (résine odorante produite par le *Styrax officinalis* L., c'est-à-dire l'aliboufier) fait précisément partie des produits aromatiques que les Arabes du sud importent de Syrie, au témoignage de Pline (*HN* 12 81).

(11) Liste en *Peripl.* 24 (= texte 2).

(12) Ératosthène (*apud* STR. 16.4.2) signale que l'Arabie du Sud n'élève ni chevaux ni mules : chevaux et mules sont justement au nombre des produits de luxe apportés à Mouza par les marchands gréco-romains pour le roi des Homérites et des Sabéens et son vassal, le gouverneur de la Mapharitide (*Peripl.* 24). Sur ce sujet, voir Chr. Robin, « Sabéens et Ḥimyarites découvrent le cheval » (à paraître).

(13) Vers le mois de septembre (*Peripl.* 24).

2. *Peripl.* 24 : produits importés à Mouza (donc aussi à Kanè)

Φορτία δὲ εἰς αὐτὴν προχωπεῖ πορφύρα διάφορος καὶ χυδαία καὶ ἱματισμὸς 'Αραβικὸς χειριδωτός, ὅ τε ἁπλοῦς καὶ ὁ κοινὸς καὶ σκοτουλᾶτος καὶ διάχρυσος καὶ κρόκος καὶ κύπ ⟨ε⟩ ρος καὶ ὀθόνιον καὶ ἀβόλλαι καὶ λώδικες οὐ πολλαί, ἁπλοῖ τε καὶ ἐντόπιοι, ζῶναι σκιωταὶ καὶ μύρον μέτριον καὶ χρῆμα ἱκανόν, οἶνός τε καὶ σῖτος οὐ πολύς.

« Marchandises se vendant à [Mouza] : étoffes de pourpre, de premier choix et ordinaires ; vêtements arabes à manches longues : simples, fantaisie, à carreaux (1), brochés d'or ; safran, henné (?) (2), tissus (de lin ?) (3), manteaux, couvertures, en petite quantité, simples et à la mode locale, ceintures arc-en-ciel, parfumerie en quantité moyenne, du numéraire à suffisance, vin et blé en petite quantité ».

(1) Cf. J.P. Wild, 1964, « The textile term *scutulatus* », *CQ* n.s. 14, p. 263-66.

(2) Cf. Casson, 1989, p. 153 : le κύπερος (leçon du manuscrit) est habituellement identifié au *Cyperus rotundus* L. (souchet rond), un roseau utilisé tant en médecine qu'en parfumerie ; on le trouve en Égypte. Casson s'étonne qu'on l'importe à Mouza, vu qu'il pousse aussi aux environs de ce port. J'ai pensé à émender en κύπρος (*Lawsonia inermis* L., henné), également utilisé à la fois en médecine et en parfumerie et cultivé dans l'antiquité à Chypre (d'où il tire son nom), en Judée et en Égypte (Plin., *HN* 12.109). Mais, ce qui n'apparaît pas chez les auteurs anciens, la plante pousse aussi au Yémen (O. Schwartz, 1939, *Flora des tropischen Arabien, Mitteilungen aus dem Institut für allgemeine Botanik in Hamburg* 10, p. 172-173), encore que les botanistes pensent qu'elle y a été introduite à une époque qui n'a pas été déterminée et n'en est pas originaire vu qu'elle ne s'y rencontre pas à l'état sauvage [59].

(3) Sur cette incertitude, Casson, 1989, p. 292.

59. Tel est l'avis du Dr T. Miller (Edimbourg, Royal Botanic Garden) – communication du Dr M. van der Veen (université de Leicester), que je remercie d'avoir bien voulu enquêter sur cette plante.

3. *Peripl.* 32 : liaison maritime régulière entre Qāni' et Moscha

ὅρμος ἀποδεδειγμένος τοῦ Σαχαλίτου λιβάνου πρὸς ἐμβολήν, Μοσχα λιμὴν λεγόμενος, εἰς ἣν ἀπὸ Κανη συνήθως πλοῖα πέμπεταί τινα

«... un mouillage officiel pour le chargement de l'encens sachalite, appelé Moscha-Port, où des navires sont régulièrement envoyés de Kanè...»

4. *Peripl.* 33 : liaison régulière entre Qāni' et l'île de Serapis (Maṣīra)

῎Εχει δὲ ἡ νῆσος χελώνην ἱκανὴν καὶ διάφορον. ᾿Εξαρτίζουσι δὲ εἰς αὐτὴν συνήθως οἱ ἀπὸ Κανης σκάφας καὶ ἐφόλκια.

« Cette île produit à suffisance de l'écaille de tortue de bonne qualité. Les gens de Kanè arment régulièrement des esquifs et des chaloupes pour cette destination ».

5. *Peripl.* 36 : exportation d'encens vers Omana

εἰς δὲ τὴν ᾿Ομανα καὶ ἀπὸ Κανη λίβανος καὶ ἀπὸ ᾿Ομανων εἰς τὴν ᾿Αραβίαν ἐντόπια ῥαπτὰ πλοιάρια, τὰ λεγόμενα μαδαρατε.

« Omana spécialement (1) importe de l'encens de Kanè et exporte vers l'Arabie des embarcations, qu'on appelle *madarate*, assemblées par le moyen de liens selon une technique indigène ».

(1) Cette proposition souligne la particularité d'Omana par rapport à l'autre grand port de commerce perse, Apologos.

6. *Peripl.* 57 : Qāni' tête de la route transocéanique de l'Inde

Τοῦτον δὲ ὅλον τὸυ εἰρημένον περίπλουν ἀπὸ Κανης καὶ τῆς Εὐδαίμονος ᾿Αραβίας οἱ μὲν (πρότεροι) μικροτέροις πλοίοις περικολπίζοντες ἔπλεον, πρῶτος δὲ ῞Ιππαλος κυβερνήτης, κατανοήσας τὴν θέσιν τῶν ἐμπορίων καὶ τὸ σχῆμα τῆς θαλάσσης, τὸν διὰ πελάγους ἐξεῦρε πλοῦν (...) ᾿Αφ' οὗ μέχρι καὶ νῦν τινὲς μὲν εὐθὺς ἀπὸ Κανη, τινὲς δὲ ἀπὸ τῶν ᾿Αρωμάτων ἀφιέντες, οἱ μὲν εἰς Λιμυρικὴν πλέοντες ἐπὶ πλεῖον τραχηλίζοντες, οἱ δὲ εἰς Βαρύγαζαν οἵ τε εἰς Σκυθίαν οὐ πλεῖον ἢ τρεῖς ἡμέρας ἀντέχουσι καὶ τὸ λοιπὸν παρεπιφέρον (ται) πρὸς ἴδιον δρόμον (καὶ) ἐκ τῆς χώρας ὑψηλοὶ διὰ τοῦ ἔξωθεν γῆς παραπλέουσι τοὺς προειπημένους κόλπους.

« Toute cette circumnavigation dont il a été question, depuis Kanè et Eudaimôn Arabia [Aden], des vaisseaux d'assez petit tonnage l'effectuaient autrefois en cabotant le long des golfes ; le pilote Hippale fut le premier à concevoir une idée correcte de la position des ports et du régime (1) de l'océan, ce qui lui ouvrit la route transocéanique (...) Depuis lors jusqu'à maintenant, certains appareillent directement de Kanè, d'autres du port des Aromates [Guardafui] ; ceux qui mettent le cap sur la Limyrikè [la côte des Malabars] se collettent sur la plus grande partie du parcours avec un vent de travers (2) tandis que ceux qui se dirigent sur Barygaza et la Scythie subissent un vent contraire durant trois jours seulement et, pour le reste, n'ont qu'à se laisser porter sans risque d'être déviés de leur route (3) ; à distance du continent, en haute mer, ils passent au large des golfes dont nous avons parlé à travers le néant aquatique ».

(1) τὸ σχῆμα τῆς θαλάσσης. Sur cette expression, voir A. TCHERNIA, 1994, « Ad Periplum maris Erythraei, 57 », *Eykrata. Mélanges offerts à Claude Vatin*, Aix-en-Provence, p. 131-133 : elle est

tantôt interprétée comme l'« aspect extérieur de la mer » (Hippale aurait compris « que la traversée hauturière de l'océan Indien était praticable en cette saison malgré la force du vent et de la houle » qui caractérisent la mousson d'été), tantôt comme la forme de la mer, conçue comme une figure géométrique, c'est-à-dire en l'occurrence, pense A. Tchernia, la connaissance de l'orientation des côtes, principalement la découverte que la côte occidentale de l'Inde est orientée nord-sud et non ouest-est comme le pensait encore Ptolémée. Cette dernière interprétation, également retenue par Casson, est meilleure que la première (qui ne s'accorde pas avec le verbe κατανοήσας) et pourrait être la bonne. Je propose, quant à moi, de traduire « régime » en donnant à σχῆμα son sens de « fashion, manner, characteristic property » ; en ce cas, ce serait une allusion au fameux régime des moussons dont la découverte a précisément fait la célébrité d'Hippale.

(2) τραχηλίζοντες n'a pas de complément ; je me tiens à l'interprétation de Casson pour qui l'adversaire, dans cette image recourant au vocabulaire technique de la lutte, est le vent ; en effet, c'est aussi au vent que se réfère, sans conteste, le verbe suivant (ἀντέχουσι) . Cependant A. Tchernia (*ibid.* p. 133-134) pense que ce qu'on « tord en arrière », c'est la voile et la vergue.

(3) Ce passage est commenté par GROOM, 1995, p. 192 ; selon lui, les choses n'étaient pas si simples et le texte doit être corrompu. Je me demande d'ailleurs si l'auteur anonyme, si précis dans la description des côtes, a jamais emprunté lui-même la route transocéanique.

7. Plin. *HN* 6.104 : Qāni' tête de la route transocéanique de l'Inde, concurrencée par Okèlis

[101] Nec pigebit totum cursum ab Aegypto exponere, nunc primum certa notitia patescente : digna res, nullo anno minus HS | $\overline{\text{D}}$ | imperii nostri exhauriente India et merces remittente, quae apud nos centiplicato ueneant. (Suit la traversée de l'Égypte, avec indication des distances et des étapes, depuis Alexandrie jusqu'à Bérénice) [104] Nauigare incipiunt aestate media ante canis ortum aut ab exortu protinus ueniuntque tricesimo circiter die Ocelim Arabiae aut Canen Turiferae regionis. Est et tertius portus qui uocatur Muza, quem Indica nauigatio non petit nec nisi turis odorumque Arabicorum mercatores. Intus oppidum, regia eius, appellatur Sapphar, aliudque Saue. Indos autem petentibus utilissimum est ab Oceli egredi ; inde uento hippalo nauigant diebus XL ad primum emporium Indiae Muzirim.

« Je ne serais pas mécontent de décrire dans sa totalité l'itinéraire depuis l'Égypte : maintenant, pour la première fois, une connaissance certaine nous en est devenue accessible ; le sujet le mérite, vu qu'il ne se passe pas d'année sans que l'Inde ne ponctionne notre empire de 50 millions de sesterces au bas mot en échange de marchandises qui se vendent chez nous au centuple.[...]

On appareille [de Bérénice] au milieu de l'été, avant le lever du Chien (1) ou juste après et on arrive vers le trentième jour à Ocelis en Arabie ou à Canè, dans le Pays producteur d'encens (2). Il existe un troisième port, appelé Muza, qui n'est pas une escale pour l'Inde et où n'abordent que ceux qui font commerce d'encens et de parfums d'Arabie ; à l'intérieur des terres se trouve une ville, la capitale dont il dépend, appelée Sapphar, et une autre, Sauè. Pour gagner l'Inde, il est préférable d'appareiller d'Ocelis ; de là, on navigue sous vent hippale pendant 40 jours jusqu'au premier port de commerce de l'Inde, Muziris ».

(1) Le 18 juillet.

(2) L'expression *Cane Turiferae regionis* est un hellénisme ; cet emploi du génitif partitif de la région dans laquelle se situe une ville (KÜHNER & GERTH, *Ausführliche Grammatik der griechischen Sprache*, 2.1, p. 338) n'existe pas en latin. On la retrouve dans le *Périple* : Κανη, βασιλείας

'Ελεάζου, χώρας Λιβανωτοφόρου. Pline a clairement utilisé ici un rapport de navigation analogue au *Périple*, dont nous retrouvons l'esprit dans la notation de détails pratiques : remarques sur les opportunités commerciales ou le caractère des habitants, nom des potentats locaux) ; Pline se réfère à ce genre de document lorsqu'il parle de *nostri negotiatores* en 6.149.

8. Ptol. *Geogr.* 6.7.10 [60]

'Αδραμιτῶν χῶρας·

Αβισαμα πόλις	πβ	ια (ἥμισυ)(τέταρτον)
Μέγας Αἰγιαλός	πβ (ἥμισυ)	ια (ἥμισυ)
Μαδα κώμη	πγ	ια (ἥμισυ)
Εϱισθη πόλις	πγ (ἥμισυ)	ια (ἥμισυ)(τέταρτον)
Μικρός Αἰγιαλός	πγ (τὰ δύο μέρη)	ια (ἥμισυ)
Κανη ἐμπόριον καὶ ἄκρον	πδ	ιβ (ἥμισυ)
Τρουλλα λιμήν	πδ	ιβ (τρίτον)
Μαιθαθ κώμη	πδ (τρίτον)	ιγ
Πριονωτον ὄρος	πδ (τὰ δύο μέρη)	ιγ
Πρίονος ποταμοῦ ἐκβολαί	πε	ιγ (ἥμισυ)
αἱ πηγαί τοῦ ποταμοῦ	πβ	ιζ (ἥμισυ)
Ἔμβολον κώμη	πε (ἥμισυ)	ιγ (ἥμισυ)
Τρητὸς λιμήν	πς (τρίτον)	ιγ (ἥμισυ)(τέταρτον)
Θιαλημαθ κώμη	πζ	ιδ
Μοσχα λιμήν	πη (ἥμισυ)	ιδ
Σύαγρος ἄκρα	ϙ	ιδ

4 αδα Ξ   5 ετισθη Ξ   7 ια (ἥμισυ) Ωιλβεργ   9 μεθαθ Ξ

« Pays des Hadramites :	[longitude]	[latitude]
ville d'Abisama	82°	11° 45'
Grand rivage	82° 30'	11° 30'
village de Mada (*ou* Ada)	83°	11° 30'
ville d'Eristhè	83° 30'	11° 45'
Petit rivage	83° 40'	11° 30'
port commercial et promontoire de Kanè	84°	12° 30'
port de Troulla	84°	12° 20'
village de Maithath	84° 20'	13°
mont Priônotos	84° 40'	13°
embouchure du fleuve Priôn	85°	13° 30'
les sources du fleuve	82°	17° 30°
village de la Pointe (?)	85° 30'	13° 30'
Port-Troué	86° 20'	13° 45'
village de Thialèmath	87°	14°
port de Moscha	88° 30'	14°
cap Suagros	90°	14° ».

---

60. Les leçons retenues ne sont pas forcément celles de l'édition Nobbe, mais soit celles du manuscrit de la *Géographie* considéré comme le meilleur, le *Vat. gr.* 191 (XIIIe siècle) (= X), soit celles du plus ancien, le *Vat.Urbin. gr.* 82 (XII-XIIIe siècle) (= U) ; ces deux mss. dérivent chacun d'une des deux recensions de l'archétype.

9. Ptol. *Geogr.* 8.22.9

ἡ δὲ Κάνη τὴν μεγίστην ἡμέραν ἔχει ὡρῶν ιβ (ἡμίσεος)(τετάρτου) καὶ διέστηκεν Ἀλεξανδρείας πρὸς ἀνατολὰς ὥρᾳ μίᾳ ἡμίσει καὶ δεκάτῳ· ὁ δὲ ἥλιος ἐκεῖ δὶς τοῦ ἔτους γίνεται κατὰ κορυφὴν, ἀπέχων τῆς θερινῆς τροπῆς ἐφ' ἑκάτερα μοίρας νθ.

« À Kanè, le plus long jour fait 12 heures 45' (1) et Kanè se situe à une heure et demie un dixième à l'est d'Alexandrie (2) ; le soleil y passe au zénith deux fois par an lorsqu'il est éloigné du tropique d'été de 59 degrés (3) de part et d'autre *(de ce point)* ».

(1) C'est la longueur de jour qui caractérise, dans *Alm.* 2.6, le quatrième parallèle, que Ptolémée situe à 12° 30' au N de l'équateur et qu'il fait passer à travers le golfe d'Adoulis (*Alm.* 2.6. = éd. M. Halma, Paris 1813, I, p. 80).

(2) Soit 1 heure 36 minutes, ce qui correspond à un écart de longitude de 24° ; l'intervalle réel entre Qāni' et le méridien d'Alexandrie est de 18° 26' soit, en termes horaires, 1 heure 13 minutes 44 secondes.

(3) Divergence par rapport à *Alm.* 2.6, où la mesure donnée pour le parallèle du golfe d'Adoulis est 57°2/3 (57° 40').

XXII

WINE AND VINEYARDS IN ANCIENT YEMEN

Viticulture in the ancient Near East goes back to prehistory. Drinking wine was known in Egypt and Mesopotamia probably before the beginning of the third millennium B.C., and viticulture in Yemen can also be traced back to very early times. It may have been introduced to Yemen from Syria-Palestine sometime in the second millennium B.C. and seems to have been fully acclimatised from the beginning of the first millennium B.C. It is to be noted that the earliest indication of viticulture was found in upper Mesopotamia, north Syria and south Asia Minor, and several scholars have suggested that this is the original home of the grapevine *(Vitis vinifera)* (Dalman, 1935, IV, p. 291-339; Goor & Nurock, 1968, p. 18-45). Besides Yemen, other places were known for cultivating grapevines in Arabia such as Tabūk, Oman and especially aṭ-Ṭā'if, which was famous for producing wine in the pre-Islamic era. The grapes and raisins of aṭ-Ṭā'if were very well known in the early Islamic period. For the reconstruction of past vegetation there are two main sources of data, namely the botanical remains from archaeological excavations and written documents. This study is based mainly on written documents since there is no accurate research on plant remains in Yemen due to the lack of excavations and little has been done on the study of its agriculture (Grohmann, 1922; Höfner, 1989; Hehmeyer, 1991).

Our information about viticulture and wine in pre-Islamic Arabia is drawn from Arabic sources (Heine, 1982), South Arabian inscriptions, Classical authors and archaeological discoveries. This paper will give a general presentation of wine and vineyards in pre-Islamic Yemen according to the available materials, especially South Arabian inscriptions.

Vineyards

Yemen and aṭ-Ṭā'if have the best climate and are therefore the most suitable places for growing grapevines in Arabia. While vineyards were already widespread in Syria-Palestine in the third millennium B.C., it seems that they spread to Yemen only in the beginning of the first millennium B.C. Grapevines were planted in several regions in Yemen, particularly in the Yemeni highlands such as Šibām/Kawkabān. The most important territories for growing grapevines are situated near Ṣan'ā', such as Banū Ḥušaiš, Banū al-Ḥāriṯ and Ḫaulān, as well as Ṣa'da, Naǧrān, Radā' and Ma'rib. Apparently, the vineyard centers in antiquity have remained throughout the ages and are still centers for cultivating grapevines today (*al-Mawsū'a al-Yamaniyya*, p. 695; Varisco, 1994, 186f).

A vineyard is usually understood as such if it has more than five grapevines planted in it, but a vineyard may have hundreds or thousands. The most common word for vineyard in Arabic is *karm*. The Arabic words *karm* (pl. *kurūm*), which also means « vine, grapes, grapevines, garden, orchard », and *karma* « grapevine, vine » go back to the Canaanite *krm* with the same meaning (Dalman, 1935, IV, p. 291-339). However, the Canaanite *krm* is familiar to all northwest Semitic languages and entered Arabic through Aramaic. The Canaanite word *krm* was also borrowed by the Egyptians with the same meaning (Hoch, 1994, 330f.). Of importance is the occurrence of *kurūm Šibām* « Vineyards of Šibām/Kawkabān » in the work of the pre-Islamic poet Imru' al-Qays (*Dīwān Imri' al-Qays*, 163). The Arabic word *dāliya* (pl. *dawālī*) also seems to be of Canaanite origin. In Akkadian the word *karānu* means « wine, grapevine, grapes » (*CAD*, K, 202). However, it appears that the viticulture traditions in Yemen were quite different from those of Mesopotamia and Syria-Palestine. This means that the internal development of viniculture which took place in Yemen may be demonstrated here according to the special terms for several kinds of wine and vineyards gained from South Arabian inscriptions (see below). At the same time it should be taken into account that several terms for viticulture in Yemen are common Semitic.

gpn and *dlyt* were the most common words used for « vine, grape » along with *krm* in Syria-Palestine in ancient times. In South Arabia the words that were used for « vine, grapevine » are: *wayn*, *ḥabala* (Al-Selwi, 1987, 66f.), *šağarat al-'inab* and *šağarat al-ḫamr* (*al-Iklīl* I, p. 27).

The word *ğafna* (pl. *ğafanāt*), which is mentioned in Arabic lexicons to be a Yemeni word, seems to be a common West Semitic word since it is attested in Ugarit, Aramaic and Biblical Hebrew (see also Akkadian *gapnu* « tree, fruit tree or vine », *CAD*, G, 44).

We do not have data about names of grapes from the inscriptions, although we do have different names for wine. Meanwhile, it seems that some of the wines carried the same name as the grape itself such as *ġrbb* (see below). Noteworthy is that pre-Islamic Arabs used names for wine according to its color, such as *kumait* « red wine » or to a place such as *bābiliyya* « from Babylon ».

We have some information about wine grapes from Arabic sources. Al-Hamdānī mentions an account of more than nineteen kinds of wine grapes grown in Yemen (al-Iklīl, VIII, 119f; al-Hamdānī, Ṣifa 196; Grohmann, 1922, p. 234-38) while Ibn Rusta states that there were more than seventy kinds of grapes in Yemen (Varisco, 1994, 186f). According to information gained from Arabic Classical sources about practising viticulture in Yemen, there are at least 40 kinds of wine grapes in this country. Some of them are well known in Syria-Palestine, such as *rāziqī*, *šāmī*, *ḥalawānī*, *rūmī*, and might have been introduced to Yemen from there. However, it seems that various kinds of grapes in ancient Yemen were not widely different from those known at the time of al-Hamdānī (10th century A.D.) and in modern times. These grapes are divided into three main groups: white, black and red grapes. All the names of the grapes that were counted by al-Hamdānī or the modern names could be put under these three main categories (*al-Mawsū'a al-Yamaniyya*, p. 695).

The grapes of Arabia are mentioned by Classical authors. Diodorus maintains that the island Panchaia (Soqoṭrā) produced different kind of grapes (V 45/2), and Pliny also mentions the grapes of Arabia (*Naturalis His.*, XIV 20, 122).

The South Arabian inscriptions are the most important sources of our information about vineyards in antique Yemen. Vineyards are attested several times in the inscriptions. But, unfortunately, the inscriptions do not help us draw a picture about methods of growing and cultivating the vine due to their lack of such information. Nevertheless, a careful examination of the evidence in these inscriptions and the combination of data enables us to reconstruct an idea of the vineyards in ancient Yemen. At any rate, we do have some indications about the practice of growing the grapevines in ancient Yemen from proper names. The personal name *wynn* « wine-grower » (*RES* 3902/154) and the tribe name *bny 'ṯkln* are good examples for this (Harding, 1971, p. 407). The word *'ṯkln* means « wine-cluster », which seems to be a designation for this tribe as wine-growers. Vineyards are always mentioned in a general context such as in dedication inscriptions. Nevertheless, the inscriptions inform us that there were different kinds of vineyards in ancient South Arabia through the use of variant terms, such as *wyn*, *'md*, *ḥblt*, *'nb*. However, the distinction between the different varieties of these terms seems to be very fine in many cases, even obscure. The following is a description of these vineyards.

wyn

The word *wyn* (pl. *'ywn* with a metathesis *w* to *y*, the form *yyn* is also attested, *Sab.Dic.*, 166) means « vineyard » in South Arabian inscriptions (Hommel, 1889, p. 653-63; Nöldeke, 1910, p. 64). In Classical Arabic the word *wayn* means « black grapes » or « white grapes ». This West Semitic word *wyn/yyn* means also « wine ». Apparently the Greek word *oinos* stems from this Semitic word. Of importance is the attestation of *wayn* (pl. *'awyān*) in Ge'ez in the meaning of « vine, wine, grapes » in addition to *'aṣada wayn* « vineyard » (Leslau, 1991, p. 623) and *'awda wayn* (Leslau, 1991, p. 77). Some inscriptions give us information about the cultivation of these vineyards but we still do not have a clear and accurate picture.

The word *wyn* is the most frequently attested term among other vocabularies designating the different kinds of vineyards in South Arabian inscriptions. Sometimes it is mentioned in inscriptions providing no accurate information about the vineyard, *e.g.* *w*[*y*]*nhmw* « their vineyard » (*CIH* 11/3). Occasionally the word *wyn* is mentioned in an ambiguous context (*CIH* 522/2-3). A Sabaic inscription mentions that vineyard could have been located near a house as follows: *wyn / ḏḫlf / bythmw* « The vineyard behind their house » (*CIH* 276/3).

Vineyards could have been private property or possessed by a temple. According to a Sabaic inscription, one vineyard seems to have been the property of a temple. This inscription mentions that this vineyard was dedicated to the deity and that the cultivator paid the tithe to the temple (*wyn / y'šrn*, *as-Sawdā'* 52/4-5 = *CIH* 440/4-5). Some people used to grow their vineyards in protection of a deity. A Sabaic inscription states such information as follows: *wrṯd[w] / w[y]nhmw / b'l / bklm / w'b'l / bythmw* « They committed their vineyard in the protection of the Master of Bakīlum and the Masters of their houses (tribes) » (*CIH* 228/2-3).

Sometimes a vineyard is mentioned only in the general context of dedication inscriptions. A Sabaic inscription of that category talks about the safety of the family, the children and the vineyards etc. (*RES* 4057/d, 4; cf. also E 29/2).

There is some data about the irrigation of vineyards, as in the Sabaic inscription *RES* 4196/2. It mentions: *brw'/ whwṯr / whšqr / m'glyhmw / swrm / wyr'ẓ / b'ly / wynhmw / ḏqyln* « They constructed, laid foundations and completed their two cisterns Sawrum and Yar'aẓ in their vineyard, that of the Qayl ». There is no really good information about royal vineyards. However, this inscription informs us that this vineyard was the property of a Qayl.

Terraced vineyards are designated by special terms in the inscriptions. A Sabaic inscription mentions: *'šq / 'ywnhmw* « The terracing of their vineyards » (*RES* 4194/3; *Sab.Dic.*, 21). Such information is also mentioned in a Qatabanian inscription as follows: *'ywnm / ḏkwn / b'šqt* « Vineyards that were in terraces » (*RES* 4230/c 1).

Some vineyards are designated in Sabaic inscriptions by their names. This kind of vineyard seems to be larger and more important since most of them had irrigation systems. The following is a presentation of some of them.

The Sabaic inscription Van Lessen 18 is recorded to have been found in Aryab (Höfner, 1987, 38f; Ghūl, 1993, 167f; Ja 1093; Jamme, 1971, 91f). It gives some information about this subject. The reading and translation of this text are as follows:

1. *hwf'm / ḏ'rgn / hqḥ / wbql / wyn*
2. *hw / ḏ'ln / bbḏ' / hgrn / hkr / wmrw*
3. *hw / tgyb/ lhw / wl / ḏ'ḏrhw / 'b'l*
4. *'bythmw / brd' / šmshw / wmnḏ*
5. [*ḥhw*]

Translation

1. Hawf'amm of the (tribe) 'Urğān has constructed his water-system and planted his vineyard
2. Ḏu-Ulān in the vicinity the city Hakar and its irrigation canal
3. Tagyib for himself and his dependents, chiefs
4. of their tribes, with the help of his sun-goddess and his irrigation deity.

The name of the irrigation canal Tagyib may be interpreted according to the Arabic root *ğāba* « to bring ». Moreover, the Sabaic inscription Van Lessen 23/9 states that some people mentioned with their names that they « constructed their irrigation canal for their vineyard *yšgb* » (*w'mlw* [/] *ḥrt / wynhmw / yšgb*) in Wādī Širğān (al-Sheiba, 1987, p. 61).

Another Sabaic inscription refers to irrigation vineyards as follows: *wfdy / yynhmw / 'mn / bny / ['*]*rm / 'bš*[*r*]*n / wbql / w*[*y*]*nhmw / ḏšbzn* « And they redeemed their vineyards from Banū *'rm 'bšrn* and planted their vineyard *ḏšbzn* » (Ist 7630/4-6). The name of the vineyard *ḏšbzn* is be noticed here. Its location is unknown (al-Sheiba, 1987, p. 28).

The Sabaic inscriptions YMN 9 and Gar AY 7 inform us about the construction of water systems for the irrigation of a *wyn*-vineyard. The name of the vineyard in YMN 9/3 is mentioned as *klnm*. Its location is mentioned in the same inscription to be in a Wādī called *srn / rḥbm* and is identified as Qā' al-Mi'sāl (al-Sheiba, 1987, p. 30, 49). *ḏt qrnn* as a name of vineyards (*'ywn*) also appears in a Sabaic inscription. This place is located according to al-Sheiba in the modern place az-Zāhir (Robin-az-Zāhir, 1/3-4; al-Sheiba, 1987, p. 47).

Vineyard is mentioned together with the word *mzr* « wine » in the so-called *suns* hymn, an inscription written on a rock discovered in Wādī Qāniya in the region of as-Sawādiyya ('Abdallāh, 1988, p. 81-100). The words are found in line 13: *wyn / mzr / kn / kšqḥk* « Your shining caused the vineyard to become wine ».

'md

The word *'md* (pl. *'md*) means « vineyard » in South Arabian inscriptions (*Sab.Dic.*, 16). It derives from a root *'md* (see Arabic *'amada* to support, to intend, see further *'amad* « support », *'imād* « pole, column »). There is dispute among authorities as to the accurate meaning of *'md* (*Sab.Dic.*, 16; Biella, 1982, 370f). One of its possible meanings is « irrigated land » (*Sab.Dic.*, 16). However, *‘md* with the meaning « support for vines, vine-stocks » is also plausible (*Sab.Dic.*, 16; Beeston, 1978, p. 208).

The methods for growing vines that were used or are still in use today could help us understand the exact meaning of *‘md*. However, grapes were grown in different ways.

First of all, the trunk and branches of the vines may be left creeping along the ground, or they may be supported by a more developed method which is defined as trellis or pergolas. The latter is constructed in such a manner that the vine was trailed over a pole, a pillar or a stick. It must be noted that a vine is a plant whose stem requires support and which climbs by tendrils or twining. Since the branches of a vine grow very quickly and might reach a length of 1-4 meters, the trunk could possibly be unable to carry the heavy clusters of grapes, and because the branches of grapes can mature in the shade, the trunk must necessarily be supported on a pole. In general, vines in the ancient Near East are trailed on poles or trellis, much as they are in other parts of the world.

Arabic authorities describe methods for the growing of the vine. They mention that if the vine is supported by a pole the vineyard is then called *ma‘rūš*, *‘arīš* and *mu‘arraš*. These terms which derive from the Arabic root *‘rš* « to erect a trellis (for a grapevine) » mean « trellis for grapevines, pergola » (al-Muḫaṣṣaṣ, 11, 66f; Lane, p. 1999f). Meanwhile, the term *mismāk* « vine-stock » (root *smk* « to support ») which has the same meaning as *‘md* « supporter, vine-stock » (*‘md* « to support » – the vine) in ancient Yemen may be a good parallel for the interpretation of this term. Arabic authors state that every supporter or pole for a vine was called *mismāk* or *simāk* (pl. *sumuk*, al- Muḫaṣṣaṣ, 11, 67). However, the term *mismāk* with the meaning « vine-stock », which might be of Aramaic or Canaanite origin is still used in Palestine in the traditional method of growing the vine. According to this interpretation, it seems that the word *‘md* in the inscriptions means not only « vine-stock » but also designates the vine which is supported with it and this is in addition to the common meaning « vineyard ». However, there is no representation of a whole tree of vine in the South Arabian reliefs. Only branches and leaves of the vine along with wine-clusters are found. These are typical ornaments in the South Arabian reliefs. Noteworthy is the representation of the vine and vineyards in the Assyrian reliefs (Bleibtreu, 1980, p. 131-38).

At any rate, the vines grown on poles are the *‘md*-vineyards in ancient Yemen. This kind of vineyard seems to be the same vineyard occurring in the Qur'ān as follows: *ǧannātin ma‘rūšātin wa-ġaira ma‘rūšātin* « Gardens, with trellises and without » (Sure 6, 141). This method of cultivating vines is well known in the other parts of the Near East, both in antiquity and today.

A votive inscription from Maḥram Bilqīs (*CIAS*, 39.11/06, no. 6, see A.F.L. Beeston, *CIAS* II, 83f) demonstrates the occurrence of *‘md*-vineyard with other plantations as follows:

4. *bḏt / ḫmrhmw / ʾlmqh / stwfyn / bk*
5. *l / tbqlt / bqlw / bʾrḍhmw / ʾrḍ / b*
6. *ny / ‘šrm / ʾ‘mdm / wʾ‘lbm / wʾbwnm*

Translation

4. In gratitude because Almaqah granted them a safeguard
5. in all plantations which they carried out in their land, the land of Banū
6. *‘šrm*, namely vineyards, *‘ilb*-trees and *bān*-trees.

In addition to this inscription, there are several inscriptions that mention *'md*-vineyard in connection with the *'ilb*-tree « Zizyphus spina Christi » in a general context (*CIH* 610/3; *CIH* 611/5). The vineyards of Ma'rib are also mentioned in a Sabaic inscription as follows: *wybsw / 'mṭrn / whmḫlt / kl / 'srr / w'kl' / mrb / wmwt / ḏbh / ''mdn / bn/ ṣm'm / wybs / ḏbn / 'b'rn* « And all rainy irrigated fields dried up and all Wādīs and pasture-grounds of Ma'rib suffered from drought and vineyards which were located in it died from thirst and wells dried up » (Ja 735/6-7, see Müller, 1988, p. 450-52).

A Sabaic inscription mentions the destruction of a vineyard probably in a military action in the territory of Nağrān, *wygbḏ[w / ... s]ṯy / ''lfm / ''mdm* « They ravaged ... sixty thousand grapevines » (Ja 577/14-15). Other inscriptions also inform us about the destruction of fields and vineyards in ancient Yemen (*Sab.Dic.*, 48). Such customs were carried out in military invasions, such as by a governor of the Egyptian Pharaoh Pepi I (24th century B.C.) who felled the vines in Palestine (Redford, 1993, p. 54), and similar actions seem to have continued in Arabia. The prophet Muhammad, for example, ordered the destruction of the vineyards during the siege of aṭ-Ṭā'if (Ibn Hišām, vol. II, p. 483).

'nb

The vineyard *'nb* (pl. *''nb*) seems to be a general designation of « vineyard » in Sabaic (*Sab.Dic.*, 17). The word *'nb* is common Semitic and carries the meaning « grapes ».

In a Sabaic dedication inscription *''nb* are mentioned in the following context*: wl / s'dhmw / n'mtm / w'ṯmrm / 'dy / ''nbhmw* « And to grant them prosperity and a fruitful season from their vineyards » (*CIH* 342/9-12). *''nb* « vineyards » also occur in two dedication inscriptions from Maḥram Bilqīs (Ja 620/12; Ja 730/7).

We also have some information about the irrigation of such vineyards. A Sabaic inscription mentions [...]*ḫmst / ''nbm / mḏbn / ḏswmn* « [For the irrigation of] five vineyards (through the) canal Ḏū-Sawmān » (Gl 1442).

It is to be noted that vineyards in their varieties are the second most frequently attested term for fruit plantation after palmgroves (*'nḫl*) in ancient Yemen. Vineyards and palmgroves occur side by side in a Sabaic inscription (*'nḫl / w''nb*, *CIH* 604/2). These are also attested in the same order in the Qur'ān as follows*: wa min ṯamarāti n-naḫīli wal-'a'nābi tattaḫiḏūna minhu sakaran* « And of the fruits of the palms and the grapes, you obtain from them intoxicants » (Sura, 16, 67). It may be assumed that the people to whom this verse was addressed were the people of Yemen. This can be maintained not only because the palm and the wine grapes in Arabia are mostly planted in relation to each other in Yemen, but also because the oldest indication for making wine from these two fruits in Arabia is also in Yemen.

ḥbl

This kind of vineyard seems to be the one planted on terraces. *ḥbl* is always attested in Sabaic inscriptions in pl. *ḥblt*. The word *ḥabala* occurs as a kind of grape in aṭ-Ṭā'if. However, the word *ḥbl* itself means « a grapevine, a stock of a grapevine » (Lane, p. 505). Furthermore, the word *ḥabala* (pl. *ḥabalāt*) is registered to be of a Yemeni origin and is given the meaning

« a grapevine » (Al-Selwi, 1987, p. 66-67). Authorities have suggested that the word *ḥbl* means « terrace field, terraced vineyard » (*Sab.Dic.*, 65). Other scholars have proposed that this word means only « a grapevine » (*SEG* VII, 33; Al-Selwi, 1987, p. 67). However, according to several examples it seems that the word *ḥbl* is more likely to mean « a terraced vineyard ».

In a Sabaic votive inscription the term *ḥblt* occurs as follows: *wlwfyhmw / wlḫmrhmw / 'fqlm / n'dm / 'dy / ḥblthmw / w'brthmw* « To save and to grant them luxuriant crops from their vineyards and Wādī-side fields » (*CIH* 343/4-5). One Sabaic inscription provides an indication for a « decease of vineyards » (*qlmt / ḥb*[*l*]*tn*, E 24). Another Sabaic inscription informs us about « A bad drought which affected their vineyards and vines » (*ḫybt / nkrw / b''nbhmw / wḥblthmw*, Gl 1441/3). In this case it is obvious that *ḥblt* means « vine ». A further Sabaic inscription gives information about ravaging a vineyard as follows: *wgbḏw / kl / ḥblthw* « They ravaged their vineyards » (*CIH* 308/ 23; see also *CIH* 308 bis/17).

In the agricultural terms of ancient Yemen the term *grbt* « lay out fields in terraces » (*Sab.Dic.*, 50) is of importance. It has continued to be used throughout the ages up to today, and one kind of these *ğirab* (sg. *ğirba*) is described as *ḏī al-a'mād*. This designation for this kind of *ğirba* makes it clear that it is a vineyard (al-Iryānī, *al-Mu'ğam al-yamanī*, 133).

Vineyards were usually combined with wine-presses for preparing wine from grapes. Wine-presses in vineyards have been found in Palestine from the third millennium B.C. (Goor & Nurock, 1968, p. 18-45). However, there is no available data about this in ancient Yemen, and should be investigated. In a Sabaic inscription the word *mwht* may have the meaning of a « wine-press » as it has been suggested by the *Sab.Dic.*, 159. This wine-press is mentioned in relation to a vineyard: *'rḍtn / w'nḫln / w''nbn / wmwhtn* « The land, the palm groves, the vineyards and the wine-press » (*CIH* 604/5; Ghūl, 1993, p. 69). Al-Hamdānī and other Arabic authors mention that the pre-Islamic poet al-A'šā had his own wine-press in Aṯāfit in Yemen (Al-Hamdānī, *Ṣifat*, 66).

Wine

The people of ancient Yemen used wine grapes for eating and making raisins (Maraqten, 1993). By pressing them they yielded juice which could be drunk or fermented to make wine, a beverage which seems to have been widespread in pre-Islamic Yemen. They also produced wine not only for drinking but also for exporting. It appears that there were centers for producing wine and that Šibām/Kawkabān was one of these centers. The red wine of Šibām is mentioned in addition to the red wine of 'Āna by the pre-Islamic poet Imru' al-Qays (*Dīwān Imri' al-Qays*, 163). 'Āna is located on the Euphrates and was a famous place for wine in antiquity and continued in Islam.

In ancient South Arabia, North Arabia and other parts of the ancient Near East, wine was produced from dates, wine grapes, honey and cereals (Sadan, 1978, 997f; Grohmann, 1922, p. 234-38). Pliny and Strabo write that Arabs used to produce wine from dates (Strabo XVI, 4.25; Pliny VI, 32).

According to Diodorus, Osiris had discovered wine near Nysa in *Arabia Felix* (Diodorus I, 15; III, 64, 66). Moreover, Dionysus was reared in Nysa, where he discovered wine and « taught mankind how to cultivate the vine » (Diodorus IV, 2). However, the location of Nysa is still ambiguous.

South Arabs produced their drinks from different sources such as grapes, cereals, dates and honey. However, Strabo states that in *Arabia Felix* « The greater part of their wine is made from the palm » (Strabo XVI, 4.25). However, one old tradition of making wine and beer continued in the modern period (Grohmann, 1933, 51f). Homemade wine is still produced today secretly or for the black market. According to the *Periplus*, wine was produced in large quantities in Southern Arabia (Casson, 1989, p. 61, § 17).

We do not have information about methods of making wine in ancient Yemen, but they may have used the same steps as in the other parts of the ancient Near East. These are: pressing, fermenting, filtration, filling, and then storage and transport.

There is no solid information about wine vessels in ancient Yemen. The identification of wine vessels from archaeological discoveries needs more research, and the inscriptions give us only a few facts. But Arabic sources provide many terms for wine vessels, and some of them were used in pre-Islamic Arabia. The most common vessels for preparing, storing and transporting wine are jars, bottles, wine-casks and wine-skins (*ziqq*, *saqāʾ* etc., Sabaic, *sqy* *Sab.Dic.*, 128; *saqāʾ* is usually a « water-skin »: see also Sabaic *mqdḥ* « cup, vessel for offerings », *Sab.Dic.*, 103). These wine-skins were used all over Arabia. There were several terms for different kinds of wine-skins.

There were vessels which were made out of the trunks of palm trees and were used for preparing date-wine in East and Central Arabia like palm-trunks (*naqīr*) « tiny spot on a date pit » (Wensinck, 6, p. 533). The well-known *faṣī*-wine in Yaṯrib and East Arabia was fermented in *mafāḍiḫ* « wine vessels » (sg. *mafḍaḫ*, Wensinck, 5, p. 156). The *faḍīḫ*, which was named after these vessels and was made from dates, continued to be drunk in Zabīd in Islamic Yemen (Varisco, 1994, p. 158). In addition to this, there were baskets (*muzaffat*, Wensinck, 2, p. 337) which were made of palm leaves and coated inside with asphalt to protect the liquid and used in Central and East Arabia. These vessels may also have been used in Yemen.

Wine filters were also used. In Arabic, the words *miṣfāh* and *rāwūq* refer to wine filters. *miṣalla* and *mišḫala* « filter, wine strainer » are recorded to be of Yemeni origin (*al-Muḫaṣṣaṣ*, 11, 89). The people used mostly cups, bowls and goblets to drink wine. Ibn Sīda registered more than fifty wine vessels in Arabic (*al-Muḫaṣṣaṣ*, 11, 82-87).

The people of South Arabia distinguished between several kinds of wine by different names. However, the distinction between the *mizr* made from date or that *mizr* which was made from cereals is not clear, unless we accept that *mizr* was used for all fermented beverages. In most modern languages, wines and fruit wines are distinguished from beer and other drinks made from cereals, and the processes differ quite considerably, as do the tastes of the products. A common term for all fermented drinks in pre-Islamic Arabia and still used today is the word *ḫamr*, which is usually translated as « wine ». The term wine is used here in this sense.

We have some data about wine in South Arabic from the following inscriptions:

1. *CIH* 540

45. ... / *w*
46. *ṯlṯy / wʾrbʿ / mʾt*
47. *m / ʾʾblm / sqym /*
48. *ġrbbm / wfṣym /*
49. *wṯty / mʾtn / ʾʾ*
50. *blm / mzrm / ḏtm*
51. *rm*...

91. *...ws*
92. *ṯ / mʾtm / ʾʾbl*
93. *m / sqym / ġrbb*
94. *m / wfṣym...*

45. and
46. four hundred and thirty
47. camel-loads wineskins
48. of *ġirbīb*-wine and *faṣy*-wine.
49. Two hundred
50. camel-loads of *mizr*-wine from
51. date...

91. ... and six
92. hundred camel-loads
93. wine-skins *ġirbīb*-wine
94. and *faṣy*-wine...

2. *CIH* 541

127. *wṯlṯ / mʾtm / ʾʾblm /*
128. *sqym / ġrbbm / wfṣym*
129. *wʾḥd / ʿšr / ʾʾlfm / ʾl*
130. *ḥlb / sqym / ḏtmrm*

127. and three hundred camel-loads
128. wine-skins of *ġirbīb*-wine and *faṣy* -wine
129. and eleven thousand
130. (*ḥalab*-wine ?), a drink of dates

The wine of Yemen was designated by pre-Islamic poets as *ar-rāḥ al-yamānī.* This is mentioned by the pre-Islamic poet Imru' al-Qays (al-Hamdānī, *Ṣifat*, 198). Other terms for the wine of Yemen are to be found in Arabic sources and South Arabian inscriptions. The most important data about wine in these inscriptions are gained from the two inscriptions mentioned above (*CIH* 540, 541), which refer to the reconstruction of the dam of Ma'rib. After mentioning the food, they then record the different kinds of drinks. The following is a discussion of the different beverage drinks in ancient Yemen.

1. *mzr/mizr*. It is cited in South Arabian inscriptions (*CIH* 540/50; ʿAbdallāh, 1988, p. 81-100). The Arabic Classical authors considered this word to be a Yemeni word (Al-Selwi, 1987, p. 198). These authors agree that *mizr* is a kind of drink produced from cereals: dura, corn or barley often mixed with honey (Al-Selwi, 1987, p. 198). In a Sabaic inscription « *mzr* of dates » (*mzr ḏtmrm*) is attested (*CIH* 540/50). Obviously, *mizr* was a favorite drink; it has been described by Arab authors to be the wine itself (*wal-mizr huwa l-ḫamr*). The prophet Muḥammad said: « Allah prohibited *al-ḫamr* (wine) *wal-maysir* (gambling) *wal-mizr* for my community » (Wensinck, 6, p. 206). *mizr* along with *bitʿ* are considered to be national drinks in Yemen. They continued to be consumed in the Islamic period. It is interesting that we find *mizr* in Egypt in the Islamic period (Ibn al-Baiṭār, IV, p. 155). However, Ibn al-Baiṭār describes *mizr*

mizr is primarily considered to be a kind of beer. It was also used at the same time for different kinds of beer and wine.

2. *fṣym*: It is a kind of raisin wine in Sabaic (*CIH* 540/48, 94; *CIH* 541/128).

3. *ḥlb*: It is interpreted to be *šarāb at-tamr* « date drink » (*Lisān*, article *ḥlb*). *ḥlb* may be found in a Sabaic inscription (*CIH* 541/130). *ḥlb* is also considered to be a « measure of volume » in the *Sab.Dic.*, 67.

4. *ġrbbm*: *ġirbīb* is a kind of red or dark [black] wine prepared from black grapes. Its name is based on its color *ġirbīb* « black ». *ġirbīb* is a kind of high quality black grape grown in aṭ-Ṭā'if; this is mentioned by Arabic authors (*Lisān*, article *ġrb*). It is also found in Sabaic inscriptions (*CIH* 540/48, 93; *CIH* 541/128).

5. *bit'*: It is a drink from Yemen made from honey (Al-Selwi, 1987, p. 40). The prophet Muḥammad was told by somebody from Yemen: «... There is a drink in our land made from honey called *bit'* ». This drink continued to be drunk not only in Yemen but also in Egypt (Ibn Qutaiba, p. 182).

6. *ġubayrā'*: This is also a drink made from wheat or barley, and it is mentioned in a Ḥadīṯ as the following: « Some people from Yemen came to the prophet Muḥammad ... and asked him about a drink made from wheat or barley ... called al-*ġubayrā'* » (*Lisān* article *ġbr*). There are also other drinks which were known in pre-Islamic Arabia and seem to have been connected to Yemen such as *sukruka* or *sukurka* (or *suqurqa'*) which is noted by Arab authors to be an Ethiopian drink made from dura. It is also described as *ġubayrā'* itself (*Lisān*, article *skr*).

7. *ṣa'f*: It is a wine used in Yemen; it is prepared from grapes and sometimes mixed with honey and also described as a fermented drink made from honey (Al-Selwi, 1987, p. 133). The word *ṣā'f* means « new wine » in Ethiopian (Leslau, 1991, p. 543). A person who is drunk through *ṣa'f* is described to be *ṣa'fān* just like *sakrān* « drunk ».

8. *ḫamr*: This word means « wine grapes, wine ». It is a general word in Arabic for all alcoholic drinks. (Al-Selwi, 1987, p. 80). It is a common West Semitic word for wine and originally was used only for red wine. Al-Hamdānī states two places for producing wine: Wādī Ḍahr (*ḫamr ḍahr*) and Iāt (*ḫamr ṯāt*) near Ḏamār (Al- Hamdānī, — *Ṣifat*, 129).

9. *myṯ*: There are also other words in South Arabic inscriptions which could have the meaning « wine » like *myṯ* (*Sab.Dic.*, 89).

Little is known about daily life from South Arabian inscriptions and especially about foods and drinks. However, drinking wine was widespread there. The fact that there are several terms for wine in South Arabian inscriptions, or registered in Arabic sources to be of Yemeni origin, is an indication that wine was an important part of the daily life and culture of pre-Islamic South Arabia.

We do not know about the daily life of taverns in South Arabia from the inscriptions. But the daily life of the taverns in pre-Islamic Arabia at the advent of Islam is described in detail in the wine poems of pre-Islamic poetry (al-Asad, 1988, p. 64). One of the most important features of the drinking scenes in the ancient Near East are the presentations of singing, dancing – for the most part girls – and the serving of drinks, beer or wine. Mostly females served in the taverns. However, we are informed about the singing girls (*qiyān, qaināt*, sg. *qaina*); mostly only two who danced, sang and served wine in these bars are mentioned.

Arabic sources mention that the Ḥimyarite king ʿAmr b. ʿĀmir Muzaiqiyyā used to go to some of his gardens accompanied by his two singing-girls (*qaynatān*) (*at-Tīǧān*, 276). These sources add that during his reign the famous dam of Mārib was destroyed. Moreover, these sources claim that the Ḥimyarite king ʿAmr b. Ḏū al-Aḏʿār used to drink wine in the company of the daughters of the kings of Ḥimyar and had sexual intercourse with them. This king was invited to a drink by Bilqīs before she was the queen of Saba; she killed him when he was drunk (*at-Tīǧān*, 159).

Wine banquets with singing-girls (*qiyān*) are recorded by Arab authors. Moreover, these authors mention many stories about wine drinking among pre-Islamic Arabs (al-Asad, 1988, p. 54-61). Al-Hamdānī mentions singing-girls from the time of the ancient Arab tribe ʿĀd (al-Iklīl, VIII, p. 215-17). According to Arabic traditions, this ancient tribe lived immediately after Noah, in the desert al-Aḥqāf. A good example for such stories is the story of the delegation of ʿĀd which had been sent to Mecca. It is mentioned by several Arabic authors and is described by aṭ-Ṭabarī as follows: « When the ʿĀd delegation stopped off at the home of Muʿāwiya b. Bakr, they remained with him for a month, drinking wine while the two singing-girls (the two were called *al-ǧaradatān* "two locusts") of Muʿāwiya b. Bakr sang for them » (aṭ-Ṭabarī, I, 219f).

Unfortunately, in Arabia we do not have drinking scenes like those of Mesopotamia, Syria or Egypt. Nevertheless, we have a banquet scene from South Arabia in a Sabaic funeral stele on which a Sabaic inscription is engraved on its upper part (*CIH* 445) and the first register shows a scene of singing-girls and drinking wine (Grohmann, 1963, p. 225, Pl. XVII,1).

Greek and Roman wine banquets have been the subject of intensive studies, yet discussions on this subject in the ancient Near East did not accommodate pre-Islamic Arabia. Ritual banquets in ancient South Arabia have been studied by J. Ryckmans (1973) and A. Lundin (1990). Meanwhile, good data about banquets is available from the ancient Near East (Collon, 1992, p. 23-30).

We do not have accurate information about sacral wine banquets in South Arabia. The representations of wine drinking on some South Arabian stele cannot be proved to be sacral scenes. There is no solid data about a wine deity like Dionysus of the Hellenistic world in South Arabia. Nevertheless, there are some indications that the Sabaic deity Almaqah took the role of Dionysus (Garbini, 1973, p. 15-22), a role which is also played by the Nabataean god Ḏū aš-Šarā. Bacchic scenes are found in South Arabian art (Costa, 1987, p. 479-84). Branches of vine and wine-cluster build one of the characteristics of the art in ancient Yemen.

Meanwhile, wine sacrifice is attested in South Arabia. One of the most important features are libation altars such as *mslm* (*Sab.Dic.*, 126). Libation sacrifice was, however, practiced both in North and South Arabia (Henninger, 1981, p. 221-23). Noteworthy is the recently discovered Palmyrene inscription inscribed on an amphora and read by I.I. Shifman as *ḥnk yyn* « dedication of wine » or *n'ky'* (cited in Sedov, 1992, p. 118). This inscription, which is written in cursive

Palmyrene script, is more likely to be read as *ḥnkt'* and translated as « dedication (libation) ». This word is attested in the Palmyrene inscriptions (*DNWSI*, 388).

Some data about wine trade in Southern Arabia may be gained from the *Periplus*. Syrian wine was imported by South Arabia, especially the Laodicean (Latakia) wine (Casson, 1989, p. 20, 113, § 6: 2.32-33). Wines of Syria were especially of excellent quality (Lutz, 1922, 22f). Yet it seems that South Arabia did not import a lot of wine because they produced it themselves as it is stated in the *Periplus*. The merchants were advised to unload only little wine in Arabia because they had much of it (Casson, 1989, p. 61, § 17, 65, 154, 189, § 24: 8.6). Meanwhile, South Arabia was not only a place for producing wine but also for exporting it. Wine of Arabia was exported to Barygaza in India (Casson, 1989, p. 21, 81, § 49) and was most likely picked up in Muza (Casson, 1989, p. 21, 207).

There were several designations for wine sellers or wine makers in pre-Islamic Arabia, such as *sakkār* and *ḫammār*. The wine-merchants in Yemen are called *battā'*, *i.e.* the one who sells bit' (*al-Muḫaṣṣaṣ* 11, 81) and *mazzār*, *i.e.* the *mizr*-merchant (Nöldeke, 1910, p. 57).

Apparently, the price of imported wine was more expensive than the locally produced wine. We do not have accurate data about wineshops and taverns in ancient Yemen and the prices at which they were fixed. Nevertheless, some information may be obtained from the so-called « rules of the Ḥimyarites », where the governor of the city and his assistants were engaged to supervise the selling and the prices of bread, wine and oil (Pigulewskaja, 1969, 204f).

Abbreviation and bibliography

ABADY: *Archäologische Berichte aus dem Yemen*, ed. by J. Schmidt, 1991.
CAD: Chicago Assyrian Dictionary.
CIH: Corpus Inscriptionum Semiticarum, IV.
DNWSI: J. HOFTIJZER & K. JONGELING, 1995, *Dictionary of the North-West Semitic Inscriptions*, II vols., Leiden.
EI: *The Encyclopaedia of Islam*, new edition.
Ja: Jamme
Lisān: Ibn Manẓūr, Muḥammad b. Mukarram b. 'Alī, *Lisān al-'arab*, 15 vols., Beirut, 1955-66.
PSAS: Proceedings of the Seminar for Arabian Studies.
RES: Répertoire d'Épigraphie Sémitique, Paris, 1914.
Sab.Dic: A.F.L. BEESTON, M.A. GHUL, W.W. MÜLLER & J. RYCKMANS, 1982, *Sabaic Dictionary*, Louvain-la-Neuve/Beirut.
al-Muḫaṣṣaṣ: dictionary by Ibn Sīdah (also named Ibn Sīduh, died in 1066 A.D.); entry: *Bāb al-ḫamr.*
as-Sawdā': A. AVANZINI, 1995, *as-Sawdā', Inventario delle inscrizioni sudarabiche* 4, ed. by Chr. Robin, Paris/Rome.
Tāǧ: Muḥammad Murtaḍā AZ-ZABĪDĪ, (n.d.), *Tāǧ al-'arūs min ǧawāhir al-qāmūs*, Binġāzī.
at-Tīǧān: *Kitāb at-Tīǧān fī mulūk Ḥimyar*, ed. Markaz ad-dirāsāt wal-abḥāṯ al-Yamaniyya, Ṣan'ā', 2nd edition, 1979.
For the used sigla and abbreviations of South Arabian inscriptions in this article, see *Sab.Dic*.

Yūsuf 'ABDALLĀH, 1988, « Naqš al-qaṣīda al-ḥimyariyya aw tarnīmat aš-šams (ṣūra min al-adab ad-dīnī fī al-Yaman al-qadīm) », *Raydān*, 5, p. 81-100.

Nāṣir ad-Dīn AL-ASAD, 1988, *al-Qiyīn wal-ġinā' fī aš-Ši'r al-Ǧāhilī*, 3rd edition, Beirut.

A.F.L. BEESTON, 1978, « Notes on Old South Arabian Lexicography XI », *Le Muséon*, 91, p. 195-209.

J.E. BENCHEIKH, 1978, « Khamriyya », *EI*, IV, Leiden, p. 998-1009.

J.C. BIELLA, 1982, *Dictionary of Old South Arabic*, Sabaean Dialect, Harvard Semitic Studies 25, Chico.

E. BLEIBTREU, 1980, *Die Flora der neuassyrischen Reliefs*, Wiener Zeitschrift für die Kunde des Morgenlandes, Sonderband I.

L. CASSON, 1989, *The Periplus Maris Erythraei*, Text with Introduction, Translation and Commentary, Princeton.

D. COLLON, 1992, « Banquets in the Art of the Ancient Near East », *Res Orientales*, IV, p. 23-30.

P. COSTA, 1989, « A Bronze Brazier with Bacchic scenes from an », in *L'Arabie Préislamique et son Environnement historique et culturel, Actes du Colloque de Strasbourg, 24-27 Juin 1987*, Leiden, p. 479-484.

G. DALMAN, 1935, *Arbeit und Sitte in Palästina*, I-VII, Gütersloh 1928-42 (reprint Hildesheim et *al.* 1987).

Diodorus of Sicily, *Bibliothike*, trans. by C.H. Oldfather, 1933, The Loeb Classical Library, London.

G. GARBINI, 1973, « Il dio sabeo Almaqa », *Rivista degli Studi Orientali*, 48, p. 15-22.

M.A. GHUL, 1993, *Early Southern Arabian Languages and Classical Arabic Sources*, ed. by O. Al-Ghul, Irbid.

A. GOOR & M. NUROCK, 1968, *The Fruits of the Holy Land*, Jerusalem et *al.*

A. GROHMANN, 1922, *Südarabien als Wirtschaftsgebiet* I, Wien.

A. GROHMANN, 1933, *Südarabien als Wirtschaftsgebiet* II, Brünn/Wien.

A. GROHMANN, 1963, *Arabien*, Kulturgeschichte des alten Orients III, Handbuch der Altertumswissenschaft, München.

Abū Muḥammad al-Ḥasan AL-HAMDĀNĪ, 1884-91, *Ṣifat ǧazīrat al-ʿarab (Geographie der arabischen Halbinsel)*, ed. by D.H. Müller, Leiden.

G.L. HARDING, 1971, *An Index and Concordance of pre-Islamic Arabian Names and Inscriptions*, Toronto.

I. HEHMEYER, 1991, « Der Bewässerungslandanbau auf der antiken Oase von Mārib », in *ABADY*, p. 9-112.

P. HEINE, 1982, *Weinstudien. Untersuchungen zu Anbau, Produktion und Konsum des Weines im arabisch-islamischen Mittelalter*, Wiesbaden.

J. HENNINGER, 1981, *Arabica sacra. Aufsätze zur Religionsgeschichte Arabiens und seiner Randgebiete*, Orbis biblicus et orientalis 40.

J.E. HOCH, 1994, *Semitic Words in Egyptian Texts of the New Kingdom and Third Intermediate Period*, Princeton.

M. HÖFNER, 1987, « Neuinterpretation zweier altsüdarabischer Inschriften » in *Ṣayhadica. Recherches sur les inscriptions de l'Arabie pré-islamique offertes par ses collègues au professeur A.F.L. Beeston*, ed. by Chr. Robin and M. Bâfaqîh, Paris, p. 37-48.

M. HÖFNER, 1989, « Landwirtschaft im antiken Südarabien » in *Der orientalische Mensch und seine Beziehungen zur Umwelt*. Beiträge zum 2. Grazer Morgenländischen Symposion (2-5 März 1989), ed. by B. Scholz, Graz, p. 343-351.

F. HOMMEL, 1889, « Über das Wort Wein im Südsemitischen und insbesondere die sabäische Inschrift Glaser No. 12 », *Zeitschrift der Deutschen Morgenländischen Gesellschaft* 43, p. 653-63.

Ḍiyā'uaddīn ʿAbdallāh b. Aḥmad IBN AL-BAIṬĀR, (n.d.), *al-Ǧāmiʿ li-mufradāt al-adwiya wal-aġḏiya*, 4 vols., Bagdad.

IBN HIŠĀM, (n.d), *as-Sīra an-nabawiyya li-Ibn Hišām*, ed. Muṣṭafa as-Saqqā, 4 parts in 2 vols., Beirut.

Abū Muḥammad Abdallāh b. Muslim ad-Dīnawarī IBN QUTAIBA, 1967, *Adab al-kātib*, ed. by M. Grünert, Leiden.

Abū Muḥammad al-Ḥasan al-Hamdānī AL-IKLĪL, 1966, *Kitāb al-Iklīl*, Vol. II, ed. by Muḥammad b. ʿAlī al-Akwaʿ al-Ḥiwālī, Cairo.

Abū Muḥammad al-Ḥasan al-Hamdānī AL-IKLĪL, 1979, *Kitāb al-Iklīl*, Vol. VIII ed. Muḥammad b. ʿAlī al-Akwaʿ al-Ḥiwālī, Damascus.

IMRU' AL-QAYS, (n.d), *Dīwān Imri' al-Qays*, ed. by Dār Ṣādir, Beirut.

M. AL-IRYĀNĪ, 1996, *al-Muʿǧam al-Yamanī fī al-luġa wat-turāṯ*, Damascus.

A. JAMME, 1971, *Miscellanées d'ancient arabe* II, Washington D.C.

E.W. LANE, 1863-1897, *An Arabic-English Lexicon*, 8 vols., London.

W. LESLAU, 1991, *Comparative Dictionary of Ge'ez (Classical Ethiopic)*, 2nd edition, Wiesbaden.

A.G. LUNDIN, 1990, « Le banquet rituel dans l'état de Saba' », *PSAS*, 20, p. 95-100.

H.F. LUTZ, 1922, *Viticulture and Brewing in the Ancient Orient*, Leipzig.

M. MARAQTEN, 1993, « Wine Drinking and Wine Prohibition in Arabia before Islam », *PSAS*, 23, p. 95-115.

al-Mawsū'a al-Yamaniyya, 2 vols., ed. by Aḥmad Ǧ. 'afīf et *al.*, Mu'assasat al-'Afīf, Sanaa, 1992.

W.W. MÜLLER, 1988, « Altsüdarabische Rituale und Beschwörungen », in *Texte aus der Umwelt des Alten Testaments*, ed. by O. Kaiser, Band II/3, Rituale und Beschwörungen, Gütersloh, p. 438-52.

Th. NÖLDEKE, 1910, *Neue Beiträge zur semitischen Sprachwissenschaft*, Strasburg.

N. PIGULEWSKAJA, 1969, *Byzanz auf den Wegen nach Indien*, Berliner Byzantinistische Arbeiten 36, Berlin.

Pliny, *Natural History*, trans. by H. Rackham, 1938, The Loeb Classical Library, London.

D.B. REDFORD, 1993, *Egypt, Canaan, and Israel in Ancient Times*, Princeton.

J. RYCKMANS, 1973, « Ritual Meals in the Ancient South Arabian Religion », *PSAS*, 3, p. 36-39.

J. SADAN, 1978, « Khamr as product », *EI* IV, Leiden, p. 997-998.

A.V. SEDOV, 1992, « New Archaeological and Epigraphical Material from Qana (South Arabia) », *Arabian Archaeology and Epigraphy (AAE), 3/2*, p. 110-137.

I. AL-SELWI, 1987, *Jemenitische Wörter in den Werken von al-Hamdānī und Našwān und ihre Parallelen in den semitischen Sprachen*, Marburger Studien zur Afrika - und Asienkunde Serie B 10, Berlin.

A.H. AL-SHEIBA, 1987, « Die Ortsnamen in den südarabischen Inschriften », in *ABADY*, p. 1-62.

A. SIMA, 2000, *Tiere, Pflanzen, Steine und Metalle in den altsüdarabischen Inschriften. Eine lexikalische und realienkundliche Untersuchung*, Wiesbaden.

Strabo, *The Geography of Strabo*, trans. by H.L. Jones, 1930, Loeb Classical Library, London.

Abū Ǧa'far Muḥammad b. Ǧarīr AṬ-ṬABARĪ, 1960-69, *Ta'rīḫ ar-rusul wal-mulūk*, 10 vols., ed. by Muḥammad Abū l-Faḍl Ibrahīm, Cairo.

D.M. VARISCO, 1994, *Medieval Agriculture and Islamic Science*, The Almanac of a Yemeni Sultan, Seattle and London.

A.L. WENSINCK & *al.*, 1936-1988, *Concordance et Indices de la Tradition Musulmane, les six livres: Le musnad d'al-Dārimī le Muwaṭṭa' de Mālik, le musnad de Aḥmad Ibn Ḥanbal*, Leiden.

XXIII

PLACE OF QĀNI' IN THE ROME-INDIAN SEA-TRADE OF THE 1ST-6TH CENTURIES A.D.

Introduction

One of the most interesting and most important subjects in ancient history and archaeology is to study ancient trade routes, which connected different countries and regions settled by peoples with different cultures. Not only goods and materials, troops and soldiers, merchants moved along these routes. Knowledge and cultural achievements, ideas and religious systems, scholars and artists also used those roads. One of the most important ancient routes was the *Great Silk Road* established around the last century B.C., and connected Far Eastern countries with the Mediterranean region. *Silk Road* crossed a lot of lands, mountains and valleys, deserts and rivers, towns and villages. Another important ancient road was the *Incense Road*, the "route of aromates", which connected southern parts of the Arabian Peninsula and the regions of Eastern Africa producing the incense, one of the most important product in antiquity, with the regions of Fertile Crescent Civilization.[1]

Frankincense and myrrh, two of the best aromatic resins well-known in antiquity,[2] grew only in the south-western parts of the Arabian Peninsula, and in some parts of East Africa, in the present Somali on the so-called African Horn, Erythrea and Ethiopia. It is considered usually that frankincense and myrrh were luxury goods for the ancient peoples, and there were no temple or private house, administrative building or palace in Greece and Italy, Egypt and Palestine, Persia and Babylonia, Central Asia and India where aromates were not burnt on this or that occasion. It's widely accepted also a statement, that the prosperity of the ancient South Arabian kingdoms was based on the incense trade.[3]

But according to the ancient standards, the aromatic resins were not only the luxury goods. There were used for medicine, religious and funerary practice as well, thus, mostly for daily-life actions.[4] As to the economical wealth of the South Arabian civilisation, it was, no doubt, the agriculture and not the trade.[5] Well-developed irrigation systems were found practically in all ancient oases, around every ancient town and village, like it was, for instance, in Marib, where dam blocked the Wadī Dhana and helped to cultivate about fifteen thousand hectares in the ancient oasis.

---

1. Cf. J. Retsö, 1991, « The Domestication of the Camel and the Establishment of the Frankincense Road from South Arabia », *Orientalia Suecana*, XL, p. 187-219.
2. Cf. W.W. Müller, 1979, « Arabian Frankincense in Antiquity According to Classical Sources », in *Studies in the History of Arabia*. Vol. I. *Sources for the History of Arabia*, Riyadh, p. 79-92.
3. Cf. B. Doe, 1983, *Monuments of South Arabia*, Falcon-Oleander, p. 93-105.
4. Cf. N. Groom, 1981, *Frankincense and Myrrh. A Study of the Arabian Incense Trade*, London, p. 1-21; P. Faure, 1987, *Parfums et aromates de l'Antiquité*, Paris.
5. Cf. Groom, *Frankincense and Myrrh...*, p. 214-228; Ch.J. Robin, 1992, « Cités, royaumes et empires de l'Arabie avant l'Islam », in *L'Arabie antique de Karib'îl à Mahomet. Nouvelles données sur l'histoire des Arabes grâce aux inscriptions*, Aix-en-Provence, p. 45-54 (RE.M.M.M. 61, 1991/3); Ch.J. Robin, 1997, « Arabie Méridionale: l'état et les aromates », in *Profumi d'Arabia. Atti del convegno*. A cura di A. Avanzini. Roma, p. 37-56.

But of course, commercial ties between South Arabia and the Mediterranean and Mesopotamian regions were existing, and the *Incense Road* was, perhaps, one of the most ancient routes used for international trade. One route led from South Arabia, *i.e.* from Qatabān, Saba' and Ḥaḍramawt kingdoms, through Najrān to Gaza in Palestine and further to Egypt; it covered a total distance of almost three thousand and four hundred kilometres. Another one led to Gerrha in the eastern part of the Arabian Peninsula and further to Mesopotamia. It is usually thought that not only production but also trade of aromatic goods were in the hands of ancient South Arabians.[6] Very often one can also find a statement that maritime trade routes along the South Arabian shore were established as early as caravan routes *via* the peninsula.[7] But for the last supposition we should have at least the following categories of evidence: (1) existence of ancient sea-ports on the southern coast of the peninsula belonging to South Arabians; (2) material and/or literary evidence of using sea-boats in the coastal and/or far-distance trade; (3) material traces of some products, which were exclusively or mostly transported by the sea (the traces which can be found during the archaeological excavations). Unfortunately, at the present state of our knowledge we cannot say with certainty that the complete set of evidence is existed.

Early contacts

It seems, that the first evidence about the incense from the South can be found in Egyptian inscriptions dated around the middle of the 3rd millennium B.C. (the so-called Palermo stone).[8] The list of goods brought by the famous expedition, which had been sent to the Land of Punt by Queen Hatshepsut in *c.* 1472-1 B.C., consisted of, among others, myrrh aromate (*'ntyw*) and myrrh trees.[9] Although still debated, the location of Punt on the African continent is beyond doubt. But during the last years new archaeological evidence came out, which allowed to suppose that at the time of Queen Hatshepsut's expedition and later, there was a kind of cultural unity in the southern Red Sea, of course, in archaeological terms, with rather intensive connections between African and Arabian coasts.[10] The discovery of the monuments of "Sabir culture" or "Sabir-related cultures" in the huge

---

6. Cf. GROOM, *Frankincense and Myrrh...*, p. 165-213; A. DE MAIGRET, 1997, « The Frankincense Road from Najrān to Ma'ān: a Hypothetical Itinerary », in *Profumi d'Arabia. Atti del convegno*, A cura di A. Avanzini, Roma, p. 315-332; M.C.A. MACDONALD, 1997, « Trade Routes and Trade Goods at the Northern End of the "Incense Road" in the first Millennium B.C. », in *Profumi d'Arabia. Atti del convegno*, A cura di A. Avanzini, Roma, p. 333-350.
7. But cf. P. CRONE, 1987, *Meccan Trade and the Rise of Islam*, Oxford, p. 12-50.
8. K.A. KITCHEN, 1993, « The land of Punt », in *The Archaeology of Africa. Foods, metals and towns*, ed. by Th. Shaw, P. Sinclair, B. Andah and A. Okpoko, London-New York, p. 587-608; K.A. KITCHEN, 1998, « Punt, Êgypten und die Suche nach Rüucherharzen », in *Jemen. Kunst und ArhÄologie im Land der Königin von Saba'*, Hrsg. von W. Seipel, Wien, S.57.
9. Cf. new data on the interpretation of Egyptian terms referred to gum-resins: M. SERPICO & R. WHITE, 2000, « The botanical identity and transport of incense during the Egyptian New Kingdom », *Antiquity*, 74, no. 286, p. 884-897.
10. Cf. R. FATTOVICH, 1997, « The contacts between Southern Arabia and the horn of Africa in late prehistoric and early historical times: a view from Africa », in *Profumi d'Arabia. Atti del convegno*, A cura di A. Avanzini, Roma, p. 273-286.

coastal area of Yemen and southern Saudi Arabia [11] gave a good support to the idea that the incense from the Land of Punt could be collected on the both sides of the Red Sea.

The Bible contains the information about contacts between Palestine and South Arabia both by sea and by land. Some of the scholars advocated the possible location of the legendary Land of Ophir, to where a special expedition using ships built and manned by Phoenicians, was sent by King Solomon of Israel from *Ezion Geber*, somewhere in the boundary region between modern Yemen and Saudi Arabia (modern 'Asīr). The nice story of the Queen of Sheba, who visited and charmed King Solomon is usually used as a real evidence of the overland trade route from the South Arabia to Palestine in the 10th century B.C.[12]

According to the most recent studies, the tribes which created the famous South Arabian civilisation arrived from the northern parts of the peninsula, probably from Southern Palestine.[13] Their appearance in the south-western corner of the peninsula can be dated now around the last quarter of the 2nd millennium B.C., and no doubt they kept the links with the homeland. But in any way, there is not yet a real evidence that in the beginning of the 1st millennium B.C. permanent trade routes were established, both by sea and by land, to carry out frankincense and myrrh or other products (gold from Ophir, for instance) from the southwestern corner of Arabia to the countries in Mesopotamia and in the Mediterranean region. The evidence about Sabaean caravans with goods found in the Assyrian records,[14] showed, most probably, only the fact that such contacts were existing, but were very rare. Even later, as it is thought now around the middle of the 4th century B.C., a safety trade expedition via caravan roads from the Minean city Yathill (modern Barāqish) to Egypt was so unusual, that a special inscription (RES 3022 = M 247) was devoted to this fact.[15] Most probably, such a mission was for South Arabians something like Space Shuttle mission for us now.

In fact, probably, only Herodotus (III, 107-112) has a real evidence for the trade route and incense commerce from South Arabia. He wrote a few words about southernmost populations who settled in Arabia and about frankincense, myrrh and other aromates, which grew only there. This evidence can be dated around 500 B.C. and only this date we can consider as a time when more or less regular trade contacts between South Arabians and the

---

11. Cf. B. VOGT & A. SEDOV, 1998, « The Sabir culture and coastal Yemen during the second millennium BC – the present state of discussion », *PSAS*, 28, p. 261-270.
12. Cf. I.Sh. SHIFMAN, 1995, « Iz istorii drevnej Yuzhnoj Aravii (On the History of Ancient South Arabia) », in *Hadramaut. Arheologicheskie, etnograficheskie i istoriko-kul'turnie issledovanija. Trudi Sovetsko-Yemenskoj kompleksnoj ekspedicii. Tom I (Ḥaḍramawt. Archaeological, Ethnological and Historical Studies. Preliminary Reports of the Soviet-Yemeni Joint Complex Expedition. Volume I)*. Moscow, p. 253-257.
13. Cf. A.V. SEDOV, 1996, « On the Origin of the Agricultural Settlements in Ḥaḍramawt », in *Arabia Antiqua. Early Origin of South Arabian States*, ed. by Ch.J. Robin, Roma, p. 67-86; N. NEBES, 2001, « Zur Genese der altsüdarabischen Kultur. Eine Arbeithypothese », in *Migration und Kulturtransfer. Der Wandel vorder- und zentralasiatischer Kulturen im Umbruch vom 2. zum 1. vorchristlichen Jahrtausend. Akten des Internationalen Kolloquiums, Berlin, 23. bis 26. November 1999*. Hrsg, von R. Eichmann und H. Parzinger, Bonn, S. 427-435.
14. Cf. M. LIVERANI, 1992, « Early Caravan Trade between South-Arabia and Mesopotamia », in *Yemen. Studi archeologici, storici e filologici sull'Arabia meridionale. Volume 1*. Roma, p. 111-115.
15. Cf. Ch. ROBIN, 1992, « Quelques épisodes marquants de l'histoire sudarabique », in *L'Arabie antique de Karib'īl à Mahomet. Nouvelles données sur l'histoire des Arabes grâce aux inscriptions*, Aix-en-Provence, p. 58-62 (RE.M.M.M. 61, 1991/3).

Mediterranean region have been existing. Caravans from Marib and Shabwa carried now myrrh and frankincense to the north and came back with Mediterranean goods, works of art and ideas, but, probably, not so often as one can expect.

Unfortunately, there is very little material evidence of these early contacts.

Items from Southern Arabia in the Mediterranean region are extremely rare. One can remind only a few potsherds with *graffiti* similar to South Arabian script found at Eilath (dated to the 6th century B.C.), square limestone incense burners and circular alabaster tripods similar to the South Arabian types from Palestine, Mesopotamia and Persia.[16]

Objects of Mediterranean origin in South Arabia are rare as well. An archaic bronze figurine of a Peloponesian warrior (*c.* 530 B.C.) was picked up from the surface of al-Barīr settlement (Wadī Ğirdān in the Western Ḥaḍramawt).[17] A few sherds of Eastern Greek pottery dated around the 6th century B.C. were found in Shabwa.[18] A nice glass alabaster was found at Raybūn cemetery (Rb XV), and a small stone vessel shaped as a sphinx at the Raybūn I settlement (all in the Wadī Dau'an, Ḥaḍramawt).[19] Both objects could be dated between the 5th and 3rd centuries B.C., and, probably, were manufactured in some Egyptian or Phoenician workshops. A carnelian stamp seal from the cave-tomb A6 near Ḥureida in the Wadī Amd, Ḥaḍramawt, was dated close to the late Achemenian period.[20] In addition, one can remind also rather close iconographical parallels for a number of South Arabian pieces in the Syrian, Iranian and Neo-Babylonian art.[21]

There is one more real and attested evidence of the early contacts – imitations of silver Athenian tetradrachms of the so-called "old style", which were found in abundance in South-Western Arabia.[22] The obverse of these coins bears the head of Athena wearing a helmet and a South Arabian letter on the cheek. On the reverse there are an owl, olive branch, crescent moon, pseudo-Greek inscription and, sometimes, South Arabian letter or monogram. Those imitations were the first coins minted in the South Arabian states. The beginning of the coinage must be dated now around the early 4th century B.C.[23]

In spite of the abovementioned facts, one should point out that the early contacts between South Arabia, Mesopotamia and the Mediterranean region were, probably, not very

---

16. One of such tripods with a South Arabian inscription was found in Iraq: T.C. MITCHELL, 1969, « A South Arabian tripod offering saucer said to be from Ur », *Iraq*, XXXI, part 2, p. 112-114.
17. Cf. *Yemen. 3000 Years of Art and Civilisation in Arabia Felix*, ed. by W. Daum, Innsbruck-Frankfurt am Main, 1987, photo on p. 91.
18. Cf. L. BADRE, 1992, « Le sondage stratigraphique de Shabwa. 1976-1981 », in *Fouilles de Shabwa. II. Rapports préliminaires*, ed. par J.-F. Breton, Paris, p. 242.
19. Cf. A.V. SEDOV, 1996,« Mogil'nik Raybun XV (raskopki 1985-1986 gg.) [Raybūn XV Cemetery (1985- 1986 excavations)] », in *Gorodishche Raybun (raskopki 1983-1987 gg.). Trudi Sovetsko-Yemenskoj kompleksnoj ekspedicii. Tom II [Raybūn Settlement (1983-1987 Excavations). Preliminary Reports of the Soviet-Yemeni Joint Complex Expedition. Volume II]*. Moscow, fig. 9; A.M. AKOPYAN, 1994,« The Temple Complex Dhat Ḥimyam on the Site of Raybūn I in the Wadi Dau'an (Southern Yemen) », in *Ancient Civilizations from Scythia to Siberia. An International Journal of Comparative Studies in History and Archaeology*, vol. 1, no. 2, fig. 7.
20. Cf. G. CATON THOMPSON, 1944, *The Tombs and Moon Temple of Hureidha (Hadhramaut)*, Oxford, p. 151.
21. Cf. B. SEGAL, 1955, « The Arts and King Nabonid », *AJA*, 59, p. 315-318; B. SEGAL, 1957, « Sculpture from Arabia Felix: the Earliest Phase », *Ars Orientalis*, II, p. 35-42.
22. Cf. G.F. HILL, 1921, *Catalogue of the Greek Coins of Arabia, Mesopotamia and Persia*, London, p. xlvi-lii.
23. A.V. SEDOV & 'U.'AYDARUS, 1995, « The Coinage of Ancient Ḥaḍramawt: the Pre-Islamic Coins in the al-Mukallā Museum », *AAE*, 6/1, p. 39-40; Y.M. 'ABDULLAH, 'A.O. GHĀLEB & A.V. SEDOV, 1997, « Early Qatabānian Coinage: the aṣ-Ṣurayrah Coin Hoard », *AAE*, 8/2, p. 203-229.

intensive, especially if we compare them with the Hellenistic and Roman periods. The list of imports in South Arabia shows that the main trade routes of the early period were, undoubtedly, the land routes, the routes of caravan trade.

Beginning of maritime commerce

It is a common place in scientific literature, that already from the time of the first Ptolemaic kings of Egypt, from the early 3rd century B.C., and perhaps a bit earlier, from the time of Alexander the Great, the maritime trade between the Mediterranean basin and the Red Sea-Indian Ocean countries was flourishing.[24] At that time it was, no doubt, a transit trade with sailing along the sea-coast. The coastline extending along the northern part of Indian Ocean forms a natural link between Africa and Indian subcontinent. There are several small good harbours, which make the coastal sailing rather easy and safe. Small local crafts probably took commodities from Indian ports and brought them somewhere to the south-western point of the Arabian peninsula, where, as we know from the Classical sources, an international market was situated. Greek merchants from Egypt also brought their goods by ships through the Red Sea to this market. At this market cargoes were exchanged: goods from India were shipped to Egypt and further to Greece, Palestine, Asia Minor and other parts of the Mediterranean world, as well as goods from the Mediterranean region to India. At the same time some commodities could be dropped in the South Arabian kingdoms. The most suitable place for this international market was, as it was supposed, the present Aden.[25]

The first archaeological evidence of a big and important pre-Islamic site, port-city or village, in the place where now is Aden, revealed during the last years. The presence of Sabir-related pottery in Little Aden (one of the district of the modern town) [26] gives an idea, that the coastal site was permanently inhabited since at least the late 3rd-early 2nd millennia B.C. onwards. In the last centuries B.C. the site was probably transformed into a rather large settlement with a good harbour: on the northern outskirts of the modern town, in the district of Bir Fadl, a pre-Islamic cemetery was found. Unsystematic excavations revealed inhumations in subterranean graves accompanied with personal jewellery (stone and coral beads, silver bracelets and finger-rings), bronze, glass and ceramic vessels. Silver Qatabānian coins dated approximately close to the late 2nd-early 1st centuries B.C. were found in the graves.[27] Thus, the first archaeological evidence from the region supports the idea of existence of a rather large and well-developed ancient port-city in the Aden area. As we know from the *Periplus* (26:8.31-32),

24. Cf. S.E. SIDEBOTHAM, 1986, *Roman Economic Policy in the Erythra Thalassa 30 B.C.-A.D. 217*, Leiden, p. 1-12; S.E. SIDEBOTHAM, 1989, « Ports of the Red Sea and the Arabia-India trade », in *L'Arabie préislamique et son environnement historique et culturel. Actes du Colloque de Strasbourg 24-27 juin 1987*, éd. par T. Fahd, Leiden, p. 195-223.
25. Cf. L. CASSON, 1989, « South Arabia's Maritime Trade in the First Century A.D. », in *L'Arabie préislamique et son environnement historique et culturel. Actes du Colloque de Strasbourg 24-27 juin 1987*, éd. par T. Fahd, Leiden, p. 190.
26. The site of an-Nabwa was the subject of exploration by the joint German-Russian team under the direction of B. Vogt and H. Amirkhanov in 1999-2000.
27. The material is being kept now in the Aden National Museum.

"Caesar sacked" the town and market-place "not long before" the middle of the 1st century A.D. (the proposed date of the *Periplus*).

Many changes took place in the South Arabian maritime commerce after the discovery of monsoons by Hippallus, a seaman from Egypt. The discovery led to establish a direct sailing between Egypt and India.[28] It is usually thought that as a result of this discovery the South Arabians lost their monopoly in the trade with India. But in our opinion, on the contrary, only regular Rome-India sea-trade, that is the direct sailing from the Egyptian Red Sea ports to the ports on the Indian coast, really involved the Southern Arabian states into this commerce, and made it possible to increase the flow of Mediterranean goods and materials to South Arabia.

Namely from this period we have very nice Hellenistic objects of art found, for instance, in Tumna', the capital of Qataban: part of a marble figurine probably representing Isis, bronze figurines of the so-called Lady Bara'at and lion's riders.[29] Recently the list of such finds was considerably increased by the marvellous pieces from Jabal al-'Awd.[30] It is hard to say with certainty that all these objects have a pure Egyptian or/and Mediterranean origin. But in any case the people who manufactured those objects definitely saw the first class Hellenistic or Early Roman originals. Somewhere in the vicinity of Shabwa a bronze Ptolemaic coin of the late 2nd-early 1st centuries B.C. was found.[31] There is one more bronze Ptolemaic coin, which, probably, came from Tumna', in the collection of Bayḥan al-Qasāb Museum.[32]

The objects from India in South Arabia are extremely rare: a coin of Appollodotus was found somewhere in the vicinity of Shabwa,[33] and an Indian origin could be supposed for some beads of precious stones occasionally found on the South Arabian monuments.[34] It seems likely that in the last centuries B.C. the trade connections between the Arabian peninsula and Indian subcontinent were not the number one in the agenda of the Greek merchants from Egypt, as well as their South Arabian partners. In addition, it should be pointed out that Indian sources of that time have very few references to the people from the West. It is most probable, the word *yavanas* in Indian manuscripts denoted mostly the people from the Gracco-Bactrian kingdom, *i.e.* from Central Asia, rather than from the Mediterranean.[35]

---

28. A. TCHERNIA, 1993, « Rome et l'Inde: l'archéologie toute seule ? » (*Rome and India. The Ancient Sea Trade*. V. Begley and R.D. de Puma eds., 1991), *Topoi*, 3/2, p. 525-534; A. TCHERNIA, 1997, « Winds and Coins: From the Supposed Discovery of the Monsoon to the *Denarii* of Tiberius », in *Crossings. Early Mediterranean Contacts with India*, ed. by F. de Romanis et A. Tchernia, New Delhi, p. 250-276.
29. Cf. B. SEGALL, 1955, « Sculpture from Arabia Felix. The Hellenistic Period », *AJA*, 59, p. 207-214; J.-F. BRETON, 1988, « Arabie méridionale et Orient hellénisé », in *L'Arabie et ses mers bordieres*. I. *Itinéraires et voisinages*, Lyon, p. 191-199.
30. Cf. *Jemen. Kunst und Archäologie im Land der Königin von Saba'*, Hrsg, von W. Seipel, Wien, 1998, S. 387-391, cat. nos. 461-465.
31. Cf. S.C.H. MUNRO-HAY, 1992, « The Coinage of Shabwa (Hadhramawt) and Other Ancient South Arabian Coinage in the National Museum, Aden », in *Fouilles de Shabwa. II. Rapports preliminaires*, ed. par J.-F. Breton. Paris, p. 411.
32. A.V. SEDOV & 'AYDARUS, « The Coinage of Ancient Ḥaḍramawt... », p. 59-60, note 151.
33. MUNRO-HAY, « The Coinage of Shabwa... » p. 411.
34. Cf. M.-L. INIZAN, M. JAZIM, F. MERMIER, 1992, « L'Artisanat de la cornaline au Yémen : premières données », *Techniques et culture*, 20, p. 155-174.
35. Cf. G.M. BONGARD-LEVIN, 1981, « Drevnjaja Indija i antichnost' (obshchaja harakteristika tradicij) [Ancient India and antiquity (general characteristic of traditions)] », in *Drevnij Vostok i mirovaja kul'tura*

Qāni' and the sea-trade of the 1st-6th centuries A.D.

The most important source about maritime commerce in the beginning of our era is the *Periplus Maris Erythraei*, a little handbook written by an anonymous author probably around the middle of the 1st century A.D., for merchants and skippers who sailed in the Red Sea and northern part of the Indian Ocean.[36] It lists the ports to stop at and the objects of trade that could be bought and sold in each. In other words, it gives a detailed information on the commerce of the area.

The author mentioned only two main ports on the Southern Arabian coast in addition to places like Okêlis, « an Arab village … a harbor, watering station » located near Bab al-Mandeb strait (25: 8.19), « a fortress to guard the region, a harbor, and a storehouse for the collection of frankincense » near *Syagros*, the modern Ras Fartak (30: 9.32-33), « a designated harbor for loading the Sahalite frankincense, called *Moscha Limén* » on the present day Dhofari coast (32: 10.30).

The first one was Muza (21: 7.19), which situated more or less where Mocha (al-Makha) is today. Muza was « a legally limited port of trade » of what the author described as the Kingdom of two nations, « the Homerite [=Ḥimyarites] and the one, lying next to it, called Sabaean ». In spite of several campaigns of explorations by different scholars, no archaeological remains of this port of trade were found so far.

According to the *Periplus*, Egypt exported to Muza goods of different kinds (24: 8.3-11): textiles and clothes, metal (silver?) in money, foodstuff (wine and grain), drugs and cosmetics, a number of luxury items for the royal court (gold, silver and copperware, expensive clothing, and even horses and pack mules). In return Egyptian merchants took from Muza local products, principally « myrrh, the select grade and *stactè* », white marble as well as re-exported commodities « from Adulis across the water ». From the same source we know that South Arabian trade connections extended eastward as well: ships from Muza made a short run to the island of *Dioscuridês*, *i.e.* Socotra (31: 10.20-21), and even a long run to *Barygaza* (21: 7.22-23), the chief port on the north-western coast of India.

The second port was Qāni' (*Kanè* in the *Periplus*), the chief port of the « frankincense-bearing land », the Ḥaḍramawt Kingdom. Qāni' was the port to where « all frankincense grown in the land is brought ». It carried on trade « with the ports across the water – Barygaza, Skythia, Omana – and with its neighbour, Persis » (27: 9.8-12). It is interesting to point out that, according to the *Periplus*, ships from India, Lamyrikê or Barygaza, traded with Ḥaḍramawt and occasionally wintered at *Moscha Limén*, the harbour ancillary to Qāni'. As we know from the excavations at Khōr Rōrī lagoon, which without doubt must be identified with *Moscha Limén* (*Sumhuram* of the Ḥaḍrami texts), namely from this site objects of pure Indian origin, so rare in South Arabia, were found.[37]

---

36. *The Periplus Maris Erythraei*, Text with Introduction, Translation, and Commentary by Lionel Casson, Princeton, 1989.
37. Cf. F.P. Albright, 1982, *The American Archaeological Expedition in Dhofar, Oman, 1952-1953*, Washington DC; J. Pirenne, 1975, « The Incense Port of Moscha (Khor Rori) in Dhofar », *JOS*, 1, p. 81-96; A.F.L. Beeston, 1976, « The Settlement at Khor Rori », *JOS*, 2, p. 39-42; H. von Wissmann, 1977, *Das weihrauchland Sa'kalān, Samārum und Mos-cha. Mit Beiträgen von W.W. Müller*, Wien; H. Goetz, 1963, « An Indian Bronze from South Arabia », *Archaeology*, 16/3, p. 187-189; A. Sedov, 1992, « New Archaeological and Epigraphical Material from Qana (South Arabia) », *AAE*, 3/2, p. 126.

According to the *Periplus*, Qāni', similar to Muza, carried on an active trade with Roman Egypt, exchanging its frankincense for the same products for which Muza exchanged myrrh (28: 9.13-20). In addition, Qāni' traded with the ports on the southern coast of Iran or in the Arabian Gulf (*Omana*, *Scythia*), and with the great Indian port of Barygaza (27: 9.11-12). As we know, Ḥaḍramawt also exported aloe, which may have come from Socotra: at the time of the *Periplus* the island was a possession of the « frankincense-bearing land » (31: 10.19-20).

As we know from the *Periplus*, a number of Arabian, Indian and Greek merchants were settled at the island of Socotra at the beginning of our era. Not far from the modern village Suk on the northern coast of the island a settlement named Hajrya was found. It is the largest ancient settlement on the island covering the area of more than one hectare. A defence stone wall surrounded it. Both from the settlement's surface and in soundings numerous fragments of local handmade pottery were discovered. Alongside with this, pottery sherds of entirely different character were found. There are sherds of dark green glazed pottery, which probably originated from the Persian Gulf area and can be dated between 10th and 13th centuries A.D., fragments of Roman amphorae and fine red paste cups and bowls of undoubtedly Mediterranean origin dated close to the first centuries A.D. Furthermore, fragments of *black and grey ware* of apparently Arabian Gulf origin ("ed-Dur storage jars"), and dated close to the 1st-4th centuries A.D. were found. Thus, the preliminary analysis of the material permits us to conclude that the settlement of Hajrya, in all probability, was founded in the early 1st century A.D. Life on the settlement must have ended close to 12th or 13th centuries A.D.[38]

It is interesting to point out, that the huge lands of the island's northern plateau as well as its western part, around modern town of Qallansiya, are divided into plots by stone boundary walls. Brian Doe, one of the first explorers of the island's antiquities, states that they « formed alignments enclosing areas of private ownership ».[39] In one of his latest books, the scholar wrote that the walls were dividing the plots of land and farms for growing incense, aloe and *Dragon* tree (cinnabar).[40] Apparently, such an explanation of these constructions – as boundaries, which in Antiquity divided plantations of fragrant trees and aloe – seems closer to the truth. In this case they should be dated close to the period when Socotra was a major supplier of aloe, frankincense and cinnabar, *i.e.* to the early centuries of our era.

It seems, according to the archaeological material, that Qāni' was founded sometime in the 1st century B.C., most likely close to the beginning of its second half, and that its foundation was directly connected with the establishment and expansion of the regular sea-trade between the Roman Egypt and India, with the rise of the Ḥaḍramawt Kingdom.

The late 1st century B.C. and the beginning of the Christian era was a very important period in the history of one of the South Arabian states, the « frankincense-bearing land », *i.e.* the ancient Ḥaḍramawt kingdom.[41] a rami troops led successful wars against the neighbouring countries on their lands and occupied their territories. The settlement at Khōr

38. Cf. V.V. NAUMKIN & A.V. SEDOV, 1993, « Monuments of Socotra », *Topoi*, 3/2, p. 569-623.
39. B. DOE, 1970, *Socotra. An Archaeological Reconnaissance in 1967,* Miami, p. 152.
40. B. DOE, *Monuments of South Arabia*, p. 19.
41. Cf. W.W. MÜLLER, 1984, « Survey of the History of the Arabian Peninsula from the First century A.D. to the Rise of Islam », in *Studies in the History of Arabia. Volume II. Pre-Islamic Arabia*, Riyadh, p. 125-131.

Rōrī lagoon, ancient Sumhuram (*Moscha Limén* according to the *Periplus*), was founded or better to say rebuilt in the late 1st century B.C. or in the early 1st century A.D. on the Dhofari coast by the colonists from Shabwa, « the servants of the king of Ḥaḍramawt », to guard the easternmost extension of the Kingdom, which includes now the main frankincense producing areas of South Arabia.[42] The island of Socotra became the possession of the Kingdom probably also around that time. Thus, from the early 1st century A.D. Ḥaḍramawt became the largest and probably one of the most powerful kingdoms among the South Arabian states. Frankincense and aloe, the main local products traditionally exported from Ḥaḍramawt *via* caravan routes, started to be sent now in large quantities by sea through Qāni' and Sumhuram. On the other hand, the direct sailing between Egypt and India, the so-called monsoon sailing, which became regular and very intensive namely from the late 1st century B.C.-early 1st century A.D., probably necessitated the foundation of transit points on the southern coast of the Arabian Peninsula supplying water and food products. It is unlikely that those stations were founded by Greek and Roman sailors or merchants, but no doubt by their local partners. We have, at least, several evidence of the presence of such partners in late Hellenistic times: altars with Minean and Ḥaḍrami dedications from the sanctuary of Artemis on the Delos island in the Aegean Sea (*c*. mid. 2nd century B.C.); a famous sarcophagus from Gize with funerary inscription telling about a certain Minean who was a priest in the Egyptian temple and was involved into the incense trade (died around the late 2nd-early 1st century B.C.).[43] They were in existence, no doubt, and later, in the late 1st century B.C.-early 1st century A.D.

The location of Qāni' is rather surprising. The coastal area around the site is wild and unpleasant: sand, black volcanic stones, salt water even in the wells, very little vegetation. It is interesting to note that further east there are quite a lot of more plausible and suitable harbours for ships and places for settlement. We can suggest at least two explanations: (1) the bay of Qāni' marking with islands and huge black volcanic rock, known now as Ḥuṣn al-Ġurāb, was a favourable place for mooring ships, *i.e.* it was impossible to miss the place; (2) there were good and suitable caravan roads connecting Qāni' and Shabwa, the capital of the Kingdom (probably, along the Wadī Hajar full with sweet water), Qāni' and Mayfa'at (modern Naqb al-Hajar), the chief-town of the region of al-Mašriq, the so-called Western Ḥaḍramawt, one of the largest and most important parts of the ancient Kingdom.

The archaeological investigations show that the main structures at Qāni' at the time of the *Periplus* were storage-houses to hold incense at the foothill, water-tanks, light-house and probably some buildings (the fortress) on the summit of Ḥuṣn al-Ġurāb and on its northern slope. The ceramic material from excavations gives an excellent possibility, in addition to the written sources, to trace the general links of trade connections of this port of trade, and to identify the main products exported by sea to the Ḥaḍramawt kingdom.

According to the *Periplus*, amongst the « imports from Egypt [to Qāni'] are: wheat, limited quantity, and wine... » (28: 9.13-14). Some wine and dates were imported to Arabia, *i.e.* to Qāni' as well, from the Arab-Persian Gulf ports, *Apologos* and *Omana*, most probably by the local middlemen (36: 12.10-11).

---

42. Cf. Ch. ROBIN, 1984, « La civilisation de l'Arabie méridionale avant l'Islam », in *L'Arabie du Sud. Histoire et civilisation. 1, Le peuple yéménite et ses racines*, éd. par J. Chelhod, Paris, p. 211-213.
43. Cf. ROBIN, « Quelques épisodes marquants de l'histoire sudarabique », p. 62.

The main type of amphorae found in the strata of the "lower" (BA-I) period is Dressel 2-4. This is the most popular type of amphorae used during the period of the Early Roman Empire in the Mediterranean region. It is thought that the principal content of Dressel 2-4 amphorae was Campanian wine from Italy as well as sometimes it may has been « finest fish sauce ».[44] Amphorae Dressel 1B carried Falernian and Caeuban wine from Italy as well. Rhodian amphorae, found in the strata of the "lower" (BA-I) period in small numbers, were used for the transportation of Rhodian wine.[45]

We know that Italian wine was transported from Britain and the northern provinces of the Roman Empire to the Red Sea, Arabian peninsula, Arab-Persian Gulf and Indian subcontinent. According to the *Periplus* for instance, *Adulis*, the African Red Sea port, and *Barygaza*, the port on the western Indian coast, were markets for « wine of Laodicea and Italy » (6: 2.32-33; 49: 16.20-21) and this statement is true for Qāni' as well.

It was noted above that probably a large part of the Dressel 2-4 amphorae found at Bir 'Alī settlement were produced in Egyptian kilns. What kind of products was carried in these containers in addition to wine ? Could it be wheat mentioned in the *Periplus* ? It is interesting to point out that according to Riley « a secondary use of the Gaza amphora [known in large numbers in the strata of the "upper" period of Bir 'Alī settlement] was for wheat and amphoras were used as a measure in Egypt ».[46]

It is known from the *Periplus* that Arabian wine was imported to India (49: 16.20-21). Most likely this product was picked up in some South Arabian ports like Qāni' or Muza by transit vessels sailing to India. The local traders could also deliver it there. The only storage jars known in the local pottery corpus are large hand-made vessels of porous clay, the so-called *zirs*. No doubt it was impossible to carry wine in such vessels. Did South Arabians re-use the Dressel 2-4 amphorae for such purpose and fill them with local wine somewhere on the coast ?

Wine and dates from the Arab-Persian Gulf ports, *Apologos* and *Omana*, could be carried in *black and grey ware* ("ed-Dur storage jars") representing, very likely, the type of local containers produced in the Gulf area.

It is thought that Dressel 7-11/Ostia LII/Beltran I amphorae, which fragments were also found in the strata of the "lower" (BA-I) period, have been manufactured along the southern Spanish coast and carried fish-based products and fish sauces.[47] Most likely these small quantities of delicious food were destined for foreign residents, as well as, probably, for local officials or some other important persons once living in Qāni' or in Shabwa, the capital of the Ḥaḍramawt Kingdom.

Thus, the trade links of "Early Qāni'", Qāni' of the time of the *Periplus*, covered an extensive region from the western Mediterranean countries like southern Spain and the Apennine peninsula (fish sources, wine and some luxuries like *terra sigillata* and glass vessels) to Egypt, Palestine and Asia Minor (wine, wheat and the fine pottery like *Eastern sigillata wares* and Nabataean bowls). The presence of the *black and grey ware* (containers

---

44. Cf. J.A. RILEY, 1979, « The Coarse Pottery from Berenice », in *Excavations at Sidi Khrebish Benghazi (Berenice). Volume II*. Tripoli, p. 150 (Supplement to *Libya Antiqua*, V, vol. II); D.P.S. PEACOCK & D.F. WILLIAMS, 1986, *Amphorae and the Roman Economy: an Introductory Guide*, London and New York, p. 105-106.
45. Cf. RILEY, « The Coarse Pottery from Berenice », p. 134-135.
46. Cf. RILEY, « The Coarse Pottery from Berenice », p. 222.
47. PEACOCK & WILLIAMS, *Amphorae and the Roman Economy*, p. 113-114, 120-124.

for wine, dates ?) and *green glazed pottery* (luxury vessels ?) indicates the trade connections with another part of the ancient world – with the Mesopotamian and Arab-Persian Gulf countries.

Of particular note are an extremely small number of artefacts, which could be connected with the Indian imports to Southern Arabia. It looks rather strange especially if we compare this fact with the larger number of "western" artefacts. Of course, we can suppose that goods from India did not leave any material evidence which might be found in the excavations. On the other hand, lack of artefacts could be satisfactorily explained as an indication of much less intensive trade contacts between Southern Arabia and India than between Southern Arabia and Roman Egypt. The demand for frankincense, traditional export from Ḥaḍramawt, was, probably, greater in the Mediterranean world than in India although we know about the presence of this good on the Indian markets as well (*Periplus*: 39: 13.8).

Although the *Periplus* points out the local sea-trade carried on between Qāni' and « the ports across the water – Barygaza, Skythia, Omana » (27: 9.10-12) – we have practically no indication in the guide about Indian imports to the south Arabian ports. There are only two exceptions: Indian imports to the island of Socotra (31: 10.20-24), and the so-called *Moscha Limén* "exceptional case". As it was stated in the *Periplus*, when some vessels « from Limirikè or Barygaza that passed the winter [sc. at Moscha] because of the season being late, by arrangement with the royal agents take on », *i.e.* got a cargo of frankincense « in exchange for cotton cloth and grain and oil » (32: 11.1-5).

According to the *Periplus*, Qāni' was one of the departure points for some transit vessels on their run to India (57: 19.7). But did they use the same point on their run back when some Indian products could be off-loaded?

Very likely that the majority of the above mentioned products and other commodities known from the *Periplus* were carried to the southern coast of the Arabian Peninsula by private merchants from Egypt.[48] On the other hand, undoubtedly Ḥaḍrami middlemen were also involved in the sea-commerce as well.

The late 2nd, 3rd and 4th centuries A.D. were, probably, the heyday of Qāni', as well as for South Arabian maritime commerce in general. Territory of the settlement grew very intensively and covered in this period an area of more than 5 ha. Strong fortifications were erected above the earliest structures at the foothill of Ḥuṣn al-Ġurāb. Big houses with enormous courtyards were built along the sea-shore of the bay, while shops were apparently concentrated in the southern part of the city. A huge temple probably dedicated to *Sayīn*, the supreme god of Ḥaḍramawt, was built to the south-west of the settlement. On the north-western outskirts of the city a building used as a synagogue was erected. A cemetery consisting of rectangular crypts with subterranean chambers was founded to the north-west of the city. No doubt these changes resulted from the successful political and economic development of the chief port of the ancient state during the reign of 'Ili'adh Yalut, son of 'Amidhakhar, king of Ḥaḍramawt (*c.* 200 ?-225 ?), when ambassadors from India, probably arriving *via* Qāni', and Palmyra took part in an official ceremony leading by the king.[49] According to some Sabaean inscriptions (Ry 533, Ir. 13), around the beginning of

48. *The Periplus Maris Erythraei*, p. 31-34. See above about the contents of the Greek *graffito* from the Area 3, whose author was, in all probability, a Greek-speaking merchant.

49. Cf. A. JAMME, 1963, *The al-'Uqlah Texts*, Washington D.C., p. 44 (Documentation Sud-Arabe, III).

the 3rd century A.D., Qāni' was destroyed during the military raid of Sabaean troops, when a lot of vessels were burnt in its bay. But the archaeological evidence shows that the ancient port-city was rebuilt very quickly. From the late 3rd century A.D. Qāni' was no doubt a possession of Ḥimyarite kings (more than 36% of all coin finds of this period could be identified as Ḥimyarite coinage).

It is important to note, that already Ptolemy listed more villages and towns on the Arabian coast (*Geography*, VI, 7). According to him, *Okélis*, for instance, was *emporium*, and not a watering station as stated in the *Periplus* (25: 8.19-20). No doubt, these changes were the reflection of successful development of the South Arabian maritime commerce.

At this time Judaism (from the late 4th century A.D.) widely penetrated into South Arabia. A majority of Ḥimyarite kings of the late 4th-early 6th centuries A.D. probably owed allegiance to Judaism. As Beeston states, « evidently by this time there was a well-established Jewish community (or communities) of some wealth and standing, fully integrated into the social structure and enjoying the patronage of the king ». On the other hand, « it must be concluded that [in the 5th century] Judaism did not at any time prevail among more than a minority of the population ».[50] In anyway, we can assume that the synagogue erected on the north-western outskirts of the ancient city above the "early structure" was used, in all probability, not only by foreign residents but also by local people converted to Judaism.

Unfortunately, there is no such an excellent guide like the *Periplus* for the 2nd to the 5th centuries A.D., *i.e.* for the "middle" (BA-II) period of Bir 'Alī occupation. The analysis of the trade connections should be based exclusively on the materials from the archaeological excavations.

The ceramic finds of the "middle" (BA-II) period of Bir 'Alī occupation demonstrate that the trade connections between the Ḥaḍramawt and later Ḥimyarite port of trade and the Mediterranean region were preserved and even extended.

Wine was still imported. The "North Africa-Gallic" amphorae found in the strata of the "middle" (BA-II) period probably originate in the south of France, and it is thought to have normally carried wine.[51] North African types of amphorae are thought to have carried olive oil and, less frequently, fish products.[52] Very likely that this kind of food was imported, as it was before, for foreign residents in Qāni' or, more generally, in the Ḥaḍramawt and Ḥimyarite kingdoms.[53] The amphora-like vessels or storage jars with the inner coating show the establishment of permanent trade connections with the Palestine region, which became more regular and intensive in the next, "upper" (BA-III) period of

50. A.F.L. Beeston, 1984, « Judaism and Christianity in Pre-Islamic Yemen », in *Arabie du Sud. Histoire et civilisation. Tome I. Le peuple yéménite et ses racines*, éd. par J. Chelhod. Paris, p. 277.
51. Peacock & Williams, *Amphorae and the Roman Economy*, p. 142-143, but see also p. 171-172.
52. Peacock & Williams, *Amphorae and the Roman Economy*, p. 153-169.
53. We can take into account now quite a large number of facts testifying the presence of foreign temporary residents in Ḥaḍramawt in 3rd-4th centuries A.D.: the evidence about Palmyrene and Indian ambassadors in Shabwa; the prayer of certain Kosmas, who was, most probably, a temporary resident in Qāni'; the Christian ostracon from Qāni' bearing a Greek name with Christian affiliation; Syriac *graffiti* found alongwith the Kosmas inscription; a structure at Qāni', which could be identified as a synagogue, and was erected initially, most probably, for foreign residents rather than for local people. In 1988 M. Piotrovskij and P. Griaznevich found a Greek inscription adorned with a cross above it of unfortunately bad condition in the vicinity of Wadī Hajar. The inscription was incised on the rock at the side of an ancient caravan road leading from Qāni' to Shabwa and was tentatively dated to the "early Byzantine period" (M.B. Piotrovskij, pers. com.).

Bir 'Alī occupation. The content of these vessels is unknown. It is thought that the coated vessels usually carried wine, and the resinous substance served as a kind of protector of direct contact between wine and fabric of the vessel.[54]

The increased numbers of the *green glazed pottery* fragments, presence of *black and grey ware* and *fine orange painted ware* indicate, no doubt, more intensive contacts with the Mesopotamian, Arab-Persian Gulf and even Southern Iran regions. Most probably some products from those countries like wine, dates and luxury vessels continued to arrive at Qāni'. Quite a large number of pottery sherds of undoubtedly Indian origin (*RPW*) came from the strata of the "middle" (BA-II) period. It seems Ḥaḍramawt still preserved and even increased its commerce with the countries to the East of Arabia.

It is very important to point out that the objects of Indian origin revealed at Khōr Rōrī, ancient Sumhuram or *Moscha Limén*, by the American Expedition have chronological ranges which are close to the "middle" (BA-II) period at Qāni'. The Indian bronze figurine representing a female deity or spirit, probably a *yakši* in the so-called *sālabhanjikā* pose, may be attributed to the beginning of the 3rd century A.D.[55] The bronze coin of the Kushana king Kanishka I was also found in the "level of late habitation" dated approximately to the early 4th century A.D.[56] Of no less interest is the statement of the late V. Begley based on the new investigations at Arikamedu, that « some [overseas] commerce took place in the 4th *c.* and later ».[57]

In general the impression can be summarised as follows. The trade connections with the Mediterranean region, which have been reduced, probably, in the late 1st century A.D., were no doubt reactivated in the late 2nd-5th centuries A.D. although, perhaps, not in the same quantities as before. During the BA-II period, Qāni' was transformed from a small coastal settlement used mostly as a transit station for vessels on their run from Egypt to India, and as "a warehouse" for frankincense, into an extensive port-city of the Ḥaḍramawt and, later, Ḥimyarite Kingdoms. The increased material evidence of the imports from Arabian Gulf countries, Mesopotamia and India as well as the reduction of Mediterranean objects show, very likely, that, in contrast with the previous period, there were some changes in the character of the sea-trade. The commerce now was concentrated in the hands of middlemen from Ḥaḍramawt and/or foreign merchants who had their permanent residence in the ancient kingdom. It seems quite probable that Ḥaḍrami middlemen tried to find a kind of balance between "western" and "eastern" imports.

In the 6th-early 7th centuries A.D. the ancient town of Qāni' occupied the north-western part of the settlement only, which is about 130 x 155 m in size. Small houses separated by narrow streets covered the reduced territory. This period was marked by the conflict between the Ḥimyarite Empire and the Aksumite Kingdom, and, according to the inscription *CIH* 621, the 'Urr Māwiyat fortress on the top of Ḥuṣn al-Ġurāb was rebuilt around 525 A.D. as a stronghold of some local Ḥimyarite tribes (*Yaza'nites*) against the Ethiopians.

---

54. D. ADAN-BAYEWITZ, 1986, « The pottery from late byzantine building (stratum 4) and its implications », in *Excavations at Caesarea Martima. 1975, 1976, 1979 – Final Report*, L.I. Levine and E. Netzer (eds.), Jerusalem, p. 97-99 (Qedem – 21); PEACOCK & WILLIAMS, *Amphorae and the Roman Economy*, p. 18.
55. GOETZ, « An Indian Bronze from South Arabia », p. 187-189.
56. Cf. ALBRIGHT, « The American Archaeological Expedition in Dhofar », p. 50; on the attribution of the coin cf. SEDOV, « New Archaeological and Epigraphical Material from Qana », p. 126.
57. V. BEGLEY, 1993, « New investigations at the port of Arikamedu », *JRA*, 6, p. 105.

Amphorae material from the "upper" (BA-III) period shows very strong trade links between "Late Qāni'" and the regions of southern Palestine or south-western Jordan. The principal content of the amphorae produced in the Aqaba kilns is unknown but most likely it was wine or oil as it was assumed for the similar type of amphorae from Berenice and Carthage.[58] It is thought that amphorae from Gaza carried the famous white wine from that region. However, it is common knowledge that olive and sesame oil were occasionally carried in such vessels.[59] The storage jars with inner coating which probably carried wine as well continued to arrive in Qāni' somewhere from the Palestine region.

The connections with the Indian subcontinent were reduced almost completely. On the other hand, from the strata of the "upper" (BA-III) period we have a rather important but probably "curious" find indicating the very early contacts between the Arabian Peninsula and Far Eastern countries. A fragment of Chinese celadon, slightly greyish, nearly white in color, with part of the Chinese letter of *van*, which means "king", was found.[60]

A great amount of Aksumite hand-made pottery including kitchen wares as well as other finds attest the permanent and very close contacts between Qāni' and the north-eastern coast of the African continent during the last decades of the city existence. It is hard to say with certainty that Qāni' population of that time directly came from Aksum, but no doubt the sailing across the Bab al-Mandeb Strait and connections with the Aksumite Kingdom were very close and intensive.

The evidence about intensive trade contacts with Palestine, *i.e.* with the regions of Byzantine Empire, fits very well with the political situation in South Arabia at that time, when Christian Aksumite Kingdom dominated the area. We can suppose that middlemen from Aksum controlled now the sea-trade of the ancient city.[61]

In all probability, Qāni' was abandoned around the early 7th century A.D., perhaps, as a result of general political and religious changes on the Arabian Peninsula including changing in the directions of trading links. The Prophet Muḥammad begun a new chapter in the history of the Arabian Peninsula, and the majority of pre-Islamic centres went to a state of neglect. New ones appeared and began to flourish, like al-Mukallā, one of the most beautiful Yemeni cities, and which were founded hundred kilometres to the east of Qāni'. Al-Mukallā and as-Shihr became new chief port-cities of Ḥaḍramawt, a new centre of Arabian seafaring.

---

58. RILEY, « The Coarse Pottery from Berenice », p. 215.
59. J.A. RILEY, 1981, « The pottery from the cisterns 1977.1, 1977.2 and 1977.3 », in *Excavations at Carthage 1977 conducted by the University of Michigan*. Volume VI, ed. by J.H. Humphrey, Ann Arbor, p. 120; PEACOCK & WILLIAMS, *Amphorae and the Roman Economy*, p. 185-187, 198-199; J.A. BLAKELY, 1988, « Ceramics and Commerce: Amphorae from Caesarea Martima », *BASOR*, 271, p. 35-38.
60. Could a Chinese vase have been dropped by a late visitor of the site probably in the 10th or 11th centuries A.D., and later one of the fragments was accidentally placed into the upper strata of the settlement ?
61. Cf. S.C.H. MUNRO-HAY, 1996, « Aksumite overseas interests », in *The Indian Ocean in Antiquity*, ed. by J. Reade, London, p. 403-416.

APPENDIX

SOUNDING AT THE AREA 2
PREHISTORIC QĀNI'

Description of soundings

Already in the beginning of systematic excavations at Bir 'Alī settlement (ancient Qāni') Russian investigators found out that a layer with large amount of charcoal and fish bones and some amount of marine shells was embedded at a considerable depth under one of ancient town buildings at the Area 2. Stratigraphic data indicated that it should be related to much earlier time that the settlement itself. But special investigations in this direction were not carried out at that time. The character of the material culture connected with this layer, the type of the monument and the age of the layer itself remained unknown. This task was partly fulfilled by the Russian expedition under the direction of A.V. Sedov during reconnaissance works, carried out at Bir 'Alī settlement in 2001.

Investigation of the lower layers was carried out in two test pits. The first one, 4 x 4 m in size, was situated at the foot of the northern slope of the rock Ḥuṣn al-Ġurāb, west of the Area 6, approximately in 200 m from the seashore. The other was stationed inside the room 1 in the ruins of the building excavated at the Area 2 (see chap. III), next to the sounding in which the layer rich in charcoal was documented for the first time in 1986-1987. The filling of the building itself was already entirely excavated earlier, and that is why the digging has been started from the floor level of the room 1. The eolian sand deposited during 15 years, which passed since previous excavations, covered the latter. The square of this test pit was limited from one side by the dimensions of the building and from the other by the space, left after previous deep sounding. This square, useful for our research, was 1.7 x 2.8 m in size.

The choice of the place for a test pit near the base of the rock was determined by three reasons. First, it was planned to find out the spread of the lower cultural deposits far away from the shoreline itself and thus to determine areas most abundant in archaeological remains. Second, there were no visible building remains of the ancient town at the selected area. And the third, a small pile of shells with definite traces of burning was visible here on the modern surface. But the works at this test pit were not productive from the point of view of our research. The rocky bottom was achieved at the depth of 140 cm. The lower layer from the five strates, singled out here, turned to be the richest in finds. And all these finds, mostly ceramic fragments, were belonging to the time of the ancient Qāni'. Consequently, the pile of shells, embedded in the uppermost layer of the eolian sand appeared not to be prehistoric at all, but much more recent than the ancient town layers. Most probably, it reflects some single episode of human occupation after remains of Qāni' were buried in ruins for a long time. The pile under description contained about 200 shells, represented almost entirely by oysters.

The sounding under the floor of the room 1 in the ruins of the building excavated at the Area 2 gave a different picture. Its depth from the level, from which it was dug, to the virgin soil, *i.e.* ancient beach deposits, was 190 cm. If we take into consideration that the upper parts of the deposits of this test pit, as has already been stated above, were removed during previous excavations, the general depth of this test pit from the modern surface level will be about 330 cm.

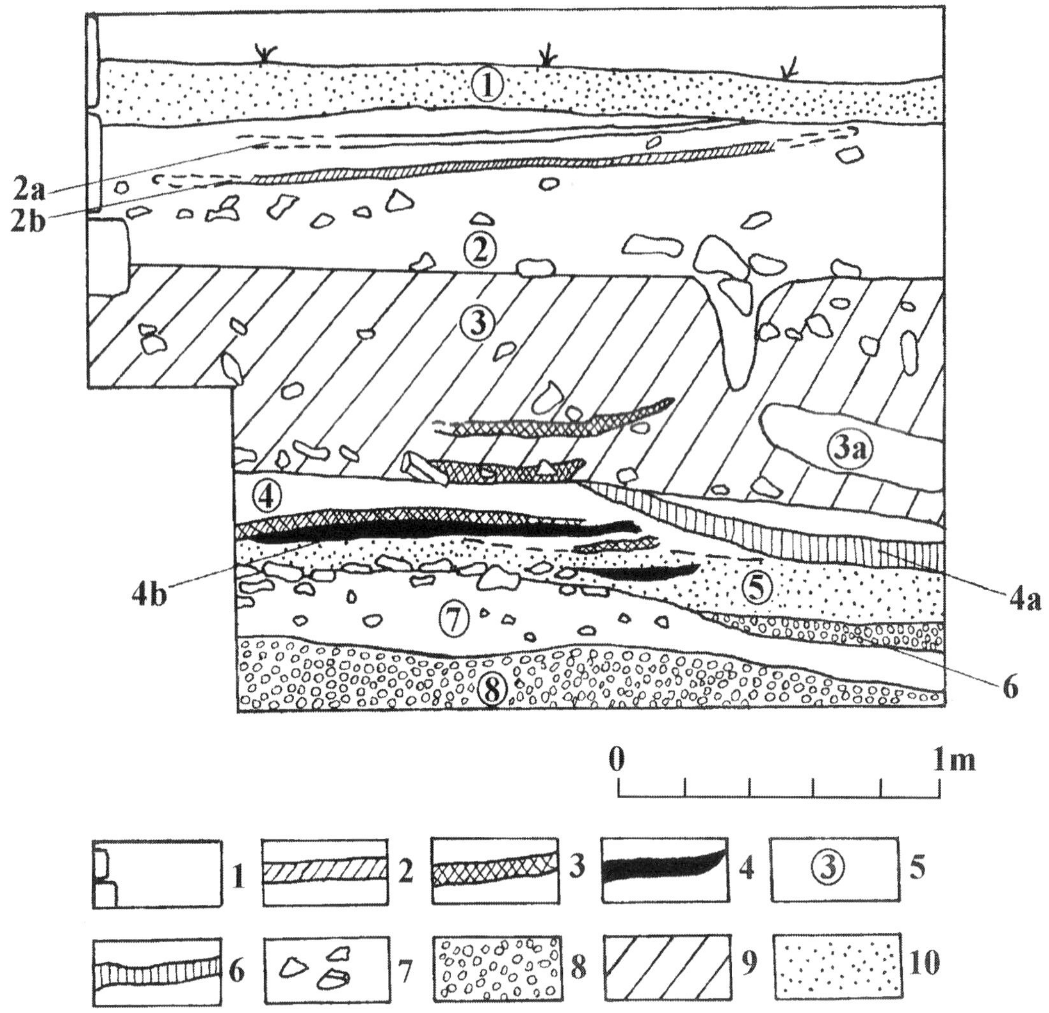

Figure 138

The test pit (*fig. 138*) under description revealed the following sequence of deposits.

Layer 1. The yellowish mellow fine-grained sand – eolian deposit, which emerged since 1987. Contains no finds. Thickness: up to 20 cm.

Layer 2. The yellowish-grey sandy loam with intrusion of single small fragments and a small amount of crushed stone of volcanic rock. It contains two thin dense clay streaks of yellowish-white color with traces of burning on their surfaces – floor coating (?). Ceramic fragments, small bronze fragments and animal bones represent archaeological remains. Thickness: up to 46 cm.

Layer 3. The intense dark sandy loam, dense with admixture of a large amount of severely burnt shells (folds with nacreous inner surface). With medium amount of fragments and crushed stone of volcanic rock. It contains two lenses rich in charcoal deposited at different levels.

Archaeological material contains ceramic, stone tools, small fragments of bronze artefacts, bone remains of large and small ungulates and tortoise. Thickness: up to 78 cm.

Layer 4. Greyish loam, dense with an admixture of charcoal. It contains lenses of entire charcoal mass, decayed fish bones, burnt shell mass. Stone tools represent the finds. The layer is partly eroded by washing. Thickness: up to 20 cm.

Layer 5. Greyish coarse (marine ?) sand with an admixture of scarce burnt shells and charcoal. A lens composed of the entire mass of decayed fish bones and stone tools represents archaeological finds. The layer is partly eroded by washing. Thickness: up to 18 cm.

Layer 6. Fine fragmented coral mass. No cultural remains. The layer is partly eroded by washing. Thickness: up to 10 cm.

Layer 7. Greyish sandy loam with an admixture of a large amount of fragments of volcanic rock along the upper border of the layer and with a small amount of crushed stone. Archaeological finds are represented by stone tools, remains of a hearth, thin (thickness up to 1.5 cm) lenses of decayed fish bones, scarce burnt shells, fragments of tubular bones of small ungulates and also fragments of a tortoise shell. Thickness: up to 25 cm.

Layer 8. The mass of fine fragmented corals and shell – ancient beech deposits. It includes large, severely rounded lumps of basalt and volcanic tuff. No archaeological remains. Traced at a depth of 25 cm.

The general inclination of the layers is sloping down to the modern shore. This inclination is better pronounced in the lower layers. The next specification is the fact that the layers, starting from the fourth, are deposited with erosion by washing.

Cultural remains were met in five layers (layers 2-5, 7) of the section under description. Judging from the differences in the composition of finds from various layers we can state that we have here two different groups of cultural layers. The first one (layers 2, 3) is related to the time of ancient *Qāni'* on the basis of finds, first of all, pottery. But at the same time, at least layer 3 precedes the construction of the building 1. The obvious differences of the second group are well defined both in the natural and the anthropogenic parts of the layers composing it (layers 4, 5, 7). These layers display the other character of occurrence and deposition, the other thickness and the other lithological composition. Ceramics and bones of large mammals disappear entirely in these layers and morphologically stable stone tools display the other typological appearance.

Judging from the section, the investigated area of the site was initially occupied practically immediately after the sea level regressed and a new part of the territory of the shore zone became dry. The surf wave reached this place until the end of the deposition of the layer 7. Presence of the layer 6 composed of marine sediments (fine fragmented corals and shells), which partly interrupts in a paddle-like manner the layer 7, which was already partly deposited, is a clearly observed evidence of this fact. The surface of the ancient beach, revealed by the test pit, is nowadays 2 meters above the sea level. Consequently, the amplitude of the sea transgression preceding the retreat of water and the human occupation of this area was equal to this particular meaning. This geomorphologic indicator is a good basis for the approximate dating of the lower layers of this site.

Faunal remains

Special archaeozoological studies of the material, coming from the test pit under description were not carried out. We can produce only its general description basing on our personal observations. The data from sediments (layers 4, 5, 7), preceding town layers of *Qāni'* will be analysed.

The main features of palaeofaunistic characteristics of the investigated layers are unite from the taphonomic point of view as well as from the general qualitative and quantitative composition. In all three layers we find burnt mollusc shells dispersed in the layer. They do not compose concentrations, enabling to treat them as a shell midden at any place of the investigated area. The only exclusion is the horizon 4a. An almost entire shell mass was discovered there. But it is represented in a rather specific manner – the shells are fine fragmented and burnt almost up to entire decay. Such condition of preservation of shells can hardly be explained by preparation of the molluscs for consumption as food. At the same time it is impossible to say that secondary burning of shells took place here.

The most part of intact shells was discovered in the layer 7 (32 exemplars). 12 shells, belonging to four different species represent bivalve molluscs. The rest 20 shells represent not less than 10 species of large gastropods. Judging from the composition of these remains we cannot speak about mass and specialised gathering of molluscs. It is also worth noting the absence of such specie as terebralia, diagnostic for the lagoons with mangrove vegetation. All shells display more or less pronounced traces of burning, indicating their preparation for food with the help of fire.

Determinable fish bones and fragments of a tortoise shell are not numerous. On the other hand, there are thin lenses, composed of the entire mass of rotten or half decayed fish bones in all three cultural layers (layers 4, 5, 7).

The only difference in the composition of the faunal remains from the layers under description is the presence of single bones of small ungulates in the layer 7. But most probably this difference is connected with specifications of the excavated areas of cultural layers. In general the composition of the faunal finds does not leave any hesitation in the fact that fishing was the main economic occupation of the first inhabitants of prehistoric Qāni'.

Archaeological finds

The cultural remains in all three layers described here are represented by stone tools, entire lenses rich in charcoal and lenses of decayed fish bones, and also by a destroyed fire-place in the layer 7. Traces of the destroyed fire-place were discovered in the southeastern corner of the test pit. A strictly localised concentration of twenty-four burnt pebbles and small boulders (up to 15 cm in cross section) of volcanic rock was unearthed here. Among them two fragments of grinding stones with a flat surface were observed. The layer itself was intensely coloured black at the spot of this concentration. The character of stones from the mentioned concentration and peculiarities of its filling make it possible to treat this object as the remains of a fire-place with a stone covering.

The qualitative and quantitative composition of tools in each cultural layer is the following (cf. *Table 1*).

Table 1

Denomination of artefacts	Layer 4	Layer 5	Layer 7
Net weights with the worked surface	1	1	
Pebbles with cup-mark	1		
Pebbles with two symmetrically opposed pecked cup-marks		1	
Grinding stones with a flat surface (intact and fragments)	1		6
Hammerstones	1		
Hammerstones-grinding stones		1	1
Big pestle (fragments)	1		1
Small anvils			1
Chopping tool "a museau"	1		
Burnt pebbles	4	9	24

In quantitative respect the collection under description is not large, and it is no wonder taking into consideration that it comes from a relatively small test pit. And the practical work also shows that the inventory of sites like lower layers of *Qāni'* as a rule is not numerous. But the qualitative composition of the material looks quite spectacular. Both the general set of stone tools and presence of such diagnostic artefacts as net weights (*fig. 139, 1-3*), a pebble with cup-marks (*fig. 138, 4*), a chopping tool "a museau", combined tools and big pestle give this inventory the appearance typical for the settlements of fishers and mollusc gatherers of the Neolithic and the Bronze Age of the South Arabia.

From the typological point of view the most interesting artefact form here is represented by the net weights. Their specification is in the fact that areas of a simple hammered surface in the middle part of the pebble edge (*fig. 138, 1*) or light percussion retouch of the most protruding surfaces along the perimeter of the transversal cross section of the pebble (*fig. 138, 3*) played the role of edge hollows for binding. This type of sinkers was not reported from the materials of other comparable sites of the Aden Gulf shore until now and it is undoubtedly specific to *Qāni'*.

The next moment connected with net weights, deserving special attention, is the fact that some pebbles without any traces of surface modification may be in reality also attributed to this category of finds. The possibility of use of such amount of unworked pebbles in ancient times

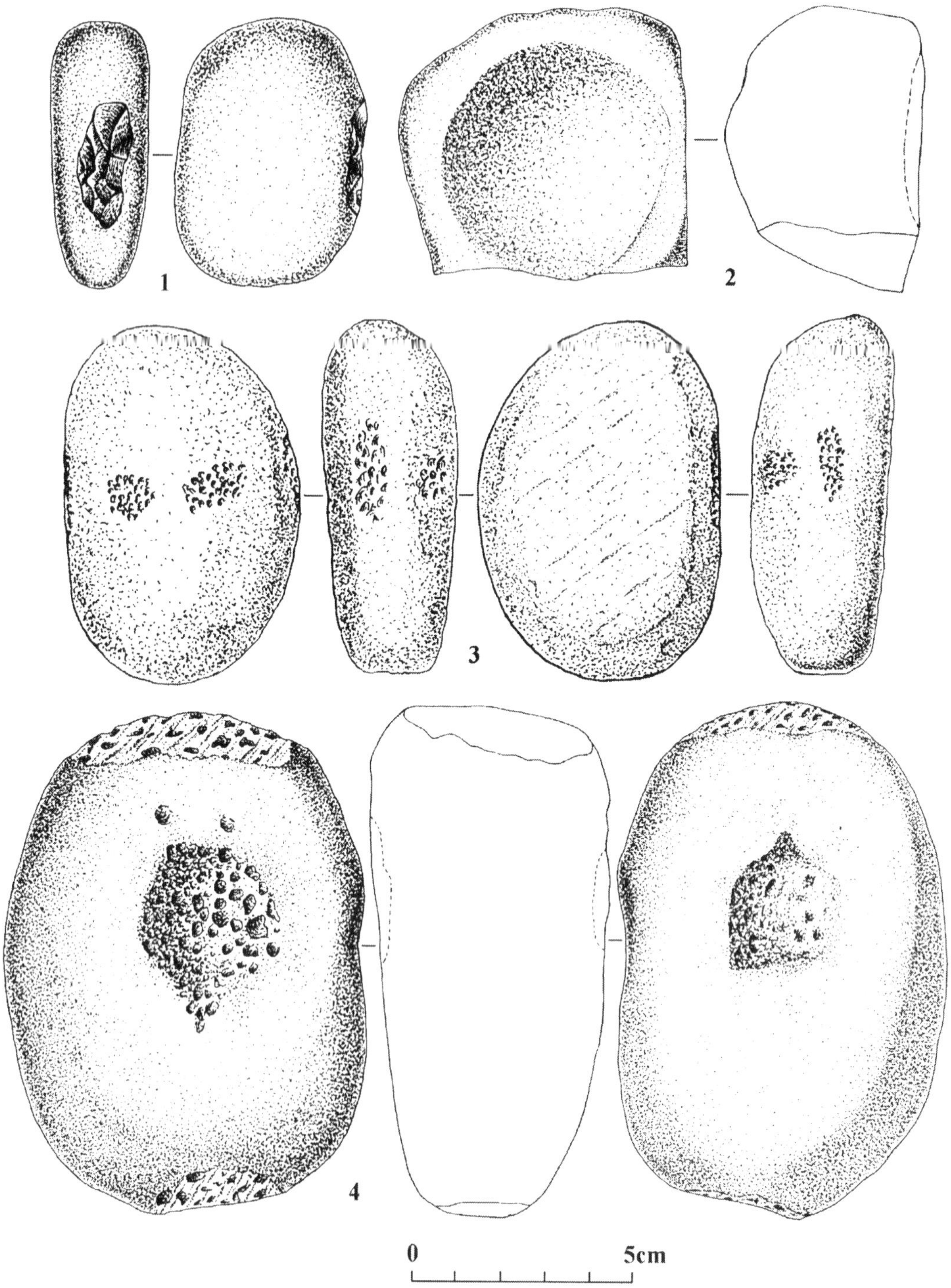

Figure 139

itself was, to our opinion, persuasively demonstrated at the materials of the coastal settlement Quiheyu at Khor Umeirah, dated close to the 4th millennium BC. This is also supported by the fact that similar artefacts are in wide use among the modern fishers, living near *Qāni'* as well as in other districts of the Aden Gulf.

The data of archaeological stratigraphy and observations about the character of raw material for the stone tools are important for solving the question about how intense the life in *Qāni'* was during the prehistoric times. As seen from the section of the site, materials connected with fishing are deposited here in three consequent lithological layers. And also in each of these layers stratification of lenses rich in charcoal, indicating either continuous accumulation of the cultural deposits during long time, or periodical renewal of habitation at the investigated area is observed. It is not possible to find out which of these two variants took place here. But it is clear that in both cases it was not just episodical settlement of this habitation area by people. This statement is supported by such important fact that the net weights, hammerstone and hammerstones-grinding stones and some of burnt pebbles are made of raw material, which is not local. These are mostly small (in average 7 x 5 x 3 cm) flattened pebbles, brought here by the ancient inhabitants from the nearest wadi from a distance of many kilometres from *Qāni'*.

The dating and the general characteristics of the site

Facing the absence of the radiocarbon dates for the dating of the lower layers of *Qāni'* we can only rely on the proper archaeological and geomorphologic grounds. From the typological point of view net weights are first of all demonstrative for the relative dating. The net weights are represented by the form, which is considered early in the sense of the evolution of this category of artefacts. The *Qāni'* type occupies the intermediate place in the evolution of the latter between the pebbles with the unworked surface used as net weights and the net weights with well developed morphology with concave edges. The correctness of such understanding of the evolution of net weights is supported in particular by the *Qāni'* materials themselves. In this connection we can point to the fact that in the layer 3 of the investigated test pit, related to the time of the ancient Southern Arabian civilisation, much more developed type of the analysed category is met. It belongs to the sinkers with symmetric deep edge hollows. The same consequence is observed also in the materials of the shore sites of the Khor Umeirah lagoon at approximately 150 km to the east of the town of Aden, where there is a possibility for the comparison of materials of different age. The data from these sites and from the settlements of ancient fishers in the locality al-Nabwa in the suburbs of Aden, analogous to the former in the typological sense, indicate that the net weights with deep edge hollows made by percussion become widespread since the 2nd millennium BC. Basing on these conclusions we should date the layers 4, 5, 7 of *Qāni'* to the earlier time.

Attraction of the geomorphologic data also seems fruitful concerning the dating of the layers of *Qāni'* under analyses. As it was already mentioned earlier, the first settlement of the area investigated by us, took place directly after the termination of the transgressive phase, which had the altitude about 2 meters during its maximum. The last Holocene transgression of such scale applicable to Arabian coasts is dated to the 4th millennium BC. Consequently accumulation of the lowest layer of our section (layer 7) most probably may be dated to the 3rd millennium BC.

The next important problem connected with the studies of the ancient layers of *Qāni'* concerns the definition of the cultural attribution of this site. But its solving in terms of establishing of narrow cultural identifications is limited by the scarcity of the material at our disposal. Only one thing is clear, that the settlement belongs to a vast circle of the coastal sites with specific type of economy and peculiarities of the inventory, reflecting this specific features. The question about the presence or absence of local cultural specifications here still remains open. Our general approach to this problem, basing on the knowledge of vast materials from the neighbouring districts and more distant regions leads to the acceptance of existence of some local specifics here. The principal possibility of this is indicated, for example, by the materials of the multi layered settlement Quiheyu with their unique cultural appearance, or by synchronous collections from the coastal sites of the Arab-Persian Gulf. But the presence of the original type of net weights is not sufficient for the strict typological argumentation of this supposition in the respect of *Qāni'*, though one should remember about this as well.

Generally speaking, the materials, described above, give sufficient basis for the definition of the site as a relatively long lived multi-layered settlement of the same type as other coastal Neolithic-Postneolithic settlements of the Southern Arabia. The lithic inventory and faunal remains from cultural layers do not leave any doubt that fishing was the main economic activity of the inhabitants of this settlement. It was accompanied by unspecialised gathering of molluscs. Presence of bones of small ungulates in the layer 7 may indicate, basing on analogies with other synchronous sites, that the described type of economy was supplemented by hunting than by cattle breeding.

Planche 1

Planche 2

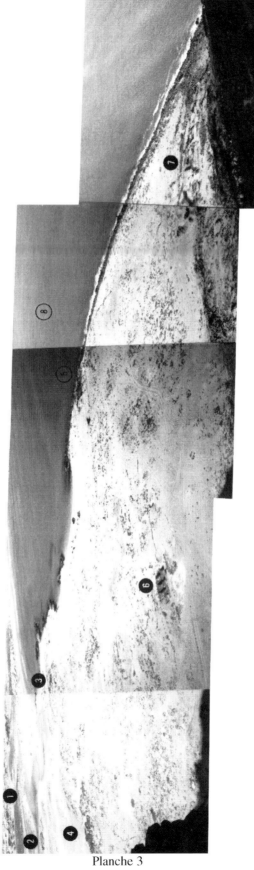

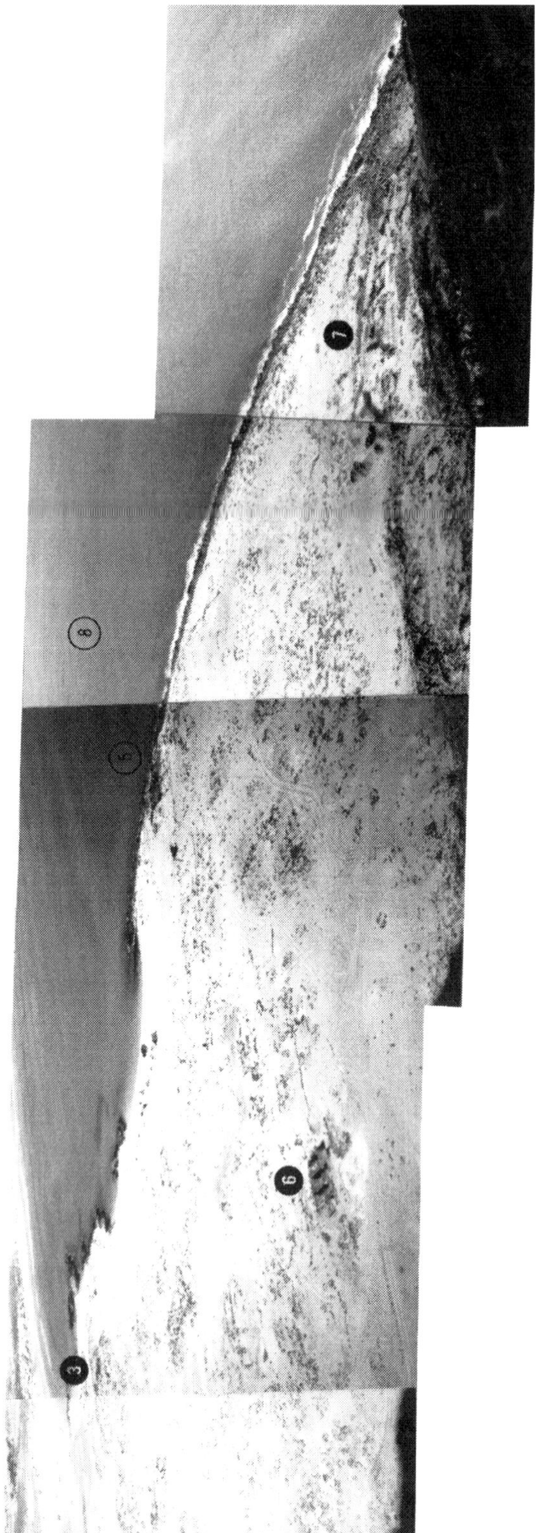

Planche 3

Planche 4

Planche 5

Planche 6

Planche 7

Planche 8

Planche 9

Planche 10

Planche 11

Planche 12a

Planche 12b

Planche 13

Planche 14

Planche 15

Planche 16

Planche 17

Planche 18

Planche 19

Planche 20

Planche 21

Planche 22

Planche 23

Planche 24

Planche 25

Planche 26

Planche 27

Planche 28

Planche 29

Planche 30

Planche 31

Planche 32

Planche 33

Planche 34

Planche 35

Planche 36

Planche 37

Planche 38

Planche 39

Planche 40

Planche 41

Planche 42

Planche 43

Planche 44

Planche 45

Planche 46

Planche 47

Planche 48

Planche 49

Planche 50

Cm

Planche 51

Planche 52

Planche 53

P Planche 54

Planche 55

Planche. 56

Planche 57

Planche 58

Planche 59

Planche 60

Planche 61

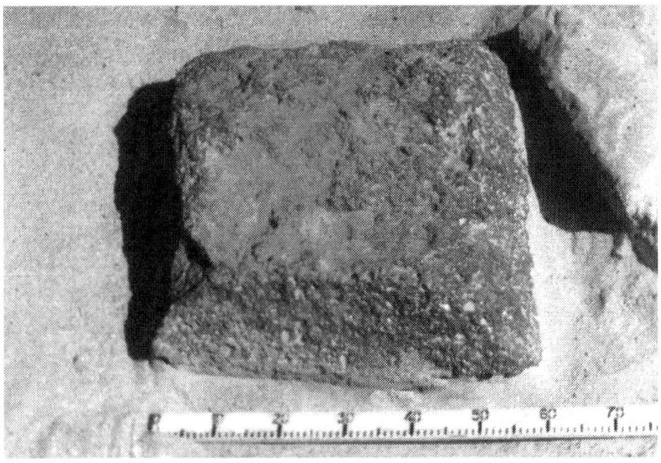

Planche 62

Planche 63

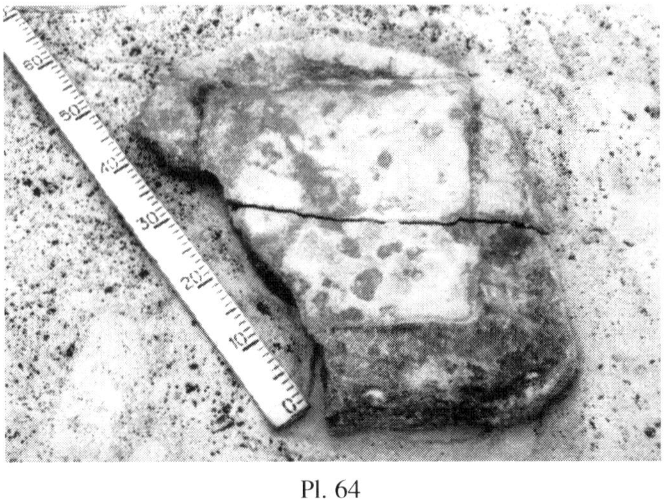

Pl. 64

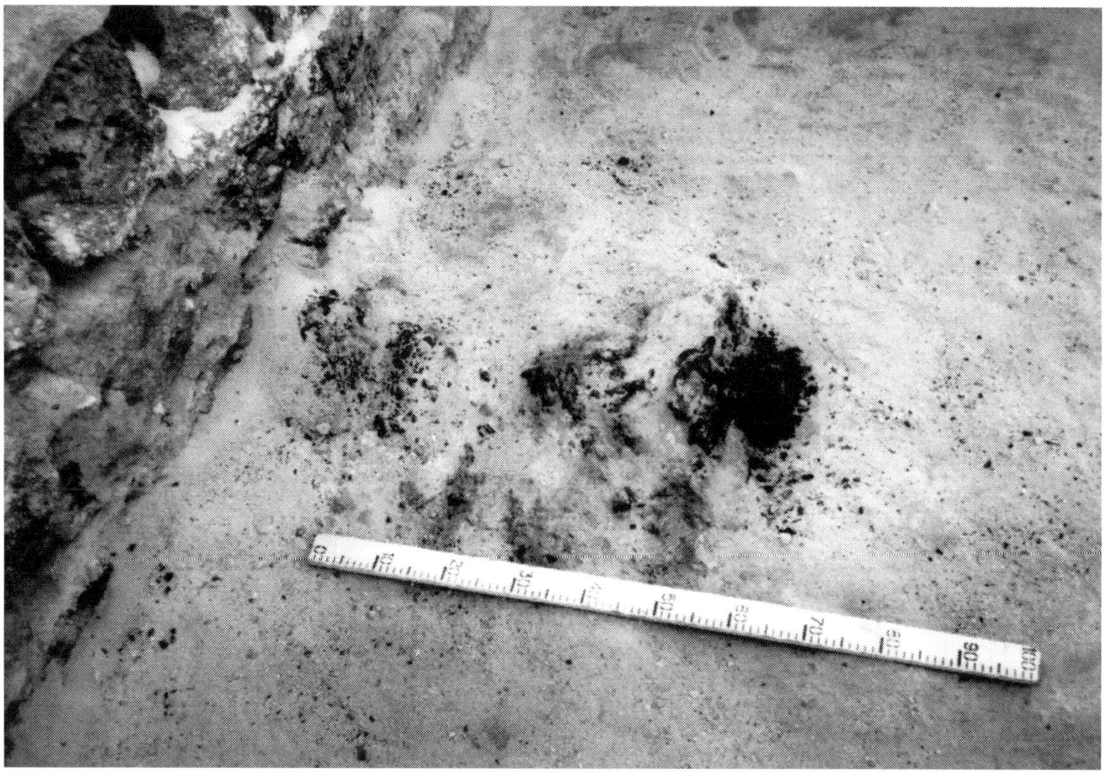

Planche 65

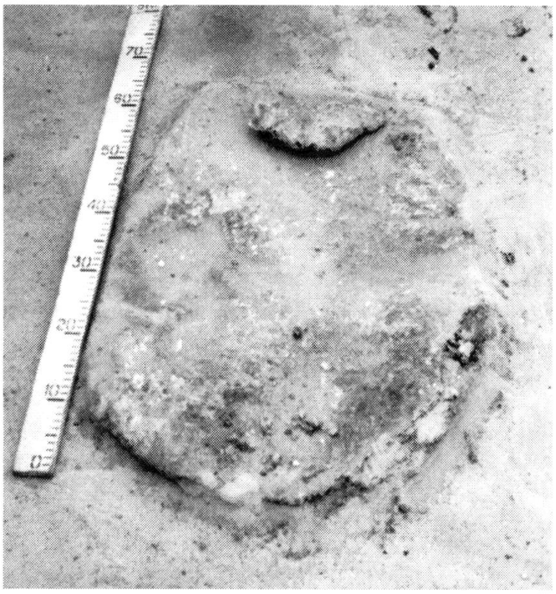

Planche 66

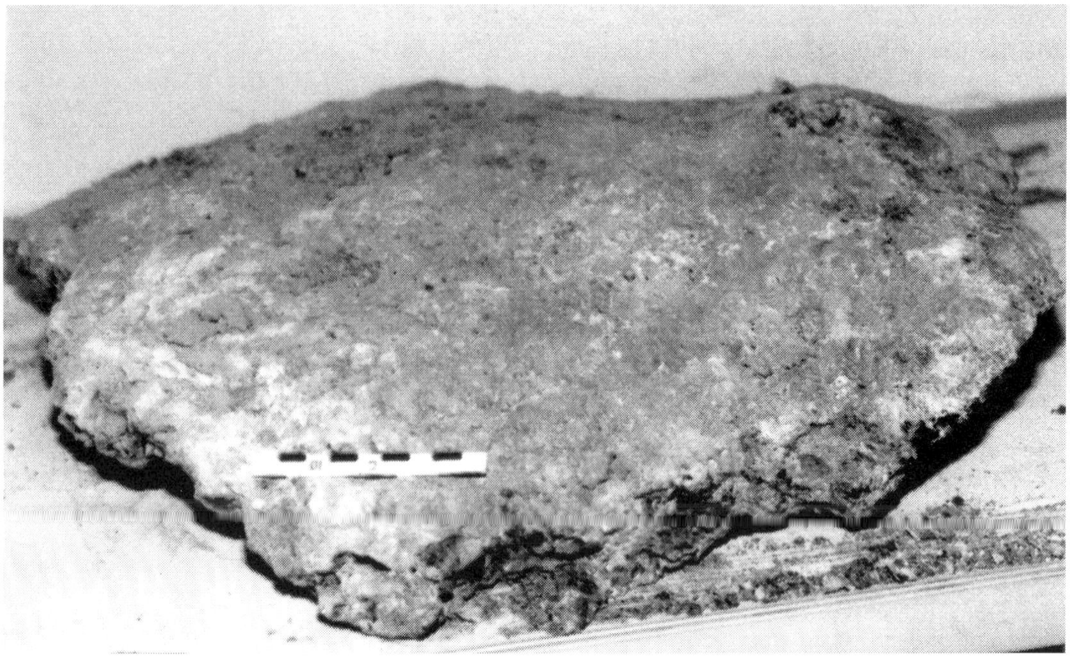

Planche 67

Planche 68

Planche 69

Planche 70

Planche 71

Planche 72

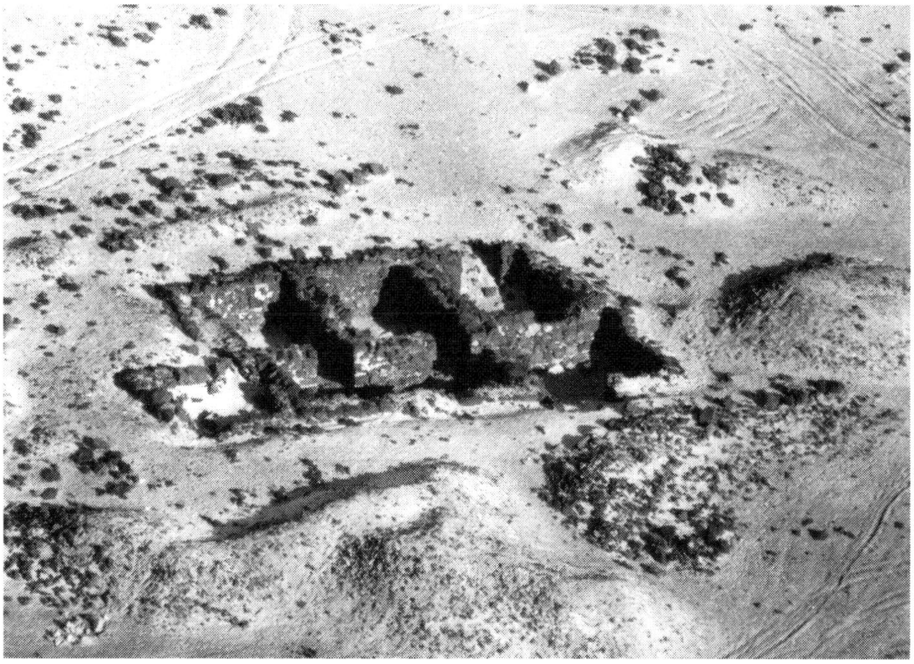

Planche 73

Planche 74

Planche 75

Planche 76

Planche 77

Planche 78

Planche 79

617

621

625

746

643

Planche 80

Planche 81

Planche 82

Planche 83

Planche 84

Planche 85

Planche 86

Planche 87

Planche 88

Planche 89

Planche 90

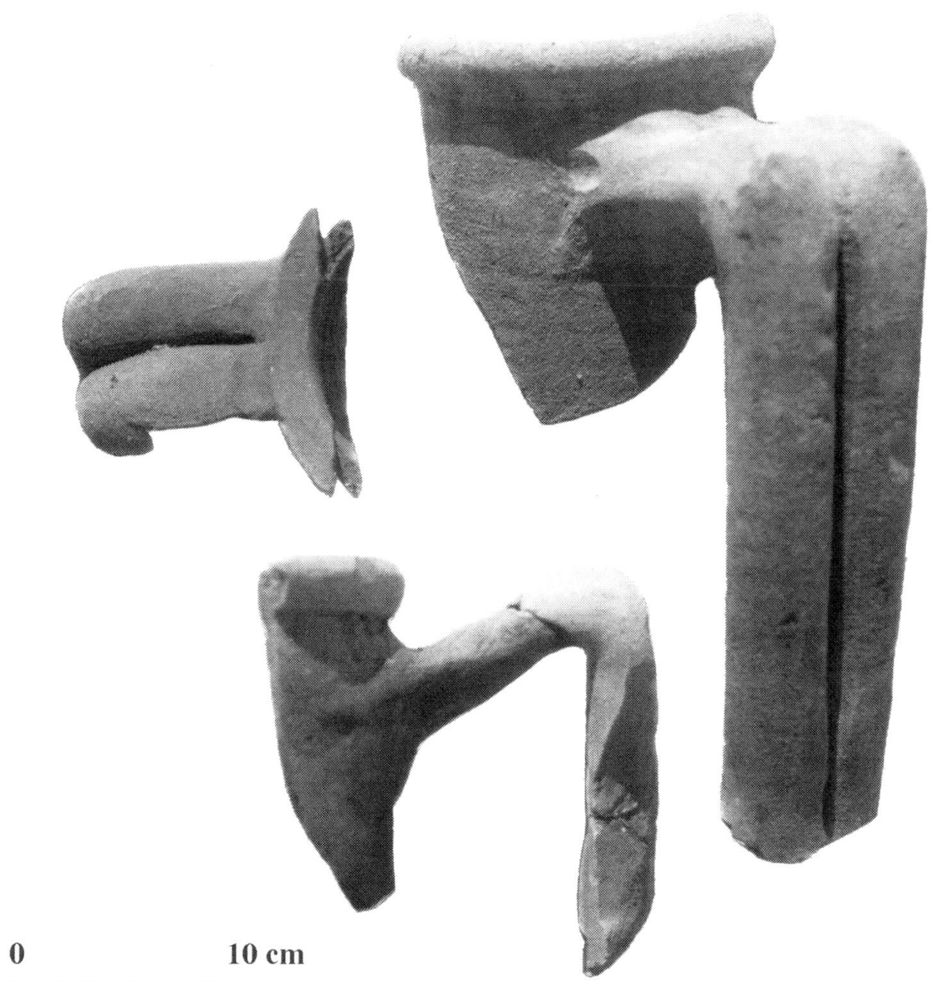

Planche 91

1

2

Planche 92

Planche 93

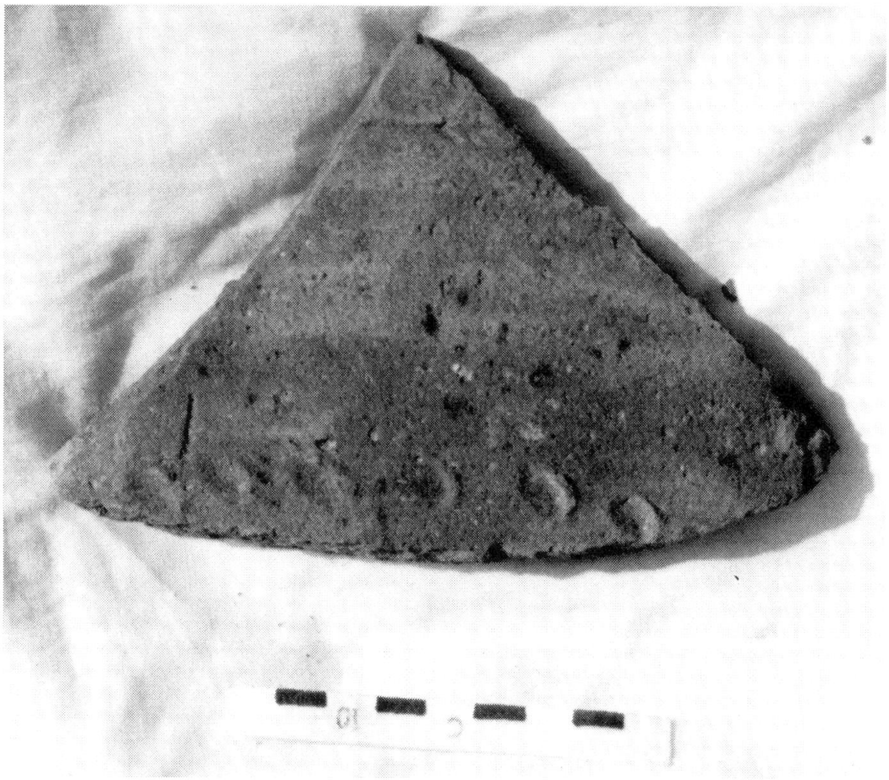

Planche 94

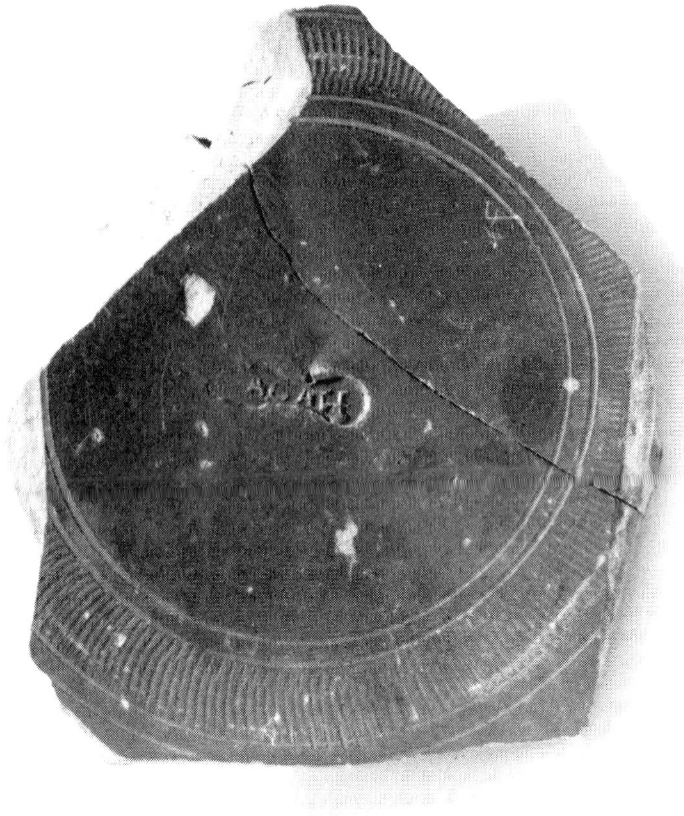

Planche 95

Planche 96

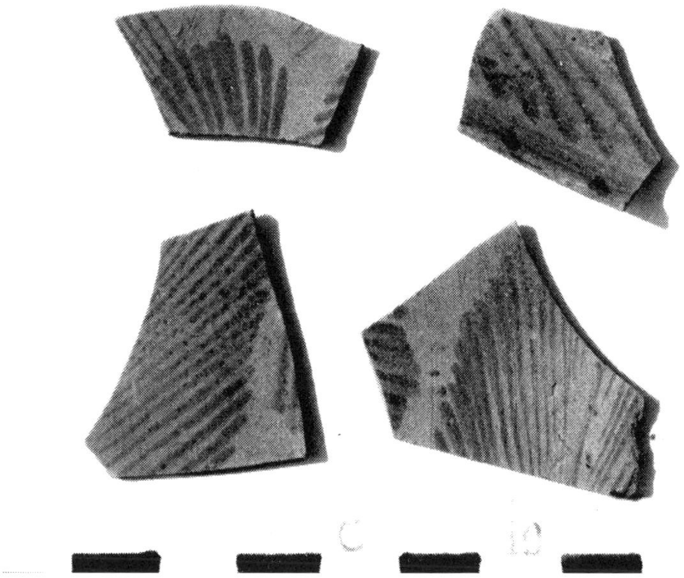

Planche 97

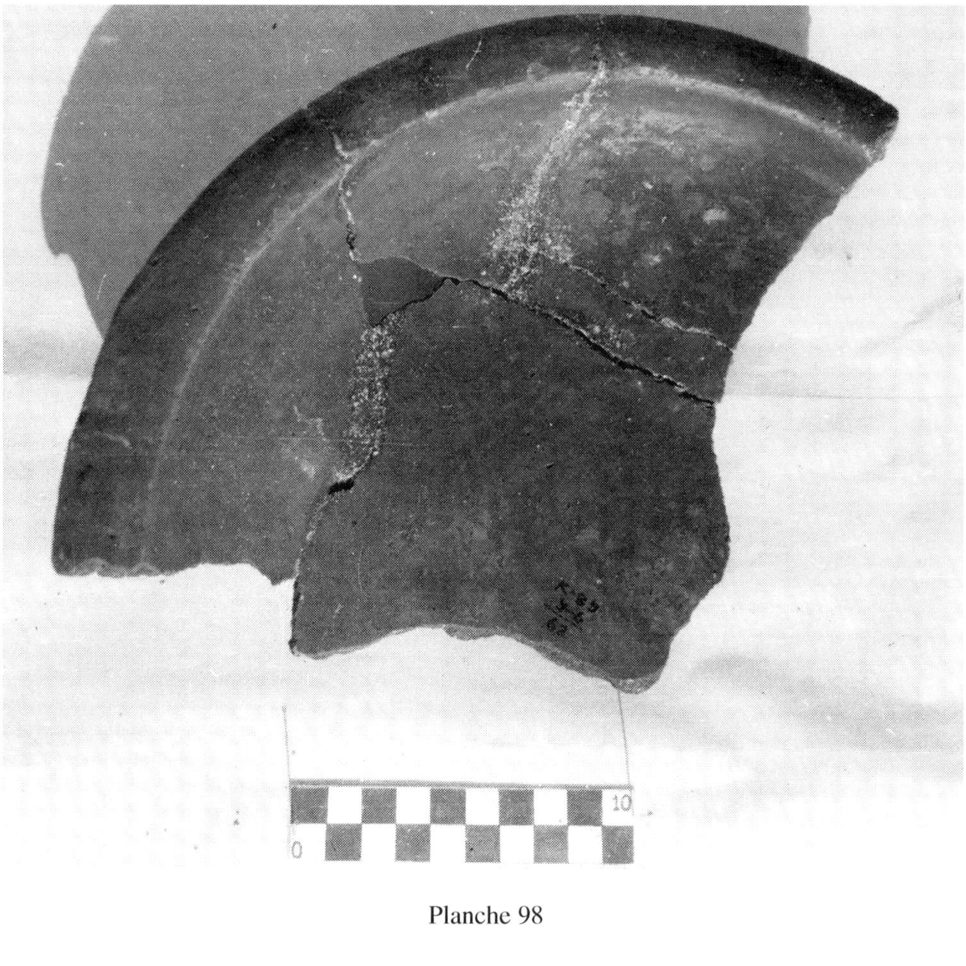

Planche 98

Planche 99

Planche 100

Planche 101

Planche 102

Planche 103

Planche 104

Planche 105

Planche 106

Planche 107

Planche 108

Planche 109

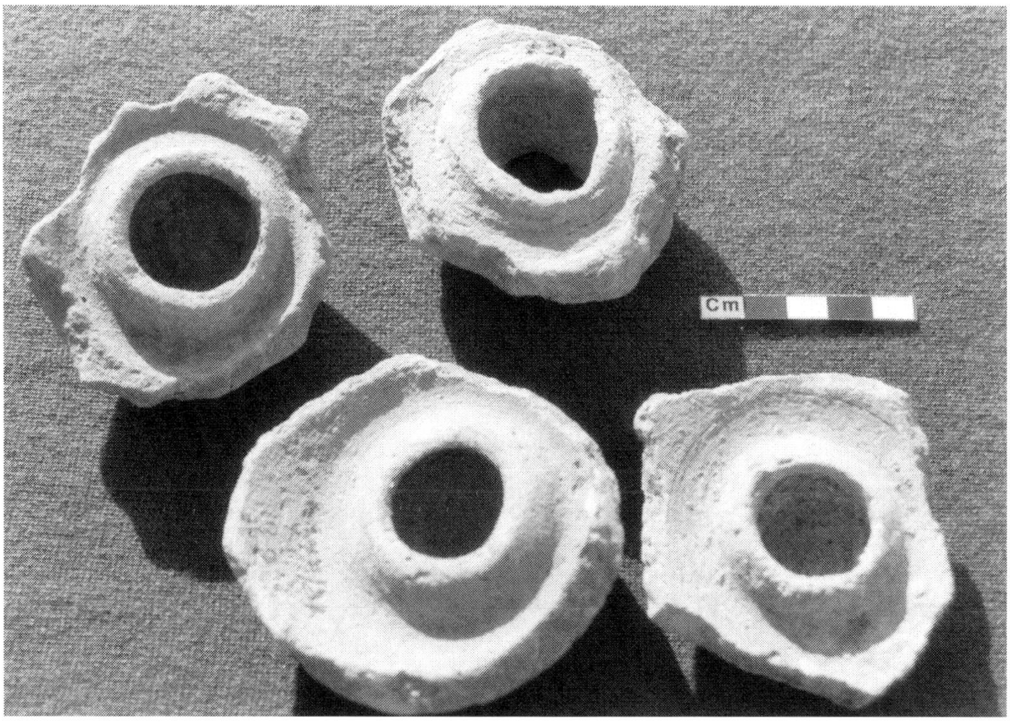

Planche 110

Planche 111

Planche 112

Planche 113

Planche 114

Planche 115

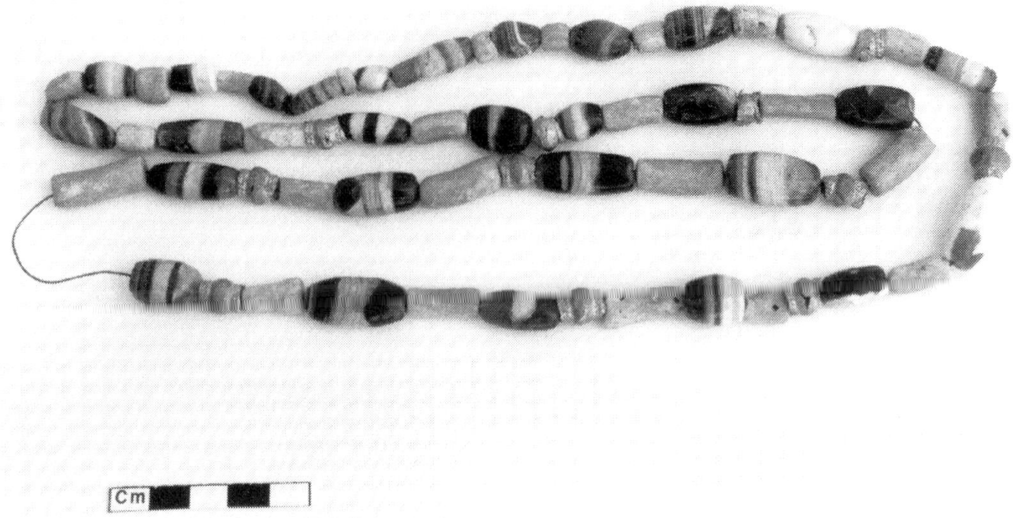

Planche 116

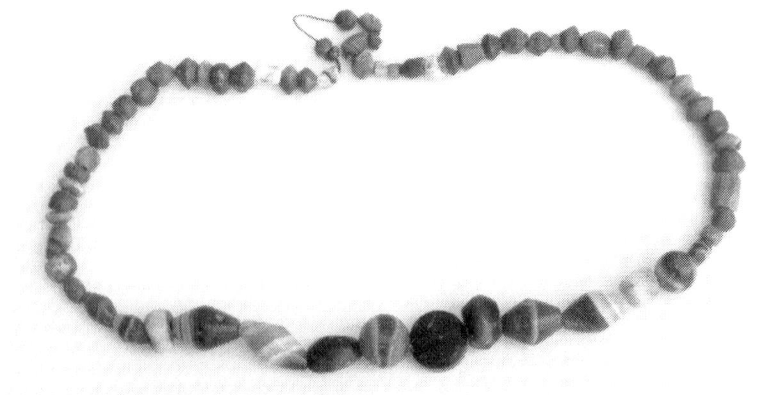

Planche 117

Planche 118

Planche 119

Planche 120

Planche 121

Planche 122

Planche 123

Planche 124

Planche 125

Planche 126

Planche 127

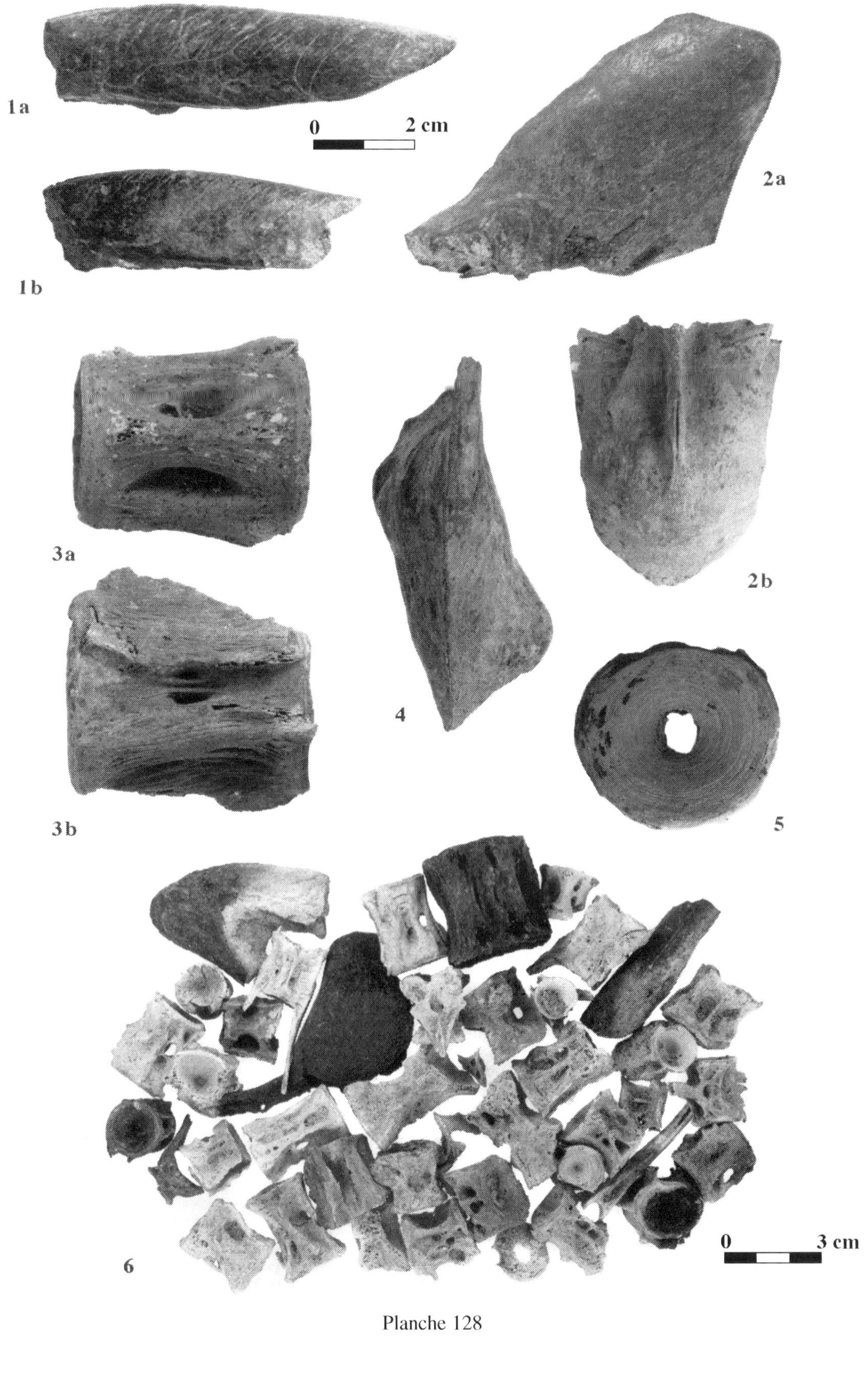

Planche 128

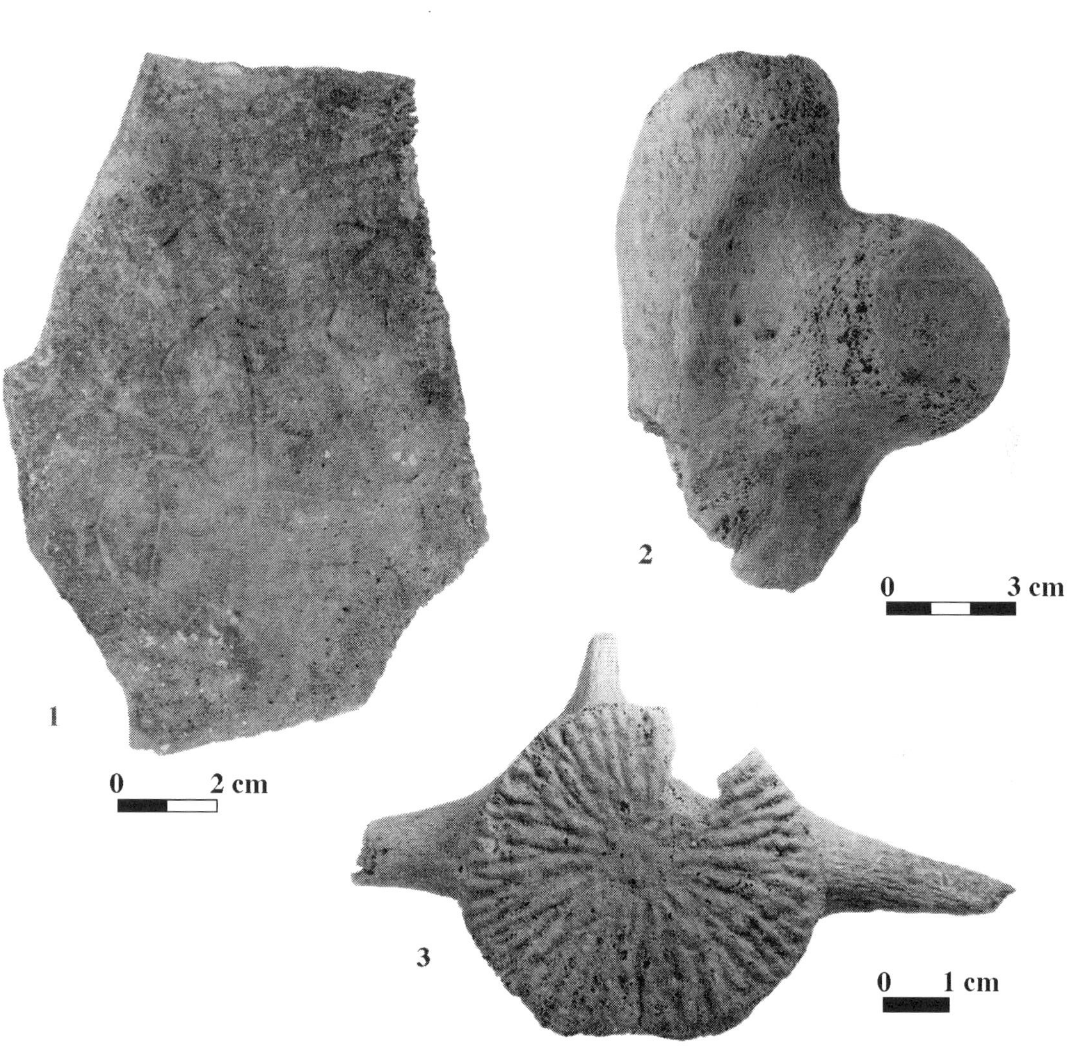

Planche 129

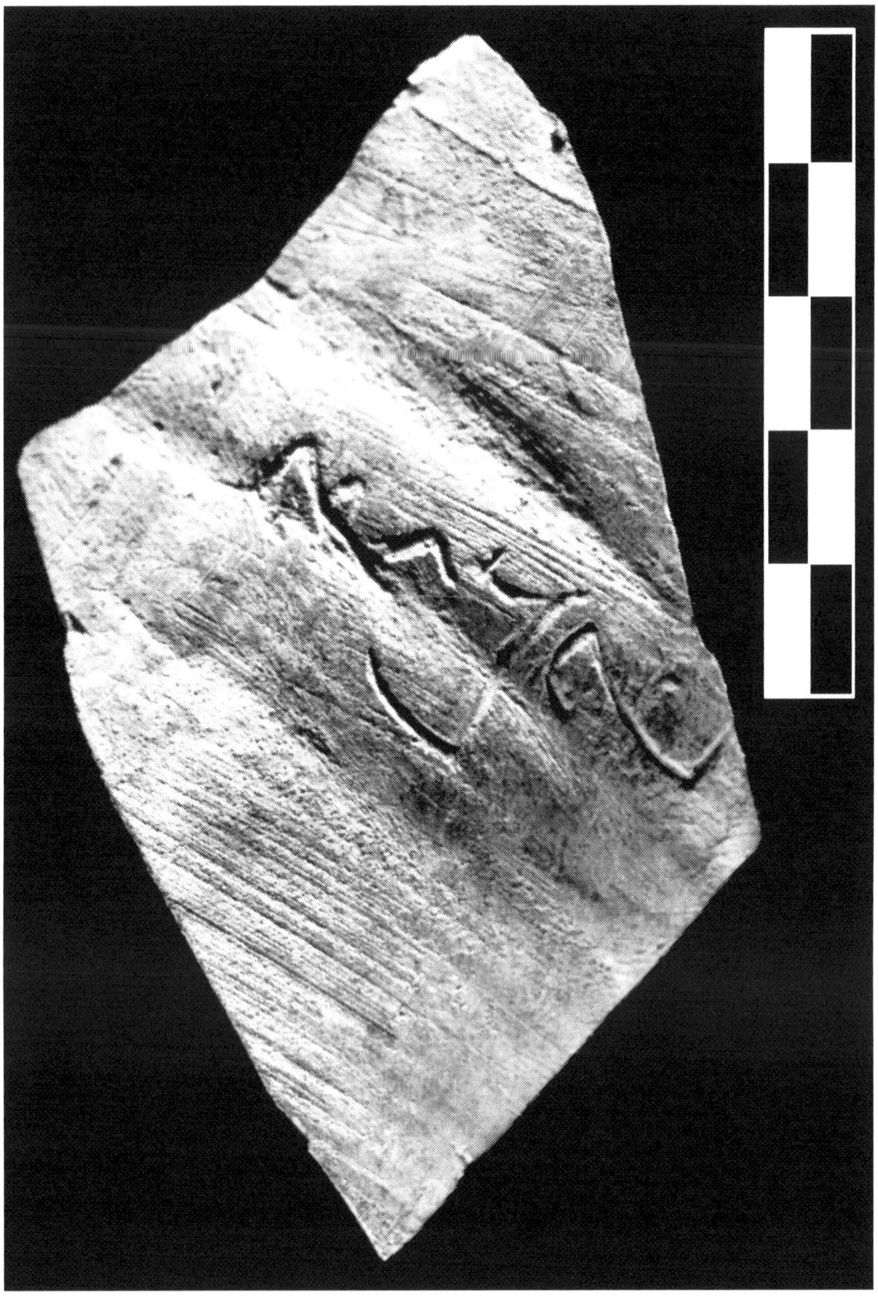

Planche 130

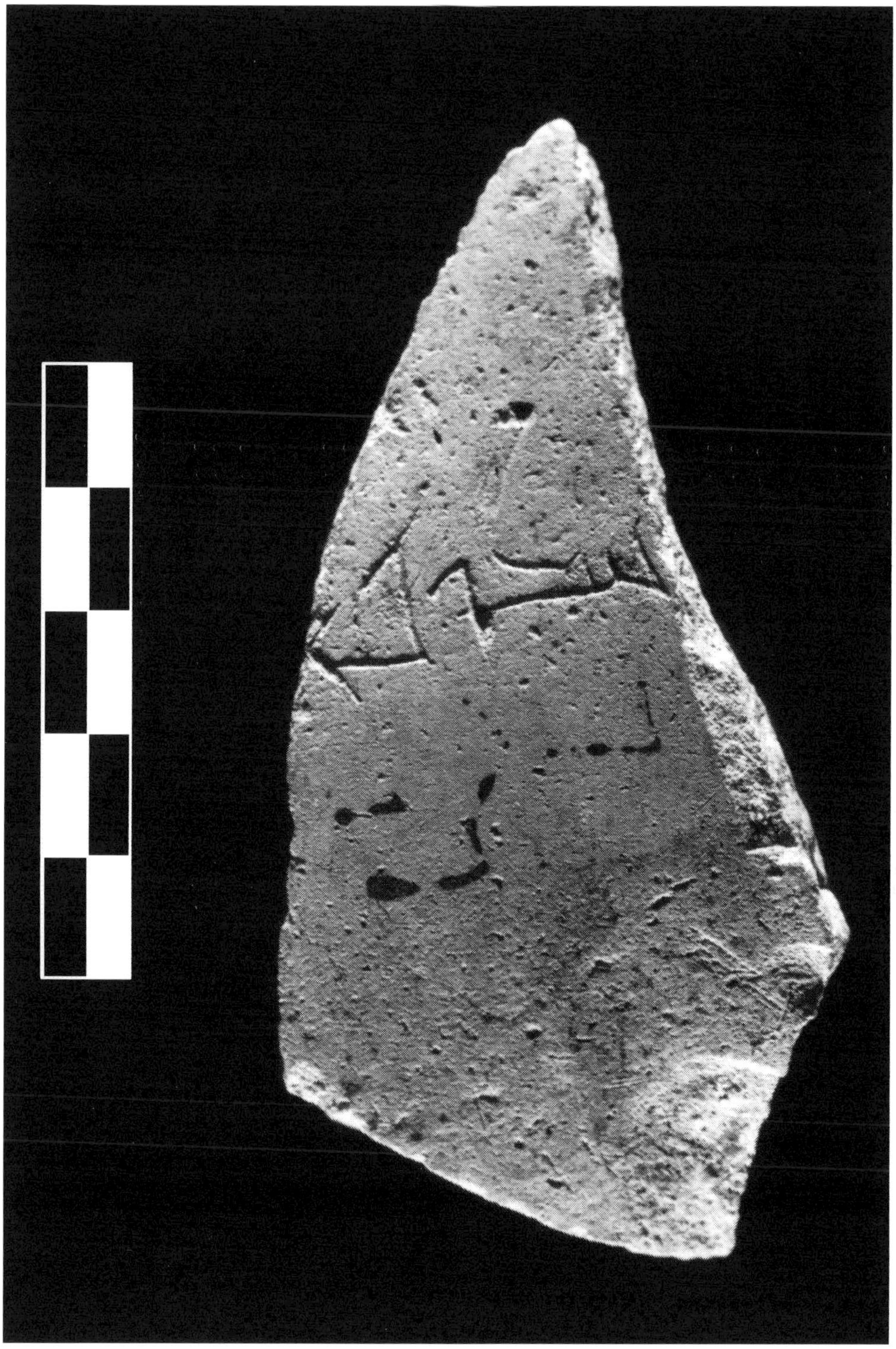

Planche 131

Planche 132

Planche 133

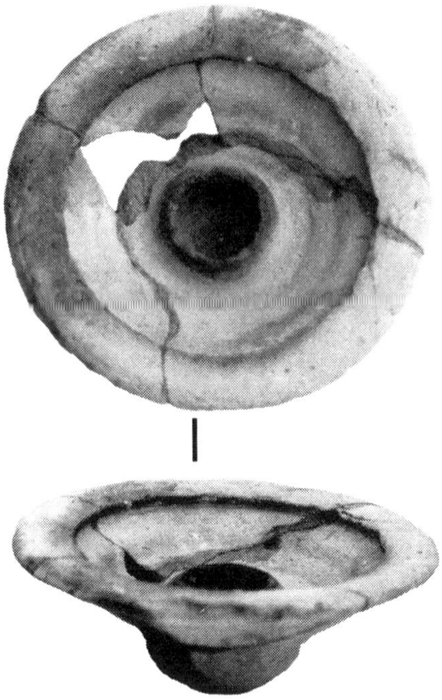

1128

387

392

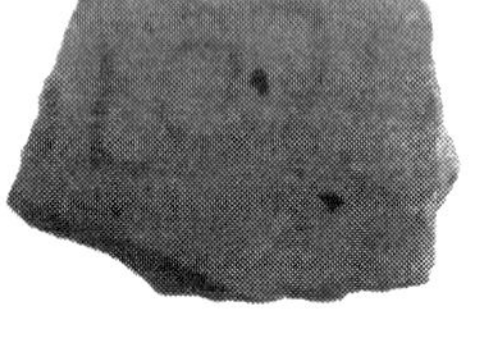

256

524

Planche 134

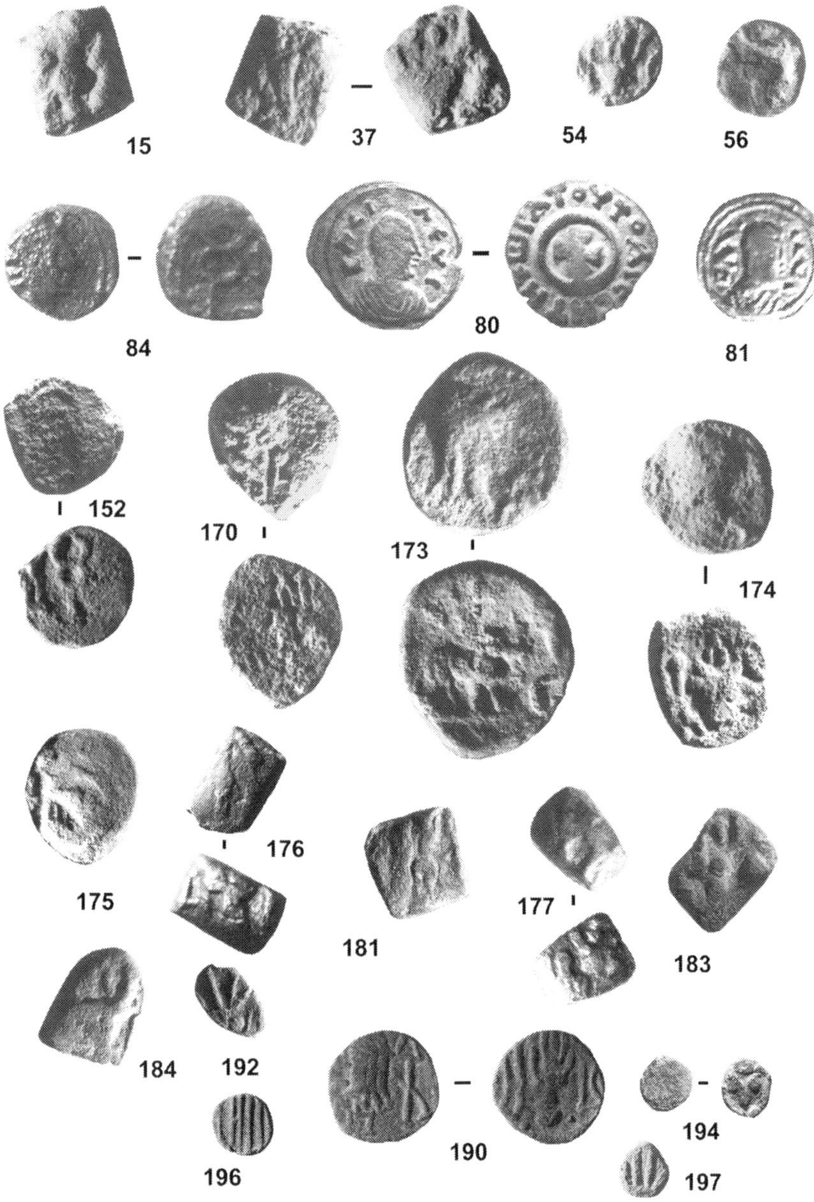
15
37
54
56
84
80
81
152
170
173
174
175
176
181
177
183
184
192
196
190
194
197

Planche 135

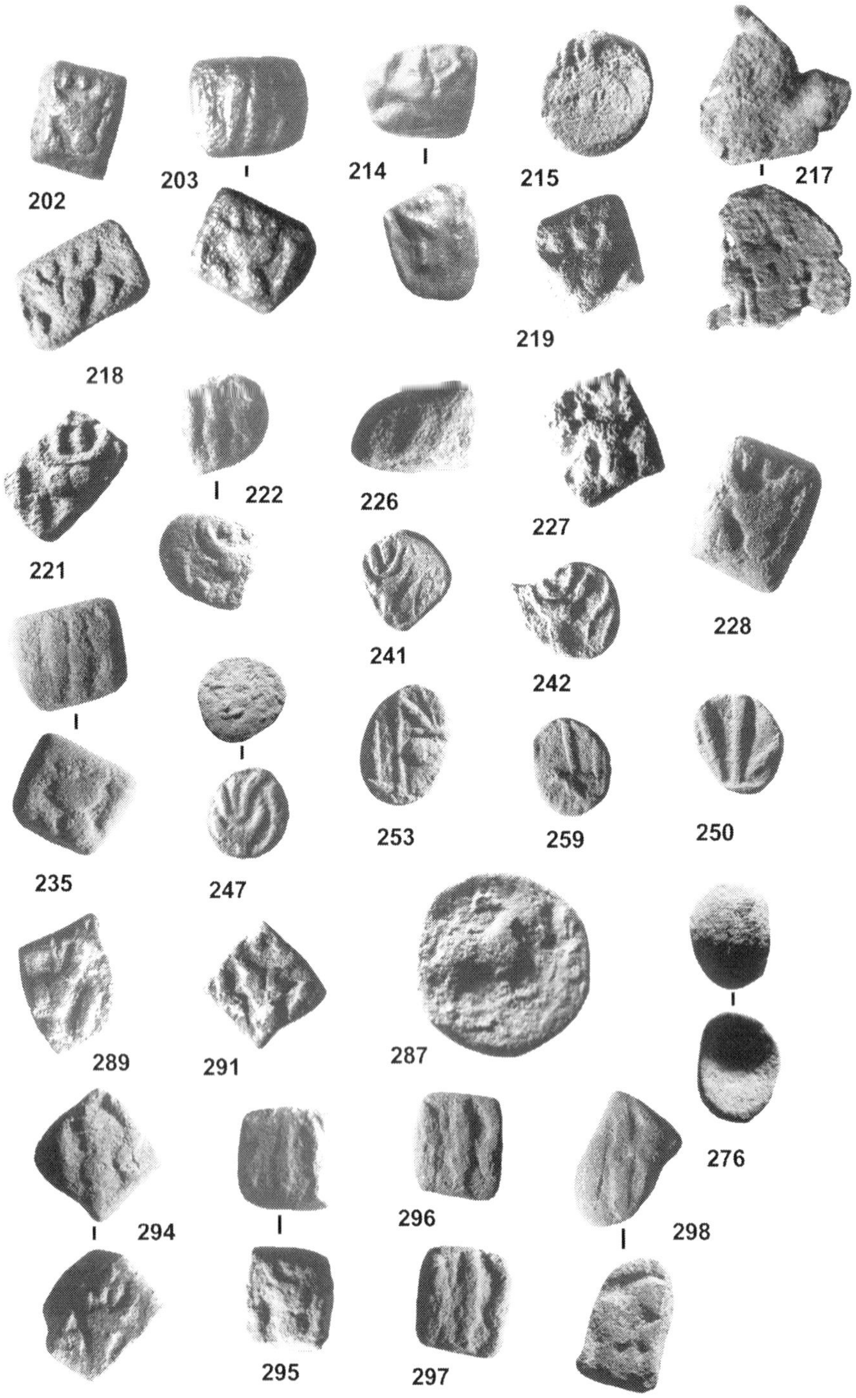
202
203
214
215
217
218
219
221
222
226
227
228
241
242
235
247
253
259
250
289
291
287
276
294
295
296
297
298

Planche 136

302
304
305
326
348
349
351
345
359
360
364
352
377
378
402
405
431
441
442
477
468
490
491

Planche 137

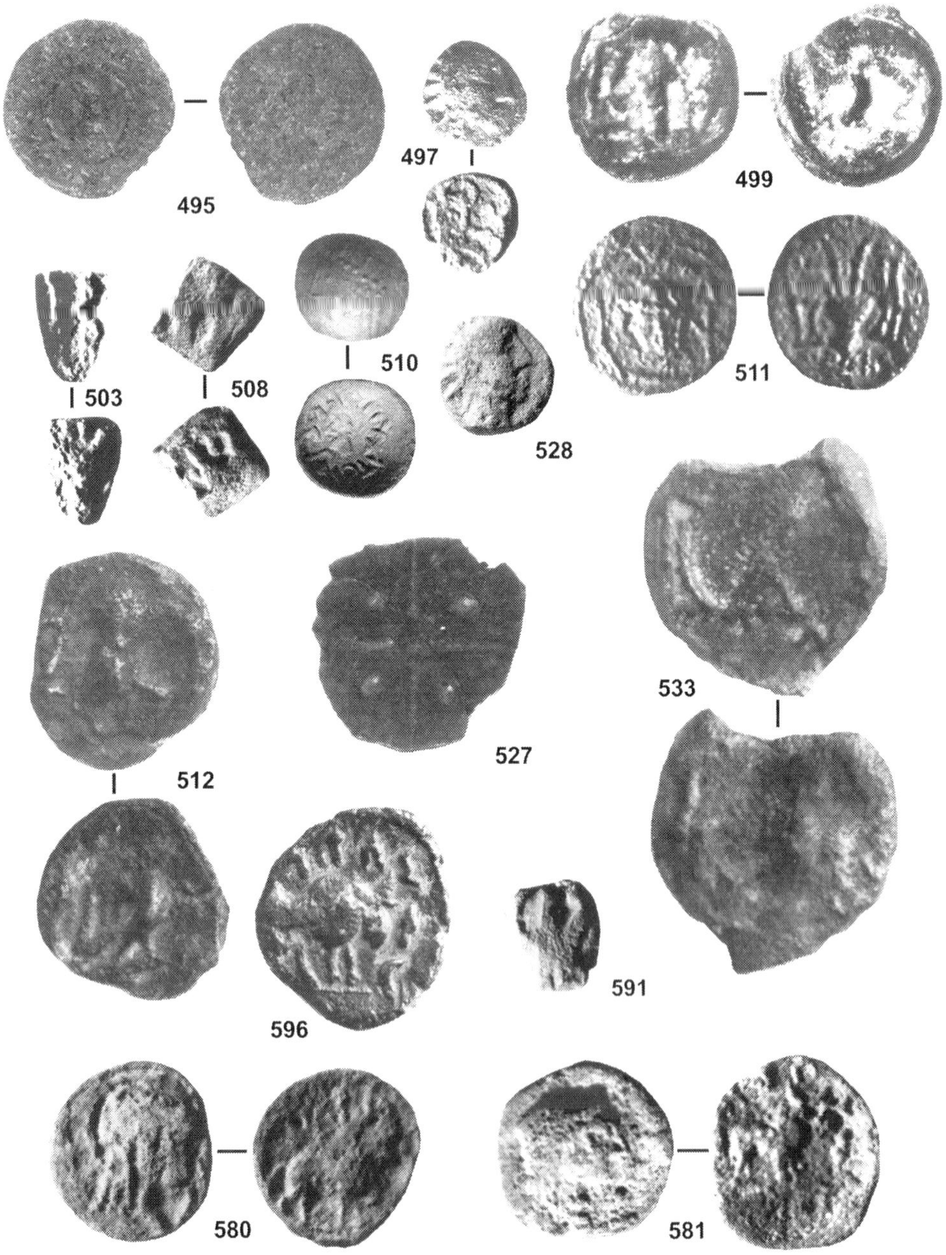

Planche 138

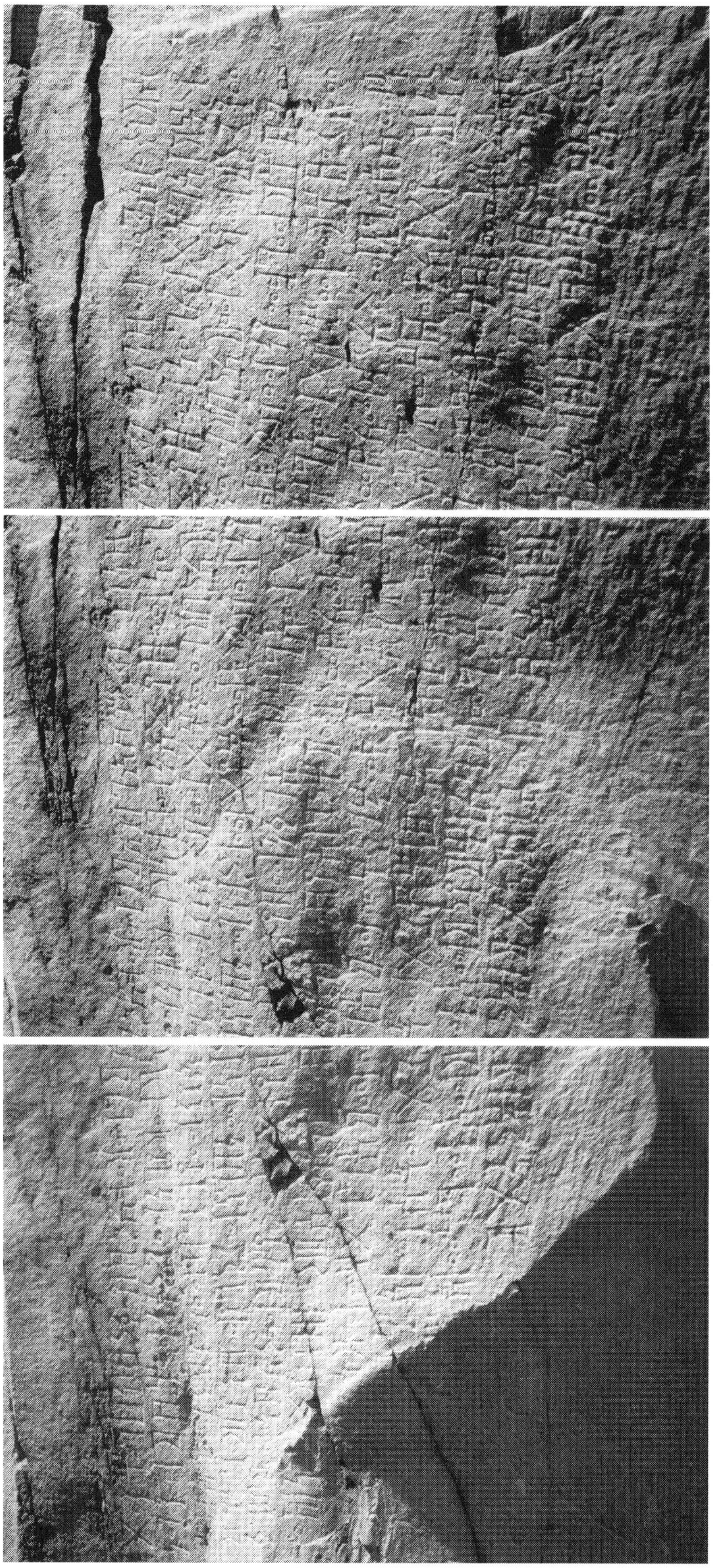

Planche 139

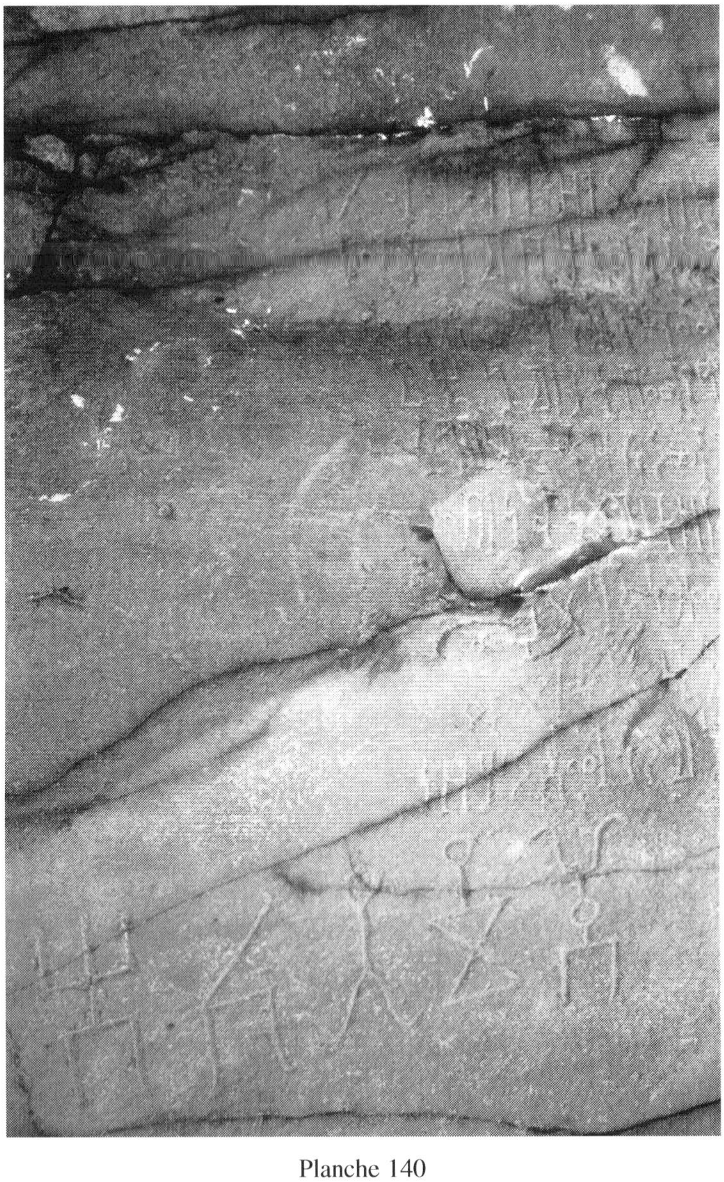

Planche 140

Planche 141

Planche 142